# 畜禽屠宰法规标准选编

中国动物疫病预防控制中心
（农业部屠宰技术中心） 编

中国农业出版社

图书在版编目（CIP）数据

畜禽屠宰法规标准选编/中国动物疫病预防控制中心（农业部屠宰技术中心）编．—北京：中国农业出版社，2016.8（2018.5重印）
ISBN 978 – 7 – 109 – 21991 – 5

Ⅰ．①畜…　Ⅱ．①中…　Ⅲ．①畜禽 – 屠宰加工 – 法规 – 汇编 – 中国　Ⅳ．①D922.409

中国版本图书馆 CIP 数据核字（2016）第 187088 号

中国农业出版社出版
（北京市朝阳区麦子店街 18 号楼）
（邮政编码 100125）
责任编辑　神翠翠
————————————
北京万友印刷有限公司印刷　　新华书店北京发行所发行
2016 年 8 月第 1 版　　2018 年 5 月北京第 3 次印刷
————————————
开本：889mm×1194mm　1/16　印张：36.5
字数：1400 千字
定价：80.00 元
（凡本版图书出现印刷、装订错误，请向出版社发行部调换）

# 前　言

　　畜禽产品安全作为食品安全的重要组成部分,受到社会各界广泛关注。畜禽屠宰监管职能调整以来,农业部高度重视畜禽屠宰环节质量安全监督管理工作,着力推进《生猪屠宰管理条例》和配套规章的制修订,全面开展畜禽屠宰专项整治和行业管理。为有效支撑畜禽屠宰监管工作,建立健全畜禽屠宰法规标准体系,中国动物疫病预防控制中心(农业部屠宰技术中心)组织对屠宰相关法规及1000余项屠宰工作相关标准进行了梳理,初步建立了畜禽屠宰加工标准体系,筛选出与屠宰工作密切相关的法规和标准近100项,组编为《畜禽屠宰法规标准选编》。

　　本书分为上下两篇,上篇为法规部分,包括畜禽屠宰工作相关法律、行政法规、部门规章、地方性法规和地方政府规章、司法解释和规范性文件等30余项;下篇为标准部分,包括国家标准和行业标准60余项,主要涉及畜禽屠宰加工基础通用标准、产品质量标准、加工技术标准、管理控制标准和生产保障标准等。我们希望本书的出版,对从事畜禽屠宰质量安全监管和标准化工作的同志能有所帮助。

　　中国环境出版社对纳入本书的环境行业标准免收版权费,在此表示感谢!

　　由于时间仓促,编印过程中难免出现疏漏及不当之处,敬请广大读者批评指正。

编者

2016 年 8 月

# 目 录

1

# 下篇　畜禽屠宰标准

## 一、基础通用

## 二、产品质量

## 三、加工技术

# 四、检疫检验

# 五、管理控制

# 六、生产保障

# 上　篇
# 畜禽屠宰法规

# 一 法律

# 中华人民共和国食品安全法

（2009 年 2 月 28 日第十一届全国人民代表大会常务委员会第七次会议通过，2015 年 4 月 24 日第十二届全国人民代表大会常务委员会第十四次会议修订）

## 第一章 总 则

**第一条** 为了保证食品安全，保障公众身体健康和生命安全，制定本法。

**第二条** 在中华人民共和国境内从事下列活动，应当遵守本法：

（一）食品生产和加工（以下称食品生产），食品销售和餐饮服务（以下称食品经营）；

（二）食品添加剂的生产经营；

（三）用于食品的包装材料、容器、洗涤剂、消毒剂和用于食品生产经营的工具、设备（以下称食品相关产品）的生产经营；

（四）食品生产经营者使用食品添加剂、食品相关产品；

（五）食品的贮存和运输；

（六）对食品、食品添加剂、食品相关产品的安全管理。

供食用的源于农业的初级产品（以下称食用农产品）的质量安全管理，遵守《中华人民共和国农产品质量安全法》的规定。但是，食用农产品的市场销售、有关质量安全标准的制定、有关安全信息的公布和本法对农业投入品作出规定的，应当遵守本法的规定。

**第三条** 食品安全工作实行预防为主、风险管理、全程控制、社会共治，建立科学、严格的监督管理制度。

**第四条** 食品生产经营者对其生产经营食品的安全负责。

食品生产经营者应当依照法律、法规和食品安全标准从事生产经营活动，保证食品安全，诚信自律，对社会和公众负责，接受社会监督，承担社会责任。

**第五条** 国务院设立食品安全委员会，其职责由国务院规定。

国务院食品药品监督管理部门依照本法和国务院规定的职责，对食品生产经营活动实施监督管理。

国务院卫生行政部门依照本法和国务院规定的职责，组织开展食品安全风险监测和风险评估，会同国务院食品药品监督管理部门制定并公布食品安全国家标准。

国务院其他有关部门依照本法和国务院规定的职责，承担有关食品安全工作。

**第六条** 县级以上地方人民政府对本行政区域的食品安全监督管理工作负责，统一领导、组织、协调本行政区域的食品安全监督管理工作以及食品安全突发事件应对工作，建立健全食品安全全程监督管理工作机制和信息共享机制。

县级以上地方人民政府依照本法和国务院的规定，确定本级食品药品监督管理、卫生行政部门和其他有关部门的职责。有关部门在各自职责范围内负责本行政区域的食品安全监督管理工作。

县级人民政府食品药品监督管理部门可以在乡镇或者特定区域设立派出机构。

**第七条** 县级以上地方人民政府实行食品安全监督管理责任制。上级人民政府负责对下一级人民政府的食品安全监督管理工作进行评议、考核。县级以上地方人民政府负责对本级食品药品监督管理部门和其他有关部门的食品安全监督管理工作进行评议、考核。

**第八条** 县级以上人民政府应当将食品安全工作纳入本级国民经济和社会发展规划，将食品安全工作经费列入本级政府财政预算，加强食品安全监督管理能力建设，为食品安全工作提供保障。

县级以上人民政府食品药品监督管理部门和其他有关部门应当加强沟通、密切配合，按照各自职责分工，依法行使职权，承担责任。

**第九条** 食品行业协会应当加强行业自律，按照章程建立健全行业规范和奖惩机制，提供食品安全信息、技术等服务，引导和督促食品生产经营者依法生产经营，推动行业诚信建设，宣传、普及食品安全知识。

消费者协会和其他消费者组织对违反本法规定，损害消费者合法权益的行为，依法进行社会监督。

**第十条** 各级人民政府应当加强食品安全的宣传教育，普及食品安全知识，鼓励社会组织、基层群众性自治组织、食品生产经营者开展食品安全法律、法规以及食品安全标准和知识的普及工作，倡导健康的饮食方式，增强消费者食品安全意识和自我保护能力。

新闻媒体应当开展食品安全法律、法规以及食品安全标准和知识的公益宣传，并对食品安全违法行为进行舆论监督。有关食品安全的宣传报道应当真实、公正。

第十一条　国家鼓励和支持开展与食品安全有关的基础研究、应用研究，鼓励和支持食品生产经营者为提高食品安全水平采用先进技术和先进管理规范。

国家对农药的使用实行严格的管理制度，加快淘汰剧毒、高毒、高残留农药，推动替代产品的研发和应用，鼓励使用高效低毒低残留农药。

第十二条　任何组织或者个人有权举报食品安全违法行为，依法向有关部门了解食品安全信息，对食品安全监督管理工作提出意见和建议。

第十三条　对在食品安全工作中做出突出贡献的单位和个人，按照国家有关规定给予表彰、奖励。

# 第二章　食品安全风险监测和评估

第十四条　国家建立食品安全风险监测制度，对食源性疾病、食品污染以及食品中的有害因素进行监测。

国务院卫生行政部门会同国务院食品药品监督管理、质量监督等部门，制定、实施国家食品安全风险监测计划。

国务院食品药品监督管理部门和其他有关部门获知有关食品安全风险信息后，应当立即核实并向国务院卫生行政部门通报。对有关部门通报的食品安全风险信息以及医疗机构报告的食源性疾病等有关疾病信息，国务院卫生行政部门应当会同国务院有关部门分析研究，认为必要的，及时调整国家食品安全风险监测计划。

省、自治区、直辖市人民政府卫生行政部门会同同级食品药品监督管理、质量监督等部门，根据国家食品安全风险监测计划，结合本行政区域的具体情况，制定、调整本行政区域的食品安全风险监测方案，报国务院卫生行政部门备案并实施。

第十五条　承担食品安全风险监测工作的技术机构应当根据食品安全风险监测计划和监测方案开展监测工作，保证监测数据真实、准确，并按照食品安全风险监测计划和监测方案的要求报送监测数据和分析结果。

食品安全风险监测工作人员有权进入相关食用农产品种植养殖、食品生产经营场所采集样品、收集相关数据。采集样品应当按照市场价格支付费用。

第十六条　食品安全风险监测结果表明可能存在食品安全隐患的，县级以上人民政府卫生行政部门应当及时将相关信息通报同级食品药品监督管理等部门，并报告本级人民政府和上级人民政府卫生行政部门。食品药品监督管理等部门应当组织开展进一步调查。

第十七条　国家建立食品安全风险评估制度，运用科学方法，根据食品安全风险监测信息、科学数据以及有关信息，对食品、食品添加剂、食品相关产品中生物性、化学性和物理性危害因素进行风险评估。

国务院卫生行政部门负责组织食品安全风险评估工作，成立由医学、农业、食品、营养、生物、环境等方面的专家组成的食品安全风险评估专家委员会进行食品安全风险评估。食品安全风险评估结果由国务院卫生行政部门公布。

对农药、肥料、兽药、饲料和饲料添加剂等的安全性评估，应当有食品安全风险评估专家委员会的专家参加。

食品安全风险评估不得向生产经营者收取费用，采集样品应当按照市场价格支付费用。

第十八条　有下列情形之一的，应当进行食品安全风险评估：

（一）通过食品安全风险监测或者接到举报发现食品、食品添加剂、食品相关产品可能存在安全隐患的；

（二）为制定或者修订食品安全国家标准提供科学依据需要进行风险评估的；

（三）为确定监督管理的重点领域、重点品种需要进行风险评估的；

（四）发现新的可能危害食品安全因素的；

（五）需要判断某一因素是否构成食品安全隐患的；

（六）国务院卫生行政部门认为需要进行风险评估的其他情形。

第十九条　国务院食品药品监督管理、质量监督、农业行政等部门在监督管理工作中发现需要进行食品安全风险评估的，应当向国务院卫生行政部门提出食品安全风险评估的建议，并提供风险来源、相关检验数据和结论等信息、资料。属于本法第十八条规定情形的，国务院卫生行政部门应当及时进行食品安全风险评估，并向国务院有关部门通报评估结果。

第二十条　省级以上人民政府卫生行政、农业行政部门应当及时相互通报食品、食用农产品安全风险监测信息。

国务院卫生行政、农业行政部门应当及时相互通报食品、食用农产品安全风险评估结果等信息。

第二十一条　食品安全风险评估结果是制定、修订食品安全标准和实施食品安全监督管理的科学依据。

经食品安全风险评估，得出食品、食品添加剂、食品相关产品不安全结论的，国务院食品药品监督管理、质量监督等部门应当依据各自职责立即向社会公告，告知消费者停止食用或者使用，并采取相应措施，确保该食品、食品添加剂、食品相关产品停止生产经营；需要制定、修订相关食品安全国家标准的，国务院卫生行政部门应当会同国务院食品药品监督管理部门立即制定、修订。

第二十二条 国务院食品药品监督管理部门应当会同国务院有关部门，根据食品安全风险评估结果、食品安全监督管理信息，对食品安全状况进行综合分析。对经综合分析表明可能具有较高程度安全风险的食品，国务院食品药品监督管理部门应当及时提出食品安全风险警示，并向社会公布。

第二十三条 县级以上人民政府食品药品监督管理部门和其他有关部门、食品安全风险评估专家委员会及其技术机构，应当按照科学、客观、及时、公开的原则，组织食品生产经营者、食品检验机构、认证机构、食品行业协会、消费者协会以及新闻媒体等，就食品安全风险评估信息和食品安全监督管理信息进行交流沟通。

# 第三章 食品安全标准

第二十四条 制定食品安全标准，应当以保障公众身体健康为宗旨，做到科学合理、安全可靠。

第二十五条 食品安全标准是强制执行的标准。除食品安全标准外，不得制定其他食品强制性标准。

第二十六条 食品安全标准应当包括下列内容：

（一）食品、食品添加剂、食品相关产品中的致病性微生物，农药残留、兽药残留、生物毒素、重金属等污染物质以及其他危害人体健康物质的限量规定；

（二）食品添加剂的品种、使用范围、用量；

（三）专供婴幼儿和其他特定人群的主辅食品的营养成分要求；

（四）对与卫生、营养等食品安全要求有关的标签、标志、说明书的要求；

（五）食品生产经营过程的卫生要求；

（六）与食品安全有关的质量要求；

（七）与食品安全有关的食品检验方法与规程；

（八）其他需要制定为食品安全标准的内容。

第二十七条 食品安全国家标准由国务院卫生行政部门会同国务院食品药品监督管理部门制定、公布，国务院标准化行政部门提供国家标准编号。

食品中农药残留、兽药残留的限量规定及其检验方法与规程由国务院卫生行政部门、国务院农业行政部门会同国务院食品药品监督管理部门制定。

屠宰畜、禽的检验规程由国务院农业行政部门会同国务院卫生行政部门制定。

第二十八条 制定食品安全国家标准，应当依据食品安全风险评估结果并充分考虑食用农产品安全风险评估结果，参照相关的国际标准和国际食品安全风险评估结果，并将食品安全国家标准草案向社会公布，广泛听取食品生产经营者、消费者、有关部门等方面的意见。

食品安全国家标准应当经国务院卫生行政部门组织的食品安全国家标准审评委员会审查通过。食品安全国家标准审评委员会由医学、农业、食品、营养、生物、环境等方面的专家以及国务院有关部门、食品行业协会、消费者协会的代表组成，对食品安全国家标准草案的科学性和实用性等进行审查。

第二十九条 对地方特色食品，没有食品安全国家标准的，省、自治区、直辖市人民政府卫生行政部门可以制定并公布食品安全地方标准，报国务院卫生行政部门备案。食品安全国家标准制定后，该地方标准即行废止。

第三十条 国家鼓励食品生产企业制定严于食品安全国家标准或者地方标准的企业标准，在本企业适用，并报省、自治区、直辖市人民政府卫生行政部门备案。

第三十一条 省级以上人民政府卫生行政部门应当在其网站上公布制定和备案的食品安全国家标准、地方标准和企业标准，供公众免费查阅、下载。

对食品安全标准执行过程中的问题，县级以上人民政府卫生行政部门应当会同有关部门及时给予指导、解答。

第三十二条 省级以上人民政府卫生行政部门应当会同同级食品药品监督管理、质量监督、农业行政等部门，分别对食品安全国家标准和地方标准的执行情况进行跟踪评价，并根据评价结果及时修订食品安全标准。

省级以上人民政府食品药品监督管理、质量监督、农业行政等部门应当对食品安全标准执行中存在的问题进行收集、汇总，并及时向同级卫生行政部门通报。

食品生产经营者、食品行业协会发现食品安全标准在执行中存在问题的，应当立即向卫生行政部门报告。

# 第四章　食品生产经营

## 第一节　一般规定

**第三十三条**　食品生产经营应当符合食品安全标准，并符合下列要求：

（一）具有与生产经营的食品品种、数量相适应的食品原料处理和食品加工、包装、贮存等场所，保持该场所环境整洁，并与有毒、有害场所以及其他污染源保持规定的距离；

（二）具有与生产经营的食品品种、数量相适应的生产经营设备或者设施，有相应的消毒、更衣、盥洗、采光、照明、通风、防腐、防尘、防蝇、防鼠、防虫、洗涤以及处理废水、存放垃圾和废弃物的设备或者设施；

（三）有专职或者兼职的食品安全专业技术人员、食品安全管理人员和保证食品安全的规章制度；

（四）具有合理的设备布局和工艺流程，防止待加工食品与直接入口食品、原料与成品交叉污染，避免食品接触有毒物、不洁物；

（五）餐具、饮具和盛放直接入口食品的容器，使用前应当洗净、消毒，炊具、用具用后应当洗净，保持清洁；

（六）贮存、运输和装卸食品的容器、工具和设备应当安全、无害，保持清洁，防止食品污染，并符合保证食品安全所需的温度、湿度等特殊要求，不得将食品与有毒、有害物品一同贮存、运输；

（七）直接入口的食品应当使用无毒、清洁的包装材料、餐具、饮具和容器；

（八）食品生产经营人员应当保持个人卫生，生产经营食品时，应当将手洗净，穿戴清洁的工作衣、帽等；销售无包装的直接入口食品时，应当使用无毒、清洁的容器、售货工具和设备；

（九）用水应当符合国家规定的生活饮用水卫生标准；

（十）使用的洗涤剂、消毒剂应当对人体安全、无害；

（十一）法律、法规规定的其他要求。

非食品生产经营者从事食品贮存、运输和装卸的，应当符合前款第六项的规定。

**第三十四条**　禁止生产经营下列食品、食品添加剂、食品相关产品：

（一）用非食品原料生产的食品或者添加食品添加剂以外的化学物质和其他可能危害人体健康物质的食品，或者用回收食品作为原料生产的食品；

（二）致病性微生物，农药残留、兽药残留、生物毒素、重金属等污染物质以及其他危害人体健康的物质含量超过食品安全标准限量的食品、食品添加剂、食品相关产品；

（三）用超过保质期的食品原料、食品添加剂生产的食品、食品添加剂；

（四）超范围、超限量使用食品添加剂的食品；

（五）营养成分不符合食品安全标准的专供婴幼儿和其他特定人群的主辅食品；

（六）腐败变质、油脂酸败、霉变生虫、污秽不洁、混有异物、掺假掺杂或者感官性状异常的食品、食品添加剂；

（七）病死、毒死或者死因不明的禽、畜、兽、水产动物肉类及其制品；

（八）未按规定进行检疫或者检疫不合格的肉类，或者未经检验或者检验不合格的肉类制品；

（九）被包装材料、容器、运输工具等污染的食品、食品添加剂；

（十）标注虚假生产日期、保质期或者超过保质期的食品、食品添加剂；

（十一）无标签的预包装食品、食品添加剂；

（十二）国家为防病等特殊需要明令禁止生产经营的食品；

（十三）其他不符合法律、法规或者食品安全标准的食品、食品添加剂、食品相关产品。

**第三十五条**　国家对食品生产经营实行许可制度。从事食品生产、食品销售、餐饮服务，应当依法取得许可。但是，销售食用农产品，不需要取得许可。

县级以上地方人民政府食品药品监督管理部门应当依照《中华人民共和国行政许可法》的规定，审核申请人提交的本法第三十三条第一款第一项至第四项规定要求的相关资料，必要时对申请人的生产经营场所进行现场核查；对符合规定条件的，准予许可；对不符合规定条件的，不予许可并书面说明理由。

**第三十六条**　食品生产加工小作坊和食品摊贩等从事食品生产经营活动，应当符合本法规定的与其生产经营规模、条件相适应的食品安全要求，保证所生产经营的食品卫生、无毒、无害，食品药品监督管理部门应当对其加强监督管理。

县级以上地方人民政府应当对食品生产加工小作坊、食品摊贩等进行综合治理，加强服务和统一规划，改善其生产经营环境，鼓励和支持其改进生产经营条件，进入集中交易市场、店铺等固定场所经营，或者在指定的临时经营区域、时段经营。

食品生产加工小作坊和食品摊贩等的具体管理办法由省、自治区、直辖市制定。

**第三十七条**　利用新的食品原料生产食品，或者生产食品添加剂新品种、食品相关产品新品种，应当向国务院卫生行政部门提交相关产品的安全性评估材料。国务院卫生行政部门应当自收到申请之日起六十日内组织审查；对符合食品安全要求的，准予许可并公布；对不符合食品安全要求的，不予许可并书面说明理由。

**第三十八条**　生产经营的食品中不得添加药品，但是可以添加按照传统既是食品又是中药材的物质。按照传统既是食品又是中药材的物质目录由国务院卫生行政部门会同国务院食品药品监督管理部门制定、公布。

**第三十九条**　国家对食品添加剂生产实行许可制度。从事食品添加剂生产，应当具有与所生产食品添加剂品种相适应的场所、生产设备或者设施、专业技术人员和管理制度，并依照本法第三十五条第二款规定的程序，取得食品添加剂生产许可。

生产食品添加剂应当符合法律、法规和食品安全国家标准。

**第四十条**　食品添加剂应当在技术上确有必要且经过风险评估证明安全可靠，方可列入允许使用的范围；有关食品安全国家标准应当根据技术必要性和食品安全风险评估结果及时修订。

食品生产经营者应当按照食品安全国家标准使用食品添加剂。

**第四十一条**　生产食品相关产品应当符合法律、法规和食品安全国家标准。对直接接触食品的包装材料等具有较高风险的食品相关产品，按照国家有关工业产品生产许可证管理的规定实施生产许可。质量监督部门应当加强对食品相关产品生产活动的监督管理。

**第四十二条**　国家建立食品安全全程追溯制度。

食品生产经营者应当依照本法的规定，建立食品安全追溯体系，保证食品可追溯。国家鼓励食品生产经营者采用信息化手段采集、留存生产经营信息，建立食品安全追溯体系。

国务院食品药品监督管理部门会同国务院农业行政等有关部门建立食品安全全程追溯协作机制。

**第四十三条**　地方各级人民政府应当采取措施鼓励食品规模化生产和连锁经营、配送。

国家鼓励食品生产经营企业参加食品安全责任保险。

## 第二节　生产经营过程控制

**第四十四条**　食品生产经营企业应当建立健全食品安全管理制度，对职工进行食品安全知识培训，加强食品检验工作，依法从事生产经营活动。

食品生产经营企业的主要负责人应当落实企业食品安全管理制度，对本企业的食品安全工作全面负责。

食品生产经营企业应当配备食品安全管理人员，加强对其培训和考核。经考核不具备食品安全管理能力的，不得上岗。食品药品监督管理部门应当对企业食品安全管理人员随机进行监督抽查考核并公布考核情况。监督抽查考核不得收取费用。

**第四十五条**　食品生产经营者应当建立并执行从业人员健康管理制度。患有国务院卫生行政部门规定的有碍食品安全疾病的人员，不得从事接触直接入口食品的工作。

从事接触直接入口食品工作的食品生产经营人员应当每年进行健康检查，取得健康证明后方可上岗工作。

**第四十六条**　食品生产企业应当就下列事项制定并实施控制要求，保证所生产的食品符合食品安全标准：

（一）原料采购、原料验收、投料等原料控制；

（二）生产工序、设备、贮存、包装等生产关键环节控制；

（三）原料检验、半成品检验、成品出厂检验等检验控制；

（四）运输和交付控制。

**第四十七条**　食品生产经营者应当建立食品安全自查制度，定期对食品安全状况进行检查评价。生产经营条件发生变化，不再符合食品安全要求的，食品生产经营者应当立即采取整改措施；有发生食品安全事故潜在风险的，应当立即停止食品生产经营活动，并向所在地县级人民政府食品药品监督管理部门报告。

**第四十八条**　国家鼓励食品生产经营企业符合良好生产规范要求，实施危害分析与关键控制点体系，提高食品安全管理水平。

对通过良好生产规范、危害分析与关键控制点体系认证的食品生产经营企业，认证机构应当依法实施跟踪调查；对不再符合认证要求的企业，应当依法撤销认证，及时向县级以上人民政府食品药品监督管理部门通报，并向社会公布。认证机构实施跟踪调查不得收取费用。

第四十九条　食用农产品生产者应当按照食品安全标准和国家有关规定使用农药、肥料、兽药、饲料和饲料添加剂等农业投入品，严格执行农业投入品使用安全间隔期或者休药期的规定，不得使用国家明令禁止的农业投入品。禁止将剧毒、高毒农药用于蔬菜、瓜果、茶叶和中草药材等国家规定的农作物。

食用农产品的生产企业和农民专业合作经济组织应当建立农业投入品使用记录制度。

县级以上人民政府农业行政部门应当加强对农业投入品使用的监督管理和指导，建立健全农业投入品安全使用制度。

第五十条　食品生产者采购食品原料、食品添加剂、食品相关产品，应当查验供货者的许可证和产品合格证明；对无法提供合格证明的食品原料，应当按照食品安全标准进行检验；不得采购或者使用不符合食品安全标准的食品原料、食品添加剂、食品相关产品。

食品生产企业应当建立食品原料、食品添加剂、食品相关产品进货查验记录制度，如实记录食品原料、食品添加剂、食品相关产品的名称、规格、数量、生产日期或者生产批号、保质期、进货日期以及供货者名称、地址、联系方式等内容，并保存相关凭证。记录和凭证保存期限不得少于产品保质期满后六个月；没有明确保质期的，保存期限不得少于二年。

第五十一条　食品生产企业应当建立食品出厂检验记录制度，查验出厂食品的检验合格证和安全状况，如实记录食品的名称、规格、数量、生产日期或者生产批号、保质期、检验合格证号、销售日期以及购货者名称、地址、联系方式等内容，并保存相关凭证。记录和凭证保存期限应当符合本法第五十条第二款的规定。

第五十二条　食品、食品添加剂、食品相关产品的生产者，应当按照食品安全标准对所生产的食品、食品添加剂、食品相关产品进行检验，检验合格后方可出厂或者销售。

第五十三条　食品经营者采购食品，应当查验供货者的许可证和食品出厂检验合格证或者其他合格证明（以下称合格证明文件）。

食品经营企业应当建立食品进货查验记录制度，如实记录食品的名称、规格、数量、生产日期或者生产批号、保质期、进货日期以及供货者名称、地址、联系方式等内容，并保存相关凭证。记录和凭证保存期限应当符合本法第五十条第二款的规定。

实行统一配送经营方式的食品经营企业，可以由企业总部统一查验供货者的许可证和食品合格证明文件，进行食品进货查验记录。

从事食品批发业务的经营企业应当建立食品销售记录制度，如实记录批发食品的名称、规格、数量、生产日期或者生产批号、保质期、销售日期以及购货者名称、地址、联系方式等内容，并保存相关凭证。记录和凭证保存期限应当符合本法第五十条第二款的规定。

第五十四条　食品经营者应当按照保证食品安全的要求贮存食品，定期检查库存食品，及时清理变质或者超过保质期的食品。

食品经营者贮存散装食品，应当在贮存位置标明食品的名称、生产日期或者生产批号、保质期、生产者名称及联系方式等内容。

第五十五条　餐饮服务提供者应当制定并实施原料控制要求，不得采购不符合食品安全标准的食品原料。倡导餐饮服务提供者公开加工过程，公示食品原料及其来源等信息。

餐饮服务提供者在加工过程中应当检查待加工的食品及原料，发现有本法第三十四条第六项规定情形的，不得加工或者使用。

第五十六条　餐饮服务提供者应当定期维护食品加工、贮存、陈列等设施、设备；定期清洗、校验保温设施及冷藏、冷冻设施。

餐饮服务提供者应当按照要求对餐具、饮具进行清洗消毒，不得使用未经清洗消毒的餐具、饮具；餐饮服务提供者委托清洗消毒餐具、饮具的，应当委托符合本法规定条件的餐具、饮具集中消毒服务单位。

第五十七条　学校、托幼机构、养老机构、建筑工地等集中用餐单位的食堂应当严格遵守法律、法规和食品安全标准；从供餐单位订餐的，应当从取得食品生产经营许可的企业订购，并按照要求对订购的食品进行查验。供餐单位应当严格遵守法律、法规和食品安全标准，当餐加工，确保食品安全。

学校、托幼机构、养老机构、建筑工地等集中用餐单位的主管部门应当加强对集中用餐单位的食品安全教育和日常管理，降低食品安全风险，及时消除食品安全隐患。

第五十八条　餐具、饮具集中消毒服务单位应当具备相应的作业场所、清洗消毒设备或者设施，用水和使用的洗涤剂、消毒剂应当符合相关食品安全国家标准和其他国家标准、卫生规范。

餐具、饮具集中消毒服务单位应当对消毒餐具、饮具进行逐批检验，检验合格后方可出厂，并应当随附消毒合格证明。消毒后的餐具、饮具应当在独立包装上标注单位名称、地址、联系方式、消毒日期及使用期限等内容。

**第五十九条**　食品添加剂生产者应当建立食品添加剂出厂检验记录制度，查验出厂产品的检验合格证和安全状况，如实记录食品添加剂的名称、规格、数量、生产日期或者生产批号、保质期、检验合格证号、销售日期以及购货者名称、地址、联系方式等相关内容，并保存相关凭证。记录和凭证保存期限应当符合本法第五十条第二款的规定。

**第六十条**　食品添加剂经营者采购食品添加剂，应当依法查验供货者的许可证和产品合格证明文件，如实记录食品添加剂的名称、规格、数量、生产日期或者生产批号、保质期、进货日期以及供货者名称、地址、联系方式等内容，并保存相关凭证。记录和凭证保存期限应当符合本法第五十条第二款的规定。

**第六十一条**　集中交易市场的开办者、柜台出租者和展销会举办者，应当依法审查入场食品经营者的许可证，明确其食品安全管理责任，定期对其经营环境和条件进行检查，发现其有违反本法规定行为的，应当及时制止并立即报告所在地县级人民政府食品药品监督管理部门。

**第六十二条**　网络食品交易第三方平台提供者应当对入网食品经营者进行实名登记，明确其食品安全管理责任；依法应当取得许可证的，还应当审查其许可证。

网络食品交易第三方平台提供者发现入网食品经营者有违反本法规定行为的，应当及时制止并立即报告所在地县级人民政府食品药品监督管理部门；发现严重违法行为的，应当立即停止提供网络交易平台服务。

**第六十三条**　国家建立食品召回制度。食品生产者发现其生产的食品不符合食品安全标准或者有证据证明可能危害人体健康的，应当立即停止生产，召回已经上市销售的食品，通知相关生产经营者和消费者，并记录召回和通知情况。

食品经营者发现其经营的食品有前款规定情形的，应当立即停止经营，通知相关生产经营者和消费者，并记录停止经营和通知情况。食品生产者认为应当召回的，应当立即召回。由于食品经营者的原因造成其经营的食品有前款规定情形的，食品经营者应当召回。

食品生产经营者应当对召回的食品采取无害化处理、销毁等措施，防止其再次流入市场。但是，对因标签、标志或者说明书不符合食品安全标准而被召回的食品，食品生产者在采取补救措施且能保证食品安全的情况下可以继续销售；销售时应当向消费者明示补救措施。

食品生产经营者应当将食品召回和处理情况向所在地县级人民政府食品药品监督管理部门报告；需要对召回的食品进行无害化处理、销毁的，应当提前报告时间、地点。食品药品监督管理部门认为必要的，可以实施现场监督。

食品生产经营者未依照本条规定召回或者停止经营的，县级以上人民政府食品药品监督管理部门可以责令其召回或者停止经营。

**第六十四条**　食用农产品批发市场应当配备检验设备和检验人员或者委托符合本法规定的食品检验机构，对进入该批发市场销售的食用农产品进行抽样检验；发现不符合食品安全标准的，应当要求销售者立即停止销售，并向食品药品监督管理部门报告。

**第六十五条**　食用农产品销售者应当建立食用农产品进货查验记录制度，如实记录食用农产品的名称、数量、进货日期以及供货者名称、地址、联系方式等内容，并保存相关凭证。记录和凭证保存期限不得少于六个月。

**第六十六条**　进入市场销售的食用农产品在包装、保鲜、贮存、运输中使用保鲜剂、防腐剂等食品添加剂和包装材料等食品相关产品，应当符合食品安全国家标准。

## 第三节　标签、说明书和广告

**第六十七条**　预包装食品的包装上应当有标签。标签应当标明下列事项：

（一）名称、规格、净含量、生产日期；

（二）成分或者配料表；

（三）生产者的名称、地址、联系方式；

（四）保质期；

（五）产品标准代号；

（六）贮存条件；

（七）所使用的食品添加剂在国家标准中的通用名称；

（八）生产许可证编号；

（九）法律、法规或者食品安全标准规定应当标明的其他事项。

专供婴幼儿和其他特定人群的主辅食品，其标签还应当标明主要营养成分及其含量。

食品安全国家标准对标签标注事项另有规定的，从其规定。

第六十八条　食品经营者销售散装食品，应当在散装食品的容器、外包装上标明食品的名称、生产日期或者生产批号、保质期以及生产经营者名称、地址、联系方式等内容。

第六十九条　生产经营转基因食品应当按照规定显著标示。

第七十条　食品添加剂应当有标签、说明书和包装。标签、说明书应当载明本法第六十七条第一款第一项至第六项、第八项、第九项规定的事项，以及食品添加剂的使用范围、用量、使用方法，并在标签上载明"食品添加剂"字样。

第七十一条　食品和食品添加剂的标签、说明书，不得含有虚假内容，不得涉及疾病预防、治疗功能。生产经营者对其提供的标签、说明书的内容负责。

食品和食品添加剂的标签、说明书应当清楚、明显，生产日期、保质期等事项应当显著标注，容易辨识。

食品和食品添加剂与其标签、说明书的内容不符的，不得上市销售。

第七十二条　食品经营者应当按照食品标签标示的警示标志、警示说明或者注意事项的要求销售食品。

第七十三条　食品广告的内容应当真实合法，不得含有虚假内容，不得涉及疾病预防、治疗功能。食品生产经营者对食品广告内容的真实性、合法性负责。

县级以上人民政府食品药品监督管理部门和其他有关部门以及食品检验机构、食品行业协会不得以广告或者其他形式向消费者推荐食品。消费者组织不得以收取费用或者其他牟取利益的方式向消费者推荐食品。

## 第四节　特殊食品

第七十四条　国家对保健食品、特殊医学用途配方食品和婴幼儿配方食品等特殊食品实行严格监督管理。

第七十五条　保健食品声称保健功能，应当具有科学依据，不得对人体产生急性、亚急性或者慢性危害。

保健食品原料目录和允许保健食品声称的保健功能目录，由国务院食品药品监督管理部门会同国务院卫生行政部门、国家中医药管理部门制定、调整并公布。

保健食品原料目录应当包括原料名称、用量及其对应的功效；列入保健食品原料目录的原料只能用于保健食品生产，不得用于其他食品生产。

第七十六条　使用保健食品原料目录以外原料的保健食品和首次进口的保健食品应当经国务院食品药品监督管理部门注册。但是，首次进口的保健食品中属于补充维生素、矿物质等营养物质的，应当报国务院食品药品监督管理部门备案。其他保健食品应当报省、自治区、直辖市人民政府食品药品监督管理部门备案。

进口的保健食品应当是出口国（地区）主管部门准许上市销售的产品。

第七十七条　依法应当注册的保健食品，注册时应当提交保健食品的研发报告、产品配方、生产工艺、安全性和保健功能评价、标签、说明书等材料及样品，并提供相关证明文件。国务院食品药品监督管理部门经组织技术审评，对符合安全和功能声称要求的，准予注册；对不符合要求的，不予注册并书面说明理由。对使用保健食品原料目录以外原料的保健食品作出准予注册决定的，应当及时将该原料纳入保健食品原料目录。

依法应当备案的保健食品，备案时应当提交产品配方、生产工艺、标签、说明书以及表明产品安全性和保健功能的材料。

第七十八条　保健食品的标签、说明书不得涉及疾病预防、治疗功能，内容应当真实，与注册或者备案的内容相一致，载明适宜人群、不适宜人群、功效成分或者标志性成分及其含量等，并声明"本品不能代替药物"。保健食品的功能和成分应当与标签、说明书相一致。

第七十九条　保健食品广告除应当符合本法第七十三条第一款的规定外，还应当声明"本品不能代替药物"；其内容应当经生产企业所在地省、自治区、直辖市人民政府食品药品监督管理部门审查批准，取得保健食品广告批准文件。省、自治区、直辖市人民政府食品药品监督管理部门应当公布并及时更新已经批准的保健食品广告目录以及批准的广告内容。

第八十条　特殊医学用途配方食品应当经国务院食品药品监督管理部门注册。注册时，应当提交产品配方、生产工艺、标签、说明书以及表明产品安全性、营养充足性和特殊医学用途临床效果的材料。

特殊医学用途配方食品广告适用《中华人民共和国广告法》和其他法律、行政法规关于药品广告管理的规定。

第八十一条　婴幼儿配方食品生产企业应当实施从原料进厂到成品出厂的全过程质量控制，对出厂的婴幼儿配方食品实施逐批检验，保证食品安全。

生产婴幼儿配方食品使用的生鲜乳、辅料等食品原料、食品添加剂等，应当符合法律、行政法规的规定和食品安全国家标准，保证婴幼儿生长发育所需的营养成分。

婴幼儿配方食品生产企业应当将食品原料、食品添加剂、产品配方及标签等事项向省、自治区、直辖市人民政府食品药品监督管理部门备案。

婴幼儿配方乳粉的产品配方应当经国务院食品药品监督管理部门注册。注册时，应当提交配方研发报告和其他表明配方科学性、安全性的材料。

不得以分装方式生产婴幼儿配方乳粉，同一企业不得用同一配方生产不同品牌的婴幼儿配方乳粉。

第八十二条　保健食品、特殊医学用途配方食品、婴幼儿配方乳粉的注册人或者备案人应当对其提交材料的真实性负责。

省级以上人民政府食品药品监督管理部门应当及时公布注册或者备案的保健食品、特殊医学用途配方食品、婴幼儿配方乳粉目录，并对注册或者备案中获知的企业商业秘密予以保密。

保健食品、特殊医学用途配方食品、婴幼儿配方乳粉生产企业应当按照注册或者备案的产品配方、生产工艺等技术要求组织生产。

第八十三条　生产保健食品，特殊医学用途配方食品、婴幼儿配方食品和其他专供特定人群的主辅食品的企业，应当按照良好生产规范的要求建立与所生产食品相适应的生产质量管理体系，定期对该体系的运行情况进行自查，保证其有效运行，并向所在地县级人民政府食品药品监督管理部门提交自查报告。

# 第五章　食品检验

第八十四条　食品检验机构按照国家有关认证认可的规定取得资质认定后，方可从事食品检验活动。但是，法律另有规定的除外。

食品检验机构的资质认定条件和检验规范，由国务院食品药品监督管理部门规定。

符合本法规定的食品检验机构出具的检验报告具有同等效力。

县级以上人民政府应当整合食品检验资源，实现资源共享。

第八十五条　食品检验由食品检验机构指定的检验人独立进行。

检验人应当依照有关法律、法规的规定，并按照食品安全标准和检验规范对食品进行检验，尊重科学，恪守职业道德，保证出具的检验数据和结论客观、公正，不得出具虚假检验报告。

第八十六条　食品检验实行食品检验机构与检验人负责制。食品检验报告应当加盖食品检验机构公章，并有检验人的签名或者盖章。食品检验机构和检验人对出具的食品检验报告负责。

第八十七条　县级以上人民政府食品药品监督管理部门应当对食品进行定期或者不定期的抽样检验，并依据有关规定公布检验结果，不得免检。进行抽样检验，应当购买抽取的样品，委托符合本法规定的食品检验机构进行检验，并支付相关费用；不得向食品生产经营者收取检验费和其他费用。

第八十八条　对依照本法规定实施的检验结论有异议的，食品生产经营者可以自收到检验结论之日起七个工作日内向实施抽样检验的食品药品监督管理部门或者其上一级食品药品监督管理部门提出复检申请，由受理复检申请的食品药品监督管理部门在公布的复检机构名录中随机确定复检机构进行复检。复检机构出具的复检结论为最终检验结论。复检机构与初检机构不得为同一机构。复检机构名录由国务院认证认可监督管理、食品药品监督管理、卫生行政、农业行政等部门共同公布。

采用国家规定的快速检测方法对食用农产品进行抽查检测，被抽查人对检测结果有异议的，可以自收到检测结果时起四小时内申请复检。复检不得采用快速检测方法。

第八十九条　食品生产企业可以自行对所生产的食品进行检验，也可以委托符合本法规定的食品检验机构进行检验。

食品行业协会和消费者协会等组织、消费者需要委托食品检验机构对食品进行检验的，应当委托符合本法规定的食品检验机构进行。

第九十条　食品添加剂的检验，适用本法有关食品检验的规定。

# 第六章　食品进出口

第九十一条　国家出入境检验检疫部门对进出口食品安全实施监督管理。

第九十二条　进口的食品、食品添加剂、食品相关产品应当符合我国食品安全国家标准。

进口的食品、食品添加剂应当经出入境检验检疫机构依照进出口商品检验相关法律、行政法规的规定检验合格。

进口的食品、食品添加剂应当按照国家出入境检验检疫部门的要求随附合格证明材料。

**第九十三条** 进口尚无食品安全国家标准的食品，由境外出口商、境外生产企业或者其委托的进口商向国务院卫生行政部门提交所执行的相关国家（地区）标准或者国际标准。国务院卫生行政部门对相关标准进行审查，认为符合食品安全要求的，决定暂予适用，并及时制定相应的食品安全国家标准。进口利用新的食品原料生产的食品或者进口食品添加剂新品种、食品相关产品新品种，依照本法第三十七条的规定办理。

出入境检验检疫机构按照国务院卫生行政部门的要求，对前款规定的食品、食品添加剂、食品相关产品进行检验。检验结果应当公开。

**第九十四条** 境外出口商、境外生产企业应当保证向我国出口的食品、食品添加剂、食品相关产品符合本法以及我国其他有关法律、行政法规的规定和食品安全国家标准的要求，并对标签、说明书的内容负责。

进口商应当建立境外出口商、境外生产企业审核制度，重点审核前款规定的内容；审核不合格的，不得进口。

发现进口食品不符合我国食品安全国家标准或者有证据证明可能危害人体健康的，进口商应当立即停止进口，并依照本法第六十三条的规定召回。

**第九十五条** 境外发生的食品安全事件可能对我国境内造成影响，或者在进口食品、食品添加剂、食品相关产品中发现严重食品安全问题的，国家出入境检验检疫部门应当及时采取风险预警或者控制措施，并向国务院食品药品监督管理、卫生行政、农业行政部门通报。接到通报的部门应当及时采取相应措施。

县级以上人民政府食品药品监督管理部门对国内市场上销售的进口食品、食品添加剂实施监督管理。发现存在严重食品安全问题的，国务院食品药品监督管理部门应当及时向国家出入境检验检疫部门通报。国家出入境检验检疫部门应当及时采取相应措施。

**第九十六条** 向我国境内出口食品的境外出口商或者代理商、进口食品的进口商应当向国家出入境检验检疫部门备案。向我国境内出口食品的境外食品生产企业应当经国家出入境检验检疫部门注册。已经注册的境外食品生产企业提供虚假材料，或者因其自身的原因致使进口食品发生重大食品安全事故的，国家出入境检验检疫部门应当撤销注册并公告。

国家出入境检验检疫部门应当定期公布已经备案的境外出口商、代理商、进口商和已经注册的境外食品生产企业名单。

**第九十七条** 进口的预包装食品、食品添加剂应当有中文标签；依法应当有说明书的，还应当有中文说明书。标签、说明书应当符合本法以及我国其他有关法律、行政法规的规定和食品安全国家标准的要求，并载明食品的原产地以及境内代理商的名称、地址、联系方式。预包装食品没有中文标签、中文说明书或者标签、说明书不符合本条规定的，不得进口。

**第九十八条** 进口商应当建立食品、食品添加剂进口和销售记录制度，如实记录食品、食品添加剂的名称、规格、数量、生产日期、生产或者进口批号、保质期、境外出口商和购货者名称、地址及联系方式、交货日期等内容，并保存相关凭证。记录和凭证保存期限应当符合本法第五十条第二款的规定。

**第九十九条** 出口食品生产企业应当保证其出口食品符合进口国（地区）的标准或者合同要求。

出口食品生产企业和出口食品原料种植、养殖场应当向国家出入境检验检疫部门备案。

**第一百条** 国家出入境检验检疫部门应当收集、汇总下列进出口食品安全信息，并及时通报相关部门、机构和企业：

（一）出入境检验检疫机构对进出口食品实施检验检疫发现的食品安全信息；

（二）食品行业协会和消费者协会等组织、消费者反映的进口食品安全信息；

（三）国际组织、境外政府机构发布的风险预警信息及其他食品安全信息，以及境外食品行业协会等组织、消费者反映的食品安全信息；

（四）其他食品安全信息。

国家出入境检验检疫部门应当对进出口食品的进口商、出口商和出口食品生产企业实施信用管理，建立信用记录，并依法向社会公布。对有不良记录的进口商、出口商和出口食品生产企业，应当加强对其进出口食品的检验检疫。

**第一百零一条** 国家出入境检验检疫部门可以对向我国境内出口食品的国家（地区）的食品安全管理体系和食品安全状况进行评估和审查，并根据评估和审查结果，确定相应检验检疫要求。

# 第七章　食品安全事故处置

**第一百零二条** 国务院组织制定国家食品安全事故应急预案。

县级以上地方人民政府应当根据有关法律、法规的规定和上级人民政府的食品安全事故应急预案以及本行政区域的实际情况，制定本行政区域的食品安全事故应急预案，并报上一级人民政府备案。

食品安全事故应急预案应当对食品安全事故分级、事故处置组织指挥体系与职责、预防预警机制、处置程序、应急保障措施等作出规定。

食品生产经营企业应当制定食品安全事故处置方案，定期检查本企业各项食品安全防范措施的落实情况，及时消除事故隐患。

**第一百零三条**　发生食品安全事故的单位应当立即采取措施，防止事故扩大。事故单位和接收病人进行治疗的单位应当及时向事故发生地县级人民政府食品药品监督管理、卫生行政部门报告。

县级以上人民政府质量监督、农业行政等部门在日常监督管理中发现食品安全事故或者接到事故举报，应当立即向同级食品药品监督管理部门通报。

发生食品安全事故，接到报告的县级人民政府食品药品监督管理部门应当按照应急预案的规定向本级人民政府和上级人民政府食品药品监督管理部门报告。县级人民政府和上级人民政府食品药品监督管理部门应当按照应急预案的规定上报。

任何单位和个人不得对食品安全事故隐瞒、谎报、缓报，不得隐匿、伪造、毁灭有关证据。

**第一百零四条**　医疗机构发现其接收的病人属于食源性疾病病人或者疑似病人的，应当按照规定及时将相关信息向所在地县级人民政府卫生行政部门报告。县级人民政府卫生行政部门认为与食品安全有关的，应当及时通报同级食品药品监督管理部门。

县级以上人民政府卫生行政部门在调查处理传染病或者其他突发公共卫生事件中发现与食品安全相关的信息，应当及时通报同级食品药品监督管理部门。

**第一百零五条**　县级以上人民政府食品药品监督管理部门接到食品安全事故的报告后，应当立即会同同级卫生行政、质量监督、农业行政等部门进行调查处理，并采取下列措施，防止或者减轻社会危害：

（一）开展应急救援工作，组织救治因食品安全事故导致人身伤害的人员；

（二）封存可能导致食品安全事故的食品及其原料，并立即进行检验；对确认属于被污染的食品及其原料，责令食品生产经营者依照本法第六十三条的规定召回或者停止经营；

（三）封存被污染的食品相关产品，并责令进行清洗消毒；

（四）做好信息发布工作，依法对食品安全事故及其处理情况进行发布，并对可能产生的危害加以解释、说明。

发生食品安全事故需要启动应急预案的，县级以上人民政府应当立即成立事故处置指挥机构，启动应急预案，依照前款和应急预案的规定进行处置。

发生食品安全事故，县级以上疾病预防控制机构应当对事故现场进行卫生处理，并对与事故有关的因素开展流行病学调查，有关部门应当予以协助。县级以上疾病预防控制机构应当向同级食品药品监督管理、卫生行政部门提交流行病学调查报告。

**第一百零六条**　发生食品安全事故，设区的市级以上人民政府食品药品监督管理部门应当立即会同有关部门进行事故责任调查，督促有关部门履行职责，向本级人民政府和上一级人民政府食品药品监督管理部门提出事故责任调查处理报告。

涉及两个以上省、自治区、直辖市的重大食品安全事故由国务院食品药品监督管理部门依照前款规定组织事故责任调查。

**第一百零七条**　调查食品安全事故，应当坚持实事求是、尊重科学的原则，及时、准确查清事故性质和原因，认定事故责任，提出整改措施。

调查食品安全事故，除了查明事故单位的责任，还应当查明有关监督管理部门、食品检验机构、认证机构及其工作人员的责任。

**第一百零八条**　食品安全事故调查部门有权向有关单位和个人了解与事故有关的情况，并要求提供相关资料和样品。有关单位和个人应当予以配合，按照要求提供相关资料和样品，不得拒绝。

任何单位和个人不得阻挠、干涉食品安全事故的调查处理。

# 第八章　监督管理

**第一百零九条**　县级以上人民政府食品药品监督管理、质量监督部门根据食品安全风险监测、风险评估结果和食品安全状况等，确定监督管理的重点、方式和频次，实施风险分级管理。

县级以上地方人民政府组织本级食品药品监督管理、质量监督、农业行政等部门制定本行政区域的食品安全年度监督管理计划，向社会公布并组织实施。

食品安全年度监督管理计划应当将下列事项作为监督管理的重点：

（一）专供婴幼儿和其他特定人群的主辅食品；

（二）保健食品生产过程中的添加行为和按照注册或者备案的技术要求组织生产的情况，保健食品标签、说明书以及宣传材料中有关功能宣传的情况；

（三）发生食品安全事故风险较高的食品生产经营者；

（四）食品安全风险监测结果表明可能存在食品安全隐患的事项。

**第一百一十条** 县级以上人民政府食品药品监督管理、质量监督部门履行各自食品安全监督管理职责，有权采取下列措施，对生产经营者遵守本法的情况进行监督检查：

（一）进入生产经营场所实施现场检查；

（二）对生产经营的食品、食品添加剂、食品相关产品进行抽样检验；

（三）查阅、复制有关合同、票据、账簿以及其他有关资料；

（四）查封、扣押有证据证明不符合食品安全标准或者有证据证明存在安全隐患以及用于违法生产经营的食品、食品添加剂、食品相关产品；

（五）查封违法从事生产经营活动的场所。

**第一百一十一条** 对食品安全风险评估结果证明食品存在安全隐患，需要制定、修订食品安全标准的，在制定、修订食品安全标准前，国务院卫生行政部门应当及时会同国务院有关部门规定食品中有害物质的临时限量值和临时检验方法，作为生产经营和监督管理的依据。

**第一百一十二条** 县级以上人民政府食品药品监督管理部门在食品安全监督管理工作中可以采用国家规定的快速检测方法对食品进行抽查检测。

对抽查检测结果表明可能不符合食品安全标准的食品，应当依照本法第八十七条的规定进行检验。抽查检测结果确定有关食品不符合食品安全标准的，可以作为行政处罚的依据。

**第一百一十三条** 县级以上人民政府食品药品监督管理部门应当建立食品生产经营者食品安全信用档案，记录许可颁发、日常监督检查结果、违法行为查处等情况，依法向社会公布并实时更新；对有不良信用记录的食品生产经营者增加监督检查频次，对违法行为情节严重的食品生产经营者，可以通报投资主管部门、证券监督管理机构和有关的金融机构。

**第一百一十四条** 食品生产经营过程中存在食品安全隐患，未及时采取措施消除的，县级以上人民政府食品药品监督管理部门可以对食品生产经营者的法定代表人或者主要负责人进行责任约谈。食品生产经营者应当立即采取措施，进行整改，消除隐患。责任约谈情况和整改情况应当纳入食品生产经营者食品安全信用档案。

**第一百一十五条** 县级以上人民政府食品药品监督管理、质量监督等部门应当公布本部门的电子邮件地址或者电话，接受咨询、投诉、举报。接到咨询、投诉、举报，对属于本部门职责的，应当受理并在法定期限内及时答复、核实、处理；对不属于本部门职责的，应当移交有权处理的部门并书面通知咨询、投诉、举报人。有权处理的部门应当在法定期限内及时处理，不得推诿。对查证属实的举报，给予举报人奖励。

有关部门应当对举报人的信息予以保密，保护举报人的合法权益。举报人举报所在企业的，该企业不得以解除、变更劳动合同或者其他方式对举报人进行打击报复。

**第一百一十六条** 县级以上人民政府食品药品监督管理、质量监督等部门应当加强对执法人员食品安全法律、法规、标准和专业知识与执法能力等的培训，并组织考核。不具备相应知识和能力的，不得从事食品安全执法工作。

食品生产经营者、食品行业协会、消费者协会等发现食品安全执法人员在执法过程中有违反法律、法规规定的行为以及不规范执法行为的，可以向本级或者上级人民政府食品药品监督管理、质量监督等部门或者监察机关投诉、举报。接到投诉、举报的部门或者机关应当进行核实，并将经核实的情况向食品安全执法人员所在部门通报；涉嫌违法违纪的，按照本法和有关规定处理。

**第一百一十七条** 县级以上人民政府食品药品监督管理等部门未及时发现食品安全系统性风险，未及时消除监督管理区域内的食品安全隐患的，本级人民政府可以对其主要负责人进行责任约谈。

地方人民政府未履行食品安全职责，未及时消除区域性重大食品安全隐患的，上级人民政府可以对其主要负责人进行责任约谈。

被约谈的食品药品监督管理等部门、地方人民政府应当立即采取措施，对食品安全监督管理工作进行整改。

责任约谈情况和整改情况应当纳入地方人民政府和有关部门食品安全监督管理工作评议、考核记录。

**第一百一十八条** 国家建立统一的食品安全信息平台，实行食品安全信息统一公布制度。国家食品安全总体情况、食品安全风险警示信息、重大食品安全事故及其调查处理信息和国务院确定需要统一公布的其他信息由国务院食品药品监督管理部门统一公布。食品安全风险警示信息和重大食品安全事故及其调查处理信息的影响限于特定区域的，也可以由有关省、自治区、直辖市人民政府食品药品监督管理部门公布。未经授权不得发布上述信息。

县级以上人民政府食品药品监督管理、质量监督、农业行政部门依据各自职责公布食品安全日常监督管理信息。

公布食品安全信息，应当做到准确、及时，并进行必要的解释说明，避免误导消费者和社会舆论。

**第一百一十九条**　县级以上地方人民政府食品药品监督管理、卫生行政、质量监督、农业行政部门获知本法规定需要统一公布的信息，应当向上级主管部门报告，由上级主管部门立即报告国务院食品药品监督管理部门；必要时，可以直接向国务院食品药品监督管理部门报告。

县级以上人民政府食品药品监督管理、卫生行政、质量监督、农业行政部门应当相互通报获知的食品安全信息。

**第一百二十条**　任何单位和个人不得编造、散布虚假食品安全信息。

县级以上人民政府食品药品监督管理部门发现可能误导消费者和社会舆论的食品安全信息，应当立即组织有关部门、专业机构、相关食品生产经营者等进行核实、分析，并及时公布结果。

**第一百二十一条**　县级以上人民政府食品药品监督管理、质量监督等部门发现涉嫌食品安全犯罪的，应当按照有关规定及时将案件移送公安机关。对移送的案件，公安机关应当及时审查；认为有犯罪事实需要追究刑事责任的，应当立案侦查。

公安机关在食品安全犯罪案件侦查过程中认为没有犯罪事实，或者犯罪事实显著轻微，不需要追究刑事责任，但依法应当追究行政责任的，应当及时将案件移送食品药品监督管理、质量监督等部门和监察机关，有关部门应当依法处理。

公安机关商请食品药品监督管理、质量监督、环境保护等部门提供检验结论、认定意见以及对涉案物品进行无害化处理等协助的，有关部门应当及时提供，予以协助。

# 第九章　法律责任

**第一百二十二条**　违反本法规定，未取得食品生产经营许可从事食品生产经营活动，或者未取得食品添加剂生产许可从事食品添加剂生产活动的，由县级以上人民政府食品药品监督管理部门没收违法所得和违法生产经营的食品、食品添加剂以及用于违法生产经营的工具、设备、原料等物品；违法生产经营的食品、食品添加剂货值金额不足一万元的，并处五万元以上十万元以下罚款；货值金额一万元以上的，并处货值金额十倍以上二十倍以下罚款。

明知从事前款规定的违法行为，仍为其提供生产经营场所或者其他条件的，由县级以上人民政府食品药品监督管理部门责令停止违法行为，没收违法所得，并处五万元以上十万元以下罚款；使消费者的合法权益受到损害的，应当与食品、食品添加剂生产经营者承担连带责任。

**第一百二十三条**　违反本法规定，有下列情形之一，尚不构成犯罪的，由县级以上人民政府食品药品监督管理部门没收违法所得和违法生产经营的食品，并可以没收用于违法生产经营的工具、设备、原料等物品；违法生产经营的食品货值金额不足一万元的，并处十万元以上十五万元以下罚款；货值金额一万元以上的，并处货值金额十五倍以上三十倍以下罚款；情节严重的，吊销许可证，并可以由公安机关对其直接负责的主管人员和其他直接责任人员处五日以上十五日以下拘留：

（一）用非食品原料生产食品、在食品中添加食品添加剂以外的化学物质和其他可能危害人体健康的物质，或者用回收食品作为原料生产食品，或者经营上述食品；

（二）生产经营营养成分不符合食品安全标准的专供婴幼儿和其他特定人群的主辅食品；

（三）经营病死、毒死或者死因不明的禽、畜、兽、水产动物肉类，或者生产经营其制品；

（四）经营未按规定进行检验或者检疫不合格的肉类，或者生产经营未经检验或者检验不合格的肉类制品；

（五）生产经营国家为防病等特殊需要明令禁止生产经营的食品；

（六）生产经营添加药品的食品。

明知从事前款规定的违法行为，仍为其提供生产经营场所或者其他条件的，由县级以上人民政府食品药品监督管理部门责令停止违法行为，没收违法所得，并处十万元以上二十万元以下罚款；使消费者的合法权益受到损害的，应当与食品生产经营者承担连带责任。

违法使用剧毒、高毒农药的，除依照有关法律、法规规定给予处罚外，可以由公安机关依照第一款规定给予拘留。

**第一百二十四条** 违反本法规定，有下列情形之一，尚不构成犯罪的，由县级以上人民政府食品药品监督管理部门没收违法所得和违法生产经营的食品、食品添加剂，并可以没收用于违法生产经营的工具、设备、原料等物品；违法生产经营的食品、食品添加剂货值金额不足一万元的，并处五万元以上十万元以下罚款；货值金额一万元以上的，并处货值金额十倍以上二十倍以下罚款；情节严重的，吊销许可证：

（一）生产经营致病性微生物，农药残留、兽药残留、生物毒素、重金属等污染物质以及其他危害人体健康的物质含量超过食品安全标准限量的食品、食品添加剂；

（二）用超过保质期的食品原料、食品添加剂生产食品、食品添加剂，或者经营上述食品、食品添加剂；

（三）生产经营超范围、超限量使用食品添加剂的食品；

（四）生产经营腐败变质、油脂酸败、霉变生虫、污秽不洁、混有异物、掺假掺杂或者感官性状异常的食品、食品添加剂；

（五）生产经营标注虚假生产日期、保质期或者超过保质期的食品、食品添加剂；

（六）生产经营未按规定注册的保健食品、特殊医学用途配方食品、婴幼儿配方乳粉，或者未按注册的产品配方、生产工艺等技术要求组织生产；

（七）以分装方式生产婴幼儿配方乳粉，或者同一企业以同一配方生产不同品牌的婴幼儿配方乳粉；

（八）利用新的食品原料生产食品，或者生产食品添加剂新品种，未通过安全性评估；

（九）食品生产经营者在食品药品监督管理部门责令其召回或者停止经营后，仍拒不召回或者停止经营。

除前款和本法第一百二十三条、第一百二十五条规定的情形外，生产经营不符合法律、法规或者食品安全标准的食品、食品添加剂的，依照前款规定给予处罚。

生产食品相关产品新品种，未通过安全性评估，或者生产不符合食品安全标准的食品相关产品的，由县级以上人民政府质量监督部门依照第一款规定给予处罚。

**第一百二十五条** 违反本法规定，有下列情形之一的，由县级以上人民政府食品药品监督管理部门没收违法所得和违法生产经营的食品、食品添加剂，并可以没收用于违法生产经营的工具、设备、原料等物品；违法生产经营的食品、食品添加剂货值金额不足一万元的，并处五千元以上五万元以下罚款；货值金额一万元以上的，并处货值金额五倍以上十倍以下罚款；情节严重的，责令停产停业，直至吊销许可证：

（一）生产经营被包装材料、容器、运输工具等污染的食品、食品添加剂；

（二）生产经营无标签的预包装食品、食品添加剂或者标签、说明书不符合本法规定的食品、食品添加剂；

（三）生产经营转基因食品未按规定进行标示；

（四）食品生产经营者采购或者使用不符合食品安全标准的食品原料、食品添加剂、食品相关产品。

生产经营的食品、食品添加剂的标签、说明书存在瑕疵但不影响食品安全且不会对消费者造成误导的，由县级以上人民政府食品药品监督管理部门责令改正；拒不改正的，处二千元以下罚款。

**第一百二十六条** 违反本法规定，有下列情形之一的，由县级以上人民政府食品药品监督管理部门责令改正，给予警告；拒不改正的，处五千元以上五万元以下罚款；情节严重的，责令停产停业，直至吊销许可证：

（一）食品、食品添加剂生产者未按规定对采购的食品原料和生产的食品、食品添加剂进行检验；

（二）食品生产经营企业未按规定建立食品安全管理制度，或者未按规定配备或者培训、考核食品安全管理人员；

（三）食品、食品添加剂生产经营者进货时未查验许可证和相关证明文件，或者未按规定建立并遵守进货查验记录、出厂检验记录和销售记录制度；

（四）食品生产经营企业未制定食品安全事故处置方案；

（五）餐具、饮具和盛放直接入口食品的容器，使用前未经洗净、消毒或者清洗消毒不合格，或者餐饮服务设施、设备未按规定定期维护、清洗、校验；

（六）食品生产经营者安排未取得健康证明或者患有国务院卫生行政部门规定的有碍食品安全疾病的人员从事接触直接入口食品的工作；

（七）食品经营者未按规定要求销售食品；

（八）保健食品生产企业未按规定向食品药品监督管理部门备案，或者未按备案的产品配方、生产工艺等技术要求组织生产；

（九）婴幼儿配方食品生产企业未将食品原料、食品添加剂、产品配方、标签等向食品药品监督管理部门备案；

（十）特殊食品生产企业未按规定建立生产质量管理体系并有效运行，或者未定期提交自查报告；

（十一）食品生产经营者未定期对食品安全状况进行检查评价，或者生产经营条件发生变化，未按规定处理；

（十二）学校、托幼机构、养老机构、建筑工地等集中用餐单位未按规定履行食品安全管理责任；

（十三）食品生产企业、餐饮服务提供者未按规定制定、实施生产经营过程控制要求。

餐具、饮具集中消毒服务单位违反本法规定用水，使用洗涤剂、消毒剂，或者出厂的餐具、饮具未按规定检验合格并随附消毒合格证明，或者未按规定在独立包装上标注相关内容的，由县级以上人民政府卫生行政部门依照前款规定给予处罚。

食品相关产品生产者未按规定对生产的食品相关产品进行检验的，由县级以上人民政府质量监督部门依照第一款规定给予处罚。

食用农产品销售者违反本法第六十五条规定的，由县级以上人民政府食品药品监督管理部门依照第一款规定给予处罚。

**第一百二十七条**　对食品生产加工小作坊、食品摊贩等的违法行为的处罚，依照省、自治区、直辖市制定的具体管理办法执行。

**第一百二十八条**　违反本法规定，事故单位在发生食品安全事故后未进行处置、报告的，由有关主管部门按照各自职责分工责令改正，给予警告；隐匿、伪造、毁灭有关证据的，责令停产停业，没收违法所得，并处十万元以上五十万元以下罚款；造成严重后果的，吊销许可证。

**第一百二十九条**　违反本法规定，有下列情形之一的，由出入境检验检疫机构依照本法第一百二十四条的规定给予处罚：

（一）提供虚假材料，进口不符合我国食品安全国家标准的食品、食品添加剂、食品相关产品；

（二）进口尚无食品安全国家标准的食品，未提交所执行的标准并经国务院卫生行政部门审查，或者进口利用新的食品原料生产的食品或者进口食品添加剂新品种、食品相关产品新品种，未通过安全性评估；

（三）未遵守本法的规定出口食品；

（四）进口商在有关主管部门责令其依照本法规定召回进口的食品后，仍拒不召回。

违反本法规定，进口商未建立并遵守食品、食品添加剂进口和销售记录制度、境外出口商或者生产企业审核制度的，由出入境检验检疫机构依照本法第一百二十六条的规定给予处罚。

**第一百三十条**　违反本法规定，集中交易市场的开办者、柜台出租者、展销会的举办者允许未依法取得许可的食品经营者进入市场销售食品，或者未履行检查、报告等义务的，由县级以上人民政府食品药品监督管理部门责令改正，没收违法所得，并处五万元以上二十万元以下罚款；造成严重后果的，责令停业，直至由原发证部门吊销许可证；使消费者的合法权益受到损害的，应当与食品经营者承担连带责任。

食用农产品批发市场违反本法第六十四条规定的，依照前款规定承担责任。

**第一百三十一条**　违反本法规定，网络食品交易第三方平台提供者未对入网食品经营者进行实名登记、审查许可证，或者未履行报告、停止提供网络交易平台服务等义务的，由县级以上人民政府食品药品监督管理部门责令改正，没收违法所得，并处五万元以上二十万元以下罚款；造成严重后果的，责令停业，直至由原发证部门吊销许可证；使消费者的合法权益受到损害的，应当与食品经营者承担连带责任。

消费者通过网络食品交易第三方平台购买食品，其合法权益受到损害的，可以向入网食品经营者或者食品生产者要求赔偿。网络食品交易第三方平台提供者不能提供入网食品经营者的真实名称、地址和有效联系方式的，由网络食品交易第三方平台提供者赔偿。网络食品交易第三方平台提供者赔偿后，有权向入网食品经营者或者食品生产者追偿。网络食品交易第三方平台提供者作出更有利于消费者承诺的，应当履行其承诺。

**第一百三十二条**　违反本法规定，未按要求进行食品贮存、运输和装卸的，由县级以上人民政府食品药品监督管理等部门按照各自职责分工责令改正，给予警告；拒不改正的，责令停产停业，并处一万元以上五万元以下罚款；情节严重的，吊销许可证。

**第一百三十三条**　违反本法规定，拒绝、阻挠、干涉有关部门、机构及其工作人员依法开展食品安全监督检查、事故调查处理、风险监测和风险评估的，由有关主管部门按照各自职责分工责令停产停业，并处二千元以上五万元以下罚款；情节严重的，吊销许可证；构成违反治安管理行为的，由公安机关依法给予治安管理处罚。

违反本法规定，对举报人以解除、变更劳动合同或者其他方式打击报复的，应当依照有关法律的规定承担责任。

**第一百三十四条**　食品生产经营者在一年内累计三次因违反本法规定受到责令停产停业、吊销许可证以外处罚的，由食品药品监督管理部门责令停产停业，直至吊销许可证。

**第一百三十五条**　被吊销许可证的食品生产经营者及其法定代表人、直接负责的主管人员和其他直接责任人员自处罚决定作出之日起五年内不得申请食品生产经营许可，或者从事食品生产经营企业食品安全管理人员。

因食品安全犯罪被判处有期徒刑以上刑罚的，终身不得从事食品生产经营管理工作，也不得担任食品生产经营企业食品安全管理人员。

食品生产经营者聘用人员违反前两款规定的，由县级以上人民政府食品药品监督管理部门吊销许可证。

**第一百三十六条**　食品经营者履行了本法规定的进货查验等义务，有充分证据证明其不知道所采购的食品不符合食品安全标准，并能如实说明其进货来源的，可以免予处罚，但应当依法没收其不符合食品安全标准的食品；造成人身、财产或者其他损害的，依法承担赔偿责任。

**第一百三十七条**　违反本法规定，承担食品安全风险监测、风险评估工作的技术机构、技术人员提供虚假监测、评估信息的，依法对技术机构直接负责的主管人员和技术人员给予撤职、开除处分；有执业资格的，由授予其资格的主管部门吊销执业证书。

**第一百三十八条**　违反本法规定，食品检验机构、食品检验人员出具虚假检验报告的，由授予其资质的主管部门或者机构撤销该食品检验机构的检验资质，没收所收取的检验费用，并处检验费用五倍以上十倍以下罚款，检验费用不足一万元的，并处五万元以上十万元以下罚款；依法对食品检验机构直接负责的主管人员和食品检验人员给予撤职或者开除处分；导致发生重大食品安全事故的，对直接负责的主管人员和食品检验人员给予开除处分。

违反本法规定，受到开除处分的食品检验机构人员，自处分决定作出之日起十年内不得从事食品检验工作；因食品安全违法行为受到刑事处罚或者因出具虚假检验报告导致发生重大食品安全事故受到开除处分的食品检验机构人员，终身不得从事食品检验工作。食品检验机构聘用不得从事食品检验工作的人员的，由授予其资质的主管部门或者机构撤销该食品检验机构的检验资质。

食品检验机构出具虚假检验报告，使消费者的合法权益受到损害的，应当与食品生产经营者承担连带责任。

**第一百三十九条**　违反本法规定，认证机构出具虚假认证结论，由认证认可监督管理部门没收所收取的认证费用，并处认证费用五倍以上十倍以下罚款，认证费用不足一万元的，并处五万元以上十万元以下罚款；情节严重的，责令停业，直至撤销认证机构批准文件，并向社会公布；对直接负责的主管人员和负有直接责任的认证人员，撤销其执业资格。

认证机构出具虚假认证结论，使消费者的合法权益受到损害的，应当与食品生产经营者承担连带责任。

**第一百四十条**　违反本法规定，在广告中对食品作虚假宣传，欺骗消费者，或者发布未取得批准文件、广告内容与批准文件不一致的保健食品广告的，依照《中华人民共和国广告法》的规定给予处罚。

广告经营者、发布者设计、制作、发布虚假食品广告，使消费者的合法权益受到损害的，应当与食品生产经营者承担连带责任。

社会团体或者其他组织、个人在虚假广告或者其他虚假宣传中向消费者推荐食品，使消费者的合法权益受到损害的，应当与食品生产经营者承担连带责任。

违反本法规定，食品药品监督管理等部门、食品检验机构、食品行业协会以广告或者其他形式向消费者推荐食品，消费者组织以收取费用或者其他牟取利益的方式向消费者推荐食品的，由有关主管部门没收违法所得，依法对直接负责的主管人员和其他直接责任人员给予记大过、降级或者撤职处分；情节严重的，给予开除处分。

对食品作虚假宣传且情节严重的，由省级以上人民政府食品药品监督管理部门决定暂停销售该食品，并向社会公布；仍然销售该食品的，由县级以上人民政府食品药品监督管理部门没收违法所得和违法销售的食品，并处二万元以上五万元以下罚款。

**第一百四十一条**　违反本法规定，编造、散布虚假食品安全信息，构成违反治安管理行为的，由公安机关依法给予治安管理处罚。

媒体编造、散布虚假食品安全信息的，由有关主管部门依法给予处罚，并对直接负责的主管人员和其他直接责任人员给予处分；使公民、法人或者其他组织的合法权益受到损害的，依法承担消除影响、恢复名誉、赔偿损失、赔礼道歉等民事责任。

**第一百四十二条**　违反本法规定，县级以上地方人民政府有下列行为之一的，对直接负责的主管人员和其他直接责任人员给予记大过处分；情节较重的，给予降级或者撤职处分；情节严重的，给予开除处分；造成严重后果的，其主要负责人还应当引咎辞职：

（一）对发生在本行政区域内的食品安全事故，未及时组织协调有关部门开展有效处置，造成不良影响或者损失；

（二）对本行政区域内涉及多环节的区域性食品安全问题，未及时组织整治，造成不良影响或者损失；

（三）隐瞒、谎报、缓报食品安全事故；

（四）本行政区域内发生特别重大食品安全事故，或者连续发生重大食品安全事故。

**第一百四十三条**　违反本法规定，县级以上地方人民政府有下列行为之一的，对直接负责的主管人员和其他直接责任人员给予警告、记过或者记大过处分；造成严重后果的，给予降级或者撤职处分：

（一）未确定有关部门的食品安全监督管理职责，未建立健全食品安全全程监督管理工作机制和信息共享机制，未落实食品安全监督管理责任制；

（二）未制定本行政区域的食品安全事故应急预案，或者发生食品安全事故后未按规定立即成立事故处置指挥机构、启动应急预案。

**第一百四十四条**　违反本法规定，县级以上人民政府食品药品监督管理、卫生行政、质量监督、农业行政等部门有下列行为之一的，对直接负责的主管人员和其他直接责任人员给予记大过处分；情节较重的，给予降级或者撤职处分；情节严重的，给予开除处分；造成严重后果的，其主要负责人还应当引咎辞职：

（一）隐瞒、谎报、缓报食品安全事故；

（二）未按规定查处食品安全事故，或者接到食品安全事故报告未及时处理，造成事故扩大或者蔓延；

（三）经食品安全风险评估得出食品、食品添加剂、食品相关产品不安全结论后，未及时采取相应措施，造成食品安全事故或者不良社会影响；

（四）对不符合条件的申请人准予许可，或者超越法定职权准予许可；

（五）不履行食品安全监督管理职责，导致发生食品安全事故。

**第一百四十五条**　违反本法规定，县级以上人民政府食品药品监督管理、卫生行政、质量监督、农业行政等部门有下列行为之一，造成不良后果的，对直接负责的主管人员和其他直接责任人员给予警告、记过或者记大过处分；情节较重的，给予降级或者撤职处分；情节严重的，给予开除处分：

（一）在获知有关食品安全信息后，未按规定向上级主管部门和本级人民政府报告，或者未按规定相互通报；

（二）未按规定公布食品安全信息；

（三）不履行法定职责，对查处食品安全违法行为不配合，或者滥用职权、玩忽职守、徇私舞弊。

**第一百四十六条**　食品药品监督管理、质量监督等部门在履行食品安全监督管理职责过程中，违法实施检查、强制等执法措施，给生产经营者造成损失的，应当依法予以赔偿，对直接负责的主管人员和其他直接责任人员依法给予处分。

**第一百四十七条**　违反本法规定，造成人身、财产或者其他损害的，依法承担赔偿责任。生产经营者财产不足以同时承担民事赔偿责任和缴纳罚款、罚金时，先承担民事赔偿责任。

**第一百四十八条**　消费者因不符合食品安全标准的食品受到损害的，可以向经营者要求赔偿损失，也可以向生产者要求赔偿损失。接到消费者赔偿要求的生产经营者，应当实行首负责任制，先行赔付，不得推诿；属于生产者责任的，经营者赔偿后有权向生产者追偿；属于经营者责任的，生产者赔偿后有权向经营者追偿。

生产不符合食品安全标准的食品或者经营明知是不符合食品安全标准的食品，消费者除要求赔偿损失外，还可以向生产者或者经营者要求支付价款十倍或者损失三倍的赔偿金；增加赔偿的金额不足一千元的，为一千元。但是，食品的标签、说明书存在不影响食品安全且不会对消费者造成误导的瑕疵的除外。

**第一百四十九条**　违反本法规定，构成犯罪的，依法追究刑事责任。

# 第十章　附　则

**第一百五十条**　本法下列用语的含义：

食品，指各种供人食用或者饮用的成品和原料以及按照传统既是食品又是中药材的物品，但是不包括以治疗为目的的物品。

食品安全，指食品无毒、无害，符合应当有的营养要求，对人体健康不造成任何急性、亚急性或者慢性危害。

预包装食品，指预先定量包装或者制作在包装材料、容器中的食品。

食品添加剂，指为改善食品品质和色、香、味以及为防腐、保鲜和加工工艺的需要而加入食品中的人工合成或者天然物质，包括营养强化剂。

用于食品的包装材料和容器，指包装、盛放食品或者食品添加剂用的纸、竹、木、金属、搪瓷、陶瓷、塑料、橡胶、天然纤维、化学纤维、玻璃等制品和直接接触食品或者食品添加剂的涂料。

用于食品生产经营的工具、设备，指在食品或者食品添加剂生产、销售、使用过程中直接接触食品或者食品添加剂的机械、管道、传送带、容器、用具、餐具等。

用于食品的洗涤剂、消毒剂，指直接用于洗涤或者消毒食品、餐具、饮具以及直接接触食品的工具、设备或者食品包装材料和容器的物质。

食品保质期，指食品在标明的贮存条件下保持品质的期限。

食源性疾病，指食品中致病因素进入人体引起的感染性、中毒性等疾病，包括食物中毒。

食品安全事故，指食源性疾病、食品污染等源于食品，对人体健康有危害或者可能有危害的事故。

**第一百五十一条** 转基因食品和食盐的食品安全管理，本法未作规定的，适用其他法律、行政法规的规定。

**第一百五十二条** 铁路、民航运营中食品安全的管理办法由国务院食品药品监督管理部门会同国务院有关部门依照本法制定。

保健食品的具体管理办法由国务院食品药品监督管理部门依照本法制定。

食品相关产品生产活动的具体管理办法由国务院质量监督部门依照本法制定。

国境口岸食品的监督管理由出入境检验检疫机构依照本法以及有关法律、行政法规的规定实施。

军队专用食品和自供食品的食品安全管理办法由中央军事委员会依照本法制定。

**第一百五十三条** 国务院根据实际需要，可以对食品安全监督管理体制作出调整。

**第一百五十四条** 本法自 2015 年 10 月 1 日起施行。

# 中华人民共和国农产品质量安全法

(2006 年 4 月 29 日第十届全国人民代表大会常务委员会第二十一次会议通过)

## 第一章　总　则

第一条　为保障农产品质量安全，维护公众健康，促进农业和农村经济发展，制定本法。

第二条　本法所称农产品，是指来源于农业的初级产品，即在农业活动中获得的植物、动物、微生物及其产品。本法所称农产品质量安全，是指农产品质量符合保障人的健康、安全的要求。

第三条　县级以上人民政府农业行政主管部门负责农产品质量安全的监督管理工作；县级以上人民政府有关部门按照职责分工，负责农产品质量安全的有关工作。

第四条　县级以上人民政府应当将农产品质量安全管理工作纳入本级国民经济和社会发展规划，并安排农产品质量安全经费，用于开展农产品质量安全工作。

第五条　县级以上地方人民政府统一领导、协调本行政区域内的农产品质量安全工作，并采取措施，建立健全农产品质量安全服务体系，提高农产品质量安全水平。

第六条　国务院农业行政主管部门应当设立由有关方面专家组成的农产品质量安全风险评估专家委员会，对可能影响农产品质量安全的潜在危害进行风险分析和评估。

国务院农业行政主管部门应当根据农产品质量安全风险评估结果采取相应的管理措施，并将农产品质量安全风险评估结果及时通报国务院有关部门。

第七条　国务院农业行政主管部门和省、自治区、直辖市人民政府农业行政主管部门应当按照职责权限，发布有关农产品质量安全状况信息。

第八条　国家引导、推广农产品标准化生产，鼓励和支持生产优质农产品，禁止生产、销售不符合国家规定的农产品质量安全标准的农产品。

第九条　国家支持农产品质量安全科学技术研究，推行科学的质量安全管理方法，推广先进安全的生产技术。

第十条　各级人民政府及有关部门应当加强农产品质量安全知识的宣传，提高公众的农产品质量安全意识，引导农产品生产者、销售者加强质量安全管理，保障农产品消费安全。

## 第二章　农产品质量安全标准

第十一条　国家建立健全农产品质量安全标准体系。农产品质量安全标准是强制性的技术规范。

农产品质量安全标准的制定和发布，依照有关法律、行政法规的规定执行。

第十二条　制定农产品质量安全标准应当充分考虑农产品质量安全风险评估结果，并听取农产品生产者、销售者和消费者的意见，保障消费安全。

第十三条　农产品质量安全标准应当根据科学技术发展水平以及农产品质量安全的需要，及时修订。

第十四条　农产品质量安全标准由农业行政主管部门商有关部门组织实施。

## 第三章　农产品产地

第十五条　县级以上地方人民政府农业行政主管部门按照保障农产品质量安全的要求，根据农产品品种特性和生产区域大气、土壤、水体中有毒有害物质状况等因素，认为不适宜特定农产品生产的，提出禁止生产的区域，报本级人民政府批准后公布。具体办法由国务院农业行政主管部门商国务院环境保护行政主管部门制定。

农产品禁止生产区域的调整，依照前款规定的程序办理。

第十六条　县级以上人民政府应当采取措施，加强农产品基地建设，改善农产品的生产条件。

县级以上人民政府农业行政主管部门应当采取措施，推进保障农产品质量安全的标准化生产综合示范区、示范农场、养殖小区和无规定动植物疫病区的建设。

第十七条　禁止在有毒有害物质超过规定标准的区域生产、捕捞、采集食用农产品和建立农产品生产基地。

**第十八条** 禁止违反法律、法规的规定向农产品产地排放或者倾倒废水、废气、固体废物或者其他有毒有害物质。

农业生产用水和用作肥料的固体废物，应当符合国家规定的标准。

**第十九条** 农产品生产者应当合理使用化肥、农药、兽药、农用薄膜等化工产品，防止对农产品产地造成污染。

# 第四章　农产品生产

**第二十条** 国务院农业行政主管部门和省、自治区、直辖市人民政府农业行政主管部门应当制定保障农产品质量安全的生产技术要求和操作规程。县级以上人民政府农业行政主管部门应当加强对农产品生产的指导。

**第二十一条** 对可能影响农产品质量安全的农药、兽药、饲料和饲料添加剂、肥料、兽医器械，依照有关法律、行政法规的规定实行许可制度。

国务院农业行政主管部门和省、自治区、直辖市人民政府农业行政主管部门应当定期对可能危及农产品质量安全的农药、兽药、饲料和饲料添加剂、肥料等农业投入品进行监督抽查，并公布抽查结果。

**第二十二条** 县级以上人民政府农业行政主管部门应当加强对农业投入品使用的管理和指导，建立健全农业投入品的安全使用制度。

**第二十三条** 农业科研教育机构和农业技术推广机构应当加强对农产品生产者质量安全知识和技能的培训。

**第二十四条** 农产品生产企业和农民专业合作经济组织应当建立农产品生产记录，如实记载下列事项：

（一）使用农业投入品的名称、来源、用法、用量和使用、停用的日期；

（二）动物疫病、植物病虫草害的发生和防治情况；

（三）收获、屠宰或者捕捞的日期。

农产品生产记录应当保存二年。禁止伪造农产品生产记录。

国家鼓励其他农产品生产者建立农产品生产记录。

**第二十五条** 农产品生产者应当按照法律、行政法规和国务院农业行政主管部门的规定，合理使用农业投入品，严格执行农业投入品使用安全间隔期或者休药期的规定，防止危及农产品质量安全。

禁止在农产品生产过程中使用国家明令禁止使用的农业投入品。

**第二十六条** 农产品生产企业和农民专业合作经济组织，应当自行或者委托检测机构对农产品质量安全状况进行检测；经检测不符合农产品质量安全标准的农产品，不得销售。

**第二十七条** 农民专业合作经济组织和农产品行业协会对其成员应当及时提供生产技术服务，建立农产品质量安全管理制度，健全农产品质量安全控制体系，加强自律管理。

# 第五章　农产品包装和标识

**第二十八条** 农产品生产企业、农民专业合作经济组织以及从事农产品收购的单位或者个人销售的农产品，按照规定应当包装或者附加标识的，须经包装或者附加标识后方可销售。包装物或者标识上应当按照规定标明产品的品名、产地、生产者、生产日期、保质期、产品质量等级等内容；使用添加剂的，还应当按照规定标明添加剂的名称。具体办法由国务院农业行政主管部门制定。

**第二十九条** 农产品在包装、保鲜、贮存、运输中所使用的保鲜剂、防腐剂、添加剂等材料，应当符合国家有关强制性的技术规范。

**第三十条** 属于农业转基因生物的农产品，应当按照农业转基因生物安全管理的有关规定进行标识。

**第三十一条** 依法需要实施检疫的动植物及其产品，应当附具检疫合格标志、检疫合格证明。

**第三十二条** 销售的农产品必须符合农产品质量安全标准，生产者可以申请使用无公害农产品标志。农产品质量符合国家规定的有关优质农产品标准的，生产者可以申请使用相应的农产品质量标志。

禁止冒用前款规定的农产品质量标志。

# 第六章　监督检查

**第三十三条** 有下列情形之一的农产品，不得销售：

（一）含有国家禁止使用的农药、兽药或者其他化学物质的；

（二）农药、兽药等化学物质残留或者含有的重金属等有毒有害物质不符合农产品质量安全标准的；

（三）含有的致病性寄生虫、微生物或者生物毒素不符合农产品质量安全标准的；

（四）使用的保鲜剂、防腐剂、添加剂等材料不符合国家有关强制性的技术规范的；

（五）其他不符合农产品质量安全标准的。

**第三十四条**　国家建立农产品质量安全监测制度。县级以上人民政府农业行政主管部门应当按照保障农产品质量安全的要求，制定并组织实施农产品质量安全监测计划，对生产中或者市场上销售的农产品进行监督抽查。监督抽查结果由国务院农业行政主管部门或者省、自治区、直辖市人民政府农业行政主管部门按照权限予以公布。

监督抽查检测应当委托符合本法第三十五条规定条件的农产品质量安全检测机构进行，不得向被抽查人收取费用，抽取的样品不得超过国务院农业行政主管部门规定的数量。上级农业行政主管部门监督抽查的农产品，下级农业行政主管部门不得另行重复抽查。

**第三十五条**　农产品质量安全检测应当充分利用现有的符合条件的检测机构。

从事农产品质量安全检测的机构，必须具备相应的检测条件和能力，由省级以上人民政府农业行政主管部门或者其授权的部门考核合格。具体办法由国务院农业行政主管部门制定。

农产品质量安全检测机构应当依法经计量认证合格。

**第三十六条**　农产品生产者、销售者对监督抽查检测结果有异议的，可以自收到检测结果之日起五日内，向组织实施农产品质量安全监督抽查的农业行政主管部门或者其上级农业行政主管部门申请复检。

采用国务院农业行政主管部门会同有关部门认定的快速检测方法进行农产品质量安全监督抽查检测，被抽查人对检测结果有异议的，可以自收到检测结果时起四小时内申请复检。复检不得采用快速检测方法。

因检测结果错误给当事人造成损害的，依法承担赔偿责任。

**第三十七条**　农产品批发市场应当设立或者委托农产品质量安全检测机构，对进场销售的农产品质量安全状况进行抽查检测；发现不符合农产品质量安全标准的，应当要求销售者立即停止销售，并向农业行政主管部门报告。

农产品销售企业对其销售的农产品，应当建立健全进货检查验收制度；经查验不符合农产品质量安全标准的，不得销售。

**第三十八条**　国家鼓励单位和个人对农产品质量安全进行社会监督。任何单位和个人都有权对违反本法的行为进行检举、揭发和控告。有关部门收到相关的检举、揭发和控告后，应当及时处理。

**第三十九条**　县级以上人民政府农业行政主管部门在农产品质量安全监督检查中，可以对生产、销售的农产品进行现场检查，调查了解农产品质量安全的有关情况，查阅、复制与农产品质量安全有关的记录和其他资料；对经检测不符合农产品质量安全标准的农产品，有权查封、扣押。

**第四十条**　发生农产品质量安全事故时，有关单位和个人应当采取控制措施，及时向所在地乡级人民政府和县级人民政府农业行政主管部门报告；收到报告的机关应当及时处理并报上一级人民政府和有关部门。发生重大农产品质量安全事故时，农业行政主管部门应当及时通报同级食品药品监督管理部门。

**第四十一条**　县级以上人民政府农业行政主管部门在农产品质量安全监督管理中，发现有本法第三十三条所列情形之一的农产品，应当按照农产品质量安全责任追究制度的要求，查明责任人，依法予以处理或者提出处理建议。

**第四十二条**　进口的农产品必须按照国家规定的农产品质量安全标准进行检验；尚未制定有关农产品质量安全标准的，应当依法及时制定，未制定之前，可以参照国家有关部门指定的国外有关标准进行检验。

# 第七章　法律责任

**第四十三条**　农产品质量安全监督管理人员不依法履行监督职责，或者滥用职权的，依法给予行政处分。

**第四十四条**　农产品质量安全检测机构伪造检测结果的，责令改正，没收违法所得，并处五万元以上十万元以下罚款，对直接负责的主管人员和其他直接责任人员处一万元以上五万元以下罚款；情节严重的，撤销其检测资格；造成损害的，依法承担赔偿责任。

农产品质量安全检测机构出具检测结果不实，造成损害的，依法承担赔偿责任；造成重大损害的，并撤销其检测资格。

**第四十五条**　违反法律、法规规定，向农产品产地排放或者倾倒废水、废气、固体废物或者其他有毒有害物质的，依照有关环境保护法律、法规的规定处罚；造成损害的，依法承担赔偿责任。

**第四十六条**　使用农业投入品违反法律、行政法规和国务院农业行政主管部门的规定的，依照有关法律、行政法规的规定处罚。

第四十七条 农产品生产企业、农民专业合作经济组织未建立或者未按照规定保存农产品生产记录的，或者伪造农产品生产记录的，责令限期改正；逾期不改正的，可以处二千元以下罚款。

第四十八条 违反本法第二十八条规定，销售的农产品未按照规定进行包装、标识的，责令限期改正；逾期不改正的，可以处二千元以下罚款。

第四十九条 有本法第三十三条第四项规定情形，使用的保鲜剂、防腐剂、添加剂等材料不符合国家有关强制性的技术规范的，责令停止销售，对被污染的农产品进行无害化处理，对不能进行无害化处理的予以监督销毁；没收违法所得，并处二千元以上二万元以下罚款。

第五十条 农产品生产企业、农民专业合作经济组织销售的农产品有本法第三十三条第一项至第三项或者第五项所列情形之一的，责令停止销售，追回已经销售的农产品，对违法销售的农产品进行无害化处理或者予以监督销毁；没收违法所得，并处二千元以上二万元以下罚款。

农产品销售企业销售的农产品有前款所列情形的，依照前款规定处理、处罚。

农产品批发市场中销售的农产品有第一款所列情形的，对违法销售的农产品依照第一款规定处理，对农产品销售者依照第一款规定处罚。

农产品批发市场违反本法第三十七条第一款规定的，责令改正，处二千元以上二万元以下罚款。

第五十一条 违反本法第三十二条规定，冒用农产品质量标志的，责令改正，没收违法所得，并处二千元以上二万元以下罚款。

第五十二条 本法第四十四条、第四十七条至第四十九条、第五十条第一款、第四款和第五十一条规定的处理、处罚，由县级以上人民政府农业行政主管部门决定；第五十条第二款、第三款规定的处理、处罚，由工商行政管理部门决定。

法律对行政处罚及处罚机关有其他规定的，从其规定。但是，对同一违法行为不得重复处罚。

第五十三条 违反本法规定，构成犯罪的，依法追究刑事责任。

第五十四条 生产、销售本法第三十三条所列农产品，给消费者造成损害的，依法承担赔偿责任。

农产品批发市场中销售的农产品有前款规定情形的，消费者可以向农产品批发市场要求赔偿；属于生产者、销售者责任的，农产品批发市场有权追偿。消费者也可以直接向农产品生产者、销售者要求赔偿。

# 第八章 附 则

第五十五条 生猪屠宰的管理按照国家有关规定执行。

第五十六条 本法自 2006 年 11 月 1 日起施行。

# 中华人民共和国动物防疫法

(1997年7月3日第八届全国人民代表大会常务委员会第二十六次会议通过，2007年8月30日第十届全国人民代表大会常务委员会第二十九次会议修订，根据2013年6月29日第十二届全国人民代表大会常务委员会第三次会议《关于修改〈中华人民共和国文物保护法〉等十二部法律的决定》第一次修正，根据2015年4月24日第十二届全国人民代表大会常务委员会第十四次会议《关于修改〈中华人民共和国电力法〉等六部法律的决定》第二次修正)

## 第一章 总 则

**第一条** 为了加强对动物防疫活动的管理，预防、控制和扑灭动物疫病，促进养殖业发展，保护人体健康，维护公共卫生安全，制定本法。

**第二条** 本法适用于在中华人民共和国领域内的动物防疫及其监督管理活动。

进出境动物、动物产品的检疫，适用《中华人民共和国进出境动植物检疫法》。

**第三条** 本法所称动物，是指家畜家禽和人工饲养、合法捕获的其他动物。

本法所称动物产品，是指动物的肉、生皮、原毛、绒、脏器、脂、血液、精液、卵、胚胎、骨、蹄、头、角、筋以及可能传播动物疫病的奶、蛋等。

本法所称动物疫病，是指动物传染病、寄生虫病。

本法所称动物防疫，是指动物疫病的预防、控制、扑灭和动物、动物产品的检疫。

**第四条** 根据动物疫病对养殖业生产和人体健康的危害程度，本法规定管理的动物疫病分为下列三类：

（一）一类疫病，是指对人与动物危害严重，需要采取紧急、严厉的强制预防、控制、扑灭等措施的；

（二）二类疫病，是指可能造成重大经济损失，需要采取严格控制、扑灭等措施，防止扩散的；

（三）三类疫病，是指常见多发、可能造成重大经济损失，需要控制和净化的。

前款一、二、三类动物疫病具体病种名录由国务院兽医主管部门制定并公布。

**第五条** 国家对动物疫病实行预防为主的方针。

**第六条** 县级以上人民政府应当加强对动物防疫工作的统一领导，加强基层动物防疫队伍建设，建立健全动物防疫体系，制定并组织实施动物疫病防治规划。

乡级人民政府、城市街道办事处应当组织群众协助做好本管辖区域内的动物疫病预防与控制工作。

**第七条** 国务院兽医主管部门主管全国的动物防疫工作。

县级以上地方人民政府兽医主管部门主管本行政区域内的动物防疫工作。

县级以上人民政府其他部门在各自的职责范围内做好动物防疫工作。

军队和武装警察部队动物卫生监督职能部门分别负责军队和武装警察部队现役动物及饲养自用动物的防疫工作。

**第八条** 县级以上地方人民政府设立的动物卫生监督机构依照本法规定，负责动物、动物产品的检疫工作和其他有关动物防疫的监督管理执法工作。

**第九条** 县级以上人民政府按照国务院的规定，根据统筹规划、合理布局、综合设置的原则建立动物疫病预防控制机构，承担动物疫病的监测、检测、诊断、流行病学调查、疫情报告以及其他预防、控制等技术工作。

**第十条** 国家支持和鼓励开展动物疫病的科学研究以及国际合作与交流，推广先进适用的科学研究成果，普及动物防疫科学知识，提高动物疫病防治的科学技术水平。

**第十一条** 对在动物防疫工作、动物防疫科学研究中做出成绩和贡献的单位和个人，各级人民政府及有关部门给予奖励。

## 第二章 动物疫病的预防

**第十二条** 国务院兽医主管部门对动物疫病状况进行风险评估，根据评估结果制定相应的动物疫病预防、控制措施。

国务院兽医主管部门根据国内外动物疫情和保护养殖业生产及人体健康的需要，及时制定并公布动物疫病预防、控制技术规范。

**第十三条** 国家对严重危害养殖业生产和人体健康的动物疫病实施强制免疫。国务院兽医主管部门确定强制免疫的动物疫病病种和区域，并会同国务院有关部门制定国家动物疫病强制免疫计划。

省、自治区、直辖市人民政府兽医主管部门根据国家动物疫病强制免疫计划，制订本行政区域的强制免疫计划；并可以根据本行政区域内动物疫病流行情况增加实施强制免疫的动物疫病病种和区域，报本级人民政府批准后执行，并报国务院兽医主管部门备案。

**第十四条** 县级以上地方人民政府兽医主管部门组织实施动物疫病强制免疫计划。乡级人民政府、城市街道办事处应当组织本管辖区域内饲养动物的单位和个人做好强制免疫工作。

饲养动物的单位和个人应当依法履行动物疫病强制免疫义务，按照兽医主管部门的要求做好强制免疫工作。

经强制免疫的动物，应当按照国务院兽医主管部门的规定建立免疫档案，加施畜禽标识，实施可追溯管理。

**第十五条** 县级以上人民政府应当建立健全动物疫情监测网络，加强动物疫情监测。

国务院兽医主管部门应当制定国家动物疫病监测计划。省、自治区、直辖市人民政府兽医主管部门应当根据国家动物疫病监测计划，制定本行政区域的动物疫病监测计划。

动物疫病预防控制机构应当按照国务院兽医主管部门的规定，对动物疫病的发生、流行等情况进行监测；从事动物饲养、屠宰、经营、隔离、运输以及动物产品生产、经营、加工、贮藏等活动的单位和个人不得拒绝或者阻碍。

**第十六条** 国务院兽医主管部门和省、自治区、直辖市人民政府兽医主管部门应当根据对动物疫病发生、流行趋势的预测，及时发出动物疫情预警。地方各级人民政府接到动物疫情预警后，应当采取相应的预防、控制措施。

**第十七条** 从事动物饲养、屠宰、经营、隔离、运输以及动物产品生产、经营、加工、贮藏等活动的单位和个人，应当依照本法和国务院兽医主管部门的规定，做好免疫、消毒等动物疫病预防工作。

**第十八条** 种用、乳用动物和宠物应当符合国务院兽医主管部门规定的健康标准。

种用、乳用动物应当接受动物疫病预防控制机构的定期检测；检测不合格的，应当按照国务院兽医主管部门的规定予以处理。

**第十九条** 动物饲养场（养殖小区）和隔离场所，动物屠宰加工场所，以及动物和动物产品无害化处理场所，应当符合下列动物防疫条件：

（一）场所的位置与居民生活区、生活饮用水源地、学校、医院等公共场所的距离符合国务院兽医主管部门规定的标准；

（二）生产区封闭隔离，工程设计和工艺流程符合动物防疫要求；

（三）有相应的污水、污物、病死动物、染疫动物产品的无害化处理设施设备和清洗消毒设施设备；

（四）有为其服务的动物防疫技术人员；

（五）有完善的动物防疫制度；

（六）具备国务院兽医主管部门规定的其他动物防疫条件。

**第二十条** 兴办动物饲养场（养殖小区）和隔离场所，动物屠宰加工场所，以及动物和动物产品无害化处理场所，应当向县级以上地方人民政府兽医主管部门提出申请，并附具相关材料。受理申请的兽医主管部门应当依照本法和《中华人民共和国行政许可法》的规定进行审查。经审查合格的，发给动物防疫条件合格证；不合格的，应当通知申请人并说明理由。

动物防疫条件合格证应当载明申请人的名称、场（厂）址等事项。

经营动物、动物产品的集贸市场应当具备国务院兽医主管部门规定的动物防疫条件，并接受动物卫生监督机构的监督检查。

**第二十一条** 动物、动物产品的运载工具、垫料、包装物、容器等应当符合国务院兽医主管部门规定的动物防疫要求。

染疫动物及其排泄物、染疫动物产品，病死或者死因不明的动物尸体，运载工具中的动物排泄物以及垫料、包装物、容器等污染物，应当按照国务院兽医主管部门的规定处理，不得随意处置。

**第二十二条** 采集、保存、运输动物病料或者病原微生物以及从事病原微生物研究、教学、检测、诊断等活动，应当遵守国家有关病原微生物实验室管理的规定。

**第二十三条** 患有人畜共患传染病的人员不得直接从事动物诊疗以及易感染动物的饲养、屠宰、经营、隔离、运输等活动。

人畜共患传染病名录由国务院兽医主管部门会同国务院卫生主管部门制定并公布。

**第二十四条** 国家对动物疫病实行区域化管理，逐步建立无规定动物疫病区。无规定动物疫病区应当符合国务院兽医主管部门规定的标准，经国务院兽医主管部门验收合格予以公布。

本法所称无规定动物疫病区，是指具有天然屏障或者采取人工措施，在一定期限内没有发生规定的一种或者几种动物疫病，并经验收合格的区域。

**第二十五条**　禁止屠宰、经营、运输下列动物和生产、经营、加工、贮藏、运输下列动物产品：

（一）封锁疫区内与所发生动物疫病有关的；

（二）疫区内易感染的；

（三）依法应当检疫而未经检疫或者检疫不合格的；

（四）染疫或者疑似染疫的；

（五）病死或者死因不明的；

（六）其他不符合国务院兽医主管部门有关动物防疫规定的。

# 第三章　动物疫情的报告、通报和公布

**第二十六条**　从事动物疫情监测、检验检疫、疫病研究与诊疗以及动物饲养、屠宰、经营、隔离、运输等活动的单位和个人，发现动物染疫或者疑似染疫的，应当立即向当地兽医主管部门、动物卫生监督机构或者动物疫病预防控制机构报告，并采取隔离等控制措施，防止动物疫情扩散。其他单位和个人发现动物染疫或者疑似染疫的，应当及时报告。

接到动物疫情报告的单位，应当及时采取必要的控制处理措施，并按照国家规定的程序上报。

**第二十七条**　动物疫情由县级以上人民政府兽医主管部门认定；其中重大动物疫情由省、自治区、直辖市人民政府兽医主管部门认定，必要时报国务院兽医主管部门认定。

**第二十八条**　国务院兽医主管部门应当及时向国务院有关部门和军队有关部门以及省、自治区、直辖市人民政府兽医主管部门通报重大动物疫情的发生和处理情况；发生人畜共患传染病的，县级以上人民政府兽医主管部门与同级卫生主管部门应当及时相互通报。

国务院兽医主管部门应当依照我国缔结或者参加的条约、协定，及时向有关国际组织或者贸易方通报重大动物疫情的发生和处理情况。

**第二十九条**　国务院兽医主管部门负责向社会及时公布全国动物疫情，也可以根据需要授权省、自治区、直辖市人民政府兽医主管部门公布本行政区域内的动物疫情。其他单位和个人不得发布动物疫情。

**第三十条**　任何单位和个人不得瞒报、谎报、迟报、漏报动物疫情，不得授意他人瞒报、谎报、迟报动物疫情，不得阻碍他人报告动物疫情。

# 第四章　动物疫病的控制和扑灭

**第三十一条**　发生一类动物疫病时，应当采取下列控制和扑灭措施：

（一）当地县级以上地方人民政府兽医主管部门应当立即派人到现场，划定疫点、疫区、受威胁区，调查疫源，及时报请本级人民政府对疫区实行封锁。疫区范围涉及两个以上行政区域的，由有关行政区域共同的上一级人民政府对疫区实行封锁，或者由各有关行政区域的上一级人民政府共同对疫区实行封锁。必要时，上级人民政府可以责成下级人民政府对疫区实行封锁。

（二）县级以上地方人民政府应当立即组织有关部门和单位采取封锁、隔离、扑杀、销毁、消毒、无害化处理、紧急免疫接种等强制性措施，迅速扑灭疫病。

（三）在封锁期间，禁止染疫、疑似染疫和易感染的动物、动物产品流出疫区，禁止非疫区的易感染动物进入疫区，并根据扑灭动物疫病的需要对出入疫区的人员、运输工具及有关物品采取消毒和其他限制性措施。

**第三十二条**　发生二类动物疫病时，应当采取下列控制和扑灭措施：

（一）当地县级以上地方人民政府兽医主管部门应当划定疫点、疫区、受威胁区。

（二）县级以上地方人民政府根据需要组织有关部门和单位采取隔离、扑杀、销毁、消毒、无害化处理、紧急免疫接种、限制易感染的动物和动物产品及有关物品出入等控制、扑灭措施。

**第三十三条**　疫点、疫区、受威胁区的撤销和疫区封锁的解除，按照国务院兽医主管部门规定的标准和程序评估后，由原决定机关决定并宣布。

**第三十四条**　发生三类动物疫病时，当地县级、乡级人民政府应当按照国务院兽医主管部门的规定组织防治和净化。

第三十五条　二、三类动物疫病呈暴发性流行时，按照一类动物疫病处理。

第三十六条　为控制、扑灭动物疫病，动物卫生监督机构应当派人在当地依法设立的现有检查站执行监督检查任务；必要时，经省、自治区、直辖市人民政府批准，可以设立临时性的动物卫生监督检查站，执行监督检查任务。

第三十七条　发生人畜共患传染病时，卫生主管部门应当组织对疫区易感染的人群进行监测，并采取相应的预防、控制措施。

第三十八条　疫区内有关单位和个人，应当遵守县级以上人民政府及其兽医主管部门依法作出的有关控制、扑灭动物疫病的规定。

任何单位和个人不得藏匿、转移、盗掘已被依法隔离、封存、处理的动物和动物产品。

第三十九条　发生动物疫情时，航空、铁路、公路、水路等运输部门应当优先组织运送控制、扑灭疫病的人员和有关物资。

第四十条　一、二、三类动物疫病突然发生，迅速传播，给养殖业生产安全造成严重威胁、危害，以及可能对公众身体健康与生命安全造成危害，构成重大动物疫情的，依照法律和国务院的规定采取应急处理措施。

# 第五章　动物和动物产品的检疫

第四十一条　动物卫生监督机构依照本法和国务院兽医主管部门的规定对动物、动物产品实施检疫。

动物卫生监督机构的官方兽医具体实施动物、动物产品检疫。官方兽医应当具备规定的资格条件，取得国务院兽医主管部门颁发的资格证书，具体办法由国务院兽医主管部门会同国务院人事行政部门制定。

本法所称官方兽医，是指具备规定的资格条件并经兽医主管部门任命的，负责出具检疫等证明的国家兽医工作人员。

第四十二条　屠宰、出售或者运输动物以及出售或者运输动物产品前，货主应当按照国务院兽医主管部门的规定向当地动物卫生监督机构申报检疫。

动物卫生监督机构接到检疫申报后，应当及时指派官方兽医对动物、动物产品实施现场检疫；检疫合格的，出具检疫证明、加施检疫标志。实施现场检疫的官方兽医应当在检疫证明、检疫标志上签字或者盖章，并对检疫结论负责。

第四十三条　屠宰、经营、运输以及参加展览、演出和比赛的动物，应当附有检疫证明；经营和运输的动物产品，应当附有检疫证明、检疫标志。

对前款规定的动物、动物产品，动物卫生监督机构可以查验检疫证明、检疫标志，进行监督抽查，但不得重复检疫收费。

第四十四条　经铁路、公路、水路、航空运输动物和动物产品的，托运人托运时应当提供检疫证明；没有检疫证明的，承运人不得承运。

运载工具在装载前和卸载后应当及时清洗、消毒。

第四十五条　输入到无规定动物疫病区的动物、动物产品，货主应当按照国务院兽医主管部门的规定向无规定动物疫病区所在地动物卫生监督机构申报检疫，经检疫合格的，方可进入；检疫所需费用纳入无规定动物疫病区所在地地方人民政府财政预算。

第四十六条　跨省、自治区、直辖市引进乳用动物、种用动物及其精液、胚胎、种蛋的，应当向输入地省、自治区、直辖市动物卫生监督机构申请办理审批手续，并依照本法第四十二条的规定取得检疫证明。

跨省、自治区、直辖市引进的乳用动物、种用动物到达输入地后，货主应当按照国务院兽医主管部门的规定对引进的乳用动物、种用动物进行隔离观察。

第四十七条　人工捕获的可能传播动物疫病的野生动物，应当报经捕获地动物卫生监督机构检疫，经检疫合格的，方可饲养、经营和运输。

第四十八条　经检疫不合格的动物、动物产品，货主应当在动物卫生监督机构监督下按照国务院兽医主管部门的规定处理，处理费用由货主承担。

第四十九条　依法进行检疫需要收取费用的，其项目和标准由国务院财政部门、物价主管部门规定。

# 第六章　动物诊疗

第五十条　从事动物诊疗活动的机构，应当具备下列条件：

（一）有与动物诊疗活动相适应并符合动物防疫条件的场所；

（二）有与动物诊疗活动相适应的执业兽医；

（三）有与动物诊疗活动相适应的兽医器械和设备；

（四）有完善的管理制度。

**第五十一条**　设立从事动物诊疗活动的机构，应当向县级以上地方人民政府兽医主管部门申请动物诊疗许可证。受理申请的兽医主管部门应当依照本法和《中华人民共和国行政许可法》的规定进行审查。经审查合格的，发给动物诊疗许可证；不合格的，应当通知申请人并说明理由。

**第五十二条**　动物诊疗许可证应当载明诊疗机构名称、诊疗活动范围、从业地点和法定代表人（负责人）等事项。

动物诊疗许可证载明事项变更的，应当申请变更或者换发动物诊疗许可证。

**第五十三条**　动物诊疗机构应当按照国务院兽医主管部门的规定，做好诊疗活动中的卫生安全防护、消毒、隔离和诊疗废弃物处置等工作。

**第五十四条**　国家实行执业兽医资格考试制度。具有兽医相关专业大学专科以上学历的，可以申请参加执业兽医资格考试；考试合格的，由省、自治区、直辖市人民政府兽医主管部门颁发执业兽医资格证书；从事动物诊疗的，还应当向当地县级人民政府兽医主管部门申请注册。执业兽医资格考试和注册办法由国务院兽医主管部门商国务院人事行政部门制定。

本法所称执业兽医，是指从事动物诊疗和动物保健等经营活动的兽医。

**第五十五条**　经注册的执业兽医，方可从事动物诊疗、开具兽药处方等活动。但是，本法第五十七条对乡村兽医服务人员另有规定的，从其规定。

执业兽医、乡村兽医服务人员应当按照当地人民政府或者兽医主管部门的要求，参加预防、控制和扑灭动物疫病的活动。

**第五十六条**　从事动物诊疗活动，应当遵守有关动物诊疗的操作技术规范，使用符合国家规定的兽药和兽医器械。

**第五十七条**　乡村兽医服务人员可以在乡村从事动物诊疗服务活动，具体管理办法由国务院兽医主管部门制定。

# 第七章　监督管理

**第五十八条**　动物卫生监督机构依照本法规定，对动物饲养、屠宰、经营、隔离、运输以及动物产品生产、经营、加工、贮藏、运输等活动中的动物防疫实施监督管理。

**第五十九条**　动物卫生监督机构执行监督检查任务，可以采取下列措施，有关单位和个人不得拒绝或者阻碍：

（一）对动物、动物产品按照规定采样、留验、抽检；

（二）对染疫或者疑似染疫的动物、动物产品及相关物品进行隔离、查封、扣押和处理；

（三）对依法应当检疫而未经检疫的动物实施补检；

（四）对依法应当检疫而未经检疫的动物产品，具备补检条件的实施补检，不具备补检条件的予以没收销毁；

（五）查验检疫证明、检疫标志和畜禽标识；

（六）进入有关场所调查取证，查阅、复制与动物防疫有关的资料。

动物卫生监督机构根据动物疫病预防、控制需要，经当地县级以上地方人民政府批准，可以在车站、港口、机场等相关场所派驻官方兽医。

**第六十条**　官方兽医执行动物防疫监督检查任务，应当出示行政执法证件，佩戴统一标志。

动物卫生监督机构及其工作人员不得从事与动物防疫有关的经营性活动，进行监督检查不得收取任何费用。

**第六十一条**　禁止转让、伪造或者变造检疫证明、检疫标志或者畜禽标识。

检疫证明、检疫标志的管理办法，由国务院兽医主管部门制定。

# 第八章　保障措施

**第六十二条**　县级以上人民政府应当将动物防疫纳入本级国民经济和社会发展规划及年度计划。

**第六十三条**　县级人民政府和乡级人民政府应当采取有效措施，加强村级防疫员队伍建设。

县级人民政府兽医主管部门可以根据动物防疫工作需要，向乡、镇或者特定区域派驻兽医机构。

第六十四条 县级以上人民政府按照本级政府职责，将动物疫病预防、控制、扑灭、检疫和监督管理所需经费纳入本级财政预算。

第六十五条 县级以上人民政府应当储备动物疫情应急处理工作所需的防疫物资。

第六十六条 对在动物疫病预防和控制、扑灭过程中强制扑杀的动物、销毁的动物产品和相关物品，县级以上人民政府应当给予补偿。具体补偿标准和办法由国务院财政部门会同有关部门制定。

因依法实施强制免疫造成动物应激死亡的，给予补偿。具体补偿标准和办法由国务院财政部门会同有关部门制定。

第六十七条 对从事动物疫病预防、检疫、监督检查、现场处理疫情以及在工作中接触动物疫病病原体的人员，有关单位应当按照国家规定采取有效的卫生防护措施和医疗保健措施。

# 第九章　法律责任

第六十八条 地方各级人民政府及其工作人员未依照本法规定履行职责的，对直接负责的主管人员和其他直接责任人员依法给予处分。

第六十九条 县级以上人民政府兽医主管部门及其工作人员违反本法规定，有下列行为之一的，由本级人民政府责令改正，通报批评；对直接负责的主管人员和其他直接责任人员依法给予处分：

（一）未及时采取预防、控制、扑灭等措施的；

（二）对不符合条件的颁发动物防疫条件合格证、动物诊疗许可证，或者对符合条件的拒不颁发动物防疫条件合格证、动物诊疗许可证的；

（三）其他未依照本法规定履行职责的行为。

第七十条 动物卫生监督机构及其工作人员违反本法规定，有下列行为之一的，由本级人民政府或者兽医主管部门责令改正，通报批评；对直接负责的主管人员和其他直接责任人员依法给予处分：

（一）对未经现场检疫或者检疫不合格的动物、动物产品出具检疫证明、加施检疫标志，或者对检疫合格的动物、动物产品拒不出具检疫证明、加施检疫标志的；

（二）对附有检疫证明、检疫标志的动物、动物产品重复检疫的；

（三）从事与动物防疫有关的经营性活动，或者在国务院财政部门、物价主管部门规定外加收费用、重复收费的；

（四）其他未依照本法规定履行职责的行为。

第七十一条 动物疫病预防控制机构及其工作人员违反本法规定，有下列行为之一的，由本级人民政府或者兽医主管部门责令改正，通报批评；对直接负责的主管人员和其他直接责任人员依法给予处分：

（一）未履行动物疫病监测、检测职责或者伪造监测、检测结果的；

（二）发生动物疫情时未及时进行诊断、调查的；

（三）其他未依照本法规定履行职责的行为。

第七十二条 地方各级人民政府、有关部门及其工作人员瞒报、谎报、迟报、漏报或者授意他人瞒报、谎报、迟报动物疫情，或者阻碍他人报告动物疫情的，由上级人民政府或者有关部门责令改正，通报批评；对直接负责的主管人员和其他直接责任人员依法给予处分。

第七十三条 违反本法规定，有下列行为之一的，由动物卫生监督机构责令改正，给予警告；拒不改正的，由动物卫生监督机构代作处理，所需处理费用由违法行为人承担，可以处一千元以下罚款：

（一）对饲养的动物不按照动物疫病强制免疫计划进行免疫接种的；

（二）种用、乳用动物未经检测或者经检测不合格而不按照规定处理的；

（三）动物、动物产品的运载工具在装载前和卸载后没有及时清洗、消毒的。

第七十四条 违反本法规定，对经强制免疫的动物未按照国务院兽医主管部门规定建立免疫档案、加施畜禽标识的，依照《中华人民共和国畜牧法》的有关规定处罚。

第七十五条 违反本法规定，不按照国务院兽医主管部门规定处置染疫动物及其排泄物，染疫动物产品，病死或者死因不明的动物尸体，运载工具中的动物排泄物以及垫料、包装物、容器等污染物以及其他经检疫不合格的动物、动物产品的，由动物卫生监督机构责令无害化处理，所需处理费用由违法行为人承担，可以处三千元以下罚款。

第七十六条 违反本法第二十五条规定，屠宰、经营、运输动物或者生产、经营、加工、贮藏、运输动物产品的，由动物卫生监督机构责令改正、采取补救措施，没收违法所得和动物、动物产品，并处同类检疫合格动物、动物产品货值金额一倍以上五倍以下罚款；其中依法应当检疫而未检疫的，依照本法第七十八条的规定处罚。

**第七十七条**　违反本法规定，有下列行为之一的，由动物卫生监督机构责令改正，处一千元以上一万元以下罚款；情节严重的，处一万元以上十万元以下罚款：

（一）兴办动物饲养场（养殖小区）和隔离场所，动物屠宰加工场所，以及动物和动物产品无害化处理场所，未取得动物防疫条件合格证的；

（二）未办理审批手续，跨省、自治区、直辖市引进乳用动物、种用动物及其精液、胚胎、种蛋的；

（三）未经检疫，向无规定动物疫病区输入动物、动物产品的。

**第七十八条**　违反本法规定，屠宰、经营、运输的动物未附有检疫证明，经营和运输的动物产品未附有检疫证明、检疫标志的，由动物卫生监督机构责令改正，处同类检疫合格动物、动物产品货值金额百分之十以上百分之五十以下罚款；对货主以外的承运人处运输费用一倍以上三倍以下罚款。

违反本法规定，参加展览、演出和比赛的动物未附有检疫证明的，由动物卫生监督机构责令改正，处一千元以上三千元以下罚款。

**第七十九条**　违反本法规定，转让、伪造或者变造检疫证明、检疫标志或者畜禽标识的，由动物卫生监督机构没收违法所得，收缴检疫证明、检疫标志或者畜禽标识，并处三千元以上三万元以下罚款。

**第八十条**　违反本法规定，有下列行为之一的，由动物卫生监督机构责令改正，处一千元以上一万元以下罚款：

（一）不遵守县级以上人民政府及其兽医主管部门依法作出的有关控制、扑灭动物疫病规定的；

（二）藏匿、转移、盗掘已被依法隔离、封存、处理的动物和动物产品的；

（三）发布动物疫情的。

**第八十一条**　违反本法规定，未取得动物诊疗许可证从事动物诊疗活动的，由动物卫生监督机构责令停止诊疗活动，没收违法所得；违法所得在三万元以上的，并处违法所得一倍以上三倍以下罚款；没有违法所得或者违法所得不足三万元的，并处三千元以上三万元以下罚款。

动物诊疗机构违反本法规定，造成动物疫病扩散的，由动物卫生监督机构责令改正，处一万元以上五万元以下罚款；情节严重的，由发证机关吊销动物诊疗许可证。

**第八十二条**　违反本法规定，未经兽医执业注册从事动物诊疗活动的，由动物卫生监督机构责令停止动物诊疗活动，没收违法所得，并处一千元以上一万元以下罚款。

执业兽医有下列行为之一的，由动物卫生监督机构给予警告，责令暂停六个月以上一年以下动物诊疗活动；情节严重的，由发证机关吊销注册证书：

（一）违反有关动物诊疗的操作技术规范，造成或者可能造成动物疫病传播、流行的；

（二）使用不符合国家规定的兽药和兽医器械的；

（三）不按照当地人民政府或者兽医主管部门要求参加动物疫病预防、控制和扑灭活动的。

**第八十三条**　违反本法规定，从事动物疫病研究与诊疗和动物饲养、屠宰、经营、隔离、运输，以及动物产品生产、经营、加工、贮藏等活动的单位和个人，有下列行为之一的，由动物卫生监督机构责令改正；拒不改正的，对违法行为单位处一千元以上一万元以下罚款，对违法行为个人可以处五百元以下罚款：

（一）不履行动物疫情报告义务的；

（二）不如实提供与动物防疫活动有关资料的；

（三）拒绝动物卫生监督机构进行监督检查的；

（四）拒绝动物疫病预防控制机构进行动物疫病监测、检测的。

**第八十四条**　违反本法规定，构成犯罪的，依法追究刑事责任。

违反本法规定，导致动物疫病传播、流行等，给他人人身、财产造成损害的，依法承担民事责任。

# 第十章　附　则

**第八十五条**　本法自 2008 年 1 月 1 日起施行。

# 二 行政法规

# 生猪屠宰管理条例

（1997 年 12 月 19 日中华人民共和国国务院令第 238 号发布；2007 年 12 月 19 日国务院第 201 次常务会议修订通过；2016 年 1 月 13 日国务院第 119 次常务会议修改部分条款，国务院令第 666 号公布）

## 第一章　总　则

**第一条**　为了加强生猪屠宰管理，保证生猪产品质量安全，保障人民身体健康，制定本条例。

**第二条**　国家实行生猪定点屠宰、集中检疫制度。

未经定点，任何单位和个人不得从事生猪屠宰活动。但是，农村地区个人自宰自食的除外。

在边远和交通不便的农村地区，可以设置仅限于向本地市场供应生猪产品的小型生猪屠宰场点，具体管理办法由省、自治区、直辖市制定。

**第三条**　国务院畜牧兽医行政主管部门负责全国生猪屠宰的行业管理工作。县级以上地方人民政府畜牧兽医行政主管部门负责本行政区域内生猪屠宰活动的监督管理。

县级以上人民政府有关部门在各自职责范围内负责生猪屠宰活动的相关管理工作。

**第四条**　国家根据生猪定点屠宰厂（场）的规模、生产和技术条件以及质量安全管理状况，推行生猪定点屠宰厂（场）分级管理制度，鼓励、引导、扶持生猪定点屠宰厂（场）改善生产和技术条件，加强质量安全管理，提高生猪产品质量安全水平。生猪定点屠宰厂（场）分级管理的具体办法由国务院畜牧兽医行政主管部门制定。

## 第二章　生猪定点屠宰

**第五条**　生猪定点屠宰厂（场）的设置规划（以下简称设置规划），由省、自治区、直辖市人民政府畜牧兽医行政主管部门会同环境保护主管部门以及其他有关部门，按照合理布局、适当集中、有利流通、方便群众的原则，结合本地实际情况制订，报本级人民政府批准后实施。

**第六条**　生猪定点屠宰厂（场）由设区的市级人民政府根据设置规划，组织畜牧兽医行政主管部门、环境保护主管部门以及其他有关部门，依照本条例规定的条件进行审查，经征求省、自治区、直辖市人民政府畜牧兽医行政主管部门的意见确定，并颁发生猪定点屠宰证书和生猪定点屠宰标志牌。

设区的市级人民政府应当将其确定的生猪定点屠宰厂（场）名单及时向社会公布，并报省、自治区、直辖市人民政府备案。

**第七条**　生猪定点屠宰厂（场）应当将生猪定点屠宰标志牌悬挂于厂（场）区的显著位置。

生猪定点屠宰证书和生猪定点屠宰标志牌不得出借、转让。任何单位和个人不得冒用或者使用伪造的生猪定点屠宰证书和生猪定点屠宰标志牌。

**第八条**　生猪定点屠宰厂（场）应当具备下列条件：

（一）有与屠宰规模相适应、水质符合国家规定标准的水源条件；

（二）有符合国家规定要求的待宰间、屠宰间、急宰间以及生猪屠宰设备和运载工具；

（三）有依法取得健康证明的屠宰技术人员；

（四）有经考核合格的肉品品质检验人员；

（五）有符合国家规定要求的检验设备、消毒设施以及符合环境保护要求的污染防治设施；

（六）有病害生猪及生猪产品无害化处理设施；

（七）依法取得动物防疫条件合格证。

**第九条**　生猪屠宰的检疫及其监督，依照动物防疫法和国务院的有关规定执行。

生猪屠宰的卫生检验及其监督，依照食品安全法的规定执行。

**第十条**　生猪定点屠宰厂（场）屠宰的生猪，应当依法经动物卫生监督机构检疫合格，并附有检疫证明。

**第十一条**　生猪定点屠宰厂（场）屠宰生猪，应当符合国家规定的操作规程和技术要求。

**第十二条**　生猪定点屠宰厂（场）应当如实记录其屠宰的生猪来源和生猪产品流向。生猪来源和生猪产品流向记录保存期限不得少于 2 年。

**第十三条**　生猪定点屠宰厂（场）应当建立严格的肉品品质检验管理制度。肉品品质检验应当与生猪屠宰同步进行，并如实记录检验结果。检验结果记录保存期限不得少于 2 年。

经肉品品质检验合格的生猪产品，生猪定点屠宰厂（场）应当加盖肉品品质检验合格验讫印章或者附具肉品品质检验合格标志。经肉品品质检验不合格的生猪产品，应当在肉品品质检验人员的监督下，按照国家有关规定处理，并如实记录处理情况；处理情况记录保存期限不得少于 2 年。

生猪定点屠宰厂（场）的生猪产品未经肉品品质检验或者经肉品品质检验不合格的，不得出厂（场）。

**第十四条** 生猪定点屠宰厂（场）对病害生猪及生猪产品进行无害化处理的费用和损失，按照国务院财政部门的规定，由国家财政予以适当补助。

**第十五条** 生猪定点屠宰厂（场）以及其他任何单位和个人不得对生猪或者生猪产品注水或者注入其他物质。生猪定点屠宰厂（场）不得屠宰注水或者注入其他物质的生猪。

**第十六条** 生猪定点屠宰厂（场）对未能及时销售或者及时出厂（场）的生猪产品，应当采取冷冻或者冷藏等必要措施予以储存。

**第十七条** 任何单位和个人不得为未经定点违法从事生猪屠宰活动的单位或者个人提供生猪屠宰场所或者生猪产品储存设施，不得为对生猪或者生猪产品注水或者注入其他物质的单位或者个人提供场所。

**第十八条** 从事生猪产品销售、肉食品生产加工的单位和个人以及餐饮服务经营者、集体伙食单位销售、使用的生猪产品，应当是生猪定点屠宰厂（场）经检疫和肉品品质检验合格的生猪产品。

**第十九条** 地方人民政府及其有关部门不得限制外地生猪定点屠宰厂（场）经检疫和肉品品质检验合格的生猪产品进入本地市场。

# 第三章　监督管理

**第二十条** 县级以上地方人民政府应当加强对生猪屠宰监督管理工作的领导，及时协调、解决生猪屠宰监督管理工作中的重大问题。

**第二十一条** 畜牧兽医行政主管部门应当依照本条例的规定严格履行职责，加强对生猪屠宰活动的日常监督检查。

畜牧兽医行政主管部门依法进行监督检查，可以采取下列措施：

（一）进入生猪屠宰等有关场所实施现场检查；

（二）向有关单位和个人了解情况；

（三）查阅、复制有关记录、票据以及其他资料；

（四）查封与违法生猪屠宰活动有关的场所、设施，扣押与违法生猪屠宰活动有关的生猪、生猪产品以及屠宰工具和设备。

畜牧兽医行政主管部门进行监督检查时，监督检查人员不得少于 2 人，并应当出示执法证件。

对畜牧兽医行政主管部门依法进行的监督检查，有关单位和个人应当予以配合，不得拒绝、阻挠。

**第二十二条** 畜牧兽医行政主管部门应当建立举报制度，公布举报电话、信箱或者电子邮箱，受理对违反本条例规定行为的举报，并及时依法处理。

**第二十三条** 畜牧兽医行政主管部门在监督检查中发现生猪定点屠宰厂（场）不再具备本条例规定条件的，应当责令其限期整改；逾期仍达不到本条例规定条件的，由设区的市级人民政府取消其生猪定点屠宰厂（场）资格。

# 第四章　法律责任

**第二十四条** 违反本条例规定，未经定点从事生猪屠宰活动的，由畜牧兽医行政主管部门予以取缔，没收生猪、生猪产品、屠宰工具和设备以及违法所得，并处货值金额 3 倍以上 5 倍以下的罚款；货值金额难以确定的，对单位并处 10 万元以上 20 万元以下的罚款，对个人并处 5000 元以上 1 万元以下的罚款；构成犯罪的，依法追究刑事责任。

冒用或者使用伪造的生猪定点屠宰证书或者生猪定点屠宰标志牌的，依照前款的规定处罚。

生猪定点屠宰厂（场）出借、转让生猪定点屠宰证书或者生猪定点屠宰标志牌的，由设区的市级人民政府取消其生猪定点屠宰厂（场）资格；有违法所得的，由畜牧兽医行政主管部门没收违法所得。

**第二十五条** 生猪定点屠宰厂（场）有下列情形之一的，由畜牧兽医行政主管部门责令限期改正，处 2 万元以上 5 万元以下的罚款；逾期不改正的，责令停业整顿，对其主要负责人处 5000 元以上 1 万元以下的罚款：

（一）屠宰生猪不符合国家规定的操作规程和技术要求的；

（二）未如实记录其屠宰的生猪来源和生猪产品流向的；

（三）未建立或者实施肉品品质检验制度的；

（四）对经肉品品质检验不合格的生猪产品未按照国家有关规定处理并如实记录处理情况的。

**第二十六条**　生猪定点屠宰厂（场）出厂（场）未经肉品品质检验或者经肉品品质检验不合格的生猪产品的，由畜牧兽医行政主管部门责令停业整顿，没收生猪产品和违法所得，并处货值金额1倍以上3倍以下的罚款，对其主要负责人处1万元以上2万元以下的罚款；货值金额难以确定的，并处5万元以上10万元以下的罚款；造成严重后果的，由设区的市级人民政府取消其生猪定点屠宰厂（场）资格；构成犯罪的，依法追究刑事责任。

**第二十七条**　生猪定点屠宰厂（场）、其他单位或者个人对生猪、生猪产品注水或者注入其他物质的，由畜牧兽医行政主管部门没收注水或者注入其他物质的生猪、生猪产品、注水工具和设备以及违法所得，并处货值金额3倍以上5倍以下的罚款，对生猪定点屠宰厂（场）或者其他单位的主要负责人处1万元以上2万元以下的罚款；货值金额难以确定的，对生猪定点屠宰厂（场）或者其他单位并处5万元以上10万元以下的罚款，对个人并处1万元以上2万元以下的罚款；构成犯罪的，依法追究刑事责任。

生猪定点屠宰厂（场）对生猪、生猪产品注水或者注入其他物质的，除依照前款的规定处罚外，还应当由畜牧兽医行政主管部门责令停业整顿；造成严重后果，或者两次以上对生猪、生猪产品注水或者注入其他物质的，由设区的市级人民政府取消其生猪定点屠宰厂（场）资格。

**第二十八条**　生猪定点屠宰厂（场）屠宰注水或者注入其他物质的生猪的，由畜牧兽医行政主管部门责令改正，没收注水或者注入其他物质的生猪、生猪产品以及违法所得，并处货值金额1倍以上3倍以下的罚款，对其主要负责人处1万元以上2万元以下的罚款；货值金额难以确定的，并处2万元以上5万元以下的罚款；拒不改正的，责令停业整顿；造成严重后果的，由设区的市级人民政府取消其生猪定点屠宰厂（场）资格。

**第二十九条**　从事生猪产品销售、肉食品生产加工的单位和个人以及餐饮服务经营者、集体伙食单位，销售、使用非生猪定点屠宰厂（场）屠宰的生猪产品、未经肉品品质检验或者经肉品品质检验不合格的生猪产品以及注水或者注入其他物质的生猪产品的，由食品药品监督管理部门没收尚未销售、使用的相关生猪产品以及违法所得，并处货值金额3倍以上5倍以下的罚款；货值金额难以确定的，对单位处5万元以上10万元以下的罚款，对个人处1万元以上2万元以下的罚款；情节严重的，由发证（照）机关吊销有关证照；构成犯罪的，依法追究刑事责任。

**第三十条**　为未经定点违法从事生猪屠宰活动的单位或者个人提供生猪屠宰场所或者生猪产品储存设施，或者为对生猪、生猪产品注水或者注入其他物质的单位或者个人提供场所的，由畜牧兽医行政主管部门责令改正，没收违法所得，对单位并处2万元以上5万元以下的罚款，对个人并处5000元以上1万元以下的罚款。

**第三十一条**　畜牧兽医行政主管部门和其他有关部门的工作人员在生猪屠宰监督管理工作中滥用职权、玩忽职守、徇私舞弊，构成犯罪的，依法追究刑事责任；尚不构成犯罪的，依法给予处分。

# 第五章　附　　则

**第三十二条**　省、自治区、直辖市人民政府确定实行定点屠宰的其他动物的屠宰管理办法，由省、自治区、直辖市根据本地区的实际情况，参照本条例制定。

**第三十三条**　本条例所称生猪产品，是指生猪屠宰后未经加工的胴体、肉、脂、脏器、血液、骨、头、蹄、皮。

**第三十四条**　本条例施行前设立的生猪定点屠宰厂（场），自本条例施行之日起180日内，由设区的市级人民政府换发生猪定点屠宰标志牌，并发给生猪定点屠宰证书。

**第三十五条**　生猪定点屠宰证书、生猪定点屠宰标志牌以及肉品品质检验合格验讫印章和肉品品质检验合格标志的式样，由国务院畜牧兽医行政主管部门统一规定。

**第三十六条**　本条例自2008年8月1日起施行。

# 重大动物疫情应急条例

（2005 年 11 月 16 日国务院第 113 次常务会议通过，2005 年 11 月 18 日国务院令第 450 号公布）

## 第一章 总 则

**第一条** 为了迅速控制、扑灭重大动物疫情，保障养殖业生产安全，保护公众身体健康与生命安全，维护正常的社会秩序，根据《中华人民共和国动物防疫法》，制定本条例。

**第二条** 本条例所称重大动物疫情，是指高致病性禽流感等发病率或者死亡率高的动物疫病突然发生，迅速传播，给养殖业生产安全造成严重威胁、危害，以及可能对公众身体健康与生命安全造成危害的情形，包括特别重大动物疫情。

**第三条** 重大动物疫情应急工作应当坚持加强领导、密切配合，依靠科学、依法防治，群防群控、果断处置的方针，及时发现，快速反应，严格处理，减少损失。

**第四条** 重大动物疫情应急工作按照属地管理的原则，实行政府统一领导、部门分工负责，逐级建立责任制。

县级以上人民政府兽医主管部门具体负责组织重大动物疫情的监测、调查、控制、扑灭等应急工作。

县级以上人民政府林业主管部门、兽医主管部门按照职责分工，加强对陆生野生动物疫源疫病的监测。

县级以上人民政府其他有关部门在各自的职责范围内，做好重大动物疫情的应急工作。

**第五条** 出入境检验检疫机关应当及时收集境外重大动物疫情信息，加强进出境动物及其产品的检验检疫工作，防止动物疫病传入和传出。兽医主管部门要及时向出入境检验检疫机关通报国内重大动物疫情。

**第六条** 国家鼓励、支持开展重大动物疫情监测、预防、应急处理等有关技术的科学研究和国际交流与合作。

**第七条** 县级以上人民政府应当对参加重大动物疫情应急处理的人员给予适当补助，对作出贡献的人员给予表彰和奖励。

**第八条** 对不履行或者不按照规定履行重大动物疫情应急处理职责的行为，任何单位和个人有权检举控告。

## 第二章 应急准备

**第九条** 国务院兽医主管部门应当制定全国重大动物疫情应急预案，报国务院批准，并按照不同动物疫病病种及其流行特点和危害程度，分别制定实施方案，报国务院备案。

县级以上地方人民政府根据本地区的实际情况，制定本行政区域的重大动物疫情应急预案，报上一级人民政府兽医主管部门备案。县级以上地方人民政府兽医主管部门，应当按照不同动物疫病病种及其流行特点和危害程度，分别制定实施方案。

重大动物疫情应急预案及其实施方案应当根据疫情的发展变化和实施情况，及时修改、完善。

**第十条** 重大动物疫情应急预案主要包括下列内容：

（一）应急指挥部的职责、组成以及成员单位的分工；

（二）重大动物疫情的监测、信息收集、报告和通报；

（三）动物疫病的确认、重大动物疫情的分级和相应的应急处理工作方案；

（四）重大动物疫情疫源的追踪和流行病学调查分析；

（五）预防、控制、扑灭重大动物疫情所需资金的来源、物资和技术的储备与调度；

（六）重大动物疫情应急处理设施和专业队伍建设。

**第十一条** 国务院有关部门和县级以上地方人民政府及其有关部门，应当根据重大动物疫情应急预案的要求，确保应急处理所需的疫苗、药品、设施设备和防护用品等物资的储备。

**第十二条** 县级以上人民政府应当建立和完善重大动物疫情监测网络和预防控制体系，加强动物防疫基础设施和乡镇动物防疫组织建设，并保证其正常运行，提高对重大动物疫情的应急处理能力。

**第十三条** 县级以上地方人民政府根据重大动物疫情应急需要，可以成立应急预备队，在重大动物疫情应急指挥部的指挥下，具体承担疫情的控制和扑灭任务。

应急预备队由当地兽医行政管理人员、动物防疫工作人员、有关专家、执业兽医等组成；必要时，可以组织动员社会上有一定专业知识的人员参加。公安机关、中国人民武装警察部队应当依法协助其执行任务。

应急预备队应当定期进行技术培训和应急演练。

第十四条　县级以上人民政府及其兽医主管部门应当加强对重大动物疫情应急知识和重大动物疫病科普知识的宣传，增强全社会的重大动物疫情防范意识。

# 第三章　监测、报告和公布

第十五条　动物防疫监督机构负责重大动物疫情的监测，饲养、经营动物和生产、经营动物产品的单位和个人应当配合，不得拒绝和阻碍。

第十六条　从事动物隔离、疫情监测、疫病研究与诊疗、检验检疫以及动物饲养、屠宰加工、运输、经营等活动的有关单位和个人，发现动物出现群体发病或者死亡的，应当立即向所在地的县（市）动物防疫监督机构报告。

第十七条　县（市）动物防疫监督机构接到报告后，应当立即赶赴现场调查核实。初步认为属于重大动物疫情的，应当在2小时内将情况逐级报省、自治区、直辖市动物防疫监督机构，并同时报所在地人民政府兽医主管部门；兽医主管部门应当及时通报同级卫生主管部门。

省、自治区、直辖市动物防疫监督机构应当在接到报告后1小时内，向省、自治区、直辖市人民政府兽医主管部门和国务院兽医主管部门所属的动物防疫监督机构报告。

省、自治区、直辖市人民政府兽医主管部门应当在接到报告后1小时内报本级人民政府和国务院兽医主管部门。

重大动物疫情发生后，省、自治区、直辖市人民政府和国务院兽医主管部门应当在4小时内向国务院报告。

第十八条　重大动物疫情报告包括下列内容：

（一）疫情发生的时间、地点；

（二）染疫、疑似染疫动物种类和数量、同群动物数量、免疫情况、死亡数量、临床症状、病理变化、诊断情况；

（三）流行病学和疫源追踪情况；

（四）已采取的控制措施；

（五）疫情报告的单位、负责人、报告人及联系方式。

第十九条　重大动物疫情由省、自治区、直辖市人民政府兽医主管部门认定；必要时，由国务院兽医主管部门认定。

第二十条　重大动物疫情由国务院兽医主管部门按照国家规定的程序，及时准确公布；其他任何单位和个人不得公布重大动物疫情。

第二十一条　重大动物疫病应当由动物防疫监督机构采集病料，未经国务院兽医主管部门或者省、自治区、直辖市人民政府兽医主管部门批准，其他单位和个人不得擅自采集病料。

从事重大动物疫病病原分离的，应当遵守国家有关生物安全管理规定，防止病原扩散。

第二十二条　国务院兽医主管部门应当及时向国务院有关部门和军队有关部门以及各省、自治区、直辖市人民政府兽医主管部门通报重大动物疫情的发生和处理情况。

第二十三条　发生重大动物疫情可能感染人群时，卫生主管部门应当对疫区内易受感染的人群进行监测，并采取相应的预防、控制措施。卫生主管部门和兽医主管部门应当及时相互通报情况。

第二十四条　有关单位和个人对重大动物疫情不得瞒报、谎报、迟报，不得授意他人瞒报、谎报、迟报，不得阻碍他人报告。

第二十五条　在重大动物疫情报告期间，有关动物防疫监督机构应当立即采取临时隔离控制措施；必要时，当地县级以上地方人民政府可以作出封锁决定并采取扑杀、销毁等措施。有关单位和个人应当执行。

# 第四章　应急处理

第二十六条　重大动物疫情发生后，国务院和有关地方人民政府设立的重大动物疫情应急指挥部统一领导、指挥重大动物疫情应急工作。

第二十七条　重大动物疫情发生后，县级以上地方人民政府兽医主管部门应当立即划定疫点、疫区和受威胁区，调查疫源，向本级人民政府提出启动重大动物疫情应急指挥系统、应急预案和对疫区实行封锁的建议，有关人民政府应当立即作出决定。

疫点、疫区和受威胁区的范围应当按照不同动物疫病病种及其流行特点和危害程度划定，具体划定标准由国务院兽医主管部门制定。

第二十八条　国家对重大动物疫情应急处理实行分级管理，按照应急预案确定的疫情等级，由有关人民政府采取相应的应急控制措施。

第二十九条　对疫点应当采取下列措施：

（一）扑杀并销毁染疫动物和易感染的动物及其产品；

（二）对病死的动物、动物排泄物、被污染饲料、垫料、污水进行无害化处理；

（三）对被污染的物品、用具、动物圈舍、场地进行严格消毒。

第三十条　对疫区应当采取下列措施：

（一）在疫区周围设置警示标志，在出入疫区的交通路口设置临时动物检疫消毒站，对出入的人员和车辆进行消毒；

（二）扑杀并销毁染疫和疑似染疫动物及其同群动物，销毁染疫和疑似染疫的动物产品，对其他易感染的动物实行圈养或者在指定地点放养，役用动物限制在疫区内使役；

（三）对易感染的动物进行监测，并按照国务院兽医主管部门的规定实施紧急免疫接种，必要时对易感染的动物进行扑杀；

（四）关闭动物及动物产品交易市场，禁止动物进出疫区和动物产品运出疫区；

（五）对动物圈舍、动物排泄物、垫料、污水和其他可能受污染的物品、场地，进行消毒或者无害化处理。

第三十一条　对受威胁区应当采取下列措施：

（一）对易感染的动物进行监测；

（二）对易感染的动物根据需要实施紧急免疫接种。

第三十二条　重大动物疫情应急处理中设置临时动物检疫消毒站以及采取隔离、扑杀、销毁、消毒、紧急免疫接种等控制、扑灭措施的，由有关重大动物疫情应急指挥部决定，有关单位和个人必须服从；拒不服从的，由公安机关协助执行。

第三十三条　国家对疫区、受威胁区内易感染的动物免费实施紧急免疫接种；对因采取扑杀、销毁等措施给当事人造成的已经证实的损失，给予合理补偿。紧急免疫接种和补偿所需费用，由中央财政和地方财政分担。

第三十四条　重大动物疫情应急指挥部根据应急处理需要，有权紧急调集人员、物资、运输工具以及相关设施、设备。

单位和个人的物资、运输工具以及相关设施、设备被征集使用的，有关人民政府应当及时归还并给予合理补偿。

第三十五条　重大动物疫情发生后，县级以上人民政府兽医主管部门应当及时提出疫点、疫区、受威胁区的处理方案，加强疫情监测、流行病学调查、疫源追踪工作，对染疫和疑似染疫动物及其同群动物和其他易感染动物的扑杀、销毁进行技术指导，并组织实施检验检疫、消毒、无害化处理和紧急免疫接种。

第三十六条　重大动物疫情应急处理中，县级以上人民政府有关部门应当在各自的职责范围内，做好重大动物疫情应急所需的物资紧急调度和运输、应急经费安排、疫区群众救济、人的疫病防治、肉食品供应、动物及其产品市场监管、出入境检验检疫和社会治安维护等工作。

中国人民解放军、中国人民武装警察部队应当支持配合驻地人民政府做好重大动物疫情的应急工作。

第三十七条　重大动物疫情应急处理中，乡镇人民政府、村民委员会、居民委员会应当组织力量，向村民、居民宣传动物疫病防治的相关知识，协助做好疫情信息的收集、报告和各项应急处理措施的落实工作。

第三十八条　重大动物疫情发生地的人民政府和毗邻地区的人民政府应当通力合作，相互配合，做好重大动物疫情的控制、扑灭工作。

第三十九条　有关人民政府及其有关部门对参加重大动物疫情应急处理的人员，应当采取必要的卫生防护和技术指导等措施。

第四十条　自疫区内最后一头（只）发病动物及其同群动物处理完毕起，经过一个潜伏期以上的监测，未出现新的病例的，彻底消毒后，经上一级动物防疫监督机构验收合格，由原发布封锁令的人民政府宣布解除封锁，撤销疫区；由原批准机关撤销在该疫区设立的临时动物检疫消毒站。

第四十一条　县级以上人民政府应当将重大动物疫情确认、疫区封锁、扑杀及其补偿、消毒、无害化处理、疫源追踪、疫情监测以及应急物资储备等应急经费列入本级财政预算。

# 第五章　法律责任

**第四十二条**　违反本条例规定，兽医主管部门及其所属的动物防疫监督机构有下列行为之一的，由本级人民政府或者上级人民政府有关部门责令立即改正、通报批评、给予警告；对主要负责人、负有责任的主管人员和其他责任人员，依法给予记大过、降级、撤职直至开除的行政处分；构成犯罪的，依法追究刑事责任：

（一）不履行疫情报告职责，瞒报、谎报、迟报或者授意他人瞒报、谎报、迟报，阻碍他人报告重大动物疫情的；

（二）在重大动物疫情报告期间，不采取临时隔离控制措施，导致动物疫情扩散的；

（三）不及时划定疫点、疫区和受威胁区，不及时向本级人民政府提出应急处理建议，或者不按照规定对疫点、疫区和受威胁区采取预防、控制、扑灭措施的；

（四）不向本级人民政府提出启动应急指挥系统、应急预案和对疫区的封锁建议的；

（五）对动物扑杀、销毁不进行技术指导或者指导不力，或者不组织实施检验检疫、消毒、无害化处理和紧急免疫接种的；

（六）其他不履行本条例规定的职责，导致动物疫病传播、流行，或者对养殖业生产安全和公众身体健康与生命安全造成严重危害的。

**第四十三条**　违反本条例规定，县级以上人民政府有关部门不履行应急处理职责，不执行对疫点、疫区和受威胁区采取的措施，或者对上级人民政府有关部门的疫情调查不予配合或者阻碍、拒绝的，由本级人民政府或者上级人民政府有关部门责令立即改正、通报批评、给予警告；对主要负责人、负有责任的主管人员和其他责任人员，依法给予记大过、降级、撤职直至开除的行政处分；构成犯罪的，依法追究刑事责任。

**第四十四条**　违反本条例规定，有关地方人民政府阻碍报告重大动物疫情，不履行应急处理职责，不按照规定对疫点、疫区和受威胁区采取预防、控制、扑灭措施，或者对上级人民政府有关部门的疫情调查不予配合或者阻碍、拒绝的，由上级人民政府责令立即改正、通报批评、给予警告；对政府主要领导人依法给予记大过、降级、撤职直至开除的行政处分；构成犯罪的，依法追究刑事责任。

**第四十五条**　截留、挪用重大动物疫情应急经费，或者侵占、挪用应急储备物资的，按照《财政违法行为处罚处分条例》的规定处理；构成犯罪的，依法追究刑事责任。

**第四十六条**　违反本条例规定，拒绝、阻碍动物防疫监督机构进行重大动物疫情监测，或者发现动物出现群体发病或者死亡，不向当地动物防疫监督机构报告的，由动物防疫监督机构给予警告，并处 2000 元以上 5000 元以下的罚款；构成犯罪的，依法追究刑事责任。

**第四十七条**　违反本条例规定，擅自采集重大动物疫病病料，或者在重大动物疫病病原分离时不遵守国家有关生物安全管理规定的，由动物防疫监督机构给予警告，并处 5000 元以下的罚款；构成犯罪的，依法追究刑事责任。

**第四十八条**　在重大动物疫情发生期间，哄抬物价、欺骗消费者，散布谣言、扰乱社会秩序和市场秩序的，由价格主管部门、工商行政管理部门或者公安机关依法给予行政处罚；构成犯罪的，依法追究刑事责任。

# 第六章　附　　则

**第四十九条**　本条例自公布之日起施行。

# 兽药管理条例

（2004 年 3 月 24 日国务院第 45 次常务会议通过，国务院令第 404 号公布；2016 年 1 月 13 日国务院第 119 次常务会议修改部分条款，国务院令第 666 号公布）

## 第一章　总　则

**第一条**　为了加强兽药管理，保证兽药质量，防治动物疾病，促进养殖业的发展，维护人体健康，制定本条例。

**第二条**　在中华人民共和国境内从事兽药的研制、生产、经营、进出口、使用和监督管理，应当遵守本条例。

**第三条**　国务院兽医行政管理部门负责全国的兽药监督管理工作。

县级以上地方人民政府兽医行政管理部门负责本行政区域内的兽药监督管理工作。

**第四条**　国家实行兽用处方药和非处方药分类管理制度。兽用处方药和非处方药分类管理的办法和具体实施步骤，由国务院兽医行政管理部门规定。

**第五条**　国家实行兽药储备制度。

发生重大动物疫情、灾情或者其他突发事件时，国务院兽医行政管理部门可以紧急调用国家储备的兽药；必要时，也可以调用国家储备以外的兽药。

## 第二章　新兽药研制

**第六条**　国家鼓励研制新兽药，依法保护研制者的合法权益。

**第七条**　研制新兽药，应当具有与研制相适应的场所、仪器设备、专业技术人员、安全管理规范和措施。

研制新兽药，应当进行安全性评价。从事兽药安全性评价的单位，应当经国务院兽医行政管理部门认定，并遵守兽药非临床研究质量管理规范和兽药临床试验质量管理规范。

**第八条**　研制新兽药，应当在临床试验前向省、自治区、直辖市人民政府兽医行政管理部门提出申请，并附具该新兽药实验室阶段安全性评价报告及其他临床前研究资料；省、自治区、直辖市人民政府兽医行政管理部门应当自收到申请之日起 60 个工作日内将审查结果书面通知申请人。

研制的新兽药属于生物制品的，应当在临床试验前向国务院兽医行政管理部门提出申请，国务院兽医行政管理部门应当自收到申请之日起 60 个工作日内将审查结果书面通知申请人。

研制新兽药需要使用一类病原微生物的，还应当具备国务院兽医行政管理部门规定的条件，并在实验室阶段前报国务院兽医行政管理部门批准。

**第九条**　临床试验完成后，新兽药研制者向国务院兽医行政管理部门提出新兽药注册申请时，应当提交该新兽药的样品和下列资料：

（一）名称、主要成分、理化性质；

（二）研制方法、生产工艺、质量标准和检测方法；

（三）药理和毒理试验结果、临床试验报告和稳定性试验报告；

（四）环境影响报告和污染防治措施。

研制的新兽药属于生物制品的，还应当提供菌（毒、虫）种、细胞等有关材料和资料。菌（毒、虫）种、细胞由国务院兽医行政管理部门指定的机构保藏。

研制用于食用动物的新兽药，还应当按照国务院兽医行政管理部门的规定进行兽药残留试验并提供休药期、最高残留限量标准、残留检测方法及其制定依据等资料。

国务院兽医行政管理部门应当自收到申请之日起 10 个工作日内，将决定受理的新兽药资料送其设立的兽药评审机构进行评审，将新兽药样品送其指定的检验机构复核检验，并自收到评审和复核检验结论之日起 60 个工作日内完成审查。审查合格的，发给新兽药注册证书，并发布该兽药的质量标准；不合格的，应当书面通知申请人。

**第十条**　国家对依法获得注册的、含有新化合物的兽药的申请人提交的其自己所取得且未披露的试验数据和其他数据实施保护。

自注册之日起 6 年内，对其他申请人未经已获得注册兽药的申请人同意，使用前款规定的数据申请兽药注册的，兽药注册机关不予注册；但是，其他申请人提交其自己所取得的数据的除外。

除下列情况外，兽药注册机关不得披露本条第一款规定的数据：

（一）公共利益需要；

（二）已采取措施确保该类信息不会被不正当地进行商业使用。

# 第三章　兽药生产

**第十一条**　从事兽药生产的企业，应当符合国家兽药行业发展规划和产业政策，并具备下列条件：

（一）与所生产的兽药相适应的兽医学、药学或者相关专业的技术人员；

（二）与所生产的兽药相适应的厂房、设施；

（三）与所生产的兽药相适应的兽药质量管理和质量检验的机构、人员、仪器设备；

（四）符合安全、卫生要求的生产环境；

（五）兽药生产质量管理规范规定的其他生产条件。

符合前款规定条件的，申请人方可向省、自治区、直辖市人民政府兽医行政管理部门提出申请，并附具符合前款规定条件的证明材料；省、自治区、直辖市人民政府兽医行政管理部门应当自收到申请之日起 40 个工作日内完成审查。经审查合格的，发给兽药生产许可证；不合格的，应当书面通知申请人。

**第十二条**　兽药生产许可证应当载明生产范围、生产地点、有效期和法定代表人姓名、住址等事项。

兽药生产许可证有效期为 5 年。有效期届满，需要继续生产兽药的，应当在许可证有效期届满前 6 个月到发证机关申请换发兽药生产许可证。

**第十三条**　兽药生产企业变更生产范围、生产地点的，应当依照本条例第十一条的规定申请换发兽药生产许可证；变更企业名称、法定代表人的，应当在办理工商变更登记手续后 15 个工作日内，到发证机关申请换发兽药生产许可证。

**第十四条**　兽药生产企业应当按照国务院兽医行政管理部门制定的兽药生产质量管理规范组织生产。

省级以上人民政府兽医行政管理部门，应当对兽药生产企业是否符合兽药生产质量管理规范的要求进行监督检查，并公布检查结果。

**第十五条**　兽药生产企业生产兽药，应当取得国务院兽医行政管理部门核发的产品批准文号，产品批准文号的有效期为 5 年。兽药产品批准文号的核发办法由国务院兽医行政管理部门制定。

**第十六条**　兽药生产企业应当按照兽药国家标准和国务院兽医行政管理部门批准的生产工艺进行生产。兽药生产企业改变影响兽药质量的生产工艺的，应当报原批准部门审核批准。

兽药生产企业应当建立生产记录，生产记录应当完整、准确。

**第十七条**　生产兽药所需的原料、辅料，应当符合国家标准或者所生产兽药的质量要求。

直接接触兽药的包装材料和容器应当符合药用要求。

**第十八条**　兽药出厂前应当经过质量检验，不符合质量标准的不得出厂。

兽药出厂应当附有产品质量合格证。

禁止生产假、劣兽药。

**第十九条**　兽药生产企业生产的每批兽用生物制品，在出厂前应当由国务院兽医行政管理部门指定的检验机构审查核对，并在必要时进行抽查检验；未经审查核对或者抽查检验不合格的，不得销售。

强制免疫所需兽用生物制品，由国务院兽医行政管理部门指定的企业生产。

**第二十条**　兽药包装应当按照规定印有或者贴有标签，附具说明书，并在显著位置注明"兽用"字样。

兽药的标签和说明书经国务院兽医行政管理部门批准并公布后，方可使用。

兽药的标签或者说明书，应当以中文注明兽药的通用名称、成分及其含量、规格、生产企业、产品批准文号（进口兽药注册证号）、产品批号、生产日期、有效期、适应证或者功能主治、用法、用量、休药期、禁忌、不良反应、注意事项、运输贮存保管条件及其他应当说明的内容。有商品名称的，还应当注明商品名称。

除前款规定的内容外，兽用处方药的标签或者说明书还应当印有国务院兽医行政管理部门规定的警示内容，其中兽用麻醉药品、精神药品、毒性药品和放射性药品还应当印有国务院兽医行政管理部门规定的特殊标志；兽用非处方药的标签或者说明书还应当印有国务院兽医行政管理部门规定的非处方药标志。

**第二十一条**　国务院兽医行政管理部门，根据保证动物产品质量安全和人体健康的需要，可以对新兽药设立不超过 5 年的监测期；在监测期内，不得批准其他企业生产或者进口该新兽药。生产企业应当在监测期内收集该新兽药的疗效、不良反应等资料，并及时报送国务院兽医行政管理部门。

# 第四章　兽药经营

**第二十二条**　经营兽药的企业，应当具备下列条件：

（一）与所经营的兽药相适应的兽药技术人员；

（二）与所经营的兽药相适应的营业场所、设备、仓库设施；

（三）与所经营的兽药相适应的质量管理机构或者人员；

（四）兽药经营质量管理规范规定的其他经营条件。

符合前款规定条件的，申请人方可向市、县人民政府兽医行政管理部门提出申请，并附具符合前款规定条件的证明材料；经营兽用生物制品的，应当向省、自治区、直辖市人民政府兽医行政管理部门提出申请，并附具符合前款规定条件的证明材料。

县级以上地方人民政府兽医行政管理部门，应当自收到申请之日起30个工作日内完成审查。审查合格的，发给兽药经营许可证；不合格的，应当书面通知申请人。

**第二十三条**　兽药经营许可证应当载明经营范围、经营地点、有效期和法定代表人姓名、住址等事项。

兽药经营许可证有效期为5年。有效期届满，需要继续经营兽药的，应当在许可证有效期届满前6个月到发证机关申请换发兽药经营许可证。

**第二十四条**　兽药经营企业变更经营范围、经营地点的，应当依照本条例第二十二条的规定申请换发兽药经营许可证；变更企业名称、法定代表人的，应当在办理工商变更登记手续后15个工作日内，到发证机关申请换发兽药经营许可证。

**第二十五条**　兽药经营企业，应当遵守国务院兽医行政管理部门制定的兽药经营质量管理规范。

县级以上地方人民政府兽医行政管理部门，应当对兽药经营企业是否符合兽药经营质量管理规范的要求进行监督检查，并公布检查结果。

**第二十六条**　兽药经营企业购进兽药，应当将兽药产品与产品标签或者说明书、产品质量合格证核对无误。

**第二十七条**　兽药经营企业，应当向购买者说明兽药的功能主治、用法、用量和注意事项。销售兽用处方药的，应当遵守兽用处方药管理办法。

兽药经营企业销售兽用中药材的，应当注明产地。

禁止兽药经营企业经营人用药品和假、劣兽药。

**第二十八条**　兽药经营企业购销兽药，应当建立购销记录。购销记录应当载明兽药的商品名称、通用名称、剂型、规格、批号、有效期、生产厂商、购销单位、购销数量、购销日期和国务院兽医行政管理部门规定的其他事项。

**第二十九条**　兽药经营企业，应当建立兽药保管制度，采取必要的冷藏、防冻、防潮、防虫、防鼠等措施，保持所经营兽药的质量。

兽药入库、出库，应当执行检查验收制度，并有准确记录。

**第三十条**　强制免疫所需兽用生物制品的经营，应当符合国务院兽医行政管理部门的规定。

**第三十一条**　兽药广告的内容应当与兽药说明书内容相一致，在全国重点媒体发布兽药广告的，应当经国务院兽医行政管理部门审查批准，取得兽药广告审查批准文号。在地方媒体发布兽药广告的，应当经省、自治区、直辖市人民政府兽医行政管理部门审查批准，取得兽药广告审查批准文号；未经批准的，不得发布。

# 第五章　兽药进出口

**第三十二条**　首次向中国出口的兽药，由出口方驻中国境内的办事机构或者其委托的中国境内代理机构向国务院兽医行政管理部门申请注册，并提交下列资料和物品：

（一）生产企业所在国家（地区）兽药管理部门批准生产、销售的证明文件；

（二）生产企业所在国家（地区）兽药管理部门颁发的符合兽药生产质量管理规范的证明文件；

（三）兽药的制造方法、生产工艺、质量标准、检测方法、药理和毒理试验结果、临床试验报告、稳定性试验报告及其他相关资料；用于食用动物的兽药的休药期、最高残留限量标准、残留检测方法及其制定依据等资料；

（四）兽药的标签和说明书样本；

（五）兽药的样品、对照品、标准品；

（六）环境影响报告和污染防治措施；

（七）涉及兽药安全性的其他资料。

申请向中国出口兽用生物制品的，还应当提供菌（毒、虫）种、细胞等有关材料和资料。

**第三十三条** 国务院兽医行政管理部门，应当自收到申请之日起 10 个工作日内组织初步审查。经初步审查合格的，应当将决定受理的兽药资料送其设立的兽药评审机构进行评审，将该兽药样品送其指定的检验机构复核检验，并自收到评审和复核检验结论之日起 60 个工作日内完成审查。经审查合格的，发给进口兽药注册证书，并发布该兽药的质量标准；不合格的，应当书面通知申请人。

在审查过程中，国务院兽医行政管理部门可以对向中国出口兽药的企业是否符合兽药生产质量管理规范的要求进行考查，并有权要求该企业在国务院兽医行政管理部门指定的机构进行该兽药的安全性和有效性试验。

国内急需兽药、少量科研用兽药或者注册兽药的样品、对照品、标准品的进口，按照国务院兽医行政管理部门的规定办理。

**第三十四条** 进口兽药注册证书的有效期为 5 年。有效期届满，需要继续向中国出口兽药的，应当在有效期届满前 6 个月到发证机关申请再注册。

**第三十五条** 境外企业不得在中国直接销售兽药。境外企业在中国销售兽药，应当依法在中国境内设立销售机构或者委托符合条件的中国境内代理机构。

进口在中国已取得进口兽药注册证书的兽用生物制品的，中国境内代理机构应当向国务院兽医行政管理部门申请允许进口兽用生物制品证明文件，凭允许进口兽用生物制品证明文件到口岸所在地人民政府兽医行政管理部门办理进口兽药通关单；进口在中国已取得进口兽药注册证书的其他兽药的，凭进口兽药注册证书到口岸所在地人民政府兽医行政管理部门办理进口兽药通关单。海关凭进口兽药通关单放行。兽药进口管理办法由国务院兽医行政管理部门会同海关总署制定。

兽用生物制品进口后，应当依照本条例第十九条的规定进行审查核对和抽查检验。其他兽药进口后，由当地兽医行政管理部门通知兽药检验机构进行抽查检验。

**第三十六条** 禁止进口下列兽药：

（一）药效不确定、不良反应大以及可能对养殖业、人体健康造成危害或者存在潜在风险的；

（二）来自疫区可能造成疫病在中国境内传播的兽用生物制品；

（三）经考查生产条件不符合规定的；

（四）国务院兽医行政管理部门禁止生产、经营和使用的。

**第三十七条** 向中国境外出口兽药，进口方要求提供兽药出口证明文件的，国务院兽医行政管理部门或者企业所在地的省、自治区、直辖市人民政府兽医行政管理部门可以出具出口兽药证明文件。

国内防疫急需的疫苗，国务院兽医行政管理部门可以限制或者禁止出口。

# 第六章　兽药使用

**第三十八条** 兽药使用单位，应当遵守国务院兽医行政管理部门制定的兽药安全使用规定，并建立用药记录。

**第三十九条** 禁止使用假、劣兽药以及国务院兽医行政管理部门规定禁止使用的药品和其他化合物。禁止使用的药品和其他化合物目录由国务院兽医行政管理部门制定公布。

**第四十条** 有休药期规定的兽药用于食用动物时，饲养者应当向购买者或者屠宰者提供准确、真实的用药记录；购买者或者屠宰者应当确保动物及其产品在用药期、休药期内不被用于食品消费。

**第四十一条** 国务院兽医行政管理部门，负责制定公布在饲料中允许添加的药物饲料添加剂品种目录。

禁止在饲料和动物饮用水中添加激素类药品和国务院兽医行政管理部门规定的其他禁用药品。

经批准可以在饲料中添加的兽药，应当由兽药生产企业制成药物饲料添加剂后方可添加。禁止将原料药直接添加到饲料及动物饮用水中或者直接饲喂动物。

禁止将人用药品用于动物。

**第四十二条** 国务院兽医行政管理部门，应当制定并组织实施国家动物及动物产品兽药残留监控计划。

县级以上人民政府兽医行政管理部门，负责组织对动物产品中兽药残留量的检测。兽药残留检测结果，由国务院兽医行政管理部门或者省、自治区、直辖市人民政府兽医行政管理部门按照权限予以公布。

动物产品的生产者、销售者对检测结果有异议的，可以自收到检测结果之日起 7 个工作日内向组织实施兽药残留检测的兽医行政管理部门或者其上级兽医行政管理部门提出申请，由受理申请的兽医行政管理部门指定检验机构进行复检。

兽药残留限量标准和残留检测方法，由国务院兽医行政管理部门制定发布。

**第四十三条** 禁止销售含有违禁药物或者兽药残留量超过标准的食用动物产品。

# 第七章　兽药监督管理

**第四十四条**　县级以上人民政府兽医行政管理部门行使兽药监督管理权。

兽药检验工作由国务院兽医行政管理部门和省、自治区、直辖市人民政府兽医行政管理部门设立的兽药检验机构承担。国务院兽医行政管理部门，可以根据需要认定其他检验机构承担兽药检验工作。

当事人对兽药检验结果有异议的，可以自收到检验结果之日起 7 个工作日内向实施检验的机构或者上级兽医行政管理部门设立的检验机构申请复检。

**第四十五条**　兽药应当符合兽药国家标准。

国家兽药典委员会拟定的、国务院兽医行政管理部门发布的《中华人民共和国兽药典》和国务院兽医行政管理部门发布的其他兽药质量标准为兽药国家标准。

兽药国家标准的标准品和对照品的标定工作由国务院兽医行政管理部门设立的兽药检验机构负责。

**第四十六条**　兽医行政管理部门依法进行监督检查时，对有证据证明可能是假、劣兽药的，应当采取查封、扣押的行政强制措施，并自采取行政强制措施之日起 7 个工作日内作出是否立案的决定；需要检验的，应当自检验报告书发出之日起 15 个工作日内作出是否立案的决定；不符合立案条件的，应当解除行政强制措施；需要暂停生产的，由国务院兽医行政管理部门或者省、自治区、直辖市人民政府兽医行政管理部门按照权限作出决定；需要暂停经营、使用的，由县级以上人民政府兽医行政管理部门按照权限作出决定。

未经行政强制措施决定机关或者其上级机关批准，不得擅自转移、使用、销毁、销售被查封或者扣押的兽药及有关材料。

**第四十七条**　有下列情形之一的，为假兽药：

（一）以非兽药冒充兽药或者以他种兽药冒充此种兽药的；

（二）兽药所含成分的种类、名称与兽药国家标准不符合的。

有下列情形之一的，按照假兽药处理：

（一）国务院兽医行政管理部门规定禁止使用的；

（二）依照本条例规定应当经审查批准而未经审查批准即生产、进口的，或者依照本条例规定应当经抽查检验、审查核对而未经抽查检验、审查核对即销售、进口的；

（三）变质的；

（四）被污染的；

（五）所标明的适应证或者功能主治超出规定范围的。

**第四十八条**　有下列情形之一的，为劣兽药：

（一）成分含量不符合兽药国家标准或者不标明有效成分的；

（二）不标明或者更改有效期或者超过有效期的；

（三）不标明或者更改产品批号的；

（四）其他不符合兽药国家标准，但不属于假兽药的。

**第四十九条**　禁止将兽用原料药拆零销售或者销售给兽药生产企业以外的单位和个人。

禁止未经兽医开具处方销售、购买、使用国务院兽医行政管理部门规定实行处方药管理的兽药。

**第五十条**　国家实行兽药不良反应报告制度。

兽药生产企业、经营企业、兽药使用单位和开具处方的兽医人员发现可能与兽药使用有关的严重不良反应，应当立即向所在地人民政府兽医行政管理部门报告。

**第五十一条**　兽药生产企业、经营企业停止生产、经营超过 6 个月或者关闭的，由发证机关责令其交回兽药生产许可证、兽药经营许可证。

**第五十二条**　禁止买卖、出租、出借兽药生产许可证、兽药经营许可证和兽药批准证明文件。

**第五十三条**　兽药评审检验的收费项目和标准，由国务院财政部门会同国务院价格主管部门制定，并予以公告。

**第五十四条**　各级兽医行政管理部门、兽药检验机构及其工作人员，不得参与兽药生产、经营活动，不得以其名义推荐或者监制、监销兽药。

# 第八章　法律责任

**第五十五条**　兽医行政管理部门及其工作人员利用职务上的便利收取他人财物或者谋取其他利益，对不符合法定条件的单位和个人核发许可证、签署审查同意意见，不履行监督职责，或者发现违法行为不予查处，造成严重后果，构成犯罪的，依法追究刑事责任；尚不构成犯罪的，依法给予行政处分。

第五十六条　违反本条例规定，无兽药生产许可证、兽药经营许可证生产、经营兽药的，或者虽有兽药生产许可证、兽药经营许可证，生产、经营假、劣兽药的，或者兽药经营企业经营人用药品的，责令其停止生产、经营，没收用于违法生产的原料、辅料、包装材料及生产、经营的兽药和违法所得，并处违法生产、经营的兽药（包括已出售的和未出售的兽药，下同）货值金额 2 倍以上 5 倍以下罚款，货值金额无法查证核实的，处 10 万元以上 20 万元以下罚款；无兽药生产许可证生产兽药，情节严重的，没收其生产设备；生产、经营假、劣兽药，情节严重的，吊销兽药生产许可证、兽药经营许可证；构成犯罪的，依法追究刑事责任；给他人造成损失的，依法承担赔偿责任。生产、经营企业的主要负责人和直接负责的主管人员终身不得从事兽药的生产、经营活动。

擅自生产强制免疫所需兽用生物制品的，按照无兽药生产许可证生产兽药处罚。

第五十七条　违反本条例规定，提供虚假的资料、样品或者采取其他欺骗手段取得兽药生产许可证、兽药经营许可证或者兽药批准证明文件的，吊销兽药生产许可证、兽药经营许可证或者撤销兽药批准证明文件，并处 5 万元以上 10 万元以下罚款；给他人造成损失的，依法承担赔偿责任。其主要负责人和直接负责的主管人员终身不得从事兽药的生产、经营和进出口活动。

第五十八条　买卖、出租、出借兽药生产许可证、兽药经营许可证和兽药批准证明文件的，没收违法所得，并处 1 万元以上 10 万元以下罚款；情节严重的，吊销兽药生产许可证、兽药经营许可证或者撤销兽药批准证明文件；构成犯罪的，依法追究刑事责任；给他人造成损失的，依法承担赔偿责任。

第五十九条　违反本条例规定，兽药安全性评价单位、临床试验单位、生产和经营企业未按照规定实施兽药研究试验、生产、经营质量管理规范的，给予警告，责令其限期改正；逾期不改正的，责令停止兽药研究试验、生产、经营活动，并处 5 万元以下罚款；情节严重的，吊销兽药生产许可证、兽药经营许可证；给他人造成损失的，依法承担赔偿责任。

违反本条例规定，研制新兽药不具备规定的条件擅自使用一类病原微生物或者在实验室阶段前未经批准的，责令其停止实验，并处 5 万元以上 10 万元以下罚款；构成犯罪的，依法追究刑事责任；给他人造成损失的，依法承担赔偿责任。

第六十条　违反本条例规定，兽药的标签和说明书未经批准的，责令其限期改正；逾期不改正的，按照生产、经营假兽药处罚；有兽药产品批准文号的，撤销兽药产品批准文号；给他人造成损失的，依法承担赔偿责任。

兽药包装上未附有标签和说明书，或者标签和说明书与批准的内容不一致的，责令其限期改正；情节严重的，依照前款规定处罚。

第六十一条　违反本条例规定，境外企业在中国直接销售兽药的，责令其限期改正，没收直接销售的兽药和违法所得，并处 5 万元以上 10 万元以下罚款；情节严重的，吊销进口兽药注册证书；给他人造成损失的，依法承担赔偿责任。

第六十二条　违反本条例规定，未按照国家有关兽药安全使用规定使用兽药的、未建立用药记录或者记录不完整真实的，或者使用禁止使用的药品和其他化合物的，或者将人用药品用于动物的，责令其立即改正，并对饲喂了违禁药物及其他化合物的动物及其产品进行无害化处理；对违法单位处 1 万元以上 5 万元以下罚款；给他人造成损失的，依法承担赔偿责任。

第六十三条　违反本条例规定，销售尚在用药期、休药期内的动物及其产品用于食品消费的，或者销售含有违禁药物和兽药残留超标的动物产品用于食品消费的，责令其对含有违禁药物和兽药残留超标的动物产品进行无害化处理，没收违法所得，并处 3 万元以上 10 万元以下罚款；构成犯罪的，依法追究刑事责任；给他人造成损失的，依法承担赔偿责任。

第六十四条　违反本条例规定，擅自转移、使用、销毁、销售被查封或者扣押的兽药及有关材料的，责令其停止违法行为，给予警告，并处 5 万元以上 10 万元以下罚款。

第六十五条　违反本条例规定，兽药生产企业、经营企业、兽药使用单位和开具处方的兽医人员发现可能与兽药使用有关的严重不良反应，不向所在地人民政府兽医行政管理部门报告的，给予警告，并处 5000 元以上 1 万元以下罚款。

生产企业在新兽药监测期内不收集或者不及时报送该新兽药的疗效、不良反应等资料的，责令其限期改正，并处 1 万元以上 5 万元以下罚款；情节严重的，撤销该新兽药的产品批准文号。

第六十六条　违反本条例规定，未经兽医开具处方销售、购买、使用兽用处方药的，责令其限期改正，没收违法所得，并处 5 万元以下罚款；给他人造成损失的，依法承担赔偿责任。

第六十七条　违反本条例规定，兽药生产、经营企业把原料药销售给兽药生产企业以外的单位和个人的，或者兽药经营企业拆零销售原料药的，责令其立即改正，给予警告，没收违法所得，并处 2 万元以上 5 万元以下罚款；情节严重的，吊销兽药生产许可证、兽药经营许可证；给他人造成损失的，依法承担赔偿责任。

第六十八条　违反本条例规定，在饲料和动物饮用水中添加激素类药品和国务院兽医行政管理部门规定的其他禁用药品，依照《饲料和饲料添加剂管理条例》的有关规定处罚；直接将原料药添加到饲料及动物饮用水中，或者饲喂动物的，责令其立即改正，并处 1 万元以上 3 万元以下罚款；给他人造成损失的，依法承担赔偿责任。

第六十九条　有下列情形之一的，撤销兽药的产品批准文号或者吊销进口兽药注册证书：

（一）抽查检验连续 2 次不合格的；

（二）药效不确定、不良反应大以及可能对养殖业、人体健康造成危害或者存在潜在风险的；

（三）国务院兽医行政管理部门禁止生产、经营和使用的兽药。

被撤销产品批准文号或者被吊销进口兽药注册证书的兽药，不得继续生产、进口、经营和使用。已经生产、进口的，由所在地兽医行政管理部门监督销毁，所需费用由违法行为人承担；给他人造成损失的，依法承担赔偿责任。

第七十条　本条例规定的行政处罚由县级以上人民政府兽医行政管理部门决定；其中吊销兽药生产许可证、兽药经营许可证、撤销兽药批准证明文件或者责令停止兽药研究试验的，由发证、批准部门决定。

上级兽医行政管理部门对下级兽医行政管理部门违反本条例的行政行为，应当责令限期改正；逾期不改正的，有权予以改变或者撤销。

第七十一条　本条例规定的货值金额以违法生产、经营兽药的标价计算；没有标价的，按照同类兽药的市场价格计算。

# 第九章　附　则

第七十二条　本条例下列用语的含义是：

（一）兽药，是指用于预防、治疗、诊断动物疾病或者有目的地调节动物生理机能的物质（含药物饲料添加剂），主要包括：血清制品、疫苗、诊断制品、微生态制品、中药材、中成药、化学药品、抗生素、生化药品、放射性药品及外用杀虫剂、消毒剂等。

（二）兽用处方药，是指凭兽医处方方可购买和使用的兽药。

（三）兽用非处方药，是指由国务院兽医行政管理部门公布的、不需要凭兽医处方就可以自行购买并按照说明书使用的兽药。

（四）兽药生产企业，是指专门生产兽药的企业和兼产兽药的企业，包括从事兽药分装的企业。

（五）兽药经营企业，是指经营兽药的专营企业或者兼营企业。

（六）新兽药，是指未曾在中国境内上市销售的兽用药品。

（七）兽药批准证明文件，是指兽药产品批准文号、进口兽药注册证书、允许进口兽用生物制品证明文件、出口兽药证明文件、新兽药注册证书等文件。

第七十三条　兽用麻醉药品、精神药品、毒性药品和放射性药品等特殊药品，依照国家有关规定管理。

第七十四条　水产养殖中的兽药使用、兽药残留检测和监督管理以及水产养殖过程中违法用药的行政处罚，由县级以上人民政府渔业主管部门及其所属的渔政监督管理机构负责。

第七十五条　本条例自 2004 年 11 月 1 日起施行。

# 国务院关于加强食品等产品安全
# 监督管理的特别规定

（中华人民共和国国务院令第 503 号，2007 年 7 月 25 日国务院第 186 次常务会议通过）

**第一条** 为了加强食品等产品安全监督管理，进一步明确生产经营者、监督管理部门和地方人民政府的责任，加强各监督管理部门的协调、配合，保障人体健康和生命安全，制定本规定。

**第二条** 本规定所称产品除食品外，还包括食用农产品、药品等与人体健康和生命安全有关的产品。

对产品安全监督管理，法律有规定的，适用法律规定；法律没有规定或者规定不明确的，适用本规定。

**第三条** 生产经营者应当对其生产、销售的产品安全负责，不得生产、销售不符合法定要求的产品。

依照法律、行政法规规定生产、销售产品需要取得许可证照或者需要经过认证的，应当按照法定条件、要求从事生产经营活动。不按照法定条件、要求从事生产经营活动或者生产、销售不符合法定要求产品的，由农业、卫生、质检、商务、工商、药品等监督管理部门依据各自职责，没收违法所得、产品和用于违法生产的工具、设备、原材料等物品，货值金额不足 5000 元的，并处 5 万元罚款；货值金额 5000 元以上不足 1 万元的，并处 10 万元罚款；货值金额 1 万元以上的，并处货值金额 10 倍以上 20 倍以下的罚款；造成严重后果的，由原发证部门吊销许可证照；构成非法经营罪或者生产、销售伪劣商品罪等犯罪的，依法追究刑事责任。

生产经营者不再符合法定条件、要求，继续从事生产经营活动的，由原发证部门吊销许可证照，并在当地主要媒体上公告被吊销许可证照的生产经营者名单；构成非法经营罪或者生产、销售伪劣商品罪等犯罪的，依法追究刑事责任。

依法应当取得许可证照而未取得许可证照从事生产经营活动的，由农业、卫生、质检、商务、工商、药品等监督管理部门依据各自职责，没收违法所得、产品和用于违法生产的工具、设备、原材料等物品，货值金额不足 1 万元的，并处 10 万元罚款；货值金额 1 万元以上的，并处货值金额 10 倍以上 20 倍以下的罚款；构成非法经营罪的，依法追究刑事责任。

有关行业协会应当加强行业自律，监督生产经营者的生产经营活动；加强公众健康知识的普及、宣传，引导消费者选择合法生产经营者生产、销售的产品以及有合法标识的产品。

**第四条** 生产者生产产品所使用的原料、辅料、添加剂、农业投入品，应当符合法律、行政法规的规定和国家强制性标准。

违反前款规定，违法使用原料、辅料、添加剂、农业投入品的，由农业、卫生、质检、商务、药品等监督管理部门依据各自职责没收违法所得，货值金额不足 5000 元的，并处 2 万元罚款；货值金额 5000 元以上不足 1 万元的，并处 5 万元罚款；货值金额 1 万元以上的，并处货值金额 5 倍以上 10 倍以下的罚款；造成严重后果的，由原发证部门吊销许可证照；构成生产、销售伪劣商品罪的，依法追究刑事责任。

**第五条** 销售者必须建立并执行进货检查验收制度，审验供货商的经营资格，验明产品合格证明和产品标识，并建立产品进货台账，如实记录产品名称、规格、数量、供货商及其联系方式、进货时间等内容。从事产品批发业务的销售企业应当建立产品销售台账，如实记录批发的产品品种、规格、数量、流向等内容。在产品集中交易场所销售自制产品的生产企业应当比照从事产品批发业务的销售企业的规定，履行建立产品销售台账的义务。进货台账和销售台账保存期限不得少于 2 年。销售者应当向供货商按照产品生产批次索要符合法定条件的检验机构出具的检验报告或者由供货商签字或者盖章的检验报告复印件；不能提供检验报告或者检验报告复印件的产品，不得销售。

违反前款规定的，由工商、药品监督管理部门依据各自职责责令停止销售；不能提供检验报告或者检验报告复印件销售产品的，没收违法所得和违法销售的产品，并处货值金额 3 倍的罚款；造成严重后果的，由原发证部门吊销许可证照。

**第六条** 产品集中交易市场的开办企业、产品经营柜台出租企业、产品展销会的举办企业，应当审查入场销售者的经营资格，明确入场销售者的产品安全管理责任，定期对入场销售者的经营环境、条件、内部安全管理制度和经营产品是否符合法定要求进行检查，发现销售不符合法定要求产品或者其他违法行为的，应当及时制止并立即报告所在地工商行政管理部门。

违反前款规定的，由工商行政管理部门处以 1000 元以上 5 万元以下的罚款；情节严重的，责令停业整顿；造成严重后果的，吊销营业执照。

　　**第七条**　出口产品的生产经营者应当保证其出口产品符合进口国（地区）的标准或者合同要求。法律规定产品必须经过检验方可出口的，应当经符合法律规定的机构检验合格。

　　出口产品检验人员应当依照法律、行政法规规定和有关标准、程序、方法进行检验，对其出具的检验证单等负责。

　　出入境检验检疫机构和商务、药品等监督管理部门应当建立出口产品的生产经营者良好记录和不良记录，并予以公布。对有良好记录的出口产品的生产经营者，简化检验检疫手续。

　　出口产品的生产经营者逃避产品检验或者弄虚作假的，由出入境检验检疫机构和药品监督管理部门依据各自职责，没收违法所得和产品，并处货值金额3倍的罚款；构成犯罪的，依法追究刑事责任。

　　**第八条**　进口产品应当符合我国国家技术规范的强制性要求以及我国与出口国（地区）签订的协议规定的检验要求。

　　质检、药品监督管理部门依据生产经营者的诚信度和质量管理水平以及进口产品风险评估的结果，对进口产品实施分类管理，并对进口产品的收货人实施备案管理。进口产品的收货人应当如实记录进口产品流向。记录保存期限不得少于2年。

　　质检、药品监督管理部门发现不符合法定要求产品时，可以将不符合法定要求产品的进货人、报检人、代理人列入不良记录名单。进口产品的进货人、销售者弄虚作假的，由质检、药品监督管理部门依据各自职责，没收违法所得和产品，并处货值金额3倍的罚款；构成犯罪的，依法追究刑事责任。进口产品的报检人、代理人弄虚作假的，取消报检资格，并处货值金额等值的罚款。

　　**第九条**　生产企业发现其生产的产品存在安全隐患，可能对人体健康和生命安全造成损害的，应当向社会公布有关信息，通知销售者停止销售，告知消费者停止使用，主动召回产品，并向有关监督管理部门报告；销售者应当立即停止销售该产品。销售者发现其销售的产品存在安全隐患，可能对人体健康和生命安全造成损害的，应当立即停止销售该产品，通知生产企业或者供货商，并向有关监督管理部门报告。

　　生产企业和销售者不履行前款规定义务的，由农业、卫生、质检、商务、工商、药品等监督管理部门依据各自职责，责令生产企业召回产品、销售者停止销售，对生产企业并处货值金额3倍的罚款，对销售者并处1000元以上5万元以下的罚款；造成严重后果的，由原发证部门吊销许可证照。

　　**第十条**　县级以上地方人民政府应当将产品安全监督管理纳入政府工作考核目标，对本行政区域内的产品安全监督管理负总责，统一领导、协调本行政区域内的监督管理工作，建立健全监督管理协调机制，加强对行政执法的协调、监督；统一领导、指挥产品安全突发事件应对工作，依法组织查处产品安全事故；建立监督管理责任制，对各监督管理部门进行评议、考核。质检、工商和药品等监督管理部门应当在所在地同级人民政府的统一协调下，依法做好产品安全监督管理工作。

　　县级以上地方人民政府不履行产品安全监督管理的领导、协调职责，本行政区域内一年多次出现产品安全事故、造成严重社会影响的，由监察机关或者任免机关对政府的主要负责人和直接负责的主管人员给予记大过、降级或者撤职的处分。

　　**第十一条**　国务院质检、卫生、农业等主管部门在各自职责范围内尽快制定、修改或者起草相关国家标准，加快建立统一管理、协调配套、符合实际、科学合理的产品标准体系。

　　**第十二条**　县级以上人民政府及其部门对产品安全实施监督管理，应当按照法定权限和程序履行职责，做到公开、公平、公正。对生产经营者同一违法行为，不得给予2次以上罚款的行政处罚；对涉嫌构成犯罪、依法需要追究刑事责任的，应当依照《行政执法机关移送涉嫌犯罪案件的规定》，向公安机关移送。

　　农业、卫生、质检、商务、工商、药品等监督管理部门应当依据各自职责对生产经营者进行监督检查，并对其遵守强制性标准、法定要求的情况予以记录，由监督检查人员签字后归档。监督检查记录应当作为其直接负责主管人员定期考核的内容。公众有权查阅监督检查记录。

　　**第十三条**　生产经营者有下列情形之一的，农业、卫生、质检、商务、工商、药品等监督管理部门应当依据各自职责采取措施，纠正违法行为，防止或者减少危害发生，并依照本规定予以处罚：

　　（一）依法应当取得许可证照而未取得许可证照从事生产经营活动的；

　　（二）取得许可证照或者经过认证后，不按照法定条件、要求从事生产经营活动或者生产、销售不符合法定要求产品的；

　　（三）生产经营者不再符合法定条件、要求继续从事生产经营活动的；

　　（四）生产者生产产品不按照法律、行政法规的规定和国家强制性标准使用原料、辅料、添加剂、农业投入品的；

（五）销售者没有建立并执行进货检查验收制度，并建立产品进货台账的；

（六）生产企业和销售者发现其生产、销售的产品存在安全隐患，可能对人体健康和生命安全造成损害，不履行本规定的义务的；

（七）生产经营者违反法律、行政法规和本规定的其他有关规定的。

农业、卫生、质检、商务、工商、药品等监督管理部门不履行前款规定职责、造成后果的，由监察机关或者任免机关对其主要负责人、直接负责的主管人员和其他直接责任人员给予记大过或者降级的处分；造成严重后果的，给予其主要负责人、直接负责的主管人员和其他直接责任人员撤职或者开除的处分；其主要负责人、直接负责的主管人员和其他直接责任人员构成渎职罪的，依法追究刑事责任。

违反本规定，滥用职权或者有其他渎职行为的，由监察机关或者任免机关对其主要负责人、直接负责的主管人员和其他直接责任人员给予记过或者记大过的处分；造成严重后果的，给予其主要负责人、直接负责的主管人员和其他直接责任人员降级或者撤职的处分；其主要负责人、直接负责的主管人员和其他直接责任人员构成渎职罪的，依法追究刑事责任。

第十四条　农业、卫生、质检、商务、工商、药品等监督管理部门发现违反本规定的行为，属于其他监督管理部门职责的，应当立即书面通知并移交有权处理的监督管理部门处理。有权处理的部门应当立即处理，不得推诿；因不立即处理或者推诿造成后果的，由监察机关或者任免机关对其主要负责人、直接负责的主管人员和其他直接责任人员给予记大过或者降级的处分。

第十五条　农业、卫生、质检、商务、工商、药品等监督管理部门履行各自产品安全监督管理职责，有下列职权：

（一）进入生产经营场所实施现场检查；

（二）查阅、复制、查封、扣押有关合同、票据、账簿以及其他有关资料；

（三）查封、扣押不符合法定要求的产品，违法使用的原料、辅料、添加剂、农业投入品以及用于违法生产的工具、设备；

（四）查封存在危害人体健康和生命安全重大隐患的生产经营场所。

第十六条　农业、卫生、质检、商务、工商、药品等监督管理部门应当建立生产经营者违法行为记录制度，对违法行为的情况予以记录并公布；对有多次违法行为记录的生产经营者，吊销许可证照。

第十七条　检验检测机构出具虚假检验报告，造成严重后果的，由授予其资质的部门吊销其检验检测资质；构成犯罪的，对直接负责的主管人员和其他直接责任人员依法追究刑事责任。

第十八条　发生产品安全事故或者其他对社会造成严重影响的产品安全事件时，农业、卫生、质检、商务、工商、药品等监督管理部门必须在各自职责范围内及时作出反应，采取措施，控制事态发展，减少损失，依照国务院规定发布信息，做好有关善后工作。

第十九条　任何组织或者个人对违反本规定的行为有权举报。接到举报的部门应当为举报人保密。举报经调查属实的，受理举报的部门应当给予举报人奖励。

农业、卫生、质检、商务、工商、药品等监督管理部门应当公布本单位的电子邮件地址或者举报电话；对接到的举报，应当及时、完整地进行记录并妥善保存。举报的事项属于本部门职责的，应当受理，并依法进行核实、处理、答复；不属于本部门职责的，应当转交有权处理的部门，并告知举报人。

第二十条　本规定自公布之日起施行。

# 三 部门规章

# 生猪屠宰管理条例实施办法

（中华人民共和国商务部令 2008 年第 13 号，2008 年 7 月 16 日商务部第 9 次部务会议审议通过）

## 第一章 总 则

**第一条** 为了加强生猪屠宰监督管理，规范生猪屠宰经营行为，保证生猪产品质量安全，保障人民身体健康，根据《生猪屠宰管理条例》（以下简称《条例》）和国家有关法律、行政法规，制定本办法。

**第二条** 商务部负责全国生猪屠宰的行业管理工作，组织制定屠宰行业发展规划，完善屠宰行业标准体系，指导省级商务主管部门制订生猪定点屠宰厂（场）设置规划。

县级以上商务主管部门负责本行政区域内生猪屠宰活动的监督管理。省级商务主管部门会同畜牧兽医主管部门、环境保护部门以及其他有关部门，按照合理布局、适当集中、有利流通、方便群众的原则，结合本地实际情况制订生猪定点屠宰厂（场）设置规划，报本级人民政府批准后实施。

**第三条** 国家扶持生猪定点屠宰厂（场）技术创新、新产品研发，鼓励向机械化、规模化、标准化方向发展，推广质量控制体系认证。

**第四条** 各级商务主管部门应对在生猪屠宰管理和屠宰技术研究、推广方面做出突出贡献的单位和个人给予表彰和奖励。

**第五条** 国家鼓励生猪定点屠宰厂（场）在自愿的基础上依法成立专业化行业协会、学会，发挥协调和自律作用，维护成员和行业利益。

## 第二章 生猪定点屠宰厂（场）的设立

**第六条** 生猪定点屠宰厂（场）的设立（包括新建、改建、扩建）应符合省级人民政府批准的生猪定点屠宰厂（场）设置规划。

**第七条** 生猪定点屠宰厂（场）的设立应符合《条例》第八条规定的条件。

（一）依照《条例》第八条第（一）项的规定，生猪定点屠宰厂（场）应当有与屠宰规模相适应的充足水源，水质符合国家规定的城乡生活饮用水卫生标准。

（二）依照《条例》第八条第（二）项的规定，生猪定点屠宰厂（场）应当设有待宰间、屠宰间、急宰间，其建筑和布局，应符合《猪屠宰与分割车间设计规范》的规定。生猪屠宰设备和运输工具应符合国家规定要求。

（三）依照《条例》第八条第（三）项的规定，生猪定点屠宰厂（场）必须配备与屠宰规模相适应的屠宰技术人员。屠宰技术人员必须持有县级以上医疗机构开具的健康证明。

（四）依照《条例》第八条第（四）项的规定，生猪定点屠宰厂（场）必须配备与屠宰规模相适应、经考核合格的肉品品质检验人员。

（五）依照《条例》第八条第（五）项的规定，生猪定点屠宰厂（场）应当配备符合屠宰工艺和《生猪屠宰产品品质检验规程》要求的检验设备，备有适用的消毒设施、消毒药品。

生猪定点屠宰厂（场）的污染物处理设施，应当达到排放的废水、废气、废物和噪声等符合国家环保规定的要求。

（六）依照《条例》第八条第（六）项的规定，生猪定点屠宰厂（场）应当配备符合病害生猪及生猪产品无害化处理标准的无害化处理设施。

（七）依照《条例》第八条第（七）项的规定，生猪定点屠宰厂（场）应依法取得动物防疫条件合格证。

**第八条** 申请设立生猪定点屠宰厂（场），应当向设区的市级人民政府提出书面申请，并提交符合《条例》第八条规定条件的有关技术资料、说明文件。设区的市级人民政府根据设置规划，组织商务主管部门、畜牧兽医主管部门、环境保护部门以及其他有关部门，依照《条例》规定的条件进行审查。

设区的市级人民政府应当就申请设立的生猪定点屠宰厂（场）是否符合生猪定点屠宰厂（场）设置规划，书面征求省级商务主管部门意见。不符合生猪定点屠宰厂（场）设置规划的，不得予以批准。

申请人获得设区的市级人民政府做出的同意的书面决定后，方可开工建设屠宰厂（场）。

**第九条** 生猪定点屠宰厂（场）建成竣工后，设区的市级人民政府应当组织有关部门进行验收。符合《条例》规定的，颁发生猪定点屠宰证书和生猪定点屠宰标志牌。

申请人应持生猪定点屠宰证书向工商行政管理部门办理登记手续。

**第十条** 设区的市级商务主管部门和省级商务主管部门应当将本行政区域内生猪定点屠宰证书和标志牌发放情况及时报送上级商务主管部门。

商务部在政府网站定期公布全国生猪定点屠宰厂（场）名单。

# 第三章　屠宰与检验

**第十一条** 生猪定点屠宰厂（场）应当建立生猪进厂（场）检查登记制度。进厂（场）屠宰的生猪，应当持有生猪产地动物卫生监督机构出具的检疫合格证明。

**第十二条** 生猪定点屠宰厂（场）应当建立严格的生猪屠宰和肉品检验管理制度，并在屠宰车间显著位置明示生猪屠宰操作工艺流程图和肉品品质检验工序位置图。

**第十三条** 生猪定点屠宰厂（场）应当按照国家规定的操作规程和技术要求屠宰生猪，宰前停食静养不少于12小时，实施淋浴、致昏、放血、脱毛或者剥皮、开膛净膛（整理副产品）、劈半、整修等基本工艺流程。

鼓励生猪定点屠宰厂（场）按照国家有关标准规定，实施人道屠宰。

**第十四条** 生猪定点屠宰厂（场）应当按照国家规定的肉品品质检验规程进行检验。肉品品质检验包括宰前检验和宰后检验。检验内容包括健康状况、传染性疾病和寄生虫病以外的疾病、注水或者注入其他物质、有害物质、有害腺体、白肌肉（PSE肉）或黑干肉（DFD肉）、种猪及晚阉猪以及国家规定的其他检验项目。

**第十五条** 肉品品质检验应当与生猪屠宰同步进行。同步检验应当设置同步检验装置或者采用头、胴体与内脏统一编号对照方法进行。

肉品品质检验的具体部位和方法，按照《生猪屠宰产品品质检验规程》和其他相关标准规定执行。

**第十六条** 经肉品品质检验合格的猪胴体，应当加盖肉品品质检验合格验讫章，并附具《肉品品质检验合格证》后方可出厂（场）；检验合格的其他生猪产品（含分割肉品）应当附具《肉品品质检验合格证》。

**第十七条** 对检出的病害生猪及生猪产品，应当按照国家有关规定进行无害化处理。

**第十八条** 国家对肉品品质检验人员实行持证上岗制度。从事肉品品质检验的人员，必须具备中专以上或同等学历水平，并经考核合格。

# 第四章　经营管理

**第十九条** 生猪定点屠宰厂（场）应当建立质量追溯制度。如实记录活猪进厂（场）时间、数量、产地、供货者、屠宰与检验信息及出厂时间、品种、数量和流向。记录保存不得少于二年。

鼓励生猪定点屠宰厂（场）采用现代信息技术，建立产品质量追溯系统。

**第二十条** 生猪定点屠宰厂（场）应当建立缺陷产品召回制度。发现其生产的产品不安全时，应当立即停止生产，向社会公布有关信息，通知销售者停止销售，告知消费者停止使用，召回已经上市销售的产品，并向当地商务主管部门报告。

生猪定点屠宰厂（场）对召回的产品应当采取无害化处理措施，防止该产品再次流入市场。

**第二十一条** 生猪定点屠宰厂（场）应当建立信息报送制度。按照国家《生猪等畜禽屠宰统计报表制度》的要求，及时报送屠宰、销售等相关信息。

**第二十二条** 生猪定点屠宰厂（场）应当使用符合国家卫生标准的专用运载工具，并符合保证产品运输需要的温度等特殊要求。生猪和生猪产品应使用不同的运载工具运输；运送片猪肉，应使用防尘或者设有吊挂设施的专用车辆，不得敞运。

**第二十三条** 生猪定点屠宰厂（场）所有权或经营权发生变更的，应当及时向当地商务主管部门备案。

生猪定点屠宰厂（场）歇业、停业超过30天的，应当提前10天向当地商务主管部门报告；超过180天的，商务主管部门应报请设区的市级人民政府对定点屠宰厂（场）是否符合《条例》规定的条件进行审查。不再具备《条例》规定条件的，应当责令其限期整改；逾期仍达不到《条例》规定条件的，由设区的市级人民政府取消其生猪定点屠宰厂（场）资格。

**第二十四条** 生猪定点屠宰厂（场）屠宰的种猪和晚阉猪，应当在胴体和《肉品品质检验合格证》上标明相关信息。

# 第五章 证、章、标志牌管理

**第二十五条** 本办法所称的生猪屠宰证、章、标志牌包括：

（一）生猪定点屠宰标志牌、生猪定点屠宰证书；

（二）生猪定点屠宰厂（场）等级标志牌、生猪定点屠宰厂（场）等级证书、生猪定点屠宰厂（场）等级标识；

（三）肉品品质检验合格验讫章、肉品品质检验合格证；

（四）无害化处理印章；

（五）商务部规定设置的其他证、章、标志牌；

**第二十六条** 商务部统一规定证、章、标志牌的编码规则、格式和制作要求，建立全国生猪屠宰证、章、标志牌管理数据库。

**第二十七条** 省级商务主管部门负责本行政区域内生猪屠宰证、章和标志牌的管理工作，按照商务部规定的编码规则，对本行政区域内生猪屠宰证、章、标志牌进行统一编码；负责统一制作肉品品质检验合格验讫章、肉品品质检验合格证、无害化处理印章。

**第二十八条** 市、县商务主管部门负责监督本行政区域内生猪屠宰证、章和标志牌的使用；颁发本行政区域内肉品品质检验合格验讫章、肉品品质检验合格证、无害化处理印章。

设区的市级商务主管部门负责制作、管理生猪定点屠宰标志牌、生猪定点屠宰证书。

**第二十九条** 县级以上商务主管部门应当建立生猪屠宰证、章和标志牌管理制度，依据各自职责，严格制作、保管、发放程序。

**第三十条** 生猪定点屠宰厂（场）应当建立本企业生猪定点屠宰证、章、标志牌的保管和使用管理制度。

**第三十一条** 任何单位和个人不得冒用、使用伪造、出借、转让生猪屠宰证、章、标志牌。

**第三十二条** 发放生猪屠宰证、章、标志牌，可以依据国家有关法律法规规定收取工本费。

# 第六章 监督管理

**第三十三条** 各级商务主管部门应当根据实际工作需要建立屠宰管理机构，配备必要的管理人员和执法人员。

**第三十四条** 县级以上地方商务主管部门应当定期向本级政府报告生猪屠宰管理情况，争取当地政府及财政部门的支持，落实生猪屠宰管理、执法等所需经费，确保生猪屠宰管理和执法监督检查工作顺利进行。

发生大规模私屠滥宰、注水、暴力抗法等重大问题时，商务主管部门应当及时报请本级政府协调有关部门开展联合执法。

**第三十五条** 商务主管部门应当依据《条例》第二十一条规定的方式和要求，对生猪屠宰活动依法进行监督检查。

**第三十六条** 生猪屠宰监督检查的内容包括生猪定点屠宰厂（场）的日常生产经营活动和违反《条例》规定的各项制度和要求的私屠滥宰、注水、加工病害肉等违法活动。

**第三十七条** 生猪屠宰监督检查人员进行监督检查时，不得妨碍生猪定点屠宰厂（场）正常的生产经营活动，并不得收取任何费用。

# 第七章 法律责任

**第三十八条** 违反本办法第十二条、十三条、十四条、十五条、十六条、十九条规定，生猪定点屠宰厂（场）未建立并实施生猪屠宰、检验、质量追溯等制度的，由商务主管部门依照《条例》第二十五条的规定处罚。

**第三十九条** 违反本办法第二十条第一款规定，生猪定点屠宰厂（场）未建立缺陷产品召回制度的，由商务主管部门依照《国务院关于加强食品等产品安全监督管理的特别规定》第九条的规定处罚。

**第四十条** 生猪定点屠宰厂（场）有下列情形之一的，由商务主管部门责令改正，并可处1万元以上3万元以下罚款：

（一）从事肉品品质检验的人员未经考核合格的；

（二）运输肉品不符合本办法规定的。

**第四十一条** 生猪定点屠宰厂（场）有下列情形之一的，由商务主管部门责令改正，并可处1万元以下罚款：

（一）未按本办法要求及时报送屠宰、销售等相关信息的；

（二）所有权或经营权发生变更未及时向当地商务主管部门备案的。

**第四十二条** 违反本办法第三十一条规定，冒用、使用伪造、出借、转让生猪定点屠宰证书或者生猪定点屠宰标志牌的，由商务主管部门依照《条例》第二十四条的规定处罚。

冒用、使用伪造、出借、转让本办法规定的其他证、章、标志牌的，由商务主管部门责令改正，并可处 1 万元以上 3 万元以下罚款。

**第四十三条** 依照《条例》第三十一条规定，商务主管部门工作人员在生猪屠宰监督管理工作中滥用职权、玩忽职守、徇私舞弊、索贿受贿，构成犯罪的，依法追究刑事责任；尚不构成犯罪的，依法给予行政处分。

# 第八章　附　则

**第四十四条** 为保证边远和交通不便的农村地区生猪产品供应，确需设置小型生猪屠宰场点的，所在地省、自治区、直辖市应当依照《条例》第二条的规定，制定本行政区域的具体管理办法。

依照《条例》设置的生猪定点屠宰厂（场）能够保证供应的地区，不得设立小型生猪屠宰场点。小型生猪屠宰场点生产的生猪产品，仅限供应本地市场。

**第四十五条** 《条例》施行前设立的生猪定点屠宰厂（场），应当自《条例》施行之日起 180 日内，向设区的市级人民政府申请换发生猪定点屠宰标志牌和生猪定点屠宰证书。

生猪定点屠宰厂（场）不符合《条例》规定条件的，应当责令其限期整改；逾期仍达不到《条例》规定条件的，由设区的市级人民政府取消其生猪定点屠宰厂（场）资格。

**第四十六条** 本办法自 2008 年 8 月 1 日起施行。原国内贸易部发布的《生猪屠宰管理条例实施办法》《生猪屠宰技术、肉品品质检验人员上岗培训、考核管理办法》《生猪屠宰证、章、标志牌管理办法》同时废止。

# 动物检疫管理办法

(中华人民共和国农业部令 2010 年第 6 号，2010 年 1 月 4 日农业部第一次常务会议审议通过)

## 第一章　总　则

**第一条**　为加强动物检疫活动管理，预防、控制和扑灭动物疫病，保障动物及动物产品安全，保护人体健康，维护公共卫生安全，根据《中华人民共和国动物防疫法》（以下简称《动物防疫法》），制定本办法。

**第二条**　本办法适用于中华人民共和国领域内的动物检疫活动。

**第三条**　农业部主管全国动物检疫工作。

县级以上地方人民政府兽医主管部门主管本行政区域内的动物检疫工作。

县级以上地方人民政府设立的动物卫生监督机构负责本行政区域内动物、动物产品的检疫及其监督管理工作。

**第四条**　动物检疫的范围、对象和规程由农业部制定、调整并公布。

**第五条**　动物卫生监督机构指派官方兽医按照《动物防疫法》和本办法的规定对动物、动物产品实施检疫，出具检疫证明，加施检疫标志。

动物卫生监督机构可以根据检疫工作需要，指定兽医专业人员协助官方兽医实施动物检疫。

**第六条**　动物检疫遵循过程监管、风险控制、区域化和可追溯管理相结合的原则。

## 第二章　检疫申报

**第七条**　国家实行动物检疫申报制度。

动物卫生监督机构应当根据检疫工作需要，合理设置动物检疫申报点，并向社会公布动物检疫申报点、检疫范围和检疫对象。

县级以上人民政府兽医主管部门应当加强动物检疫申报点的建设和管理。

**第八条**　下列动物、动物产品在离开产地前，货主应当按规定时限向所在地动物卫生监督机构申报检疫：

（一）出售、运输动物产品和供屠宰、继续饲养的动物，应当提前 3 天申报检疫。

（二）出售、运输乳用动物、种用动物及其精液、卵、胚胎、种蛋，以及参加展览、演出和比赛的动物，应当提前 15 天申报检疫。

（三）向无规定动物疫病区输入相关易感动物、易感动物产品的，货主除按规定向输出地动物卫生监督机构申报检疫外，还应当在起运 3 天前向输入地省级动物卫生监督机构申报检疫。

**第九条**　合法捕获野生动物的，应当在捕获后 3 天内向捕获地县级动物卫生监督机构申报检疫。

**第十条**　屠宰动物的，应当提前 6 小时向所在地动物卫生监督机构申报检疫；急宰动物的，可以随时申报。

**第十一条**　申报检疫的，应当提交检疫申报单；跨省、自治区、直辖市调运乳用动物、种用动物及其精液、胚胎、种蛋的，还应当同时提交输入地省、自治区、直辖市动物卫生监督机构批准的《跨省引进乳用种用动物检疫审批表》。

申报检疫采取申报点填报、传真、电话等方式申报。采用电话申报的，需在现场补填检疫申报单。

**第十二条**　动物卫生监督机构受理检疫申报后，应当派出官方兽医到现场或指定地点实施检疫；不予受理的，应当说明理由。

## 第三章　产地检疫

**第十三条**　出售或者运输的动物、动物产品经所在地县级动物卫生监督机构的官方兽医检疫合格，并取得《动物检疫合格证明》后，方可离开产地。

**第十四条**　出售或者运输的动物，经检疫符合下列条件，由官方兽医出具《动物检疫合格证明》：

（一）来自非封锁区或者未发生相关动物疫情的饲养场（户）；

（二）按照国家规定进行了强制免疫，并在有效保护期内；

（三）临床检查健康；

（四）农业部规定需要进行实验室疫病检测的，检测结果符合要求；

（五）养殖档案相关记录和畜禽标识符合农业部规定。

乳用、种用动物和宠物，还应当符合农业部规定的健康标准。

**第十五条** 合法捕获的野生动物，经检疫符合下列条件，由官方兽医出具《动物检疫合格证明》后，方可饲养、经营和运输：

（一）来自非封锁区；

（二）临床检查健康；

（三）农业部规定需要进行实验室疫病检测的，检测结果符合要求。

**第十六条** 出售、运输的种用动物精液、卵、胚胎、种蛋，经检疫符合下列条件，由官方兽医出具《动物检疫合格证明》：

（一）来自非封锁区，或者未发生相关动物疫情的种用动物饲养场；

（二）供体动物按照国家规定进行了强制免疫，并在有效保护期内；

（三）供体动物符合动物健康标准；

（四）农业部规定需要进行实验室疫病检测的，检测结果符合要求；

（五）供体动物的养殖档案相关记录和畜禽标识符合农业部规定。

**第十七条** 出售、运输的骨、角、生皮、原毛、绒等产品，经检疫符合下列条件，由官方兽医出具《动物检疫合格证明》：

（一）来自非封锁区，或者未发生相关动物疫情的饲养场（户）；

（二）按有关规定消毒合格；

（三）农业部规定需要进行实验室疫病检测的，检测结果符合要求。

**第十八条** 经检疫不合格的动物、动物产品，由官方兽医出具检疫处理通知单，并监督货主按照农业部规定的技术规范处理。

**第十九条** 跨省、自治区、直辖市引进用于饲养的非乳用、非种用动物到达目的地后，货主或者承运人应当在 24 小时内向所在地县级动物卫生监督机构报告，并接受监督检查。

**第二十条** 跨省、自治区、直辖市引进的乳用、种用动物到达输入地后，在所在地动物卫生监督机构的监督下，应当在隔离场或饲养场（养殖小区）内的隔离舍进行隔离观察，大中型动物隔离期为 45 天，小型动物隔离期为 30 天。经隔离观察合格的方可混群饲养；不合格的，按照有关规定进行处理。隔离观察合格后需继续在省内运输的，货主应当申请更换《动物检疫合格证明》。动物卫生监督机构更换《动物检疫合格证明》不得收费。

# 第四章  屠宰检疫

**第二十一条** 县级动物卫生监督机构依法向屠宰场（厂、点）派驻（出）官方兽医实施检疫。屠宰场（厂、点）应当提供与屠宰规模相适应的官方兽医驻场检疫室和检疫操作台等设施。出场（厂、点）的动物产品应当经官方兽医检疫合格，加施检疫标志，并附有《动物检疫合格证明》。

**第二十二条** 进入屠宰场（厂、点）的动物应当附有《动物检疫合格证明》，并佩戴有农业部规定的畜禽标识。

官方兽医应当查验进场动物附具的《动物检疫合格证明》和佩戴的畜禽标识，检查待宰动物健康状况，对疑似染疫的动物进行隔离观察。

官方兽医应当按照农业部规定，在动物屠宰过程中实施全流程同步检疫和必要的实验室疫病检测。

**第二十三条** 经检疫符合下列条件的，由官方兽医出具《动物检疫合格证明》，对胴体及分割、包装的动物产品加盖检疫验讫印章或者加施其他检疫标志：

（一）无规定的传染病和寄生虫病；

（二）符合农业部规定的相关屠宰检疫规程要求；

（三）需要进行实验室疫病检测的，检测结果符合要求。

骨、角、生皮、原毛、绒的检疫还应当符合本办法第十七条有关规定。

**第二十四条** 经检疫不合格的动物、动物产品，由官方兽医出具检疫处理通知单，并监督屠宰场（厂、点）或者货主按照农业部规定的技术规范处理。

**第二十五条** 官方兽医应当回收进入屠宰场（厂、点）动物附具的《动物检疫合格证明》，填写屠宰检疫记录。回收的《动物检疫合格证明》应当保存十二个月以上。

**第二十六条**　经检疫合格的动物产品到达目的地后，需要直接在当地分销的，货主可以向输入地动物卫生监督机构申请换证，换证不得收费。换证应当符合下列条件：

（一）提供原始有效《动物检疫合格证明》，检疫标志完整，且证物相符；

（二）在有关国家标准规定的保质期内，且无腐败变质。

**第二十七条**　经检疫合格的动物产品到达目的地，贮藏后需继续调运或者分销的，货主可以向输入地动物卫生监督机构重新申报检疫。输入地县级以上动物卫生监督机构对符合下列条件的动物产品，出具《动物检疫合格证明》。

（一）提供原始有效《动物检疫合格证明》，检疫标志完整，且证物相符；

（二）在有关国家标准规定的保质期内，无腐败变质；

（三）有健全的出入库登记记录；

（四）农业部规定进行必要的实验室疫病检测的，检测结果符合要求。

# 第五章　水产苗种产地检疫

**第二十八条**　出售或者运输水生动物的亲本、稚体、幼体、受精卵、发眼卵及其他遗传育种材料等水产苗种的，货主应当提前 20 天向所在地县级动物卫生监督机构申报检疫；经检疫合格，并取得《动物检疫合格证明》后，方可离开产地。

**第二十九条**　养殖、出售或者运输合法捕获的野生水产苗种的，货主应当在捕获野生水产苗种后 2 天内向所在地县级动物卫生监督机构申报检疫；经检疫合格，并取得《动物检疫合格证明》后，方可投放养殖场所、出售或者运输。

合法捕获的野生水产苗种实施检疫前，货主应当将其隔离在符合下列条件的临时检疫场地：

（一）与其他养殖场所有物理隔离设施；

（二）具有独立的进排水和废水无害化处理设施以及专用渔具；

（三）农业部规定的其他防疫条件。

**第三十条**　水产苗种经检疫符合下列条件的，由官方兽医出具《动物检疫合格证明》：

（一）该苗种生产场近期未发生相关水生动物疫情；

（二）临床健康检查合格；

（三）农业部规定需要经水生动物疫病诊断实验室检验的，检验结果符合要求。

检疫不合格的，动物卫生监督机构应当监督货主按照农业部规定的技术规范处理。

**第三十一条**　跨省、自治区、直辖市引进水产苗种到达目的地后，货主或承运人应当在 24 小时内按照有关规定报告，并接受当地动物卫生监督机构的监督检查。

# 第六章　无规定动物疫病区动物检疫

**第三十二条**　向无规定动物疫病区运输相关易感动物、动物产品的，除附有输出地动物卫生监督机构出具的《动物检疫合格证明》外，还应当向输入地省、自治区、直辖市动物卫生监督机构申报检疫，并按照本办法第三十三条、第三十四条规定取得输入地《动物检疫合格证明》。

**第三十三条**　输入到无规定动物疫病区的相关易感动物，应当在输入地省、自治区、直辖市动物卫生监督机构指定的隔离场所，按照农业部规定的无规定动物疫病区有关检疫要求隔离检疫。大中型动物隔离检疫期为 45 天，小型动物隔离检疫期为 30 天。隔离检疫合格的，由输入地省、自治区、直辖市动物卫生监督机构的官方兽医出具《动物检疫合格证明》；不合格的，不准进入，并依法处理。

**第三十四条**　输入到无规定动物疫病区的相关易感动物产品，应当在输入地省、自治区、直辖市动物卫生监督机构指定的地点，按照农业部规定的无规定动物疫病区有关检疫要求进行检疫。检疫合格的，由输入地省、自治区、直辖市动物卫生监督机构的官方兽医出具《动物检疫合格证明》；不合格的，不准进入，并依法处理。

# 第七章　乳用种用动物检疫审批

**第三十五条**　跨省、自治区、直辖市引进乳用动物、种用动物及其精液、胚胎、种蛋的，货主应当填写《跨省引进乳用种用动物检疫审批表》，向输入地省、自治区、直辖市动物卫生监督机构申请办理审批手续。

第三十六条　输入地省、自治区、直辖市动物卫生监督机构应当自受理申请之日起 10 个工作日内，做出是否同意引进的决定。符合下列条件的，签发《跨省引进乳用种用动物检疫审批表》；不符合下列条件的，书面告知申请人，并说明理由。

（一）输出和输入饲养场、养殖小区取得《动物防疫条件合格证》；

（二）输入饲养场、养殖小区存栏的动物符合动物健康标准；

（三）输出的乳用、种用动物养殖档案相关记录符合农业部规定；

（四）输出的精液、胚胎、种蛋的供体符合动物健康标准。

第三十七条　货主凭输入地省、自治区、直辖市动物卫生监督机构签发的《跨省引进乳用种用动物检疫审批表》，按照本办法规定向输出地县级动物卫生监督机构申报检疫。输出地县级动物卫生监督机构应当按照本办法的规定实施检疫。

第三十八条　跨省引进乳用种用动物应当在《跨省引进乳用种用动物检疫审批表》有效期内运输。逾期引进的，货主应当重新办理审批手续。

# 第八章　检疫监督

第三十九条　屠宰、经营、运输以及参加展览、演出和比赛的动物，应当附有《动物检疫合格证明》；经营、运输的动物产品应当附有《动物检疫合格证明》和检疫标志。

对符合前款规定的动物、动物产品，动物卫生监督机构可以查验检疫证明、检疫标志，对动物、动物产品进行采样、留验、抽检，但不得重复检疫收费。

第四十条　依法应当检疫而未经检疫的动物，由动物卫生监督机构依照本条第二款规定补检，并依照《动物防疫法》处理处罚。

符合下列条件的，由动物卫生监督机构出具《动物检疫合格证明》；不符合的，按照农业部有关规定进行处理。

（一）畜禽标识符合农业部规定；

（二）临床检查健康；

（三）农业部规定需要进行实验室疫病检测的，检测结果符合要求。

第四十一条　依法应当检疫而未经检疫的骨、角、生皮、原毛、绒等产品，符合下列条件的，由动物卫生监督机构出具《动物检疫合格证明》；不符合的，予以没收销毁。同时，依照《动物防疫法》处理处罚。

（一）货主在 5 天内提供输出地动物卫生监督机构出具的来自非封锁区的证明；

（二）经外观检查无腐烂变质；

（三）按有关规定重新消毒；

（四）农业部规定需要进行实验室疫病检测的，检测结果符合要求。

第四十二条　依法应当检疫而未经检疫的精液、胚胎、种蛋等，符合下列条件的，由动物卫生监督机构出具《动物检疫合格证明》；不符合的，予以没收销毁。同时，依照《动物防疫法》处理处罚。

（一）货主在 5 天内提供输出地动物卫生监督机构出具的来自非封锁区的证明和供体动物符合健康标准的证明；

（二）在规定的保质期内，并经外观检查无腐败变质；

（三）农业部规定需要进行实验室疫病检测的，检测结果符合要求。

第四十三条　依法应当检疫而未经检疫的肉、脏器、脂、头、蹄、血液、筋等，符合下列条件的，由动物卫生监督机构出具《动物检疫合格证明》，并依照《动物防疫法》第七十八条的规定进行处罚；不符合下列条件的，予以没收销毁，并依照《动物防疫法》第七十六条的规定进行处罚：

（一）货主在 5 天内提供输出地动物卫生监督机构出具的来自非封锁区的证明；

（二）经外观检查无病变、无腐败变质；

（三）农业部规定需要进行实验室疫病检测的，检测结果符合要求。

第四十四条　经铁路、公路、水路、航空运输依法应当检疫的动物、动物产品的，托运人托运时应当提供《动物检疫合格证明》。没有《动物检疫合格证明》的，承运人不得承运。

第四十五条　货主或者承运人应当在装载前和卸载后，对动物、动物产品的运载工具以及饲养用具、装载用具等，按照农业部规定的技术规范进行消毒，并对清除的垫料、粪便、污物等进行无害化处理。

第四十六条　封锁区内的商品蛋、生鲜奶的运输监管按照《重大动物疫情应急条例》实施。

**第四十七条**　经检疫合格的动物、动物产品应当在规定时间内到达目的地。经检疫合格的动物在运输途中发生疫情，应按有关规定报告并处置。

# 第九章　罚　则

**第四十八条**　违反本办法第十九条、第三十一条规定，跨省、自治区、直辖市引进用于饲养的非乳用、非种用动物和水产苗种到达目的地后，未向所在地动物卫生监督机构报告的，由动物卫生监督机构处五百元以上二千元以下罚款。

**第四十九条**　违反本办法第二十条规定，跨省、自治区、直辖市引进的乳用、种用动物到达输入地后，未按规定进行隔离观察的，由动物卫生监督机构责令改正，处二千元以上一万元以下罚款。

**第五十条**　其他违反本办法规定的行为，依照《动物防疫法》有关规定予以处罚。

# 第十章　附　则

**第五十一条**　动物卫生监督证章标志格式或样式由农业部统一制定。

**第五十二条**　水产苗种产地检疫，由地方动物卫生监督机构委托同级渔业主管部门实施。水产苗种以外的其他水生动物及其产品不实施检疫。

**第五十三条**　本办法自 2010 年 3 月 1 日起施行。农业部 2002 年 5 月 24 日发布的《动物检疫管理办法》（农业部令第 14 号）自本办法施行之日起废止。

# 动物防疫条件审查办法

(中华人民共和国农业部令 2010 年第 7 号，2010 年 1 月 4 日农业部第一次常务会议审议通过)

## 第一章　总　则

**第一条**　为了规范动物防疫条件审查，有效预防控制动物疫病，维护公共卫生安全，根据《中华人民共和国动物防疫法》，制定本办法。

**第二条**　动物饲养场、养殖小区、动物隔离场所、动物屠宰加工场所以及动物和动物产品无害化处理场所，应当符合本办法规定的动物防疫条件，并取得《动物防疫条件合格证》。

经营动物和动物产品的集贸市场应当符合本办法规定的动物防疫条件。

**第三条**　农业部主管全国动物防疫条件审查和监督管理工作。

县级以上地方人民政府兽医主管部门主管本行政区域内的动物防疫条件审查和监督管理工作。

县级以上地方人民政府设立的动物卫生监督机构负责本行政区域内的动物防疫条件监督执法工作。

**第四条**　动物防疫条件审查应当遵循公开、公正、公平、便民的原则。

## 第二章　饲养场、养殖小区动物防疫条件

**第五条**　动物饲养场、养殖小区选址应当符合下列条件：

(一) 距离生活饮用水源地、动物屠宰加工场所、动物和动物产品集贸市场 500 米以上；距离种畜禽场 1000 米以上；距离动物诊疗场所 200 米以上；动物饲养场 (养殖小区) 之间距离不少于 500 米；

(二) 距离动物隔离场所、无害化处理场所 3000 米以上；

(三) 距离城镇居民区、文化教育科研等人口集中区域及公路、铁路等主要交通干线 500 米以上。

**第六条**　动物饲养场、养殖小区布局应当符合下列条件：

(一) 场区周围建有围墙；

(二) 场区出入口处设置与门同宽，长 4 米、深 0.3 米以上的消毒池；

(三) 生产区与生活办公区分开，并有隔离设施；

(四) 生产区入口处设置更衣消毒室，各养殖栋舍出入口设置消毒池或者消毒垫；

(五) 生产区内清洁道、污染道分设；

(六) 生产区内各养殖栋舍之间距离在 5 米以上或者有隔离设施。

禽类饲养场、养殖小区内的孵化间与养殖区之间应当设置隔离设施，并配备种蛋熏蒸消毒设施，孵化间的流程应当单向，不得交叉或者回流。

**第七条**　动物饲养场、养殖小区应当具有下列设施设备：

(一) 场区入口处配置消毒设备；

(二) 生产区有良好的采光、通风设施设备；

(三) 圈舍地面和墙壁选用适宜材料，以便清洗消毒；

(四) 配备疫苗冷冻 (冷藏) 设备、消毒和诊疗等防疫设备的兽医室，或者有兽医机构为其提供相应服务；

(五) 有与生产规模相适应的无害化处理、污水污物处理设施设备；

(六) 有相对独立的引入动物隔离舍和患病动物隔离舍。

**第八条**　动物饲养场、养殖小区应当有与其养殖规模相适应的执业兽医或者乡村兽医。

患有相关人畜共患传染病的人员不得从事动物饲养工作。

**第九条**　动物饲养场、养殖小区应当按规定建立免疫、用药、检疫申报、疫情报告、消毒、无害化处理、畜禽标识等制度及养殖档案。

**第十条**　种畜禽场除符合本办法第六条、第七条、第八条、第九条规定外，还应当符合下列条件：

(一) 距离生活饮用水源地、动物饲养场、养殖小区和城镇居民区、文化教育科研等人口集中区域及公路、铁路等主要交通干线 1000 米以上；

（二）距离动物隔离场所、无害化处理场所、动物屠宰加工场所、动物和动物产品集贸市场、动物诊疗场所3000米以上；

（三）有必要的防鼠、防鸟、防虫设施或者措施；

（四）有国家规定的动物疫病的净化制度；

（五）根据需要，种畜场还应当设置单独的动物精液、卵、胚胎采集等区域。

# 第三章　屠宰加工场所动物防疫条件

**第十一条**　动物屠宰加工场所选址应当符合下列条件：

（一）距离生活饮用水源地、动物饲养场、养殖小区、动物集贸市场500米以上；距离种畜禽场3000米以上；距离动物诊疗场所200米以上；

（二）距离动物隔离场所、无害化处理场所3000米以上。

**第十二条**　动物屠宰加工场所布局应当符合下列条件：

（一）场区周围建有围墙；

（二）运输动物车辆出入口设置与门同宽，长4米、深0.3米以上的消毒池；

（三）生产区与生活办公区分开，并有隔离设施；

（四）入场动物卸载区域有固定的车辆消毒场地，并配有车辆清洗、消毒设备。

（五）动物入场口和动物产品出场口应当分别设置；

（六）屠宰加工间入口设置人员更衣消毒室；

（七）有与屠宰规模相适应的独立检疫室、办公室和休息室；

（八）有待宰圈、患病动物隔离观察圈、急宰间；加工原毛、生皮、绒、骨、角的，还应当设置封闭式熏蒸消毒间。

**第十三条**　动物屠宰加工场所应当具有下列设施设备：

（一）动物装卸台配备照度不小于300Lx的照明设备；

（二）生产区有良好的采光设备，地面、操作台、墙壁、天棚应当耐腐蚀、不吸潮、易清洗；

（三）屠宰间配备检疫操作台和照度不小于500Lx的照明设备；

（四）有与生产规模相适应的无害化处理、污水污物处理设施设备。

**第十四条**　动物屠宰加工场所应当建立动物入场和动物产品出场登记、检疫申报、疫情报告、消毒、无害化处理等制度。

# 第四章　隔离场所动物防疫条件

**第十五条**　动物隔离场所选址应当符合下列条件：

（一）距离动物饲养场、养殖小区、种畜禽场、动物屠宰加工场所、无害化处理场所、动物诊疗场所、动物和动物产品集贸市场以及其他动物隔离场3000米以上；

（二）距离城镇居民区、文化教育科研等人口集中区域及公路、铁路等主要交通干线、生活饮用水源地500米以上。

**第十六条**　动物隔离场所布局应当符合下列条件：

（一）场区周围有围墙；

（二）场区出入口处设置与门同宽，长4米、深0.3米以上的消毒池；

（三）饲养区与生活办公区分开，并有隔离设施；

（四）有配备消毒、诊疗和检测等防疫设备的兽医室；

（五）饲养区内清洁道、污染道分设；

（六）饲养区入口设置人员更衣消毒室。

**第十七条**　动物隔离场所应当具有下列设施设备：

（一）场区出入口处配置消毒设备；

（二）有无害化处理、污水污物处理设施设备。

**第十八条**　动物隔离场所应当配备与其规模相适应的执业兽医。

患有相关人畜共患传染病的人员不得从事动物饲养工作。

**第十九条**　动物隔离场所应当建立动物和动物产品进出登记、免疫、用药、消毒、疫情报告、无害化处理等制度。

# 第五章　无害化处理场所动物防疫条件

**第二十条**　动物和动物产品无害化处理场所选址应当符合下列条件：

（一）距离动物养殖场、养殖小区、种畜禽场、动物屠宰加工场所、动物隔离场所、动物诊疗场所、动物和动物产品集贸市场、生活饮用水源地3000米以上；

（二）距离城镇居民区、文化教育科研等人口集中区域及公路、铁路等主要交通干线500米以上。

**第二十一条**　动物和动物产品无害化处理场所布局应当符合下列条件：

（一）场区周围建有围墙；

（二）场区出入口处设置与门同宽，长4米、深0.3米以上的消毒池，并设有单独的人员消毒通道；

（三）无害化处理区与生活办公区分开，并有隔离设施；

（四）无害化处理区内设置染疫动物扑杀间、无害化处理间、冷库等；

（五）动物扑杀间、无害化处理间入口处设置人员更衣室，出口处设置消毒室。

**第二十二条**　动物和动物产品无害化处理场所应当具有下列设施设备：

（一）配置机动消毒设备；

（二）动物扑杀间、无害化处理间等配备相应规模的无害化处理、污水污物处理设施设备；

（三）有运输动物和动物产品的专用密闭车辆。

**第二十三条**　动物和动物产品无害化处理场所应当建立病害动物和动物产品入场登记、消毒、无害化处理后的物品流向登记、人员防护等制度。

# 第六章　集贸市场动物防疫条件

**第二十四条**　专门经营动物的集贸市场应当符合下列条件：

（一）距离文化教育科研等人口集中区域、生活饮用水源地、动物饲养场和养殖小区、动物屠宰加工场所500米以上，距离种畜禽场、动物隔离场所、无害化处理场所3000米以上，距离动物诊疗场所200米以上；

（二）市场周围有围墙，场区出入口处设置与门同宽，长4米、深0.3米以上的消毒池；

（三）场内设管理区、交易区、废弃物处理区，各区相对独立；

（四）交易区内不同种类动物交易场所相对独立；

（五）有清洗、消毒和污水污物处理设施设备；

（六）有定期休市和消毒制度。

（七）有专门的兽医工作室。

**第二十五条**　兼营动物和动物产品的集贸市场应当符合下列动物防疫条件：

（一）距离动物饲养场和养殖小区500米以上，距离种畜禽场、动物隔离场所、无害化处理场所3000米以上，距离动物诊疗场所200米以上；

（二）动物和动物产品交易区与市场其他区域相对隔离；

（三）动物交易区与动物产品交易区相对隔离；

（四）不同种类动物交易区相对隔离；

（五）交易区地面、墙面（裙）和台面防水、易清洗；

（六）有消毒制度。

活禽交易市场除符合前款规定条件外，市场内的水禽与其他家禽还应当分开，宰杀间与活禽存放间应当隔离，宰杀间与出售场地应当分开，并有定期休市制度。

# 第七章　审查发证

**第二十六条**　兴办动物饲养场、养殖小区、动物屠宰加工场所、动物隔离场所、动物和动物产品无害化处理场所，应当按照本办法规定进行选址、工程设计和施工。

**第二十七条**　本办法第二条第一款规定场所建设竣工后，应当向所在地县级地方人民政府兽医主管部门提出申请，并提交以下材料：

（一）《动物防疫条件审查申请表》；

（二）场所地理位置图、各功能区布局平面图；

（三）设施设备清单；

（四）管理制度文本；

（五）人员情况。

申请材料不齐全或者不符合规定条件的，县级地方人民政府兽医主管部门应当自收到申请材料之日起 5 个工作日内，一次告知申请人需补正的内容。

第二十八条　兴办动物饲养场、养殖小区和动物屠宰加工场所的，县级地方人民政府兽医主管部门应当自收到申请之日起 20 个工作日内完成材料和现场审查，审查合格的，颁发《动物防疫条件合格证》；审查不合格的，应当书面通知申请人，并说明理由。

第二十九条　兴办动物隔离场所、动物和动物产品无害化处理场所的，县级地方人民政府兽医主管部门应当自收到申请之日起 5 个工作日内完成材料初审，并将初审意见和有关材料报省、自治区、直辖市人民政府兽医主管部门。省、自治区、直辖市人民政府兽医主管部门自收到初审意见和有关材料之日起 15 个工作日内完成材料和现场审查，审查合格的，颁发《动物防疫条件合格证》；审查不合格的，应当书面通知申请人，并说明理由。

# 第八章　监督管理

第三十条　动物卫生监督机构依照《中华人民共和国动物防疫法》和有关法律、法规的规定，对动物饲养场、养殖小区、动物隔离场所、动物屠宰加工场所、动物和动物产品无害化处理场所、动物和动物产品集贸市场的动物防疫条件实施监督检查，有关单位和个人应当予以配合，不得拒绝和阻碍。

第三十一条　本办法第二条第一款所列场所在取得《动物防疫条件合格证》后，变更场址或者经营范围的，应当重新申请办理《动物防疫条件合格证》，同时交回原《动物防疫条件合格证》，由原发证机关予以注销。

变更布局、设施设备和制度，可能引起动物防疫条件发生变化的，应当提前 30 日向原发证机关报告。发证机关应当在 20 日内完成审查，并将审查结果通知申请人。

变更单位名称或者其负责人的，应当在变更后 15 日内持有效证明申请变更《动物防疫条件合格证》。

第三十二条　本办法第二条第一款所列场所停业的，应当于停业后 30 日内将《动物防疫条件合格证》交回原发证机关注销。

第三十三条　本办法第二条所列场所，应当在每年 1 月底前将上一年的动物防疫条件情况和防疫制度执行情况向发证机关报告。

第三十四条　禁止转让、伪造或者变造《动物防疫条件合格证》。

第三十五条　《动物防疫条件合格证》丢失或者损毁的，应当在 15 日内向发证机关申请补发。

# 第九章　罚　则

第三十六条　违反本办法第三十一条第一款规定，变更场所地址或者经营范围，未按规定重新申请《动物防疫条件合格证》的，按照《中华人民共和国动物防疫法》第七十七条规定予以处罚。

违反本办法第三十一条第二款规定，未经审查擅自变更布局、设施设备和制度的，由动物卫生监督机构给予警告。对不符合动物防疫条件的，由动物卫生监督机构责令改正；拒不改正或者整改后仍不合格的，由发证机关收回并注销《动物防疫条件合格证》。

第三十七条　违反本办法第二十四条和第二十五条规定，经营动物和动物产品的集贸市场不符合动物防疫条件的，由动物卫生监督机构责令改正；拒不改正的，由动物卫生监督机构处五千元以上两万元以下的罚款，并通报同级工商行政管理部门依法处理。

第三十八条　违反本办法第三十四条规定，转让、伪造或者变造《动物防疫条件合格证》的，由动物卫生监督机构收缴《动物防疫条件合格证》，处两千元以上一万元以下的罚款。

使用转让、伪造或者变造《动物防疫条件合格证》的，由动物卫生监督机构按照《中华人民共和国动物防疫法》第七十七条规定予以处罚。

第三十九条　违反本办法规定，构成犯罪或者违反治安管理规定的，依法移送公安机关处理。

# 第十章 附 则

**第四十条** 本办法所称动物饲养场、养殖小区是指《中华人民共和国畜牧法》第三十九条规定的畜禽养殖场、养殖小区。

饲养场、养殖小区内自用的隔离舍和屠宰加工场所内自用的患病动物隔离观察圈，饲养场、养殖小区、屠宰加工场所和动物隔离场内设置的自用无害化处理场所，不再另行办理《动物防疫条件合格证》。

**第四十一条** 本办法自 2010 年 5 月 1 日起施行。农业部 2002 年 5 月 24 日发布的《动物防疫条件审核管理办法》（农业部令第 15 号）同时废止。

本办法施行前已发放的《动物防疫合格证》在有效期内继续有效，有效期不满 1 年的，可沿用到 2011 年 5 月 1 日止。本办法施行前未取得《动物防疫合格证》的各类场所，应当在 2011 年 5 月 1 日前达到本办法规定的条件，取得《动物防疫条件合格证》。

# 生猪定点屠宰厂（场）病害猪无害化处理管理办法

（商务部、财政部令 2008 年第 9 号，2008 年 5 月 7 日商务部第 6 次部务会议审议通过，并经财政部同意）

## 第一章 总 则

**第一条** 为加强生猪定点屠宰厂（场）病害猪无害化处理监督管理，防止病害生猪产品流入市场，保证上市生猪产品质量安全，保障人民身体健康，根据《生猪屠宰管理条例》和国家有关法律、行政法规，制定本办法。

**第二条** 国家对生猪定点屠宰厂（场）病害生猪及生猪产品（以下简称病害猪）实行无害化处理制度，国家财政对病害猪损失和无害化处理费用予以补贴。

**第三条** 生猪定点屠宰厂（场）发现下列情况的，应当进行无害化处理：

（一）屠宰前确认为国家规定的病害活猪、病死或死因不明的生猪；

（二）屠宰过程中经检疫或肉品品质检验确认为不可食用的生猪产品；

（三）国家规定的其他应当进行无害化处理的生猪及生猪产品。

无害化处理的方法和要求，按照国家有关标准规定执行。

**第四条** 生猪定点屠宰厂（场）病害猪无害化处理的补贴对象和标准，按照财政部有关规定执行。

屠宰过程中经检疫或肉品品质检验确认为不可食用的生猪产品按 90 千克折算一头的标准折算成相应头数，享受病害猪损失补贴和无害化处理费用补贴。

## 第二章 职责和要求

**第五条** 商务部负责全国生猪定点屠宰厂（场）病害猪无害化处理的监督管理和指导协调工作；负责全国生猪定点屠宰厂（场）病害猪无害化处理监管系统中央监管平台的建立和维护工作。

省、自治区、直辖市、计划单列市及新疆生产建设兵团（以下简称省级）商务主管部门负责监督本行政区域内市、县商务主管部门生猪定点屠宰厂（场）病害猪无害化处理监督管理和信息报送工作；建立并维护本行政区域生猪定点屠宰厂（场）病害猪无害化处理监管系统监管平台；配合地方财政管理部门落实病害猪损失补贴和无害化处理费用补贴资金。

市、县商务主管部门负责监督生猪定点屠宰厂（场）无害化处理过程，核实本行政区域内生猪定点屠宰厂（场）病害猪数量；负责本行政区域内生猪定点屠宰厂（场）病害猪无害化处理信息统计工作；负责建立本行政区域内生猪定点屠宰厂（场）病害猪无害化处理监管系统。

**第六条** 财政部负责全国生猪定点屠宰厂（场）病害猪无害化处理财政补贴资金的监督管理和中央财政补贴资金的预拨、审核、清算工作。

省级财政部门负责会同同级商务主管部门核定本地区生猪定点屠宰厂（场）病害猪数量及所需财政补贴资金；编制本地区生猪定点屠宰厂（场）病害猪无害化处理财政补贴资金预算，向财政部提出中央财政补贴资金的申请。

县级以上地方财政部门负责根据同级商务主管部门审核确认的生猪定点屠宰厂（场）病害猪数量，安排应负担的补贴资金，并将补贴资金直接支付给病害猪货主或生猪定点屠宰厂（场）。

**第七条** 生猪定点屠宰厂（场）应当按照《生猪屠宰管理条例》和本办法的要求对病害猪进行无害化处理，并如实上报相关处理情况和信息。

生猪定点屠宰厂（场）应当按照《生猪屠宰管理条例》的要求，配备相应的生猪及生猪产品无害化处理设施，并按照国家相关标准要求建立无害化处理监控和信息报送系统。

## 第三章 工作程序

**第八条** 送至生猪定点屠宰厂（场）屠宰的生猪，应当依法经动物卫生监督机构检疫合格，并附有检疫证明。

**第九条** 生猪在待宰期间和屠宰过程中，应当按照《动物防疫法》和《生猪屠宰管理条例》的规定实施检疫和肉品品质检验。发现符合本办法第三条规定情形的，按照本办法第十条、十一条规定的程序处理。

**第十条** 病害活猪、送至待宰圈后病死或死因不明的生猪进行无害化处理，应当加盖无害化处理印章，并按照以下程序进行：

（一）检疫人员或肉品品质检验人员按照《病害猪无害化处理记录表》（附表1）的格式要求，填写货主名称、处理原因、处理头数、处理方式，并在记录表上签字确认。

（二）货主签字确认后，送至无害化处理车间由无害化处理人员按照规定程序进行处理。处理结束后，无害化处理人员应在记录表上签字确认。

（三）厂（场）主要负责人在记录表上签字、盖章确认。

**第十一条** 经检疫或肉品品质检验确认为不可食用的生猪产品进行无害化处理，应当加盖无害化处理印章，并按照以下程序进行：

（一）由检疫人员或肉品品质检验人员按照《病害猪产品无害化处理记录表》（附表2）的格式要求，填写货主名称、产品（部位）名称、处理原因、处理数量、处理方式，并在记录上签字。

（二）货主签字确认后送至无害化处理车间按照规定进行处理。处理结束后，无害化处理人员应在记录表上签字确认。

（三）生猪定点屠宰厂（场）主要负责人应在记录表上签字。

**第十二条** 送至生猪定点屠宰厂（场）时已死的生猪进行无害化处理，应当加盖无害化处理印章，并按照以下程序进行：

（一）检疫人员或肉品品质检验人员按照《待宰前死亡生猪无害化处理记录表》（附表3）的格式要求，填写货主名称、处理原因、处理数量、处理方式，并在记录上签字。

（二）货主签字确认后，送至无害化处理车间由无害化处理人员按照规定程序进行处理。处理结束后，无害化处理人员应在记录表上签字确认。

（三）生猪定点屠宰厂（场）主要负责人应在记录表上签字、盖章确认。

**第十三条** 已建立无害化处理监控和信息报送系统的生猪定点屠宰厂（场），进行无害化处理之前，应通知当地商务主管部门，开启监控装置和摄录系统，记录无害化处理过程，并通过系统报送相关信息。未建立无害化处理监控和信息报送系统的生猪定点屠宰厂（场），进行无害化处理之前，应通知当地市、县商务主管部门派人现场监督无害化处理过程。

**第十四条** 市、县商务主管部门现场监督无害化处理过程时，应当在记录表上签字确认；通过系统报送无害化处理信息和处理过程时，应按照系统要求在系统中记录监控过程，并存档备查。

**第十五条** 每月5日前，生猪定点屠宰厂（场）应按照《病害猪无害化处理统计月报表》（附表4）的要求，填写上月病害猪无害化处理头数、病害猪产品无害化处理数量及折合头数、以及病害猪无害化处理情况，并报市、县商务主管部门。

市、县商务主管部门应于每月10日前将《病害猪无害化处理统计月报表》报省级商务主管部门并抄送同级财政部门。

省级商务主管部门每季度第一个月20日前将上季度本行政区域内无害化处理情况报商务部，同时通报同级财政部门。

**第十六条** 每月10日前，生猪定点屠宰厂（场）或者提供病害猪的货主应填写《病害猪损失财政补贴申领表》（附表5），由市、县商务主管部门确认后转报同级财政部门。

每月15日前，负责无害化处理的生猪定点屠宰厂（场）应填写《病害猪无害化处理费用财政补贴申领表》（附表6），由市、县商务主管部门确认后转报同级财政部门。

**第十七条** 市、县财政部门根据同级商务部门确认情况及时审核拨付补贴资金，同时抄送同级商务主管部门。

# 第四章 监督管理

**第十八条** 地方各级商务主管部门应对生猪定点屠宰厂（场）病害猪无害化处理过程定期进行监督检查。

地方各级财政部门应对生猪定点屠宰厂（场）病害猪无害化处理财政补贴资金使用情况定期进行监督检查。

**第十九条** 各级商务主管部门应建立无害化处理举报投诉制度，公布举报电话，按照《国务院关于加强食品等产品安全监督管理的特别规定》的要求受理并处理举报投诉。

**第二十条** 对病害猪检出率连续三个月超过0.5%或低于0.2%的地区，省级商务主管部门应当会同同级财政主管部门加强对该地区的监督检查。必要时，商务部和财政部组成联合检查组对该地区进行检查。

**第二十一条** 生猪定点屠宰厂（场）应指定专门的肉品品质检验人员和无害化处理人员负责无害化处理工作，

并经商务主管部门培训合格。

　　**第二十二条**　生猪定点屠宰厂（场）应当如实记录无害化处理过程的相关信息，妥善保存无害化处理记录表。记录表至少应保存五年。

# 第五章　罚　则

　　**第二十三条**　生猪定点屠宰厂（场）不按规定配备病害猪及生猪产品无害化处理设施的，由商务主管部门按照《生猪屠宰管理条例》的规定责令限期改正；逾期仍不改正的，报请设区的市级人民政府取消其生猪定点屠宰资格。

　　**第二十四条**　生猪定点屠宰厂（场）未按本办法规定对病害猪进行无害化处理的，由商务主管部门按照《生猪屠宰管理条例》的规定责令限期改正，处 2 万元以上 5 万元以下的罚款；逾期不改正的，责令停业整顿，对其主要负责人处 5000 元以上 1 万元以下的罚款。

　　**第二十五条**　生猪定点屠宰厂（场）或者提供病害猪的货主虚报无害化处理数量的，由地方商务主管部门依法处以 3 万元以下的罚款；构成犯罪的，依法追究刑事责任。

　　**第二十六条**　生猪定点屠宰厂（场）肉品品质检验人员和无害化处理人员不按照操作规程操作、不履行职责、弄虚作假的，由商务主管部门处 500 元以上 5000 元以下罚款。

　　**第二十七条**　检疫人员不遵守国家有关规定、不履行职责、弄虚作假的，由商务主管部门通报相关管理部门依法处理。

　　**第二十八条**　商务主管部门和财政主管部门的工作人员在无害化处理监督管理工作中滥用职权、玩忽职守、徇私舞弊的，依法给予处分；构成犯罪的，依法追究刑事责任。

# 第六章　附　则

　　**第二十九条**　本办法由商务部、财政部负责解释。

　　**第三十条**　本办法自 2008 年 8 月 1 日起施行。

**附表 1：**

## 病害猪无害化处理记录表

单位：（公章）　　　　　　　　　　　　　　　　　　　　　　　　　日期：　年　月　日

| 货主 | 处理原因 | 处理头数 | 处理方式 | 肉品品质检验人员或检疫人员签字 | 无害化处理人员签字 | 货主签字 |
| --- | --- | --- | --- | --- | --- | --- |
|  |  |  |  |  |  |  |
|  |  |  |  |  |  |  |
|  |  |  |  |  |  |  |
|  |  |  |  |  |  |  |
|  |  |  |  |  |  |  |
|  |  |  |  |  |  |  |

填表人：　　　　　　　　生猪定点屠宰厂（场）负责人：　　　　　　　商务主管部门监督人：

备注：记录表一式三份，生猪定点屠宰厂（场）、货主、商务主管部门各留一份存档。

**附表2：**

## 病害猪产品无害化处理记录表

单位：（公章）　　　　　　　　　　　　　　　　　　　　　　　　　　　　日期：　年　月　日

| 货主 | 产品（部位）名称 | 处理原因 | 处理数量（千克） | 折合头数 | 处理方式 | 肉品品质检验人员或检疫人员签字 | 无害化处理人员签字 | 货主签字 |
|---|---|---|---|---|---|---|---|---|
|  |  |  |  |  |  |  |  |  |
|  |  |  |  |  |  |  |  |  |
|  |  |  |  |  |  |  |  |  |
|  |  |  |  |  |  |  |  |  |
|  |  |  |  |  |  |  |  |  |
|  |  |  |  |  |  |  |  |  |
|  |  |  |  |  |  |  |  |  |

填表人：　　　　　　　　　生猪定点屠宰厂（场）负责人：　　　　　　　　　商务主管部门监督人：

备注：记录表一式三份，生猪定点屠宰厂（场）、货主、商务主管部门各留一份存档。

**附表3：**

## 待宰前死亡生猪无害化处理记录表

单位：（公章）　　　　　　　　　　　　　　　　　　　　　　　　　　　　日期：　年　月　日

| 货主 | 死亡原因 | 处理头数 | 处理方式 | 肉品品质检验人员或检疫人员签字 | 无害化处理人员签字 | 货主签字 |
|---|---|---|---|---|---|---|
|  |  |  |  |  |  |  |
|  |  |  |  |  |  |  |
|  |  |  |  |  |  |  |
|  |  |  |  |  |  |  |
|  |  |  |  |  |  |  |
|  |  |  |  |  |  |  |

填表人：　　　　　　　　　生猪定点屠宰厂（场）负责人：　　　　　　　　　商务主管部门监督人：

备注：记录表一式三份，生猪定点屠宰厂（场）、货主、商务主管部门各留一份存档。

**附表4：**

## 病害猪无害化处理统计月报表

单位：（公章）　　　　　　电话：　　　　　　　　　　　　　　　　　　　日期：　年　月　日

| 病害猪处理头数 |  | 损失补贴头数合计 | 所处理生猪产品折合头数 | 待宰前死亡生猪处理头数 | 无害化处理头数合计 | 无害化处理人员签字 | 生猪定点屠宰厂(场)负责人签字 |
|---|---|---|---|---|---|---|---|
| 自营 | 代宰 |  |  |  |  |  |  |
|  |  |  |  |  |  |  |  |
| 无害化处理情况总结 |  |  |  |  |  |  |  |

备注：月报表一式三份，生猪定点屠宰厂（场）、商务主管部门、财政主管部门各留一份存档。

**附表5：**

## 病害猪损失财政补贴申领表

| 申领人资料 | 姓　　名 | |
|---|---|---|
| | 联系电话 | |
| | 手　　机 | |
| | 户　　名 | |
| | 开 户 行 | |
| | 帐　　号 | |
| 补贴时间 | | 　年　月　日—年　月　日 |
| 补贴头数 | | |
| 补贴标准 | | 500 元/头 |
| 补贴金额（元） | | |
| 商务主管部门审核意见 | | 经办人：<br>（公章）<br>　　　年　月　日 |
| 财政主管部门审核意见 | | 经办人：<br>（公章）<br>　　　年　月　日 |

备注：申请表一式三份，生猪定点屠宰厂（场）或货主、商务主管部门、财政主管部门各留一份存档。

**附表6：**

## 病害猪无害化处理费用财政补贴申领表

| 申领人资料 | 姓　　名 | |
|---|---|---|
| | 联系电话 | |
| | 手　　机 | |
| | 户　　名 | |
| | 开 户 行 | |
| | 帐　　号 | |
| 补贴时间 | | 　年　月　日—年　月　日 |
| 补贴头数 | | |
| 补贴标准 | | 80 元/头 |
| 补贴金额（元） | | |
| 商务主管部门审核意见 | | 经办人：<br>（公章）<br>　　　年　月　日 |
| 财政主管部门审核意见 | | 经办人：<br>（公章）<br>　　　年　月　日 |

备注：申请表一式三份，生猪定点屠宰厂（场）或货主、商务主管部门、财政主管部门各留一份存档。

# 食用农产品市场销售质量安全监督管理办法

(国家食品药品监督管理总局令第20号，2015年12月8日经国家食品药品监督管理总局局务会议审议通过)

## 第一章 总 则

第一条 为规范食用农产品市场销售行为，加强食用农产品市场销售质量安全监督管理，保证食用农产品质量安全，根据《中华人民共和国食品安全法》等法律法规，制定本办法。

第二条 食用农产品市场销售质量安全及其监督管理适用本办法。

本办法所称食用农产品市场销售，是指通过集中交易市场、商场、超市、便利店等销售食用农产品的活动。

本办法所称集中交易市场，是指销售食用农产品的批发市场和零售市场（含农贸市场）。

第三条 国家食品药品监督管理总局负责监督指导全国食用农产品市场销售质量安全的监督管理工作。

省、自治区、直辖市食品药品监督管理部门负责监督指导本行政区域食用农产品市场销售质量安全的监督管理工作。

市、县级食品药品监督管理部门负责本行政区域食用农产品市场销售质量安全的监督管理工作。

第四条 食用农产品市场销售质量安全及其监督管理工作坚持预防为主、风险管理原则，推进产地准出与市场准入衔接，保证市场销售的食用农产品可追溯。

第五条 县级以上食品药品监督管理部门应当与相关部门建立健全食用农产品市场销售质量安全监督管理协作机制。

第六条 集中交易市场开办者应当依法对入场销售者履行管理义务，保障市场规范运行。

食用农产品销售者（以下简称销售者）应当依照法律法规和食品安全标准从事销售活动，保证食用农产品质量安全。

第七条 县级以上食品药品监督管理部门应当加强信息化建设，汇总分析食用农产品质量安全信息，加强监督管理，防范食品安全风险。

集中交易市场开办者和销售者应当按照食品药品监督管理部门的要求提供并公开食用农产品质量安全数据信息。

鼓励集中交易市场开办者和销售者建立食品安全追溯体系，利用信息化手段采集和记录所销售的食用农产品信息。

第八条 集中交易市场开办者相关行业协会和食用农产品相关行业协会应当加强行业自律，督促集中交易市场开办者和销售者履行法律义务。

## 第二章 集中交易市场开办者义务

第九条 集中交易市场开办者应当建立健全食品安全管理制度，督促销售者履行义务，加强食用农产品质量安全风险防控。

集中交易市场开办者主要负责人应当落实食品安全管理制度，对本市场的食用农产品质量安全工作全面负责。

集中交易市场开办者应当配备专职或者兼职食品安全管理人员、专业技术人员，明确入场销售者的食品安全管理责任，组织食品安全知识培训。

集中交易市场开办者应当制定食品安全事故处置方案，根据食用农产品风险程度确定检查重点、方式、频次等，定期检查食品安全事故防范措施落实情况，及时消除食用农产品质量安全隐患。

第十条 集中交易市场开办者应当按照食用农产品类别实行分区销售。

集中交易市场开办者销售和贮存食用农产品的环境、设施、设备等应当符合食用农产品质量安全的要求。

第十一条 集中交易市场开办者应当建立入场销售者档案，如实记录销售者名称或者姓名、社会信用代码或者身份证号码、联系方式、住所、食用农产品主要品种、进货渠道、产地等信息。

销售者档案信息保存期限不少于销售者停止销售后6个月。集中交易市场开办者应当对销售者档案及时更新，保证其准确性、真实性和完整性。

集中交易市场开办者应当如实向所在地县级食品药品监督管理部门报告市场名称、住所、类型、法定代表人或者负责人姓名、食品安全管理制度、食用农产品主要种类、摊位数量等信息。

**第十二条** 集中交易市场开办者应当查验并留存入场销售者的社会信用代码或者身份证复印件，食用农产品产地证明或者购货凭证、合格证明文件。

销售者无法提供食用农产品产地证明或者购货凭证、合格证明文件的，集中交易市场开办者应当进行抽样检验或者快速检测；抽样检验或者快速检测合格的，方可进入市场销售。

**第十三条** 食用农产品生产企业或者农民专业合作经济组织及其成员生产的食用农产品，由本单位出具产地证明；其他食用农产品生产者或者个人生产的食用农产品，由村民委员会、乡镇政府等出具产地证明；无公害农产品、绿色食品、有机农产品以及农产品地理标志等食用农产品标志上所标注的产地信息，可以作为产地证明。

**第十四条** 供货者提供的销售凭证、销售者与供货者签订的食用农产品采购协议，可以作为食用农产品购货凭证。

**第十五条** 有关部门出具的食用农产品质量安全合格证明或者销售者自检合格证明等可以作为合格证明文件。

销售按照有关规定需要检疫、检验的肉类，应当提供检疫合格证明、肉类检验合格证明等证明文件。

销售进口食用农产品，应当提供出入境检验检疫部门出具的入境货物检验检疫证明等证明文件。

**第十六条** 集中交易市场开办者应当建立食用农产品检查制度，对销售者的销售环境和条件以及食用农产品质量安全状况进行检查。

集中交易市场开办者发现存在食用农产品不符合食品安全标准等违法行为的，应当要求销售者立即停止销售，依照集中交易市场管理规定或者与销售者签订的协议进行处理，并向所在地县级食品药品监督管理部门报告。

**第十七条** 集中交易市场开办者应当在醒目位置及时公布食品安全管理制度、食品安全管理人员、食用农产品抽样检验结果以及不合格食用农产品处理结果、投诉举报电话等信息。

**第十八条** 批发市场开办者应当与入场销售者签订食用农产品质量安全协议，明确双方食用农产品质量安全权利义务；未签订食用农产品质量安全协议的，不得进入批发市场进行销售。

鼓励零售市场开办者与销售者签订食用农产品质量安全协议，明确双方食用农产品质量安全权利义务。

**第十九条** 批发市场开办者应当配备检验设备和检验人员，或者委托具有资质的食品检验机构，开展食用农产品抽样检验或者快速检测，并根据食用农产品种类和风险等级确定抽样检验或者快速检测频次。

鼓励零售市场开办者配备检验设备和检验人员，或者委托具有资质的食品检验机构，开展食用农产品抽样检验或者快速检测。

**第二十条** 批发市场开办者应当印制统一格式的销售凭证，载明食用农产品名称、产地、数量、销售日期以及销售者名称、地址、联系方式等项目。销售凭证可以作为销售者的销售记录和其他购货者的进货查验记录凭证。

销售者应当按照销售凭证的要求如实记录。记录和销售凭证保存期限不得少于 6 个月。

**第二十一条** 与屠宰厂（场）、食用农产品种植养殖基地签订协议的批发市场开办者应当对屠宰厂（场）和食用农产品种植养殖基地进行实地考察，了解食用农产品生产过程以及相关信息，查验种植养殖基地食用农产品相关证明材料以及票据等。

**第二十二条** 鼓励食用农产品批发市场开办者改造升级，更新设施、设备和场所，提高食品安全保障能力和水平。

鼓励批发市场开办者与取得无公害农产品、绿色食品、有机农产品、农产品地理标志等认证的食用农产品种植养殖基地或者生产加工企业签订食用农产品质量安全合作协议。

# 第三章 销售者义务

**第二十三条** 销售者应当具有与其销售的食用农产品品种、数量相适应的销售和贮存场所，保持场所环境整洁，并与有毒、有害场所以及其他污染源保持适当的距离。

**第二十四条** 销售者应当具有与其销售的食用农产品品种、数量相适应的销售设备或者设施。

销售冷藏、冷冻食用农产品的，应当配备与销售品种相适应的冷藏、冷冻设施，并符合保证食用农产品质量安全所需要的温度、湿度和环境等特殊要求。

鼓励采用冷链、净菜上市、畜禽产品冷鲜上市等方式销售食用农产品。

**第二十五条** 禁止销售下列食用农产品：

（一）使用国家禁止的兽药和剧毒、高毒农药，或者添加食品添加剂以外的化学物质和其他可能危害人体健康的物质的；

（二）致病性微生物、农药残留、兽药残留、生物毒素、重金属等污染物质以及其他危害人体健康的物质含量超过食品安全标准限量的；

（三）超范围、超限量使用食品添加剂的；

（四）腐败变质、油脂酸败、霉变生虫、污秽不洁、混有异物、掺假掺杂或者感官性状异常的；

（五）病死、毒死或者死因不明的禽、畜、兽、水产动物肉类；

（六）未按规定进行检疫或者检疫不合格的肉类；

（七）未按规定进行检验或者检验不合格的肉类；

（八）使用的保鲜剂、防腐剂等食品添加剂和包装材料等食品相关产品不符合食品安全国家标准的；

（九）被包装材料、容器、运输工具等污染的；

（十）标注虚假生产日期、保质期或者超过保质期的；

（十一）国家为防病等特殊需要明令禁止销售的；

（十二）标注虚假的食用农产品产地、生产者名称、生产者地址，或者标注伪造、冒用的认证标志等质量标志的；

（十三）其他不符合法律、法规或者食品安全标准的。

**第二十六条** 销售者采购食用农产品，应当按照规定查验相关证明材料，不符合要求的，不得采购和销售。

销售者应当建立食用农产品进货查验记录制度，如实记录食用农产品名称、数量、进货日期以及供货者名称、地址、联系方式等内容，并保存相关凭证。记录和凭证保存期限不得少于6个月。

实行统一配送销售方式的食用农产品销售企业，可以由企业总部统一建立进货查验记录制度；所属各销售门店应当保存总部的配送清单以及相应的合格证明文件。配送清单和合格证明文件保存期限不得少于6个月。

从事食用农产品批发业务的销售企业，应当建立食用农产品销售记录制度，如实记录批发食用农产品名称、数量、销售日期以及购货者名称、地址、联系方式等内容，并保存相关凭证。记录和凭证保存期限不得少于6个月。

鼓励和引导有条件的销售企业采用扫描、拍照、数据交换、电子表格等方式，建立食用农产品进货查验记录制度。

**第二十七条** 销售者贮存食用农产品，应当定期检查库存，及时清理腐败变质、油脂酸败、霉变生虫、污秽不洁或者感官性状异常的食用农产品。

销售者贮存食用农产品，应当如实记录食用农产品名称、产地、贮存日期、生产者或者供货者名称或者姓名、联系方式等内容，并在贮存场所保存记录。记录和凭证保存期限不得少于6个月。

**第二十八条** 销售者租赁仓库的，应当选择能够保障食用农产品质量安全的食用农产品贮存服务提供者。

贮存服务提供者应当按照食用农产品质量安全的要求贮存食用农产品，履行下列义务：

（一）如实向所在地县级食品药品监督管理部门报告其名称、地址、法定代表人或者负责人姓名、社会信用代码或者身份证号码、联系方式以及所提供服务的销售者名称、贮存的食用农产品品种、数量等信息；

（二）查验所提供服务的销售者的营业执照或者身份证明和食用农产品产地或者来源证明、合格证明文件，并建立进出货台账，记录食用农产品名称、产地、贮存日期、出货日期、销售者名称或者姓名、联系方式等。进出货台账和相关证明材料保存期限不得少于6个月；

（三）保证贮存食用农产品的容器、工具和设备安全无害，保持清洁，防止污染，保证食用农产品质量安全所需的温度、湿度和环境等特殊要求，不得将食用农产品与有毒、有害物品一同贮存；

（四）贮存肉类冻品应当查验并留存检疫合格证明、肉类检验合格证明等证明文件；

（五）贮存进口食用农产品，应当查验并记录出入境检验检疫部门出具的入境货物检验检疫证明等证明文件；

（六）定期检查库存食用农产品，发现销售者有违法行为的，应当及时制止并立即报告所在地县级食品药品监督管理部门；

（七）法律、法规规定的其他义务。

**第二十九条** 销售者自行运输或者委托承运人运输食用农产品的，运输容器、工具和设备应当安全无害，保持清洁，防止污染，并符合保证食用农产品质量安全所需的温度、湿度和环境等特殊要求，不得将食用农产品与有毒、有害物品一同运输。

承运人应当按照有关部门的规定履行相关食品安全义务。

**第三十条** 销售企业应当建立健全食用农产品质量安全管理制度，配备必要的食品安全管理人员，对职工进行食品安全知识培训，制定食品安全事故处置方案，依法从事食用农产品销售活动。

鼓励销售企业配备相应的检验设备和检验人员，加强食用农产品检验工作。

**第三十一条**　销售者应当建立食用农产品质量安全自查制度，定期对食用农产品质量安全情况进行检查，发现不符合食用农产品质量安全要求的，应当立即停止销售并采取整改措施；有发生食品安全事故潜在风险的，应当立即停止销售并向所在地县级食品药品监督管理部门报告。

**第三十二条**　销售按照规定应当包装或者附加标签的食用农产品，在包装或者附加标签后方可销售。包装或者标签上应当按照规定标注食用农产品名称、产地、生产者、生产日期等内容；对保质期有要求的，应当标注保质期；保质期与贮藏条件有关的，应当予以标明；有分级标准或者使用食品添加剂的，应当标明产品质量等级或者食品添加剂名称。

食用农产品标签所用文字应当使用规范的中文，标注的内容应当清楚、明显，不得含有虚假、错误或者其他误导性内容。

**第三十三条**　销售获得无公害农产品、绿色食品、有机农产品等认证的食用农产品以及省级以上农业行政部门规定的其他需要包装销售的食用农产品应当包装，并标注相应标志和发证机构，鲜活畜、禽、水产品等除外。

**第三十四条**　销售未包装的食用农产品，应当在摊位（柜台）明显位置如实公布食用农产品名称、产地、生产者或者销售者名称或者姓名等信息。

鼓励采取附加标签、标示带、说明书等方式标明食用农产品名称、产地、生产者或者销售者名称或者姓名、保存条件以及最佳食用期等内容。

**第三十五条**　进口食用农产品的包装或者标签应当符合我国法律、行政法规的规定和食品安全国家标准的要求，并载明原产地，境内代理商的名称、地址、联系方式。

进口鲜冻肉类产品的包装应当标明产品名称、原产国（地区）、生产企业名称、地址以及企业注册号、生产批号；外包装上应当以中文标明规格、产地、目的地、生产日期、保质期、储存温度等内容。

分装销售的进口食用农产品，应当在包装上保留原进口食用农产品全部信息以及分装企业、分装时间、地点、保质期等信息。

**第三十六条**　销售者发现其销售的食用农产品不符合食品安全标准或者有证据证明可能危害人体健康的，应当立即停止销售，通知相关生产经营者、消费者，并记录停止销售和通知情况。

由于销售者的原因造成其销售的食用农产品不符合食品安全标准或者有证据证明可能危害人体健康的，销售者应当召回。

对于停止销售的食用农产品，销售者应当按照要求采取无害化处理、销毁等措施，防止其再次流入市场。但是，因标签、标志或者说明书不符合食品安全标准而被召回的食用农产品，在采取补救措施且能保证食用农产品质量安全的情况下可以继续销售；销售时应当向消费者明示补救措施。

集中交易市场开办者、销售者应当将食用农产品停止销售、召回和处理情况向所在地县级食品药品监督管理部门报告，配合政府有关部门根据有关法律法规进行处理，并记录相关情况。

集中交易市场开办者、销售者未依照本办法停止销售或者召回的，县级以上地方食品药品监督管理部门可以责令其停止销售或者召回。

# 第四章　监督管理

**第三十七条**　县级以上地方食品药品监督管理部门应当按照当地人民政府制定的本行政区域食品安全年度监督管理计划，开展食用农产品市场销售质量安全监督管理工作。

市、县级食品药品监督管理部门应当根据年度监督检查计划、食用农产品风险程度等，确定监督检查的重点、方式和频次，对本行政区域的集中交易市场开办者、销售者、贮存服务提供者进行日常监督检查。

**第三十八条**　市、县级食品药品监督管理部门按照地方政府属地管理要求，可以依法采取下列措施，对集中交易市场开办者、销售者、贮存服务提供者遵守本办法情况进行日常监督检查：

（一）对食用农产品销售、贮存和运输等场所进行现场检查；

（二）对食用农产品进行抽样检验；

（三）向当事人和其他有关人员调查了解与食用农产品销售活动和质量安全有关的情况；

（四）检查食用农产品进货查验记录制度落实情况，查阅、复制与食用农产品质量安全有关的记录、协议、发票以及其他资料；

（五）对有证据证明不符合食品安全标准或者有证据证明存在质量安全隐患以及用于违法生产经营的食用农产品，有权查封、扣押、监督销毁；

（六）查封违法从事食用农产品销售活动的场所。

集中交易市场开办者、销售者、贮存服务提供者对食品药品监督管理部门实施的监督检查应当予以配合，不得拒绝、阻挠、干涉。

第三十九条　市、县级食品药品监督管理部门应当建立本行政区域集中交易市场开办者、销售者、贮存服务提供者食品安全信用档案，如实记录日常监督检查结果、违法行为查处等情况，依法向社会公布并实时更新。对有不良信用记录的集中交易市场开办者、销售者、贮存服务提供者增加监督检查频次；将违法行为情节严重的集中交易市场开办者、销售者、贮存服务提供者及其主要负责人和其他直接责任人的相关信息，列入严重违法者名单，并予以公布。

市、县级食品药品监督管理部门应当逐步建立销售者市场准入前信用承诺制度，要求销售者以规范格式向社会作出公开承诺，如存在违法失信销售行为将自愿接受信用惩戒。信用承诺纳入销售者信用档案，接受社会监督，并作为事中事后监督管理的参考。

第四十条　食用农产品在销售过程中存在质量安全隐患，未及时采取有效措施消除的，市、县级食品药品监督管理部门可以对集中交易市场开办者、销售者、贮存服务提供者的法定代表人或者主要负责人进行责任约谈。

被约谈者无正当理由拒不按时参加约谈或者未按要求落实整改的，食品药品监督管理部门应当记入集中交易市场开办者、销售者、贮存服务提供者食品安全信用档案。

第四十一条　县级以上地方食品药品监督管理部门应当将食用农产品监督抽检纳入年度检验检测工作计划，对食用农产品进行定期或者不定期抽样检验，并依据有关规定公布检验结果。

市、县级食品药品监督管理部门可以采用国家规定的快速检测方法对食用农产品质量安全进行抽查检测，抽查检测结果表明食用农产品可能存在质量安全隐患的，销售者应当暂停销售；抽查检测结果确定食用农产品不符合食品安全标准的，可以作为行政处罚的依据。

被抽查人对快速检测结果有异议的，可以自收到检测结果时起4小时内申请复检。复检结论仍不合格的，复检费用由申请人承担。复检不得采用快速检测方法。

第四十二条　市、县级食品药品监督管理部门应当依据职责公布食用农产品监督管理信息。

公布食用农产品监督管理信息，应当做到准确、及时、客观，并进行必要的解释说明，避免误导消费者和社会舆论。

第四十三条　市、县级食品药品监督管理部门发现批发市场有本办法禁止销售的食用农产品，在依法处理的同时，应当及时追查食用农产品来源和流向，查明原因、控制风险并报告上级食品药品监督管理部门，同时通报所涉地同级食品药品监督管理部门；涉及种植养殖和进出口环节的，还应当通报相关农业行政部门和出入境检验检疫部门。

第四十四条　市、县级食品药品监督管理部门发现超出其管辖范围的食用农产品质量安全案件线索，应当及时移送有管辖权的食品药品监督管理部门。

第四十五条　县级以上地方食品药品监督管理部门在监督管理中发现食用农产品质量安全事故，或者接到有关食用农产品质量安全事故的举报，应当立即会同相关部门进行调查处理，采取措施防止或者减少社会危害，按照应急预案的规定报告当地人民政府和上级食品药品监督管理部门，并在当地人民政府统一领导下及时开展调查处理。

# 第五章　法律责任

第四十六条　食用农产品市场销售质量安全的违法行为，食品安全法等法律法规已有规定的，依照其规定。

第四十七条　集中交易市场开办者违反本办法第九条至第十二条、第十六条第二款、第十七条规定，有下列情形之一的，由县级以上食品药品监督管理部门责令改正，给予警告；拒不改正的，处5000元以上3万元以下罚款：

（一）未建立或者落实食品安全管理制度的；

（二）未按要求配备食品安全管理人员、专业技术人员，或者未组织食品安全知识培训的；

（三）未制定食品安全事故处置方案的；

（四）未按食用农产品类别实行分区销售的；

（五）环境、设施、设备等不符合有关食用农产品质量安全要求的；

（六）未按要求建立入场销售者档案，或者未按要求保存和更新销售者档案的；

（七）未如实向所在地县级食品药品监督管理部门报告市场基本信息的；

（八）未查验并留存入场销售者的社会信用代码或者身份证复印件、食用农产品产地证明或者购货凭证、合格证明文件的；

（九）未进行抽样检验或者快速检测，允许无法提供食用农产品产地证明或者购货凭证、合格证明文件的销售者入场销售的；

（十）发现食用农产品不符合食品安全标准等违法行为，未依照集中交易市场管理规定或者与销售者签订的协议处理的；

（十一）未在醒目位置及时公布食用农产品质量安全管理制度、食品安全管理人员、食用农产品抽样检验结果以及不合格食用农产品处理结果、投诉举报电话等信息的。

**第四十八条**　批发市场开办者违反本办法第十八条第一款、第二十条规定，未与入场销售者签订食用农产品质量安全协议，或者未印制统一格式的食用农产品销售凭证的，由县级以上食品药品监督管理部门责令改正，给予警告；拒不改正的，处 1 万元以上 3 万元以下罚款。

**第四十九条**　销售者违反本办法第二十四条第二款规定，未按要求配备与销售品种相适应的冷藏、冷冻设施，或者温度、湿度和环境等不符合特殊要求的，由县级以上食品药品监督管理部门责令改正，给予警告；拒不改正的，处 5000 元以上 3 万元以下罚款。

**第五十条**　销售者违反本办法第二十五条第一项、第五项、第六项、第十一项规定的，由县级以上食品药品监督管理部门依照食品安全法第一百二十三条第一款的规定给予处罚。

违反本办法第二十五条第二项、第三项、第四项、第十项规定的，由县级以上食品药品监督管理部门依照食品安全法第一百二十四条第一款的规定给予处罚。

违反本办法第二十五条第七项、第十二项规定，销售未按规定进行检验的肉类，或者销售标注虚假的食用农产品产地、生产者名称、生产者地址，标注伪造、冒用的认证标志等质量标志的食用农产品的，由县级以上食品药品监督管理部门责令改正，处 1 万元以上 3 万元以下罚款。

违反本办法第二十五条第八项、第九项规定的，由县级以上食品药品监督管理部门依照食品安全法第一百二十五条第一款的规定给予处罚。

**第五十一条**　销售者违反本办法第二十八条第一款规定，未按要求选择贮存服务提供者，或者贮存服务提供者违反本办法第二十八条第二款规定，未履行食用农产品贮存相关义务的，由县级以上食品药品监督管理部门责令改正，给予警告；拒不改正的，处 5000 元以上 3 万元以下罚款。

**第五十二条**　销售者违反本办法第三十二条、第三十三条、第三十五条规定，未按要求进行包装或者附加标签的，由县级以上食品药品监督管理部门责令改正，给予警告；拒不改正的，处 5000 元以上 3 万元以下罚款。

**第五十三条**　销售者违反本办法第三十四条第一款规定，未按要求公布食用农产品相关信息的，由县级以上食品药品监督管理部门责令改正，给予警告；拒不改正的，处 5000 元以上 1 万元以下罚款。

**第五十四条**　销售者履行了本办法规定的食用农产品进货查验等义务，有充分证据证明其不知道所采购的食用农产品不符合食品安全标准，并能如实说明其进货来源的，可以免予处罚，但应当依法没收其不符合食品安全标准的食用农产品；造成人身、财产或者其他损害的，依法承担赔偿责任。

**第五十五条**　县级以上地方食品药品监督管理部门不履行食用农产品质量安全监督管理职责，或者滥用职权、玩忽职守、徇私舞弊的，依法追究直接负责的主管人员和其他直接责任人员的行政责任。

**第五十六条**　违法销售食用农产品涉嫌犯罪的，由县级以上地方食品药品监督管理部门依法移交公安机关追究刑事责任。

# 第六章　附　则

**第五十七条**　本办法下列用语的含义：

食用农产品，指在农业活动中获得的供人食用的植物、动物、微生物及其产品。农业活动，指传统的种植、养殖、采摘、捕捞等农业活动，以及设施农业、生物工程等现代农业活动。植物、动物、微生物及其产品，指在农业活动中直接获得的，以及经过分拣、去皮、剥壳、干燥、粉碎、清洗、切割、冷冻、打蜡、分级、包装等加工，但未改变其基本自然性状和化学性质的产品。

食用农产品集中交易市场开办者，指依法设立、为食用农产品交易提供平台、场地、设施、服务以及日常管理的企业法人或者其他组织。

**第五十八条**　柜台出租者和展销会举办者销售食用农产品的，参照本办法对集中交易市场开办者的规定执行。

**第五十九条**　食品摊贩等销售食用农产品的具体管理规定由省、自治区、直辖市制定。

**第六十条**　本办法自 2016 年 3 月 1 日起施行。

# 四 地方性法规和地方政府规章

# 辽宁省动物防疫条例

(2015 年 11 月 27 日辽宁省第十二届人民代表大会常务委员会第二十二次会议通过)

## 第一章 总 则

**第一条** 为了预防、控制和扑灭动物疫病，促进养殖业发展，保护人体健康，维护公共卫生安全，根据《中华人民共和国动物防疫法》等法律、法规的规定，结合本省实际，制定本条例。

**第二条** 本条例适用于在本省行政区域内动物疫病的预防、控制、扑灭和动物、动物产品的检疫及其监督管理活动。

本省行政区域纳入无规定动物疫病区建设与管理。

**第三条** 省、市、县（含县级市、区，下同）人民政府应当加强动物防疫工作的统一领导，将动物防疫工作纳入国民经济和社会发展规划，制定并组织实施动物防疫体系建设规划，加强乡镇动物卫生监督所和村级动物防疫队伍建设。

乡镇人民政府、街道办事处应当配备动物防疫管理人员，组织群众做好本辖区内的动物防疫工作。

村（居）民委员会应当督促村（居）民依法履行动物防疫义务，配合政府及有关部门做好动物防疫工作。

**第四条** 县以上兽医主管部门负责动物防疫工作。

发展改革、财政、公安、卫生计生、林业、食品药品监管、人社、交通、环保、出入境检验检疫等部门按照各自的职责做好动物防疫相关工作。

**第五条** 县以上人民政府设立的动物卫生监督机构，负责动物、动物产品的检疫和动物防疫的监督管理工作；设立的动物疫病预防控制机构，负责动物疫病的监测、检测、诊断、流行病学调查、重大动物疫情的风险评估、预警预报以及其他预防、控制等技术工作。

县兽医主管部门在乡镇、涉农街道所在区域设立乡镇动物卫生监督所，作为其派出机构，负责动物防疫工作。

**第六条** 县以上人民政府应当支持保险机构开展养殖业保险业务，鼓励饲养动物的单位和个人参加养殖业保险。

## 第二章 动物疫病的预防

**第七条** 省兽医主管部门应当做好强制免疫疫苗的采购。县以上兽医主管部门应当加强强制免疫疫苗储存、分发和使用的监督管理。

县以上兽医主管部门应当建立强制免疫评估制度，免疫密度或者免疫质量未达到要求的，应当按照规定进行整改。

**第八条** 动物饲养场（含养殖小区，下同）应当建立动物防疫制度，配备有为其服务的执业兽医或者乡村兽医，自行实施免疫、疫病检测和净化工作，实施实时监控，定期向所在地县动物疫病预防控制机构报告。

**第九条** 省兽医主管部门应当制定动物疫病监测和流行病学调查计划。市、县兽医主管部门应当根据省动物疫病监测和流行病学调查计划，制定本行政区域的动物疫病监测和流行病学调查方案。

动物疫病预防控制机构按照县以上兽医主管部门的规定，对动物疫病的发生、流行等情况进行监测、检测、流行病学调查，任何单位和个人不得拒绝。

动物疫病的实验室检测，根据国家标准、行业标准或者地方标准执行，无规定标准的，可以由省兽医主管部门制定并发布实施。

**第十条** 县以上兽医主管部门和卫生计生主管部门应当建立人畜共患传染病防控合作机制，组织开展对易感动物和易感人群的人畜共患传染病监测工作，定期通报监测结果；发生人畜共患传染病的，应当及时通报相关信息，并按照各自的职责采取相应的防控措施。

**第十一条** 动物疾病诊断、动物产品染疫定性和用药合理性审定的技术鉴定工作，由动物疫病预防控制机构和省兽医主管部门指定的单位负责。最终诊断、定性和审定的单位，由省以上兽医主管部门确定。

# 第三章　动物疫病的控制和扑灭

**第十二条**　省兽医主管部门应当根据国家动物疫情管理制度，统一管理本省的动物疫情信息，并根据国务院兽医主管部门授权，公布本省的动物疫情。其他单位或者个人不得擅自发布动物疫情信息。

**第十三条**　县以上人民政府应当加强动物疫情的应急管理，制定和完善动物疫情应急专项预案，成立应急预备队，并定期进行技术培训和应急演练。

县以上兽医主管部门应当按照动物疫情应急预案，根据不同动物疫病病种及其流行特点和危害程度分别制定应急实施方案。

**第十四条**　发生重大动物疫情时，县以上人民政府应当立即启动应急预案，组织有关部门和单位依法对疫点、疫区、受威胁区采取控制、扑灭措施。

# 第四章　动物和动物产品的检疫

**第十五条**　县以上人民政府应当配备与动物检疫监督管理工作相适应的官方兽医。动物卫生监督机构可以指定兽医专业人员协助官方兽医实施动物、动物产品检疫。屠宰企业应当配备兽医专业人员协助官方兽医开展屠宰检疫。兽医专业人员应当符合省兽医主管部门规定的条件。

**第十六条**　动物和动物产品检疫实行申报制度。动物、动物产品离开产地或者动物屠宰之前，货主应当向所在地动物卫生监督机构申报检疫。

动物卫生监督机构接到检疫申报后，应当按照规定指派官方兽医对动物、动物产品实施现场检疫；检疫合格的，出具检疫证明、加施检疫标志；检疫不合格的，出具检疫处理通知单，并监督货主按照有关规定处理。

**第十七条**　有下列情形之一的，动物卫生监督机构不予受理检疫申报：

（一）未按照国家和省兽医主管部门规定进行强制免疫或者不在有效保护期内的；

（二）未按照国家和省兽医主管部门规定需要进行实验室疫病监测、检测的，或者监测、检测结果不符合要求的；

（三）养殖档案相关记录不全的；

（四）国家和省兽医主管部门规定不予受理检疫申报的其他情形。

**第十八条**　屠宰、经营、运输以及参加展览、演出和比赛的动物，应当附有检疫证明。经营、运输和贮藏的动物产品应当附有检疫证明和检疫标志。

**第十九条**　禁止转让、伪造、变造检疫证明、检疫标志、畜禽标识。

**第二十条**　向本省输入动物、动物产品实行风险评估制度。省动物卫生监督机构具体负责风险评估工作，具体办法由省兽医主管部门制定。

向本省输入动物、动物产品具有疫病发生、传播风险的，省动物卫生监督机构应当采取防控措施，暂停调入相关动物、动物产品，待风险评估合格后，方可调入。

**第二十一条**　向本省输入乳用、种用动物及其精液、胚胎、种蛋的，货主应当提前二十五日，凭以下证明材料向本省省动物卫生监督机构提出申请，办理审批手续：

（一）跨省引进乳用种用动物检疫审批表；

（二）输入和输出动物饲养场的动物防疫条件合格证复印件；

（三）输入动物相关动物疫病免疫记录和检测报告；输入精液、胚胎、种蛋的供体相关动物疫病免疫记录和检测报告。

# 第五章　死亡动物和病害动物产品的无害化处理

**第二十二条**　从事饲养、屠宰、经营、运输动物和生产、经营、加工、贮藏、运输动物产品的单位和个人，应当对病死或者死因不明动物、染疫动物产品进行无害化处理，不得随意弃置病死动物和病害动物产品。

**第二十三条**　县以上人民政府应当制定病死动物和病害动物产品无害化处理公共设施建设规划，组织建设无害化处理设施，配备必要的运输工具，确定运营单位及其相关责任，建立无害化处理补贴机制。具体办法由省兽医主管部门会同财政主管部门制定。

**第二十四条**　动物饲养场和隔离场所、动物屠宰加工场所应当具备符合国家和省兽医主管部门规定的无害化处理设施，对其病死动物和病害动物产品进行无害化处理。

**第二十五条**　不具备无害化处理设施的科研教学单位、动物诊疗机构应当将其病死动物委托无害化处理公共设施运营单位处理，处理费用由委托人按照规定标准承担。

农村散养户和城镇居民不得随意丢弃病死动物尸体，应当将其运送至无害化处理公共设施运营单位，或者向无害化处理公共设施运营单位报告。

**第二十六条**　在江河、湖泊、水库等水域发现的病死动物，由所在地县人民政府组织收集处理；在城市公共场所以及乡村发现的病死动物，由所在地街道办事处或者乡镇人民政府组织收集处理。

**第二十七条**　禁止藏匿、转移、盗挖已被依法隔离、查封、扣押、处理的染疫、疑似染疫、病死、死因不明的动物和染疫、腐败变质、有病理变化的动物产品；禁止为染疫、疑似染疫、病死和死因不明动物、动物产品提供加工设备、运载工具、贮藏场所。

# 第六章　动物卫生监督

**第二十八条**　动物卫生监督机构应当加强动物卫生证章标志、标识的管理，完善信息采集传输、数据分析处理相关设施，强化动物卫生监督信息化建设，实施动物疫病可追溯管理。

动物卫生监督机构的官方兽医执行动物防疫、监督检查时，应当着统一标志的制服，出示行政执法证件。

**第二十九条**　从事动物经营、运输和动物产品经营、贮藏、运输活动的单位和个人，应当建立动物、动物产品的来源、去向档案。

运输动物、动物产品的车辆应当符合动物防疫的要求。

**第三十条**　省人民政府应当根据动物防疫工作的需要，在本省重点机场、港口及省界间主要交通要道、高速公路设立动物卫生监督检查站和省外动物、动物产品进入本省的指定通道，并向社会公布。公安、交通部门应当予以配合。

动物卫生监督检查站负责对运载动物、动物产品的车辆进行查证验物、消毒等工作。

**第三十一条**　向本省输入或者过境的动物、动物产品，应当从指定通道进入。过境本省的动物、动物产品应当在规定日期内按照动物卫生监督机构指定的路线过境。货主或者承运人应当持有效的检疫证明向指定通道动物卫生监督检查站报验。

禁止接收未经指定通道进入本省的动物、动物产品。

**第三十二条**　县以上兽医主管部门应当建立养殖、屠宰企业信用档案，将企业和个人信用情况通报信用主管部门，将引发重大动物疫情或者造成重大社会影响的企业和个人纳入不良信用记录，实现与省级信用数据交换平台信息共享，并通过新闻媒体向社会公布重大或者典型的动物防疫违法案件相关信息。

# 第七章　保障措施

**第三十三条**　县以上人民政府应当建立科学合理的动物防疫工作财政保障机制，将动物防疫基础设施建设，动物疫病的免疫、监测，动物、动物产品的检疫、监督，病害动物及其产品无害化处理等经费纳入各级财政预算。突发重大动物疫情时，县以上人民政府应当确保控制、扑灭疫病所需资金。

**第三十四条**　县以上人民政府及有关部门应当建立健全重大动物疫情应急物资储备制度，做好预防、控制和扑灭动物疫病所需物资和设备的储备工作。

**第三十五条**　县以上人民政府应当对下列情形给予补偿：

（一）在动物疫病预防、控制和扑灭过程中强制扑杀的动物、销毁的动物产品和相关物品；

（二）依法实施强制免疫、疫病监测采集样品造成应激反应死亡的动物；

（三）依法实施疫病监测需要采集的样品。

因饲养动物的单位和个人未按照规定实施强制免疫或者未执行外引动物报批报验而发生动物疫情的，动物被扑杀的损失以及处理费用，由饲养动物的单位和个人承担。

**第三十六条**　乡镇人民政府、涉农街道办事处应当经县兽医主管部门审核同意聘用村级动物防疫员，并为村级动物防疫员提供必要的防疫经费和器材。

县以上人民政府应当保障村级动物防疫员所需工作补贴经费，逐步提高村级动物防疫员工作补贴标准。

**第三十七条**　从事动物疫病预防、检疫、监测、检验、诊断、监督检查、现场处理疫情的人员，应当按照国家规定享受特殊岗位津贴，在工作中感染疾病被诊断为职业病的，可以进行工伤认定并享受相关待遇补偿。

# 第八章　法律责任

第三十八条　违反本条例规定，饲养动物不按照动物疫病强制免疫计划进行免疫接种的，由动物卫生监督机构责令改正，给予警告；拒不改正的，由动物卫生监督机构代作处理，所需处理费用由违法行为人承担，并处一千元罚款。

第三十九条　违反本条例规定，拒绝动物疫病预防控制机构进行动物疫病监测、检测，由动物卫生监督机构责令改正；拒不改正的，对违法行为单位处一千元罚款，对违法行为个人处五百元罚款。

第四十条　违反本条例规定，擅自发布动物疫情的，由动物卫生监督机构处五千元罚款；造成严重后果的，处一万元罚款；构成犯罪的，依法追究刑事责任。

第四十一条　违反本条例规定，屠宰、经营、运输动物，未附有检疫证明的，由动物卫生监督机构责令限期改正，处同类检疫合格动物、动物产品货值金额百分之二十罚款；经营、运输和贮藏动物产品，未附检疫证明、检疫标志的，由动物卫生监督机构责令改正，处同类检疫合格动物产品货值金额百分之十罚款；对货主以外的承运人处运费两倍罚款。

第四十二条　违反本条例规定，参加展览、演出和比赛的动物未附有检疫证明的，由动物卫生监督机构责令改正，处三千元罚款。

第四十三条　违反本条例规定，有下列情形之一的，由动物卫生监督机构没收违法所得，收缴检疫证明、检疫标志或者畜禽标识，按照下列规定并处罚款：

（一）转让畜禽标识的，处五千元罚款；

（二）转让检疫证明、检疫标志的，处一万元罚款；

（三）变造检疫证明、检疫标志的，处二万元罚款；

（四）伪造检疫证明、检疫标志的，处三万元罚款。

第四十四条　违反本条例规定，未经审批向本省输入乳用、种用动物及其精液、胚胎、种蛋的，由动物卫生监督机构处五千元罚款；染有一类动物疫病、人畜共患病、新发病的，处二万元罚款；导致动物疫病传播、流行的，处十万元罚款；构成犯罪的，依法追究刑事责任。

第四十五条　违反本条例规定，动物饲养场和隔离场所、动物屠宰加工场所的无害化处理设施不符合国家和省兽医主管部门规定，或者未保证设施正常运转，由动物卫生监督机构责令限期改正；逾期不改的，处五万元罚款。

第四十六条　违反本条例规定，藏匿、转移、盗挖已被依法隔离、查封、扣押、处理的染疫、疑似染疫、病死、死因不明的动物和染疫、腐败变质、有病理变化的动物产品的，或者为染疫、疑似染疫、病死和死因不明动物、动物产品提供加工设备、运载工具、贮藏场所的，由动物卫生监督机构没收违法所得，责令改正，并处五千元罚款；导致动物疫病传播、流行的，处一万元罚款；构成犯罪的，依法追究刑事责任。

第四十七条　违反本条例规定，有下列情形之一的，由动物卫生监督机构处五千元罚款；导致动物疫病传播、流行的，处五万元罚款；构成犯罪的，依法追究刑事责任：

（一）向本省输入或者过境的动物、动物产品，未经指定通道进入的；

（二）过境本省的动物、动物产品，未按照规定日期过境的；

（三）接收未经指定通道进入本省的动物、动物产品的。

第四十八条　兽医主管部门、动物卫生监督机构、动物疫病预防控制机构及其工作人员违反本条例规定，有下列行为之一的，对直接负责的主管人员和其他直接责任人员依法给予行政处分；构成犯罪的，依法追究刑事责任：

（一）未及时采取预防、控制、扑灭等措施的；

（二）未履行动物疫病诊断、监测、检测职责或者伪造诊断、监测、检测结果的；

（三）对未经现场检疫或者检疫不合格的动物、动物产品出具检疫证明、加施检疫标志，或者对检疫合格的动物、动物产品拒不出具检疫证明、加施检疫标志的；

（四）未按照规定办理跨省引进乳用、种用动物检疫审批手续的；

（五）违反国家和省有关规定收费的；

（六）其他未依法履行职责的行为。

第四十九条　违反本条例规定的其他行为，法律、法规已有处罚规定的，从其规定。

# 第九章　附　则

**第五十条**　县以上渔业主管部门负责本行政区域内的水生动物防疫工作。

**第五十一条**　本条例自 2016 年 2 月 1 日开始施行，2002 年 11 月 29 日第九届辽宁省人民代表大会常务委员会第三十四次会议通过的《辽宁省动物防疫条例》同时废止。

# 内蒙古自治区牛羊屠宰管理办法

（内蒙古自治区人民政府令第218号，2016年2月24日自治区人民政府第66次常务会议审议通过）

## 第一章 总 则

**第一条** 为了加强牛羊屠宰管理，规范牛羊屠宰行为，保证牛羊产品质量，保障牛羊屠宰行业健康发展和公众身体健康，根据《中华人民共和国食品安全法》、《生猪屠宰管理条例》、《内蒙古自治区动物防疫条例》和国家有关法律、法规，结合自治区实际，制定本办法。

**第二条** 自治区行政区域内的牛羊屠宰活动及其监督管理，应当遵守本办法。

本办法所称牛羊产品，是指牛羊在屠宰后未经加工的胴体、肉、脂、脏器、血液、骨、头、蹄、皮、尾等。

**第三条** 自治区对牛羊实行定点屠宰、集中检疫制度。

未经定点，任何单位和个人不得从事牛羊屠宰，农村牧区个人自宰自食的除外。

"农家乐"、"牧家游"等所涉及的牛羊屠宰由盟行政公署、设区的市人民政府根据本地区实际制定管理办法。

**第四条** 牛羊定点屠宰厂（场）是牛羊产品质量安全的责任主体，应当接受社会监督，承担社会责任。

**第五条** 旗县级以上人民政府应当统一组织、领导、协调本行政区域内的牛羊屠宰管理工作，将牛羊屠宰监督管理和屠宰技术指导所需经费纳入本级财政预算。

**第六条** 自治区人民政府兽医主管部门应当会同发展和改革、经济和信息化等有关部门，编制牛羊屠宰行业发展规划。

**第七条** 旗县级以上人民政府兽医主管部门负责本行政区域内牛羊屠宰的监督管理工作。

旗县级以上人民政府设立的动物卫生监督机构负责本行政区域内的牛羊屠宰日常监督管理工作。

旗县级以上人民政府设立的动物疫病预防控制机构负责本行政区域内的牛羊屠宰技术指导。

食品药品监督管理、工商行政管理、质量技术监督、环境保护、公安、规划、民族事务、城管等部门按照各自职责，做好与牛羊屠宰活动的相关管理工作。

苏木乡镇人民政府和街道办事处应当配合动物卫生监督机构做好牛羊屠宰的相关工作。

**第八条** 自治区引导、鼓励、支持牛羊定点屠宰厂（场）技术创新和技术改造，促进机械化、规模化、标准化、品牌化和信息化建设。

**第九条** 自治区人民政府兽医主管部门应当根据牛羊定点屠宰厂（场）规模、生产和技术条件以及质量安全管理状况，对牛羊定点屠宰厂（场）实行分类管理。

**第十条** 依法成立的牛羊屠宰行业协会，应当加强行业自律，推动行业诚信建设，为会员提供信息、技术、培训等服务，宣传、普及肉食品安全知识。

**第十一条** 从事清真牛羊屠宰的，除应当符合本办法的规定外，还应当符合国家和自治区有关清真食品管理的规定和少数民族食用清真食品的习俗。

## 第二章 牛羊定点屠宰厂（场）设立

**第十二条** 牛羊定点屠宰厂（场）应当具备下列条件：

（一）符合《动物防疫条件审查办法》的规定；

（二）依法取得环境影响评价手续和规划选址意见书；

（三）有与屠宰规模相适应，水质符合国家规定标准的水源条件；

（四）有符合国家规定要求的待宰圈、隔离圈、待宰间、急宰间、屠宰间、检疫检验室以及牛羊屠宰设施设备和运载工具；

（五）有经考核合格与企业规模相适应的检疫检验人员；

（六）有依法取得健康证明、符合屠宰规模和岗位要求的屠宰技术人员；

（七）有符合国家规定要求的检疫检验设备、消毒设施、冷藏设施、水洗设施、排酸车间；

（八）有病害牛羊以及牛羊产品无害化处理设施或者与无害化处理场签订的无害化处理委托合同；

（九）法律、法规规定的其他条件。

**第十三条** 在边远和交通不便的农村牧区，可以设置仅限于向本地市场（苏木乡镇以下）供应牛羊产品的小型牛羊屠宰场。

**第十四条** 小型牛羊定点屠宰场应当具备下列条件：

（一）符合《动物防疫条件审查办法》的规定；

（二）有固定的屠宰场所；

（三）有独立的待宰圈、隔离圈、待宰间、急宰间、屠宰间；

（四）有经考核合格与企业规模相适应的检疫检验人员；

（五）有依法取得健康证明、符合屠宰规模和岗位要求的屠宰技术人员；

（六）具备基本的卫生条件和污染防治设施；

（七）有病害牛羊以及牛羊产品无害化处理设施或者与无害化处理场签订的无害化处理委托合同；

（八）法律、法规规定的其他条件。

**第十五条** 新建、改建、扩建牛羊定点屠宰厂（场），申请人应当向厂（场）址所在地旗县级人民政府兽医主管部门提出书面申请，盟行政公署、设区的市人民政府兽医主管部门按照本办法和自治区牛羊屠宰行业发展规划，会同有关部门进行审查，作出书面决定，不符合条件的，应当书面说明理由。

**第十六条** 牛羊定点屠宰厂（场）建成竣工后，申请人提出书面验收申请，盟行政公署、设区的市人民政府兽医主管部门自受理之日起二十日内会同有关部门验收，验收合格的，由盟行政公署、设区的市人民政府兽医主管部门发放牛羊定点屠宰证书和牛羊定点屠宰标志牌；验收不合格的，应当书面通知申请人并说明理由。

盟行政公署、设区的市人民政府兽医主管部门应当将验收合格的牛羊定点屠宰厂（场）名单及时向社会公布。

**第十七条** 自治区人民政府兽医主管部门对全区牛羊定点屠宰证书、章、标志牌进行统一编码，负责统一制作牛羊定点屠宰证书、肉品品质检验合格证、检疫检验合格验讫印章、无害化处理印章、标志牌等。

盟行政公署、设区的市人民政府兽医主管部门应当建立牛羊定点屠宰证书、章和标志牌管理使用制度，负责发放本行政区域内牛羊定点屠宰证书、检疫检验合格验讫印章、无害化处理印章、标志牌等。

**第十八条** 牛羊定点屠宰证书应当载明牛羊定点屠宰厂（场）名称、地址、法定代表人（负责人）、屠宰种类等事项。

牛羊定点屠宰厂（场）应当将牛羊定点屠宰标志牌悬挂于厂（场）区的显著位置。

**第十九条** 牛羊定点屠宰厂（场）不得出租、出借和转让牛羊定点屠宰证书、章和标志牌。

任何单位和个人不得伪造、变造、冒用牛羊定点屠宰证书、章和标志牌。

**第二十条** 牛羊定点屠宰厂（场）的名称、法定代表人（负责人）发生变更的，应当在取得营业执照之日起二十日内办理牛羊定点屠宰证书的变更手续。

**第二十一条** 牛羊定点屠宰厂（场）应当加强检疫检验人员和屠宰技术人员的个人防护，定期进行体检，防止职业病的发生。

# 第三章　牛羊定点屠宰

**第二十二条** 牛羊定点屠宰厂（场）应当按照国家、自治区有关行业标准、技术规范和操作规程组织生产，建立牛羊屠宰管理制度，并在屠宰车间明示牛羊屠宰检疫检验操作工艺流程图、位置图。

牛羊定点屠宰厂（场）应当采用符合动物福利要求的屠宰方式。

**第二十三条** 进入牛羊定点屠宰厂（场）屠宰的牛羊应当附有动物卫生监督机构出具的《动物检疫合格证明》，并佩戴畜禽标识。

**第二十四条** 牛羊定点屠宰厂（场）应当建立牛羊产品质量追溯制度。如实记录牛羊进厂（场）时间、来源、数量、《动物检疫合格证明》、畜禽标识以及产品出厂（场）时间、品种、数量、流向和检疫检验、无害化处理等内容，并保存相关凭证。记录和凭证保存期限不得少于产品保质期满后六个月；没有明确保质期的，保存期限不得少于二年。

**第二十五条** 任何单位和个人不得有下列行为：

（一）不得对牛羊、牛羊产品注水或者注入其他物质；

（二）不得为未经定点从事牛羊屠宰的单位或者个人提供牛羊屠宰场所或者牛羊产品贮存设施；

（三）不得为对牛羊、牛羊产品注水或者注入其他物质的单位或者个人提供场所。

牛羊定点屠宰厂（场）不得屠宰注水或者注入其他物质的牛羊。

**第二十六条** 牛羊定点屠宰厂（场）应当建立牛羊屠宰安全自查制度，定期对牛羊屠宰安全状况进行检查评价。生产条件发生变化，不再符合牛羊屠宰安全要求的，牛羊定点屠宰厂（场）应当立即采取整改措施；发生牛羊产品安全事故潜在风险的，应当立即停止屠宰活动，并向所在地旗县级人民政府动物卫生监督管理机构报告。

**第二十七条** 牛羊定点屠宰厂（场）应当向旗县级以上人民政府动物卫生监督管理机构及时报送牛羊收购、屠宰、销售等相关信息。

**第二十八条** 牛羊定点屠宰厂（场）应当建立牛羊产品召回制度，发现其牛羊产品存在安全隐患，可能对公众健康和生命安全造成损害的，应当立即停止生产，通知销售者和消费者，召回已经上市销售的牛羊产品，并记录召回和通知情况，对召回的牛羊产品应当进行无害化处理。

**第二十九条** 牛羊定点屠宰厂（场）应当按照国家规定对病害牛羊以及牛羊产品进行无害化处理。无害化处理的费用和损失，按照国家和自治区财政部门的规定予以补贴。

# 第四章　牛羊定点屠宰检疫检验

**第三十条** 牛羊定点屠宰厂（场）应当建立牛羊屠宰产品质量控制体系，明确牛羊屠宰检疫检验负责人。

**第三十一条** 经考核合格的牛羊定点屠宰厂（场）检疫检验人员应当按照国务院兽医主管部门规定的检疫检验规程，对屠宰牛羊同步实施检疫检验，并出具检疫检验报告。

牛羊定点屠宰厂（场）检疫检验人员应当按照国务院兽医主管部门的规定，如实记录检疫检验过程和结果，并对检疫检验报告负责。

**第三十二条** 旗县级人民政府动物卫生监督机构应当向牛羊定点屠宰厂（场）派驻官方兽医，对牛羊屠宰检疫检验过程进行巡监和抽检。

官方兽医对牛羊定点屠宰厂（场）出具的检疫检验报告进行审核，结合抽样检验、巡监等措施进行判定，对符合规定要求的牛羊产品出具《动物检疫合格证明》。

**第三十三条** 牛羊产品未经检疫检验或者经检疫检验不合格的，不得出牛羊定点屠宰厂（场）。

**第三十四条** 从事牛羊产品销售、肉食品生产加工的单位和个人以及餐饮服务经营者、集体伙食单位，不得经营未按规定进行检疫或者检疫不合格的牛羊产品，或者生产经营未经检验或者检验不合格的牛羊产品。

# 第五章　监督管理

**第三十五条** 自治区人民政府兽医主管部门根据国家牛羊屠宰质量安全监控计划，制定和实施自治区牛羊屠宰质量安全监控方案。

旗县级以上人民政府兽医主管部门应当制定屠宰环节牛羊产品质量安全年度抽检计划，并组织实施。

**第三十六条** 动物卫生监督机构依法对牛羊屠宰活动进行监督检查，可以采取下列措施：

（一）进入牛羊屠宰等有关场所实施现场监督检查；

（二）向有关单位和个人了解情况；

（三）查阅、复制有关记录、票据以及其他资料；

（四）对牛羊、牛羊产品按照规定采样、留验、抽检；

（五）对监督抽检过程中发现的含有或者疑似含有有毒有害物质的牛羊、牛羊产品采取证据保全措施。

**第三十七条** 动物卫生监督机构的执法人员进行监督检查时，应当出示行政执法证件。

对动物卫生监督机构依法进行的监督检查，有关单位和个人应当予以配合，不得拒绝、阻碍。

**第三十八条** 动物卫生监督机构在监督检查中发现牛羊定点屠宰厂（场）不再具备本办法规定条件的，应当责令限期整改；逾期仍达不到本办法规定条件的，由原发证机关撤销牛羊定点屠宰证书和收回牛羊定点屠宰标志牌。

**第三十九条** 动物卫生监督机构在监督检查中发现牛羊屠宰活动涉嫌犯罪的，应当依法移送公安机关。

# 第六章　法律责任

**第四十条** 违反本办法规定，未经定点从事牛羊屠宰活动的，由旗县级以上人民政府动物卫生监督机构按照国务院《生猪屠宰管理条例》第二十四条第一款规定予以处罚。

冒用或者使用伪造、变造的牛羊定点屠宰证书或者牛羊定点屠宰标志牌的，依照前款的规定处罚。

牛羊定点屠宰厂（场）出租、出借、转让牛羊定点屠宰证书或者牛羊定点屠宰标志牌的，由旗县级以上人民政府动物卫生监督机构按照国务院《生猪屠宰管理条例》第二十四条第三款规定予以处罚。

**第四十一条**　牛羊定点屠宰厂（场）有下列情形之一的，由旗县级以上人民政府动物卫生监督机构按照国务院《生猪屠宰管理条例》第二十五条规定予以处罚：

（一）未按照国家、自治区有关行业标准、技术规范和操作规程组织生产的；

（二）未如实记录屠宰牛羊的来源、数量和牛羊产品流向的；

（三）未按照国家规定对病害牛羊以及牛羊产品进行无害化处理的。

**第四十二条**　牛羊定点屠宰厂（场）发现牛羊产品存在安全隐患，可能对公众健康和生命安全造成损害，未采取停止生产、召回措施的，由旗县级以上人民政府动物卫生监督机构处以1万元以上3万元以下罚款。

**第四十三条**　牛羊定点屠宰厂（场）出厂（场）未经肉品品质检验或者经肉品品质检验不合格的牛羊产品的，由旗县级以上人民政府动物卫生监督机构按照国务院《生猪屠宰管理条例》第二十六条规定予以处罚。

**第四十四条**　违反本办法规定，牛羊定点屠宰厂（场）、其他单位或者个人对牛羊、牛羊产品注水或者注入其他物质的，由旗县级以上人民政府动物卫生监督机构按照国务院《生猪屠宰管理条例》第二十七条第一款规定予以处罚。

牛羊定点屠宰厂（场）对牛羊、牛羊产品注水或者注入其他物质的，除依照前款的规定处罚外，还应当由旗县级以上人民政府动物卫生监督机构按照国务院《生猪屠宰管理条例》第二十七条第二款规定予以处罚。

**第四十五条**　牛羊定点屠宰厂（场）屠宰注水或者注入其他物质的牛羊的，由旗县级以上人民政府动物卫生监督机构按照国务院《生猪屠宰管理条例》第二十八条规定予以处罚。

**第四十六条**　违反本办法规定，任何单位或者个人为未经定点从事牛羊屠宰的单位或者个人提供牛羊屠宰场所或者牛羊产品贮存设施的，或者为对牛羊、牛羊产品注水或者注入其他物质的单位或者个人提供场所的，由旗县级以上人民政府动物卫生监督机构按照国务院《生猪屠宰管理条例》第三十条规定予以处罚。

**第四十七条**　违反本办法规定，从事牛羊产品销售、肉食品生产加工的单位和个人以及餐饮服务经营者、集体伙食单位，经营未按规定进行检疫或者检疫不合格的牛羊产品，或者生产经营未经检验或者检验不合格的牛羊产品，由旗县级以上人民政府食品药品监督管理部门按照《中华人民共和国食品安全法》第一百二十三条规定予以处罚。

**第四十八条**　牛羊屠宰监督管理部门及其工作人员有下列行为之一的，对直接负责的主管人员和其他直接责任人员依法给予行政处分；构成犯罪的，依法追究刑事责任：

（一）未按规定程序和条件审查、批准定点牛羊屠宰厂（场）的；

（二）未依法履行职责，造成牛羊产品质量安全事故的；

（三）接到举报或者发现违法屠宰、经营行为未依法查处的；

（四）隐瞒牛羊产品质量安全事故不报的；

（五）其他玩忽职守、滥用职权、徇私舞弊的行为。

# 第七章　附　则

**第四十九条**　牛、羊以外的其他家畜（生猪除外）、家禽屠宰参照本办法执行。

**第五十条**　本办法自2016年6月1日起施行。

# 五 司法解释

# 最高人民法院、最高人民检察院关于办理非法生产、销售、使用禁止在饲料和动物饮用水中使用的药品等刑事案件具体应用法律若干问题的解释

法释〔2002〕26 号

（最高人民法院审判委员会第 1237 次会议、最高人民检察院第九届检察委员会第 109 次会议通过）

为依法惩治非法生产、销售、使用盐酸克伦特罗（Clenbuterol Hydrochloride，俗称"瘦肉精"）等禁止在饲料和动物饮用水中使用的药品等犯罪活动，维护社会主义市场经济秩序，保护公民身体健康，根据刑法有关规定，现就办理这类刑事案件具体应用法律的若干问题解释如下：

第一条　未取得药品生产、经营许可证件和批准文号，非法生产、销售盐酸克伦特罗等禁止在饲料和动物饮用水中使用的药品，扰乱药品市场秩序，情节严重的，依照刑法第二百二十五条第（一）项的规定，以非法经营罪追究刑事责任。

第二条　在生产、销售的饲料中添加盐酸克伦特罗等禁止在饲料和动物饮用水中使用的药品，或者销售明知是添加有该类药品的饲料，情节严重的，依照刑法第二百二十五条第（四）项的规定，以非法经营罪追究刑事责任。

第三条　使用盐酸克伦特罗等禁止在饲料和动物饮用水中使用的药品或者含有该类药品的饲料养殖供人食用的动物，或者销售明知是使用该类药品或者含有该类药品的饲料养殖的供人食用的动物的，依照刑法第一百四十四条的规定，以生产、销售有毒、有害食品罪追究刑事责任。

第四条　明知是使用盐酸克伦特罗等禁止在饲料和动物饮用水中使用的药品或者含有该类药品的饲料养殖的供人食用的动物，而提供屠宰等加工服务，或者销售其制品的，依照刑法第一百四十四条的规定，以生产、销售有毒、有害食品罪追究刑事责任。

第五条　实施本解释规定的行为，同时触犯刑法规定的两种以上犯罪的，依照处罚较重的规定追究刑事责任。

第六条　禁止在饲料和动物饮用水中使用的药品，依照国家有关部门公告的禁止在饲料和动物饮用水中使用的药物品种目录确定。

# 最高人民法院、最高人民检察院关于办理危害食品安全刑事案件适用法律若干问题的解释

法释〔2013〕12 号

（2013 年 4 月 28 日最高人民法院审判委员会第 1576 次会议、2013 年 4 月 28 日最高人民检察院第十二届检察委员会第 5 次会议通过）

为依法惩治危害食品安全犯罪，保障人民群众身体健康、生命安全，根据刑法有关规定，对办理此类刑事案件适用法律的若干问题解释如下：

**第一条** 生产、销售不符合食品安全标准的食品，具有下列情形之一的，应当认定为刑法第一百四十三条规定的"足以造成严重食物中毒事故或者其他严重食源性疾病"：

（一）含有严重超出标准限量的致病性微生物、农药残留、兽药残留、重金属、污染物质以及其他危害人体健康的物质的；

（二）属于病死、死因不明或者检验检疫不合格的畜、禽、兽、水产动物及其肉类、肉类制品的；

（三）属于国家为防控疾病等特殊需要明令禁止生产、销售的；

（四）婴幼儿食品中生长发育所需营养成分严重不符合食品安全标准的；

（五）其他足以造成严重食物中毒事故或者严重食源性疾病的情形。

**第二条** 生产、销售不符合食品安全标准的食品，具有下列情形之一的，应当认定为刑法第一百四十三条规定的"对人体健康造成严重危害"：

（一）造成轻伤以上伤害的；

（二）造成轻度残疾或者中度残疾的；

（三）造成器官组织损伤导致一般功能障碍或者严重功能障碍的；

（四）造成十人以上严重食物中毒或者其他严重食源性疾病的；

（五）其他对人体健康造成严重危害的情形。

**第三条** 生产、销售不符合食品安全标准的食品，具有下列情形之一的，应当认定为刑法第一百四十三条规定的"其他严重情节"：

（一）生产、销售金额二十万元以上的；

（二）生产、销售金额十万元以上不满二十万元，不符合食品安全标准的食品数量较大或者生产、销售持续时间较长的；

（三）生产、销售金额十万元以上不满二十万元，属于婴幼儿食品的；

（四）生产、销售金额十万元以上不满二十万元，一年内曾因危害食品安全违法犯罪活动受过行政处罚或者刑事处罚的；

（五）其他情节严重的情形。

**第四条** 生产、销售不符合食品安全标准的食品，具有下列情形之一的，应当认定为刑法第一百四十三条规定的"后果特别严重"：

（一）致人死亡或者重度残疾的；

（二）造成三人以上重伤、中度残疾或者器官组织损伤导致严重功能障碍的；

（三）造成十人以上轻伤、五人以上轻度残疾或者器官组织损伤导致一般功能障碍的；

（四）造成三十人以上严重食物中毒或者其他严重食源性疾病的；

（五）其他特别严重的后果。

**第五条** 生产、销售有毒、有害食品，具有本解释第二条规定情形之一的，应当认定为刑法第一百四十四条规定的"对人体健康造成严重危害"。

**第六条** 生产、销售有毒、有害食品，具有下列情形之一的，应当认定为刑法第一百四十四条规定的"其他严重情节"：

（一）生产、销售金额二十万元以上不满五十万元的；

（二）生产、销售金额十万元以上不满二十万元，有毒、有害食品的数量较大或者生产、销售持续时间较长的；

（三）生产、销售金额十万元以上不满二十万元，属于婴幼儿食品的；

（四）生产、销售金额十万元以上不满二十万元，一年内曾因危害食品安全违法犯罪活动受过行政处罚或者刑事处罚的；

（五）有毒、有害的非食品原料毒害性强或者含量高的；

（六）其他情节严重的情形。

**第七条**　生产、销售有毒、有害食品，生产、销售金额五十万元以上，或者具有本解释第四条规定的情形之一的，应当认定为刑法第一百四十四条规定的"致人死亡或者有其他特别严重情节"。

**第八条**　在食品加工、销售、运输、贮存等过程中，违反食品安全标准，超限量或者超范围滥用食品添加剂，足以造成严重食物中毒事故或者其他严重食源性疾病的，依照刑法第一百四十三条的规定以生产、销售不符合安全标准的食品罪定罪处罚。

在食用农产品种植、养殖、销售、运输、贮存等过程中，违反食品安全标准，超限量或者超范围滥用添加剂、农药、兽药等，足以造成严重食物中毒事故或者其他严重食源性疾病的，适用前款的规定定罪处罚。

**第九条**　在食品加工、销售、运输、贮存等过程中，掺入有毒、有害的非食品原料，或者使用有毒、有害的非食品原料加工食品的，依照刑法第一百四十四条的规定以生产、销售有毒、有害食品罪定罪处罚。

在食用农产品种植、养殖、销售、运输、贮存等过程中，使用禁用农药、兽药等禁用物质或者其他有毒、有害物质的，适用前款的规定定罪处罚。

在保健食品或者其他食品中非法添加国家禁用药物等有毒、有害物质的，适用第一款的规定定罪处罚。

**第十条**　生产、销售不符合食品安全标准的食品添加剂，用于食品的包装材料、容器、洗涤剂、消毒剂，或者用于食品生产经营的工具、设备等，构成犯罪的，依照刑法第一百四十条的规定以生产、销售伪劣产品罪定罪处罚。

**第十一条**　以提供给他人生产、销售食品为目的，违反国家规定，生产、销售国家禁止用于食品生产、销售的非食品原料，情节严重的，依照刑法第二百二十五条的规定以非法经营罪定罪处罚。

违反国家规定，生产、销售国家禁止生产、销售、使用的农药、兽药，饲料、饲料添加剂，或者饲料原料、饲料添加剂原料，情节严重的，依照前款的规定定罪处罚。

实施前两款行为，同时又构成生产、销售伪劣产品罪，生产、销售伪劣农药、兽药罪等其他犯罪的，依照处罚较重的规定定罪处罚。

**第十二条**　违反国家规定，私设生猪屠宰厂（场），从事生猪屠宰、销售等经营活动，情节严重的，依照刑法第二百二十五条的规定以非法经营罪定罪处罚。

实施前款行为，同时又构成生产、销售不符合安全标准的食品罪，生产、销售有毒、有害食品罪等其他犯罪的，依照处罚较重的规定定罪处罚。

**第十三条**　生产、销售不符合食品安全标准的食品，有毒、有害食品，符合刑法第一百四十三条、第一百四十四条规定的，以生产、销售不符合安全标准的食品罪或者生产、销售有毒、有害食品罪定罪处罚。同时构成其他犯罪的，依照处罚较重的规定定罪处罚。

生产、销售不符合食品安全标准的食品，无证据证明足以造成严重食物中毒事故或者其他严重食源性疾病，不构成生产、销售不符合安全标准的食品罪，但是构成生产、销售伪劣产品罪等其他犯罪的，依照该其他犯罪定罪处罚。

**第十四条**　明知他人生产、销售不符合食品安全标准的食品，有毒、有害食品，具有下列情形之一的，以生产、销售不符合安全标准的食品罪或者生产、销售有毒、有害食品罪的共犯论处：

（一）提供资金、贷款、账号、发票、证明、许可证件的；

（二）提供生产、经营场所或者运输、贮存、保管、邮寄、网络销售渠道等便利条件的；

（三）提供生产技术或者食品原料、食品添加剂、食品相关产品的；

（四）提供广告等宣传的。

**第十五条**　广告主、广告经营者、广告发布者违反国家规定，利用广告对保健食品或者其他食品作虚假宣传，情节严重的，依照刑法第二百二十二条的规定以虚假广告罪定罪处罚。

**第十六条**　负有食品安全监督管理职责的国家机关工作人员，滥用职权或者玩忽职守，导致发生重大食品安全事故或者造成其他严重后果，同时构成食品监管渎职罪和徇私舞弊不移交刑事案件罪、商检徇私舞弊罪、动植物检疫徇私舞弊罪、放纵制售伪劣商品犯罪行为罪等其他渎职犯罪的，依照处罚较重的规定定罪处罚。

负有食品安全监督管理职责的国家机关工作人员滥用职权或者玩忽职守，不构成食品监管渎职罪，但构成前款规定的其他渎职犯罪的，依照该其他犯罪定罪处罚。

负有食品安全监督管理职责的国家机关工作人员与他人共谋，利用其职务行为帮助他人实施危害食品安全犯罪行为，同时构成渎职犯罪和危害食品安全犯罪共犯的，依照处罚较重的规定定罪处罚。

**第十七条** 犯生产、销售不符合安全标准的食品罪，生产、销售有毒、有害食品罪，一般应当依法判处生产、销售金额二倍以上的罚金。

**第十八条** 对实施本解释规定之犯罪的犯罪分子，应当依照刑法规定的条件严格适用缓刑、免予刑事处罚。根据犯罪事实、情节和悔罪表现，对于符合刑法规定的缓刑适用条件的犯罪分子，可以适用缓刑，但是应当同时宣告禁止令，禁止其在缓刑考验期限内从事食品生产、销售及相关活动。

**第十九条** 单位实施本解释规定的犯罪的，依照本解释规定的定罪量刑标准处罚。

**第二十条** 下列物质应当认定为"有毒、有害的非食品原料"：

（一）法律、法规禁止在食品生产经营活动中添加、使用的物质；

（二）国务院有关部门公布的《食品中可能违法添加的非食用物质名单》《保健食品中可能非法添加的物质名单》上的物质；

（三）国务院有关部门公告禁止使用的农药、兽药以及其他有毒、有害物质；

（四）其他危害人体健康的物质。

**第二十一条** "足以造成严重食物中毒事故或者其他严重食源性疾病""有毒、有害非食品原料"难以确定的，司法机关可以根据检验报告并结合专家意见等相关材料进行认定。必要时，人民法院可以依法通知有关专家出庭作出说明。

**第二十二条** 最高人民法院、最高人民检察院此前发布的司法解释与本解释不一致的，以本解释为准。

# 六

# 规范性文件

# 国务院办公厅关于建立病死畜禽无害化处理机制的意见

国办发〔2014〕47号

各省、自治区、直辖市人民政府，国务院各部委、各直属机构：

我国家畜家禽饲养数量多，规模化养殖程度不高，病死畜禽数量较大，无害化处理水平偏低，随意处置现象时有发生。为全面推进病死畜禽无害化处理，保障食品安全和生态环境安全，促进养殖业健康发展，经国务院同意，现就建立病死畜禽无害化处理机制提出以下意见。

## 一、总体思路

按照推进生态文明建设的总体要求，以及时处理、清洁环保、合理利用为目标，坚持统筹规划与属地负责相结合、政府监管与市场运作相结合、财政补助与保险联动相结合、集中处理与自行处理相结合，尽快建成覆盖饲养、屠宰、经营、运输等各环节的病死畜禽无害化处理体系，构建科学完备、运转高效的病死畜禽无害化处理机制。

## 二、强化生产经营者主体责任

从事畜禽饲养、屠宰、经营、运输的单位和个人是病死畜禽无害化处理的第一责任人，负有对病死畜禽及时进行无害化处理并向当地畜牧兽医部门报告畜禽死亡及处理情况的义务。鼓励大型养殖场、屠宰场建设病死畜禽无害化处理设施，并可以接受委托，有偿对地方人民政府组织收集及其他生产经营者的病死畜禽进行无害化处理。对零星病死畜禽自行处理的，各地要制定处理规范，确保清洁安全、不污染环境。任何单位和个人不得抛弃、收购、贩卖、屠宰、加工病死畜禽。

## 三、落实属地管理责任

地方各级人民政府对本地区病死畜禽无害化处理负总责。在江河、湖泊、水库等水域发现的病死畜禽，由所在地县级政府组织收集处理；在城市公共场所以及乡村发现的病死畜禽，由所在地街道办事处或乡镇政府组织收集处理。在收集处理同时，要及时组织力量调查病死畜禽来源，并向上级政府报告。跨省际流入的病死畜禽，由农业部会同有关地方和部门组织调查；省域内跨市（地）、县（市）流入的，由省级政府责令有关地方和部门调查。在完成调查并按法定程序作出处理决定后，要及时将调查结果和对生产经营者、监管部门及地方政府的处理意见向社会公布。重要情况及时向国务院报告。

## 四、加强无害化处理体系建设

县级以上地方人民政府要根据本地区畜禽养殖、疫病发生和畜禽死亡等情况，统筹规划和合理布局病死畜禽无害化收集处理体系，组织建设覆盖饲养、屠宰、经营、运输等各环节的病死畜禽无害化处理场所，处理场所的设计处理能力应高于日常病死畜禽处理量。要依托养殖场、屠宰场、专业合作组织和乡镇畜牧兽医站等建设病死畜禽收集网点、暂存设施，并配备必要的运输工具。鼓励跨行政区域建设病死畜禽专业无害化处理场。处理设施应优先采用化制、发酵等既能实现无害化处理又能资源化利用的工艺技术。支持研究新型、高效、环保的无害化处理技术和装备。有条件的地方也可在完善防疫设施的基础上，利用现有医疗垃圾处理厂等对病死畜禽进行无害化处理。

## 五、完善配套保障政策

按照"谁处理、补给谁"的原则，建立与养殖量、无害化处理率相挂钩的财政补助机制。各地区要综合考虑病死畜禽收集成本、设施建设成本和实际处理成本等因素，制定财政补助、收费等政策，确保无害化处理场所能够实现正常运营。将病死猪无害化处理补助范围由规模养殖场（区）扩大到生猪散养户。无害化处理设施建设用地要按照土地管理法律法规的规定，优先予以保障。无害化处理设施设备可以纳入农机购置补贴范围。从事病死畜禽无害化处理的，按规定享受国家有关税收优惠。将病死畜禽无害化处理作为保险理赔的前提条件，不能确认无害化处理的，保险机构不予赔偿。

### 六、加强宣传教育

各地区、各有关部门要向广大群众普及科学养殖和防疫知识，增强消费者的识别能力，宣传病死畜禽无害化处理的重要性和病死畜禽产品的危害性。要建立健全监督举报机制，鼓励群众和媒体对抛弃、收购、贩卖、屠宰、加工病死畜禽等违法行为进行监督和举报。

### 七、严厉打击违法犯罪行为

各地区、各有关部门要按照动物防疫法、食品安全法、畜禽规模养殖污染防治条例等法律法规，严肃查处随意抛弃病死畜禽、加工制售病死畜禽产品等违法犯罪行为。农业、食品监管等部门在调查抛弃、收购、贩卖、屠宰、加工病死畜禽案件时，要严格依照法定程序进行。加强行政执法与刑事司法的衔接，对涉嫌构成犯罪、依法需要追究刑事责任的，要及时移送公安机关，公安机关应依法立案侦查。对公安机关查扣的病死畜禽及其产品，在固定证据后，有关部门应及时组织做好无害化处理工作。

### 八、加强组织领导

地方各级人民政府要加强组织领导和统筹协调，明确各环节的监管部门，建立区域和部门联防联动机制，落实各项保障条件。切实加强基层监管力量，提升监管人员素质和执法水平。建立责任追究制，严肃追究失职渎职工作人员责任。各地区、各有关部门要及时研究解决工作中出现的新问题，确保病死畜禽无害化处理的各项要求落到实处。

国务院办公厅

2014 年 10 月 20 日

# 国务院办公厅关于加强传染病防治人员安全防护的意见

国办发〔2015〕1号

各省、自治区、直辖市人民政府，国务院各部委、各直属机构：

党中央、国务院高度重视传染病防治工作，关心爱护防治人员的职业安全和身心健康。为进一步加强传染病防治人员安全防护，维护防治人员健康权益，调动防治人员工作积极性，保障国家公共卫生安全，经国务院同意，现提出以下意见：

## 一、充分认识加强传染病防治人员安全防护的重要意义

传染病防治关系人民群众的身体健康和生命安全，关系经济社会发展和国家安全稳定。近十几年来，我国先后发生传染性非典型肺炎、人感染高致病性禽流感、甲型H1N1流感等突发新发传染病疫情。艾滋病、结核病等重大传染病防治形势依然严峻，防治工作任务艰巨繁重。随着全球化进程加快和我国对外交往增多，埃博拉出血热、中东呼吸综合征等境外传染病输入风险明显增加，给我国公共卫生安全带来挑战。广大防治人员在传染病防治工作中发挥着主力军作用，直接面临职业暴露的感染风险。加强传染病防治人员的安全防护，是保障其身心健康和生命安全的必然要求，是科学有效开展传染病防治的重要举措。各地区、各有关部门要深刻认识加强传染病防治人员安全防护的重要意义，坚持以人为本、依法科学、分类指导、突出重点、强化保障，认真履职尽责，完善落实相关政策措施，切实维护传染病防治人员健康权益。

## 二、加强传染病疫情调查处置的卫生防护

卫生计生等部门要抓紧制定完善传染病现场调查处置人员的防护标准、职业暴露应急处置预案，定期组织开展人员防护培训和演练，建立预防性用药储备和使用制度。为从事现场流行病学调查、口岸检疫、动物疫病防治和监督执法等工作的人员提供符合生物安全标准的防护装备，配置必要的现场调查处置设备设施，及时做好职业暴露后处置，有效降低其在病例调查、传染源和密切接触者追踪运送、环境危险因素调查和疫源地消毒等现场工作中的感染风险。及时做好疫点、疫区或被污染场所、物品的卫生处理，对密切接触者进行医学观察时采取必要预防措施，保障防治人员免受疫病侵害。

## 三、加强传染病患者转运救治的感染控制与职业防护

根据区域卫生规划要求，按照填平补齐的原则，在充分调研论证的基础上，重点加强综合性医院感染性疾病科和传染病专科医院的功能分区及污水、污物处理等安全防护设施建设。各出入境检验检疫机构要加强口岸隔离留验场所建设。医疗机构要做好传染病患者的接诊和相关处置工作。对于承担传染性强、原因不明传染病转运救治任务的定点医疗机构，要配置负压担架、负压救护车和负压病房，确保转运救治过程中患者家属及医务人员安全。完善医院感染管理规范和标准，健全医院感染管理组织机构，重点加强医疗机构预检分诊和发热门诊、肠道门诊工作，落实医院感染监测、消毒隔离和医务人员手卫生、职业防护及职业暴露后干预等关键防控措施，强化对患者及其家属的健康教育，保障群众就医和医务人员从业安全。卫生计生部门要指导承担转运救治任务的单位和运输企业做好相关人员防护。

## 四、加强实验室生物安全条件建设和管理

建立和完善生物安全实验室网络，提升高致病性病原微生物实验室检测能力和防护水平，降低标本转运、保藏、检测等环节的感染风险。科学规划和布局高等级生物安全实验室，每个省份应当设有生物安全三级实验室，推进国家生物安全四级实验室建设。发展改革、财政等部门和地方要做好高等级生物安全实验室建设的投资安排。实验室建设要依法开展环境影响评价。各地和有关单位要加强生物安全三级实验室的使用管理和维护，确保其有效运转、发挥作用。进一步加强实验室装备建设，逐步使省、市、县级疾病预防控制机构仪器配备达到《疾病预防控制中心建设标准》规定要求。切实落实重大科研基础设施和大型科研仪器向社会开放的规定，建立高等级生物安全实验室共享机制，满足传染病防控、医疗、科研等工作需要。卫生计生、农业、质检、林业等部门要完善

实验室生物安全、菌毒种保藏、储存运输相关规范和操作流程，制定实验室生物安全事故应对和处置预案，完善应对准备和相关设备、设施、技术储备。要健全生物安全实验室管理体系，加强对实验室生物安全防护的质量控制和全过程监管，做好样本采集、运输、保存、检测等环节的人员防护，明确行政管理和技术责任人，有效预防实验室生物安全事故发生。

### 五、做好医疗废物处置、患者遗体处理及相关人员防护

严格落实《医疗废物管理条例》规定，切实做好医疗废物集中无害化处置，落实医疗废物收集、运送、贮存、处置的全过程管理。各地要加强医疗废物集中处置单位建设，确保医疗废物出口通畅。医疗卫生机构和医疗废物集中处置单位要建立健全医疗废物管理责任制，严格执行转移联单制度，防止医疗废物流失。禁止任何单位和个人非法转让、买卖医疗废物。按规定对传染病患者遗体进行卫生处理，对死者生前居住场所进行消毒，对确诊或疑似传染病患者尸体解剖查验过程中产生的医疗废物进行规范处理，并做好工作人员的安全防护。

### 六、完善传染病防治人员工资待遇倾斜政策

根据《中华人民共和国传染病防治法》和《突发公共卫生事件应急条例》等法律法规规定，对从事传染病预防、医疗、科研、教学及现场处理疫情的人员，以及在生产、工作中接触传染病病原体的其他人员给予适当津贴，并建立动态调整机制。对直接参与国内传染病类突发公共卫生事件现场调查处置、患者救治、口岸检疫、动物防疫等各类一线工作的人员，以及政府选派直接参与国外重大传染病疫情防治工作的医疗和公共卫生等防控人员，根据工作风险、强度和时间给予临时性工作补助。国务院有关部门要制定调整相关津贴和临时性工作补助的具体办法。

### 七、完善传染病感染保障政策

将诊断标准明确、因果关系明晰的职业行为导致的传染病，纳入职业病分类和目录。将重大传染病防治一线人员，纳入高危职业人群管理。对在重大传染病疫情中参与传染病防治工作致病、致残、死亡的人员，参照机关事业单位工伤抚恤或工伤保险等有关规定给予抚恤、保障。不断完善医疗保障政策，逐步扩大基本医保保障范围，加快实施城乡居民大病保险制度，加强基本医保、医疗救助和疾病应急救助工作的衔接，切实减轻重大传染病患者就医负担。

### 八、加大传染病防治宣传教育力度

健全信息发布常态机制，坚持公开透明发布传染病防治信息。加强公共卫生突发事件应对过程中的舆论引导，落实媒体宣传责任，进一步加大传染病防治和公共卫生教育公益宣传力度，积极报道传染病防治典型事迹，树立传染病防治工作者的良好形象。在全国范围内深入开展"健康中国行—全民健康素养促进活动"，引导群众树立健康观念，培养健康行为，提高全民健康素养。大力普及传染病防治科学知识，提高群众依法防病意识，积极营造全社会参与传染病防治的良好氛围。

### 九、强化政府责任落实

各级人民政府要加强对传染病防治人员安全防护工作的组织领导、统筹协调，明确部门分工任务。要将传染病防治所需必要经费纳入同级财政预算，及时足额拨付。完善传染病防治相关安全防护装备和耗材的供应与储备机制。加强对传染病防治人员尤其是处理重大传染病疫情一线人员的心理健康关爱。对在传染病防治工作中作出显著成绩和贡献的单位和个人，按照国家有关规定给予表彰和奖励。各地区、各有关部门要按照本意见精神，抓紧研究制定具体实施方案，细化政策措施，加强督导检查，确保各项工作落实到位。

国务院办公厅
2015 年 1 月 6 日

# 国务院食品安全委员会办公室关于印发
# 《"瘦肉精"专项整治方案》的通知（节选）

食安办〔2011〕14 号

附件：

## "瘦肉精"品种目录

盐酸克伦特罗（Clenbuterol Hydrochloride）

莱克多巴胺（Ractopamine）

沙丁胺醇（Salbutamol）

硫酸沙丁胺醇（Salbutamol Sulfate）

盐酸多巴胺（Dopamine Hydrochloride）

西马特罗（Cimaterol）

硫酸特布他林（Terbutaline Sulfate）

苯乙醇胺 A（Phenylethanolamine A）

班布特罗（Bambuterol）

盐酸齐帕特罗（Zilpaterol Hydrochloride）

盐酸氯丙那林（Clorprenaline Hydrochloride）

马布特罗（Mabuterol）

西布特罗（Cimbuterol）

溴布特罗（Brombuterol）

酒石酸阿福特罗（Arformoterol Tartrate）

富马酸福莫特罗（Formoterol Fumatrate）

# 国务院食品安全办等五部门关于印发《畜禽水产品抗生素、禁用化合物及兽药残留超标专项整治行动方案》的通知

食安办〔2016〕15 号

各省、自治区、直辖市食品安全委员会办公室、工业和信息化主管部门、通信管理局、农业（农牧）、畜牧兽医、渔业厅（局、委、办）、卫生计生委、食品药品监督管理局，新疆生产建设兵团食品安全委员会办公室、工业和信息化委员会、农业、水利局、卫生局、食品药品监督管理局：

为进一步规范畜禽水产品生产经营行为，有效遏制畜禽水产品中违规使用抗生素、禁用化合物及兽药残留超标问题，促进兽药合理、安全使用，加强畜禽、水产品质量安全监管，保障人民群众身体健康，国务院食品安全办、工业和信息化部、农业部、国家卫生计生委和食品药品监管总局联合制定了《畜禽水产品抗生素、禁用化合物及兽药残留超标专项整治行动方案》。现印发给你们，请认真组织实施。

国务院食品安全办　工业和信息化部
农业部　国家卫生计生委
食品药品监管总局
2016 年 7 月 27 日

## 畜禽水产品抗生素、禁用化合物及兽药残留超标专项整治行动方案

近年来，畜禽水产中违规使用抗生素、禁用化合物及兽药残留超标问题时有发生，为规范畜禽水产品生产经营行为，有效遏制畜禽水产品中违规使用抗生素、禁用化合物及兽药残留超标问题，促进兽药合理、安全使用，保障畜禽水产品质量安全，切实维护人民群众身体健康，国务院食品安全办、工业和信息化部、农业部、国家卫生计生委、食品药品监管总局决定自 2016 年 8 月—2017 年 12 月，在全国范围内集中开展畜禽水产品抗生素、禁用化合物及兽药残留超标专项整治行动。具体方案如下：

### 一、工作目标

认真贯彻落实《中华人民共和国食品安全法》《中华人民共和国农产品质量安全法》《兽药管理条例》等法律法规规定，严厉打击畜禽水产品中违规使用抗生素以及非法使用"瘦肉精"等禁用物质、水产品中非法使用硝基呋喃、孔雀石绿等禁用兽药及化合物、超范围超剂量使用兽药等行为，严厉查处违法违规生产经营单位，整治不规范用药行为，清理违法违规网站，查办违法案件，曝光典型案例，切实解决和消除畜禽水产品领域违规使用抗生素、禁用化合物及兽药残留超标的突出问题和风险隐患，规范兽药使用行为，全面提高畜禽水产品质量安全水平，维护广大人民群众舌尖上的安全。

### 二、工作内容

地方各级监管部门要结合本地实际，加大风险隐患排查，找准问题根源，突出重点产品、重点区域、重点案件，采取有效措施，集中力量开展畜禽水产品抗生素、禁用化合物及兽药残留超标专项整治行动，保持高压严打态势。

**（一）整治规范兽用抗生素生产经营行为，提高兽药质量安全管理水平**

以整顿规范兽用化学药品生产经营主体为抓手，摸清兽用抗生素生产经营情况；进一步规范兽用抗生素生产质量管理，严格核查原辅料来源、质量检验等情况，认真核对批准生产的产品与原料药品种对应情况，发现非法添加、标签说明书增加主要成分或夸大适应症、不按规定标注兽用处方药标识等违法违规行为，一律严肃处理；进一步规范兽用抗生素经营管理，严格核查兽用抗生素标签和说明书、抗生素原料药销售记录，发现标签说明书增加主要成分或夸大适应症、把原料药销售给养殖场（小区、户）等兽药使用单位、不按兽用处方药规定销售处方药等违法违规行为，一律严肃处理。严厉打击生产、销售硝基呋喃等禁用兽药的行为，对于孔雀石绿等具有抗生素功能的禁用化合物，要建立实名购买和流向登记制度，实施严格管控。

97

**（二）整治规范兽药使用行为，提高安全用药水平**

以整顿规范兽药使用主体为抓手，严格落实兽药安全使用有关规定，强化兽药使用者畜禽水产品质量安全主体责任意识，督促指导兽用抗生素使用单位严格执行安全用药各项制度；实施兽用抗菌药安全使用能力提升工程，编制印发兽用抗菌药安全使用问答，支持各地采取多种宣传培训措施，切实提高基层养殖者用药能力和水平；鼓励和支持有条件的地区推进健康养殖；按照《全国兽药（抗菌药）综合治理五年行动方案》，严格管控抗菌药类药物饲料添加剂；严格实施《饲料质量安全管理规范》，从源头督促饲料生产企业规范使用及产品标识；严厉打击超剂量超范围用药、违规使用原料药、不执行休药期、不按兽用处方药规定使用处方药、滥用抗菌药物等违法行为。在水产品养殖环节开展以"大菱鲆、乌鳢、鳜鱼"（三鱼）和"孔雀石绿、硝基呋喃"（两药）为重点的水产品集中治理，"三鱼"主产区和"两药"违规使用多发区要有针对性地制定"三鱼两药"专项整治行动方案，督促养殖企业（场、户）强化内部质量控制，采取标准化、自检等质量控制措施，确保养殖水产品的质量安全。加大执法检查和监督抽检力度，严厉打击违法用药行为。

**（三）整治利用互联网发布兽药信息及销售兽药的违法行为，提高兽药市场规范水平**

以整顿规范利用互联网发布兽药信息、销售兽药主体为抓手，摸清网上销售兽药特别是抗生素的基本情况，调查、收集、整理、汇总假冒兽药企业、发布假兽药信息、无证经营等违法违规形式的网站或第三方交易平台，经核实确认为非法的，依法予以处置；开展形式多样、内容丰富的普法宣传和告知活动，积极引导第三方交易平台、各类兽药企业，依法依规进行网络宣传和经营兽药等活动；探索建立互联网兽药销售监管联动机制，形成长效工作机制，切实净化兽药网络市场环境。严厉打击利用网络销售硝基呋喃等禁用兽药的行为，对网络销售孔雀石绿等具有抗生素功能的禁用化合物，要建立实名购买和流向登记制度，实施严格管控。

**（四）整治规范畜禽水产品市场销售行为，提高市场销售的畜禽水产品质量安全水平**

以落实集中交易市场开办者管理责任和销售者主体责任为抓手，加强畜禽及水产品市场准入管理。督促市场开办者认真落实畜禽水产品市场准入、信息公示、监督抽检或者快速检测等义务，发现畜禽水产品存在不符合食品安全标准等违法行为的，应当立即要求销售者停止销售，依照法律规定或者与销售者签订的协议进行处理，并向所在地监管部门报告。严格监督销售者切实加强自律，建立并落实进货查验记录等制度，保证畜禽水产品来源可查。严厉打击在销售过程中随意添加使用硝基呋喃、孔雀石绿等禁用兽药及化合物。

**（五）整治餐饮服务提供者采购和暂养行为，提高畜禽水产品餐桌质量安全水平**

以整顿规范餐饮服务提供者主体为抓手，严格落实餐饮监管有关规定，督促指导餐饮服务提供者制定并实施原料控制要求，落实进货查验制度。加大监督检查力度，严厉打击水产品暂养期间使用禁用兽药及化合物等违法行为。

**（六）整治抗生素等兽药残留超标问题，提高畜禽水产品全程监管能力和水平**

以畜禽水产品生产运输环节、市场销售及餐饮环节监督抽检为抓手，扩大对畜禽水产品中抗生素等兽药抽样覆盖范围，增加风险隐患品种抽检数量和频率，切实掌握畜禽水产品质量安全状况。健全完善畜禽水产品追溯管理制度，发现兽药残留超标等问题样品，要实施来源追溯和去向追踪，及时将追溯情况通报相关职能部门，依法严肃查处违法行为。按照2016年、2017年国家食品安全风险监测计划，省级卫生计生部门在畜禽水产品抗生素、禁用化合物及兽药残留监测过程中发现隐患，要及时通报相关监管部门。

## 三、部门分工

国务院食品安全办负责牵头协调相关职能部门开展畜禽水产品抗生素、禁用化合物及兽药残留超标专项整治行动，做好督促指导工作，确保整治行动取得实效。

农业部门负责开展兽用抗菌药生产、经营和使用环节的整治行动；开展水产品养殖环节"三鱼两药"的集中治理；实施养殖环节和屠宰环节畜禽水产品抗菌药残留监测，对阳性样品实施追溯处理，涉及其他环节的，通报相关部门依法查处；打击利用网络违法宣传、销售兽药行为和利用网络发布假劣兽药信息、销售假劣兽药的违法违规行为。

食品药品监管部门负责开展市场经营畜禽水产品质量安全监管，开展水产品市场经营环节的集中治理，加强监督抽检，对兽药超标的畜禽水产品实施追溯，涉及其他环节的，通报相关部门依法查处；监督经营者严格落实进货查验记录制度，查验检疫合格证明和肉品品质检验合格证（农业部门还未出台检疫检验规程，无法出具检疫证明和肉品品质检验合格证的除外）、养殖企业和农民专业合作社出具的水产品合格证明等证明材料，如实记录畜禽水产品的名称、数量、进货日期以及供货者名称、地址、联系方式等内容，并保存相关凭证，避免采购或者销售不符合食品安全标准的畜禽水产品，保证采购的畜禽水产品来源可追溯。

国家卫生计生委负责组织开展畜禽水产品中抗生素、禁用化合物及兽药残留监测和致病菌的耐药监测，对监测结果及时向相关部门通报。

工业和信息化部负责配合国务院食品安全办、农业部、食品药品监管总局等部门对于发布假劣兽药信息、销售假劣兽药的违法违规网站依法进行处置。

### 四、工作安排

专项整治行动从 2016 年 8 月 1 日开始至 2017 年 12 月 31 日结束，分四个阶段进行：

**（一）动员部署阶段 （2016 年 8 月—10 月）**

地方各级食品安全办要会同相关职能部门制定符合当地实际情况的专项整治行动实施方案，采取多种形式向社会发布启动联合整治行动的信息，要通过电视、报纸等传统媒体，互联网站、微博、微信等新媒体进行广泛宣传，营造良好的社会氛围。

**（二）自查自纠阶段 （2016 年 11 月—2017 年 3 月）**

地方各级监管部门要全面履行告知义务，将有关要求及时传达至本行政区域的兽药生产经营企业和使用单位、畜禽水产品生产者及集中交易市场、商场、超市、便利店等畜禽水产品销售单位、餐饮服务单位，督促兽用抗生素生产经营使用主体和畜禽屠宰者、畜禽水产品生产经营主体落实法律责任，履行法律义务，规范生产经营行为。

**（三）集中整顿阶段 （2017 年 4 月—10 月）**

地方各级监管部门要采取联合执法、专项行动等多种形式，开展集中整治活动。要组织力量对兽药生产经营企业、大中型养殖场（小区）、散养集中区域等进行集中监督检查，并结合当地实际情况明确检查重点，实现检查对象全覆盖，问题整改全覆盖，违法行为立案查处全覆盖。要突出人畜共用抗生素药物及禁用化合物、容易滥用兽药的监督抽检；对于网络违法违规行为查处工作，突出职能部门主动监测和社会多方面举报信息核查。要切实加大监督检查和案件查办力度，涉嫌犯罪的坚决移送公安机关，严禁以罚代刑。

**（四）检查总结阶段 （2017 年 11 月—12 月）**

2017 年 11 月 30 日前，地方各省级食品安全办及各监管部门要认真总结本行政区域内的整治行动工作情况，并报国务院食品安全办和相关对口职能部门，包括整理行动主要措施、取得的成果和好的经验、查处的典型案例等，同时分析存在的主要问题和不足，并提出相关意见建议。国务院食品安全办将组织相关单位对重点省份、重点地区开展监督抽查，对全国专项整治行动工作进行总结，并适时予以通报。

### 五、工作要求

**（一）加强组织领导， 强化协作配合**

各地要成立畜禽水产品违规使用抗生素、禁用化合物及兽药残留超标专项整治行动领导小组办公室，加强对整治工作的组织、领导和协调。地方各级食品安全办要充分发挥组织协调作用，会同相关部门制定有针对性的工作方案，加强协作配合，针对本行政区域内的畜禽水产品使用抗生素、禁用化合物及兽药残留超标存在的突出问题和关键环节，细化部门工作任务，明确监管责任，提出整治措施和目标任务，协调并督促相关部门组织开展联合执法行动，推动各部门齐抓共管，提升各部门监管合力，层层传导压力，确保各项工作落到实处。

**（二）严格监督执法， 强化责任落实**

地方各级监管部门要严格监督畜禽水产品生产经营者切实加强自律，规范自身行为，自觉履行质量安全责任。要加大抗生素等兽药、禁用化合物的抽检力度，强化抽检结果利用，抽检信息层层及时上传汇总，省级监管部门要汇总每月的抽检信息，梳理分析不合格信息，增强发现问题的靶向性，指导基层加大查处违法使用抗生素、禁用化合物的针对性。对于抽检发现的不合格产品，跟进实施检打联动，追溯问题源头。要加大畜禽水产品违规使用抗生素、禁用化合物违法案件查处力度，对于投诉举报、巡查检查、检验检测中发现的违法违规问题，要依法严肃查处，严厉打击。涉嫌犯罪的，要依法及时移送公安机关。对大要案件要一案一报、挂牌督办、限期办结。对发现的问题产品，一地发现，系统通报，全国清剿。

**（三）注重宣传教育， 努力营造氛围**

地方各级监管部门要重视宣传教育的巨大推动力，为整治行动争取良好的社会舆论氛围。专项行动期间，要及时公布行动部署、行动进展、行动成效，边整治边曝光。要重点宣传违法、失信企业的查处情况，以案说法，震慑违法犯罪分子；要积极解答社会咨询，积极回应社会关切，积极反馈社会诉求，构建兽药社会共治新局面。

**（四）加强指导调度， 强化督导检查**

地方各级监管部门要及时汇总上报有关工作进展情况。在整治期间，每季度第一个月 10 日（节假日顺延）前，将上季度专项行动开展情况向对口职能部门报送整治行动工作信息。第一次上报工作信息时，要重点报送专项行动动员部署情况，包括工作方案、通知等，同时报一名工作联系人及联系电话。地方各级监管部门的上级部门要加强对下一级部门的调度指导，总结经验，树立典型，推进工作，并注意巩固整治成果，健全完善相关监管制度。对存在的问题，及时进行调研，推动问题解决。要采取督导检查、暗查暗访和交叉检查等方式，加强督促检查，及时通报结果。对责任不落实、监管不作为、情况不报告、问题不解决的单位和工作人员，要通报批评并严肃追究责任。

    联系人：李硕（国务院食品安全办）

    电　话：010－88331125

    联系人：金海楠（工业和信息化部）

    电　话：010－68206134

    联系人：邓程君（农业部）

    电　话：010－59192694

    联系人：张凤（国家卫生计生委）

    电　话：010－68792616

    联系人：李硕（食品药品监管总局）

    电　话：010－88331125

    附件：畜禽水产品抗生素、禁用化合物及兽药残留超标专项整治行动统计表

**附件**

### 畜禽水产品抗生素、禁用化合物及兽药残留超标专项整治行动统计表

填报单位：　　　省（自治区、直辖市）工业和信息化部门、通信管理局、农业部门、食品药品监督管理部门

填报人：　　　　　　　　　　　　　　　　　　　填报时间：　　　年　　月　　日

| 类　别 | 单　位 | 数　量 |
|---|---|---|
| 检查兽药生产单位<br>其中：查处兽药违法生产单位 | 个 | |
| 检查兽药经营单位<br>其中：查处兽药违法经营单位 | 个 | |
| 检查发布兽药信息及销售兽药网站<br>其中：网络交易第三方平台<br>　　　兽药生产单位网站<br>　　　兽药经营单位网站<br>　　　兽药使用单位网站<br>　　　关闭非法网站<br>　　　清除非法网页 | 个 | |
| 检查畜禽屠宰单位<br>其中：查处违法使用兽药单位 | 个 | |
| 检查水产品养殖单位<br>其中：大菱鲆养殖单位<br>　　　乌鳢养殖单位<br>　　　鳜鱼养殖单位 | 个 | |
| 查处违法使用兽药水产品养殖单位<br>其中：违法使用孔雀石绿<br>　　　违法使用硝基呋喃<br>　　　违法使用其他药物 | 个 | |
| 检查集中交易市场<br>其中：批发市场<br>　　　零售市场 | 个 | |
| 检查畜禽水产品销售者<br>其中：商场（超市）<br>　　　便利店<br>　　　其他<br>　　　查处违法使用兽药畜禽水产品销售者 | 个 | |
| 检查餐饮服务者<br>其中：查处违法使用兽药餐饮服务者 | 个 | |
| 开展监督抽检（抽样检验）<br>其中：畜禽屠宰环节<br>　　　水产品生产环节<br>　　　畜禽水产品销售环节<br>　　　餐饮服务环节 | 批次 | |
| 查处违法生产经营兽药案件 | 件 | |
| 其中：查扣兽药数量 | 公斤 | |
| 查处销售违法畜禽水产品案件 | 件 | |
| 其中：查扣违法畜禽水产品数量 | 公斤 | |
| 移送司法机关案件 | 件 | |
| 受理和处理消费者投诉和举报 | 件 | |

备注：本表请于 2017 年 11 月 30 日前报对口职能部门。

# 公安部关于印发《公安机关受理行政执法机关移送涉嫌犯罪案件规定》的通知

公通字〔2016〕16 号

各省、自治区、直辖市公安厅、局，新疆生产建设兵团公安局：

为贯彻落实中央关于全面深化公安改革的有关要求，规范公安机关受理行政执法机关移送涉嫌犯罪案件工作，完善行政执法与刑事司法衔接工作机制，公安部制定了《公安机关受理行政执法机关移送涉嫌犯罪案件规定》。现印发给你们，请结合本地实际，认真贯彻执行。

各地执行情况及工作中遇到的问题，请及时报部。

公安部

2016 年 6 月 16 日

## 公安机关受理行政执法机关移送涉嫌犯罪案件规定

**第一条** 为规范公安机关受理行政执法机关移送涉嫌犯罪案件工作，完善行政执法与刑事司法衔接工作机制，根据有关法律、法规，制定本规定。

**第二条** 对行政执法机关移送的涉嫌犯罪案件，公安机关应当接受，及时录入执法办案信息系统，并检查是否附有下列材料：

（一）案件移送书，载明移送机关名称、行政违法行为涉嫌犯罪罪名、案件主办人及联系电话等。案件移送书应当附移送材料清单，并加盖移送机关公章；

（二）案件调查报告，载明案件来源、查获情况、嫌疑人基本情况、涉嫌犯罪的事实、证据和法律依据、处理建议等；

（三）涉案物品清单，载明涉案物品的名称、数量、特征、存放地等事项，并附采取行政强制措施、现场笔录等表明涉案物品来源的相关材料；

（四）附有鉴定机构和鉴定人资质证明或者其他证明文件的检验报告或者鉴定意见；

（五）现场照片、询问笔录、电子数据、视听资料、认定意见、责令整改通知书等其他与案件有关的证据材料。

移送材料表明移送案件的行政执法机关已经或者曾经作出有关行政处罚决定的，应当检查是否附有有关行政处罚决定书。

对材料不全的，应当在接受案件的二十四小时内书面告知移送的行政执法机关在三日内补正。但不得以材料不全为由，不接受移送案件。

**第三条** 对接受的案件，公安机关应当按照下列情形分别处理：

（一）对属于本公安机关管辖的，迅速进行立案审查；

（二）对属于公安机关管辖但不属本公安机关管辖的，移送有管辖权的公安机关，并书面告知移送案件的行政执法机关；

（三）对不属于公安机关管辖的，退回移送案件的行政执法机关，并书面说明理由。

**第四条** 对接受的案件，公安机关应当立即审查，并在规定的时间内作出立案或者不立案的决定。

决定立案的，应当书面通知移送案件的行政执法机关。对决定不立案的，应当说明理由，制作不予立案通知书，连同案卷材料在三日内送达移送案件的行政执法机关。

**第五条** 公安机关审查发现涉嫌犯罪案件移送材料不全、证据不充分的，可以就证明有犯罪事实的相关证据要求等提出补充调查意见，商请移送案件的行政执法机关补充调查。必要时，公安机关可以自行调查。

**第六条** 对决定立案的，公安机关应当自立案之日起三日内与行政执法机关交接涉案物品以及与案件有关的其他证据材料。

对保管条件、保管场所有特殊要求的涉案物品，公安机关可以在采取必要措施固定留取证据后，商请行政执法机关代为保管。

移送案件的行政执法机关在移送案件后，需要作出责令停产停业、吊销许可证等行政处罚，或者在相关行政复议、行政诉讼中，需要使用已移送公安机关证据材料的，公安机关应当协助。

**第七条** 单位或者个人认为行政执法机关办理的行政案件涉嫌犯罪，向公安机关报案、控告、举报或者自首的，公安机关应当接受，不得要求相关单位或者人员先行向行政执法机关报案、控告、举报或者自首。

**第八条** 对行政执法机关移送的涉嫌犯罪案件，公安机关立案后决定撤销案件的，应当将撤销案件决定书连同案卷材料送达移送案件的行政执法机关。对依法应当追究行政法律责任的，可以同时向行政执法机关提出书面建议。

**第九条** 公安机关应当定期总结受理审查行政执法机关移送涉嫌犯罪案件情况，分析衔接工作中存在的问题，并提出意见建议，通报行政执法机关、同级人民检察院。必要时，同时通报本级或者上一级人民政府，或者实行垂直管理的行政执法机关的上一级机关。

**第十条** 公安机关受理行政执法机关移送涉嫌犯罪案件，依法接受人民检察院的法律监督。

**第十一条** 公安机关可以根据法律法规，联合同级人民检察院、人民法院、行政执法机关制定行政执法机关移送涉嫌犯罪案件类型、移送标准、证据要求、法律文书等文件。

**第十二条** 本规定自印发之日起实施。

# 财政部关于印发《屠宰环节病害猪无害化处理财政补贴资金管理暂行办法》的通知

财建〔2007〕608 号

各省、自治区、直辖市、计划单列市财政厅（局）：

根据《国务院关于促进生猪生产发展稳定市场供应的意见》（国发〔2007〕22 号）等有关文件精神，为保障猪肉质量安全，有效保护消费者利益，国家财政决定对屠宰环节病害猪无害化处理予以补助。为加强财政补贴资金的管理，我们制定了《屠宰环节病害猪无害化处理财政补贴资金管理暂行办法》。现予印发，请遵照执行。

附件：屠宰环节病害猪无害化处理财政补贴资金管理暂行办法

抄送：商务部。

中华人民共和国财政部
二〇〇七年十月二十六日

## 屠宰环节病害猪无害化处理财政补贴资金管理暂行办法

### 第一章 总 则

**第一条** 根据《国务院关于促进生猪生产发展稳定市场供应的意见》（国发〔2007〕22 号）等有关文件精神，为保障猪肉质量安全，有效保护消费者利益，国家财政对屠宰环节病害猪无害化处理予以补助。按照《中华人民共和国预算法》及其实施细则的有关规定，为加强对屠宰环节病害猪无害化处理财政补贴资金的管理，特制定本办法。

**第二条** 无害化处理财政补贴包括病害猪损失补贴和无害化处理费用补贴。中央财政和地方财政分别对病害猪损失及无害化处理费用给予一定比例的补贴。

### 第二章 补贴对象和标准

**第三条** 病害猪损失补贴的对象为提供病害猪的货主和自宰经营的企业，财政补贴标准为 500 元/头。无害化处理费用补贴的对象为进行无害化处理的生猪定点屠宰企业，财政补贴标准为 80 元/头。

病害猪损失补贴只对病害活猪，送至定点屠宰企业时已死的病害猪不享受损失补贴。无害化处理费用补贴包括病害活猪及病害死猪。

**第四条** 中央财政对东、中、西部地区实行差别补贴政策。按上述财政补贴标准，中央财政对东、中、西部地区分别补贴 40%、50%、60%，东、中、西部地方财政分别负担 60%、50%、40%。

### 第三章 补贴资金审核及拨付

**第五条** 病害猪损失和无害化处理费用所需的财政补贴资金由生猪定点屠宰企业提出申请，报同级财政部门。省级财政部门会同省级商务部门核定本地区生猪定点屠宰企业病害猪数量及所需财政补贴资金。

**第六条** 省级财政部门于每年 2 月底前，编制上年本地区屠宰环节病害猪无害化处理财政补贴资金预算，并填制附表（附后），向财政部申请中央财政补助资金。

**第七条**　中央财政补助资金采取预拨方式下达。财政部根据各省级财政部门申请，清算上年中央财政补助资金，审核并预拨本年中央财政补助资金。

**第八条**　财政部将中央财政补助资金预拨至各省级财政部门，地方财政部门安排应负担的补助资金后，将补贴资金直接拨付到病害猪货主或生猪定点屠宰企业。

**附表：**

### 屠宰环节病害猪无害化处理财政补贴资金预算申请表

| 补贴对象 | 补贴病害猪数量（头） | 补贴标准（元/头） | 地方财政已安排补贴（元） | 申请中央财政补贴（元） | 备注 |
|---|---|---|---|---|---|
| 全省合计 | | | | | |
| | | | | | |
| | | | | | |
| 一、病害猪损失 | | | | | |
| ×××货主 | | | | | |
| | | | | | |
| | | | | | |
| ×××屠宰企业 | | | | | |
| | | | | | |
| 二、无害化处理费用 | | | | | |
| ×××屠宰企业 | | | | | |
| | | | | | |
| | | | | | |

# 财政部 《关于调整生猪屠宰环节病害猪无害化处理补贴标准的通知》

财建〔2011〕599号

各省、自治区、直辖市、计划单列市财政厅（局），新疆生产建设兵团财务局：

根据国务院第162次常务会议决议，为促进生猪生产持续健康发展，大力支持生猪公共防疫体系建设，从2011年8月1日起，将现有的屠宰环节病害猪损失财政补贴标准由每头500元提高到800元，中央财政和地方财政负担比例维持不变，中央财政按调整后的补贴标准继续对东、中、西部地区分别补贴40%、50%、60%。

此次调整补贴标准后，中央财政不新增下达2011年补贴资金。请各地从《财政部关于安排2011年生猪屠宰环节病害猪无害化处理中央财政补贴资金的通知》（财建〔2010〕705号）已下达资金中安排，并按照本通知要求以及《屠宰环节病害猪无害化处理专项补贴资金管理暂行办法》（财建〔2007〕608号）的规定，落实应负担的地方财政补贴款后，将补贴资金及时拨付到病害猪货主及屠宰企业。中央财政拨付的补贴款如有不足，地方财政可先行垫付，以后据实清算。

二〇一一年七月二十九日

# 中华人民共和国农业部公告

第 176 号

　　为加强饲料、兽药和人用药品管理，防止在饲料生产、经营、使用和动物饮用水中超范围、超剂量使用兽药和饲料添加剂，杜绝滥用违禁药品的行为，根据《饲料和饲料添加剂管理条例》、《兽药管理条例》、《药品管理法》的有关规定，现公布《禁止在饲料和动物饮用水中使用的药物品种目录》，并就有关事项公告如下：

　　一、凡生产、经营和使用的营养性饲料添加剂和一般饲料添加剂，均应属于《允许使用的饲料添加剂品种目录》（农业部第 105 号公告）中规定的品种及经审批公布的新饲料添加剂，生产饲料添加剂的企业需办理生产许可证和产品批准文号，新饲料添加剂需办理新饲料添加剂证书，经营企业必须按照《饲料和饲料添加剂管理条例》第十六条、第十七条、第十八条的规定从事经营活动，不得经营和使用未经批准生产的饲料添加剂。

　　二、凡生产含有药物饲料添加剂的饲料产品，必须严格执行《饲料药物添加剂使用规范》（农业部 168 号公告，以下简称《规范》）的规定，不得添加《规范》附录二中的饲料药物添加剂。凡生产含有《规范》附录一中的饲料药物添加剂的饲料产品，必须执行《饲料标签》标准的规定。

　　三、凡在饲养过程中使用药物饲料添加剂，需按照《规范》规定执行，不得超范围、超剂量使用药物饲料添加剂。使用药物饲料添加剂必须遵守休药期、配伍禁忌等有关规定。

　　四、人用药品的生产、销售必须遵守《药品管理法》及相关法规的规定。未办理兽药、饲料添加剂审批手续的人用药品，不得直接用于饲料生产和饲养过程。

　　五、生产、销售《禁止在饲料和动物饮用水中使用的药物品种目录》所列品种的医药企业或个人，违反《药品管理法》第四十八条规定，向饲料企业和养殖企业（或个人）销售的，由药品监督管理部门按照《药品管理法》第七十四条的规定给予处罚；生产、销售《禁止在饲料和动物饮用水中使用的药物品种目录》所列品种的兽药企业或个人，向饲料企业销售的，由兽药行政管理部门按照《兽药管理条例》第四十二条的规定给予处罚；违反《饲料和饲料添加剂管理条例》第十七条、第十八条、第十九条规定，生产、经营、使用《禁止在饲料和动物饮用水中使用的药物品种目录》所列品种的饲料和饲料添加剂生产企业或个人，由饲料管理部门按照《饲料和饲料添加剂管理条例》第二十五条、第二十八条、第二十九条的规定给予处罚。其他单位和个人生产、经营、使用《禁止在饲料和动物饮用水中使用的药物品种目录》所列品种，用于饲料生产和饲养过程中的，上述有关部门按照谁发现谁查处的原则，依据各自法律法规予以处罚；构成犯罪的，要移送司法机关，依法追究刑事责任。

　　六、各级饲料、兽药、食品和药品监督管理部门要密切配合，协同行动，加大对饲料生产、经营、使用和动物饮用水中非法使用违禁药物违法行为的打击力度。要加快制定并完善饲料安全标准及检测方法、动物产品有毒有害物质残留标准及检测方法，为行政执法提供技术依据。

　　七、各级饲料、兽药和药品监督管理部门要进一步加强新闻宣传和科普教育。要将查处饲料和饲养过程中非法使用违禁药物列为宣传工作重点，充分利用各种新闻媒体宣传饲料、兽药和人用药品的管理法规，追踪大案要案，普及饲料、饲养和安全使用兽药知识，努力提高社会各方面对兽药使用管理重要性的认识，为降低药物残留危害，保证动物性食品安全创造良好的外部环境。

中华人民共和国农业部
中华人民共和国卫生部
国家药品监督管理局
二〇〇二年二月九日

# 禁止在饲料和动物饮用水中使用的药物品种目录

### 一、肾上腺素受体激动剂

1. 盐酸克伦特罗（Clenbuterol Hydrochloride）：中华人民共和国药典（以下简称药典）2000 年二部 P605。$\beta_2$ 肾上腺素受体激动药。

2. 沙丁胺醇（Salbutamol）：药典 2000 年二部 P316。$\beta_2$ 肾上腺素受体激动药。

3. 硫酸沙丁胺醇（Salbutamol Sulfate）：药典 2000 年二部 P870。$\beta_2$ 肾上腺素受体激动药。

4. 莱克多巴胺（Ractopamine）：一种 β 兴奋剂，美国食品和药物管理局（FDA）已批准，中国未批准。

5. 盐酸多巴胺（Dopamine Hydrochloride）：药典 2000 年二部 P591。多巴胺受体激动药。

6. 西马特罗（Cimaterol）：美国氰胺公司开发的产品，一种 β 兴奋剂，FDA 未批准。

7. 硫酸特布他林（Terbutaline Sulfate）：药典 2000 年二部 P890。$\beta_2$ 肾上腺受体激动药。

### 二、性激素

8. 己烯雌酚（Diethylstibestrol）：药典 2000 年二部 P42。雌激素类药。

9. 雌二醇（Estradiol）：药典 2000 年二部 P1005。雌激素类药。

10. 戊酸雌二醇（Estradiol Valerate）：药典 2000 年二部 P124。雌激素类药。

11. 苯甲酸雌二醇（Estradiol Benzoate）：药典 2000 年二部 P369。雌激素类药。中华人民共和国兽药典（以下简称兽药典）2000 年版一部 P109。雌激素类药。用于发情不明显动物的催情及胎衣滞留、死胎的排出。

12. 氯烯雌醚（Chlorotrianisene）：药典 2000 年二部 P919。

13. 炔诺醇（Ethinylestradiol）：药典 2000 年二部 P422。

14. 炔诺醚（Quinestrol）：药典 2000 年二部 P424。

15. 醋酸氯地孕酮（Chlormadinone Acetate）：药典 2000 年二部 P1037。

16. 左炔诺孕酮（Levonorgestrel）：药典 2000 年二部 P107。

17. 炔诺酮（Norethisterone）：药典 2000 年二部 P420。

18. 绒毛膜促性腺激素（绒促性素）（Chorionic Gonadotrophin）：药典 2000 年二部 P534。促性腺激素药。兽药典 2000 年版一部 P146。激素类药。用于性功能障碍、习惯性流产及卵巢囊肿等。

19. 促卵泡生长激素（尿促性素主要含卵泡刺激 FSHT 和黄体生成素 LH）（Menotropins）：药典 2000 年二部 P321。促性腺激素类药。

### 三、蛋白同化激素

20. 碘化酪蛋白（Iodinated Casein）：蛋白同化激素类，为甲状腺素的前驱物质，具有类似甲状腺素的生理作用。

21. 苯丙酸诺龙及苯丙酸诺龙注射液（Nandrolone phenylpropionate）：药典 2000 年二部 P365。

### 四、精神药品

22.（盐酸）氯丙嗪（Chlorpromazine Hydrochloride）：药典 2000 年二部 P676。抗精神病药。兽药典 2000 年版一部 P177。镇静药。用于强化麻醉以及使动物安静等。

23. 盐酸异丙嗪（Promethazine Hydrochloride）：药典 2000 年二部 P602。抗组胺药。兽药典 2000 年版一部 P164。抗组胺药。用于变态反应性疾病，如荨麻疹、血清病等。

24. 安定（地西泮）（Diazepam）：药典 2000 年二部 P214。抗焦虑药、抗惊厥药。兽药典 2000 年版一部 P61。镇静药、抗惊厥药。

25. 苯巴比妥（Phenobarbital）：药典 2000 年二部 P362。镇静催眠药、抗惊厥药。兽药典 2000 年版一部 P103。巴比妥类药。缓解脑炎、破伤风、士的宁中毒所致的惊厥。

26. 苯巴比妥钠（Phenobarbital Sodium）：兽药典 2000 年版一部 P105。巴比妥类药。缓解脑炎、破伤风、士的宁中毒所致的惊厥。

27. 巴比妥（Barbital）：兽药典 2000 年版一部 P27。中枢抑制和增强解热镇痛。

28. 异戊巴比妥（Amobarbital）：药典 2000 年二部 P252。催眠药、抗惊厥药。

29. 异戊巴比妥钠（Amobarbital Sodium）：兽药典 2000 年版一部 P82。巴比妥类药。用于小动物的镇静、抗惊厥和麻醉。

30. 利血平（Reserpine）：药典 2000 年二部 P304。抗高血压药。

31. 艾司唑仑（Estazolam）。

32. 甲丙氨脂（Meprobamate）。

33. 咪达唑仑（Midazolam）。

34. 硝西泮（Nitrazepam）。

35. 奥沙西泮（Oxazepam）。

36. 匹莫林（Pemoline）。

37. 三唑仑（Triazolam）。

38. 唑吡旦（Zolpidem）。

39. 其他国家管制的精神药品。

## 五、各种抗生素滤渣

40. 抗生素滤渣：该类物质是抗生素类产品生产过程中产生的工业三废，因含有微量抗生素成分，在饲料和饲养过程中使用后对动物有一定的促生长作用。但对养殖业的危害很大，一是容易引起耐药性，二是由于未做安全性试验，存在各种安全隐患。

# 中华人民共和国农业部公告

第 193 号

为保证动物源性食品安全，维护人民身体健康，根据《兽药管理条例》的规定，我部制定了《食品动物禁用的兽药及其他化合物清单》（以下简称《禁用清单》），现公告如下：

一、《禁用清单》序号 1 至 18 所列品种的原料药及其单方、复方制剂产品停止生产，已在兽药国家标准、农业部专业标准及兽药地方标准中收载的品种，废止其质量标准，撤销其产品批准文号；已在我国注册登记的进口兽药，废止其进口兽药质量标准，注销其《进口兽药登记许可证》。

二、截至 2002 年 5 月 15 日，《禁用清单》序号 1 至 18 所列品种的原料药及其单方、复方制剂产品停止经营和使用。

三、《禁用清单》序号 19 至 21 所列品种的原料药及其单方、复方制剂产品不准以抗应激、提高饲料报酬、促进动物生长为目的在食品动物饲养过程中使用。

## 食品动物禁用的兽药及其他化合物清单

| 序号 | 兽药及其他化合物名称 | 禁止用途 | 禁用动物 |
|---|---|---|---|
| 1 | β-兴奋剂类：克伦特罗（Clenbuterol）、沙丁胺醇（Salbutamol）、西马特罗（Cimaterol）及其盐、酯及制剂 | 所有用途 | 所有食品动物 |
| 2 | 性激素类：己烯雌酚（Diethylstilbestrol）及其盐、酯及制剂 | 所有用途 | 所有食品动物 |
| 3 | 具有雌激素样作用的物质：玉米赤霉醇（Zeranol）、去甲雄三烯醇酮（Trenbolone）、醋酸甲孕酮（Mengestrol，Acetate）及制剂 | 所有用途 | 所有食品动物 |
| 4 | 氯霉素（Chloramphenicol）、及其盐、酯［包括：琥珀氯霉素（Chloramphenicol Succinate）］及制剂 | 所有用途 | 所有食品动物 |
| 5 | 氨苯砜（Dapsone）及制剂 | 所有用途 | 所有食品动物 |
| 6 | 硝基呋喃类：呋喃唑酮（Furazolidone）、呋喃它酮（Furaltadone）、呋喃苯烯酸钠（Nifurstyrenate Sodium）及制剂 | 所有用途 | 所有食品动物 |
| 7 | 硝基化合物：硝基酚钠（Sodium nitrophenolate）、硝呋烯腙（Nitrovin）及制剂 | 所有用途 | 所有食品动物 |
| 8 | 催眠、镇静类：安眠酮（Methaqualone）及制剂 | 所有用途 | 所有食品动物 |
| 9 | 林丹（丙体六六六）（Lindane） | 杀虫剂 | 所有食品动物 |
| 10 | 毒杀芬（氯化烯）（Camahechlor） | 杀虫剂、清塘剂 | 所有食品动物 |
| 11 | 呋喃丹（克百威）（Carbofuran） | 杀虫剂 | 所有食品动物 |
| 12 | 杀虫脒（克死螨）（Chlordimeform） | 杀虫剂 | 所有食品动物 |
| 13 | 双甲脒（Amitraz） | 杀虫剂 | 水生食品动物 |
| 14 | 酒石酸锑钾（Antimonypotassiumtartrate） | 杀虫剂 | 所有食品动物 |
| 15 | 锥虫胂胺（Tryparsamide） | 杀虫剂 | 所有食品动物 |
| 16 | 孔雀石绿（Malachitegreen） | 抗菌、杀虫剂 | 所有食品动物 |
| 17 | 五氯酚酸钠（Pentachlorophenolsodium） | 杀螺剂 | 所有食品动物 |
| 18 | 各种汞制剂包括：氯化亚汞（甘汞）（Calomel），硝酸亚汞（Mercurous Nitrate）、醋酸汞（Mercurous Acetate）、吡啶基醋酸汞（Pyridylmercurous Acetate） | 杀虫剂 | 所有食品动物 |
| 19 | 性激素类：甲基睾丸酮（Methyltestosterone）、丙酸睾酮（Testosterone Propionate）、苯丙酸诺龙（Nandrolone Phenylpropionate）、苯甲酸雌二醇（Estradiol Benzoate）及其盐、酯及制剂 | 促生长 | 所有食品动物 |
| 20 | 催眠、镇静类：氯丙嗪（Chlorpromazine）、地西泮（安定）（Diazepam）及其盐、酯及制剂 | 促生长 | 所有食品动物 |
| 21 | 硝基咪唑类：甲硝唑（Metronidazole）、地美硝唑（Dimetronidazole）及其盐、酯及制剂 | 促生长 | 所有食品动物 |

注：食品动物是指各种供人食用或其产品供人食用的动物。

二〇〇二年四月九日

# 中华人民共和国农业部公告

第 235 号

为加强兽药残留监控工作，保证动物性食品卫生安全，根据《兽药管理条例》规定，我部组织修订了《动物性食品中兽药最高残留限量》，现予发布，请各地遵照执行。自发布之日起，原发布的《动物性食品中兽药最高残留限量》（农牧发〔1999〕17 号）同时废止。

二〇〇二年十二月二十四日

附件：

## 动物性食品中兽药最高残留限量

动物性食品中兽药最高残留限量由附录1、附录2、附录3、附录4组成。

1、凡农业部批准使用的兽药，按质量标准、产品使用说明书规定用于食品动物，不需要制定最高残留限量的，见附录1。

2、凡农业部批准使用的兽药，按质量标准、产品使用说明书规定用于食品动物，需要制定最高残留限量的，见附录2。

3、凡农业部批准使用的兽药，按质量标准、产品使用说明书规定可以用于食品动物，但不得检出兽药残留的，见附录3。

4、农业部明文规定禁止用于所有食品动物的兽药，见附录4。

**附录1：**

## 动物性食品允许使用，但不需要制定残留限量的药物

| 药物名称 | 动物种类 | 其他规定 |
|---|---|---|
| Acetylsalicylic acid<br>乙酰水杨酸 | 牛、猪、鸡 | 产奶牛禁用<br>产蛋鸡禁用 |
| Aluminium hydroxide<br>氢氧化铝 | 所有食品动物 | |
| Amitraz<br>双甲脒 | 牛/羊/猪 | 仅指肌肉中不需要限量 |
| Amprolium<br>氨丙啉 | 家禽 | 仅作口服用 |
| Apramycin<br>安普霉素 | 猪、兔、山羊、鸡 | 仅作口服用<br>产奶羊禁用<br>产蛋鸡禁用 |
| Atropine<br>阿托品 | 所有食品动物 | |
| Azamethiphos<br>甲基吡啶磷 | 鱼 | |
| Betaine<br>甜菜碱 | 所有食品动物 | |
| Bismuth subcarbonate<br>碱式碳酸铋 | 所有食品动物 | 仅作口服用 |
| Bismuth subnitrate<br>碱式硝酸铋 | 所有食品动物 | 仅作口服用 |
| Bismuth subnitrate<br>碱式硝酸铋 | 牛 | 仅乳房内注射用 |
| Boric acid and borates<br>硼酸及其盐 | 所有食品动物 | |
| Caffeine<br>咖啡因 | 所有食品动物 | |
| Calcium borogluconate<br>硼葡萄糖酸钙 | 所有食品动物 | |
| Calcium carbonate<br>碳酸钙 | 所有食品动物 | |
| Calcium chloride<br>氯化钙 | 所有食品动物 | |
| Calcium gluconate<br>葡萄糖酸钙 | 所有食品动物 | |
| Calcium phosphate<br>磷酸钙 | 所有食品动物 | |
| Calcium sulphate<br>硫酸钙 | 所有食品动物 | |
| Calcium pantothenate<br>泛酸钙 | 所有食品动物 | |
| Camphor<br>樟脑 | 所有食品动物 | 仅作外用 |
| Chlorhexidine<br>氯己定 | 所有食品动物 | 仅作外用 |
| Choline<br>胆碱 | 所有食品动物 | |
| Cloprostenol<br>氯前列醇 | 牛、猪、马 | |

（续）

| 药物名称 | 动物种类 | 其他规定 |
|---|---|---|
| Decoquinate<br>癸氧喹酯 | 牛、山羊 | 仅口服用，产奶动物禁用 |
| Diclazuril<br>地克珠利 | 山羊 | 羔羊口服用 |
| Epinephrine<br>肾上腺素 | 所有食品动物 | |
| Ergometrine maleata<br>马来酸麦角新碱 | 所有哺乳类食品动物 | 仅用于临产动物 |
| Ethanol<br>乙醇 | 所有食品动物 | 仅作赋型剂用 |
| Ferrous sulphate<br>硫酸亚铁 | 所有食品动物 | |
| Flumethrin<br>氟氯苯氰菊酯 | 蜜蜂 | 蜂蜜 |
| Folic acid<br>叶酸 | 所有食品动物 | |
| Follicle stimulating hormone（natural FSH from all species and their synthetic analogues）<br>促卵泡激素（各种动物天然 FSH 及其化学合成类似物） | 所有食品动物 | |
| Formaldehyde<br>甲醛 | 所有食品动物 | |
| Glutaraldehyde<br>戊二醛 | 所有食品动物 | |
| Gonadotrophin releasing hormone<br>垂体促性腺激素释放激素 | 所有食品动物 | |
| Human chorion gonadotrophin<br>绒促性素 | 所有食品动物 | |
| Hydrochloric acid<br>盐酸 | 所有食品动物 | 仅作赋型剂用 |
| Hydrocortisone<br>氢化可的松 | 所有食品动物 | 仅作外用 |
| Hydrogen peroxide<br>过氧化氢 | 所有食品动物 | |
| Iodine and iodine inorganic compounds including:<br>碘和碘无机化合物包括：<br>——Sodium and potassium-iodide<br>碘化钠和钾<br>——Sodium and potassium-iodate<br>碘酸钠和钾<br>Iodophors including:<br>碘附包括：<br>——polyvinylpyrrolidone-iodine<br>聚乙烯吡咯烷酮碘 | 所有食品动物<br><br>所有食品动物<br><br><br><br><br>所有食品动物 | |
| Iodine organic compounds:<br>碘有机化合物：<br>——Iodoform<br>碘仿 | 所有食品动物 | |
| Iron dextran<br>右旋糖酐铁 | 所有食品动物 | |

（续）

| 药物名称 | 动物种类 | 其他规定 |
|---|---|---|
| Ketamine<br>氯胺酮 | 所有食品动物 | |
| Lactic acid<br>乳酸 | 所有食品动物 | |
| Lidocaine<br>利多卡因 | 马 | 仅作局部麻醉用 |
| Luteinising hormone（natural LH from all species and their synthetic analogues）促黄体激素（各种动物天然 FSH 及其化学合成类似物） | 所有食品动物 | |
| Magnesium chloride<br>氯化镁 | 所有食品动物 | |
| Mannitol<br>甘露醇 | 所有食品动物 | |
| Menadione<br>甲萘醌 | 所有食品动物 | |
| Neostigmine<br>新斯的明 | 所有食品动物 | |
| Oxytocin<br>缩宫素 | 所有食品动物 | |
| Paracetamol<br>对乙酰氨基酚 | 猪 | 仅作口服用 |
| Pepsin<br>胃蛋白酶 | 所有食品动物 | |
| Phenol<br>苯酚 | 所有食品动物 | |
| Piperazine<br>哌嗪 | 鸡 | 除蛋外所有组织 |
| Polyethylene glycols（molecular weight ranging from 200 to 10000）聚乙二醇（分子量范围从 200 到 10000） | 所有食品动物 | |
| Polysorbate 80<br>吐温 – 80 | 所有食品动物 | |
| Praziquantel<br>吡喹酮 | 绵羊、马、山羊 | 仅用于非泌乳绵羊 |
| Procaine<br>普鲁卡因 | 所有食品动物 | |
| Pyrantel embonate<br>双羟萘酸噻嘧啶 | 马 | |
| Salicylic acid<br>水杨酸 | 除鱼外所有食品动物 | 仅作外用 |
| Sodium Bromide<br>溴化钠 | 所有哺乳类食品动物 | 仅作外用 |
| Sodium chloride<br>氯化钠 | 所有食品动物 | |
| Sodium pyrosulphite<br>焦亚硫酸钠 | 所有食品动物 | |
| Sodium salicylate<br>水杨酸钠 | 除鱼外所有食品动物 | 仅作外用 |
| Sodium selenite<br>亚硒酸钠 | 所有食品动物 | |

（续）

| 药物名称 | 动物种类 | 其他规定 |
|---|---|---|
| Sodium stearate<br>硬脂酸钠 | 所有食品动物 | |
| Sodium thiosulphate<br>硫代硫酸钠 | 所有食品动物 | |
| Sorbitan trioleate<br>脱水山梨醇三油酸酯（司盘85） | 所有食品动物 | |
| Strychnine<br>士的宁 | 牛 | 仅作口服用剂量最大 0.1mg/kg<br>（按每千克体重计） |
| Sulfogaiacol<br>愈创木酚磺酸钾 | 所有食品动物 | |
| Sulphur<br>硫黄 | 牛，猪，山羊，绵羊，马 | |
| Tetracaine<br>丁卡因 | 所有食品动物 | 仅作麻醉剂用 |
| Thiomersal<br>硫柳汞 | 所有食品动物 | 多剂量疫苗中作防腐剂使用，浓度最大不得超过0.02% |
| Thiopental sodium<br>硫喷妥钠 | 所有食品动物 | 仅作静脉注射用 |
| Vitamin A<br>维生素 A | 所有食品动物 | |
| Vitamin B$_1$<br>维生素 B$_1$ | 所有食品动物 | |
| Vitamin B$_{12}$<br>维生素 B$_{12}$ | 所有食品动物 | |
| Vitamin B$_2$<br>维生素 B$_2$ | 所有食品动物 | |
| Vitamin B$_6$<br>维生素 B$_6$ | 所有食品动物 | |
| Vitamin D<br>维生素 D | 所有食品动物 | |
| Vitamin E<br>维生素 E | 所有食品动物 | |
| Xylazine hydrochloride<br>盐酸塞拉嗪 | 牛、马 | 产奶动物禁用 |
| Zinc oxide<br>氧化锌 | 所有食品动物 | |
| Zinc sulphate<br>硫酸锌 | 所有食品动物 | |

（续）

**附录2：**

## 已批准的动物性食品中最高残留限量规定

| 药物名 | 标志残留物 | 动物种类 | 靶组织 | 残留限量 |
|---|---|---|---|---|
| 阿灭丁（阿维菌素）<br>Abamectin<br><br>ADI：0～2 | Avermectin<br>B$_{1a}$ | 牛（泌乳期禁用） | 脂肪 | 100 |
| | | | 肝 | 100 |
| | | | 肾 | 50 |
| | | 羊（泌乳期禁用） | 肌肉 | 25 |
| | | | 脂肪 | 50 |
| | | | 肝 | 25 |
| | | | 肾 | 20 |
| 乙酰异戊酰泰乐菌素<br>Acetylisovaleryltylosin<br><br>ADI：0～1.02 | 总<br>Acetylisovaleryltylosin<br>和3－O－乙酰泰乐菌素 | 猪 | 肌肉 | 50 |
| | | | 皮＋脂肪 | 50 |
| | | | 肝 | 50 |
| | | | 肾 | 50 |
| 阿苯达唑<br>Albendazole<br><br>ADI：0～50 | Albendazole＋<br>ABZSO$_2$＋ABZSO＋<br>ABZNH$_2$ | 牛/羊 | 肌肉 | 100 |
| | | | 脂肪 | 100 |
| | | | 肝 | 5000 |
| | | | 肾 | 5000 |
| | | | 奶 | 100 |
| 双甲脒<br>Amitraz<br><br>ADI：0～3 | Amitraz＋2，4－DMA 的总量 | 牛 | 脂肪 | 200 |
| | | | 肝 | 200 |
| | | | 肾 | 200 |
| | | | 奶 | 10 |
| | | 羊 | 脂肪 | 400 |
| | | | 肝 | 100 |
| | | | 肾 | 200 |
| | | | 奶 | 10 |
| | | 猪 | 皮＋脂 | 400 |
| | | | 肝 | 200 |
| | | | 肾 | 200 |
| | | 禽 | 肌肉 | 10 |
| | | | 脂肪 | 10 |
| | | | 副产品 | 50 |
| | | 蜜蜂 | 蜂蜜 | 200 |
| 阿莫西林<br>Amoxicillin | Amoxicillin | 所有食品动物 | 肌肉 | 50 |
| | | | 脂肪 | 50 |
| | | | 肝 | 50 |
| | | | 肾 | 50 |
| | | | 奶 | 10 |
| 氨苄西林<br>Ampicillin | Ampicillin | 所有食品动物 | 肌肉 | 50 |
| | | | 脂肪 | 50 |
| | | | 肝 | 50 |
| | | | 肾 | 50 |
| | | | 奶 | 10 |
| 氨丙啉<br>Amprolium<br>ADI：0～100 | Amprolium | 牛 | 肌肉 | 500 |
| | | | 脂肪 | 2000 |
| | | | 肝 | 500 |
| | | | 肾 | 500 |

（续）

| 药物名 | 标志残留物 | 动物种类 | 靶组织 | 残留限量 |
|---|---|---|---|---|
| 安普霉素<br>Apramycin<br><br>ADI：0~40 | Apramycin | 猪 | 肾 | 100 |
| 阿散酸/洛克沙胂<br>Arsanilic acid/Roxarsone | 总砷计<br>Arsenic | 猪 | 肌肉<br>肝<br>肾<br>副产品 | 500<br>2000<br>2000<br>500 |
| | | 鸡/火鸡 | 肌肉<br>副产品<br>蛋 | 500<br>500<br>500 |
| 氮哌酮<br>Azaperone<br><br>ADI：0~0.8 | Azaperone + Azaperol | 猪 | 肌肉<br>皮 + 脂肪<br>肝<br>肾 | 60<br>60<br>100<br>100 |
| 杆菌肽<br>Bacitracin<br><br>ADI：0~3.9 | Bacitracin | 牛/猪/禽 | 可食组织 | 500 |
| | | 牛（乳房注射） | 奶 | 500 |
| | | 禽 | 蛋 | 500 |
| 苄星青霉素/普鲁卡因青霉素<br>Benzylpenicillin/Procaine<br>benzylpenicillin<br><br>ADI：0~30μg/人/天 | Benzylpenicillin | 所有食品动物 | 肌肉<br>脂肪<br>肝<br>肾<br><br>奶 | 50<br>50<br>50<br>50<br><br>4 |
| 倍他米松<br>Betamethasone<br><br>ADI：0~0.015 | Betamethasone | 牛/猪 | 肌肉<br>肝<br>肾 | 0.75<br>2.0<br>0.75 |
| | | 牛 | 奶 | 0.3 |
| 头孢氨苄<br>Cefalexin<br><br>ADI：0~54.4 | Cefalexin | 牛 | 肌肉<br>脂肪<br>肝<br>肾<br>奶 | 200<br>200<br>200<br>1000<br>100 |
| 头孢喹肟<br>Cefquinome<br><br>ADI：0~3.8 | Cefquinome | 牛 | 肌肉<br>脂肪<br>肝<br>肾<br>奶 | 50<br>50<br>100<br>200<br>20 |
| | | 猪 | 肌肉<br>皮 + 脂<br>肝<br>肾 | 50<br>50<br>100<br>200 |

（续）

| 药物名 | 标志残留物 | 动物种类 | 靶组织 | 残留限量 |
|---|---|---|---|---|
| 头孢噻呋<br>Ceftiofur<br><br>ADI：0～50 | Desfuroylceftiofur | 牛/猪 | 肌肉 | 1000 |
| | | | 脂肪 | 2000 |
| | | | 肝 | 2000 |
| | | | 肾 | 6000 |
| | | 牛 | 奶 | 100 |
| 克拉维酸<br>Clavulanic acid<br><br>ADI：0～16 | Clavulanic acid | 牛/羊 | 奶 | 200 |
| | | 牛/羊/猪 | 肌肉 | 100 |
| | | | 脂肪 | 100 |
| | | | 肝 | 200 |
| | | | 肾 | 400 |
| 氯羟吡啶<br>Clopidol | Clopidol | 牛/羊 | 肌肉 | 200 |
| | | | 肝 | 1500 |
| | | | 肾 | 3000 |
| | | | 奶 | 20 |
| | | 猪 | 可食组织 | 200 |
| | | 鸡/火鸡 | 肌肉 | 5000 |
| | | | 肝 | 15000 |
| | | | 肾 | 15000 |
| 氯氰碘柳胺<br>Closantel<br><br>ADI：0～30 | Closantel | 牛 | 肌肉 | 1000 |
| | | | 脂肪 | 3000 |
| | | | 肝 | 1000 |
| | | | 肾 | 3000 |
| | | 羊 | 肌肉 | 1500 |
| | | | 脂肪 | 2000 |
| | | | 肝 | 1500 |
| | | | 肾 | 5000 |
| 氯唑西林<br>Cloxacillin | Cloxacillin | 所有食品动物 | 肌肉 | 300 |
| | | | 脂肪 | 300 |
| | | | 肝 | 300 |
| | | | 肾 | 300 |
| | | | 奶 | 30 |
| 黏菌素<br>Colistin<br><br>ADI：0～5 | Colistin | 牛/羊 | 奶 | 50 |
| | | 牛/羊/猪/鸡/兔 | 肌肉 | 150 |
| | | | 脂肪 | 150 |
| | | | 肝 | 150 |
| | | | 肾 | 200 |
| | | 鸡 | 蛋 | 300 |
| 蝇毒磷<br>Coumaphos<br>ADI：0～0.25 | Coumaphos 和氧化物 | 蜜蜂 | 蜂蜜 | 100 |

（续）

| 药物名 | 标志残留物 | 动物种类 | 靶组织 | 残留限量 |
|---|---|---|---|---|
| 环丙氨嗪<br>Cyromazine<br><br>ADI：0～20 | Cyromazine | 羊 | 肌肉 | 300 |
| | | | 脂肪 | 300 |
| | | | 肝 | 300 |
| | | | 肾 | 300 |
| | | 禽 | 肌肉 | 50 |
| | | | 脂肪 | 50 |
| | | | 副产品 | 50 |
| 达氟沙星<br>Danofloxacin<br><br>ADI：0～20 | Danofloxacin | 牛/绵羊/山羊 | 肌肉 | 200 |
| | | | 脂肪 | 100 |
| | | | 肝 | 400 |
| | | | 肾 | 400 |
| | | | 奶 | 30 |
| | | 家禽 | 肌肉 | 200 |
| | | | 皮+脂 | 100 |
| | | | 肝 | 400 |
| | | | 肾 | 400 |
| | | 其他动物 | 肌肉 | 100 |
| | | | 脂肪 | 50 |
| | | | 肝 | 200 |
| | | | 肾 | 200 |
| 癸氧喹酯<br>Decoquinate<br>ADI：0～75 | Decoquinate | 鸡 | 皮+肉 | 1000 |
| | | | 可食组织 | 2000 |
| 溴氰菊酯<br>Deltamethrin<br><br>ADI：0～10 | Deltamethrin | 牛/羊 | 肌肉 | 30 |
| | | | 脂肪 | 500 |
| | | | 肝 | 50 |
| | | | 肾 | 50 |
| | | 牛 | 奶 | 30 |
| | | 鸡 | 肌肉 | 30 |
| | | | 皮+脂 | 500 |
| | | | 肝 | 50 |
| | | | 肾 | 50 |
| | | | 蛋 | 30 |
| | | 鱼 | 肌肉 | 30 |
| 越霉素 A<br>Destomycin A | Destomycin A | 猪/鸡 | 可食组织 | 2000 |
| 地塞米松<br>Dexamethasone<br>ADI：0～0.015 | Dexamethasone | 牛/猪/马 | 肌肉 | 0.75 |
| | | | 肝 | 2 |
| | | | 肾 | 0.75 |
| | | 牛 | 奶 | 0.3 |

（续）

（续）

| 药物名 | 标志残留物 | 动物种类 | 靶组织 | 残留限量 |
|---|---|---|---|---|
| 二嗪农<br>Diazinon<br><br>ADI：0~2 | Diazinon | 牛/羊 | 奶 | 20 |
| | | 牛/猪/羊 | 肌肉 | 20 |
| | | | 脂肪 | 700 |
| | | | 肝 | 20 |
| | | | 肾 | 20 |
| 敌敌畏<br>Dichlorvos<br><br>ADI：0~4 | Dichlorvos | 牛/羊/马 | 肌肉 | 20 |
| | | | 脂肪 | 20 |
| | | | 副产品 | 20 |
| | | 猪 | 肌肉 | 100 |
| | | | 脂肪 | 100 |
| | | | 副产品 | 200 |
| | | 鸡 | 肌肉 | 50 |
| | | | 脂肪 | 50 |
| | | | 副产品 | 50 |
| 地克珠利<br>Diclazuril<br><br>ADI：0~30 | Diclazuril | 绵羊/禽/兔 | 肌肉 | 500 |
| | | | 脂肪 | 1000 |
| | | | 肝 | 3000 |
| | | | 肾 | 2000 |
| 二氟沙星<br>Difloxacin<br><br>ADI：0~10 | Difloxacin | 牛/羊 | 肌肉 | 400 |
| | | | 脂 | 100 |
| | | | 肝 | 1400 |
| | | | 肾 | 800 |
| | | 猪 | 肌肉 | 400 |
| | | | 皮+脂 | 100 |
| | | | 肝 | 800 |
| | | | 肾 | 800 |
| | | 家禽 | 肌肉 | 300 |
| | | | 皮+脂 | 400 |
| | | | 肝 | 1900 |
| | | | 肾 | 600 |
| | | 其他 | 肌肉 | 300 |
| | | | 脂肪 | 100 |
| | | | 肝 | 800 |
| | | | 肾 | 600 |
| 三氮脒<br>Diminazine<br><br>ADI：0~100 | Diminazine | 牛 | 肌肉 | 500 |
| | | | 肝 | 12000 |
| | | | 肾 | 6000 |
| | | | 奶 | 150 |

（续）

| 药物名 | 标志残留物 | 动物种类 | 靶组织 | 残留限量 |
|---|---|---|---|---|
| 多拉菌素<br>Doramectin<br><br>ADI：0~0.5 | Doramectin | 牛（泌乳牛禁用） | 肌肉<br>脂肪<br>肝<br>肾 | 10<br>150<br>100<br>30 |
| | | 猪/羊/鹿 | 肌肉<br>脂肪<br>肝<br>肾 | 20<br>100<br>50<br>30 |
| 多西环素<br>Doxycycline<br><br>ADI：0~3 | Doxycycline | 牛（泌乳牛禁用） | 肌肉<br>肝<br>肾 | 100<br>300<br>600 |
| | | 猪 | 肌肉<br>皮+脂<br>肝<br>肾 | 100<br>300<br>300<br>600 |
| | | 禽（产蛋鸡禁用） | 肌肉<br>皮+脂<br>肝<br>肾 | 100<br>300<br>300<br>600 |
| 恩诺沙星<br>Enrofloxacin<br><br>ADI：0~2 | Enrofloxacin +<br>Ciprofloxacin | 牛/羊 | 肌肉<br>脂肪<br>肝<br>肾 | 100<br>100<br>300<br>200 |
| | | 牛/羊 | 奶 | 100 |
| | | 猪/兔 | 肌肉<br>脂肪<br>肝<br>肾 | 100<br>100<br>200<br>300 |
| | | 禽（产蛋鸡禁用） | 肌肉<br>皮+脂<br>肝<br>肾 | 100<br>100<br>200<br>300 |
| | | 其他动物 | 肌肉<br>脂肪<br>肝<br>肾 | 100<br>100<br>200<br>200 |
| 红霉素<br>Erythromycin<br><br>ADI：0~5 | Erythromycin | 所有食品动物 | 肌肉<br>脂肪<br>肝<br>肾 | 200<br>200<br>200<br>200 |
| | | | 奶 | 40 |
| | | | 蛋 | 150 |

（续）

| 药物名 | 标志残留物 | 动物种类 | 靶组织 | 残留限量 |
|---|---|---|---|---|
| 乙氧酰胺苯甲酯<br>Ethopabate | Ethopabate | 禽 | 肌肉 | 500 |
| | | | 肝 | 1500 |
| | | | 肾 | 1500 |
| 苯硫氨酯<br>Fenbantel<br><br>芬苯达唑<br>Fenbendazole<br><br>奥芬达唑<br>Oxfendazole<br><br>ADI：0~7 | 可提取的<br>Oxfendazole sulphone | 牛/马/猪/羊 | 肌肉 | 100 |
| | | | 脂肪 | 100 |
| | | | 肝 | 500 |
| | | | 肾 | 100 |
| | | 牛/羊 | 奶 | 100 |
| 倍硫磷<br>Fenthion | Fenthion&<br>metabolites | 牛/猪/禽 | 肌肉 | 100 |
| | | | 脂肪 | 100 |
| | | | 副产品 | 100 |
| 氰戊菊酯<br>Fenvalerate<br><br>ADI：0~20 | Fenvalerate | 牛/羊/猪 | 肌肉 | 1000 |
| | | | 脂肪 | 1000 |
| | | | 副产品 | 20 |
| | | 牛 | 奶 | 100 |
| 氟苯尼考<br>Florfenicol<br><br>ADI：0~3 | Florfenicol-amine | 牛/羊（泌乳期禁用） | 肌肉 | 200 |
| | | | 肝 | 3000 |
| | | | 肾 | 300 |
| | | 猪 | 肌肉 | 300 |
| | | | 皮+脂 | 500 |
| | | | 肝 | 2000 |
| | | | 肾 | 500 |
| | | 家禽（产蛋禁用） | 肌肉 | 100 |
| | | | 皮+脂 | 200 |
| | | | 肝 | 2500 |
| | | | 肾 | 750 |
| | | 鱼 | 肌肉+皮 | 1000 |
| | | 其他动物 | 肌肉 | 100 |
| | | | 脂肪 | 200 |
| | | | 肝 | 2000 |
| | | | 肾 | 300 |
| 氟苯咪唑<br>Flubendazole<br><br>ADI：0~12 | Flubendazole+2-amino 1H~<br>benzimidazol-5-yl-(4-fluorophenyl)<br>methanone | 猪 | 肌肉 | 10 |
| | | | 肝 | 10 |
| | | 禽 | 肌肉 | 200 |
| | | | 肝 | 500 |
| | | | 蛋 | 400 |
| 醋酸氟孕酮<br>Flugestone Acetate<br>ADI：0~0.03 | Flugestone Acetate | 羊 | 奶 | 1 |

（续）

| 药物名 | 标志残留物 | 动物种类 | 靶组织 | 残留限量 |
|---|---|---|---|---|
| 氟甲喹<br>Flumequine<br><br>ADI：0～30 | Flumequine | 牛/羊/猪 | 肌肉<br>脂肪<br>肝<br>肾<br>奶 | 500<br>1000<br>500<br>3000<br>50 |
| | | 鱼 | 肌肉＋皮 | 500 |
| | | 鸡 | 肌肉<br>皮＋脂<br>肝<br>肾 | 500<br>1000<br>500<br>3000 |
| 氟氯苯氰菊酯<br>Flumethrin<br><br>ADI：0～1.8 | Flumethrin（sum of trans-Z-iso-mers） | 牛 | 肌肉<br>脂肪<br>肝<br>肾<br>奶 | 10<br>150<br>20<br>10<br>30 |
| | | 羊（产奶期禁用） | 肌肉<br>脂肪<br>肝<br>肾 | 10<br>150<br>20<br>10 |
| 氟胺氰菊酯<br>Fluvalinate | Fluvalinate | 所有动物 | 肌肉<br>脂肪<br>副产品 | 10<br>10<br>10 |
| | | 蜜蜂 | 蜂蜜 | 50 |
| 庆大霉素<br>Gentamycin<br><br>ADI：0～20 | Gentamycin | 牛/猪 | 肌肉<br>脂肪<br>肝<br>肾 | 100<br>100<br>2000<br>5000 |
| | | 牛 | 奶 | 200 |
| | | 鸡/火鸡 | 可食组织 | 100 |
| 氢溴酸常山酮<br>Halofuginone hydrobromide<br><br>ADI：0～0.3 | Halofuginone | 牛 | 肌肉<br>脂肪<br>肝<br>肾 | 10<br>25<br>30<br>30 |
| | | 鸡/火鸡 | 肌肉<br>皮＋脂<br>肝 | 100<br>200<br>130 |
| 氮氨菲啶<br>Isometamidium<br><br>ADI：0～100 | Isometamidium | 牛 | 肌肉<br>脂肪<br>肝<br>肾<br>奶 | 100<br>100<br>500<br>1000<br>100 |

（续）

（续）

| 药物名 | 标志残留物 | 动物种类 | 靶组织 | 残留限量 |
|---|---|---|---|---|
| 伊维菌素<br>Ivermectin<br><br>ADI：0~1 | 22，23-Dihydro-avermectin B1a | 牛 | 肌肉 | 10 |
| | | | 脂肪 | 40 |
| | | | 肝 | 100 |
| | | | 奶 | 10 |
| | | 猪/羊 | 肌肉 | 20 |
| | | | 脂肪 | 20 |
| | | | 肝 | 15 |
| 吉他霉素<br>Kitasamycin | Kitasamycin | 猪/禽 | 肌肉 | 200 |
| | | | 肝 | 200 |
| | | | 肾 | 200 |
| 拉沙洛菌素<br>Lasalocid | Lasalocid | 牛 | 肝 | 700 |
| | | 鸡 | 皮+脂 | 1200 |
| | | | 肝 | 400 |
| | | 火鸡 | 皮+脂 | 400 |
| | | | 肝 | 400 |
| | | 羊 | 肝 | 1000 |
| | | 兔 | 肝 | 700 |
| 左旋咪唑<br>Levamisole<br><br>ADI：0~6 | Levamisole | 牛/羊/猪/禽 | 肌肉 | 10 |
| | | | 脂肪 | 10 |
| | | | 肝 | 100 |
| | | | 肾 | 10 |
| 林可霉素<br>Lincomycin<br><br>ADI：0~30 | Lincomycin | 牛/羊/猪/禽 | 肌肉 | 100 |
| | | | 脂肪 | 100 |
| | | | 肝 | 500 |
| | | | 肾 | 1500 |
| | | 牛/羊 | 奶 | 150 |
| | | 鸡 | 蛋 | 50 |
| 马杜霉素<br>Maduramicin | Maduramicin | 鸡 | 肌肉 | 240 |
| | | | 脂肪 | 480 |
| | | | 皮 | 480 |
| | | | 肝 | 720 |
| 马拉硫磷<br>Malathion | Malathion | 牛/羊/猪/禽/马 | 肌肉 | 4000 |
| | | | 脂肪 | 4000 |
| | | | 副产品 | 4000 |
| 甲苯咪唑<br>Mebendazole<br><br>ADI：0~12.5 | Mebendazole 等效物 | 羊/马（产奶期禁用） | 肌肉 | 60 |
| | | | 脂肪 | 60 |
| | | | 肝 | 400 |
| | | | 肾 | 60 |
| 安乃近<br>Metamizole<br>ADI：0~10 | 4-氨甲基-安替比林 | 牛/猪/马 | 肌肉 | 200 |
| | | | 脂肪 | 200 |
| | | | 肝 | 200 |
| | | | 肾 | 200 |

（续）

| 药物名 | 标志残留物 | 动物种类 | 靶组织 | 残留限量 |
|---|---|---|---|---|
| 莫能菌素<br>Monensin | Monensin | 牛/羊 | 可食组织 | 50 |
| | | 鸡/火鸡 | 肌肉<br>皮+脂<br>肝 | 1500<br>3000<br>4500 |
| 甲基盐霉素<br>Narasin | Narasin | 鸡 | 肌肉<br>皮+脂<br>肝 | 600<br>1200<br>1800 |
| 新霉素<br>Neomycin<br><br>ADI：0~60 | Neomycin B | 牛/羊/猪<br>/鸡/火鸡<br>/鸭 | 肌肉<br>脂肪<br>肝<br>肾 | 500<br>500<br>500<br>10000 |
| | | 牛/羊 | 奶 | 500 |
| | | 鸡 | 蛋 | 500 |
| 尼卡巴嗪<br>Nicarbazin<br><br>ADI：0~400 | N，N'-bis-（4-nitrophenyl）urea | 鸡 | 肌肉<br>皮/脂<br>肝<br>肾 | 200<br>200<br>200<br>200 |
| 硝碘酚腈<br>Nitroxinil<br><br>ADI：0~5 | Nitroxinil | 牛/羊 | 肌肉<br>脂肪<br>肝<br>肾 | 400<br>200<br>20<br>400 |
| 喹乙醇<br>Olaquindox | [3-甲基喹啉-2-羧酸<br>（MQCA）] | 猪 | 肌肉<br>肝 | 4<br>50 |
| 苯唑西林<br>Oxacillin | Oxacillin | 所有食品动物 | 肌肉<br>脂肪<br>肝<br>肾<br>奶 | 300<br>300<br>300<br>300<br>30 |
| 丙氧苯咪唑<br>Oxibendazole<br><br>ADI：0~60 | Oxibendazole | 猪 | 肌肉<br>皮+脂<br>肝<br>肾 | 100<br>500<br>200<br>100 |
| 噁喹酸<br>Oxolinic acid<br><br>ADI：0~2.5 | Oxolinic acid | 牛/猪/鸡 | 肌肉<br>脂肪<br>肝<br>肾 | 100<br>50<br>150<br>150 |
| | | 鸡 | 蛋 | 50 |
| | | 鱼 | 肌肉+皮 | 300 |
| 土霉素/金霉素/四环素<br>Oxytetracycline/Chlortetracycline/Tetracycline<br><br>ADI：0~30 | Parent drug，单个<br>或复合物 | 所有食品动物 | 肌肉<br>肝<br>肾 | 100<br>300<br>600 |
| | | 牛/羊 | 奶 | 100 |
| | | 禽 | 蛋 | 200 |
| | | 鱼/虾 | 肉 | 100 |

（续）

| 药物名 | 标志残留物 | 动物种类 | 靶组织 | 残留限量 |
|---|---|---|---|---|
| 辛硫磷<br>Phoxim<br><br>ADI：0～4 | Phoxim | 牛/猪/羊 | 肌肉<br>脂肪<br>肝<br>肾 | 50<br>400<br>50<br>50 |
| | | 牛 | 奶 | 10 |
| 哌嗪<br>Piperazine<br><br>ADI：0～250 | Piperazine | 猪 | 肌肉<br>皮＋脂<br>肝<br>肾 | 400<br>800<br>2000<br>1000 |
| | | 鸡 | 蛋 | 2000 |
| 巴胺磷<br>Propetamphos<br><br>ADI：0～0.5 | Propetamphos | 羊 | 脂肪<br>肾 | 90<br>90 |
| 碘醚柳胺<br>Rafoxanide<br><br>ADI：0～2 | Rafoxanide | 牛 | 肌肉<br>脂肪<br>肝<br>肾 | 30<br>30<br>10<br>40 |
| | | 羊 | 肌肉<br>脂肪<br>肝<br>肾 | 100<br>250<br>150<br>150 |
| 氯苯胍<br>Robenidine | Robenidine | 鸡 | 脂肪<br>皮<br>可食组织 | 200<br>200<br>100 |
| 盐霉素<br>Salinomycin | Salinomycin | 鸡 | 肌肉<br>皮/脂<br>肝 | 600<br>1200<br>1800 |
| 沙拉沙星<br>Sarafloxacin<br><br>ADI：0～0.3 | Sarafloxacin | 鸡/火鸡 | 肌肉<br>脂肪<br>肝<br>肾 | 10<br>20<br>80<br>80 |
| | | 鱼 | 肌肉＋皮 | 30 |
| 赛杜霉素<br>Semduramicin<br><br>ADI：0～180 | Semduramicin | 鸡 | 肌肉<br>肝 | 130<br>400 |
| 大观霉素<br>Spectinomycin<br><br>ADI：0～40 | Spectinomycin | 牛/羊/猪/鸡 | 肌肉<br>脂肪<br>肝<br>肾 | 500<br>2000<br>2000<br>5000 |
| | | 牛 | 奶 | 200 |
| | | 鸡 | 蛋 | 2000 |

（续）

| 药物名 | 标志残留物 | 动物种类 | 靶组织 | 残留限量 |
|---|---|---|---|---|
| 链霉素/双氢链霉素<br>Streptomycin/<br>Dihydrostreptomycin<br>ADI：0~50 | Sum of<br>Streptomycin +<br>Dihydrostreptomycin | 牛 | 奶 | 200 |
| | | 牛/绵羊/猪/鸡 | 肌肉 | 600 |
| | | | 脂肪 | 600 |
| | | | 肝 | 600 |
| | | | 肾 | 1000 |
| 磺胺类<br>Sulfonamides | Parent drug（总量） | 所有食品<br>动物 | 肌肉 | 100 |
| | | | 脂肪 | 100 |
| | | | 肝 | 100 |
| | | | 肾 | 100 |
| | | 牛/羊 | 奶 | 100 |
| 磺胺二甲嘧啶<br>Sulfadimidine<br>ADI：0~50 | Sulfadimidine | 牛 | 奶 | 25 |
| 噻苯咪唑<br>Thiabendazole<br><br>ADI：0~100 | ［噻苯咪唑和5 - 羟基<br>噻苯咪唑］ | 牛/猪/绵羊/山羊 | 肌肉 | 100 |
| | | | 脂肪 | 100 |
| | | | 肝 | 100 |
| | | | 肾 | 100 |
| | | 牛/山羊 | 奶 | 100 |
| 甲砜霉素<br>Thiamphenicol<br><br>ADI：0~5 | Thiamphenicol | 牛/羊 | 肌肉 | 50 |
| | | | 脂肪 | 50 |
| | | | 肝 | 50 |
| | | | 肾 | 50 |
| | | 牛 | 奶 | 50 |
| | | 猪 | 肌肉 | 50 |
| | | | 脂肪 | 50 |
| | | | 肝 | 50 |
| | | | 肾 | 50 |
| | | 鸡 | 肌肉 | 50 |
| | | | 皮 + 脂 | 50 |
| | | | 肝 | 50 |
| | | | 肾 | 50 |
| | | 鱼 | 肌肉 + 皮 | 50 |
| 泰妙菌素<br>Tiamulin<br><br>ADI：0~30 | Tiamulin + 8-α-Hydroxymutilin<br>总量 | 猪/兔 | 肌肉 | 100 |
| | | | 肝 | 500 |
| | | 鸡 | 肌肉 | 100 |
| | | | 皮 + 脂 | 100 |
| | | | 肝 | 1000 |
| | | | 蛋 | 1000 |
| | | 火鸡 | 肌肉 | 100 |
| | | | 皮 + 脂 | 100 |
| | | | 肝 | 300 |

（续）

（续）

| 药物名 | 标志残留物 | 动物种类 | 靶组织 | 残留限量 |
|---|---|---|---|---|
| 替米考星<br>Tilmicosin<br><br>ADI: 0~40 | Tilmicosin | 牛/绵羊 | 肌肉 | 100 |
| | | | 脂肪 | 100 |
| | | | 肝 | 1000 |
| | | | 肾 | 300 |
| | | 绵羊 | 奶 | 50 |
| | | 猪 | 肌肉 | 100 |
| | | | 脂肪 | 100 |
| | | | 肝 | 1500 |
| | | | 肾 | 1000 |
| | | 鸡 | 肌肉 | 75 |
| | | | 皮+脂 | 75 |
| | | | 肝 | 1000 |
| | | | 肾 | 250 |
| 甲基三嗪酮（托曲珠利）<br>Toltrazuril<br><br>ADI: 0~2 | Toltrazuril   Sulfone | 鸡/火鸡 | 肌肉 | 100 |
| | | | 皮+脂 | 200 |
| | | | 肝 | 600 |
| | | | 肾 | 400 |
| | | 猪 | 肌肉 | 100 |
| | | | 皮+脂 | 150 |
| | | | 肝 | 500 |
| | | | 肾 | 250 |
| 敌百虫<br>Trichlorfon<br><br>ADI: 0~20 | Trichlorfon | 牛 | 肌肉 | 50 |
| | | | 脂肪 | 50 |
| | | | 肝 | 50 |
| | | | 肾 | 50 |
| | | | 奶 | 50 |
| 三氯苯唑<br>Triclabendazole<br><br>ADI: 0~3 | Ketotriclabendazole | 牛 | 肌肉 | 200 |
| | | | 脂肪 | 100 |
| | | | 肝 | 300 |
| | | | 肾 | 300 |
| | | 羊 | 肌肉 | 100 |
| | | | 脂肪 | 100 |
| | | | 肝 | 100 |
| | | | 肾 | 100 |

（续）

| 药物名 | 标志残留物 | 动物种类 | 靶组织 | 残留限量 |
|---|---|---|---|---|
| 甲氧苄啶<br>Trimethoprim<br><br>ADI：0~4.2 | Trimethoprim | 牛 | 肌肉 | 50 |
| | | | 脂肪 | 50 |
| | | | 肝 | 50 |
| | | | 肾 | 50 |
| | | | 奶 | 50 |
| | | 猪/禽 | 肌肉 | 50 |
| | | | 皮+脂 | 50 |
| | | | 肝 | 50 |
| | | | 肾 | 50 |
| | | 马 | 肌肉 | 100 |
| | | | 脂肪 | 100 |
| | | | 肝 | 100 |
| | | | 肾 | 100 |
| | | 鱼 | 肌肉+皮 | 50 |
| 泰乐菌素<br>Tylosin<br><br>ADI：0~6 | Tylosin A | 鸡/火鸡/猪/牛 | 肌肉 | 200 |
| | | | 脂肪 | 200 |
| | | | 肝 | 200 |
| | | | 肾 | 200 |
| | | 牛 | 奶 | 50 |
| | | 鸡 | 蛋 | 200 |
| 维吉尼霉素<br>Virginiamycin<br><br>ADI：0~250 | Virginiamycin | 猪 | 肌肉 | 100 |
| | | | 脂肪 | 400 |
| | | | 肝 | 300 |
| | | | 肾 | 400 |
| | | | 皮 | 400 |
| | | 禽 | 肌肉 | 100 |
| | | | 脂肪 | 200 |
| | | | 肝 | 300 |
| | | | 肾 | 500 |
| | | | 皮 | 200 |
| 二硝托胺<br>Zoalene | Zoalene + Metabolite<br>总量 | 鸡 | 肌肉 | 3000 |
| | | | 脂肪 | 2000 |
| | | | 肝 | 6000 |
| | | | 肾 | 6000 |
| | | 火鸡 | 肌肉 | 3000 |
| | | | 肝 | 3000 |

（续）

**附录3:**

## 允许作治疗用，但不得在动物性食品中检出的药物

| 药物名 | 标志残留物 | 动物种类 | 靶组织 |
|---|---|---|---|
| 氯丙嗪<br>Chlorpromazine | Chlorpromazine | 所有食品动物 | 所有可食组织 |
| 地西泮（安定）<br>Diazepam | Diazepam | 所有食品动物 | 所有可食组织 |
| 地美硝唑<br>Dimetridazole | Dimetridazole | 所有食品动物 | 所有可食组织 |
| 苯甲酸雌二醇<br>Estradiol Benzoate | Estradiol | 所有食品动物 | 所有可食组织 |
| 潮霉素 B<br>Hygromycin B | Hygromycin B | 猪/鸡<br>鸡 | 可食组织<br>蛋 |
| 甲硝唑<br>Metronidazole | Metronidazole | 所有食品动物 | 所有可食组织 |
| 苯丙酸诺龙<br>Nadrolone Phenylpropionate | Nadrolone | 所有食品动物 | 所有可食组织 |
| 丙酸睾酮<br>Testosterone propinate | Testosterone | 所有食品动物 | 所有可食组织 |
| 塞拉嗪<br>Xylzaine | Xylazine | 产奶动物 | 奶 |

**附录 4:**

## 禁止使用的药物,在动物性食品中不得检出

| 药物名称 | 禁用动物种类 | 靶组织 |
| --- | --- | --- |
| 氯霉素（Chloramphenicol）及其盐、酯<br>〔（包括：琥珀氯霉素 Chloramphenico Succinate）〕 | 所有食品动物 | 所有可食组织 |
| 克伦特罗（Clenbuterol）及其盐、酯 | 所有食品动物 | 所有可食组织 |
| 沙丁胺醇（Salbutamol）及其盐、酯 | 所有食品动物 | 所有可食组织 |
| 西马特罗（Cimaterol）及其盐、酯 | 所有食品动物 | 所有可食组织 |
| 氨苯砜（Dapsone） | 所有食品动物 | 所有可食组织 |
| 己烯雌酚（Diethylstilbestrol）及其盐、酯 | 所有食品动物 | 所有可食组织 |
| 呋喃它酮（Furaltadone） | 所有食品动物 | 所有可食组织 |
| 呋喃唑酮（Furazolidone） | 所有食品动物 | 所有可食组织 |
| 林丹（Lindane） | 所有食品动物 | 所有可食组织 |
| 呋喃苯烯酸钠（Nifurstyrenate sodium） | 所有食品动物 | 所有可食组织 |
| 安眠酮（Methaqualone） | 所有食品动物 | 所有可食组织 |
| 洛硝达唑（Ronidazole） | 所有食品动物 | 所有可食组织 |
| 玉米赤霉醇（Zeranol） | 所有食品动物 | 所有可食组织 |
| 去甲雄三烯醇酮（Trenbolone） | 所有食品动物 | 所有可食组织 |
| 醋酸甲孕酮（Mengestrol Acetate） | 所有食品动物 | 所有可食组织 |
| 硝基酚钠（Sodium nitrophenolate） | 所有食品动物 | 所有可食组织 |
| 硝呋烯腙（Nitrovin） | 所有食品动物 | 所有可食组织 |
| 毒杀芬（氯化烯）（Camahechlor） | 所有食品动物 | 所有可食组织 |
| 呋喃丹（克百威）（Carbofuran） | 所有食品动物 | 所有可食组织 |
| 杀虫脒（克死螨）（Chlordimeform） | 所有食品动物 | 所有可食组织 |
| 双甲脒（Amitraz） | 水生食品动物 | 所有可食组织 |
| 酒石酸锑钾（Antimony potassium tartrate） | 所有食品动物 | 所有可食组织 |
| 锥虫砷胺（Tryparsamile） | 所有食品动物 | 所有可食组织 |
| 孔雀石绿（Malachite green） | 所有食品动物 | 所有可食组织 |
| 五氯酚酸钠（Pentachlorophenol sodium） | 所有食品动物 | 所有可食组织 |
| 氯化亚汞（甘汞）（Calomel） | 所有食品动物 | 所有可食组织 |
| 硝酸亚汞（Mercurous nitrate） | 所有食品动物 | 所有可食组织 |
| 醋酸汞（Mercurous acetate） | 所有食品动物 | 所有可食组织 |
| 吡啶基醋酸汞（Pyridyl mercurous acetate） | 所有食品动物 | 所有可食组织 |
| 甲基睾丸酮（Methyltestosterone） | 所有食品动物 | 所有可食组织 |
| 群勃龙（Trenbolone） | 所有食品动物 | 所有可食组织 |

**名词定义:**

1. 兽药残留〔Residues of Veterinary Drugs〕:指食品动物用药后,动物产品的任何食用部分中与所有药物有关的物质的残留,包括原型药物或/和其代谢产物。

2. 总残留〔Total Residue〕:指对食品动物用药后,动物产品的任何食用部分中药物原型或/和其所有代谢产物的总和。

3. 日允许摄入量〔ADI:Acceptable Daily Intake〕:是指人一生中每日从食物或饮水中摄取某种物质而对健康没有明显危害的量,以人体重为基础计算,单位:μg（kg·d）。

4. 最高残留限量〔MRL:Maximum Residue Limit〕:对食品动物用药后产生的允许存在于食物表面或内部的该兽药残留的最高量/浓度（以鲜重计,表示为 μg/kg）。

5. 食品动物〔Food-Producing Animal〕:指各种供人食用或其产品供人食用的动物。

6. 鱼〔Fish〕:指众所周知的任一种水生冷血动物。包括鱼纲（Pisces）、软骨鱼（Elasmobranchs）和圆口鱼（Cyclostomes）,不包括水生哺乳动物,无脊椎动物和两栖动物。但应注意,此定义可适用于某些无脊椎动物,特别是头足动物（Cephalopods）。

7. 家禽〔Poultry〕:指包括鸡、火鸡、鸭、鹅、珍珠鸡和鸽在内的家养的禽。

8. 动物性食品 ［Animal Derived Food］：全部可食用的动物组织以及蛋和奶。

9. 可食组织 ［Edible Tissues］：全部可食用的动物组织，包括肌肉和脏器。

10. 皮＋脂 ［Skin with fat］：是指带脂肪的可食皮肤。

11. 皮＋肉 ［Muscle with skin］：一般是特指鱼的带皮肌肉组织。

12. 副产品 ［Byproducts］：除肌肉、脂肪以外的所有可食组织，包括肝、肾等。

13. 肌肉 ［Muscle］：仅指肌肉组织。

14. 蛋 ［Egg］：指家养母鸡的带壳蛋。

15. 奶 ［Milk］：指由正常乳房分泌而得，经一次或多次挤奶，既无加入也未经提取的奶。此术语也可用于处理过但未改变其组分的奶，或根据国家立法已将脂肪含量标准化处理过的奶。

# 中华人民共和国农业部公告

第 2292 号

为保障动物产品质量安全和公共卫生安全，我部组织开展了部分兽药的安全性评价工作。经评价，认为洛美沙星、培氟沙星、氧氟沙星、诺氟沙星 4 种原料药的各种盐、酯及其各种制剂可能对养殖业、人体健康造成危害或者存在潜在风险。根据《兽药管理条例》第六十九条规定，我部决定在食品动物中停止使用洛美沙星、培氟沙星、氧氟沙星、诺氟沙星 4 种兽药，撤销相关兽药产品批准文号。现将有关事项公告如下。

一、自本公告发布之日起，除用于非食品动物的产品外，停止受理洛美沙星、培氟沙星、氧氟沙星、诺氟沙星 4 种原料药的各种盐、酯及其各种制剂的兽药产品批准文号的申请。

二、自 2015 年 12 月 31 日起，停止生产用于食品动物的洛美沙星、培氟沙星、氧氟沙星、诺氟沙星 4 种原料药的各种盐、酯及其各种制剂，涉及的相关企业的兽药产品批准文号同时撤销。2015 年 12 月 31 日前生产的产品，可以在 2016 年 12 月 31 日前流通使用。

三、自 2016 年 12 月 31 日起，停止经营、使用用于食品动物的洛美沙星、培氟沙星、氧氟沙星、诺氟沙星 4 种原料药的各种盐、酯及其各种制剂。

农业部
2015 年 9 月 1 日

# 农业部关于印发《农业部关于畜牧兽医行政执法六条禁令》的通知

农医发〔2011〕29 号

各省、自治区、直辖市畜牧兽医（农牧、农业）厅（局、委、办），新疆生产建设兵团畜牧兽医局：

近年来，各级畜牧兽医主管部门和动物卫生监督机构不断加强畜牧兽医行政执法工作，推进依法行政，广大畜牧兽医执法人员认真履行监管职责，严格执法，为"两个千方百计，两个努力确保"目标任务的顺利完成提供了重要保障。但是，目前一些地方还存在个别畜牧兽医行政执法人员违反有关行业管理规定、不依法履职、不作为甚至乱作为的现象，造成了不良的社会影响。为严明纪律，树立畜牧兽医行政执法队伍良好形象，保证动物防疫和畜禽产品质量安全各项监管职责落实到位，结合畜牧兽医行政执法的特点，我部制定了《农业部关于畜牧兽医行政执法六条禁令》（以下简称《禁令》），现印发给你们，并提出如下工作要求，请认真贯彻执行。

一、加强组织领导。各级畜牧兽医主管部门和动物卫生监督机构要充分认识当前畜牧兽医行政执法存在问题的严重危害和实施《禁令》的重要意义，认真梳理、明确各级畜牧兽医主管部门和动物卫生监督机构的法定职责和监管任务，将《禁令》要求与职能职责的履行和工作考核紧密结合，切实落到实处，务求取得明显成效，并将其作为一项长期任务，坚持常抓不懈。

二、强化贯彻落实。各级畜牧兽医主管部门和动物卫生监督机构要制定具体实施方案，开展自查整顿，对畜牧兽医行政执法队伍中的违法违纪行为，要从严治理，做到发现一起，严肃查处一起，决不姑息。有关案件的查处情况要及时向上级畜牧兽医主管部门和动物卫生监督机构报告。

三、推进综合执法。各级畜牧兽医主管部门要按照《农业部关于全面加强农业执法扎实推进综合执法的意见》（农政发〔2008〕2 号）和《农业部办公厅关于扎实推进基层畜牧兽医综合执法的意见》（农办牧〔2010〕4 号）的要求，扎实推进基层畜牧兽医综合执法，健全充实执法队伍、创新监管工作机制、完善财政保障，要从根本上解决制约畜牧兽医行政执法工作开展的根本问题，做到权责一致。

四、接受社会监督。各级畜牧兽医主管部门和动物卫生监督机构要充分利用政务网站、媒体、公示栏等宣传手段，设立并公布举报电话，接受社会对畜牧兽医行政执法人员的监督。有关案件的查处情况要及时向社会公布，自觉接受社会监督。

农业部举报电话：畜牧业司 010 - 59192848，兽医局 010 - 59193344。

特此通知。

附件：农业部关于畜牧兽医行政执法六条禁令

二〇一一年十二月三十一日

## 农业部关于畜牧兽医行政执法六条禁令

一、严禁只收费不检疫；

二、严禁不检疫就出证；

三、严禁重复检疫收费；

四、严禁倒卖动物卫生证章标志；

五、严禁不按规定实施饲料兽药质量监测；

六、严禁发现违法行为不查处。

违反上述禁令者，将视情节轻重，按现行干部管理权限，分别给予记过、记大过、降职、撤职、开除等处分。构成犯罪的，移交司法机关追究刑事责任。

本禁令自二〇一二年一月一日起施行。

# 农业部、食品药品监管总局关于加强食用农产品质量安全监督管理工作的意见

农质发〔2014〕14号

各省、自治区、直辖市及计划单列市农业（农牧、农村经济）、畜牧兽医、农垦、农产品加工、渔业厅（局、委、办），食品药品监督管理局；新疆生产建设兵团农业（水产）局、食品药品监督管理局：

为深入贯彻中央农村工作会议精神，认真落实《国务院机构改革和职能转变方案》、《国务院关于地方改革完善食品药品监督管理体制的指导意见》（国发〔2013〕18号）和《国务院办公厅关于加强农产品质量安全监管工作的通知》（国办发〔2013〕106号）要求，现就加强食用农产品质量安全监督管理工作衔接，强化食用农产品质量安全全程监管，提出以下意见。

**一、严格落实食用农产品监管职责。** 食用农产品是指来源于农业活动的初级产品，即在农业活动中获得的、供人食用的植物、动物、微生物及其产品。"农业活动"既包括传统的种植、养殖、采摘、捕捞等农业活动，也包括设施农业、生物工程等现代农业活动。"植物、动物、微生物及其产品"是指在农业活动中直接获得的以及经过分拣、去皮、剥壳、粉碎、清洗、切割、冷冻、打蜡、分级、包装等加工，但未改变其基本自然性状和化学性质的产品。食用农产品质量安全监管体制调整后，《农产品质量安全法》规定的食用农产品进入批发、零售市场或生产加工企业后的质量安全监管职责由食品药品监管部门依法履行，农业行政主管部门不再履行食用农产品进入市场后的相应质量安全监管职责。现行的食用农产品质量安全分段监管，不包括农业生产技术、动植物疫病防控和转基因生物安全监督管理。农业部门根据监管工作需要，可进入批发、零售市场开展食用农产品质量安全风险评估和风险监测工作。

农业、食品药品监管部门要严格执行《食品安全法》《农产品质量安全法》等相关法律法规和各级政府及编制委员会确定的部门监管职责分工，认真履行法定的监管职责。农业部门要切实履行好食用农产品从种植养殖到进入批发、零售市场或生产加工企业前的监管职责；食品药品监管部门要切实履行好食用农产品进入批发、零售市场或生产加工企业后的监管职责，不断提升对食用农产品质量安全的保障水平。省级农业、食品药品监管部门要联合推动市县两级政府抓紧落实食用农产品质量安全属地管理责任，将食用农产品质量安全监管纳入县、乡政府绩效考核范围，建立相应的考核规范和评价机制。每年要组织开展一次食用农产品质量安全监管工作联合督查，切实推动监管责任落实。

**二、加快构建食用农产品全程监管制度。** 各地农业、食品药品监管部门要在地方政府统一领导下，共同研究解决食用农产品质量安全监管中职能交叉和监管空白问题，进一步厘清监管职责，细化任务分工，消除监管空白，形成监管合力。对于现行法律法规和规章制度尚未完全明确的监管职责和监管事项，要在统筹协调的基础上，提请地方政府因地制宜明确监管部门，出台相应的监管措施，避免出现监管漏洞和盲区。农业部门要依法抓紧完善并落实农业投入品监管、产地环境管理、种植养殖过程控制、包装标识、食用动物及其产品检验检疫等制度规范；食品药品监管部门要研究制定食用农产品进入批发、零售市场或生产加工企业后的管理制度，落实好监管职责。

**三、稳步推行食用农产品产地准出和市场准入管理。** 农业部门和食品药品监管部门共同建立以食用农产品质量合格为核心内容的产地准出管理与市场准入管理衔接机制。农业部门要抓紧建立食用农产品产地准出制度，因地制宜地按照产品类别和生产经营主体类型，将有效期内"三品一标"质量标志、动植物病虫害检疫合格证明及规模化生产经营主体（逐步实现覆盖全部生产经营主体）出具的食用农产品产地质量检测报告等质量合格证明作为食用农产品产地准出的基础条件；食品药品监管部门要着手建立与食用农产品产地准出制度相对接的市场准入制度，将查验农业行政主管部门认可的作为食用农产品产地准出基础条件的质量合格证明作为食用农产品进入批发、零售市场或生产加工企业的基本条件。农业部门和食品药品监管部门要依托基层执法监管和技术服务机构，加强督导巡查和监督管理，确保产地准出和市场准入过程中的质量合格证明真实、有效。

**四、加快建立食用农产品质量追溯体系。** 农业部门要按照职责分工，加快建立食用农产品质量安全追溯体系，可率先在"菜篮子"产品主产区推动农业产业化龙头企业、农民专业合作社、家庭农场开展质量追溯试点，优先将生猪和"三品一标"食用农产品纳入追溯试点范围，推动食用农产品从生产到进入批发、零售市场

135

或生产加工企业前的环节可追溯。食品药品监管部门要在有序推进食品安全追溯体系建设的同时，积极配合农业部门推进食用农产品质量安全追溯体系的建设，并通过监督食用农产品经营者建立并严格落实进货查验和查验记录制度，做好与农业部门建设的食用农产品质量安全追溯体系的有机衔接，逐步实现食用农产品生产、收购、销售、消费全链条可追溯。

**五、深入推进突出问题专项整治。** 农业、食品药品监管部门要针对食用农产品在生产、收购、销售和消费过程中存在的突出问题，有计划、有步骤、有重点地联合开展专项治理整顿。始终保持高压态势，严厉惩处各类违法违规行为。在专项整治和执法监管过程中需要联合行动的，要统筹协调、统一调度和统一行动；在各环节查处的违法违规案件，该移交的要依法按程序及时移交；需要相互配合的，要及时跟进。

**六、加强监管能力建设和监管执法合作。** 农业、食品药品监管部门要不断推进食用农产品质量安全监管机构和食品安全监管机构的建设与人员配备，并抓紧与编制、发改、财政等部门衔接沟通，加快建立健全基层食用农产品质量安全监管和食品安全监管队伍，将基层监管能力建设纳入年度财政预算和基本建设计划，采取多项措施，着力提高基层食用农产品质量安全和食品安全监管能力。农业、食品药品监管部门要建立食用农产品质量安全监管信息共享制度，定期和不定期互换食用农产品质量安全监管中的相关信息。建立风险评估结果共享制度，加强食用农产品质量安全风险交流合作。建立违法案件信息相互通报制度，密切行政执法的协调与协作。加强应急管理方面的合作，开展食用农产品质量安全（食品安全）突发事件应急处置合作和经验交流。共同建立、完善食用农产品质量安全监管统计制度，强化统计数据共享。可根据需要就食用农产品质量安全和食品安全领域重大问题开展联合调研，为解决食用农产品质量安全和食品安全领域突出问题提供政策建议。

**七、强化检验检测资源共享。** 各地要按照《国务院办公厅关于印发国家食品安全监管体系"十二五"规划的通知》（国办发〔2012〕36号）、《国务院办公厅转发中央编办、质检总局关于整合检验检测认证机构实施意见的通知》（国办发〔2014〕8号）、《国务院办公厅关于印发2014年食品安全重点工作安排的通知》（国办发〔2014〕20号）要求，在地方人民政府的统一领导下，共同做好县级食用农产品质量安全检验检测资源整合和食品安全检验检测资源整合工作，逐步解决基层检验检测资源分散、低水平重复建设、活力不强等问题。当前，根据农业、食品药品监管部门新的职能分工和监管工作需要，由农业部门和食品药品监管部门共同对已经建立的批发、零售市场（含超市、专营店等食用农产品销售单位）食用农产品质量安全检验检测资源（包括机构、人员、设备设施等）实施指导管理。建在市场外的食用农产品质量安全检验检测资源，以农业部门为主进行监督管理和技术指导；建在市场内的食用农产品质量安全检验检测资源，以食品药品监管部门为主进行监督管理和技术指导。农业部门和食品药品监管部门根据食用农产品质量安全监管和食品安全监管工作需要，可共享农业系统和食品药品监管系统建立的农产品质量安全检测机构和食品安全检验机构。

**八、加强舆情监测和应急处置。** 农业、食品药品监管部门要加强食用农产品质量安全突发事件、重大舆情跟踪监测，建立重大舆情会商分析和信息通报机制，及时联合研究处置突发事件和相关舆情热点问题。两部门要根据科普宣传工作的需要，加强食用农产品质量安全和食品安全科技知识培训和法制宣传。重大节日和节庆期间，要适时联合开展食用农产品质量安全宣传活动，全面普及食品科学知识，指导公众放心消费。

**九、建立高效的合作会商机制。** 农业部、食品药品监管总局建立部际合作会商机制，成立分别由两部门主管食用农产品质量安全监管工作的部级领导任组长的领导小组，积极推动和明确食用农产品质量安全监管工作的协调与合作事宜。各地要参照农业部和食品药品监管总局的做法，尽快建立两部门合作机制，明确对口的协调联络处（局、办），加强食用农产品质量安全监管工作的协作配合。

食用农产品质量安全监管涉及的品种多、链条长，两部门要在依法依规认真履职的基础上，密切协作、加强配合，构建"从农田到餐桌"全程监管的制度和机制。各地在食用农产品质量安全监管工作中遇到的问题和有关意见、建议，请及时与农业部农产品质量安全监管局和食品药品监管总局食品安全监管二司联系。

农业部　食品药品监管总局

2014 年 10 月 31 日

# 农业部、食品药品监管总局关于进一步加强畜禽屠宰检验检疫和畜禽产品进入市场或者生产加工企业后监管工作的意见

农医发〔2015〕18 号

各省、自治区、直辖市畜牧兽医（农业、农牧）厅（局、委、办）、食品药品监督管理局，新疆生产建设兵团畜牧兽医局、食品药品监督管理局：

为深入贯彻《食品安全法》《农产品质量安全法》《动物防疫法》《生猪屠宰管理条例》，认真落实《农业部食品药品监管总局关于加强食用农产品质量安全监督管理工作的意见》（农质发〔2014〕14 号），现就加强畜禽屠宰检验检疫和畜禽产品进入市场或者生产加工企业后的监督管理工作，提出以下意见。

## 一、明确责任，切实做好畜禽屠宰检验检疫和畜禽产品监管工作

（一）**强化属地管理责任**。地方各级畜牧兽医、食品药品监管部门要按照食品安全属地化管理原则，抓紧推动建立"地方政府负总责、监管部门各负其责、企业为第一责任人"的畜禽产品质量安全监管责任体系。要把畜禽屠宰检验检疫和畜禽产品进入市场或者生产加工企业后的监管作为农产品质量安全、食品安全绩效考核的重要内容，对县、乡人民政府进行考核，明确考核评价、督查督办等措施。要积极争取机构编制、发展改革、财政等部门的支持，将畜禽屠宰检验检疫和畜禽产品监管、检测、执法等工作经费纳入各级财政预算，加大投入力度，加强监管力量，配备必要的检验检疫、执法取证、样品采集、质量追溯、视频监控等设施设备。对于重大突发畜禽产品质量安全事件，地方各级畜牧兽医、食品药品监管部门要在政府统一领导下，按照属地管理的要求，会同公安、环保、工商等部门迅速响应、科学处置。

（二）**明确部门监管职责**。在地方各级人民政府领导下，地方各级畜牧兽医、食品药品监管部门要按照《农业部食品药品监管总局关于加强食用农产品质量安全监督管理工作的意见》（农质发〔2014〕14 号）的要求，建立健全畜禽屠宰检验检疫和畜禽产品进入市场或者生产加工企业后的监管工作衔接机制，细化部门职责，明确畜禽屠宰检验检疫和畜禽产品进入市场或者生产加工企业后的监管各环节工作分工，避免出现监管职责不清、重复监管和监管盲区。按照食用农产品质量安全分段管理要求，地方各级畜牧兽医部门负责动物疫病防控和畜禽屠宰环节的质量安全监督管理。地方各级动物卫生监督机构负责对屠宰畜禽实施检疫，依法出具检疫证明，加施检疫标志；对检疫不合格的畜禽产品，监督货主按照国家规定进行处理。同时，要依法监督生猪屠宰企业按照《生猪屠宰管理条例》的规定对屠宰的生猪及其产品实施肉品品质检验，督促屠宰企业按照规定依法出具肉品品质检验合格证明。地方各级食品药品监管部门负责监督食品生产经营者在肉及肉制品生产经营活动中查验动物检疫合格证明和猪肉肉品品质检验合格证明，严禁食品生产经营者采购、销售、加工不合格的畜禽产品。

（三）**落实企业主体责任**。畜禽屠宰企业对其屠宰、销售的畜禽产品质量安全负责，要建立畜禽进场检查登记制度，对进场屠宰的畜禽进行索证、临床健康检查和登记；要按照国家有关规定对病害畜禽及其产品实施无害化处理；要按照审批的屠宰生产范围屠宰畜禽；要按照国家畜禽屠宰统计报表制度报送屠宰相关信息。采购畜禽产品的食品生产经营者对其生产经营的肉及肉制品质量安全负责，要建立进货查验制度，严禁购入、加工和销售未按规定进行检验检疫或者检验检疫不合格的畜禽产品。畜禽屠宰企业、采购畜禽产品的食品生产经营者自行或者委托第三方贮存畜禽产品，要保证贮存场所环境整洁，与有毒、有害场所以及其他污染源保持规定的距离，在贮存位置标明畜禽产品品名、产地、生产者或者供货者名称、联系方式等内容。贮存、运输和装卸畜禽产品，所使用的材料和容器、器具、工具要做到安全、无害，防止污染，并配备必要的冷藏、冷冻设施或者设备，保证畜禽产品质量安全所需要的温度、湿度等特殊要求。

## 二、强化畜禽屠宰检验检疫，严格畜禽产品准出管理

（一）**落实肉品品质检验制度**。生猪屠宰企业要按照《生猪屠宰管理条例》的规定，配备与屠宰规模相适应的、经考核合格的肉品品质检验员，并定期组织开展业务培训，提高肉品品质检验员的业务素质和责任意识。要按照生猪屠宰产品品质检验规程要求，严格进行入场静养、宰前检验和宰后检验。一是认真做好入场静养。凡是未经驻场官方兽医入场查验登记的生猪，不得屠宰。二是认真做好宰前检验。要按照宰前健康检查、"瘦肉精"抽

检等规定要求，做好待宰检验和送宰检验，对发现的病害猪和"瘦肉精"抽检不合格生猪要及时进行无害化处理。三是认真做好宰后检验。对每头猪都要进行头部检验、体表检验、内脏检验、胴体初检和复检。检验合格的胴体，出具《肉品品质检验合格证》，加盖肉品品质检验合格印章；检验不合格的生猪产品要按照检验规程要求，及时进行无害化处理。生猪屠宰企业要健全完善台账管理制度，如实记录生猪来源、肉品品质检验、无害化处理和猪肉销售等信息。从事生猪以外其他畜禽屠宰的，要参照生猪屠宰肉品品质检验的做法，逐步推行肉品品质检验制度，确保肉品质量安全。

（二）**规范畜禽屠宰检疫**。各级动物卫生监督机构及其驻场官方兽医要按照《动物防疫法》《动物检疫管理办法》等法律法规要求，严格执行畜禽屠宰检疫规程，认真履行屠宰检疫监管职责，有效保障出场畜禽产品质量安全。要全面落实屠宰检疫制度，严格查验入场畜禽产地检疫合格证明和畜禽标识，严格按照畜禽屠宰检疫规程实施检疫。经检疫合格的畜禽产品，出具动物产品检疫合格证明，并加盖检疫印章，加施检疫标志；对检疫不合格的畜禽产品，监督屠宰企业做好无害化处理。动物卫生监督机构的官方兽医要做好产地检疫证明查验、屠宰检疫等环节记录，并监督畜禽屠宰企业做好待宰、急宰、生物安全处理等环节记录，切实做到屠宰检疫各环节痕迹化管理。

### 三、强化畜禽产品进入市场或者生产加工企业后的监管， 严格畜禽产品准入管理

（一）**强化畜禽产品经营主体责任**。采购畜禽产品的食品生产经营者要严格执行与入场经营者签订的食用农产品质量安全协议，积极利用检验检测、快速检测等自检手段开展畜禽产品进场检验，避免不符合食品安全标准的畜禽产品经市场流向消费者。要严格落实进货查验和查验记录制度，查验检疫合格证明和肉品品质检验合格证等证明材料，如实记录畜禽产品的名称、数量、进货日期以及供货者名称、地址、联系方式等内容，并保存相关凭证，避免采购或者销售不符合食品安全标准的畜禽产品，保证采购的畜禽产品来源可追溯。畜禽产品市场销售者要在摊位（柜台）明显位置摆放信息公示牌，向消费者明示销售者信息、肉品产地来源、检验检疫合格证明等信息，接受消费者实时监督。

（二）**加强畜禽产品市场准入管理**。各地食品药品监管部门要切实加强对畜禽产品进入市场和生产加工企业后的监督管理。一是加大对食品生产加工企业监督检查工作力度。着重检查食品生产企业进货把关、生产过程及贮存、运输管理以及出厂检验和记录等制度落实情况，督促食品生产加工企业依法组织生产、落实质量安全主体责任。二是监督畜禽产品经营者认真落实进货查验和查验记录制度，严把进货关、销售关和退市关，做到不进、不存、不销假冒、仿冒、劣质、过期变质等产品，确保畜禽产品可追溯。三是加强肉及肉制品监督抽检工作，着力发现突出问题和风险隐患，及时公布抽检信息，对发现的不合格畜禽产品就地销毁。四是督促市场开办者落实畜禽产品质量安全管理责任，强化畜禽产品市场准入管理，监督入场销售者建立进货查验记录制度，对进入市场销售的畜禽产品进行抽样检测，在市场内公布检测结果。检测不合格的，要求销售者立即停止销售，并向当地食品药品监管部门报告，食品药品监管部门要依法进行处理。

### 四、 严格执法， 确保畜禽屠宰检验检疫和畜禽产品进入市场或者生产加工企业后的监管工作落实到位

（一）**严肃畜禽屠宰检疫纪律**。地方各级畜牧兽医部门和动物卫生监督机构要严守畜牧兽医执法"六条禁令"，严格按照畜禽屠宰检疫规程实施检疫。在畜禽屠宰检疫工作中，要切实做到"五不得"。一是动物卫生监督机构不得向非法屠宰企业派驻官方兽医。动物卫生监督机构只能向依法取得动物防疫条件合格证或者畜禽定点屠宰证的畜禽屠宰企业派驻官方兽医；已向未取得动物防疫条件合格证或者畜禽定点屠宰证的畜禽屠宰企业派驻官方兽医的，要及时撤出，并依法取缔该屠宰场点。二是驻场官方兽医不得私自脱离检疫岗位。在畜禽屠宰过程中，驻场官方兽医必须在岗，切实履行屠宰检疫监管职责。三是官方兽医不得擅自指定人员实施检疫。按照《动物检疫管理办法》的规定，动物卫生监督机构可以根据检疫工作需要，指定兽医专业人员协助官方兽医实施动物检疫。官方兽医不得自行指定屠宰企业工作人员或者其他人员协助实施检疫。四是官方兽医不得违反规程实施检疫。官方兽医要严格按照屠宰检疫规程实施检疫，把好屠宰检疫关口。五是官方兽医不得违规出证。严禁未检疫或者对检疫不合格的畜禽产品出具检疫合格证明。

（二）**严厉查处畜禽屠宰检验检疫违法行为**。地方各级畜牧兽医部门要将畜禽屠宰检验检疫作为屠宰专项整治行动的重要内容，严厉打击畜禽屠宰检疫和生猪肉品品质检验违法违规行为。要加强生猪屠宰企业肉品品质监督管理，将肉品品质检验作为落实生猪屠宰企业质量安全主体责任的重要抓手，建立健全肉品品质检验员培训考核、肉品品质检验监督检查制度，不断提高生猪屠宰企业自检能力。对违反有关肉品品质检验法律法规规定的生猪屠宰企业，要依法责令停业整顿；情节严重的，要依法吊销生猪定点屠宰资格证书。要加强基层兽医队伍建设，健全完善驻场官方兽医管理制度，强化对驻场官方兽医的监督管理，对违反畜牧兽医执法"六条禁令"和屠宰检

疫"五不得"规定的，依法给予行政处分；情节严重的，取消官方兽医资格；涉嫌犯罪的，移送司法机关追究刑事责任。

（三）**严厉打击肉及肉制品违法生产经营行为**。在生产加工环节，地方各级食品药品监管部门要将生产加工企业原料肉进厂查验、食品添加剂使用、标签标识使用等作为检查重点，严厉打击采购未经检验检疫畜禽产品和生产加工不合格肉制品及肉源掺假、超范围超限量使用食品添加剂等违法违规行为。在经营环节，地方各级食品药品监管部门要将经营者落实进货查验和采购记录情况作为检查重点，严厉查处采购没有检疫检验证章或者检疫检验证章不全的畜禽产品，严厉打击销售不合格畜禽产品和"三无"预包装肉制品等违法行为。对违法生产经营者，要依法责令其停止违法行为；情节严重的，责令停业整顿，依法吊销许可证；涉嫌犯罪的，要及时移交公安部门，依法追究涉案人员刑事责任。

（四）**加强部门间协作配合**。地方各级畜牧兽医、食品药品监管部门要强化部门间的协调配合，适时组织开展畜禽屠宰检验检疫和畜禽产品进入市场或者生产加工企业后的监管专项联合执法行动，严厉打击畜禽产品全产业链上的各类违法行为。要建立健全案件查处通报机制，在畜禽屠宰检验检疫和畜禽产品进入市场或者生产加工企业后的监管中发现、查处的违法行为，要及时相互通报。要强化行政执法与刑事司法衔接，涉嫌犯罪的，要及时移交公安部门，依法追究涉案人员刑事责任，严禁"以罚代刑"、杜绝"屡罚屡犯"。

（五）**加强法制宣传教育**。地方各级畜牧兽医、食品药品监管部门要加大对畜禽屠宰检验检疫及食品安全监管等法律法规宣传力度，通过告知书、明白纸等方式将企业责任、义务告知畜禽屠宰企业、采购畜禽产品的市场销售者和食品生产经营者，通过广播、电视、网络等媒体向社会宣传屠宰行业管理和肉品质量安全知识，为强化畜禽产品质量安全监管营造良好氛围。

农业部　食品药品监管总局

2015 年 7 月 10 日

# 农业部办公厅关于生猪定点屠宰证章标志印制和使用管理有关事项的通知

农办医〔2015〕28 号

各省、自治区、直辖市畜牧兽医（农业、农牧）厅（局、委、办），新疆生产建设兵团畜牧兽医局：

为加强生猪定点屠宰证章标志管理，2008 年、2009 年商务部办公厅先后下发了《关于做好生猪定点屠宰证书和标志牌统一编号、制作和换发工作的通知》（商秩字〔2008〕6 号）和《关于印发肉品品质检验相关证章制作式样的通知》（商秩字〔2009〕11 号），规范生猪定点屠宰证章标志印制和使用。鉴于生猪定点屠宰监管职责已由商务部划转到农业部，且《畜禽屠宰管理条例》和新的屠宰证章标志管理规定正在制定过程中，为做好过渡期生猪屠宰证章标志管理，现就有关事宜通知如下。

一、目前生猪定点屠宰证章标志印制和使用管理仍按照商务部办公厅有关文件要求执行。

二、将生猪定点屠宰证书上的"中华人民共和国商务部制"调整为"中华人民共和国农业部制"。

三、将《肉品品质检验合格证》和"肉品品质检验合格标志"上的"××生猪定点屠宰管理办公室"和"××省商务主管部门监制"，分别调整为"××省（自治区、直辖市）畜牧兽医主管部门"和"××省（自治区、直辖市）畜牧兽医主管部门监制"。

四、生猪定点屠宰证章标志制作矢量图请与农业部屠宰技术中心联系获取。

五、各省（自治区、直辖市）畜牧兽医主管部门要切实加强生猪定点屠宰证章标志印制和使用管理，严厉打击伪造、变造、买卖、租借生猪定点屠宰证章标志等违法行为。

农业部办公厅

2015 年 7 月 29 日

# 农业部关于印发《生猪屠宰厂（场）监督检查规范》的通知

农医发〔2016〕14号

各省、自治区、直辖市畜牧兽医（农业、农牧）厅（局、委、办），新疆生产建设兵团畜牧兽医局：

为加强生猪屠宰监督管理，规范生猪屠宰监督检查行为，依据《中华人民共和国动物防疫法》《生猪屠宰管理条例》及有关法律、法规、标准，我部制定了《生猪屠宰厂（场）监督检查规范》。现印发给你们，请遵照执行。

农业部

2016 年 4 月 13 日

## 生猪屠宰厂（场）监督检查规范

为加强生猪屠宰管理，规范生猪屠宰监督检查行为，依据《中华人民共和国动物防疫法》《生猪屠宰管理条例》及有关法律、法规和标准制定本规范。

### 1. 适用范围

1.1 本规范规定了畜牧兽医行政主管部门、动物卫生监督机构对生猪屠宰厂（场）进行监督检查的内容和要求。

1.2 畜牧兽医行政主管部门、动物卫生监督机构依照法律、法规和本单位职能，适用本规范对生猪屠宰厂（场）进行监督检查。

### 2. 监督检查事项

#### 2.1 屠宰资质
2.1.1 取得生猪定点屠宰证书、生猪屠宰标志牌情况。
2.1.2 取得《动物防疫条件合格证》情况。

#### 2.2 布局及设施设备
2.2.1 布局
2.2.1.1 厂区是否分为生产区和非生产区，生产区是否分为清洁区与非清洁区。
2.2.1.2 生产区是否设置生猪与废弃物的出入口，是否设置人员和生猪产品出入口。
2.2.1.3 是否在场内设置生猪产品与生猪、废弃物通道。
2.2.2 设施设备
2.2.2.1 屠宰设施设备能否正常运行。
2.2.2.2 检验检疫设施设备能否正常使用。
2.2.2.3 无害化处理设施设备能否正常运转。
2.2.2.4 是否配备与生产规模和产品种类相适应的冷库，是否配备符合要求的运输车辆，且正常使用。
2.2.2.5 是否配备与屠宰生产相适应的供排水、照明等设备。
2.2.2.6 是否有充足的冷、热水源。
2.2.2.7 是否对设施设备进行检修、保养。

#### 2.3 进场
2.3.1 是否查验《动物检疫合格证明》。
2.3.2 是否对进场生猪进行临床健康检查、畜禽标识佩戴情况检查。

141

## 2.4 待宰

2.4.1 是否按要求分圈编号。

2.4.2 是否及时对生猪体表进行清洁。

2.4.3 是否达到宰前停食静养的要求。

2.4.4 是否对临床健康检查状况异常生猪进行隔离观察或者按检验规程急宰。

2.4.5 是否按规定进行检疫申报。

2.4.6 是否如实记录待宰生猪数量、临床健康检查情况、隔离观察情况、停食静养情况，以及货主等信息。

## 2.5 生猪屠宰

### 2.5.1 屠宰生产

2.5.1.1 是否按淋浴、致昏、放血、浸烫、脱毛、编号、去头、去蹄、去尾、雕圈、开膛、净膛、劈半（锯半）、整修复验、整理副产品、预冷等工艺流程进行屠宰操作。

2.5.1.2 是否回收畜禽标识，并按规定保存、销毁。

### 2.5.2 肉品品质检验

2.5.2.1 是否按照检验规程对头、体表、内脏、胴体进行检验。

2.5.2.2 是否摘除肾上腺、甲状腺、病变淋巴结，是否对检验不合格的生猪产品进行修割。

2.5.2.3 是否对待宰生猪或者在屠宰过程中进行"瘦肉精"等检验。

2.5.2.4 是否对检验合格的生猪产品出具《肉品品质检验合格证》，在胴体上加盖检验合格印章。

2.5.2.5 是否如实完整记录肉品品质检验、"瘦肉精"等检验结果。

## 2.6 无害化处理

2.6.1 是否对待宰死亡生猪、检验检疫不合格生猪或者生猪产品，以及召回生猪产品进行无害化处理。

2.6.2 是否采用密闭容器运输病害生猪或生猪产品。

2.6.3 是否如实记录无害化处理病害生猪或生猪产品数量，以及处理时间、处理人员等。

## 2.7 出场生猪产品

2.7.1 出场生猪产品是否附有《肉品品质检验合格证》和《动物检疫合格证明》。

2.7.2 胴体外表面是否加盖检验合格章、动物检疫验讫印章，经包装生猪产品是否附具检验合格标志、加施检疫标志。

2.7.3 是否如实记录出场生猪产品规格、数量、肉品品质检验证号、动物检疫证明号、屠宰日期、销售日期以及购货者名称、地址、联系方式等信息。

## 2.8 肉品品质检验人员和屠宰技术人员条件要求

2.8.1 肉品品质检验人员是否经考核合格。

2.8.2 肉品品质检验人员和屠宰技术人员是否持有依法取得的健康证明。

## 2.9 消毒

2.9.1 是否在运输动物车辆出入口设置与门同宽，长4米、深0.3米以上的消毒池。

2.9.2 入场动物卸载区域是否有固定的车辆消毒场地，并配有车辆清洗、消毒设备。

2.9.3 屠宰间出入口是否设置人员更衣消毒室。

2.9.4 加工原毛、生皮、绒、骨、角的，是否设置封闭式熏蒸消毒间。

2.9.5 是否对屠宰车间、屠宰设备、器械及时清洗、消毒。

## 2.10 管理制度

是否建立生猪进场检查登记制度、待宰巡查制度、生猪屠宰和肉品品质检验制度、肉品品质检验人员持证上岗制度、生猪屠宰场证（章、标志牌）使用管理制度、生猪屠宰统计报表制度、无害化处理制度、消毒制度、检疫申报制度、疫情报告制度、设施设备检验检测保养制度等。

## 2.11 信息报送

2.11.1 是否按要求报告动物疫情信息。

2.11.2 是否按照国家《生猪等畜禽屠宰统计报表制度》的要求，及时报送屠宰相关信息。

2.11.3 是否按要求报告安全生产信息。

## 2.12 档案管理

是否及时将进场查证验物登记记录、分圈编号记录、待宰记录、肉品品质检验记录、"瘦肉精"等检验记录、无害化处理记录、消毒记录、生猪来源和产品流向记录、设施设备检验检测保养记录等归档，并保存两年以上。

### 3. 监督检查要求

3.1　监督检查人员应当认真填写《生猪屠宰厂（场）年度监督检查记录表》（附件1）或者《生猪屠宰厂（场）日常监督检查记录表》（附件2），经生猪屠宰厂（场）负责人或者指定人员签字后将监督检查记录现场交给生猪屠宰厂（场）。

3.2　对检查过程中发现的问题，应当提出整改意见，并跟踪整改。

3.3　对监督检查过程中发现违法行为的，应当进行调查取证，依法处理。

3.4　对涉嫌犯罪的，应当按程序移送司法机关。

3.5　对发现违法行为不属于职能范围内的，应当移送给有关部门。

### 4. 监督检查频次

4.1　畜牧兽医行政主管部门、动物卫生监督机构应当按照本规范，对生猪屠宰厂（场）进行全面监督检查。全面监督检查每年至少进行一次。

4.2　畜牧兽医行政主管部门、动物卫生监督机构应当按照本规范，对生猪屠宰厂（场）进行日常监督检查。检查人员应当从执法人员库中随机抽调。

4.3　在动物疫情排查、公共卫生和食品安全事件处置、受县级以上人民政府畜牧兽医行政主管部门指派或者存在生猪产品质量安全隐患等特定条件下，应当增加对生猪屠宰厂（场）监督检查的频次。

### 5. 监督检查档案管理

动物卫生监督机构应当建立生猪屠宰厂（场）监督检查档案管理制度。实行一厂（场）一档，全面记录监督检查、问题整改落实和违法行为查处情况，做到痕迹化管理，并分年归档。

附件：1. 生猪屠宰厂（场）年度监督检查记录表
　　　2. 生猪屠宰厂（场）日常监督检查记录表

**附件1:**

# 生猪屠宰厂(场)年度监督检查记录表

屠宰厂(场)名称:＿＿＿＿＿＿＿＿＿＿＿＿　负责人:＿＿＿＿＿＿＿＿＿＿

地址:＿＿＿＿＿＿＿＿＿＿＿＿＿＿＿＿＿　电话:＿＿＿＿＿＿＿＿＿＿

| 检查内容 | | 检查要求 | 检查依据 | 检查结果 | 备注 |
|---|---|---|---|---|---|
| 一、屠宰资质 | 1. 生猪定点屠宰证书和标志牌 | 是否取得生猪定点屠宰证书、生猪屠宰标志牌。 | 《生猪屠宰管理条例》第六条、第七条 | 是□ 否□ | |
| | | 生猪定点屠宰证书上的企业名称、经营范围、法定代表人、经营地点是否与营业执照相符。 | | 相符□ 不符□ | |
| | | 生猪屠宰标志牌是否悬挂于厂区显著位置。 | | 是□ 否□ | |
| | 2.《动物防疫条件合格证》 | 是否取得《动物防疫条件合格证》。 | 《动物防疫法》第二十条、《动物防疫条件审查办法》第三十一条、《生猪屠宰管理条例实施办法》第七条第七项 | 是□ 否□ | |
| | | 《动物防疫条件合格证》上企业名称、经营范围、法定代表人、经营地点是否与营业执照相符。 | | 相符□ 不符□ | |
| 二、布局及设施设备 | 1. 布局 | 厂区是否划分为生产区和非生产区。 | 《猪屠宰与分割车间设计规范》(GB50317—2009) | 是□ 否□ | |
| | | 生产区是否分为清洁区与非清洁区。 | 《猪屠宰与分割车间设计规范》(GB50317—2009) | 是□ 否□ | |
| | | 生产区是否设置生猪与废弃物出入口。 | 《猪屠宰与分割车间设计规范》(GB50317—2009) | 是□ 否□ | |
| | | 生产区是否设置人员和生猪产品出入口。 | 《猪屠宰与分割车间设计规范》(GB50317—2009) | 是□ 否□ | |
| | | 生猪产品与生猪、废弃物在场内是否设置通道。 | 《猪屠宰与分割车间设计规范》(GB50317—2009) | 是□ 否□ | |
| | 2. 设施设备 | 是否按设计屠宰能力配备屠宰设施设备,且正常运行。 | 《动物防疫条件审查办法》第十三条 | 是□ 否□ | |
| | | 是否配备与生产规模相适应的检验检疫设施设备,且正常运行。 | 《动物检疫管理办法》第二十一条、《生猪屠宰管理条例实施办法》第七条第五项 | 是□ 否□ | |
| | | 是否配备与生产规模相适应的病害猪无害化处理设施设备,且正常运转。 | 《生猪屠宰管理条例》第八条第六项、《病害畜禽及其产品焚烧设备》(SB/T10571—2010) | 是□ 否□ | |
| | | 是否配备与生产规模和产品种类相适应的冷库,且正常运转。 | 《肉类加工厂卫生规范》(GB12694—1990) | 是□ 否□ | |
| | | 是否配备符合要求的运输车辆,且正常使用。 | 《肉类加工厂卫生规范》(GB12694—1990) | 是□ 否□ | |
| | | 是否配备与屠宰生产相适应的供排水设备,且正常运转。 | 《肉类加工厂卫生规范》(GB12694—1990) | 是□ 否□ | |
| | | 是否配备与屠宰生产相适应的照明设备,且正常运转。 | 《肉类加工厂卫生规范》(GB12694—1990) | 是□ 否□ | |
| | | 是否有充足的冷、热水源。 | 《肉类加工厂卫生规范》(GB12694—1990) | 是□ 否□ | |
| | | 是否对设施设备进行检修、保养,且有相关记录。 | 《肉类加工厂卫生规范》(GB12694—1990) | 是□ 否□ | |

（续）

| 检查内容 | | 检查要求 | 检查依据 | 检查结果 | 备注 |
|---|---|---|---|---|---|
| 三、进场 | | 是否查验《动物检疫合格证明》。 | 《生猪屠宰管理条例实施办法》第十一条 | 是□<br>否□ | |
| | | 是否对进场生猪进行临床健康检查。 | 《生猪屠宰产品品质检验规程》（GB/T17996—1999） | 是□<br>否□ | |
| | | 是否查验畜禽标识佩戴情况。 | 《生猪屠宰管理条例实施办法》第十一条、《动物检疫管理办法》第二十二条 | 是□<br>否□ | |
| 四、待宰 | | 是否按要求分圈编号。 | 《生猪屠宰产品品质检验规程》（GB/T17996—1999） | 是□<br>否□ | |
| | | 是否及时对生猪体表进行清洁。 | 《生猪屠宰操作规程》（GB/T17236—2008） | 是□<br>否□ | |
| | | 是否达到宰前停食静养的要求。 | 《生猪屠宰管理条例实施办法》第十三条 | 是□<br>否□ | |
| | | 对临床健康检查状况异常生猪是否进行隔离观察或者按检验规程急宰。 | 《肉类加工厂卫生规范》（GB12694—1990）、《生猪屠宰产品品质检验规程》（GB/T17996—1999） | 是□<br>否□ | |
| | | 随机抽取待宰记录和检疫申报单存根，是否按规定进行检疫申报。 | 《动物防疫法》第四十二条第一款、《动物检疫管理办法》第七条、第十条、第十一条 | 是□<br>否□ | |
| | | 是否如实记录待宰生猪数量、临床健康检查情况、隔离观察情况、停食静养情况，以及货主等信息。 | 《农业部 食品药品监管总局关于进一步加强畜禽屠宰检验检疫和畜禽产品进入市场或者生产加工企业后监管工作的意见》《生猪屠宰管理条例实施办法》《生猪屠宰产品品质检验规程》（GB/T17996—1999） | 是□<br>否□ | |
| 五、生猪屠宰 | 1. 屠宰生产 | 是否按淋浴、致昏、放血、浸烫、脱毛、编号、去头、去蹄、去尾、雕圈、开膛、净膛、劈半（锯半）、整修复验、整理副产品、预冷等工艺流程进行屠宰操作。 | 《生猪屠宰管理条例实施办法》第十三条、《生猪屠宰操作规程》（GB/T17236—2008） | 是□<br>否□ | |
| | | 是否回收畜禽标识，并按规定保存、销毁。 | 《畜禽标识和养殖档案管理办法》 | 是□<br>否□ | |
| | 2. 肉品品质检验 | 是否按照检验规程对头、体表、内脏、胴体进行检验。 | 《生猪屠宰管理条例实施办法》第十四条、《生猪屠宰产品品质检验规程》（GB/T17996—1999） | 是□<br>否□ | |
| | | 对胴体检查，是否摘除肾上腺、甲状腺、病变淋巴结，是否对检验不合格的生猪产品进行修割。 | 《生猪屠宰管理条例实施办法》第十七条、《生猪屠宰产品品质检验规程》（GB/T17996—1999） | 是□<br>否□ | |
| | | 是否对待宰生猪或者在屠宰过程中进行"瘦肉精"等检验。 | 《农业部关于加强生猪定点屠宰环节"瘦肉精"监管工作的通知》 | 是□<br>否□ | |
| | | 是否对检验合格的生猪产品出具《肉品品质检验合格证》，在胴体上加盖检验合格印章。 | 《生猪屠宰管理条例实施办法》第十六条 | 是□<br>否□ | |
| | | 是否如实完整记录肉品质量检验、"瘦肉精"等检验结果。 | 《生猪屠宰产品品质检验规程》（GB/T17996—1999）、《农业部关于加强生猪定点屠宰环节"瘦肉精"监管工作的通知》 | 是□<br>否□ | |

（续）

| 检查内容 | | 检查要求 | 检查依据 | 检查结果 | 备注 |
|---|---|---|---|---|---|
| 六、无害化处理 | | 是否对待宰死亡生猪、检验检疫不合格生猪或者生猪产品，以及召回生猪产品进行无害化处理。 | 《生猪定点屠宰厂（场）病害猪无害化处理管理办法》第三条、《生猪屠宰管理条例实施办法》第二十条 | 是□<br>否□ | |
| | | 是否采用密闭容器运输病害生猪或生猪产品。 | 《病害动物和病害动物产品生物安全处理规程》（GB16548—2006） | 是□<br>否□ | |
| | | 是否如实记录无害化处理病害生猪或生猪产品数量、处理时间、处理人员等。 | 《生猪定点屠宰厂（场）病害猪无害化处理管理办法》第十一条 | 是□<br>否□ | |
| 七、出场生猪产品 | | 出场生猪产品是否附有《肉品品质检验合格证》和《动物检疫合格证明》。 | 《动物检疫管理办法》第二十三条、《生猪屠宰管理条例实施办法》第十六条 | 是□<br>否□ | |
| | | 胴体外表面是否加盖检验合格章、动物检疫验讫印章，经包装生猪产品是否附具检验合格标志、加施检疫标志。 | 《生猪屠宰管理条例》第十三条、《生猪屠宰管理条例实施办法》第十六条、《动物检疫管理办法》第二十三条 | 是□<br>否□ | |
| | | 是否如实记录出场生猪产品规格、数量、肉品品质检验证号、动物检疫证明号、屠宰日期、销售日期以及购货者名称、地址、联系方式等信息。 | 《农业部 食品药品监管总局关于进一步加强畜禽屠宰检验检疫和畜禽产品进入市场或者生产加工企业后监管工作的意见》 | 是□<br>否□ | |
| 八、肉品品质检验人员和屠宰技术人员条件要求 | | 肉品品质检验人员是否经考核合格。 | 《生猪屠宰管理条例实施办法》第十八条 | 是□<br>否□ | |
| | | 肉品品质检验人员和屠宰技术人员是否持有依法取得的健康证明。 | 《食品安全法》第三十四条、《生猪屠宰管理条例实施办法》第七条第三项 | 是□<br>否□ | |
| 九、消毒 | | 是否在运输动物车辆出入口设置与门同宽，长4米、深0.3米以上的消毒池。 | 《动物防疫条件审查办法》第十二条 | 是□<br>否□ | |
| | | 入场动物卸载区域是否有固定的车辆消毒场地，并配有车辆清洗、消毒设备。 | 《动物防疫条件审查办法》第十二条 | 是□<br>否□ | |
| | | 是否在屠宰间出入口设置人员更衣消毒室，且正常使用。 | 《动物防疫条件审查办法》第十二条 | 是□<br>否□ | |
| | | 加工原毛、生皮、绒、骨、角的，是否设置封闭式熏蒸消毒间。 | 《动物防疫条件审查办法》第十二条 | 是□<br>否□ | |
| | | 是否对屠宰车间、屠宰设备、器械及时清洗、消毒。 | 《肉类加工厂卫生规范》（GB12694—1990） | 是□<br>否□ | |
| 十、管理制度 | | 是否建立生猪进场检查登记制度、待宰巡查制度，执行良好。 | 《农业部 食品药品监管总局关于进一步加强畜禽屠宰检验检疫和畜禽产品进入市场或者生产加工企业后监管工作的意见》《生猪屠宰管理条例实施办法》第十一条 | 是□<br>否□ | |
| | | 是否建立生猪屠宰和肉品品质检验制度，执行良好。 | 《农业部关于做好2015年畜禽屠宰行业管理工作的通知》 | 是□<br>否□ | |
| | | 是否建立肉品品质检验人员持证上岗制度，执行良好。 | 《生猪屠宰管理条例实施办法》第十八条 | 是□<br>否□ | |
| | | 是否建立生猪屠宰场证（章、标志牌）使用管理制度，执行良好。 | 《农业部办公厅关于生猪定点屠宰证章标志印制和使用管理有关事项的通知》 | 是□<br>否□ | |
| | | 是否建立生猪屠宰统计报表制度，执行良好。 | 《生猪屠宰管理条例实施办法》第二十一条 | 是□<br>否□ | |

（续）

| 检查内容 | | 检查要求 | 检查依据 | 检查结果 | 备注 |
|---|---|---|---|---|---|
| 十、管理制度 | | 是否建立无害化处理制度、消毒制度，执行良好。 | 《肉类加工厂卫生规范》（GB12694—1990）、《农业部 食品药品监管总局关于进一步加强畜禽屠宰检验检疫和畜禽产品进入市场或者生产加工企业后监管工作的意见》 | 是□ 否□ | |
| | | 是否建立检疫申报制度、疫情报告制度，执行良好。 | 《动物防疫法》第二十六条、《动物检疫管理办法》第七条、《动物防疫条件审查办法》第三十三条 | 是□ 否□ | |
| | | 是否建立设施设备检验检测保养制度，执行良好。 | 《肉类加工厂卫生规范》（GB12694—1990） | 是□ 否□ | |
| 十一、信息报送 | | 是否按要求报告动物疫情信息。 | 《动物防疫法》第二十六条 | 是□ 否□ | |
| | | 是否按照国家《生猪等畜禽屠宰统计报表制度》的要求，及时报送屠宰相关信息。 | 《生猪屠宰管理条例实施办法》第二十一条 | 是□ 否□ | |
| | | 是否按要求报告安全生产信息。 | 《农业部关于指导做好畜禽屠宰行业安全生产工作的通知》 | 是□ 否□ | |
| 十二、档案管理 | | 是否将进场查证验物登记记录、分圈编号记录、待宰记录、肉品品质检验记录、"瘦肉精"等检验记录、无害化处理记录、消毒记录、生猪来源和产品流向记录、设施设备检验检测保养记录等归档。 | 《生猪屠宰管理条例》《生猪屠宰管理条例实施办法》《动物防疫条件审查办法》《生猪定点屠宰厂（场）病害猪无害化处理管理办法》《生猪屠宰产品品质检验规程》（GB/T17996—1999）、《农业部 食品药品监管总局关于进一步加强畜禽屠宰检验检疫和畜禽产品进入市场或者生产加工企业后监管工作的意见》 | 是□ 否□ | |
| | | 上述各种记录是否保存两年以上。 | | 是□ 否□ | |
| 处理意见 | | 对上述不符合要求的事项，应当在前整改。 | | | |
| 监督检查人员（签字）： 厂方负责人员（签字）： | | | | 年　月　日 年　月　日 | |

备注：本表一式两份，一份交给企业，一份存档。

（续）

**附件**2：

# 生猪屠宰厂（场）日常监督检查记录表

屠宰厂（场）名称：＿＿＿＿＿＿＿＿＿＿ 负责人：＿＿＿＿＿＿＿＿＿＿

地址：＿＿＿＿＿＿＿＿＿＿＿＿＿＿＿ 电话：＿＿＿＿＿＿＿＿＿＿

| 检查内容 | 检查要求 | 检查结果 | 备注 |
|---|---|---|---|
| 设施设备 | 1. 屠宰设施设备能否正常运行。 | 能□ 否□ | |
| | 2. 无害化处理设施设备能否正常运转。 | 能□ 否□ | |
| 进场 | 3. 是否查验《动物检疫合格证明》。 | 是□ 否□ | |
| | 4. 是否对进场生猪进行临床健康检查。 | 是□ 否□ | |
| | 5. 是否查验畜禽标识佩戴情况。 | 是□ 否□ | |
| 待宰 | 6. 是否按要求分圈编号。 | 是□ 否□ | |
| | 7. 是否及时对生猪体表进行清洁。 | 是□ 否□ | |
| | 8. 是否达到宰前停食静养的要求。 | 是□ 否□ | |
| | 9. 对临床健康检查状况异常生猪是否进行隔离观察或者按检验规程急宰。 | 是□ 否□ | |
| | 10. 是否按规定进行检疫申报。 | 是□ 否□ | |
| | 11. 是否如实记录待宰生猪数量、临床健康检查情况、隔离观察情况、停食静养情况，以及货主等信息。 | 是□ 否□ | |
| 屠宰 | 12. 是否按照屠宰工艺流程进行屠宰操作。 | 是□ 否□ | |
| | 13. 是否按照检验规程进行肉品品质检验。 | 是□ 否□ | |
| | 14. 是否摘除肾上腺、甲状腺、病变淋巴结，是否对检验不合格的生猪产品进行修割。 | 是□ 否□ | |
| | 15. 是否对待宰生猪或者在屠宰过程中进行"瘦肉精"等检验。 | 是□ 否□ | |
| | 16. 是否对检验合格的生猪产品出具《肉品品质检验合格证》，在胴体上加盖检验合格印章。 | 是□ 否□ | |
| | 17. 是否对屠宰车间、屠宰设备、器械及时清洗、消毒。 | 是□ 否□ | |
| | 18. 是否如实完整记录肉品品质检验、"瘦肉精"等检验结果。 | 是□ 否□ | |
| 无害化处理 | 19. 是否对待宰死亡生猪、检验检疫不合格生猪或者生猪产品进行无害化处理。 | 是□ 否□ | |
| | 20. 是否如实记录无害化处理病害生猪或者生猪产品数量、处理时间、处理人员等。 | 是□ 否□ | |
| 出场生猪产品 | 21. 出场肉类是否附有《肉品品质检验合格证》和《动物检疫合格证明》。 | 是□ 否□ | |
| | 22. 胴体外表面是否加盖检验合格章、动物检疫验讫印章，经包装生猪产品是否附具检验合格标志、加施检疫标志。 | 是□ 否□ | |
| | 23. 是否如实记录出场生猪产品规格、数量、肉品品质检验证号、动物检疫证明号、屠宰日期、销售日期以及购货者名称、地址、联系方式等信息。 | 是□ 否□ | |
| 人员条件 | 24. 肉品品质检验人员是否经考核合格。 | 是□ 否□ | |
| | 25. 肉品品质检验人员和屠宰技术人员是否持有依法取得的健康证明。 | 是□ 否□ | |
| 信息报送 | 26. 是否按要求报告动物疫情。 | 是□ 否□ | |
| | 27. 是否按照国家《生猪等畜禽屠宰统计报表制度》的要求，及时报送屠宰相关信息。 | 是□ 否□ | |
| | 28. 是否按要求报告安全生产信息。 | 是□ 否□ | |
| 档案管理 | 29. 是否将进场查证验物登记、分圈编号、待宰、品质检验、"瘦肉精"等检验记录、无害化处理、消毒、生猪来源和产品流向、设施设备检验检测保养记录等归档。 | 是□ 否□ | |
| 其他内容 | （各地可结合监管工作需要增加监督检查内容。） | | |
| 处理意见 | 对上述不符合要求的事项，应当在前整改。 | | |
| 监督检查人员（签字）：<br>厂方负责人员（签字）： | | 年 月 日<br>年 月 日 | |

备注：本表一式两份，一份交给企业，一份存档。

# 农业部关于加强屠宰行业管理保障肉品质量安全的意见

农医发〔2016〕29 号

各省、自治区、直辖市畜牧兽医（农业、农牧）厅（局、委、办），新疆生产建设兵团畜牧兽医局：

生猪屠宰行业管理是保障肉品质量安全的重要组成部分，是一项重要民生工程。近年来，我国不断健全屠宰行业管理体制，持续加大屠宰监管执法力度，屠宰环节质量安全水平总体平稳、逐步向好。但是，屠宰场点"小、散、乱"并存，"代宰率"较高，屠宰违法行为屡禁不止，屠宰环节仍存在质量安全隐患。为切实加强屠宰行业管理工作，保障屠宰环节质量安全，确保人民群众吃上"放心肉"，现提出如下意见。

## 一、总体要求和目标任务

（一）**总体要求**。全面贯彻落实《动物防疫法》《生猪屠宰管理条例》等有关法律法规，以保障屠宰环节质量安全为根本目标，以落实责任、强化监管、提质升级、规范经营为首要任务，以推进集中屠宰、品牌经营、冷链流通、冷鲜上市为主攻方向，构建科学、高效、系统的屠宰环节质量安全保障体系，推动屠宰行业转型升级，保障人民群众肉品消费安全。

（二）**目标任务**。到2020年，基本形成权责一致、分工明确、运行高效的屠宰环节质量安全监管体系，规模以上屠宰企业基本建立质量安全控制体系；屠宰环节肉品质量安全抽检合格率稳定在97%以上，生猪"代宰率"下降10%以上；生猪屠宰场点"小、散、乱"状况得到基本改善，牛、羊、禽集中屠宰稳步推进，屠宰环节质量安全水平显著提升。

## 二、落实责任，坚持不懈做好屠宰行业管理工作

（三）**落实属地管理责任**。各地要推动地方各级人民政府将屠宰环节质量安全作为保障食品安全的重要内容，严格落实属地管理责任，建立"地方政府负总责、监管部门各负其责、企业为第一责任人"的屠宰环节质量安全责任体系。推动建立屠宰环节质量安全监管工作协调机制，统筹做好屠宰监管体系建设、屠宰企业资格审核清理、屠宰专项整治等工作。健全屠宰行业管理和动物卫生监督执法机构，积极争取机构编制、发展改革、财政等部门的支持，充实执法队伍，配齐执法装备，落实执法经费，保证屠宰行业管理和监督执法工作需要。

（四）**落实部门监管责任**。地方各级畜牧兽医行政主管部门要切实承担屠宰行业管理职能，健全相关制度，依法履职尽责。要加强屠宰监管执法体系建设，依法授权或者委托动物卫生监督机构具体负责屠宰监管执法工作，实施屠宰检疫，监督生猪屠宰企业落实肉品品质检验制度。要按照《农业部食品药品监管总局关于进一步加强畜禽屠宰检验检疫和畜禽产品进入市场或者生产加工企业后监管工作的意见》，细化部门职责，有效衔接屠宰准出与畜禽产品生产经营准入管理。加强与食品药品监管、环保、公安、工商等部门的协作，避免出现监管职责不清、重复监管和监管盲区，共同维护屠宰市场秩序和肉品消费安全。

（五）**落实企业主体责任**。各地要督促屠宰企业严格执行相关法律法规和标准规定，建立健全屠宰环节质量安全内控制度，配备与屠宰规模相适应的设施设备和检验人员，落实屠宰全过程质量安全防控措施。加强屠宰企业检测检验能力建设，严格落实肉品品质检验和"瘦肉精"等风险物质检测检验制度，研究探索屠宰企业委托第三方检测检验制度。完善生猪入厂（场）查验登记、"瘦肉精"自检、肉品品质检验、病害猪无害化处理、生猪产品出厂（场）等环节记录制度和档案管理制度，做到来源可溯、去向可查、责任可追究。督促屠宰企业建立健全安全生产管理制度，履行安全生产主体责任，落实安全生产各项措施，确保不发生重大安全生产事故。

## 三、严格准入，优化屠宰行业资源配置

（六）**做好屠宰资格审核清理**。各地要把开展生猪屠宰资格审核清理作为一项重要任务，按照属地管理和"谁审批、谁监管"原则，在当地人民政府统一领导下，按照《生猪屠宰管理条例》规定，从严掌握生猪屠宰场设立标准，抓紧完成生猪屠宰资格审核清理，坚决关闭不符合法定条件的生猪屠宰企业，妥善处理清理整顿中出现的矛盾和问题。要重点加强小型生猪屠宰场点的资格清理，严格执行《生猪屠宰管理条例》规定的"在边远和交通不便的农村地区"这一设置小型生猪屠宰场点的限制性要求，对不符合要求的，坚决予以取缔。要按照有关法律法规规定，统筹做好生猪以外其他畜禽屠宰企业的资格审核清理工作。

（七）**严格屠宰企业准入管理**。健全完善屠宰企业准入管理制度，提高准入门槛，推行屠宰质量管理规范（GMP）制度，加快淘汰手工和半机械化小型屠宰企业。严格执行屠宰企业设立标准和国家产业结构调整政策，不得擅自降低标准、违反程序审批屠宰企业。严格"代宰"条件，逐步减少"代宰"屠宰企业数量。配合有关部门加大屠宰企业环境治理，确保符合环保要求。加强收购贩运经纪人管理。

（八）**加强规划引导**。各地要按照减数控量、提质升级的目标要求，综合考虑城乡规划、养殖规模、市场消费需求、交通运输状况和屠宰企业配送能力等因素，抓紧制定本区域屠宰行业发展规划，充分发挥市场在资源配置中的决定性作用，加强政策引导，促进屠宰产能调整，遏制重复建设和无序竞争。引导养殖主产区发展屠宰加工业，鼓励肉品主销区规划建设分割加工中心，减少活猪跨区域长距离流动。加快建设屠宰行业冷链配送体系，逐步形成以现代加工企业跨区域流通和本地企业供应并重、流通有序的产业布局。

## 四、强化监管，规范屠宰行业秩序

（九）**突出监管重点**。各地要加强小型屠宰场点监管，按照《生猪屠宰管理条例》的规定，抓紧出台小型屠宰场点监督管理办法，明确设置条件，强化监管措施，引导大型屠宰企业通过入股、合作等方式兼并、重组小型屠宰场点，妥善解决农民散养生猪收购和肉品供应问题。要加强"代宰"行为监管，建立健全"代宰"协议制度，落实肉品质量安全主体责任。加大对"代宰"企业落实屠宰操作规范和质量安全标准的监督检查，禁止"只收费、不管理，只宰杀、不检验"的行为。要加强屠宰环节病害猪无害化处理监管，督促屠宰企业建立健全病害猪无害化处理制度，严格按照国家有关规定进行无害化处理，严防病害猪及其产品流出屠宰场。切实管好、用好屠宰环节病害猪无害化处理补贴资金，严厉查处套取、骗取补贴资金的违法行为。

（十）**抓住关键环节**。要严把宰前查验关，督促屠宰企业建立健全入厂（场）查验登记和"瘦肉精"自检制度，认真检查临床健康状况和检疫证明、耳标佩戴情况，严禁屠宰病死生猪和未经检验检疫、检验检疫不合格的生猪。严把肉品品质检验和屠宰检疫关，严格执行肉品品质检验和屠宰检疫规程，坚决将生猪和生猪产品质量安全风险消除在屠宰过程中。严把产品出场关，督促屠宰企业建立健全产品出厂（场）记录制度，如实记录屠宰检验检疫和产品去向信息，坚决堵住未经检验检疫、检验检疫不合格的生猪产品流向市场或者加工场所。

（十一）**坚持统筹兼顾**。各地要统筹抓好屠宰监管与屠宰行业发展，按照市场主导、政府引导的原则，推进屠宰企业标准化改造、品牌化发展。引导大型屠宰企业向上下游延伸产业链，推行养殖场和屠宰企业挂钩、屠宰企业与超市对接，推进养殖、屠宰、加工、配送、销售一体化经营。统筹抓好屠宰监管与屠宰行业安全生产工作，组织开展屠宰行业安全生产隐患排查，严密防范、及时处置屠宰行业安全生产事故。统筹抓好屠宰监管与源头治理，坚持"产出来""管出来""两手抓、两手硬"，切实做好动物疫病防控、兽药残留监控和养殖运输环节病死猪无害化处理工作，严防病死、含有违禁药物或者兽药残留超标的生猪进入屠宰环节。要参照本《意见》，按照地方法规规章的规定，统筹抓好生猪以外其他畜禽屠宰监管工作，提高肉品质量安全整体水平。

## 五、增强能力，提高肉品质量安全保障水平

（十二）**提升屠宰企业标准化生产能力**。引导屠宰企业建立科学有效的屠宰质量标准体系，推广应用先进的质量控制技术，优化工艺流程，完善从入厂（场）到肉品出厂（场）全过程质量控制体系。推动屠宰企业在屠宰加工、检测检验、质量追溯、冷链设施、副产品综合利用、无害化处理和"三废"处理等方面进行升级改造，提高屠宰机械化、自动化、标准化和智能化水平。引导屠宰企业开展质量管理体系认证，鼓励采用能满足卫生和质量安全要求的先进工艺，为肉品质量安全提供管理和技术保障。

（十三）**提升屠宰行业管理能力**。健全完善屠宰企业审批、屠宰检验检疫、监测评估、风险分级管理、质量追溯、诚信体系建设、企业主体责任落实和监督管理责任追究等法律制度，提升屠宰行业管理法治化水平。研究制（修）订屠宰操作、分割、分级、质量卫生、检测检验等标准，健全屠宰技术标准体系。完善应对屠宰环节质量安全突发事件应急处置机制，有效预防、积极应对屠宰环节质量安全突发事件。制定屠宰行业培训规划，加大培训力度，强化官方兽医管理，提高官方兽医的业务能力和责任意识，依法严肃处理违反畜牧兽医执法"六条禁令"和屠宰检疫"五不得"规定的行为。推进屠宰企业诚信管理体系建设，建立"红名单""黑名单"制度和激励、惩戒退出机制。加强宣传教育和知识普及，引导肉品科学消费，增强公众质量安全和健康消费意识。

（十四）**提升监管执法能力**。坚持日常监管与专项整治相结合，严惩重处屠宰病死猪、私屠滥宰、注水和添加"瘦肉精"及其他违禁物质等违法犯罪行为。创新屠宰监管机制，推行屠宰环节质量安全风险分级管理，严格落实屠宰监督检查操作规范，实行随机抽取被检查对象、随机选派检查人员的"双随机"检查，构建以卫生评估、风险分级、量化监督、痕迹化管理为主要内容的精细化屠宰监管体系。加大屠宰环节"瘦肉精"监督抽检力度，组织开展屠宰环节产生的生物性、化学性危害因素风险监测。健全跨部门屠宰监管联合执法机制，加强与食品药

品监管、公安、环保、工商等部门间的协调配合，强化行政执法与刑事司法衔接，建立健全案件查处通报机制。

（十五）**提升科技支撑能力**。加快推进屠宰装备自动化、屠宰过程肉品质量控制、屠宰环节食源性人畜共患病原菌和兽药残留检测、兽医卫生检验等方面的技术创新，提升屠宰技术水平。建立健全屠宰从业人员培养培训机制，制定屠宰从业人员培训规划，将屠宰从业人员纳入新型职业农民培育工程，开展多层次、多形式、多领域的技术培训和职业教育，不断提高屠宰操作技术工人、检测检验人员、经营管理人员的素质和能力。建立屠宰技术专家库，加强屠宰技术专家支撑服务。充分发挥大专院校、科研院所、社会团体在人才培养、科技创新等方面优势，增强屠宰行业发展科技服务力量。

（十六）**提升监测预警能力**。做好规模以上生猪屠宰企业的生猪收购价、白条肉出厂价、屠宰量、病害猪无害化处理量等数据的统计监测，及时发布监测结果。健全屠宰行业统计监测制度和信息采集体系，完善指标体系和统计标准，扩大屠宰统计监测范围，优化统计样本，强化屠宰统计监测信息员队伍建设。发挥屠宰连接养殖与肉品消费的作用，建立从养殖到肉品消费全链条监测体系，研究分析养殖、屠宰和肉品消费全链条的价值演变关系，及时发布预警信息，引导屠宰行业发展和肉品消费。

（十七）**提升行业自律能力**。充分发挥行业协会、学会的桥梁纽带作用，按照社会组织管理制度改革要求，指导并支持有关行业协会、学会加强自身建设、规范管理，促进相互交流与合作，在产业规划、技术培训、科普宣传、诚信建设等方面发挥整体优势和自律作用，激发和释放全行业活力，形成政府、市场、社会共治合力，推动屠宰行业健康发展。

农业部

2016 年 5 月 16 日

# 农业部关于印发《2016 — 2017 年生猪等畜禽屠宰统计报表制度》的通知

农医发〔2016〕30 号

各省、自治区、直辖市及计划单列市畜牧兽医（农业、农牧）厅（局、委、办），新疆生产建设兵团畜牧兽医局：

《2016—2017 年生猪等畜禽屠宰统计报表制度》已经国家统计局批准（批文号：国统制〔2016〕37 号），有效期至 2018 年 4 月。现印发你们，请按照《报表制度》要求，加强组织领导，建立健全畜禽屠宰统计信息员队伍，认真做好畜禽屠宰统计信息催报和审核工作，切实提高畜禽屠宰统计信息的及时性、准确性。

农业部
2016 年 5 月 13 日

## 生猪等畜禽屠宰统计报表制度（2016 — 2017）

（2016 年 5 月中华人民共和国农业部制定，中华人民共和国国家统计局批准）

### 一、总说明

（一）目的和意义

生猪等畜禽产品是人民群众的重要消费品，生猪等畜禽市场的运行情况直接关系到百姓的切身利益。准确了解生猪等畜禽屠宰环节和肉品流通环节的相关信息，对促进生猪等畜禽生产、流通、稳定市场供应有着重要作用。依照《中华人民共和国统计法》的有关规定和国务院要求，制定《生猪等畜禽屠宰统计报表制度（2016—2017年)》。

（二）统计对象及范围

本制度数据来源为生猪等畜禽屠宰企业，样本企业由地方畜牧兽医主管部门推荐。样本企业涉及畜禽屠宰行业，并在所有制、地域、规模等方面具有代表性和典型性。

（三）主要统计内容

屠宰企业工商注册信息、企业的生产加工能力、年度财务数据、活畜或活禽的收购价格、白条肉（禽）销售价格以及屠宰量、无害化处理量和库存量等屠宰相关指标。

（四）报送时间

生猪等畜禽屠宰企业综合情况年（半年）报表（畜禽屠表1）要求报送企业初步数据，所有畜禽屠宰企业每年2月10日前填报上一年全年数据，规模以上畜禽屠宰企业于每年7月20日前填报当年上半年数据。生猪等畜禽屠宰企业屠宰情况月报表（畜禽屠表2）、生猪等畜禽屠宰企业销售情况月报表（畜禽屠表3）由规模以上畜禽屠宰企业于每月6日前填报上月数据。生猪等畜禽屠宰样本企业屠宰情况周报表（畜禽屠表4）由省级畜牧兽医主管部门推荐的畜禽屠宰样本企业于每周一上午10点前报送上周数据。如遇紧急突发情况，为及时掌握生猪市场供应及价格信息，系统将启动日报。启动日报时，省级畜牧兽医主管部门推荐的畜禽屠宰样本企业每日上午12点前报送前一日数据。

（五）调查方法

生猪等畜禽屠宰样本企业屠宰销售情、生猪等畜禽屠宰企业屠宰情况、销售情况报表实行重点调查，生猪等畜禽屠宰企业综合情况实行全面调查。

（六）报送办法

各地畜牧兽医主管部门组织、督促本地区样本企业填报统计报表。样本企业原则上通过登录全国畜禽屠宰行业管理系统报送数据。不具备网上报送条件的企业，可以通过电话、传真等形式上报数据，各地畜牧兽医主管部门要督促企业完成上报工作。农业部兽医局负责统计数据的汇总、审核、发布。中国动物疫病预防控制中心（农业部屠宰技术中心）负责统计数据的整理和分析。

农业部兽医局　　　　　　　　　　　　　　　联系电话：010 – 59191430

中国动物疫病预防控制中心　　　　　　　　　联系电话：010 – 59194442

（农业部屠宰技术中心）　　　　　　　　　　传　　真：010 – 59194767

邮　　箱：tuzaichu@163.com

**（七）公布方式**

每周通过中国政府网、中央电视台等媒体向社会发布白条肉平均出厂价格信息。

**（八）信息共享**

经批准对外发布的数据，可与相关政府部门共享。

**（九）其他说明**

1. 各地畜牧兽医主管部门负责组织本地区样本企业认真、按时填报数据，同时，要积极做好市场分析、预测工作，加强对企业的培训，提高数据填报质量。

2. 农业部及各地畜牧兽医主管部门承诺对样本企业所报送的数据严格保密，未经企业同意，不将数据用于政府统计分析以外的任何其他用途。

**（十）本报表制度由国家统计局、 农业部负责解释。**

## 二、报表目录

| 表号 | 表名 | 报告期别 | 填报范围 | 报送单位 | 报送日期及方式 | 页码 |
|---|---|---|---|---|---|---|
| 畜禽屠表1 | 生猪等畜禽屠宰企业综合情况报表 | 年（半年）报 | 各省、自治区、直辖市、计划单列市及新疆生产建设兵团等地区的屠宰企业 | 年报为全部畜禽屠宰企业<br>半年报为规模以上畜禽屠宰企业 | 屠宰企业通过系统直接报送农业部，地方畜牧兽医主管部门负责组织协调<br><br>2月10日前报送上一年度数据，7月20日前报送当年上半年数据 | 4 |
| 畜禽屠表2 | 生猪等畜禽屠宰企业屠宰情况报表 | 月报 | 各省、自治区、直辖市、计划单列市及新疆生产建设兵团等地区的屠宰企业 | 月报为规模以上畜禽屠宰企业 | 屠宰企业通过系统直接报送农业部，地方畜牧兽医主管部门负责组织协调<br><br>月报于每月6日前报送上月数据。季报按月报数据汇总 | 5 |
| 畜禽屠表3 | 生猪等畜禽屠宰企业销售情况报表 | 月报 | 各省、自治区、直辖市、计划单列市及新疆生产建设兵团等地区的屠宰企业 | 月报为规模以上畜禽屠宰企业 | 屠宰企业通过系统直接报送农业部，地方畜牧兽医主管部门负责组织协调<br><br>月报于每月6日前报送上月数据。 | 6 |
| 畜禽屠表4 | 生猪等畜禽屠宰样本企业屠宰销售情况报表 | 周报 | 各省、自治区、直辖市、计划单列市及新疆生产建设兵团等地区的屠宰企业 | 周报为省级畜牧兽医主管部门推荐的畜禽屠宰样本企业 | 屠宰企业通过系统直接报送农业部，地方畜牧兽医主管部门负责组织协调<br><br>周报于每周一上午10点前报送上周数据。（紧急情况，启动日报） | 7 |

## 三、调查表式

### 生猪等畜禽屠宰企业综合情况报表

表　　号：畜禽屠表 1
制定机关：农业部

组织机构代码：□□□□□□□□ - □

批准机关：国家统计局
批准文号：国统制〔2016〕37 号

法人单位名称：_____　　20 年 月　　有效期至：2018 年 4 月

| 企业地址 | _____省（自治区、直辖市）_____市（州、区、盟）<br>_____县（区、市、旗）_____乡（镇）<br>_____村（街）_____门牌号 | | |
|---|---|---|---|
| 工商登记注册号 | | 企业登记注册类型 | □□□ |
| 屠宰证代码 | | 邮政编码 | |
| 法定代表人 | | 法定代表人电话 | |
| 联系人 | | 联系人电话 | |
| 手机号码 | | 传真号码 | |
| 电子邮箱 | | 企业网址 | |
| 经营方式 | □自营　□代宰 | 是否为法人企业 | □是　□否 |
| 主营项目 | | | |

| 屠宰指标 | | 企业财务指标 | |
|---|---|---|---|
| 设计单班屠宰量<br>（头、只、万羽/班） | | 营业收入（千元） | |
| 年屠宰量（万头、万只、亿羽） | | 营业成本（千元） | |
| 代宰费用（头、只、羽/元） | | 营业税金及附加（千元） | |
| 车间面积（平方米） | | 营业费用（千元） | |
| 年末从业人员（人） | | 管理费用（千元） | |
| 白条肉/胴体生产量（吨） | | 财务费用（千元） | |
| 分割肉生产量（吨） | | 营业利润（千元） | |
| 白条肉/胴体销售量（吨） | | 利润总额（千元） | |
| 分割肉销售量（吨） | | 所得税（千元） | |
| 无害化处理量（头、只、万羽） | | 资产合计（千元） | |
| — | | 负债合计（千元） | |

单位负责人：　统计负责人：　填表人：　联系电话：　报出日期：20 年 月 日

说明：1、基本信息中经营方式可以多选。

2、设计单班屠宰量、年屠宰量、单头代宰费用、白条肉/胴体生产量、分割肉生产量、白条肉/胴体销售量、分割肉销售量、无害化处理量这 8 项指标，需根据屠宰品种分别填报。

## 生猪等畜禽屠宰企业屠宰情况报表

表　　号：畜禽屠表 2
制定机关：农业部
批准机关：国家统计局
批准文号：国统制〔2016〕37 号
有效期至：2018 年 4 月

组织机构代码：□□□□□□□□－□

法人单位名称：＿＿＿＿＿＿＿＿　　　　20　年　月

| 指标名称 | 代码 | 收购量<br>（头、只、万羽） | 屠宰量<br>（头、只、万羽） | | 屠宰前平均重量<br>（千克） | 无害化处理量<br>（头、只、万羽） |
|---|---|---|---|---|---|---|
| | | | 本省 | 外省 | | |
| 甲 | 乙 | 1 | 2 | 3 | 4 | 5 |
| 一、自营 | 01 | — | — | — | — | — |
| 　生猪 | 02 | | | | | |
| 　活牛 | 03 | | | | | |
| 　活羊 | 04 | | | | | |
| 　活鸡 | 05 | | | | | |
| 　活鸭 | 06 | | | | | |
| 　活鹅 | 07 | | | | | |
| 　其他畜类 | 08 | | | | — | |
| 　其他禽类 | 09 | | | | — | |
| 二、代宰 | 10 | — | — | — | — | — |
| 　生猪 | 11 | — | | | | |
| 　活牛 | 12 | — | | | | |
| 　活羊 | 13 | — | | | | |
| 　活鸡 | 14 | — | | | | |
| 　活鸭 | 15 | — | | | | |
| 　活鹅 | 16 | — | | | | |
| 　其他畜类 | 17 | — | | | — | |
| 　其他禽类 | 18 | — | | | — | |
| 三、外省猪源地 | 19 | — | — | — | — | — |
| 省份1：＿＿ | 20 | | — | — | — | — |
| 省份2：＿＿ | 21 | | — | — | — | — |
| 省份3：＿＿ | 22 | | — | — | — | — |

单位负责人：　　　统计负责人：　　　填表人：　　　联系电话：　　　报出日期：20　年　月　日

说明：1、本表由规模以上畜禽屠宰企业填报。

　　　2、报送日期：每月 6 日前。

　　　3、外省猪源地，请在横线处注明具体省份名称。

## 生猪等畜禽屠宰企业销售情况报表

组织机构代码：□□□□□□□□－□

| | 表 号：畜禽屠表 3 |
|---|---|
| | 制定机关：农业部 |
| | 批准机关：国家统计局 |
| | 批准文号：国统制〔2016〕37 号 |

法人单位名称：_____　　　　20　年　月　　　　有效期至：2018 年 4 月

| 指标名称 | 代码 | 生产量（吨） | 销售量（吨） | 销售额（千元） | 用于深度加工数量（吨） | 期末库存量（吨） |
|---|---|---|---|---|---|---|
| 甲 | 乙 | 1 | 2 | 3 | 4 | 5 |
| 一、生猪 | 01 | — | — | — | — | — |
| 　白条猪肉 | 02 | | | | | |
| 　分割肉 | 03 | | | | | |
| 其中：2 号肉 | 04 | | | | | |
| 　　4 号肉 | 05 | | | | | |
| 二、牛 | 06 | — | — | — | — | — |
| 　牛胴体 | 07 | | | | | |
| 　牛四分体 | 08 | | | | | |
| 三、羊 | 09 | — | — | — | — | — |
| 　羊胴体 | 10 | | | | | |
| 四、鸡 | 11 | — | — | — | — | — |
| 　白条鸡肉 | 12 | | | | | |
| 五、鸭 | 13 | — | — | — | — | — |
| 　白条鸭肉 | 14 | | | | | |
| 六、鹅 | 15 | — | — | — | — | — |
| 　白条鹅肉 | 16 | | | | | |
| 七、其他畜肉 | 17 | | | | | |
| 八、其他禽肉 | 18 | | | | | |
| 九、猪肉主要销售区 | 19 | — | — | — | — | — |
| （一）白条猪肉 | 20 | — | — | — | — | — |
| 　省份 1：_____ | 21 | — | — | — | — | — |
| 　省份 2：_____ | 22 | — | — | — | — | — |
| 　省份 3：_____ | 23 | — | — | — | — | — |
| （二）分割肉 | 24 | — | — | — | — | — |
| 　省份 1：_____ | 25 | — | — | — | — | — |
| 　省份 2：_____ | 26 | — | — | — | — | — |
| 　省份 3：_____ | 27 | — | — | — | — | — |

单位负责人：　　　统计负责人：　　　填表人：　　　联系电话：　　　报出日期：20　年　月　日

说明：1、本表由规模以上畜禽屠宰企业填报。

　　2、报送日期：每月 6 日前。

　　3、猪肉主要销售区，请在横线处注明具体省份名称。

## 生猪等畜禽屠宰样本企业屠宰销售情况报表

表　　号：畜禽屠表 4
制定机关：农业部
组织机构代码：□□□□□□□□ - □
批准机关：国家统计局
批准文号：国统制〔2016〕37 号

法人单位名称：＿＿＿＿＿＿＿＿＿　　20　年　月　日　有效期至：2018 年 4 月

| 指标名称 | 代码 | 平均收购价格 （元/千克） | 平均出厂价格 （元/千克） |
|---|---|---|---|
| 甲 | 乙 | 1 | 2 |
| 一、生猪 | 01 | — | — |
| 　　活猪 | 02 | | — |
| 　　白条猪肉 | 03 | — | |
| 　　分割肉（猪） | 04 | — | |
| 　　其中：2 号肉 | 05 | — | |
| 　　　　　4 号肉 | 06 | — | |
| 二、牛 | 07 | — | — |
| 　　活牛 | 08 | — | — |
| 　　牛胴体 | 09 | — | |
| 　　牛四分体 | 10 | — | |
| 三、羊 | 11 | — | — |
| 　　活羊 | 12 | — | — |
| 　　羊胴体 | 13 | — | |
| 四、鸡 | 14 | — | — |
| 　　活鸡 | 15 | — | — |
| 　　白条鸡肉 | 16 | — | |
| 五、鸭 | 17 | — | — |
| 　　活鸭 | 18 | — | — |
| 　　白条鸭肉 | 19 | — | |
| 六、鹅 | 20 | — | — |
| 　　活鹅 | 21 | — | — |
| 　　白条鹅肉 | 22 | — | |
| 七、其他畜肉：＿＿＿＿＿ | 23 | | |
| 八、其他禽肉：＿＿＿＿＿ | 24 | | |

单位负责人：　　　统计负责人：　　　填表人：　　　联系电话：　　　报出日期：20　年　月　日

说明：1、本表由省级畜牧兽医主管部门推荐的畜禽屠宰样本企业填报。

　　　2、报送时间：每周一上午 10 点前。

　　　3、其他畜禽肉，请在横线处注明畜禽肉名称。

## 四、主要指标解释

### （一）企业基本情况指标

1. **组织机构代码**：指根据中华人民共和国国家标准《全国组织机构代码编制规则》（GB11714—1997），由组织机构代码登记主管部门给企业颁发的在全国范围内唯一的、始终不变的法定代码。

2. **屠宰证代码**：由省级畜牧兽医主管部门按农业部统一编码规则编制，是我国境内畜禽屠宰厂（场）及小型畜禽屠宰点的屠宰资格代码。

3. **法人单位名称**：经有关部门批准正式使用的单位全称，企业的详细名称按工商部门登记的名称填写；填写时要求使用规范化汉字全称，与单位公章所使用的名称完全一致。

4. **企业地址**：指当地邮政部门认可的单位所在地址，应包括乡（镇）、村（街）名称和门牌号。

5. **工商登记注册号**：指企业营业执照正本上的注册号。

6. **登记注册类型**：指企业在工商行政管理机关登记注册的类型，包括：国有企业（110）、集体企业（120）、股份合作企业（130）、国有联营企业（141）、集体联营企业（142）、国有与集体联营企业（143）、其他联营企业（149）、国有独资公司（151）、其他有限责任公司（159）、股份有限公司（160）、私营独资企业（171）、私营合伙企业（172）、私营有限责任公司（173）、私营股份有限公司（174）、其他内资企业（190）、与港澳台商合资经营企业（210）、与港澳台商合作经营企业（220）、港澳台商独资经营企业（230）、港澳台商投资股份有限公司（240）、其他港澳台商投资股份有限公司（290）、中外合资经营企业（310）、中外合作经营企业（320）、外资企业（330）、外商投资股份有限公司（340）、其他外商投资企业（390）。

7. **法人企业**：指取得法人营业执照、具有法人地位的企业。相对于非法人企业（如：个人独资企业、合伙企业、公司的分公司等分支机构等），法人企业能够以企业自己的名义独立享有法定权利和承担法定义务。

8. **法定代表人**：指依照法律或者法人组织章程规定，代表法人行使职权的负责人，按《企业法人营业执照》填写。

9. **自营和代宰**：根据企业的经营情况，将报表分为自营和代宰，需要分别填报。自营：指畜禽的收购、屠宰与肉品的销售都由企业自行承担。代宰：指企业利用自有设备替其他企业或货主进行屠宰，并收取相关费用。

### （二）屠宰专业指标

1. **白条肉**：指畜禽放血，去毛（羽）、头、蹄（趾）、尾、内脏的胴体。

2. **分割肉**：指胴体去骨后，按规格要求分割成各个部位的肉。

3. **2号肉（猪）**：前腿肌肉（简称2号肉）指从第五、六肋骨中间斩下的前腿部位肌肉。

4. **4号肉（猪）**：后腿肌肉（简称4号肉）指从腰椎与荐椎连接处斩下的后腿部位肌肉。

5. **牛胴体**：牛经宰杀放血后，除去皮、头、蹄、尾、内脏及生殖器（母牛去除乳房）后的躯体部分。

6. **牛四分体**：将宰后的整胴体沿脊柱中线纵向切成牛二分体，再在第5肋至第7肋，或第11肋骨间将二分体切开后得到的前后部分。

7. **羊胴体**：活羊屠宰放血后，去毛、头、蹄、尾和内脏的带皮或去皮躯体。

8. **屠宰前平均重量**：指畜禽（猪、牛、羊、鸡、鸭、鹅等）屠宰前的平均重量。

9. **畜禽平均收购价格**：指在报告期内屠宰企业收购生猪等畜禽进厂时的平均价格，若交易地点为屠宰厂以外，运输过程中产生的成本应折算进平均价格中。

10. **平均出厂价格**：指在报告期内畜禽屠宰企业白条肉/胴体出厂、分割肉/四分体时的平均批发价格。

11. **设计单班屠宰量**：指企业在8小时工作时间内能够屠宰畜禽的头（只、万羽）数。

12. **年末从业人员**：指在本单位工作并取得劳动报酬或收入的年末实有人员数。

13. **屠宰量**：指截至报告期最后一日累计屠宰畜禽的数量，填报时根据畜禽的来源分为本省和外省，需要分别记录。

14. **无害化处理量**：指对国家规定的染疫畜禽及其产品，病死、毒死或者死因不明的畜禽尸体，经检疫检验对人畜健康有危害的畜禽及其产品，以及国家规定应该进行生物安全处理的动物和动物产品，企业通过用焚毁、化制或其他化学、生物学等方法处理的数量。

15. **生产量**：指截至报告期最后一日生产相关肉品指标的累计数量，与当期屠宰量相对应，不包括外购的肉品数量。

16. **白条肉/胴体销售量**：指截至报告期最后一日以白条肉/胴体的形式销售肉产品的累计数量。

17. **分割肉/四分体销售量**：指截至报告期最后一日以分割肉/四分体的形式销售肉产品的累计数量。

18. **用于深度加工数量**：指截至报告期最后一日屠宰企业自身进行相关肉制品加工所使用白条肉/胴体的累计数量。

19. 期末库存量：指报告期最后一日相关肉品指标的实际存量。

20. 单头代宰费用：指企业利用自有设备替其他企业或货主进行屠宰时，每头（只、羽）畜禽所收取的费用。

21. 白条肉/胴体销售额：指截至报告期最后一日企业以白条肉/胴体形式销售肉品的全部金额。

22. 分割肉/四分体销售额：指截至报告期最后一日企业以分割肉/四分体形式销售肉品的全部金额。

**（三）企业财务指标**

1. 营业收入：指企业从事生产经营等活动所取得的各项收入，包括主营业务收入和其他业务收入。

2. 营业成本：指企业因销售商品或提供劳务等日常活动而发生的实际成本。

3. 营业税金及附加：指企业经营业务应负担的营业税、消费税、城市维护建设税、资源税、土地增值税和教育费附加等。

4. 营业费用：指企业在销售商品、提供劳务过程中发生的各项费用，包括运输费、装卸费、包装费、保险费、广告费、商品损耗、进出口商品累计佣金、经营人员的工资及福利费等。

5. 管理费用：指企业行政管理部门为组织和管理生产经营活动而发生的各项费用。

6. 财务费用：指企业为筹集生产经营所需资金等而发生的费用，包括利息支出、汇兑损失以及相关的金融机构手续费等。

7. 营业利润：它是指企业在销售商品、提供劳务等日常活动中所产生的利润。其内容为主营业务利润和其他业务利润扣除期间费用之后的余额。

8. 利润总额：指企业在生产经营过程中各种收入扣除各种耗费后的盈余，反映企业在报告期内实现的盈亏总额，包括营业利润、补贴收入、投资净收益和营业外收支净额。

9. 所得税：所得税又称所得课税、收益税，指国家对法人、自然人和其他经济组织在一定时期内的各种所得征收的一类税收。

10. 资产合计：指企业拥有或控制的能以货币计量的经济资源，包括各种财产、债权和其他权利。

11. 负债合计：指企业所承担的能以货币计量，将以资产或劳务偿付的债务，偿还形式包括货币、资产或提供劳务。负债一般按偿还期长短分为流动负债和长期负债。

---

**本报表制度根据《中华人民共和国统计法》的有关规定制定**

《中华人民共和国统计法》第七条规定：国家机关、企业事业单位和其他组织以及个体工商户和个人等统计调查对象，必须依照本法和国家有关规定，真实、准确、完整、及时地提供统计调查所需的资料，不得提供不真实或者不完整的统计资料，不得迟报、拒报统计资料。

《中华人民共和国统计法》第九条规定：统计机构和统计人员对在统计工作中知悉的国家秘密、商业秘密和个人信息，应当予以保密。

---

# 下 篇
# 畜禽屠宰标准

一 基础通用

# 中华人民共和国国家标准

GB 7718—2011

## 食品安全国家标准
## 预包装食品标签通则

2011－04－20 发布/2012－04－20 实施
中华人民共和国卫生部　发布

## 前　言

本标准代替 GB 7718—2004《预包装食品标签通则》。

本标准与 GB 7718—2004 相比，主要变化如下：

——修改了适用范围；

——修改了预包装食品和生产日期的定义，增加了规格的定义，取消了保存期的定义；

——修改了食品添加剂的标示方式；

——增加了规格的标示方式；

——修改了生产者、经销者的名称、地址和联系方式的标示方式；

——修改了强制标示内容的文字、符号、数字的高度不小于1.8mm 时的包装物或包装容器的最大表面面积；

——增加了食品中可能含有致敏物质时的推荐标示要求；

——修改了附录 A 中最大表面面积的计算方法；

——增加了附录 B 和附录 C。

# 食品安全国家标准
# 预包装食品标签通则

## 1 范围

本标准适用于直接提供给消费者的预包装食品标签和非直接提供给消费者的预包装食品标签。

本标准不适用于为预包装食品在储藏运输过程中提供保护的食品储运包装标签、散装食品和现制现售食品的标识。

## 2 术语和定义

### 2.1 预包装食品

预先定量包装或者制作在包装材料和容器中的食品，包括预先定量包装以及预先定量制作在包装材料和容器中并且在一定量限范围内具有统一的质量或体积标识的食品。

### 2.2 食品标签

食品包装上的文字、图形、符号及一切说明物。

### 2.3 配料

在制造或加工食品时使用的，并存在（包括以改性的形式存在）于产品中的任何物质，包括食品添加剂。

### 2.4 生产日期（制造日期）

食品成为最终产品的日期，也包括包装或灌装日期，即将食品装入（灌入）包装物或容器中，形成最终销售单元的日期。

### 2.5 保质期

预包装食品在标签指明的贮存条件下，保持品质的期限。在此期限内，产品完全适于销售，并保持标签中不必说明或已经说明的特有品质。

### 2.6 规格

同一预包装内含有多件预包装食品时，对净含量和内含件数关系的表述。

### 2.7 主要展示版面

预包装食品包装物或包装容器上容易被观察到的版面。

## 3 基本要求

3.1 应符合法律、法规的规定，并符合相应食品安全标准的规定。

3.2 应清晰、醒目、持久，应使消费者购买时易于辨认和识读。

3.3 应通俗易懂、有科学依据，不得标示封建迷信、色情、贬低其他食品或违背营养科学常识的内容。

3.4 应真实、准确，不得以虚假、夸大、使消费者误解或欺骗性的文字、图形等方式介绍食品，也不得利用字号大小或色差误导消费者。

3.5 不应直接或以暗示性的语言、图形、符号，误导消费者将购买的食品或食品的某一性质与另一产品混淆。

3.6 不应标注或者暗示具有预防、治疗疾病作用的内容，非保健食品不得明示或者暗示具有保健作用。

3.7 不应与食品或者其包装物（容器）分离。

3.8 应使用规范的汉字（商标除外）。具有装饰作用的各种艺术字，应书写正确，易于辨认。

3.8.1 可以同时使用拼音或少数民族文字，拼音不得大于相应汉字。

3.8.2 可以同时使用外文，但应与中文有对应关系（商标、进口食品的制造者和地址、国外经销者的名称和地址、网址除外）。所有外文不得大于相应的汉字（商标除外）。

3.9 预包装食品包装物或包装容器最大表面面积大于 $35cm^2$ 时（最大表面面积计算方法见附录A），强制标示内容的文字、符号、数字的高度不得小于 1.8mm。

3.10 一个销售单元的包装中含有不同品种、多个独立包装可单独销售的食品，每件独立包装的食品标识应当分别标注。

3.11 若外包装易于开启识别或透过外包装物能清晰地识别内包装物（容器）上的所有强制标示内容或部分强制标示内容，可不在外包装物上重复标示相应的内容；否则应在外包装物上按要求标示所有强制标示内容。

# 4　标示内容

## 4.1　直接向消费者提供的预包装食品标签标示内容

### 4.1.1　一般要求

直接向消费者提供的预包装食品标签标示应包括食品名称、配料表、净含量和规格、生产者和（或）经销者的名称、地址和联系方式、生产日期和保质期、贮存条件、食品生产许可证编号、产品标准代号及其他需要标示的内容。

### 4.1.2　食品名称

4.1.2.1　应在食品标签的醒目位置，清晰地标示反映食品真实属性的专用名称。

4.1.2.1.1　当国家标准、行业标准或地方标准中已规定了某食品的一个或几个名称时，应选用其中的一个，或等效的名称。

4.1.2.1.2　无国家标准、行业标准或地方标准规定的名称时，应使用不使消费者误解或混淆的常用名称或通俗名称。

4.1.2.2　标示"新创名称"、"奇特名称"、"音译名称"、"牌号名称"、"地区俚语名称"或"商标名称"时，应在所示名称的同一展示版面标示 4.1.2.1 规定的名称。

4.1.2.2.1　当"新创名称"、"奇特名称"、"音译名称"、"牌号名称"、"地区俚语名称"或"商标名称"含有易使人误解食品属性的文字或术语（词语）时，应在所示名称的同一展示版面邻近部位使用同一字号标示食品真实属性的专用名称。

4.1.2.2.2　当食品真实属性的专用名称因字号或字体颜色不同易使人误解食品属性时，也应使用同一字号及同一字体颜色标示食品真实属性的专用名称。

4.1.2.2.3　为不使消费者误解或混淆食品的真实属性、物理状态或制作方法，可以在食品名称前或食品名称后附加相应的词或短语。如干燥的、浓缩的、复原的、熏制的、油炸的、粉末的、粒状的等。

### 4.1.3　配料表

4.1.3.1　预包装食品的标签上应标示配料表，配料表中的各种配料应按 4.1.2 的要求标示具体名称，食品添加剂按照 4.1.3.1.4 的要求标示名称。

4.1.3.1.1　配料表应以"配料"或"配料表"为引导词。当加工过程中所用的原料已改变为其他成分（如酒、酱油、食醋等发酵产品）时，可用"原料"或"原料与辅料"代替"配料"、"配料表"，并按本标准相应条款的要求标示各种原料、辅料和食品添加剂。加工助剂不需要标示。

4.1.3.1.2　各种配料应按制造或加工食品时加入量的递减顺序一一排列；加入量不超过 2% 的配料可以不按递减顺序排列。

4.1.3.1.3　如果某种配料是由两种或两种以上的其他配料构成的复合配料（不包括复合食品添加剂），应在配料表中标示复合配料的名称，随后将复合配料的原始配料在括号内按加入量的递减顺序标示。当某种复合配料已有国家标准、行业标准或地方标准，且其加入量小于食品总量的 25% 时，不需要标示复合配料的原始配料。

4.1.3.1.4　食品添加剂应当标示其在 GB 2760 中的食品添加剂通用名称。食品添加剂通用名称可以标示为食品添加剂的具体名称，也可标示为食品添加剂的功能类别名称并同时标示食品添加剂的具体名称或国际编码（INS 号）（标示形式见附录 B）。在同一预包装食品的标签上，应选择附录 B 中的一种形式标示食品添加剂。当采用同时标示食品添加剂的功能类别名称和国际编码的形式时，若某种食品添加剂尚不存在相应的国际编码，或因致敏物质标示需要，可以标示其具体名称。食品添加剂的名称不包括其制法。加入量小于食品总量 25% 的复合配料中含有的食品添加剂，若符合 GB 2760 规定的带入原则且在最终产品中不起工艺作用的，不需要标示。

4.1.3.1.5　在食品制造或加工过程中，加入的水应在配料表中标示。在加工过程中已挥发的水或其他挥发性配料不需要标示。

4.1.3.1.6　可食用的包装物也应在配料表中标示原始配料，国家另有法律法规规定的除外。

4.1.3.2　下列食品配料，可以选择按表 1 的方式标示。

表 1　配料标示方式

| 配料类别 | 标示方式 |
| --- | --- |
| 各种植物油或精炼植物油，不包括橄榄油 | "植物油"或"精炼植物油"；如经过氢化处理，应标为"氢化"或"部分氢化" |
| 各种淀粉，不包括化学改性淀粉 | "淀粉" |
| 加入量不超过 2% 的各种香辛料或香辛料浸出物（单一的或合计的） | "香辛料"、"香辛料类"或"复合香辛料" |

（续）

| 配料类别 | 标示方式 |
|---|---|
| 胶基糖果的各种胶基物质制剂 | "胶姆糖基础剂"、"胶基" |
| 添加量不超过 10% 的各种果脯蜜饯水果 | "蜜饯"、"果脯" |
| 食用香精、香料 | "食用香精"、"食用香料"、"食用香精香料" |

#### 4.1.4 配料的定量标示

**4.1.4.1** 如果在食品标签或食品说明书上特别强调添加了或含有一种或多种有价值、有特性的配料或成分，应标示所强调配料或成分的添加量或在成品中的含量。

**4.1.4.2** 如果在食品的标签上特别强调一种或多种配料或成分的含量较低或无时，应标示所强调配料或成分在成品中的含量。

**4.1.4.3** 食品名称中提及的某种配料或成分而未在标签上特别强调，不需要标示该种配料或成分的添加量或在成品中的含量。

#### 4.1.5 净含量和规格

**4.1.5.1** 净含量的标示应由净含量、数字和法定计量单位组成（标示形式参见附录 C）。

**4.1.5.2** 应依据法定计量单位，按以下形式标示包装物（容器）中食品的净含量：

a) 液态食品，用体积升（L）(l)、毫升（mL）(ml)，或用质量克（g）、千克（kg）；

b) 固态食品，用质量克（g）、千克（kg）；

c) 半固态或黏性食品，用质量克（g）、千克（kg）或体积升（L）(l)、毫升（mL）(ml)。

**4.1.5.3** 净含量的计量单位应按表 2 标示。

表2　净含量计量单位的标示方式

| 计量方式 | 净含量（Q）的范围 | 计量单位 |
|---|---|---|
| 体积 | Q < 1000 mL | 毫升（mL）(ml) |
|  | Q ≥ 1000 mL | 升（L）(l) |
| 质量 | Q < 1000g | 克（g） |
|  | Q ≥ 1000 g | 千克（kg） |

**4.1.5.4** 净含量字符的最小高度应符合表 3 的规定。

表3　净含量字符的最小高度

| 净含量（Q）的范围 | 字符的最小高度（mm） |
|---|---|
| Q ≤ 50mL；Q ≤ 50g | 2 |
| 50mL < Q ≤ 200mL；50 g < Q ≤ 200g | 3 |
| 200mL < Q ≤ 1L；200g < Q ≤ 1kg | 4 |
| Q > lkg；Q > 1L | 6 |

**4.1.5.5** 净含量应与食品名称在包装物或容器的同一展示版面标示。

**4.1.5.6** 容器中含有固、液两相物质的食品，且固相物质为主要食品配料时，除标示净含量外，还应以质量或质量分数的形式标示沥干物（固形物）的含量（标示形式参见附录 C）。

**4.1.5.7** 同一预包装内含有多个单件预包装食品时，大包装在标示净含量的同时还标示规格。

**4.1.5.8** 规格的标示应由单件预包装食品净含量和件数组成，或只标示件数，可不标示"规格"二字。单件预包装食品的规格即指净含量（标示形式参见附录 C）。

#### 4.1.6 生产者、经销者的名称、地址和联系方式

**4.1.6.1** 应当标注生产者的名称、地址和联系方式。生产者名称和地址应当是依法登记注册、能够承担产品安全质量责任的生产者的名称、地址。有下列情形之一的，应按下列要求予以标示。

**4.1.6.1.1** 依法独立承担法律责任的集团公司、集团公司的子公司，应标示各自的名称和地址。

**4.1.6.1.2** 不能依法独立承担法律责任的集团公司的分公司或集团公司的生产基地，应标示集团公司和分公司（生产基地）的名称、地址；或仅标示集团公司的名称、地址及产地，产地应当按照行政区划标注到地市级地域。

**4.1.6.1.3** 受其他单位委托加工预包装食品的，应标示委托单位和受委托单位的名称和地址；或仅标示委托单位的名称和地址及产地，产地应当按照行政区划标注到地市级地域。

**4.1.6.2** 依法承担法律责任的生产者或经销者的联系方式应标示以下至少一项内容：电话、传真、网络联系方式等，或与地址一并标示的邮政地址。

**4.1.6.3** 进口预包装食品应标示原产国国名或地区区名（如香港、澳门、台湾），以及在中国依法登记注册的代理商、进口商或经销者的名称、地址和联系方式，可不标示生产者的名称、地址和联系方式。

### 4.1.7 日期标示

**4.1.7.1** 应清晰标示预包装食品的生产日期和保质期。如日期标示采用"见包装物某部位"的形式，应标示所在包装物的具体部位。日期标示不得另外加贴、补印或篡改（标示形式参见附录C）。

**4.1.7.2** 当同一预包装内含有多个标示了生产日期及保质期的单件预包装食品时，外包装上标示的保质期应按最早到期的单件食品的保质期计算。外包装上标示的生产日期应为最早生产的单件食品的生产日期，或外包装形成销售单元的日期；也可在外包装上分别标示各单件装食品的生产日期和保质期。

**4.1.7.3** 应按年、月、日的顺序标示日期，如果不按此顺序标示，应注明日期标示顺序（标示形式参见附录C）。

### 4.1.8 贮存条件

预包装食品标签应标示贮存条件（标示形式参见附录C）。

### 4.1.9 食品生产许可证编号

预包装食品标签应标示食品生产许可证编号的，标示形式按照相关规定执行。

### 4.1.10 产品标准代号

在国内生产并在国内销售的预包装食品（不包括进口预包装食品）应标示产品所执行的标准代号和顺序号。

### 4.1.11 其他标示内容

#### 4.1.11.1 辐照食品

**4.1.11.1.1** 经电离辐射线或电离能量处理过的食品，应在食品名称附近标示"辐照食品"。

**4.1.11.1.2** 经电离辐射线或电离能量处理过的任何配料，应在配料表中标明。

#### 4.1.11.2 转基因食品

转基因食品的标示应符合相关法律、法规的规定。

#### 4.1.11.3 营养标签

**4.1.11.3.1** 特殊膳食类食品和专供婴幼儿的主辅类食品，应当标示主要营养成分及其含量，标示方式按照GB 13432执行。

**4.1.11.3.2** 其他预包装食品如需标示营养标签，标示方式参照相关法规标准执行。

#### 4.1.11.4 质量（品质）等级

食品所执行的相应产品标准已明确规定质量（品质）等级的，应标示质量（品质）等级。

## 4.2 非直接提供给消费者的预包装食品标签标示内容

非直接提供给消费者的预包装食品标签应按照4.1项下的相应要求标示食品名称、规格、净含量、生产日期、保质期和贮存条件，其他内容如未在标签上标注，则应在说明书或合同中注明。

## 4.3 标示内容的豁免

**4.3.1** 下列预包装食品可以免除标示保质期：酒精度大于等于10%的饮料酒；食醋；食用盐；固态食糖类；味精。

**4.3.2** 当预包装食品包装物或包装容器的最大表面面积小于10cm$^2$时（最大表面面积计算方法见附录A）可以只标示产品名称、净含量、生产者（或经营商）的名称和地址。

## 4.4 推荐标示内容

### 4.4.1 批号

根据产品需要，可以标示产品的批号。

### 4.4.2 食用方法

根据产品需要，可以标示容器的开启方法、食用方法、烹调方法、复水再制方法等对消费者有帮助的说明。

### 4.4.3 致敏物质

**4.4.3.1** 以下食品及其制品可能导致过敏反应，如果用作配料，宜在配料表中使用易辨识的名称，或在配料表邻近位置加以提示：

　a)含有麸质的谷物及其制品（如小麦、黑麦、大麦、燕麦、斯佩耳特小麦或它们的杂交品系）；

　b)甲壳纲类动物及其制品（如虾、龙虾、蟹等）；

　c)鱼类及其制品；

　d)蛋类及其制品；

　e)花生及其制品；

f)大豆及其制品；

g)乳及乳制品（包括乳糖）；

h)坚果及其果仁类制品。

4.4.3.2 如加工过程中可能带入上述食品或其制品，宜在配料表临近位置加以提示。

# 5 其他

按国家相关规定需要特殊审批的食品，其标签标识按照相关规定执行。

**附录 A**
**包装物或包装容器最大表面面积计算方法**

**A.1　长方体形包装物或长方体形包装容器计算方法**

长方体形包装物或长方体形包装容器的最大一个侧面的高度（cm）乘以宽度（cm）。

**A.2　圆柱形包装物、圆柱形包装容器或近似圆柱形包装物、近似圆柱形包装容器计算方法**

包装物或包装容器的高度（cm）乘以圆周长（cm）的 40%。

**A.3　其他形状的包装物或包装容器计算方法**

包装物或包装容器的总表面积的 40%。

如果包装物或包装容器有明显的主要展示版面，应以主要展示版面的面积为最大表面面积。包装袋等计算表面面积时应除去封边所占尺寸、瓶形或罐形包装计算表面面积时不包括肩部、颈部、顶部和底部的凸缘。

**附录 B**
**食品添加剂在配料表中的标示形式**

**B.1 按照加入量的递减顺序全部标示食品添加剂的具体名称**

配料：水，全脂奶粉，稀奶油，植物油，巧克力（可可液块，白砂糖，可可脂，磷脂，聚甘油蓖麻 醇酯，食用香精，柠檬黄），葡萄糖浆，丙二醇脂肪酸酯，卡拉胶，瓜尔胶，胭脂树橙，麦芽糊精，食用香料。

**B.2 按照加入量的递减顺序全部标示食品添加剂的功能类别名称及国际编码**

配料：水，全脂奶粉，稀奶油，植物油，巧克力［可可液块，白砂糖，可可脂，乳化剂（322，476），食用香精，着色剂（102）］，葡萄糖浆，乳化剂（477），增稠剂（407，412），着色剂（160b），麦芽糊精，食用香料。

**B.3 按照加入量的递减顺序全部标示食品添加剂的功能类别名称及具体名称**

配料：水，全脂奶粉，稀奶油，植物油，巧克力［可可液块，白砂糖，可可脂，乳化剂（磷脂，聚甘油蓖麻醇酯），食用香精，着色剂（柠檬黄）］，葡萄糖浆，乳化剂（丙二醇脂肪酸酯），增稠剂（卡拉胶，瓜尔胶），着色剂（胭脂树橙），麦芽糊精，食用香料。

**B.4 建立食品添加剂项一并标示的形式**

**B.4.1 一般原则**

直接使用的食品添加剂应在食品添加剂项中标注。营养强化剂、食用香精香料、胶基糖果中基础剂物质可在配料表的食品添加剂项外标注。非直接使用的食品添加剂不在食品添加剂项中标注。食品添加剂项在配料表中的标注顺序由需纳入该项的各种食品添加剂的总重量决定。

**B.4.2 全部标示食品添加剂的具体名称**

配料：水，全脂奶粉，稀奶油，植物油，巧克力（可可液块，白砂糖，可可脂，磷脂，聚甘油蓖麻醇酯，食用香精，柠檬黄），葡萄糖浆，食品添加剂（丙二醇脂肪酸酯，卡拉胶，瓜尔胶，胭脂树橙），麦芽糊精，食用香料。

**B.4.3 全部标示食品添加剂的功能类别名称及国际编码**

配料：水，全脂奶粉，稀奶油，植物油，巧克力［可可液块，白砂糖，可可脂，乳化剂（322，476），食用香精，着色剂（102）］，葡萄糖装，食品添加剂［乳化剂（477），增稠剂（407，412），着色剂（160b）］，麦芽糊精，食用香料。

**B.4.4 全部标示食品添加剂的功能类别名称及具体名称**

配料：水，全脂奶粉，稀奶油，植物油，巧克力［可可液块，白砂糖，可可脂，乳化剂（磷脂，聚甘油蓖麻醇酯），食用香精，着色剂（柠檬黄）］，葡萄糖浆，食品添加剂［乳化剂（丙二醇脂肪酸 酯），增稠剂（卡拉胶，瓜尔胶），着色剂（胭脂树橙）］，麦芽糊精，食用香料。

## 附录 C
## 部分标签项目的推荐标示形式

### C.1　概述

本附录以示例形式提供了预包装食品部分标签项目的推荐标示形式，标示相应项目时可选用但不限于这些形式。如需要根据食品特性或包装特点等对推荐形式调整使用的，应与推荐形式基本涵义保持一致。

### C.2　净含量和规格的标示

为方便表述，净含量的示例统一使用质量为计量方式，使用冒号为分隔符。标签上应使用实际产品适用的计量单位，并可根据实际情况选择空格或其他符号作为分隔符，便于识读。

**C.2.1**　单件预包装食品的净含量（规格）可以有如下标示形式：

净含量（或净含量/规格）：450 克；

净含量（或净含量/规格）：225 克（200 克 + 送 25 克）；

净含量（或净含量/规格）：200 克 + 赠 25 克；

净含量（或净含量/规格）：（200 + 25）克。

**C.2.2**　净含量和沥干物（固形物）可以有如下标示形式（以"糖水梨罐头"为例）：

净含量（或净含量/规格）：425 克沥干物（或固形物或梨块）：不低于 255 克（或不低于 60%）

**C.2.3**　同一预包装内含有多件同种类的预包装食品时，净含量和规格均可以有如下标示形式：

净含量（或净含量/规格）：40 克×5；

净含量（或净含量/规格）：5×40 克；

净含量（或净含量/规格）：200 克（5×40 克）；

净含量（或净含量/规格）：200 克（40 克×5）；

净含量（或净含量/规格）：200 克（5 件）；

净含量：200 克　规格：　5×40 克；

净含量：200 克　规格：　40 克×5；

净含量：200 克　规格：　5 件；

净含量（或净含量/规格）：200 克（100 克 + 50 克×2）；

净含量（或净含量/规格）：200 克（80 克×2 + 40 克）；

净含量：200 克　规格：　100 克 + 50 克×2；

净含量：200 克　规格：　80 克×2 + 40 克。

**C.2.4**　同一预包装内含有多件不同种类的预包装食品时，净含量和规格可以有如下标示形式：

净含量（或净含量/规格）：200 克（A 产品 40 克×3，B 产品 40 克×2）；

净含量（或净含量/规格）：200 克（40 克×3，40 克×2）；

净含量（或净含量/规格）：100 克 A 产品，50 克×2 B 产品，50 克 C 产品；

净含量（或净含量/规格）：A 产品：100 克，B 产品：50 克×2，C 产品：50 克；

净含量/规格：100 克（A 产品），50 克×2（B 产品），50 克（C 产品）；

净含量/规格：A 产品 100 克，B 产品 50 克×2，C 产品 50 克。

### C.3　日期的标示

日期中年、月、日可用空格、斜线、连字符、句点等符号分隔，或不用分隔符。年代号一般应标示 4 位数字，小包装食品也可以标示 2 位数字。月、日应标示 2 位数字。

日期的标示可以有如下形式：

2010 年 3 月 20 日；

2010 03 20；　2010/03/20；　20100320；

20 日 3 月 2010 年；3 月 20 日 2010 年；

（月/日/年）：03 20 2010；03/20/2010；03202010。

### C.4　保质期的标示

保质期可以有如下标示形式：

最好在……之前食（饮）用；……之前食（饮）用最佳；……之前最佳；

此日期前最佳……；此日期前食（饮）用最佳……；

保质期（至）……；保质期××个月（或××日，或××天，或××周，或×年）。

## C.5 贮存条件的标示

贮存条件可以标示"贮存条件"、"贮藏条件"、"贮藏方法"等标题，或不标示标题。

贮存条件可以有如下标示形式：

常温（或冷冻，或冷藏，或避光，或阴凉干燥处）保存；

××－××℃保存；

请置于阴凉干燥处；

常温保存，开封后需冷藏；

温度：≤××℃，湿度：≤××％。

# 中华人民共和国国内贸易行业标准

SB/T 10659—2012

# 畜禽产品包装与标识

Packaging and labeling for livestock and poultry product

2012 - 03 - 15 发布/2012 - 06 - 01 实施

中华人民共和国商务部 发布

## 前 言

本标准按照 GB/T 1.1—2009 给出的规定起草。

本标准起草单位：商务部流通产业促进中心、江苏雨润食品产业集团有限公司。

本标准主要起草人：甘泉、金杜胜、胡新颖、方芳、李欢、温晓辉。

# 畜禽产品包装与标识

## 1 范围

本标准规定了畜禽产品包装标识相关的术语和定义、包装要求和标识要求。

本标准适用于屠宰加工厂（场）的鲜、冻畜禽产品的包装与标识。

## 2 规范性引用文件

下列文件对于本文件的应用是必不可少的、凡是注日期的引用文件，仅注日期的版本适用于本文件，凡是不注日期的引用文件，其最新版本（包括所有的修改单）适用于本文件。

GB/T 191 包装储运图示标志

GB 7718 食品安全国家标准　预包装食品标签通则

GB/T 19480 肉与肉制品术语

《定量包装商品计量监督管理办法》（国家质量监督检验检疫总局［2005］第57号令）

《食品标识管理规定》（国家质量监督检验检疫总局［2008］102）

## 3 术语和定义

下列术语和定义适用于本文件。

### 3.1 畜禽产品 livestock and poultry product

猪、牛、羊、鸡、鸭和鹅等畜禽屠宰加工后的胴体、分割产品和可食用副产品。

### 3.2 裸（散）装 nude packaging

未对畜禽产品进行包装防护。

### 3.3 储运包装 transportation packaging

以储存、运输为主要目的，可容纳畜禽产品，起方便储运、加强防护作用的包装。

### 3.4 标识 label

在销售的产品上、产品的包装上、产品的标签上或者随同产品提供的说明性材料上，以书写的、印刷的文字或图形的形式对产品所作的标示。

## 4 包装

### 4.1 基本要求

4.1.1 塑料包装应使用不含氟氯烃化合物（CFS）的发泡聚苯乙烯（EPS）、聚氨酯（PUR）、聚氯乙烯（PVC）的材料，优先使用可重复利用、可回收利用或可降解的包装材料。所有包装材料应符合相关的标准要求。

4.1.2 包装内的产品可视部分应具有整个包装产品的代表性。包装的体积应限制在最低水平，在保证盛装、运输贮存和铺售的功能前提下，应尽量减少材料的使用总量。

4.1.3 畜禽产品包装时，应当按照货源批次进行包装，不得将不同批次的畜禽产品混合包装。

4.1.4 符合规定包装的畜禽产品拆包后直接向消费者销售的，可以不再另行包装。

4.1.5 包装好的畜禽产品应在内、外包装上进行标识。裸装的畜禽产品，应当在胴体、分割体或其他地方附加标识。

4.1.6 储运包装的畜禽产品不得更改原有的生产日期，不得延长保质期限。

4.1.7 不得拆封后重新包装销售。

### 4.2 包装要求

应符合表1的要求。

表1　感官要求

| 项　目 | 指标要求 |
| --- | --- |
| 印刷和标签 | 标识完整；无错贴、倒贴、漏贴；标签粘贴牢固；标识清晰，整体洁净；印刷清晰、整洁、不易脱落 |
| 预包装 | 封口牢固，畜禽产品无泄漏；表面无毛刺，无划伤，无严重凹凸变形；标识清晰，整体洁净 |
| 裸（散）装 | 不得与有毒有害有碍于食品安全的物品接触 |

## 5　标识

### 5.1　基本要求

5.1.1　标识的内容应准确、清晰、显著，文字应使用规范的汉字，可以同时使用拼音、少数民族本字或外文。

5.1.2　标签或标识中的说明或表达方式不应有虚假、误导或欺骗，或可能对任何方面的特性造成错误的印象。

5.1.3　标签或标识中的文字、图示或其他方式的说明或表达不应直接提及或暗示任何可能与该产品造成混淆的其他产品；也不应该误导购买者或消费者。

5.1.4　标识印刷或标示在最小销售单元的畜禽产品包装上，也可以标签的形式粘贴在最小销售单元的畜禽产品包装上。

5.1.5　裸装畜禽产品的标识可直接加盖在畜禽胴体产品上。

5.1.6　直接加盖在畜禽胴体产品上印章色素必须为食品级，其他包装所用的印刷油墨、标签黏合剂应无毒无害，且不可直接接触畜禽产品。

5.1.7　直接接触畜禽产品的包装材料不得涂料、上油等，不应采用油性墨做标记。

### 5.2　内容

#### 5.2.1　裸装畜禽产品标识

5.2.1.1　裸装畜禽产品应标示产品名称、生产者名称、检验检疫标识和生产日期。推荐标示的内容有贮存条件、产品标准代号、产地等。

5.2.1.2　产品名称：片猪肉在臀部和肩胛部加盖含"猪"字样的印章；羊胴体在臀部加盖含"大羊"或"羔羊"或"肥羔"字样的印章；四分体牛肉分别在臀部和肩胛部加盖含"牛"字样的印章。

5.2.1.3　生产者的名称：片猪、片羊及四分体牛肉应在胴体表面加盖生产者的名称。生产者名称应当是依法登记注册、能够承担产品质量责任的生产者的名称。

5.2.1.4　检疫标识：片猪、片羊及四分体牛肉胴体上应加盖"检疫验讫"合格章，畜禽产品检疫标识应保持清晰。

5.2.1.5　生产日期：片猪、片羊及四分体牛肉在臀部和肩胛部（或只臀部）用兽医印戳加盖生产日期，具体样式为："年、月、日"。

5.2.1.6　推荐标示内容可标示在货架上或盛装畜禽产品的器具上。具体标示形式参照 GB 7718 的规定进行。

#### 5.2.2　预包装畜禽产品标识

5.2.2.1　预包装畜禽产品标识应按 GB 7718 的要求进行，同时还应标示检疫标识。

5.2.2.2　产品名称：应在醒目位置清晰的标示符合产品真实属性的专用名称，产品的名称应按 GB/T 19480 的规定。如无规定的名称时，必须使用不便消费者误解或混淆的常用名或俗名。

#### 5.2.2.3　检疫标识

a)应在畜禽产品的包装上清晰可见的醒目位置标示；

b)畜禽产品检疫标识应保持清晰、牢固；

c)畜禽产品检疫标识为一次性使用，不得重复使用。

#### 5.2.3　储运包装标识

储运包装标识的图形符号应符合 GB/T 191 的规定。

#### 5.2.4　其他标示内容

5.2.4.1　生产经营者可采用电子信息技术对畜禽产品进行标识实施可追溯标识者，畜禽产品应标示可追溯标识，利于产品的溯源。

5.2.4.2　名优畜禽产品或者获得其他奖项的畜禽产品，可以标示名优称号或者奖项名称，但应标示全称，注明获奖年份，如有时效，还应标明有效期。具体示方法应符合相关的管理规定。

5.2.4.3　清真畜禽产品可在外包装上注明，具体标示方法应符合相关的管理规定。

5.2.4.4　法律、法规或者食品安全标准规定必须标明的其他事项按相关要求进行标示。

5.2.4.5　按国家相关规定需要特殊审批的畜禽产品，其标识按照相关规定执行。

# 中华人民共和国国内贸易行业标准

SB/T 10396—2011
代替 SB/T 10396—2005

## 生猪定点屠宰厂（场）资质等级要求

Quality level of pig slaughter establishment

2011 -07 -07 发布/2011 -11 -01 实施
中华人民共和国商务部　发布

## 前　言

本标准按照 GB/T 1.1—2009 给出的规则起草。

本标准代替 SB/T 10396—2005《生猪屠宰企业资质等级要求》。

本标准与 SB/T 10396—2005 相比，主要技术变化如下：

——对标准的名称和适用范围进行修订，表示与《生猪屠宰管理条例》用词相一致；

——对资质等级认定制定依据进行了修订；

——规范性引用文件中增加部分新引用标准，删除了 1 个不适用标准；

——对等级划分表示进行了调整，由"★"级修改为用"A"级表示；

——调整了部分资质等级认定依据，其中基本资质修订为基本要求、环境和建设修订为建设和环境、卫生控制修订为质量控制、运输条件修改为产品运输；

——增加了质量控制的管理要求；

——完善了设施设备和加工工艺要求；

——增加了产品检测设施和项目的要求；

——调整了产品贮藏和运输的技术要求。

本标准由中华人民共和国商务部提出并归口。

本标准起草单位：商务部市场秩序司、商务部流通产业促进中心。

本标准主要起草人：向欣、李振中、赵箭、魏华祥、陶宇、金社胜、张新玲、胡新颖、方芳。

本标准所代替标准的历次版本发布情况为：

——SB/T 10396—2005。

# 生猪定点屠宰厂（场）资质等级要求

## 1 范围

本标准规定了生猪定点屠宰厂（场）的资质等级划分及要求。

本标准适用于生猪定点屠宰厂（场）的资质等级划分。

## 2 规范性引用文件

下列文件对于本文件的应用是必不可少的。凡是注日期的引用文件，仅注日期的版本适用于本文件。凡是不注日期的引用文件，其最新版本（包括所有的修改单）适用于本文件。

GB 5749 生活饮用水卫生标准

GB 9959.1 鲜、冻片猪肉

GB/T 9959.2 分割鲜、冻猪瘦肉

GB 13457 肉类加工工业水污染物排放标准

GB 16548 病害动物和病害动物产品生物安全处理规程

GB/T 17236 生猪屠宰操作规程

GB/T 17996 生猪屠宰产品品质检验规程

GB 18406.3—2001 农产品安全质量无公害畜禽肉安全要求

NY/T 909 生猪屠宰检疫规范

SB/T 10571 病害畜禽及其产品焚烧设备

## 3 资质等级认定依据和等级划分

### 3.1 资质等级认定依据

包括基本要求、建设和环境、设施和设备、屠宰与分割工艺、检验检疫、质量控制、产品质量、产品运输等八个方面。

### 3.2 等级划分

根据生猪定点屠宰厂（场）所具备的屠宰加工条件进行等级划分。生猪屠宰厂（场）资质等级用 A 级表示，由低到高分为：A 级、AA 级、AAA 级、AAAA 级、AAAAA 级。

## 4 A 级生猪定点屠宰厂（场）资质等级要求

### 4.1 基本要求

4.1.1 生猪屠宰设计规模应达到 30 头/h 以上。

4.1.2 依法取得生猪定点屠宰证书、工商营业执照、动物防疫条件合格证、排污许可证。

4.1.3 厂区不应兼营、生产、存放有碍肉品安全的产品，不应在生猪屠宰车间内屠宰其他种类的畜禽。

4.1.4 应配备与屠宰加工规模相适应的，经培训考核合格、依法取得健康合格证明的屠宰技术工人和 7 名以上具备中专以上或同等专业水平的肉品品质检验人员。

4.1.5 进厂（场）屠宰的生猪，应当持有生猪产地动物卫生监督机构出具的检疫合格证明。

### 4.2 建设和环境

#### 4.2.1 厂区建设

4.2.1.1 屠宰与分割车间所在厂址应远离供水水源地和自来水取水口，其附近应有城市污水排放管网或允许排入的最终受纳水体。

4.2.1.2 厂址周围应有良好的环境卫生条件。厂区应远离受污染的水体，并应避开产生有害气体、烟雾、粉尘等污染源的工业企业或其他产生污染源的地区或场所。厂址远离水源保护区和饮用水取水口。

4.2.1.3 生产用水水质应符合 GB 5749 规定的要求。

4.2.1.4 厂区应划分为生产区和非生产区。生产区应单独设置生猪与废弃物的出入口，产品和人员出入口应另设，且产品与生猪、废弃物在厂内不得共用一个通道。

4.2.1.5 生产区各车间的布局与设施应满足生产工艺流程和卫生要求。厂内清洁区与非清洁区应严格分开。

4.2.1.6 屠宰清洁区与分割车间不应设置在无害化处理间、废弃物集存场所、污水处理站、锅炉房、煤场等建（构）筑物及场所的主导风向的下风侧，其间距应符合环保、食品卫生以及建筑防火等方面的要求。

#### 4.2.2 环境卫生

**4.2.2.1** 厂区应有围墙，路面、场地应平整、无积水。主要道路及场地应采用混凝土或沥青铺设。

**4.2.2.2** 厂区内建（构）筑物周围、道路的两侧空地应绿化。

**4.2.2.3** 污染物排放应满足 GB 13457 的规定。

**4.2.2.4** 厂内应在远离屠宰与分割车间的非清洁区内设有畜粪、废弃物等的暂时集存场所，其地面、围墙或池壁应便于冲洗消毒。运送废弃物的车辆应密闭，并应配备清洗消毒设施及存放场所。

### 4.3 设施和设备

#### 4.3.1 设施

**4.3.1.1** 生猪接收区应设有车辆清洗、消毒设施和卸猪站台、赶猪道等设施。生猪进厂的入口处应设置与门同宽、长不少于 3.00 m、深 0.10 m～0.15 m，且能排放消毒液的车轮消毒池。

**4.3.1.2** 生猪屠宰应有待宰间、隔离间、屠宰间、急宰间、无害化处理间、检验检疫工作室。

**4.3.1.3** 待宰间建筑面积应在 250m² 以上。

**4.3.1.4** 隔离间的面积不应少于 5.00m²。

**4.3.1.5** 屠宰车间应有赶猪通道、刺杀放血间、烫毛脱毛（剥皮）间、胴体加工间、副产品加工间、寄生虫检疫室等。

**4.3.1.6** 屠宰车间建筑面积应在 420m² 以上，净高不宜低于 5 m。

**4.3.1.7** 急宰间宜设在待宰间的隔离间附近。急宰间如与无害化处理间合建在一起时，中间应设隔墙。

**4.3.1.8** 急宰间、无害化处理间的出入口处应设置便于手推车出入的消毒池。

**4.3.1.9** 屠宰间、急宰间、无害化处理间、卫生间内应设置与生产能力相适应的非手动式洗手、消毒设施。

**4.3.1.10** 在屠宰、急宰、无害化处理等场所，应配备带有 82℃ 热水的供应设施或具有同等消毒效果条件的工具和设备清洗消毒装置。

#### 4.3.2 设备

**4.3.2.1** 应配备猪屠体清洗装置、致昏器、悬挂输送机、浸烫池、脱毛机（或剥皮机）、劈半机等。

**4.3.2.2** 应有病猪或不合格肉品专用轨道及密闭不漏水的专用容器、运输工具和符合 SB/T 10571 规定的病害畜禽焚烧设备。

### 4.4 屠宰工艺

**4.4.1** 生产工艺和操作规程应符合 GB/T 17236 的规定。

**4.4.2** 工艺流程应为生猪验收、静养、喷淋、致昏、刺杀放血、浸烫脱毛（或剥皮）、预干燥、编号、燎毛、清洗抛光、雕圈、开膛、取内脏、去头、去蹄尾、劈（锯）半、摘三腺、修整、分级、整理副产品等。

**4.4.3** 从放血到摘取内脏，不应超过 30 min。全部屠宰过程应不超过 45min。

### 4.5 检验检疫

**4.5.1** 生猪宰前、宰后检验，应符合 GB/T 17996 的规定。

**4.5.2** 生猪宰前、宰后检疫，应符合 NY/T 909 的规定。

**4.5.3** 宰后检验应采用与胴体统一对照编号方法进行。

**4.5.4** 经肉品品质检验合格的片猪肉，应当加盖肉品品质检验合格验讫章，并附具《肉品品质检验合格证》后方可出厂（场）。

**4.5.5** 检验后一般性疾病肉品的处理应按 GB/T 17996 的规定；其他病害猪（肉）处理应符合 GB 16548 的规定。

**4.5.6** 应有克伦特罗、莱克多巴胺、沙丁胺醇等有毒有害物质及水分的快速检测能力。

### 4.6 质量控制

**4.6.1** 应设有相对独立的质量管理部门。

**4.6.2** 建立完善的生猪产品质量安全管理制度和记录。

**4.6.2.1** 应建立生猪进厂（场）检查登记制度、生猪屠宰管理制度、肉品品质检验管理制度、质量追溯管理制度、缺陷产品召回管理制度、信息报送制度。

**4.6.2.2** 应建立宰前检验记录、生猪送宰交接记录、生产记录、宰后检验结果记录、产品销售台账、上岗人员资格培训记录、病害猪（肉）处理通知单、病害猪（肉）无害化处理记录。

**4.6.2.3** 记录保存两年以上。

**4.6.3** 应在屠宰车间显著位置明示生猪屠宰操作工艺流程图和肉品品质检验工序位置图。

**4.6.4** 不合格产品应做标记。

### 4.7 产品质量

**4.7.1** 片猪肉质量应符合 GB 9959.1 的规定。

4.7.2　产品每年应按 GB 9959.1 的质量指标要求，委托有资质的检验机构进行一次以上的检测。

### 4.8　产品运输

4.8.1　生猪和生猪产品的运输应当使用不同的运载工具，运输片猪肉应当使用封闭和设有吊挂设施的专用车辆，不得敞运。

4.8.2　鲜猪肉在常温条件下运输时间不得超过 4h。

## 5　AA 级生猪定点屠宰厂（场）资质等级要求资质条件除符合 A 级外，还应达到以下要求：

### 5.1　基本要求

5.1.1　生猪屠宰设计规模应达到 70 头/h 以上；年生猪屠宰数量应达到 10 万头以上。

5.1.2　肉品检验人员应不少于 9 人。

5.1.3　应有注册商标。

### 5.2　设施和设备

5.2.1　待宰间建筑面积应在 400m² 以上，隔离间面积应在 8m² 以上，屠宰车间建筑面积应在 800m² 以上。

5.2.2　具备与生产相适应的晾肉间或冷却间、冻结间和冷藏间。

5.2.3　预冷间温度 0 ℃~4 ℃，结冻间温度 –23 ℃以下，冷藏间温度 –18℃以下。

5.2.4　应安装温度和湿度自动显示装置。

### 5.3　屠宰工艺

应有晾肉或冷却、冻结、冷藏工艺。

### 5.4　检验检疫

应有实验室，开展肉品中挥发性盐基氮、水分的测定。

### 5.5　质量控制

5.5.1　应有预冷间、冻结间、冷藏间的检查记录。

5.5.2　预冷间、冻结间、冷藏间内不得存放有碍肉品卫生的物品，同一库内不得存放相互污染或串味的食品。

5.5.3　建立并实施食品安全管理体系。

### 5.6　产品运输

5.6.1　冷却肉在 0 ℃~4 ℃条件下运输时间不得超过 12 h，运输设备应能使产品中心温度保持在 7℃以下。

5.6.2　冻猪肉装运前应将产品中心温度降低至 –15℃以下。

## 6　AAA 级生猪定点屠宰厂（场）资质等级要求

资质条件除符合 AA 级外，还应达到以下要求：

### 6.1　基本要求

6.1.1　生猪屠宰设计规模要达到 120 头/h 以上，年生猪屠宰数量应达到 25 万头以上。

6.1.2　不应开展代宰经营活动。

6.1.3　肉品品质检验人员应不少于 12 人。

6.1.4　应有品牌专卖店。

### 6.2　设施和设备

6.2.1　待宰间建筑面积应在 700m² 以上，隔离间面积应在 15m² 以上，屠宰车间建筑面积应在 1 500m² 以上，分割车间建筑面积应在 800m² 以上，分割车间排水坡度不应小于 1.0%。

6.2.2　屠宰车间应有副产品加工间、病猪胴体间，其中病猪胴体间单独设置门直通室外。

6.2.3　屠宰车间应配置活猪输送机、三点式致昏器或二氧化碳致昏器、同步检验装置；采集食用猪血时，应配置中空放血设备。

6.2.4　分割车间应设有预冷间、分割剔骨间、包装间、包装材料间、容器与工具清洗消毒间、空调设备间。分割剔骨间、容器与工具清洗消毒间应配备带有 82℃热水的供应设施或具有同等消毒效果条件的工具和设备清洗消毒装置。

6.2.5　预冷间、结冻间、冷藏间应配备温度、湿度自动控制和记录装置。

### 6.3　分割加工工艺

6.3.1　分割加工应采用以下两种工艺流程

6.3.1.1　原料［二分胴体（片猪肉）］快速冷却→平衡→二分胴体（片猪肉）接收分段→剔骨分割加工→包装入库。

6.3.1.2　原料［二分胴体（片猪肉）］预冷→二分胴体（片猪肉）接收分段→剔骨分割加工→产品冷却→包装入库。

6.3.2　原料［（二分胴体（片猪肉）］先冷却后分割时，原料应冷却到中心温度不高于 7℃时方可进入分割剔骨工序。原料先预冷再分段剔骨分割时，分割肉产品应冷却到7℃时方可进入包装工序。

## 6.4 检验检疫

6.4.1 生猪检验检疫应与屠宰同步进行

6.4.2 分割肉包装物上（或包装箱内）应有肉品品质检验合格标志。

6.4.3 实验室具有开展 GB/T 9959.2 中要求的微生物指标的检测能力。

## 6.5 质量控制

6.5.1 应取得食品安全管理体系认证证书。

6.5.2 应有分割车间生产记录、分割车间产品检验记录。

## 6.6 产品质量

6.6.1 分割肉质量应符合 GB/T 9959.2 的规定。

6.6.2 分割鲜、冻猪瘦肉每年应按 GB/T 9959.2 的指标要求，委托有资质的检验机构进行一次以上的检测。

## 6.7 产品运输

6.7.1 冻猪肉产品运输时间少于12h的，可采用保温车运输；时间超过 12 h 应使用冷藏车辆运输。

6.7.2 应配备冷藏车，并有温度自动调控和记录监控装置。

# 7 AAAA 级生猪定点屠宰厂（场）资质等级要求

资质条件除符合 AAA 级外，还应达到以下要求：

## 7.1 基本要求

7.1.1 生猪屠宰加工设计规模要求达到 300 头/h 以上，年生猪屠宰数量应达到 50 万头以上。

7.1.2 企业屠宰的生猪来自本企业养殖基地场或与生猪养殖场（户）订单的比例应占到 30% 。

7.1.3 应实行信息化管理。

7.1.4 肉品品质检验人员应不少于15 人。

## 7.2 设施和设备

7.2.1 待宰间建筑面积应在 2 000m² 以上，隔离间建筑面积应在 20m² 以上，屠宰车间建筑面积应在 2 000m² 以上，分割车间建筑面积应在 1 500m² 以上。

7.2.2 分割车间应设有分割副产品暂存间。

7.2.3 同步检验装置上的盘、钩，在循环使用中应设有热水消毒装置。

7.2.4 应有隧道式蒸汽烫毛、预干燥机和燎毛炉设备。

## 7.3 检验检疫

实验室具有开展 GB/T 9959.2 中要求的理化指标的检验能力。

## 7.4 质量控制

应采用现代信息技术，建立产品质量安全追溯系统。

## 7.5 产品运输

冷藏运输车应配全程温度及 GPS 定位监控装置。

# 8 AAAAA 级生猪定点屠宰厂（场）资质等级要求

资质条件除符合 AAAA 级外，还应达到以下要求：

## 8.1 基本要求

8.1.1 认定为 AAAA 级三年以上。

8.1.2 年生猪屠宰数量应达到 80 万头以上。

8.1.3 屠宰的生猪来自本企业的养殖基地场和与生猪养殖场（户）的订单生猪的比例应占到 50% 。

8.1.4 获得出口食品生产企业备案。

8.1.5 肉品检验人员应不少于 18 人。

## 8.2 设施和设备

分割车间建筑面积应在 2 000m² 以上。

## 8.3 检验检疫

实验室具有开展 GB 18406.3 中4.2 和4.3 要求的检验能力。

## 8.4 产品质量

产品质量应符合 GB 18406.3 中的规定要求。

二 产品质量

# 中华人民共和国国家标准

GB 9959.1—2001

## 鲜、冻片猪肉

Fresh and frozen demi carcass pork

2001-07-20 发布/2001-12-01 实施
中华人民共和国国家质量监督检验检疫总局　发布

## 前　言

　　本标准的4.4和4.5为强制性条文，其余为推荐性条文。

　　本标准是对 GB/T 9959.1—1988《带皮鲜、冻片猪肉》和 GB/T 9959.2—1988《无皮鲜、冻片猪肉》的修订。考虑到原两个标准只有带皮与无皮的区别，因此在修订时合为一个标准，取名为《鲜、冻片猪肉》。

　　本次修订对理化指标作了两点修改，即产品的挥发性盐基氮指标，由原来的"≤15 mg/100 g"改为"≤20 mg/100 g"，并增加了一项水分限量指标。

　　本标准自实施之日起，同时代替 GB/T9959.1—1988 和 GB/T9959.2—1988。

　　本标准由国家国内贸易局提出。

　　本标准由国家国内贸易局消费品流通司归口。

　　本标准起草单位：中国肉类食品综合研究中心。

　　本标准主要起草人：李气清、薛元力。

# 鲜、冻片猪肉

## 1　范围

本标准规定了鲜、冻片猪肉的术语、技术要求、检验方法、检验规则和标识、贮存、运输。

本标准适用于生猪经屠宰、加工的鲜、冻片猪肉。

## 2　引用标准

下列标准所包含的条文，通过在本标准中引用而构成为本标准的条文。本标准出版时，所示版本均为有效。所有标准都会被修订，使用本标准的各方应探讨使用下列标准最新版本的可能性。

GB/T 5009.17—1996　食品中总汞的测定方法

GB/T 5009.44—1996　肉与肉制品卫生标准的分析方法

GB/T 183942—001　畜禽肉水分限量

（59）农牧伟字第 113 号（59）卫防字第 556 号、（59）检一联字第 231 号和（59）商卫联字第 399 号文《肉品卫生检验试行规程》

## 3　定义

本标准采用下列定义。

### 3.1　片猪肉　demi-carcass pork

将宰后的整只猪胴体沿脊椎中线，纵向锯（劈）成两分体的猪肉。

### 3.2　鲜片猪肉　fresh demi-carcass pork

宰后的片猪肉，经过凉肉，但不经过冷却工艺过程的猪肉。

### 3.3　冷却片猪肉　chilled demi-carcass pork

片猪肉经过冷却工艺过程，其后腿肌肉深层中心温度不高于 4℃，不低于 0℃ 的猪肉。

### 3.4　冷冻片猪肉　frozen demi-carcass pork

片猪肉经过冻结工艺过程，其后腿肌肉深层中心温度不高于 −15℃ 的猪肉。

### 3.5　猪平头　swine head

从齐耳根进刀，直线划至下颌骨，将颈肉在离下巴至 6cm～7cm 处割开，不露脑顶骨的猪头。

## 4　技术要求

### 4.1　原料

4.1.1　生猪应来自非疫区，并持有产地动物防疫监督机构出具的检疫证明。

4.1.2　公、母种猪及晚阉猪不得用于加工鲜、冻片猪肉。

### 4.2　加工

4.2.1　屠宰加工要求（见表1）

表1

| 等级<br>项目 | 一级 | 二级 | 三级 |
|---|---|---|---|
| 放血 | 完全 | 完全 | 完全 |
| 去头和去槽头肉 | 按"平头"规格割下猪头。齐第一颈椎与之垂直直线割去槽头肉和血刀肉 | 按"平头"规格割下猪头。齐第一颈椎与之垂直直线割去槽头肉和血刀肉 | 按"平头"规格割下猪头。齐第一颈椎与之垂直直线割去槽头肉和血刀肉 |
| 去内脏 | 去除全部内脏、护心油、横膈膜和横膈膜肌、脊椎大血管、生殖器官，修净应检部位的非传染病引起的明显异常淋巴结 | 祛除全部内脏、护心油、横膈膜和横膈膜肌、脊椎大血管、生殖器官，修净应检部位的非传染病引起的明显异常淋巴结 | 祛除全部内脏、护心油、横膈膜和横膈膜肌、脊椎大血管、生殖器官，修净应检部位非传染病引起的明显异常淋巴结 |
| 去三腺 | 摘除甲状腺、肾上腺、病变淋巴结 | 摘除甲状腺、肾上腺、病变淋巴结 | 摘除甲状腺、肾上腺、病变淋巴结 |
| 锯（劈）半 | 沿脊椎中线纵向锯（劈）成两分体，应均匀整齐 | 沿脊椎中线纵向锯（劈）成两分体，每片肉整脊椎骨不允许偏差两节 | 沿脊椎中线纵向锯（劈）成两分体，每片肉整脊椎骨不允许偏差三节 |

（续）

| 项目＼等级 | 一级 | 二级 | 三级 |
|---|---|---|---|
| 去蹄 | 前蹄从腕关节，后蹄从跗关节处割断 | 前蹄从腕关节，后蹄从跗关节处割断 | 前蹄从腕关节，后蹄从跗关节处割断 |
| 去尾 | 齐尾根部平行割下 | 齐尾根部平行割下 | 齐尾根部平行割下 |
| 去奶头 | 割净奶头，修净色素沉着物，不带黄汁 | 割净奶头，修净色素沉着物，不带黄汁 | 割净奶头，修净色素沉着物，不带黄汁 |
| 整修 | 臀部和鼠蹊部的黑皮、皱皮和肛门括约肌，以及肉体上的伤痕、破伤、脓疱、皮癣、湿疹、痂皮、皮肤结节、密集红斑和表皮伤斑均应修净。每片猪肉允许表皮修割面积不超过四分之一，内伤修割面积不超过 150cm² | 臀部和鼠蹊部的黑皮和肛门括约肌，以及肉体上的伤痕、暗伤、脓疱、皮癣、湿疹、痂皮、皮肤结节、密集红斑和表皮伤斑均应修净。每片猪肉允许表皮修割面积不超过三分之一，内伤修割面积不超过 200cm² | 臀部和鼠蹊部的黑皮和肛门括约肌，以及肉体上的伤痕、暗伤、脓疱、皮癣、湿疹、痂皮、皮肤结节、密集红斑和表皮伤斑均应修净。每片猪肉允许表皮修割面积不超过三分之一，内伤修割面积不超过 250cm² |
| 去残毛 | 去净残留毛绒，不准带长短毛，每片肉上的密集断毛根（包括绒毛、新生短毛）不超过 64cm²，零星分散断毛根集中相加面积不超过 80cm² | 去净残留毛绒，不准带长短毛，每片肉上的密集断毛根（包括绒毛、新生短毛）不超过 64cm²，零星分散断毛根集中相加面积不超过 100cm² | 去净残留毛绒，不准带长短毛，每片肉上的密集断毛根（包括绒毛、新生短毛）不超过 64cm²，零星分散断毛根集中相加面积不超过 120cm² |
| 冲洗 | 不带浮毛、凝血块、胆污、粪污及其他污染物 | 不带浮毛、凝血块、胆污、粪污及其他污染物 | 不带浮毛、凝血块、胆污、粪污及其他污染物 |
| 其他 | 不允许有烫生、烫老、机损、全身青皮 | 不允许有烫生、烫老、机损、全身青皮 | 不允许有烫生、烫老、机损、全身青皮 |

### 4.2.2 冷加工
4.2.2.1 冷却片着肉，屠宰后 24h 内，其后腿肌肉中心温度不高于 4℃，不低于 0℃。

4.2.2.2 冻片猪肉，冷却后 20h 内，其后腿肌肉中心温度不高于 –15℃。

### 4.3 检验检疫
生猪的屠宰加工应按照（59）农牧伟字第 113 号、（59）卫防字第 556 号、（59）检一联字第 231 号和（59）商卫联字第 399 号文进行宰前、宰后检验检疫和处理。

### 4.4 感官指标
鲜、冻片猪肉感官要求见表 2。

表 2

| 项目 | 鲜片猪肉 | 冻片猪肉（解冻后） |
|---|---|---|
| 色泽 | 肌肉色泽鲜红或深红、有光泽；脂肪呈乳白色或粉白色 | 肌肉有光泽、色鲜红；脂肪呈乳白、无霉点 |
| 弹性（组织状态） | 指压后的凹陷立即恢复 | 肉质紧密、有坚实感 |
| 黏度 | 外表微干或微湿润、不粘手 | 外表及切面湿润、不粘手 |
| 气味 | 具有鲜猪肉正常气味、煮沸后肉汤透明澄清、脂肪团聚于液面，具有香味 | 具有冻猪肉正常气味、煮沸后肉汤透明澄清、脂肪团聚于液面，无异味 |

### 4.5 理化指标
鲜、冻片猪肉理化指标见表 3。

表 3

| 项目 | | 鲜冻片猪肉 |
|---|---|---|
| 挥发性盐基氮，mg/100g | ≤ | 20 |
| 汞（以汞计），mg/kg | ≤ | 0.05 |
| 水分，% | ≤ | 77 |

### 4.6　产品分级

4.6.1　鲜冻片猪肉分为一级、二级和三级。分级以鲜片猪肉的第六、第七肋骨中间平行至第六胸椎棘突前下方、除皮后的脂肪层厚度为准。一级猪肉除规定脂肪层厚度外，还有质量要求。

分级规格见表4。

表4

| 项目 | | 一级 | 二级 | 三级 |
|---|---|---|---|---|
| 脂肪层厚度，cm | | ≤2.0 | 1.0～2.5 | <1.0<br>>2.5 |
| 片肉质量，kg | 带皮 | ≥23 | 不限 | 不限 |
| | 无皮 | ≥21 | | |

4.6.2　鲜片猪肉经冷冻后，其脂肪层允许有以下收缩率，见表5。

表5

| 脂肪层厚度，cm | 允许收缩率，% |
|---|---|
| <1.0 | 10 |
| 1.0～2.5 | 11 |
| 2.5～3.0 | 12 |
| >3.0 | 13 |

## 5　检验方法

### 5.1　感官检验

5.1.1　外形和色泽：目测。

5.1.2　黏度、弹性（组织状态）：手触、目测。

5.1.3　气味：嗅觉检验。

5.1.4　煮沸后的肉汤：按 GB/T 5009.44—1996 中 1.2 条的规定检验。

### 5.2　理化检验

5.2.1　挥发性盐基氮：按 GB/T 5009.44—1996 中 2.1 条的规定测定。

5.2.2　汞：按 GB/T 5009.17 的规定测定。

5.2.3　水分

按 GB 18394—2001 中第 4 章的规定测定。

### 5.3　温度测定

5.3.1　仪器

温度计：使用 ±50℃ 非汞柱普通玻璃温度计或其他测温仪器。

5.3.2　测定

用直径略大于温度计直径的（不得超过 0.1cm）钻头，在后腿部位钻至肌肉深层中心（4cm～6cm），拔出钻头，迅速将温度计插入肌肉孔中，约 3 min 后，平视温度计所示度数。

## 6　检验规则

### 6.1　组批

同一班次，同一品种，同一规格的产品为一批。

### 6.2　抽样

按表6抽取样本。

表6

| 批量范围，片 | 样本数置，片 | 合格判定数 Ac | 不合格判定数 Re |
|---|---|---|---|
| <1 200 | 5 | 0 | 1 |
| 1 201～35 000 | 8 | 1 | 2 |
| ≥35 001 | 13 | 2 | 3 |

从样本中抽取 2 kg 作为型式检验样品，其余样本原封不动进行封存，保留 3 个月备查。

### 6.3　检验

#### 6.3.1　出厂检验

6.3.1.1　每批出厂产品应经检验合格，出具检验证书方能出厂。

6.3.1.2　检验项目为标签、净含量、包装和感官。

6.3.1.3　判定原则按表 5 执行。

#### 6.3.2　型式检验

6.3.2.1　每年至少进行一次。有下列情况之一者，应进行型式检验：

　　a) 更换设备或长期停产再恢复生产时；

　　b) 出厂检验结果与上次型式检验有较大差异时；

　　c) 国家质量监督机构进行抽查时。

6.3.2.2　检验项目为本标准 4.5 和 4.6 中规定的所有项目。

6.3.2.3　判定原则

　　a) 标签、净含量、包装和感官同出厂检验；

　　b) 其他项目如有一项以上（含一项）不合格，应在所抽样本中抽取 2 倍量样品进行复检，以复检结果为准。

## 7　标识、贮存、运输

### 7.1　标识

7.1.1　在每片猪肉的臀部和肩胛部加盖兽医验讫、检验合格和等级印戳，字迹必须清晰整齐。

7.1.2　兽医印戳为圆形，其直径为 5.5cm，刻有企业名称、"兽医验讫"、"年、月、日"、"猪"字样。等级印戳圆形，其直径为 4.5cm，刻有"1"、"2"、"3"字样。

7.1.3　印色须用食品级色素配制。

### 7.2　贮存

7.2.1　冷却片猪肉应吊挂在相对湿度 75%～84%，温度 0℃～1℃的冷却间，肉体之间的距离保持 3 cm～5 cm。

7.2.2　冷冻片猪肉应贮存在相对湿度 95%～100%，温度 -18℃的冷藏间，冷藏间温度一昼夜升降幅度不得超过 1℃。

### 7.3　运输

7.3.1　公路、水路运输应使用符合卫生要求的冷藏车（船）或保温车。

7.3.2　铁路运输应按国家有关规定执行。


### GB 9959.1—2001《鲜、冻片猪肉》第 1 号修改单

本修改单业经国家标准化管理委员会于 2003 年 12 月 12 日以国标委农轻函 [2003] 103 号文批准，自 2004 年 2 月 1 日起实施。

前言部分"本标准的 4.4 和 4.5 为强制性条文，其余为推荐性条文"应改正为"本标准的 4.1、4.5 和 4.6 为强制性条文，其余为推荐性条文"。


### GB 9959.1—2001《鲜、冻片猪肉》
### 国家标准第 2 号修改单

本修改单经国家标准化管理委员会于 2014 年 1 月 14 日批准，自 2014 年 4 月 1 日起实施。

将 GB9959.1—2001《鲜、冻片猪肉》国家标准前言第一段修改为"本标准的 4.1、4.4、4.5 为强制性条文，其余为推荐性条文。"同时废止 GB 9959.1—2001《鲜、冻片猪肉》国家标准第 1 号修改单。

# 中华人民共和国国家标准

GB/T 9959.2—2008
代替 GB 9959.2—2001

## 分割鲜、冻猪瘦肉

Fresh and frozen pork lean, cuts

2008 - 08 - 12 发布/2008 - 12 - 01 实施
中华人民共和国国家质量监督检验检疫总局 中国国家标准化管理委员会 发布

## 前 言

本标准是对 GB 9959.2—2001《分割鲜、冻猪肉》修订。与 GB 9959.2—2001 相比，主要差异如下：

——增加了部分引用标准；

——对 4.6 理化指标作了补充，增加了重金属镉、铅、砷、净含量指标，以及农药、兽药残留指标；

——增加了 4.7 微生物指标。

本标准自实施之日起，代替 GB 9959.2—2001。

本标准由中华人民共和国商务部提出并归口。

本标准起草单位：商务部屠宰技术鉴定中心、临沂新程金锣肉制品有限公司。

本标准主要起草人：张立峰、张季川、张京茂、张新玲、胡新颖。

本标准所代替标准的历次版本发布情况为：

——GB/T 9959.4—1988；

——GB 9959.2—2001。

# 分割鲜、冻猪瘦肉

## 1 范围

本标准规定了分割鲜、冻猪瘦肉的相关术语和定义、技术要求、检验方法、检验规则、标识、贮存和运输。

本标准适用于以鲜、冻片猪肉按部位分割后，加工成的冷却（鲜）或冷冻的猪瘦肉。

## 2 规范性引用文件

下列文件中的条款通过本标准的引用而成为本标准的条款。凡是注日期的引用文件，其随后所有的修改单（不包括勘误的内容）或修订版不适用于本标准，然而，鼓励根据本标准达成协议的各方研究是否可使用这些文件的新版本。凡是不注日期的引用文件，其最新版本适用于本标准。

GB/T 191　包装储运图示标志

GB/T 4789.17　食品卫生微生物学检验　肉与肉制品检验

GB/T 5009.11　食品中总砷及无机砷的测定

GB/T 5009.12　食品中铅的测定

GB/T 5009.15　食品中镉的测定

GB/T 5009.17　食品中总汞及有机汞的测定

GB/T 5009.19　食品中六六六、滴滴涕残留量的测定

GB/T 5009.20　食品中有机磷农药残留量的测定

GB/T 5009.44　肉与肉制品卫生标准的分析方法

GB/T 5009.116　畜禽肉中土霉素、四环素、金霉素残留量的测定（高效液相色谱法）

GB/T 5009.192　动物性食品中克伦特罗残留量的测定

GB/T 5737　食品塑料周转筐

GB/T 6388　运输包装收发货标志

GB/T 6543　瓦楞纸箱

GB 7718　预包装食品标签通则

GB 9683　复合食品包装袋卫生标准

GB 9687　食品包装用聚乙烯成型品卫生标准

GB 9688　食品包装用聚丙烯成型品卫生标准

GB 9959.1　鲜、冻片猪肉

GB 10457　聚乙烯自粘保鲜膜

GB 18394　畜禽肉水分限量

GB/T 20799　鲜、冻肉运输条件

JJF 1070　定量包装商品净含量计量检验规则

SN 0208　出口肉中十种磺胺残留量检验方法

SN 0215　出口禽肉中氯霉素残留量检验方法

定量包装商品计量监督管理办法　国家质量监督检验检疫总局［2005］第75号令

## 3 术语和定义

下列术语和定义适用于本标准。

### 3.1 猪瘦肉　pork lean

每片猪肉按不同部位分割成的去皮、去骨、去皮下脂肪的肌肉。

### 3.2 颈背肌肉　pork boneless boston shoulder

从第五、六肋骨中间斩下的颈背部位的肌肉（简称Ⅰ号肉）。

### 3.3 前腿肌肉　pork boneless picnic shoulder

从第五、六肋骨中间斩下的前腿部位的肌肉（简称Ⅱ号肉）。

### 3.4 大排肌肉　pork loin

在脊椎骨下约4cm～6cm肋骨处平行斩下的脊背部位肌肉（简称Ⅲ号肉）。

### 3.5　后腿肌肉　pork leg

从腰椎与荐椎连接处（允许带腰椎一节半）斩下的后腿部位肌肉（简称Ⅳ号肉）。

## 4　技术要求

### 4.1　品种

分割鲜、冻猪瘦肉分为：颈背肌肉（简称Ⅰ号肉）、前腿肌肉（简称Ⅱ号肉）、大排肌肉（简称Ⅲ号肉）、后腿肌肉（简称Ⅳ号肉）及其精细分割产品。

### 4.2　原料

应符合 GB 9959.1 的要求。

### 4.3　加工

#### 4.3.1　分割

4.3.1.1　分割肉的加工允许有两种剔骨工艺，即冷剔骨和热剔骨。冷剔骨系指片猪肉在冷却后进行分割剔骨。热剔骨系指片猪肉不经冷却过程直接进行分割剔骨。采用热剔骨工艺时，应严格卫生条件，从生猪放血至加工成分割成品肉进入冷却间的时间，不应超过90min。分割间环境温度应≤15℃。

4.3.1.2　分割肉应修割去除伤斑、出血点、碎骨、软骨、血污、淋巴结、脓疱、浮毛及杂质。严重苍白的肌肉及其周围有浆液浸润的组织部分应剔除。

#### 4.3.2　冷加工

4.3.2.1　分割猪瘦肉应在0℃~4℃的环境下，24h 内将肉块中心温度冷却至7℃以下。

4.3.2.2　分割冻猪瘦肉冻结终温，其肌肉深层中心温度不应高于 -15℃。

### 4.4　感官

以符合表1 的规定。

表1　感官要求

| 项　目 | 要　求 |
|---|---|
| 色泽 | 肌肉色泽鲜红、有光泽；脂肪呈乳白色 |
| 组织状态 | 肉质紧密，有坚实感 |
| 气味 | 具有猪肉固有的气味，无异味 |

### 4.5　理化指标

应符合表2 的规定。

表2　理化指标

| 项　目 | | 指　标 |
|---|---|---|
| 水分/% | ≤ | 77 |
| 挥发性盐基氮/（mg/100g） | ≤ | 15 |
| 总汞（以 Hg 计）/（mg/kg） | ≤ | 0.05 |
| 镉（Cd）/（mg/kg） | ≤ | 0.1 |
| 铅（以 Pd 计）/（mg/kg） | ≤ | 0.2 |
| 无机砷（以 As 计）/（mg/kg） | ≤ | 0.05 |
| 六六六/（mg/kg） | ≤ | 0.2 |
| 滴滴涕/（mg/kg） | ≤ | 0.2 |
| 敌敌畏 | ≤ | 不得检出 |
| 金霉素/（mg/kg） | ≤ | 0.1 |
| 四环素/（mg/kg） | ≤ | 0.1 |
| 土霉素/（mg/kg） | ≤ | 0.1 |
| 磺胺类（以磺胺类总量计）/（mg/kg） | ≤ | 0.1 |
| 氯霉素 | | 不得检出 |
| 克伦特罗 | | 不得检出 |

#### 4.6 微生物指标

应符合表3的规定。

表3 微生物指标

| 项 目 | | 指 标 |
|---|---|---|
| 菌落总数/（CFU/g） | ≤ | $1 \times 10^6$ |
| 大肠菌群/（MPN/100g） | ≤ | $1 \times 10^4$ |
| 沙门氏菌 | | 不得检出 |

#### 4.7 净含量

净含量以产品标签或外包装标注为准，允许短缺量应符合《定量包装商品计量监督管理办法》的规定。

## 5 检验方法

#### 5.1 感官检验

5.1.1 色泽：目测。

5.1.2 气味：嗅觉检验。

5.1.3 组织状态：手触、目测。

#### 5.2 理化检验

5.2.1 水分：按 GB 18394 规定的方法测定。

5.2.2 挥发性盐基氮：按 GB/T 5009.44 中规定的方法测定。

5.2.3 总汞：按 GB/T 5009.17 规定的方法测定。

5.2.4 镉：按 GB/T 5009.15 规定的方法测定。

5.2.5 铅：按 GB/T 5009.12 规定的方法测定。

5.2.6 无机砷：按 GB/T 5009.11 规定的方法测定。

5.2.7 六六六、滴滴涕：按 GB/T 5009.19 规定的方法测定。

5.2.8 敌敌畏：按 GB/T 5009.20 规定的方法测定。

5.2.9 金霉素、四环素、土霉素：按 GB/T 5009.116 规定的方法测定。

5.2.10 磺胺类：按 SN 0208 规定的方法测定。

5.2.11 氯霉素：按 SN 0215 规定的方法测定。

5.2.12 克伦特罗：按 GB/T 5009.192 规定的方法测定。

5.2.13 净含量：按 JJF 1070 的规定的方法测定。

#### 5.3 微生物检验

按 GB/T 4789.17 规定的方法测定。

#### 5.4 温度测定

#### 5.4.1 仪器

温度计：使用 ±50℃ 非汞柱普通玻璃温度计或其他测温仪器。

#### 5.4.2 测定

用直径略大于（不得超过0.1cm）温度计直径的钻头，在后腿部位钻至肌肉深层中心约 4cm～6cm，拔出钻头，迅速将温度计插入肌肉口中，约3cm后，平视温度计所示度数。

## 6 检验规则

#### 6.1 组批

同日生产、同一品种、同一规格的产品为一批。

#### 6.2 抽样

6.2.1 样本数量：从同一批产品中随机按表4抽取 2kg 作为检验样品。

6.2.2 样品数量：从样品中随机抽取 2kg 作为检验样品。

表4 抽样表

| 批量范围 | 样本数量/箱 | 合格判定数 $Ac$ | 不合格判定数 $Re$ |
|---|---|---|---|
| < 1 200 | 5 | 0 | 1 |
| 1 201～35 000 | 8 | 1 | 2 |
| > 3 500 | 13 | 2 | 3 |

### 6.3　检验

#### 6.3.1　出厂检验

6.3.1.1　每批出厂产品应经检验合格，出具检验证书方能出厂。

6.3.1.2　检验项目为净含量、感官。

#### 6.3.2　型式检验

6.3.2.1　每半年至少进行一次。有下列之一者，应进行型式检验。

　　a)更换设备或长期停产再恢复生产时；

　　b)出厂检验结果与上次型式检验有较大差异时；

　　c)国家质量监督机构进行抽查时。

6.3.2.2　检验项目为本标准4.4、4.5和4.6中规定的所有项目。

### 6.4　判定规则

6.4.1　检验项目结果全部符合本标准，判为合格品。若有一项或一项以上指标（微生物指标除外）不符合本标准要求时，可在同批产品中加倍抽样进行复检。复验结果合格，则判为合格品，如复验结果中仍有一项或一项以上指标不符合本标准，则判该批次为不合格品。

6.4.2　微生物指标不符合本标准，则判该批次为不合格品，不得复验。

## 7　标识、包装、贮存、运输

### 7.1　标识

7.1.1　产品标签应符合 GB 7718 的要求。

7.1.2　运输包装的标志应符合 GB/T 191、GB/T 6388 的规定。

### 7.2　包装

瓦楞纸箱应符合 GB/T 6543 的规定，塑料包装材料应符合 GB/T 5737、GB 9683、GB 9687、GB 9688、GB 10457及相关法规、标准的规定。

### 7.3　贮存

分割鲜猪瘦肉应贮存在 −1℃ ~4℃的冷藏间，分割冻猪瘦肉应贮存在 −18℃ 以下的冷藏间。冷藏间温度一昼夜升降幅度不得超过1℃。

### 7.4　运输

应符合 GB/T 20799 的规定。

# 中华人民共和国农业行业标准

NY/T 632—2002

# 冷却猪肉
## Chilled pork

2002 - 12 - 30 发布/2003 - 03 - 01 实施
中华人民共和国农业部　发布

## 前　言

本标准由中华人民共和国农业部提出。

本标准起草单位：农业部畜禽产品质量监督检验测试中心、中国农业大学食品学院、杭州肉类食品有限公司、漯河双汇实业集团有限责任公司、大连畜禽屠宰流通管理办公室、大连市农业局、北京国农工贸发展中心。

本标准主要起草人：刘素英、南庆贤、龚海岩、朱杭、邸振久、于凌飞、王玉芬、戴瑞彤、赵宇、蔡英华、李艳华。

本标准由农业部畜禽产品质量监督检验测试中心负责解释。

# 冷却猪肉

## 1　范围

本标准规定了冷却猪肉的术语和定义、技术要求、检验方法、标志、包装、贮存和运输。

本标准适用于生猪经屠宰冷却加工后，按要求生产的半胴体和分割猪肉。

## 2　规范性引用文件

下列文件中的条款通过本标准的引用而成为本标准的条款。凡是注日期的引用文件，其随后所有的修改单（不包括勘误的内容）或修订版均不适用于本标准，然而，鼓励根据本标准达成协议的各方研究是否可使用这些文件的最新版本。凡是不注日期的引用文件，其最新版本适用于本标准。

GB 191　包装储运图示标志

GB/T 4456　包装用聚乙烯吹塑薄膜

GB 4789.2　食品卫生微生物学检验　菌落总数测定

GB 4789.3　食品卫生微生物学检验　大肠菌群测定

GB 4789.4　食品卫生微生物学检验　沙门氏菌检验

GB 4789.5　食品卫生微生物学检验　志贺氏菌检验

GB 4789.10　食品卫生微生物学检验　金黄色葡萄球检验

GB 4789.11　食品卫生微生物学检验　溶血性链球菌检验

GB/T 5009.11　食品中总砷的测定方法

GB/T 5009.12　食品中总铅的测定方法

GB/T 5009.17　食品中总汞的测定方法

GB/T 5009.19　食品中六六六、滴滴涕残留的测定方法

GB/T 5009.20　食品中有机磷农药残留量的测定方法

GB/T 5009.44　肉与肉制品卫生标准的分析方法

GB/T 6388　运输包装收发货标志

GB 7718　食品标签通用标准

GB 9687　食品包装用聚乙烯成型品卫生标准

GB/T 14931.1　畜禽肉中土霉素、四环素、金霉素残留量测定方法

NY/T 468　动物组织中盐酸克伦特罗的测定　气相色谱 – 质谱法

农牧发〔1998〕17 号畜禽肉中磺胺残留量检验方法

## 3　术语和定义

下列术语和定义适用于本标准。

### 3.1　冷却猪肉　chilled pork

生猪经宰前、宰后检验检疫合格。胴体经冷却，其腿部肌肉深层中心温度在 $-1℃ \sim 7℃$。冷却胴体在良好操作规范和良好卫生条件下，在 $10℃ \sim 15℃$ 的车间内进行分割、分切工艺制得的冷却猪肉。

### 3.2　肉眼可见异物　visible foreign material

浮毛、血污、金属、胆汁、碎骨、粪便、胃肠内容物、饲料残留等。

## 4　技术要求

### 4.1　原料

4.1.1　生猪应来自非疫区，并持有产地动物防疫监督机构出具的检疫证明。

4.1.2　不允许种用公、母猪。

### 4.2　加工

经卫生检验合格的猪胴体，再进行加工。

#### 4.2.1　冷却

宰后胴体应在 1h 内进入预冷间，在 24h 内使肉深层中心温度达到 $-1℃ \sim 7℃$。

#### 4.2.2 分割和修整

冷却胴体在良好操作规范和良好卫生条件下，在10℃～15℃的车间内进行分割。刀具、箱框和工作人员的双手应每隔1 h消毒一次。应修去瘀血、血污、伤斑、浮毛、淋巴结、碎骨和其他杂质。

### 4.3 感官指标

感官指标应符合表1的规定。

表1 冷却猪肉感官指标

| 项 目 | 冷却猪肉 |
|---|---|
| 色泽 | 肌肉呈红色，有光泽；脂肪呈乳白色 |
| 组织状态 | 肌纤维致密，坚实，有弹性，指压后凹陷立即恢复；外表微干或微湿润，不粘手 |
| 气味 | 具有鲜猪肉正常气味，无异味 |
| 煮沸后肉汤 | 澄清透明，脂肪团聚于表面，具有猪肉香味 |
| 肉眼可见杂质 | 不得检出 |

### 4.4 理化指标

理化指标应符合表2的规定。

表2 冷却猪肉理化指标

| 项 目 | 指 标 |
|---|---|
| 挥发性盐基氮/（mg/100 g） | ≤15 |
| 汞（以 Hg 计）/（mg/kg） | ≤0.05 |
| 铅（以 Pb 计）/（mg/kg） | ≤0.5 |
| 砷（以 As 计）/（mg/kg） | ≤0.5 |
| 六六六/（mg/kg） | ≤0.2 |
| 滴滴涕/（mg/kg） | ≤0.2 |
| 敌敌畏 | 不得检出 |
| 金霉素/（mg/kg） | ≤0.1 |
| 四环素/（mg/kg） | ≤0.1 |
| 土霉素/（mg/kg） | ≤0.1 |
| 磺胺类（以磺胺类总量计）（mg/kg） | ≤0.1 |
| 盐酸克伦特罗 | 不得检出 |

### 4.5 微生物指标

微生物指标应符合表3规定。

表3 冷却猪肉微生物指标

| 项 目 | | 指 标 |
|---|---|---|
| 菌落总数/（cfu/g） | | $\leqslant 1 \times 10^{6}$ |
| 大肠菌群/（MPN/100 g） | | $\leqslant 1 \times 10^{4}$ |
| 致病菌 | 沙门氏菌 | 不得检出 |
| | 志贺氏菌 | 不得检出 |
| | 金黄色葡萄球菌 | 不得检出 |
| | 溶血性链球菌 | 不得检出 |

## 5 检验方法

### 5.1 感官检验

5.1.1 在自然光下，观察色泽、可见异物，嗅其气味。

5.1.2 组织状态：用手触摸检验。

5.1.3 煮沸后的肉汤：按 GB/T 5009.44 规定方法检验。

### 5.2 理化检验

5.2.1 挥发性盐基氮：按 GB/T 5009.44 规定执行。

5.2.2 汞：按 GB/ 5009.17 规定执行。

5.2.3 铅：按 GB/T 5009.12 规定执行。

5.2.4 砷：按 GB/T 5009.11 规定执行。

5.2.5 六六六、滴滴涕：按 GB/T 5009.19 规定执行。

5.2.6 敌敌畏：按 GB/T 5009.20 规定执行。

5.2.7 四环素、土霉素、金霉素：按 GB/T 14931.1 规定执行。

5.2.8 磺胺类：按农牧发〔1998〕17 号规定执行。

5.2.9 盐酸克伦特罗：按 NY/T 468 规定执行。

### 5.3 微生物指标

5.3.1 菌落总数：按 GB 4789.2 规定执行。

5.3.2 大肠菌群：按 GB 4789.3 规定执行。

5.3.3 沙门氏菌：按 GB 4789.4 规定执行。

5.3.4 志贺氏菌：按 GB 4789.5 规定执行。

5.3.5 金黄色葡萄球菌：按 GB 4789.10 规定执行。

5.3.6 溶血性链球菌：按 GB 4789.11 规定执行。

## 6 标志、包装、贮存和运输

### 6.1 标志

6.1.1 半猪胴体加盖兽医验讫检验合格印章，字迹必须清晰整齐。

6.1.2 内包装标志应符合按 GB 7718 的规定，外包装标志应符合 GB 191 和 GB/T 6388 的规定。

### 6.2 包装

包装材料应符合 GB/T 4456 和 GB 9687 的规定。

### 6.3 贮存

冷却猪肉应贮存在 $-2℃ \sim 4℃$，相对湿度 85% ~90% 的冷却间，产品保质期为 5 天。

### 6.4 运输

应使用卫生要求的专用冷藏车或保温车（船），不应与污染产品的物品混装，运输过程中，产品温度在 7℃ 以下。

# 中华人民共和国国家标准

GB/T 9960—2008
代替 GB/T 9960—1988

# 鲜、冻四分体牛肉

Fresh and frozen beef, quarters

2008 -06 -27 发布/2008 -10 -01 实施
中华人民共和国国家质量技术监督检验检疫局　中国国家标准化管理委员会　发布

## 前　言

本标准代替 GB/T 9960—1988《鲜、冻四分体带骨牛肉》。

本标准与 GB/T 9960—1988 相比主要变化如下：

——对产品术语进行了补充及修改；

——对产品的屠宰加工进行了更细致的要求；

——感官要求中增加了可见异物的要求；

——增加了水分限量指标及检验方法；

——细化了产品理化指标及检验方法；

——增加了农药兽药残留及检验方法；

——增加了微生物指标及检验方法；

——增加了质量分级及评定方法；

——增加了净含量要求及检验方法。

本标准由中华人民共和国商务部提出并归口。

本标准起草单位：商务部屠宰技术鉴定中心、吉林省长春皓月清真肉业股份有限公司、南京农业大学。

本标准主要起草人：胡铁军、何彬、魏玉玲、周光宏、李春保、张新玲、胡新颖。

本标准所代替标准的历次版本发布情况为：

——GB/T 9960—1988。

# 鲜、冻四分体牛肉

## 1　范围

本标准规定了鲜、冻四分体牛肉的相关术语和定义、技术要求、检验方法和检验规则、标志、贮存和运输。

本标准适用于健康活牛经屠宰加工、冷加工后，用于供应市场销售、肉制品及罐头原料的鲜、冻四分体牛肉。

## 2　规范性引用文件

下列文件中的条款通过本标准的引用而成为本标准的条款。凡是注日期的引用文件，其随后所有的修改单（不包括勘误的内容）或修订版均不适用于本标准，然而，鼓励根据本标准达成协议的各方研究是否可使用这些文件的最新版本。凡是不注日期的引用文件，其最新版本适用于本标准。

GB 2707　鲜（冻）畜肉卫生标准

GB/T 2763　食品中农药最大残留限量

GB/T 4789.2　食品卫生微生物学检验　菌落总数测定

GB/T 4789.3　食品卫生微生物学检验　大肠菌群测定

GB/T 4789.4　食品卫生微生物学检验　沙门氏菌检验

GB/T 4789.6　食品卫生微生物学检验　致泻大肠埃希氏菌检验

GB/T 5009.11　食品中总砷及无机砷的测定

GB/T 5009.12　食品中铅的测定

GB/T5009.15　食品中镉的测定

GB/T 5009.17　食品中总汞及有机汞的测定

GB/T 5009.44　肉与肉制品卫生标准的分析方法

GB 12694　肉类加工厂卫生规范

GB 18393　牛羊屠宰产品品质检验规程

GB 18394　畜禽肉水分限量

GB 18406.3　农产品安全质量　无公害畜禽肉安全要求

GB/T19477　牛屠宰操作规程

NY/T 676　牛肉质量分级

JJF 1070　定量包装商品净含量计量检验规则

定量包装商品计量监督管理办法（国家质量监督检验检疫总局〔2005〕第75号令）

动物性食品中兽药最高残留限量（中华人民共和国农业部公告〔2002〕第235号）

## 3　术语和定义

下列术语和定义适用于本标准。

### 3.1　成熟　aging or conditioning

牛屠宰后，胴体在0℃~4℃环境下吊挂存放，肉的pH值回升，嫩度和风味改善的过程。

### 3.2　冷却　chilling

在0℃~4℃的环境下，36 h内将肉块中心温度冷却至7℃以下的工艺过程。

### 3.3　冻结　freezing

肉块冷却后，在-28℃以下48h内使中心温度降至-18℃以下的工艺过程。

### 3.4　二分体牛肉　beef side

将屠宰加工后的整只牛胴体沿脊椎中线纵向锯（劈）成二分体的牛肉。

### 3.5　四分体牛肉　beef quarters

将屠宰加工后的整只牛胴体先沿脊椎中线纵向锯（劈）成二分体，再将两分体横向截成四分体的牛肉。

## 4　技术要求

### 4.1　加工过程卫生要求

肉类加工过程卫生应符 GB 12694 的规定。

197

### 4.2 原料

原料及屠宰加工工艺流程应符合 GB/T 19477 的规定。

### 4.3 质量分级

鲜、冻四分体牛肉的质量等级参照 NY/T 676 的规定进行分级。

### 4.4 冷加工

4.4.1 冷却：活牛胴体经完成屠宰过程以后，在 45 min 以内将牛胴体移入冷却间内进行冷却，库内温度在 0℃ ~ 4℃，相对湿度在 80% ~ 95% 。冷却时间在 24 h ~ 36 h，胴体后腿部、肩胛部深层中心温度不高于 7℃。

4.4.2 冻结：在温度在 -28℃ 以下，速冻库内速冻 36 h，使肉块中心温度达到 -18℃ 以下。

### 4.5 感官

鲜、冻四分体牛肉感官要求应符合表 1 的规定。

表1 鲜、冻四分体牛肉的感官要求

| 项 目 | 鲜牛肉 | 冻牛肉 （解冻后） |
|---|---|---|
| 色泽 | 肌肉有光泽，色鲜红或深红；脂肪呈乳白或淡黄色 | 肌肉色鲜红，有光泽；脂肪呈乳白色或微黄色 |
| 黏度 | 外表微干或有风干膜，不粘手 | 肌肉外表微干，或有风干膜，或外表湿润，不粘手 |
| 弹性（组织状态） | 指压后的凹陷立即恢复 | 肌肉结构紧密，有坚实感，肌纤维韧性强 |
| 气味 | 具有鲜牛肉正常的气味 | 具有牛肉正常的气味 |
| 煮沸后肉汤 | 透明澄清，脂肪团聚于表面，具特有香味 | 澄清透明，脂肪团聚于表面，具有牛肉汤固有的香味和鲜味 |
| 肉眼可见异物 | 不得带伤斑、血点、血污、碎骨、病变组织、淋巴结、脓包、浮毛或其他杂质 | |

### 4.6 理化指标

鲜、冻四分体牛肉理化指标应符合 GB 2707 的规定。

### 4.7 水分限量

鲜、冻四分体牛肉水分限量应符合 GB 18394 的规定。

### 4.8 农药兽药残留限量

4.8.1 鲜、冻四分体牛肉农药残留应符合 GB 2763 的规定。

4.8.2 鲜、冻四分体牛肉兽药残留应符合《动物性食品中兽药最高残留限量》的规定。

### 4.9 微生物指标

鲜、冻分割牛肉微生物指标应符合 GB 18406.3 的规定。

### 4.10 净含量

净含量以产品标签或外包装标注为准，负偏差应符合《定量包装商品计量监督管理办法》的规定。

## 5 检验方法

### 5.1 感官检验

5.1.1 色泽、黏度、弹性（组织状态）、肉眼可见异物

目测、手触鉴别。

5.1.2 气味

嗅觉检验。

5.1.3 煮沸后的肉汤

按 GB/T 5009.44 中规定的方法检验。

### 5.2 理化检验

5.2.1 挥发性盐基氮

按 GB/T 5009.44 规定的方法测定。

5.2.2 铅

按 GB/T 5009.12 规定的方法测定。

5.2.3 砷

按 GB/T 5009.11 规定的方法测定。

### 5.2.4　镉

按 GB/T 5009.15 规定的方法测定。

### 5.2.5　汞

按 GB/T 5009.17 规定的方法测定。

### 5.3　水分含量检验

按 GB 18394 规定的方法测定。

### 5.4　农药兽药残留检验

5.4.1　农药残留：按 GB 2763 规定的方法测定。

5.4.2　兽药残留：按相应国家标准规定的方法测定。

### 5.5　微生物检验

### 5.5.1　菌落总数

按 GB/T 4789.2 检验。

### 5.5.2　大肠菌群

按 GB/T 4789.3 检验。

### 5.5.3　沙门氏菌

按 GB/T4789.4 检验。

### 5.5.4　致泻大肠埃希氏菌

按 GB/T 4789.6 检验。

### 5.6　质量等级评定

鲜、冻四分体牛肉的质量分级应符合 NY/T 676 的规定。

### 5.7　净含量

按 JJF 1070 规定的方法检验。

### 5.8　温度测定

### 5.8.1　仪器

温度计：使用非水银温度计或其他测温仪器。

### 5.8.2　测定

将温度计直接插入肌肉深层中心，或用直径略大于（不得超过 0.1 cm）温度计直径的钻头，在后腿部、肩胛部位钻至肌肉深层中心，拔出钻头，迅速将温度计插入肌肉孔中，约 3 min 后，记录温度计所示度数。

## 6　检验规则

### 6.1　出厂检验

6.1.1　产品出厂前由工厂技术检验部门按本标准逐批检验，并出具质量合格证书方可出厂。

6.1.2　检验项目为感官、挥发性盐基氮、菌落总数、大肠菌群、水分、净含量。

### 6.2　型式检验

一般情况下，型式检验每半年进行一次。有下列情况之一者也需进行型式检验：

a）产品投产时；

b）停产三个月以上恢复生产时；

c）出厂检验结果与上次型式检验有较大差异时；

d）国家质量监督部门提出要求时。型式检验项目为 4.1、4.2、4.3、4.4、4.5、4.7 规定的所有项目。

### 6.3　组批

同日生产、同一品种、同一规格的产品为一批。

### 6.4　抽样

按表 2 抽取样本。

表 2　抽样量及判定规则

| 批量范围/头 | 样本数量/头 | 合格判定数 $Ac$ | 不合格判定数 $Re$ |
|---|---|---|---|
| <1 200 | 5 | 0 | 1 |
| 1 200～35 000 | 8 | 1 | 2 |
| >35 000 | 13 | 2 | 3 |

从全部抽样数量中抽取 2 kg 试样，用于感官、水分、挥发性盐基氮和菌落总数、大肠菌群检验。

## 6.5 判定

6.5.1 检验项目结果全部符合本标准，判为合格品。若有一项或一项以上指标（微生物指标除外）不符合本标准要求时，可以在同批产品中加倍抽样进行复验。复验结果合格，则判为合格品，如复验结果中仍有一项或一项以上指标不符合本标准，则判该批次为不合格品。

6.5.2 若微生物指标不符合本标准，则判该批次为不合格品，不得复验。

# 7 标志、贮存、运输

## 7.1 标志

7.1.1 产品应按照 GB 18393 加盖兽医验讫和等级印戳，字迹应清晰整齐。

7.1.2 用伊斯兰教方法屠宰加工的牛肉，在兽医验讫印戳中应有伊斯兰教方法屠宰加工标记。

7.1.3 产品可追溯信息标记应清晰。

## 7.2 贮存

7.2.1 冷却牛肉应贮存在 0℃ ~4℃ 的条件下。

7.2.2 冻分割牛肉应贮存在低于 -18℃ 的冷藏库内，储存不超过 12 个月。

## 7.3 运输

7.3.1 公路、水路运输应使用符合卫生要求的冷藏车（船）或保温车。市内运输也可使用密封防尘车辆。

7.3.2 铁路运输应按国家有关铁路运输规定执行。

# 中华人民共和国国家标准

GB/T 17238—2008
代替 GB/T 17238—1998

# 鲜、冻分割牛肉

## Fresh and frozen beef，cuts

2008 -06 -27 发布/2008 -10 -01 实施

中华人民共和国国家质量技术监督检验检疫局　中国国家标准化管理委员会　发布

## 前　言

本标准代 GB/T 17238—1998《鲜、冻分割牛肉》

本标准与 GB/T 17238—1998 相比主要变化如下：

——依据 NY/T 676—2003《牛肉质量分级》对分割牛肉的产品名称进行重新命名；

——对产品的冷却、分割、贮藏或冻结进行更细致的要求；

——感官要求中增加了可见异物的要求；

——增加了理化指标及检验方法；

——增加了水分限量指标及检验方法；

——增加了农药兽药残留及检验方法；

——增加了微生物指标及检验方法；

——增加了质量分级及评定方法；

——增加了净含量要求及检验方法。

本标准的附录 A 为资料性附录。

本标准由中华人民共和国商务部提出并归口。

本标准起草单位：商务部屠宰技术鉴定中心、吉林省长春皓月清真肉业股份有限公司、南京农业大学。

本标准主要起草人：胡铁军、何彬、魏玉玲、周光宏、李春保、张新玲、胡新颖。

本标准所代替标准的历次版本发布情况：

——GB/T 17238—1998。

# 鲜、冻分割牛肉

## 1 范围

本标准规定了鲜、冻分割牛肉的相关术语和定义、产品分类、技术要求、检验方法、检验规则、标志、包装、运输和贮存。

本标准适用于鲜、冻带骨牛肉按部位分割、加工的产品。

## 2 规范性引用文件

下列文件中的条款通过本标准的引用而成为本标准的条款。凡是注日期的引用文件，其随后所有的修改单（不包括勘误的内容）或修订版均不适用于本标准，然而，鼓励根据本标准达成协议的各方研究是否可使用这些文件的最新版本。凡是不注日期的引用文件，其最新版本适用于本标准。

GB 2707 鲜（冻）畜肉卫生标准

GB 2763 食品中农药最大残留限量

GB/T 4456 包装用聚乙烯吹塑薄膜

GB/T 4789.2 食品卫生微生物学检验 菌落总数测定

GB/T 4789.3 食品卫生微生物学检验 大肠菌群测定

GB/T 4789.4 食品卫生微生物学检验 沙门氏菌检验

GB/T 4789.6 食品卫生微生物学检验 致泻大肠埃希氏菌检验

GB/T 5009.11 食品中总砷及无机砷的判定

GB/T 5009.12 食品中铅的测定

GB/T 5009.15 食品中镉的测定

GB/T 5009.17 食品中总汞及有机汞的测定

GB/T 5009.44 肉与肉制品卫生标准的分析方法

GB/T 6388 运输包装收发货标志

GB/T 6543 运输包装用单瓦楞纸箱和双瓦楞纸箱

GB 7718 预包装食品标签通则

GB 9681 食品包装用聚氯乙烯成型品卫生标准

GB 9687 食品包装用聚乙烯成型品卫生标准

GB 9688 食品包装用聚丙乙烯成型品卫生标准

GB 9689 食品包装用聚苯乙烯成型品卫生标准

GB 12694 肉类加工厂卫生规范

GB 18394 畜禽肉水分限量

GB 18406.3 农产品安全质量 无公害畜禽肉安全要求

GB/T 19477 牛屠宰操作规程

NY/T 676—2003 牛肉质量分级

JJF 1070 定量包装商品净含量计量检验规则

定量包装商品计量监督管理办法（国家质量监督检验检疫总局［2005］第 75 号令）

动物性食品中兽药最高残留限量（中华人民共和国农业部公告［2002］第 235 号）

## 3 术语和定义

下列术语和定义适用于本标准。

### 3.1 分割牛肉 cut beef

鲜带骨牛肉经剔骨、按部位分割而成的肉块。

### 3.2 里脊 tenderloin

**牛柳** tenderloin

从腰内侧沿耻骨前下方顺着腰椎紧贴横突切下的净肉，即腰大肌。

3.3　**外脊**　striploin

　　**西冷**　striploin

　　从倒数第一腰椎至第 12～13 胸椎切下的净肉，主要为背最长肌。

3.4　**眼肉**　ribeye

　　后端与外脊相连，前端至第 5～6 胸椎间，沿胸椎的棘突与横突之间取出的净肉，主要包括背阔肌、背最长肌、肋间肌。

3.5　**上脑**　high rid

　　后端与眼肉相连，前端至第 1 胸椎处，沿胸椎的棘突与横突之间取出的净肉，主要包括胸背最长肌、肋间肌、斜方肌。

3.6　**辣椒条**　chuck tender

　　位于肩胛骨外侧，从肱骨头与肩胛骨结节处紧贴冈上窝取出的形如辣椒状的净肉，主要包括冈上肌。

3.7　**胸肉**　brisket

　　从胸骨柄沿着胸骨直至剑状软骨，去除胸骨、肋软骨后的部分，位于胸部，主要包括胸深肌、胸浅肌。

3.8　**腹肉**　thin flank

　　从胸椎沿腹壁外侧 8cm～12cm 处并且平行胸椎切断。主要包括 1～13 肋部分，去除肋骨以后的净肉，位于胸腹部，主要包括肋间外肌、肋间内肌、腹外斜肌等。

3.9　**臀肉**　rump

　　**尾龙扒**　rump

　　位于后腿外侧靠近股骨一端，沿着臀股四头肌边缘下的净肉，主要包括臀中肌、臀伸肌、骨阔筋膜张肌。

3.10　**米龙**　topside

　　**针扒**　topside

　　沿骨头内侧从臀股二头肌与臀股四头肌边缘区下的净肉，位于后腿内侧，主要包括半膜肌、股薄肌等。

3.11　**牛霖**　knuckle

　　**膝圆**　knuckle

　　位于股骨前面及两侧，被阔筋膜张肌覆盖，即沿着股骨直至膝盖骨，取下的一块近似椭圆形的一块净肉，主要是臀肌四头肌。

3.12　**小黄瓜条**　eye round

　　主要是半腱肌，位于臀部，沿臀股二头肌边缘取下的形如管状的净肉。

3.13　**大黄瓜条**　outside plat

　　**烩扒**　outside plat

　　只要是臀股二头肌，位于后腿外侧，沿半腱肌股骨边缘取下的长而宽大的净肉。

3.14　**腱子肉**　shin shank

　　前牛腱位于前小腿处，主要包括腕桡侧深肌、腕外侧屈肌等，从肱骨与桡骨结节处剥离桡骨、尺骨以后，取下的净肉。后牛腱位于后小腿处，主要是腓骨长肌、趾深屈肌、腓肠肌、胫骨前肌等，从胫骨与股骨结节处剥离胫骨以后取下的净肉。

## 4　产品分类

　　按加工工艺分为鲜分割牛肉、冻分割牛肉。

## 5　技术要求

### 5.1　原料

　　鲜、冻分割牛肉的原料应符合 GB/T 19477 的规定。

### 5.2　加工

5.2.1　屠宰加工及卫生要求　屠宰加工规范及卫生要求应符合 GB 12694 的规定。

5.2.2　冷却、分割、贮藏或冻结要求

5.2.2.1　胴体冷却牛经屠宰放血后应在 45min 内移入冷却间在内进行冷却。胴体之间的间距不应小于 10cm。预冷间温度在 0℃～4℃ 之间，相对湿度在 80%～95%。在 36h 内使胴体后腿部、肩胛部中心温度降至 7℃ 以下。

5.2.2.2　质量分级

　　鲜、冻分割牛肉的质量分级应符合 NY/T 676 的规定。

**5.2.2.3 分割**

**5.2.2.3.1** 应确保分割间温度保持在12℃以下。分割部位肉图参见附录A。

**5.2.2.3.2** 修整：修整应平直持刀，保持肌膜、肉块完整，肉块上下不得带伤斑、血瘀、血污、碎骨、软骨、病变组织、淋巴结、脓包、浮毛或其他杂质。

**5.2.2.4 贮藏或冻结**

**5.2.2.4.1** 贮藏：分割肉块应在0℃~4℃、相对湿度80%~95%的贮藏间贮藏。

**5.2.2.4.2** 冻结：分割肉块应在-28℃以下48h内，使肉块的中心温度达到-28℃以下。

**5.3 感官**

鲜、冻分割牛肉的感官要求挺符合表1的规定。

**5.4 理化指标**

鲜、冻分割牛肉理化指标应符合GB 2707的规定。

表1 鲜、分割牛肉的感官要求

| 项 目 | 鲜牛肉 | 冻牛肉（解冻后） |
|---|---|---|
| 色泽 | 肌肉有光泽，色鲜红或深红；脂肪呈乳白或淡黄色 | 肌肉色鲜红，有光泽；脂肪呈乳白色或微黄色 |
| 黏度 | 外表微干或有风干膜，不粘手 | 肌肉外表微干或有风干膜、或外表湿润，不粘手 |
| 弹性（组织状态） | 指压后的凹陷可恢复 | 肌肉结构紧密，有坚实感，肌纤维韧性强 |
| 气味 | 具有鲜牛肉正常的气味 | 具有牛肉正常的气味 |
| 煮沸后的肉汤 | 透明澄清，脂肪团聚于表面，具特有香味 | 澄清透明，脂肪团聚于表面，具有牛肉汤固有的香味鲜味 |
| 肉眼可见异物 | 不得带伤斑、血瘀、血污、碎骨、病变组织、淋巴结、脓包、浮毛或其他杂质 | |

**5.5 水分限量**

鲜、冻分割牛肉水分限量应符合GB 18394的规定。

**5.6 农药兽药残留限量**

**5.6.1** 鲜、冻分割牛肉农药残留应符合GB 2763的规定。

**5.6.2** 鲜、冻分割牛肉兽药残留应符合《动物性食品中兽药最高残留限量》的规定。

**5.7 微生物指标**

鲜、冻分割牛肉微生物指标应符合GB 18406.3的规定。

**5.8 净含量**

净含量以产品标签或外包装标注为准，负偏差应符合《定量包装商品计量监督管理办法》的规定。

# 6 检验方法

**6.1 感官检验**

**6.1.1 色泽、组织状态、黏性、肉眼可见异物**

目测、手触鉴别。

**6.1.2 气味**

嗅觉鉴别。

**6.1.3 煮沸后肉汤**

按GB/T 5009.444规定的方法检验。

**6.2 理化检验**

**6.2.1 挥发性盐基氮**

按GB/T 5009.44规定的方法测定。

**6.2.2 铅**

按GB/T 5009.12规定的方法测定。

**6.2.3 砷**

按GB/T 5009.11规定的方法测定。

**6.2.4 镉**

按GB/T 5009.15规定的方法测定。

**6.2.5 汞**

按GB/T 5009.17规定的方法测定。

### 6.3 水分含量检验

按 GB 18394 规定的方法测定。

### 6.4 农药兽药残留检验

**6.4.1** 农药残留：按 GB 2763 规定的方法测定。

**6.4.2** 兽药残留：按相应家标准规定的方法测定。

### 6.5 微生物检验

#### 6.5.1 菌落总数

按 GB/T 4789.2 规定的方法检验。

#### 6.5.2 大肠菌群

按 GB/T 4739.3 规定的方法检验。

#### 6.5.3 沙门氏菌

按 GB/T 4789.4 规定的方法检验。

#### 6.5.4 致泻大肠埃希氏菌

按 GB/T 4789.6 规定的方法检验。

### 6.6 质量等级评定

按 NY/T 676—2008 中附录 E 判断。

### 6.7 净含量

按 JJF 1070 规定的方法检验。

## 7 检验规则

### 7.1 出厂检验

**7.1.1** 产品出厂前由工厂技术检验部按本标准逐批检验，并出具质量合格证书方可出厂。

**7.1.2** 检验项目为感官、挥发性盐基氮、菌落总数、大肠菌群、水分、净含量。

### 7.2 型式检验

**7.2.1** 一般情况下，型式检验每半年进行一次。有下列情况之一者也需要进行型式检验。

    a) 产品投产时；

    b) 停产三个月以上恢复生产时；

    c) 出厂检验结果与上次型式检验有较大差异时；

    d) 国家质量监督部门提出要求时。

### 7.3 组批

同一班次、同一种类的产品为一批。

### 7.4 抽样

**7.4.1** 从成品库中码放产品的不同部位，按表 2 规定的数量抽样。

表 2　抽样数量及判定规则

| 批量范围/箱 | 样本数量/箱 | 合格判定数 $Ac$ | 不合格判定数量 $Re$ |
| --- | --- | --- | --- |
| <1 200 | 5 | 0 | 1 |
| 1 200~2 500 | 8 | 1 | 2 |
| >2 500 | 13 | 2 | 3 |

从全部抽样数量中取 2kg 试样，用于感官、水分、挥发性盐基氮和菌落总数、大肠菌群检验。

**7.4.2** 判定规则：按 5.3、5.4、5.5、5.6、5.7、5.8 和表 2 判定产品。

**7.4.3** 复检规则：经检验某项指示不符合本标准规定时。可加倍抽样复检、复检后有一项指标不符合本标准。则判定为不合格产品。

## 8 标志、包装、运输和贮存

### 8.1 标志

**8.1.1** 内包装标志应符合 GB 7718 的规记，外包装标志应符合 GB/T 6388 的规定。

**8.1.2** 按伊斯兰教风俗屠宰、加工的分割牛肉，应在包装箱上注明。

8.1.3　产品可追溯信息标记应清晰。

## 8.2　包装

8.2.1　内包装材料应符合 GB/T 4456、GB 9681、GB 9687、GB 9688 和 GB 9689 的规定。

8.2.2　外包装材料应符合 GB/T 6543 的规定。包装应完整、牢固、底部应封牢、箱外用塑料带捆扎牢固。

8.2.3　包装箱内肉块应排列整齐，每箱内肉块大小应均匀。定量包装箱内允许有一小块补加肉。

## 8.3　运输

使用符合卫生要求的冷藏车或保温车（船）。市内运输时使用封闭、防尘车辆。

## 8.4　贮存

8.4.1　鲜分割牛肉应贮存在0℃~4℃的条件下。

8.4.2　冻分割牛肉应贮存在低于-18℃的冷藏库内，贮存不超过12个月。

**附录 A**
**（资料性附录）**
**鲜、冻分割牛肉分割部位图**

鲜、冻分割牛肉分割部位图见图 A.1。

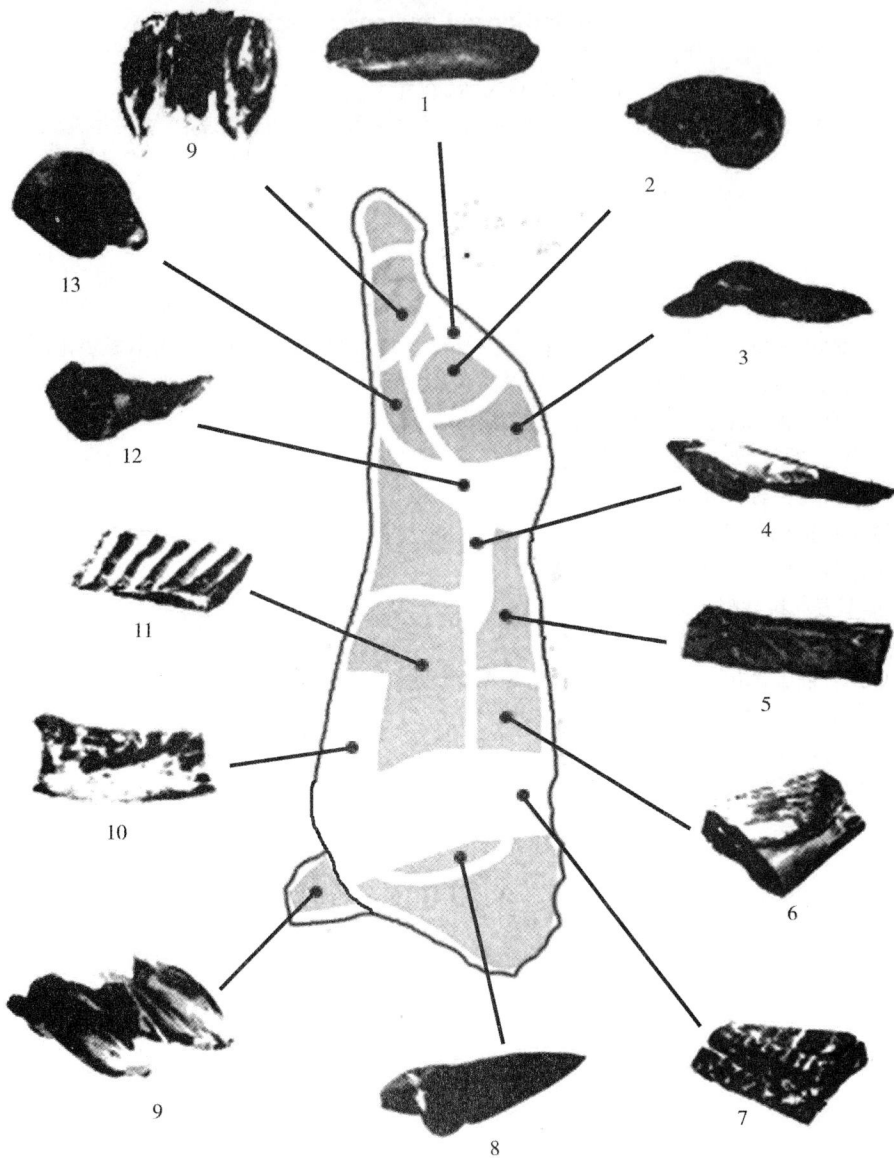

| | | |
|---|---|---|
| 1——小黄瓜条（eye round） | 6——眼肉（ribeye） | 11——腹肉（thin flank） |
| 2——米龙（topside） | 7——上脑（high rib） | 12——臀肉（rump） |
| 3——大黄瓜条（outside plat） | 8——辣椒条（chuck tender） | 13——牛霖（knuckle） |
| 4——里脊（tenderloin） | 9——腱子肉（shin；shank） | |
| 5——外脊（striploin） | 10——胸肉（brisket） | |

图 A.1 鲜、冻分割牛肉分割部位图

# 中华人民共和国国家标准

GB/T 9961—2008
代替 GB 9961—2001

## 鲜、冻胴体羊肉

Fresh and frozen mutton carcass

2008 -08 -12 发布/2008 -12 -01 实施
中华人民共和国国家质量技术监督检验检疫局　中国国家标准化管理委员会　发布

## 前　言

本标准是对 GB 9961—2001《鲜、冻胴体羊肉》的修订，与 GB 9961—2001 相比主要变化如下：

——产品品种明确了带皮胴体羊肉、去皮胴体羊肉；增加了大羊肉、羔羊肉、肥羔羊；

——对产品等级划分提出了更细致的要求；

——感官要求中增加了冷却羊肉的要求；

——细化了产品理化指标及检验方法；

——增加了微生物指标及检验方法。

本标准自实施之日，同时代替 GB 9961—2001。

本标准的附录 A 为资料性附录。

本标准由中华人民共和国商务部提出并归口。

本标准起草单位：商务部屠宰技术鉴定中心、江苏雨润食品产业集团有限公司。

本标准主要起草人：闵成军、胡新颖、张新玲。

本标准所代替标准的历次版本发布情况为：

——GB/T 9961—1988；

——GB 9961—2001。

# 鲜、冻胴体羊肉

## 1　范围

本标准规定了鲜、冻胴体羊肉的相关术语和定义、技术要求、检验方法、检验规则、标识和标签、贮存及运输。

本标准适用于健康活羊经屠宰加工、检验检疫的鲜、冻胴体羊肉。

## 2　规范性引用文件

下列文件中的条款通过本标准的引用而成为本标准的条款。凡是注日期的引用文件，其随后所有的修改单（不包括勘误的内容）或修订版均不适用于本标准，然而，鼓励根据本标准达成协议的各方研究是否可使用这些文件的最新版本。凡是不注日期的引用文件，其最新版本适用于本标准。

GB/T 191　包装储存图示标志

GB/T 4789.2　食品卫生微生物学检验　菌落总数测定

GB/T 4789.3　食品卫生微生物学检验　大肠菌群测定

GB/T 4789.4　食品卫生微生物学检验　沙门氏菌检验

GB/T 4789.5　食品卫生微生物学检验　志贺氏菌检验

GB/T 4789.6　食品卫生微生物学检验　致泻大肠埃希氏菌检验

GB/T 4789.10　食品卫生微生物学检验　金黄色葡萄球菌检验

GB/T 5009.11　食品中总砷及无机砷的测定

GB/T 5009.12　食品中铅的测定

GB/T 5009.15　食品中镉的测定

GB/T 5009.17　食品中总汞及有机汞的测定

GB/T 5009.19　食品中六六六、滴滴涕残留量的测定

GB/T 5009.20　食品中有机磷农药残留量的测定

GB/T 5009.33　食品中亚硝酸盐与硝酸盐的测定

GB/T 5009.44　肉与肉制品卫生标准的分析方法

GB/T 5009.108　畜禽肉中己烯雌酚的测定

GB/T 5009.123　食品中铬的测定

GB/T 5009.192　动物性食品中克伦特罗残留量的测定

GB 7718　预包装食品标签通则

GB 12694　肉类加工厂卫生规范

GB/T 17237　畜类屠宰加工通用技术条件

GB 16548　病害动物和病害动物产品生物安全处理规程

GB 18393　牛羊屠宰产品品质检验规程

GB 18394　畜禽肉水分限量

GB/T 20575　鲜、冻肉生产良好操作规范

GB/T 20755—2006　畜禽肉中九种青霉素类药物残留量的测定　液相色谱－串联质谱法

GB/T 20799　鲜、冻肉运输条件

JJF 1070　定量包装商品净含量计量检验规则

SN 0208　出口肉中十种磺胺残留量检验方法

SN 0341　出口肉及肉制品氯霉素残留量检验方法

SN 0343　出口禽肉中溴氰菊酯残留量检验方法

SN 0349　出口肉及肉制品中左旋咪唑残留量检验检疫方法气相色谱法

定量包装商品计量监督管理办法　国家质量监督检验检疫总局〔2005〕第 75 号令

肉与肉制品卫生管理办法　卫生部令第 5 号

## 3 术语和定义

下列属于和定义适用于本标准。

### 3.1 羔羊 lamb

生长期在 4 月龄 ~12 月龄之间，未长出永久钳齿的活羊。

### 3.2 肥羔羊 fat lamb

生长期在 4 月龄 ~6 月龄之间，经快速育肥的活羊。

### 3.3 大羊 mutton

生长期在 12 月龄以上并已换一对以上乳齿的活羊。

### 3.4 胴体重量 carcass weight

宰后去毛（去皮）、头、蹄、尾、内脏及体腔内全部脂肪后，在温度 0℃ ~4℃、湿度 80% ~90% 的条件下放置 30min 的羊个体重量。

### 3.5 肥度 fatness

胴体外表脂肪分布与肌肉断面所呈现的脂肪沉积程度。

### 3.6 膘厚 fat thickness

胴体 12 肋 ~13 肋间垂直肌横轴外二分之一处胴体脂肪厚度。

### 3.7 肉厚 rib thickness

胴体 12 肋 ~13 肋间，距背中线 11cm 自然长度处胴体肉厚度。

### 3.8 肌肉度 muscle development

胴体各部位呈现的肌肉丰满程度。

### 3.9 生理成熟度 maturity

胴体骨骼、软骨、肌肉生理发育成熟程度。

### 3.10 肉脂色泽 muscle and fat color

羊胴体的瘦肉外部与断面色泽状态以及羊胴体表层与内部沉积脂肪的色泽状态。

### 3.11 羊脂硬度 muscle and fat firmness

羊胴体腿、背和侧腹部肌肉和脂肪的硬度。

### 3.12 胴体羊肉 mutton carcass

活羊经屠宰放血后，去毛（去皮）、头、蹄、尾和内脏的躯体。

### 3.13 鲜胴体羊肉 fresh mutton carcass

未经冷却加工的胴体羊肉。

### 3.14 冷却胴体羊肉 chill mutton carcass

经冷却加工，其后腿肌肉深层中心温度不高于 4℃ 的胴体羊肉。

### 3.15 冻胴体羊肉 frozen mutton carcass

经冻结加工，其后腿肌肉深层中心温度不高于 −15℃，并在 −18℃ 以下贮存的胴体羊肉。

## 4 技术要求

### 4.1 原料

活羊应来自非疫区，并持有产地动物防疫监督机构出具的检疫合格证明。活羊养殖环境，养殖过程中疫病防治、饲料、饮水、兽药与免疫品应执行国家相关规定，不应使用国家禁用兽药及其化合物。

### 4.2 加工

#### 4.2.1 生产加工条件

应符合 GB 12694、GB/T 17237、GB/T 20575 的规定。

#### 4.2.2 待宰

按 GB/T 20575 的规定进行。

#### 4.2.3 屠宰加工

4.2.3.1 应放血完全，食用血应用安全卫生的方法采集。

4.2.3.2 应剥皮（或烫毛），去头、蹄、内脏（肾脏除外）、大血管、乳房和生殖器。

4.2.3.3 皮下脂肪或肌膜应保持完整。

4.2.3.4 应去三腺（甲状腺、肾上腺、病变淋巴结）。

**4.2.3.5** 应修割整齐、冲洗干净；应无病变组织、伤斑、残留小片毛皮、浮毛，无粪污、泥污、胆污、无凝血块。

**4.2.4 冷却、冷冻加工**

**4.2.4.1** 冷却胴体羊肉，冷却间温度为 0℃ ~4℃，经 10h 冷却后，后腿深层中心温度不高于 7℃。

**4.2.4.2** 冻胴体羊肉，冻结间温度不得高于 -28℃，冻结 24 h 后腿深层中心温度不高于 -15℃。

**4.2.5 特殊屠宰**

屠宰供应少数民族使用的畜类产品的屠宰厂（场）在保证其卫生质量的前提下，要尊重民族风俗习惯；使用祭牲法宰杀放血时，应设置使活畜仰卧固定装置。

**4.3 感官**

鲜、冻胴体羊肉的感官要求见表 1。

表 1 鲜、冻胴体羊肉的感官要求

| 项 目 | 鲜羊肉 | 冷却羊肉 | 冻羊肉 （解冻后） |
|---|---|---|---|
| 色泽 | 肌肉色泽浅红，鲜红或褐红，有光泽；脂肪呈乳白色，淡黄色或黄色。 | 肌肉红色均匀，有光泽；脂肪呈乳白色、淡黄色或黄色。 | 肌肉有光泽，色泽鲜艳；脂肪呈乳白色、淡黄色或黄色。 |
| 组织状态 | 肌纤维致密，有韧性，富有弹性。 | 肌纤维致密、坚实，有弹性，指压后凹陷立即恢复。 | 肉质紧密，有坚实感，肌纤维有韧性。 |
| 黏度 | 外表微干或有风干膜，切面湿润，不粘手。 | 外表微干或有风干膜，切面湿润，不粘手。 | 表面微湿润，不粘手。 |
| 气味 | 具有新鲜羊肉固有气味，无异味。 | 具有新鲜羊肉固有气味，无异味。 | 具有羊肉正常气味，无异味。 |
| 煮沸后肉汤 | 透明澄清，脂肪团聚于液面，具特有香味。 | 透明澄清，脂肪团聚于表面，具特有香味。 | 透明澄清，脂肪团聚于液面，无异味。 |
| 肉眼可见杂质 | 不得检出。 | 不得检出。 | 不得检出。 |

**4.4 理化指标**

鲜、冻胴体羊肉的理化指标要求见表 2。

表 2 鲜、冻胴体羊肉的理化指标要求

| 项 目 | | 指 标 |
|---|---|---|
| 水分/% | ≤ | 78 |
| 挥发性盐基氮/（mg/100g） | ≤ | 75 |
| 总汞（以 Hg 计） | | 不得检出 |
| 无机砷（mg/kg） | ≤ | 0.05 |
| 镉（Cd）/（mg/kg） | ≤ | 0.1 |
| 铅（Pb）/（mg/kg） | ≤ | 0.2 |
| 铬（以 Gr 计）/（mg/kg） | ≤ | 0.1 |
| 亚硝酸盐（以 NaO$_2$ 计）/（mg/kg） | ≤ | 3 |
| 敌敌畏/（mg/kg） | ≤ | 0.05 |
| 六六六（再残留限量）/（mg/kg） | ≤ | 0.2 |
| 滴滴涕（再残留限量）/（mg/kg） | ≤ | 0.2 |
| 溴氰菊酯/（mg/kg） | ≤ | 0.03 |
| 青霉素/（mg/kg） | ≤ | 0.05 |
| 左旋咪唑/（mg/kg） | ≤ | 0.10 |
| 磺胺类（以磺胺类总量计）/（mg/kg） | ≤ | 0.10 |
| 氯霉素 | | 不得检出 |
| 克伦特罗 | | 不得检出 |
| 己烯雌酚 | | 不得检出 |

#### 4.5 微生物指标

鲜、冻胴体羊肉的微生物指标要求见表3。

表3 鲜、冻胴体羊肉的微生物指标要求

| 项 目 | | 指 标 |
|---|---|---|
| 菌落总数/（CFU/g） | ≤ | $5 \times 10^5$ |
| 大肠菌群/（MPN/100g） | ≤ | $1 \times 10^3$ |
| 致病菌 | 沙门氏菌 | 不得检出 |
| | 志贺氏菌 | 不得检出 |
| | 金黄色葡萄球菌 | 不得检出 |
| | 致泻大肠埃希氏菌 | 不得检出 |

#### 4.6 净含量

净含量以产品标签或外包装标注为准，允许短缺量应符合《定量包装商品计量监督管理办法》的规定。

#### 4.7 生产加工过程卫生要求

应符合 GB 12694《肉与肉制品卫生管理办法》、GB/T 20575 的要求。

#### 4.8 产品品种、规格

4.8.1 鲜、冻胴体羊肉的品种根据羊种类分为绵羊肉和山羊肉。

4.8.2 鲜、冻胴体羊肉的品种根据带皮与否分为带皮和去皮胴体羊肉。

4.8.3 鲜、冻胴体羊肉根据屠宰时的羊的年龄状况分为大羊肉、羔羊肉、肥羊肉。

4.8.4 鲜、冻胴体羊肉可根据感官质量状况进行分级，具体参见附录 A。

## 5 检验方法

#### 5.1 感官检验

5.1.1 色泽：目测。

5.1.2 组织状态、黏度：手触、目测。

5.1.3 气味：嗅觉检验。

5.1.4 煮沸后肉汤：按 GB/T 5009.44 的规定进行检验。

5.1.5 肉眼可见杂质：目测。

5.2 水分：按 GB 18394 的规定进行测定。

5.3 挥发性盐基氮：按 GB/T 5009.44 的规定进行测定。

5.4 总汞：按 GB/T 5009.17 的规定进行测定。

5.5 无机砷：按 GB/T 5009.11 的规定进行测定。

5.6 镉：按 GB/T 5009.15 的规定进行测定。

5.7 铅：按 GB/T 5009.12 的规定进行测定。

5.8 铬：按 GB/T 5009.123 的规定进行测定。

5.9 亚硝酸盐：按 GB/T 5009.33 的规定进行测定。

5.10 敌敌畏：按 GB/T 5009.20 的规定进行测定。

5.11 六六六、滴滴涕：按 GB/T 5009.19 的规定进行测定。

5.12 溴氰菊酯：按 SN 0343 的规定进行测定。

5.13 青霉素：按 GB/T 20755 的规定进行测定。

5.14 左旋咪唑：按 SN 0349 的规定进行测定。

5.15 磺胺类：按 SN 0208 的规定进行测定。

5.16 氯霉素：按 SN 0341 的规定进行测定。

5.17 克伦特罗：按 GB/T 5009.192 的规定进行测定。

5.18 己烯雌酚：按 GB/T 5009.108 的规定进行测定。

5.19 菌落总数：按 GB/T 4789.2 规定的方法检验。

5.20 大肠菌群：按 GB/T 4789.3 的规定进行检验。

5.21 沙门氏菌：按 GB/T 4789.4 的规定进行检验。

5.22　志贺氏菌：按 GB/T 4789.5 的规定进行检验。

5.23　金黄色葡萄球菌：按 GB/T 4789.10 的规定进行检验。

5.24　致泻大肠埃希氏菌：按 GB/T 4789.6 的规定进行检验。

5.25　净含量：按 JJF 1070 的规定进行检验。

5.26　温度测定

使用 ±50℃ 非汞柱普通玻璃温度计或其他测温仪器，用直径略大于温度计直径的（不得超过 0.1cm）钻头，在后腿部位钻至肌肉深层中心（4cm ~ 6cm），拔出钻头，迅速将温度计插入肌肉孔中，约 3min 平视温度计所示度数。

## 6　检验规则

6.1　产品出厂前，应由生产企业的检验部门按本标准规定进行检验。检验合格并出具合格证书后，方可出厂。

6.2　**组批**

同一班次、同一品种、同一规格的产品为一批。

6.3　**抽样**

按表4抽取样本。

表4　抽样量及判定原则

| 批量范围/头 | 样本数量/头 | 合格判定数 $Ac$ | 不合格判定数 $Re$ |
|---|---|---|---|
| < 1 200 | 5 | 0 | 1 |
| 1 200 ~ 35 000 | 8 | 1 | 2 |
| > 35 000 | 13 | 2 | 3 |

从样品中抽取 2kg 作为检验样品，其余样本原封不动进行封存，保留 3 个月备查。

6.4　**本产品检验分为出厂检验和型式检验**

6.4.1　出厂检验

6.4.1.1　每批出厂产品经检验合格，出具检验证书方可出厂。

6.4.1.2　检验项目为标签、感官、净含量（定量包装商品）和水分。

6.4.2　型式检验

6.4.2.1　一般情况下，型式检验每半年进行一次。有下列情况之一者也需进行型式检验：

　　a) 产品投产时；

　　b) 停产三个月以上恢复生产时；

　　c) 出厂检验结果与上次型式检验有较大差异时；

　　d) 国家质量监督部门提出要求时。

6.4.2.2　型式检验项目为本标准中 4.4、4.5、4.6、4.7 规定的项目。

6.5　**判定**

6.5.1　检验项目结果全部符合本标准，判为合格品。若有一项或一项以上指标（微生物指标除外）不符合本标准要求时，可以在同批产品中加倍抽样进行复验。复验结果合格，则判为合格品。如复验结果中仍有一项或一项以上指标不符合本标准，则判该批次为不合格产品，不得复验。

## 7　标志和标签

7.1　鲜、冻胴体羊肉的标志和标签应符合 GB/T 191 和 GB 7718 及国家相关规定的标准。

7.2　在每只羊胴体的臀部加盖检验检疫验讫，字迹应清晰整齐。

7.3　兽医印戳为圆形，其直径为 5.5cm，刻有企业名称。"兽医验讫"、"年、月、日"、"大羊"或"羔羊"或"肥羔"字样。

7.4　印色应用食品级色素配制。

## 8　贮存

8.1　冷却羊肉应吊挂在相对湿度 75% ~ 84%，温度 0℃ ~ 4℃ 的冷却间，肉体之间的距离保持 3cm ~ 5cm。

8.2　冷却羊肉应吊挂或码放在相对湿度 95% ~ 100%，温度 −18℃ 冷藏间，冷藏间温度一昼夜升降幅度不得超过1℃。

8.3　贮存间应保持清洁、整齐、通风、应防霉、除霉，定期除霜，符合国家有关卫生要求，库内有防霉、防鼠、防虫设施，定期消毒。

8.4　贮存间不应放有碍卫生的物品；同一库内不得存放可能造成互相污染或者串味的食品。

## 9　运输

应按 GB/T 20799 执行。

# 附录 A
## （资料性附录）
## 羊胴体等级及要求

A.1　羊胴体等级及要求见表 A.1

表 A.1　羊胴体等级及要求

| 项目 | 大羊肉 | | | | 羔羊肉 | | | | 肥羊肉 | | | |
|---|---|---|---|---|---|---|---|---|---|---|---|---|
| | 特级 | 优级 | 良好级 | 可用级 | 特级 | 优级 | 良好级 | 可用级 | 特级 | 优级 | 良好级 | 可用级 |
| 胴体重量/kg | >25 | 22~25 | 19~22 | 16~19 | >18 | 15~18 | 12~15 | 9~12 | >16 | 13~16 | 10~13 | 7~10 |
| 肥度 | 背膘厚度0.8cm~1.2cm，腿肩背部脂肪丰富，肌肉不显露，大理石花纹丰富 | 背膘厚度0.5cm~0.8cm，腿肩背部有薄层脂肪，腿肩部肌肉略显露，大理石花纹略明显 | 背膘厚度0.3cm~0.5cm，腿肩背部脂肪，腿肩部肌肉略显露，大理石花纹略显 | 背膘厚度≤0.3cm，腿脂肪覆盖部少，肌肉显露，无大理石花纹 | 背膘厚度0.5cm以上，腿肩背部有脂肪，腿肩部肌肉略显露，大理石花纹明显 | 背膘厚度0.3cm~0.5cm，腿肩背部薄层脂肪，腿肩部肌肉略显露，大理石花纹略显 | 背膘厚度0.3cm~0.5cm，腿脂肪覆盖部脂肪，少，肌肉显露，无大理石花纹 | 背膘厚度≤0.3cm，腿脂肪覆盖部少，肌肉显露，无大理石花纹 | 眼肌大理石花纹略显 | 无大理石花纹 | 无大理石花纹 | 无大理石花纹 |
| 肋肉厚/mm | >14 | 9~14 | 4~9 | <4 | >14 | 9~14 | 4~9 | <4 | >14 | 9~14 | 4~9 | <4 |
| 肌肉硬度 | 脂肪和肌肉硬实 | 脂肪和肌肉较硬实 | 脂肪和肌肉略软 | 脂肪和肌肉软 | 脂肪和肌肉硬实 | 脂肪和肌肉较硬实 | 脂肪和肌肉略软 | 脂肪和肌肉软 | 脂肪和肌肉硬实 | 全身骨骼不显 | 脂肪和肌肉略软 | 脂肪和肌肉软 |
| 肌肉度 | 全身骨骼不显露，腿部丰满充实，肌肉隆起明显，背部宽平，肩部宽厚充实 | 全身骨骼不显露，腿部较丰满充实，略有肌肉隆起，背部和肩部比较宽厚 | 肩隆部及颈部脊椎骨尖稍突出。腿部欠瘦，有凹陷，背部和肩部比较稍窄，稍薄 | 肩隆部及颈部脊椎骨尖稍突出。腿部瘦，有凹陷，背部和肩部窄，薄 | 全身骨骼不显露，腿部丰满充实，肌肉隆起明显，背部宽平，肩部宽厚充实 | 全身骨骼不显露，腿部较丰满充实，略有肌肉隆起，背部和肩部比较宽厚 | 肩隆部及颈部脊椎骨尖稍突出。腿部欠瘦，背部无肌肉隆起，背部和肩部稍窄，稍薄 | 肩隆部及颈部脊椎骨尖稍突出。腿部瘦，有凹陷，背部和肩部窄，薄 | 全身骨骼不显露，腿部肌肉隆起充实，略有肌肉隆起，背部宽平，肩部宽厚 | 全身骨骼不显露，腿部较丰满充实，略有肌肉隆起，背部和肩部比较宽厚 | 肩隆部及颈部脊椎骨尖突出，腿部欠丰满，无肌肉隆起，背部和肩部稍窄，稍薄 | 肩隆部及颈椎骨突出，腿部瘦，背部和肩部窄，薄 |
| 生理成熟度 | 前小腿至少有一个控制关节，肋骨宽，平 | 前小腿至少有一个控制关节，肋骨宽，平 | 前小腿有折裂关节，一个控制关节，肋骨宽，平 | 前小腿有折裂关节，折裂关节宽，平 | 前小腿有折裂关节，肋骨略圆 | 前小腿有折裂关节，折裂关节润，颜色鲜红，肋骨略圆 | 前小腿可能有控制关节或折裂关节，肋骨略圆 | 前小腿可能有控制关节或折裂关节，折裂关节宽，平 | 前小腿有折裂关节，折裂关节润，颜色鲜红，骨略圆 | 前小腿有折裂关节，折裂关节润，颜色鲜红，骨略圆 | 前小腿有折裂关节，折裂关节润，颜色鲜红，肋骨略圆 | 前小腿有折裂关节，折裂关节湿润，颜色鲜红，肋骨略圆 |
| 肉脂色泽 | 肌肉颜色深红，脂肪乳白色 | 肌肉颜色深红，脂肪乳白色 | 肌肉颜色深红，脂肪乳白色 | 肌肉颜色深红，脂肪乳白色 | 肌肉颜色深红，脂肪乳白色 | 肌肉颜色深红，脂肪乳白色 | 肌肉颜色深红，脂肪乳白色 | 肌肉颜色深红，脂肪乳白色 | 肌肉颜色深红，脂肪乳白色 | 肌肉颜色深红，脂肪乳白色 | 肌肉颜色深红，脂肪乳白色 | 肌肉颜色深红，脂肪乳白色 |

A.2　检测

A.2.1　胴体重量：称重法。

A.2.2　肥度：胴体脂肪覆盖程度与肌肉脂肪沉积程度采用目测法，背膘厚用仪器测量。

A.2.3　肋肉厚：测量法。

A.2.4　肉脂硬度、肌肉饱满度、生理成熟度，肉脂色泽：采用感官判定法。

# 中华人民共和国农业行业标准

NY/T 633—2002

# 冷却羊肉
## Chilled mutton

2002 - 12 - 30 发布/2003 - 03 - 01 实施
中华人民共和国农业部　发布

## 前　言

本标准由中华人民共和国农业部提出。

本标准起草单位：农业部畜禽产品质量监督检验测试中心、中国农业大学食品学院、内蒙古草原兴发股份有限公司、北京国农工贸发展中心。

本标准主要起草人：刘素英、南庆贤、方武、戴瑞彤、赵宇、蔡英华、龚海岩、李艳华。

本标准由农业部畜禽产品质量监督检验测试中心负责解释。

# 冷却羊肉

## 1　范围

本标准规定了冷却羊肉的术语和定义、技术要求、检验方法、标志、包装、贮存和运输。

本标准适用于活羊经屠宰、冷却加工后，按要求生产的六分体和分割羊肉。

## 2　规范性引用文件

下列文件中的条款通过本标准的引用文件而成为本标准的条款。凡是注日期的引用文件，其随后所有的修改单（不包括勘误的内容）或修订版均不适用于本标准，然而，鼓励根据本标准达成协议的各方研究是否可使用这些文件的最新版本。凡是不注日期的引用文件，其最新版本适用于本标准。

GB/T 191　包装储运图示标志

GB 2762　食品中汞限量卫生标准

GB/T 4456　包装用聚乙烯吹塑薄膜

GB 4789.2　食品卫生微生物学检验　菌落总数测定

GB 4789.3　食品卫生微生物学检验　大肠菌群测定

GB 4789.4　食品卫生微生物学检验　沙门氏菌检验

GB 4789.5　食品卫生微生物学检验　志贺氏菌检验

GB 4789.10　食品卫生微生物学检验　金黄色葡萄球菌检验

GB 4789.11　食品卫生微生物学检验　溶血性链球菌检验

GB/T 5009.17　食品中总汞的测定方法

GB/T 5009.44　肉与肉制品卫生标准的分析方法

GB/T 6388　运输包装收发货标志

GB 7718　食品标签通用标准

GB 9687　包装用聚乙烯成型品卫生标准

GB 9961　鲜、冻胴体羊肉

GB/T 14931.1　畜禽肉中土霉素、四环素、金霉素残留量测定方法

农牧发〔1998〕17号呋喃唑酮在动物可食性组织中残留的高效液相色谱检测方法

## 3　术语和定义

下列术语和定义适用于本标准。

### 3.1　冷却羊肉　chilled mutton

活羊经宰前、宰后检验检疫合格。胴体经冷却，其后腿肌肉深层中心温度在-1℃~7℃。冷却胴体在良好操作规范和良好卫生条件下，在10℃~15℃的车间内进行分割、分切工艺制得的冷却羊肉。

### 3.2　肉眼可见异物　visible foreign material

指浮毛、血污、金属、胆汁、碎骨、粪便、胃肠内容物、饲料残留等。

## 4　技术要求

### 4.1　原料

4.1.1　羊只必须来自非疫区，并持有产地动物防疫监督机构出具的检疫证明。

4.1.2　不允许转基因羊。

### 4.2　加工

经卫生检验合格的羊胴体，再进行加工。

#### 4.2.1　冷却

宰后胴体应在1h内进入预冷间，在24h内使肉深层中心温度达到-1℃~7℃。

#### 4.2.2　分割和修整

冷却胴体在良好操作规范和良好卫生条件下，10℃~15℃的车间内进行分割。刀具、箱框和工作人员双手应每隔1h消毒一次。应修去瘀血、血污、伤斑、浮毛、淋巴结、碎骨和其他杂质。

## 4.3 产品品种、规格

冷却羊肉胴体的产品品种，规格按 GB 9961 执行。

## 4.4 感官特性

感官特性应符合表1的规定。

表1　冷却羊肉感官特性

| 项 目 | 冷却羊肉 |
|---|---|
| 色泽 | 肌肉红色均匀，有光泽；脂肪呈白色或微黄色 |
| 组织状态 | 肌纤维致密，坚实，有弹性，指压后凹陷立即恢复；外表微干或有风干膜，切面湿润，不粘手 |
| 气味 | 具有羊肉固有气味，无异味 |
| 煮沸后肉汤 | 澄清透明，脂肪团聚于表面，具特有香味 |
| 肉眼可见异物 | 不得检出 |

## 4.5 理化指标

理化指标应符合表2的规定。

表2　冷却羊肉理化指标

| 项 目 | 指标 |
|---|---|
| 挥发性盐基氮/（mg/100g） | ≤15 |
| 汞（以 Hg 计）/（mg/kg） | ≤0.05 |
| 四环素/（mg/kg） | ≤0.1 |
| 土霉素/（mg/kg） | ≤0.1 |
| 金霉素/（mg/kg） | ≤0.1 |
| 呋喃唑酮/（μg/kg） | ≤10 |

## 4.6 微生物指标

微生物指标应符合表3。

表3　冷却羊肉微生物指标

| 项 目 | | 指 标 |
|---|---|---|
| 菌落总数（cfu/g） | | $\leq 5 \times 10^5$ |
| 大肠菌群/（MPN/100g） | | $\leq 1 \times 10^3$ |
| 致病菌 | 金黄色葡萄球菌 | 不得检出 |
| | 沙门氏菌 | 不得检出 |
| | 志贺氏菌 | 不得检出 |
| | 溶血性链球菌 | 不得检出 |

# 5 检验方法

## 5.1 感官检验

5.1.1 在自然光下，观察色泽、可见异物，嗅其气味。

5.1.2 黏度和组织状态：用手触摸检验。

5.1.3 煮沸后的肉汤：按 GB/T 5009.44 检验。

## 5.2 理化检验

5.2.1 挥发性盐基氮：按 GB/T 5009.44 规定执行。

5.2.2 汞：按 GB/T 5009.17 规定执行。

5.2.3 四环素、土霉素、金霉素：按 GB/T 14931.1 规定执行。

5.2.4 呋喃唑酮：按农牧发〔1998〕17 号规定执行。

## 5.3 微生物检验

5.3.1 菌落总数：按 GB 4789.2 规定执行。

5.3.2　大肠菌群：按 GB 4789.3 规定执行。

5.3.3　金黄色葡萄球菌；按 GB 4789.10 规定执行。

5.3.4　沙门氏菌：按 GB 4789.4 规定执行。

5.3.5　志贺氏菌：按 GB 4789.5 规定执行。

5.3.6　溶血性链球菌：按 GB 4789.11 规定执行。

# 6　标志、包装、贮存和运输

## 6.1　标志

6.1.1　每只羊肉胴体的臀部加盖兽医验讫检验合格印章，字迹必须清晰整齐。

6.1.2　内包装标志应符合按 GB 7718 的规定，外包装标志应符合 GB/T 191 和 GB/T 6388 的规定。

## 6.2　包装

包装材料应符合 GB/T 4456 和 GB 9687 的规定。

## 6.3　贮存

冷却羊肉应贮存在 −2℃ ~4℃，相对湿度 85% ~90% 的冷却间，产品保质期为 5 天。

## 6.4　运输

应使用卫生要求的专用冷藏车或保温车（船），不应和污染产品的物品混装，运输过程中，产品温度在 7℃ 以下。

# 中华人民共和国农业行业标准

NY 1165—2006

# 羔羊肉
Lamb

2006 - 07 - 10 发布/2006 - 10 - 01 实施
中华人民共和国农业部　发布

## 前　言

本标准的4.2、4.3、4.4及附录A为强制性条文，其余为推荐性条文。

本标准附录A为规范性附录。

本标准由中华人民共和国农业部提出。

本标准由全国畜牧业标准化技术委员会归口。

本标准起草单位：中国农业科学院畜牧研究所、河北农业大学、农业部畜禽产品质量监督检验测试中心。

本标准主要起草人：孙宝忠、贾英民、刘素英、马爱进、李海鹏、张守勇、种京华。

# 羔羊肉

## 1　范围

本标准规定了羔羊肉定义及羔羊肉安全与质量的技术要求、检验方法、包装、标志、贮存和运输、判定规则。

本标准适用于羔羊肉生产、加工、流通、贸易过程中质量检测、监控、判定与评定。

## 2　规范性引用文件

下列文件中的条款通过本标准的引用而成为本标准的条款。凡是注日期的引用文件，其随后所有的修改单（不包括勘误的内容）或修订版均不适用于本标准，然而，鼓励根据本标准达成协议的各方研究是否可使用这些文件的最新版本。凡是不注日期的引用文件，其最新版本适用于本标准。

GB/T 2760　食品添加剂食用卫生标准

GB/T 4789.2　食品卫生微生物学检验　菌落总数测定

GB/T 4789.3　食品卫生微生物学检验　大肠菌群测定

GB/T 4789.4　食品卫生微生物学检验　沙门氏菌检验

GB/T 4789.5　食品卫生微生物学检验　志贺氏菌检验

GB/T 4789.6　食品卫生微生物学检验　致泻大肠埃希氏菌检验

GB/T 4789.11　食品卫生微生物学检验　金黄色葡萄球菌检验

GB/T 4789.12　食品卫生微生物学检验　溶血性链球菌检验

GB/T 5009.11　食品中总砷的测定方法

GB/T 5009.12　食品中铅的测定方法

GB/T 5009.15　食品中镉的测定方法

GB/T 5009.17　食品中总汞的测定方法

GB/T 5009.19　食品中六六六、滴滴涕残留量的测定方法

GB/T 5009.20　食品中有机磷农药残留量的测定方法

GB/T 5009.33　食品中亚硝酸盐与硝酸盐的测定方法

GB/T 5009.44　肉与肉制品卫生标准的分析方法

GB 9961　鲜、冻胴体羊肉

GB 12694　肉类加工厂卫生规范

GB/T 14929.4　食品中氯氰菊酯、氰戊菊酯和溴氰菊酯残留量测定方法

GB/T 14939.2　畜禽肉中已烯雌酚的测定方法

GB/T 14962　食品中铬的测定方法

GB/T 16860　感官分析方法　质地剖面检验

GB/T 17237　畜类屠宰加工通用技术条件

GB 18393　牛羊肉产品品质检验规程

NY/T 468　动物组织中盐酸克伦特罗的测定　气相色谱—质谱法

NY/T 630　羊肉质量分级

SN 0341　出口肉与肉制品中氯霉素残留检测方法

SN 0349　出口肉及肉制品中左旋咪唑残留量检测方法　气相色谱法

关于发布动物源食品中兽药残留检测方法的通知（农牧发〔2001〕38号）

食品动物禁用的兽药及其化合物清单（中华人民共和国农业部〔2002〕193号）

关于发布《动物性食品中兽药最高残留量》的通知（农牧发〔2002〕235号）

## 3　术语和定义

下列术语和定义适用于本标准。

### 3.1　羔羊　lamb

生长期在4月龄～12月龄之间、未长出永久钳齿的活羊。

### 3.2　羔羊胴体　lamb carcass

羔羊经宰杀放血后，去除毛皮、头、蹄、尾、内脏、横膈肌与腔内脂肪，且羊前掌骨骨干与骨骺联结未骨化、可折裂的，经过卫生检疫合格的躯体。

**3.3 胴体重量** carcass weight

在羔羊胴体进入冷却间前的热鲜胴体重量。

**3.4 肥度** fatness

胴体外表脂肪分布与肌肉断面所呈现的脂肪沉积程度。

**3.5 膘厚** fat thickness

胴体 12 肋~13 肋间垂直眼肌横轴外二分之一处胴体脂肪厚度。

**3.6 肌肉度** muscle development

胴体各部位呈现的肌肉丰满程度。

**3.7 生理成熟度** maturity

胴体骨骼、软骨、肌肉生理发育成熟程度。

**3.8 羔羊肉** lamb

羔羊经屠宰加工后获得的经卫生检验检疫合格的热鲜、冷却、冷冻羔羊胴体及其分割肉。

**3.9 热鲜胴体羔羊肉** fresh lamb carcass

未经冷却加工的羔羊胴体。

**3.10 冷却胴体羔羊肉** chilled lamb carcass

经冷却加工，其后腿肌肉深层温度介于 0℃~4℃ 的胴体羔羊肉。

**3.11 冷冻胴体羔羊肉** frozen lamb carcass

经冻结加工，其后腿肌肉中心温度低于 -15℃，并在 -18℃ 温度以下贮存的胴体羔羊肉。

**3.12 热鲜分割羔羊肉** fresh lamb cuttings

将热鲜胴体羔羊肉进行剔骨分害加工获得的羔羊肉产品。

**3.13 冷却分割羔羊肉** chilled lamb cuttings

将冷却胴体羔羊肉进行分割、剔骨加工获得的羔羊肉产品。

**3.14 冷冻分割羔羊肉** frozen lamb cuttings

将热鲜分割羔羊肉或冷却分割羔羊肉冷冻加工至中心温度 -15℃ 以下，并在 -18℃ 条件下贮存的羔羊肉产品。

**3.15 小包装羔羊肉** packaged lamb

将各部分肉加以分切后，利用卫生安全包装材料包装的羔羊肉产品。

**3.16 肉脂硬度** muscle and fat firmness

羔羊胴体腿部、背和侧腹部肌肉和脂肪的硬度。

# 4 技术要求

## 4.1 原料与加工

### 4.1.1 原料

羔羊应来自非疫区，并经动物检疫合格。羔羊养殖环境，养殖过程中防疫、所用饲料、饮水、兽药与免疫品严格执行国家相关规定，不得违规使用《食品动物禁用的兽药及其他化合物清单》中所列禁用兽药及其化合物。所用食品添加剂符合 GB/T 2760 规定。

### 4.1.2 生产加工条件

应符合 GB 12694 与 GB/T 17237 相关规定。

### 4.1.3 屠宰加工

应符合 GB 9961 相关规定。

### 4.1.4 检疫检验

严格按照 GB 18393 要求进行检验、处理与标示羔羊肉产品。进口羔羊肉应有中华人民共和国卫生进出口检疫部门检疫合格证明，未通过检疫的产品不得进口。

## 4.2 感官指标

感官指标应符合表 1 规定。

表 1　羔羊肉感官指标

| 项目 | 指标 | 项目 | 指标 |
|------|------|------|------|
| 色泽 | 肌肉呈淡红色，有光泽，脂肪呈白色或淡黄色 | 气味 | 具有羔羊肉固有气味，无异味 |
| 组织状态 | 肌纤维致密，有韧性，富有弹性 | 煮沸后肉汤 | 澄清透明，脂肪团聚于表面，具羔羊肉固有的香味 |
| 黏度 | 外表微干或有风干膜，切面湿润、不黏手 | 肉眼可见异物 | 不得检出 |

#### 4.3 理化指标

理化指标应符合表 2 规定。

表 2　羔羊肉理化指标

| 项目 | 指标 | 项目 | 指标 |
|---|---|---|---|
| 水分，% | ≤78 | 六六六，mg/kg | ≤0.20 |
| 挥发性盐基氮，mg/100g | ≤15 | 滴滴涕，mg/kg | ≤0.20 |
| 汞（以 Hg 计），mg/kg | ≤0.05 | 溴氰菊酯，mg/kg | ≤0.03 |
| 铅（以 Pb 计），mg/kg | ≤0.10 | 青霉素，mg/kg | ≤0.05 |
| 砷（以 As 计），mg/kg | ≤0.50 | 左旋咪唑，mg/kg | ≤0.10 |
| 铬（以 Cr 计），mg/kg | ≤1.0 | 磺胺类药物（以磺胺类总量计），mg/kg | ≤0.10 |
| 镉（以 Cd 计），mg/kg | ≤0.10 | 氯霉素，mg/kg | 不得检出 |
| 亚硝酸盐（以 $NaNO_2$ 计），mg/kg | ≤0.3 | 盐酸克伦特罗，mg/kg | 不得检出 |
| 敌敌畏，mg/kg | ≤0.05 | 己烯雌酚，mg/kg | 不得检出 |

#### 4.4 微生物指标

微生物指标应符合表 3 规定。

表 3　羔羊肉微生物指标

| 项目 | | 指标 |
|---|---|---|
| 菌落总数，cfu/g | | ≤5×10^5 |
| 大肠菌群，MPN/100 g | | ≤1×10^3 |
| 致病菌 | 沙门氏菌 | 不得检出 |
| | 志贺氏菌 | 不得检出 |
| | 溶血性链球菌 | 不得检出 |
| | 金黄色葡萄球菌 | 不得检出 |
| | 致泻大肠埃希氏菌 | 不得检出 |

#### 4.5 羔羊肉产品等级（规格）

羔羊肉产品分为特等、优等、良好、可用四个级别或规格，按照 NY/T 630 进行评定分级，具体级别或规格划分见表 4。

表 4　羔羊肉质量级别（规格）

| 分级指标 ＼ 级别 | 特等级 | 优等级 | 良好级 | 可用级 |
|---|---|---|---|---|
| 胴体重量，kg | ≥18 | ≥15，<18 | ≥12，<14 | ≥9 |
| 背膘厚度，cm | ≥0.5 | ≥0.3，<0.5 | <0.3 | |
| 肥度 | 腿肩背部覆有脂肪，腿部肌肉略显露，大理石花纹明显 | 腿肩背部覆有薄层脂肪，腿部肌肉略显露，大理石花纹略现 | 腿肩背部脂肪覆盖少，肌肉显露，无大理石花纹 | 腿肩背部脂肪覆盖少，肌肉显露，无大理石花纹 |
| 肉脂硬度 | 脂肪和肌肉硬实 | 脂肪和肌肉较硬实 | 脂肪和肌肉略软 | 肌肉和脂肪软 |
| 肌肉度 | 全身骨骼不显露，腿部丰满充实、肌肉隆起明显，背部宽平，肩部宽厚充实 | 全身骨骼不显露，腿部较丰满充实、微有肌肉隆起，背部和肩部比较宽厚 | 肩隆部及颈部脊椎骨尖稍突出，腿部欠丰满、无肌肉隆起，背和肩稍窄、稍薄 | 肩隆部及颈部脊椎骨尖稍突出，腿部窄瘦、有凹陷，背部和肩部窄、薄 |
| 生理成熟度 | 前小腿掌骨骨干与骨骺可折裂；折裂处湿润、多孔，折裂处与掌骨外表呈红色；颜色鲜红；肋骨窄、略平 | 同特等级 | 折裂处与掌骨呈白色，肋骨宽平 | 同良好等级 |
| 肉脂色泽 | 肌肉颜色呈灰粉红色，脂肪白色 | 肌肉颜色呈淡粉红色，脂肪白色 | 肌肉颜色暗粉红色，脂肪浅黄色 | 肌肉颜色淡红色，脂肪黄色 |

## 5 检验方法

### 5.1 感官检验

按 GB/T 5009.44 规定方法检验。

### 5.2 理化检验

**5.2.1** 水分：按 GB/T 9695.15 规定方法测定。

**5.2.2** 挥发性盐基氮：按 GB/T 5009.44 规定方法测定。

**5.2.3** 汞：按 GB/T 5009.17 规定方法测定。

**5.2.4** 铅：按 GB/T 5009.12 规定方法测定。

**5.2.5** 砷：按 GB/T 5009.11 规定方法测定。

**5.2.6** 铬：按 GB/T 14962 规定方法测定。

**5.2.7** 镉：按 GB/T 5009.15 规定方法测定。

**5.2.8** 亚硝酸盐：按 GB/T 5009.33 测定。

**5.2.9** 敌敌畏：按 GB/T 5009.20 规定方法测定。

**5.2.10** 六六六、滴滴涕：按 GB/T 9695.10 规定方法测定。

**5.2.11** 溴氰菊酯：按 GB/T 14929.4 规定方法测定。

**5.2.12** 青霉素、磺胺类：按《关于发布动物源食品中兽药残留检测方法的通知》（农牧发〔2001〕38 号文）规定方法测定。

**5.2.13** 左旋咪唑　按 SN 0349 规定方法测定。

**5.2.14** 氯霉素：按 SN 0341 规定方法测定。

**5.2.15** 盐酸克伦特罗：按 NY/T 468 规定方法测定。

**5.2.16** 己烯雌酚：按 GB/T 14939.2 规定方法测定。

### 5.3 微生物检验

**5.3.1** 菌落总数：按 GB/T 4789.2 规定方法检验。

**5.3.2** 大肠菌群：按 GB/T 4789.3 规定方法检验。

**5.3.3** 沙门氏菌：按 GB/T 4789.4 规定方法检验。

**5.3.4** 志贺氏菌：按 GB/T 4789.5 规定方法检验。

**5.3.5** 金黄色葡萄球菌：按 GB/T 4789.10 规定方法检验。

**5.3.6** 溶血性链球菌：按 GB/T 4789.11 规定方法检验。

**5.3.7** 致泻大肠埃希氏菌：按 GB/T 4789.6 规定方法检验。

### 5.4 羔羊胴体质量评定测定

**5.4.1** 胴体重：称重法。

**5.4.2** 背膘厚：测量法。

**5.4.3** 肌肉度：观察胴体前腿、肩、背、腰、臀、后腿肌肉丰富程度，按表 4 要求进行判定。

**5.4.4** 肥度：观察胴体前腿、肩、背、腰、臀、后腿脂肪覆盖程度，按表 4 要求进行判定。

**5.4.5** 生理成熟度：观察胴体掌骨远端骨干与骨骺折裂处色泽、湿润程度，掌骨与肋骨色泽、宽平程度，按表 4 要求进行判定。

**5.4.6** 肉脂硬度：按 GB/T 16860 规定的方法测定。

## 6 判定规则

### 6.1 感官、理化、微生物指标判定

经检验、检测，如受检羔羊肉有一项感官、理化、微生物指标不符合本标准要求，则判定受检样品为不合格。

### 6.2 羔羊肉产品级别（规格）判定

经评测定，有一项胴体分级指标未达到相应级限时，则受检样品降入下一级别，各种羔羊肉产品等级同羔羊肉胴体等级。

## 7 标志、包装、贮存、运输

### 7.1 标志、包装

产品标志、包装应符合国家有关规定。

## 7.2　运输、贮存

7.2.1　运输：产品运输时应使用符合食品卫生要求的冷藏车（船）或保温车，不应与有毒、有害、有气味的物品混放。

7.2.2　贮存：产品不应与有毒、有害、有异味、易挥发、易腐蚀的物品同处贮存。冷却羔羊肉在 0℃～4℃下贮存，冷冻羔羊肉在 −18℃以下贮存，昼夜温度升降幅度不超过 1℃。

# 附录 A
## （规范性附录）
### 羔羊与成年羊胴体肉色及成熟度判定图板

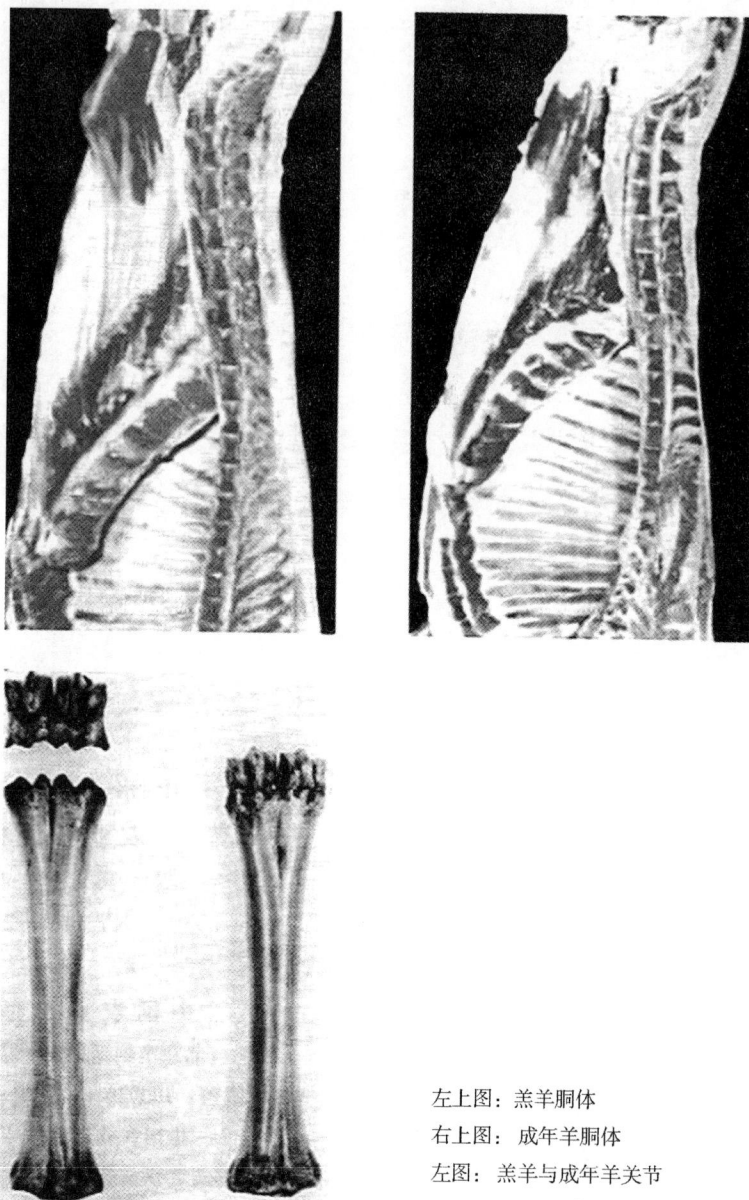

左上图：羔羊胴体

右上图：成年羊胴体

左图：羔羊与成年羊关节

# 中华人民共和国国家标准

GB 16869—2005
代替 GB 16869—2000

## 鲜、冻禽产品

Fresh and frozen poultry product

2005 -03 -23 发布/2006 -01 -01 实施
中华人民共和国国家质量技术监督检验检疫局， 中国国家标准化管理委员会　发布

## 前　言

标准的第 6 章为推荐性，其余为强制性。

本标准代替 GB 16869—2000《鲜、冻禽产品》。

本标准与 GB 16869—2000 相比主要变化如下：

——本不再规定甲胺磷、盐酸克伦特罗的检出限量；

——增加了面积不超过 $0.5cm^2$ 的瘀血忽略不计、瘀血片数和硬杆毛计算方法、检验规则；

——对某些技术要求作了调整；

——冻禽产品的冻结中心温度调整为不高于 -18℃；

——解冻失水率调整为不得超过 6%；

——铅的限量调整为不得超过 0.2mg/kg；

——农药六六六残留限量调整为不得超过 0.1mg/kg（以全样计）1mg/kg（以脂肪计）；

——冻禽产品的大肠菌群限量调整为不超过 $5 \times 10^3$ MPN/100 g；

——沙门氏菌检出限量调整为 "0/25g"；

——致泻大肠埃希氏菌检出限量调整为出血性大肠埃希氏菌（O157：H7）检出限量为 0/25g；

——己烯雌酚的测定方法调整为 "按 SN 0672 规定的方法测定"。

本标准第 6 章例行检验、交收检验的抽样方案和一般缺陷允许数是等同采用 CAC/RM 42—1969《预包装食品的取样方案》中的检验标准 I 和检验标准 II。

本标准附录 A 为规范性附录。

本标准由全国食品工业标准化技术委员会、卫生部卫生标准技术委员会食品卫生标准专业委员会共同提出，本标准由全国食品工业标准化技术委员会归口。

本标准起草单位：卫生部食品卫生监督检验所、全国食品工业标准化技术委员会秘书处、上海市卫生局卫生监督所负责起草，国内贸易局屠宰技术鉴定中心、农业部畜禽产品质检中心、中国肉类协会、中华人民共和国北京出入境检验检疫局、中华人民共和国深圳出入境检验检疫局参加起草。

本标准主要起草人：郝煜、韩玉莲、谷京宇、阮炳琪、蔺立男、杨晓明、刘弘、刘素英、李春风、谭国英。

本标准的附录 A 起草单位：中国预防医学科学院营养与食品卫生研究所、卫生部食品卫生监督检验所。

本标准的附录 A 主要起草人：陈惠京、王绪卿、杨大进、吴国华。

本标准所代替标准的历次版本发布情况为：

——GB 2710—1996、GB 16869—1997、GB 16869—2000。

# 鲜、冻禽产品

## 1 范围

本标准规定了鲜、冻禽产品的技术要求、检验方法、检验规则和标签、标志、包装、贮存的要求。

本标准适用于健康活禽经屠宰、加工、包装的鲜禽产品或冻禽产品，也适用于未经包装的鲜禽产品或冻禽产品。

## 2 规范性引用文件

下列文件中的条款通过本标准的引用而成为本标准的条款。凡是注日期的引用文件，其随后所有的修改单（不包括勘误的内容）或修订版均不适用于本标准，然而，鼓励根据本标准达成协议的各方研究是否可使用这些文件的最新版本。凡是不注日期的引用文件，其最新版本适用于本标准。

GB/T 191 包装储运图示标志

GH/T 4789.2—2003 食品卫生微生物学检验 菌落总数测定

GB/T 4789.3—2003 食品卫生微生物学检验 大肠菌群测定

GB/T 4789.4—2003 食品卫生微生物学检验 沙门氏菌检验

GB/T 5009.11—2003 食品中总砷及无机砷的测定方法

GB/T 5009.12—2003 食品中铅的测定方法

GB/T 5009.17—2003 食品中总汞及有机汞的测定方法

GB/T 5009.19—2003 食品中六六六、滴滴涕残留 M 的测定

GB/T 5009.44—2003 肉与肉制品卫生标准的分析方法

GB/T 6388 运输包装收发货标志

GB 7718 预包装食品标签通则

GB/T 14931.1—1994 畜禽肉中土霉素、四环素、金霉素残留量测定方法（高效液相谱法）

SN 0208—1993 出口肉中十种磺胺残留量检验方法

SN/T 0212.3—1993 出口禽肉中二氯二甲吡啶酚残留量检验方法 丙酰化－气相色谱法

SN 0672—1997 出口肉及肉制品中己烯雌酚残留量检验方法 放射免疫法

SN/T 0973—2000 进出口肉及肉制品中肠出血性大肠杆菌0157：H7检验方法

## 3 术语和定义

下列术语和定义适用于本标准。

### 3.1 鲜禽产品 fresh poultry product

将活禽屠宰、加工后，经预冷处理的冰鲜产品；包括净膛后的整只禽、整只禽的分割部位（禽肉、禽翅、禽腿等）、禽的副产品［禽头、禽脖、禽内脏、禽脚（爪）等］。

### 3.2 冻禽产品 frozen poultry product

将活禽屠宰、加工后，经冻结处理的产品；包括净膛后的整只禽、整只禽的分割部位（禽肉、禽翅、禽腿等）、禽的副产品［禽头、禽脖、禽内脏、禽脚（爪）等］。

### 3.3 异物 impurity

正常视力可见的杂物或污染物，如禽的黄色表皮、禽粪、胆汁、其他异物（塑料、金属、残留饲料等）。

## 4 技术要求

### 4.1 原料

屠宰前的活禽应来自非疫区，并经检疫、检验合格。

### 4.2 加工

屠宰后的禽体应经检疫、检验合格后，再进行加工。

#### 4.2.1 整修

应修除或割除部位的外伤、血点、血污、羽毛根等。

#### 4.2.2 分割

分割禽体时应先预冷后分割；从放血到包装、如冷库的时间不得超过2h。

### 4.3 冻结

需冻结的产品，其中心温度应在 12h 内达到 -18℃，或 -18℃ 以下。

### 4.4 感官性状

应符合表1的规定。

表1

| 项　目 | 鲜禽产品 | 冻禽产品（解冻后） |
|---|---|---|
| 组织状态 | 肌肉富有弹性，指压后凹陷部位立即恢复原状 | 肌肉指压后凹陷部位恢复较慢，不易完全恢复原状 |
| 色泽 | 表皮和肌肉切面有光泽，具有禽类品种应有的色泽 | |
| 气味 | 具有禽类品种应有的气味，无异味 | |
| 加热后肉汤 | 透明澄清，脂肪团聚于液面，具有禽类品种应有的滋味 | |
| 瘀血［以瘀血面积（S）计］/cm² | | |
| 　S>1 | 不得检出 | |
| 　0.5<S≤1 | 片数不得超过抽样量的2% | |
| 　S≤0.5 | 忽略不计 | |
| 硬杆毛（长度超过12mm的羽毛，或直径超过2mm的羽毛根）/（根/10kg）　≤ | 1 | |
| 异物 | 不得检出 | |

注：瘀血面积指单一整禽，或单一分割的一片瘀血面积。

### 4.5 理化指标

鲜禽产品和冻禽产品应符合表2的规定。

表2

| 项　目 | | | 指标 |
|---|---|---|---|
| 冻禽产品解冻失水率/（%） | | ≤ | 6 |
| 挥发性盐基氮（mg/100g） | | ≤ | 15 |
| 汞（Hg）/（mg/kg） | | ≤ | 0.05 |
| 铅（Pb）/（mg/kg） | | ≤ | 0.2 |
| 砷（As）/（mg/kg） | | ≤ | 0.5 |
| 六六六/（mg/kg） | 脂肪含量低于10%时，以全样计 | ≤ | 0.1 |
| | 脂肪含量不低于10%时，以脂肪计 | ≤ | 1 |
| 滴滴涕/（mg/kg） | 脂肪含量低于10%时，以全样计 | ≤ | 0.2 |
| | 脂肪含量不低于10%时，以脂肪计 | ≤ | 2 |
| 敌敌畏/（mg/kg） | | ≤ | 0.05 |
| 四环素/（mg/kg） | 肌肉 | ≤ | 0.25 |
| | 肝 | ≤ | 0.3 |
| | 肾 | ≤ | 0.6 |
| 金霉素/（mg/kg） | | ≤ | 1 |
| 土霉素/（mg/kg） | 肌肉 | ≤ | 0.1 |
| | 肝 | ≤ | 0.3 |
| | 肾 | ≤ | 0.6 |
| 磺胺二甲嘧啶/（mg/kg） | | ≤ | 0.1 |
| 二氯二甲吡啶酚（克球酚）/（mg/kg） | | ≤ | 0.01 |
| 己烯雌酚 | | | 不得检出 |

### 4.6 微生物指标

应符合表3的规定。

表3

| 项　目 | | 指　标 | |
|---|---|---|---|
| | | 鲜禽产品 | 冻禽产品 |
| 菌落总数（cfu/g） | ≤ | $1 \times 10^6$ | $5 \times 10^5$ |
| 大肠菌群（MPN/100g） | ≤ | $1 \times 10^4$ | $5 \times 10^3$ |
| 沙门氏菌 | | 0/25g[a] | |
| 出血性大肠埃希氏菌（O157：H7） | | 0/25g[a] | |
| a 取样个数为5。 | | | |

229

## 5　检验方法

### 5.1　感官性状

冻禽产品应解冻后鉴别。

#### 5.1.1　组织状态、色泽、气味

将抽取微生物检验试样后的全部样品，置于自然光或相当于自然光的感官评定室。用触觉鉴别法鉴别组织状态；视觉鉴别法鉴别色泽；嗅觉鉴别法鉴别气味。

#### 5.1.2　加热后肉汤

将试样（6.5.4）切碎，称取 20 g，置于 200 mL 烧杯中，加水 100 mL，盖上表面皿，加热至 50℃ ~60℃，取下表面皿，用嗅觉鉴别法鉴别气味。煮沸后鉴别肉汤性状、脂肪凝聚状况，降至室温后品尝肉汤滋味。

#### 5.1.3　瘀血

鉴别组织状态、色泽、气味后，用适当方法测量瘀血面积。

一个基本箱中 $0.5cm^2 < S \leqslant 1cm^2$ 的淤血片数占同一基本箱中产品总数的比例，按式（1）计算：

$$X = \frac{A_1}{A} \times 100 \qquad (1)$$

式中

X——一个基本箱中 $0.5cm < S \leqslant 1cm^2$ 的瘀血片数占同 1 箱基本箱中产品总数（整禽以只计算，禽肉以块计，禽腿或禽翅以个计，下同）的比例；

A——一个基本箱中产品总数；

$A_1$——一个基本箱中 $0.5cm^2 < S \leqslant 1cm^2$ 的瘀血片数。

#### 5.1.4　硬杆毛

与鉴别组织状态、色泽、气味同时进行。用精度为 0.05cm 的游标卡尺测量，一个基本箱中每 10kg 硬杆毛数量按式（2）计算：

$$X_1 = \frac{A_2}{m} \times 10 \qquad (2)$$

式中

$X_1$——一个基本箱中每 10kg 硬杆毛数量；

$A_2$——一个基本箱中硬杆毛实际数量；

m——一个基本箱实际质量，单位为千克（kg）。

#### 5.1.5　异物

用视觉鉴别法与鉴别组织状态、色泽、气味同时进行。

### 5.2　解冻失水率

#### 5.2.1　仪器和工具

电子秤：感量 1g；

温度计：-10℃ ~50℃，分度值 0.5℃；

搪瓷盘、铁丝网。

#### 5.2.2　测定步骤

将铁丝网置于搪瓷盘内，使铁丝网与搪瓷盘底部的距离大于 2cm。从抽取的试样（6.5.2）中取 1 000g ~ 2 000g，用电子秤称量后置于铁丝网上。在试样上覆盖塑料膜，使试样在 15℃ ~25℃ 自然解冻。待试样中心温度达到 2℃ ~3℃ 时去掉塑料膜，用电子秤称量。再将试样置于铁丝网上放置 30min 称量。重复放置 30min 的操作，直至连续两次称量差不超过 2.0g。

#### 5.2.3　测定结果的表述

试样解冻失水率按式（3）计算：

$$X_2 = \frac{m - m_1}{m} \times 100 \qquad (3)$$

式中

$X_2$——试样解冻失水率,% ；

m——试样解冻前的质量，单位为克（g）；

$m_1$——试样解冻后的质量，单位为克（g）。计算结果保留至整数。

### 5.3 挥发性盐基氮

按 GB/T 5009.44—2003 中 4.1 规定的方法测定。

### 5.4 汞

按 GB/T 5009.7—2003 规定的方法测定。

### 5.5 砷

按 GB/T5009.11—2003 规定的方法测定。

### 5.6 铅

按 GB/5009.12—2003 规定的方法测定。

### 5.7 六六六、滴滴涕

按 GB/T 5009.19—2003 规定的方法测定。

### 5.8 敌敌畏

按附录 A 规定的方法测定。

### 5.9 四环素、金霉素、土霉素

按 GB/T 14931.1—1994 的方法测定。

### 5.10 磺胺二甲嘧啶

按 SN 0208—1993 规定的方法测定。

### 5.11 二氯二甲吡啶酚（克球酚）

按 SN/T 0212—1993 规定的方法测定。

### 5.12 己烯雌酚

按 SN 0672—1997 规定的方法测定。

### 5.13 菌落总数

按 GB/T 4789.2—2003 规定的方法测定。

### 5.14 大肠菌群

按 GB/T 4789.3—2003 规定的方法测定。

### 5.15 沙门氏菌

按 GB/T 4789.4—2003 规定的方法测定。

### 5.16 出血性大肠埃希氏菌 0157：H7

按 SN/T 0973—2000 规定的方法测定。

### 5.17 产品中心温度

#### 5.17.1 温度计

－20℃～5℃的非汞柱玻璃温度计或其他温度测量仪。

#### 5.17.2 测定步骤

用直径略大于温度计直径的钻头，钻至肌肉深层中心。拔出钻头，立即将非汞柱玻璃温度计（或其他温度测量仪）插入肌肉深层，待读数稳定后读取温度计所示温度。

## 6 检验规则

### 6.1 检验分类

#### 6.1.1 例行检验

6.1.1.1 有下列情况之一时，应进行例行检验：

a)一次提交检验的孤立批产品；

b)活禽产地变动；

c)新建厂首次加工；

d)连续加工 6 个月，或停产后恢复加工；

e)交收检验结果与上次例行检验结果有较大差异；

f)质量监督机构或卫生监督机构提出要求。

6.1.1.2 例行检验项目包括表 1、表 2、表 3 规定的项目。

#### 6.1.2 交收检验

6.1.2.1 所有产品出厂时应进行交收检验。

6.1.2.2 交收检验项目包括表 1 规定的项目、冻禽产品解冻失水率、挥发性盐基氮、菌落总数和大肠菌群。

## 6.2　组批

### 6.2.1　连续批

同加工条件、同部位（整禽、禽肉、禽翅、禽腿、禽头、禽脚、禽内脏）、同包装一次交货的产品为一批，批量以基本包装箱（以下简称基本箱）计。

### 6.2.2　孤立批

间部位（整禽、禽肉、禽翅、禽腿、禽头、禽脚、禽内脏）、同包装、一次提交检验的产品为一批，批量以箱计。

## 6.3　抽样

### 6.3.1　例行检验抽样

表4

| 批量（基本箱） | 样品量（基本箱） | 一般缺陷允许数（基本箱） |
|---|---|---|
| 600 或 600 以下 | 13 | 2 |
| 601～2 000 | 21 | 3 |
| 2 001～7 200 | 29 | 4 |
| 7 201～15 000 | 48 | 6 |
| 15 001～24 000 | 84 | 9 |
| 24 001～42 000 | 126 | 13 |
| 42 000 以上 | 200 | 19 |

### 6.3.2　交收检验抽样

根据组批量大小，按表5规定的样品量，随机抽取样品。

表5

| 批量（基本箱） | 样品量（基本箱） | 一般缺陷允许数（基本箱） |
|---|---|---|
| 600 或 600 以下 | 6 | 1 |
| 601～2 000 | 13 | 2 |
| 2 001～7 200 | 21 | 3 |
| 7 201～15 000 | 29 | 4 |
| 15 001～24 000 | 48 | 6 |
| 24 001～42 000 | 84 | 9 |
| 42 000 以上 | 126 | 13 |

## 6.4　试样抽取程序和检验程序

鲜禽产品和冻禽产品试样抽取程序和检验程序见图1。

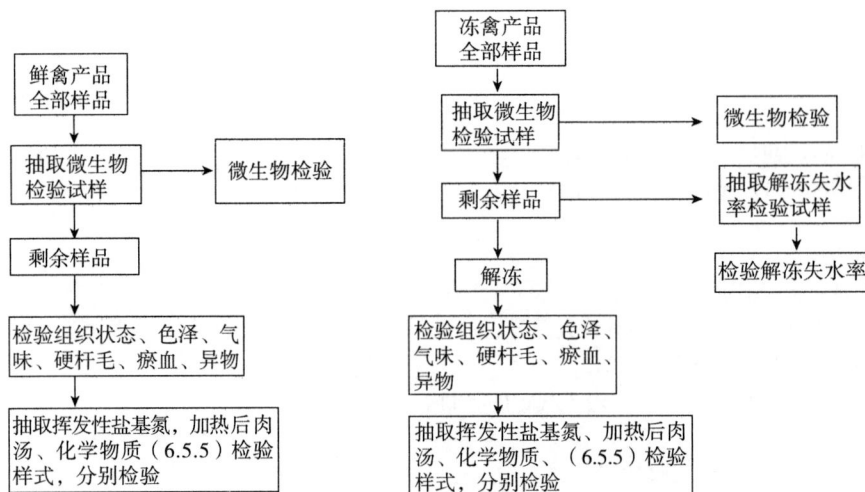

图1　鲜禽产品和冻禽产品试样抽取程序和检验程序

### 6.5 试样抽取方法

以下式样不应带有瘀血、硬杆毛或异物。

#### 6.5.1 微生物检验样式从抽取的全部样品中随机选取（3～5）个基本箱：按无菌操作从每个基本箱中取试样约 100g，混合。

注：再混合样品中去 5 份（每份 25g）作为沙门氏菌检验试验；同样在混合样品中取 5 份（每份 25g）作为大肠埃希氏菌检验试样。

#### 6.5.2 解冻失水率检验试样

从抽取的冻禽产品样品全体随机选取（3～5）个基本箱，各取约 500g，混合后置于保温容器内。

#### 6.5.3 挥发性盐基氮检验试样

从抽取的冻禽产品样品全体随机选取 3 个基本箱，各取不带脂肪、禽骨的样品约 100g，混合。

#### 6.5.4 加热后肉汤检验试样

从抽取的整禽、禽肉、禽翅或禽腿全部样品中，随机选取 3 个基本箱，各取禽肉 100g，混合。

### 6.6 判定规则与复验

#### 6.6.1 缺陷分类

##### 6.6.1.1 一般缺陷：指瘀血、硬杆毛不符合本标准。

##### 6.6.1.2 严重缺陷：指组织状态、色泽、气味加热后肉汤和表2、表3所列项目不符合本标准，有正常视力可见异物。

#### 6.6.2 各项检验结果的判定

##### 6.6.2.1 瘀血、硬杆毛检疫结果的判定：瘀血、硬杆毛检疫结果以一个基本箱为判定单位。

示例1：

样品全体为6个基本箱，按顺序编号。

检验结果：1号基本箱瘀血和3号瘀血硬杆毛不符合本标准。

判定：2个基本箱有一般缺陷。

示例2：

样品全体为：13个基本箱，按顺序编号。

检验结果：1号～13号基本箱硬杆毛不符合本标准。8号基本箱瘀血不符合本标准。

判定：13个基本箱有一般缺陷。

##### 6.6.2.2 组织状态、色泽、气味、加热后肉汤和表2、表3所列项目检验结果的判定：检验结果有任何一项不符合本标准，判定抽取样品的全体有严重缺陷。

#### 6.6.3 例行检验判定与复验

##### 6.6.3.1 例行检验项目（6.1.1.2）全部符合本标准，判定整批产品合格。

##### 6.6.3.2 例行检验结果有一项严重缺陷（6.6.1.2）不符合本标准，判定整批产品不合格，不应复验。

##### 6.6.3.3 例行检验结果有一般缺陷（6.6.1.1）未超过表4规定的一般缺陷允许数，判定整批产品合格：超过表4规定的一般缺陷允许数，可按表4重新抽样复验，依复验结果和表4（一般缺陷允许数）判定整批产品合格或不合格。

#### 6.6.4 交收检验判定与复验

##### 6.6.4.1 交收检验项目（6.1.2.2）全部符合本标准，判定整批产品合格。

##### 6.6.4.2 交收检验结果有一项严重缺陷（6.6.1.2）不符合本标准，判定整批产品不合格，不应复验。

##### 6.6.4.3 交收检验结果的一般重缺陷（6.6.1.1）未超过表5规定的一般缺陷允许数，判定整批产品合格超过表5规定的一般缺陷允许数，可按表4重新抽样复验，依复验结果和表4（一般缺陷允许数）判定整批产品合格或不合格。

## 7 标签、标志、包装、贮存

### 7.1 标签、标志

#### 7.1.1 标签

直接销售给消费者的标签应付合 GB 7718 的规定。

#### 7.1.2 运输包装标签

运输包装的图示和收发货标志应符合 GB/T 191 和 GB/T 6388 的规定。

### 7.2 包装

鲜禽产品或冻禽产品都应有包装。使用全新的、符合相应标准的标准材料。

### 7.3 贮存

冻禽产品应贮存在 -18℃ 以下的冷冻库，库温一昼夜升降幅度不过1℃。

# 中华人民共和国农业行业标准

NY/T 1759—2009

# 猪肉等级规格

Grades and specifications for pork

2009 -04 -23 发布/2009 -05 -20 实施
中华人民共和国农业部　发布

## 前　言

本标准附录 A 和附录 B 均为规范性附录。

本标准由中华人民共和国农业部提出。

本标准由全国畜牧业标准化技术委员会归口。

本标准起草单位：中国农业科学院农业质量标准与检测技术研究所、南京农业大学、中国农业科学院北京畜牧兽医研究所、江苏雨润食品产业集团有限公司。

本标准主要起草人：郑友民、汤晓艳、周光宏、孙宝忠、李业国、赵宁、闵成军。

# 猪肉等级规格

## 1　范围

本标准规定了猪肉等级规格的术语和定义、技术要求、评定方法、标志、包装、贮存与运输。

本标准适用于商品猪胴体和主要分割肉块。

## 2　规范性引用文件

下列文件中的条款通过本标准的引用而成为本标准的条款。凡是注日期的引用文件，其随后所有的修改单（不包括勘误的内容）或修订版均不适用于本标准，然而，鼓励根据本标准达成协议的各方研究是否可使用这些文件的最新版本。凡是不注日期的引用文件，其最新版本适用于本标准。

GB 191　包装储运图示标志

GB/T 6388　运输包装收发货标志

GB 7718　预包装食品标签通则

GB 9683　复合食品包装袋卫生标准

GB 9687　食品包装用聚乙烯成型卫生标准

GB 9959.3　分部位分割冻猪肉

GB/T 17236　生猪屠宰操作规程

GB/T 17996　生猪屠宰产品品质检验规程

GB/T 20799　鲜、冻肉运输条件

## 3　术语和定义

下列术语和定义适用于本标准。

### 3.1　胴体重　carcass weight

经宰杀放血，褪毛，去皮或不去皮，去头、蹄、尾、内脏、板油，修整等一系列工序后的热胴体重量。

### 3.2　背膘厚度　backfat thickness

胴体6肋~7肋处背中线皮下脂肪的厚度。

### 3.3　瘦肉率　lean meat percentage

瘦肉重量占整个胴体重量的百分比。

### 3.4　胴体外观　carcass appearance

指胴体的整体形态、匀称性、肌肉的丰满程度及脂肪的覆盖情况等外观特性。

### 3.5　肉色　meat color

肌肉横截面的色泽。

### 3.6　肌肉质地　muscle texture

肌肉的坚实度和肌肉纹理的致密度。

### 3.7　脂肪色　fat color

脂肪的色泽。

### 3.8　皮下脂肪最大厚度　maximum subcutaneous fat thickness

各分割肉块皮下脂肪最厚处的脂肪厚度。

### 3.9　胴体质量分级　quality grading for carcass

按胴体外观、肉色、肌肉质地、脂肪色等感官质量指标对胴体进行优劣等级划分。

## 4　技术要求

### 4.1　屠宰加工要求

参照 GB/T 17236 和 GB/T 17996 的规定执行。

### 4.2　胴体分级要求

#### 4.2.1　胴体规格等级要求

根据背膘厚度和胴体重或瘦肉率和胴体重两套评定体系，将胴体规格等级从高到低分为 A、B、C 3 个级别。胴体重分为带皮和不带皮 2 种。猪胴体规格等级图见附录 A。

#### 4.2.2 胴体质量等级要求

根据胴体外观、肉色、肌肉质地、脂肪色将胴体质量等级从优到劣分为Ⅰ、Ⅱ、Ⅲ 3 级，具体要求应符合表 1 的规定。若其中有一项指标不符合要求，就应将其评为下一级别。

表 1　胴体质量等级要求

| | Ⅰ级 | Ⅱ级 | Ⅲ级 |
|---|---|---|---|
| 胴体外观 | 整体形态美观、匀称，肌肉丰满，脂肪覆盖情况好。每片猪肉允许表皮修割面积不超过 1/4，内伤修剖面积不超过 150cm² | 整体形态较美观、较匀称，肌肉较丰满，脂肪覆盖情况较好。每片猪肉允许表皮修割面积不超过 1/3，内伤修割面积不超过 200cm² | 整体形态、匀称性一般，肌肉不丰满，脂肪覆盖一般。每片猪肉允许表皮修割面积不超过 1/3，内伤修割面积不超过 250cm² |
| 肉色 | 鲜红色，光泽好 | 深红色，光泽一般 | 暗红色，光泽较差 |
| 肌肉质地 | 坚实，纹理致密 | 较为坚实，纹理致密度一般 | 坚实度较差，纹理致密度较差 |
| 脂肪色 | 白色，光泽好 | 较白略带黄色，光泽一般 | 淡黄色，光泽较差 |

#### 4.2.3 胴体综合等级

根据胴体规格等级和胴体质量等级将胴体综合等级分为 AⅠ、AⅡ、AⅢ、BⅠ、BⅡ、BⅢ、CⅠ、CⅡ、CⅢ，其中 AⅠ 为一级，AⅡ、AⅢ、BⅠ 为二级，BⅡ、BⅢ、CⅠ 三级，CⅡ、CⅢ 为四级，见表 2。

表 2　胴体综合等级表

| 规格 | 质　量 | | |
|---|---|---|---|
| | Ⅰ | Ⅱ | Ⅲ |
| A | AⅠ（一级） | AⅡ（二级） | AⅢ（二级） |
| B | BⅠ（一级） | BⅡ（三级） | BⅢ（二级） |
| C | CⅠ（三级） | CⅡ（四级） | CⅢ（四级） |

### 4.3　分割肉分级要求

#### 4.3.1　分割肉分割方法

根据 GB 9959.3 将猪胴体分为 4 块：去骨前腿肉、去骨后腿肉、大排、带骨方肉。

#### 4.3.2　去骨前腿肉

根据皮下脂肪最大厚度和分割肉块重将前腿肉分为 A、B、C 3 个等级，见表 3。

表 3　去骨前腿肉等级表

| 皮下脂肪最大厚度，mm | 去骨前腿肉重，kg | | |
|---|---|---|---|
| | >8.5 | 7~8.5 | <7 |
| <40 | A | B | B |
| 40~50 | B | B | C |
| >50 | B | C | C |

#### 4.3.3　去骨后腿肉

根据皮下脂肪最大厚度将后腿肉分为 A、B、C 3 个等级，见表 4。

表 4　去骨后腿肉等级表

| 皮下脂肪最大厚度，mm | 去骨后腿肉重，kg | | |
|---|---|---|---|
| | >10.4 | 8.6~10.4 | <8.6 |
| <25 | A | B | B |
| 25~35 | B | B | C |
| >35 | B | C | C |

#### 4.3.4　大排

根据皮下脂肪最大厚度将大排分为 A、B、C 3 个等级，见表 5。

表5 大排等级表

| 皮下脂肪最大厚度，mm | 大排重，kg | | |
| --- | --- | --- | --- |
| | >5.3 | 4.4 ~ 5.3 | <4.4 |
| <30 | A | B | B |
| 30 ~ 40 | B | B | C |
| >40 | B | C | C |

### 4.3.5 带骨方肉

根据皮下脂肪最大厚度将带骨方肉分为 A、B、C 3 个等级，见表6。

表6 带骨方肉等级表

| 皮下脂肪最大厚度，mm | 带骨方肉重，kg | | |
| --- | --- | --- | --- |
| | >6.0 | 5.0 ~ 6.0 | <5.0 |
| <20 | 人 | B | B |
| 20 ~ 26 | B | B | C |
| >26 | B | C | C |

## 5 评定方法

### 5.1 评定条件

除胴体重外，其余评定指标均为0℃~4℃预冷 24 h 后的测定结果。

### 5.2 胴体重

用称量器具称量热胴体的总重量，单位为千克（kg）。

### 5.3 瘦肉率

通过瘦肉率测定设备测定，单位为百分率（%）。

### 5.4 背膘厚度

用直尺测量背膘厚度，单位为毫米（mm）。

### 5.5 胴体外观

通过目测法和标尺测量进行评定。

### 5.6 肉色

通过目测法或比色卡进行评定。

### 5.7 肌肉质地

通过手触法和目测法进行评定。

### 5.8 脂肪色

通过目测法或比色卡进行评定。

### 5.9 皮下脂肪最大厚度

用直尺进行测定，单位为毫米（mm）。

## 6 标志、 包装、 贮存、 运输

### 6.1 标志

6.1.1 胴体规格等级、胴体质量等级、胴体综合等级、分割肉等级规格的具体标志见附录 B。

6.1.2 内外包装标志按 GB 191、GB/T 6388 和 GB 7718 的规定执行。

### 6.2 包装

6.2.1 应使用全新的、符合 GB 9683 和 GB 9687 规定的包装材料。

6.2.2 印刷油墨无毒，不应向内容物渗漏。

6.2.3 要标明相应的等级。

### 6.3 贮存

冷却猪肉在 0℃~4℃贮存，冻猪肉在 -18℃贮存，库温 24 h 升降幅度不超过 1℃。

### 6.4 运输

按 GB/T 20799 的规定执行。

**附录 A**
**（规范性附录）**
**猪胴体规格等级图**

| 胴体重,kg<br><br>背膘厚度,mm/<br>瘦肉率,% | >65(带皮)<br>>60(去皮) | 50~65(带皮)<br>46~60(去皮) | <50(带皮)<br><46(去皮) |
|---|---|---|---|
| <20/<br>>55 | A | | |
| 20~30/<br>50~55 | | B | C |
| >30/<br><50 | | | |

**附录 B**
**（规范性附录）**
**胴体及分割肉等级规格标志**

**B.1 胴体规格等级标志**

规格 A  规格 B  规格 C

**B.2 胴体质量等级标志**

质量 Ⅰ  质量 Ⅱ  质量 Ⅲ

**B.3 胴体综合等级标志**

一级  二级  三级  四级

**B.4 分割肉等级规格标志**

级别A  级别B  级别C

# 中华人民共和国农业行业标准

NY/T 676—2010
代替 NY/T 676—2003

## 牛肉等级规格

Beef quality grading

2010－07－08 发布/2010－09－01 实施
中华人民共和国农业部 发布

## 前 言

本标准遵照 GB/T 1.1—2009 给出的规则起草。

本标准代替 NY/T 676—2003《牛肉品质分级》。

本标准与 NY/T 676—2003 相比主要变化如下：

——修改了范围、规范性引用文件、术语和定义的内容（见 2003 年版的 1、2、3）；

——删除了技术要求中的部分内容（见 2003 年版的 3.1、3.3、3.4、3.5）；

——增加了牛肉品质等级的定义（见 2010 年版的 3.2、3.3、3.4、3.5）；

——删除了胴体产量级的有关内容（见 2003 年版的 4.1、4.2、5.2）；

——删除了附录中的屠宰与分割技术、眼肌面积与背膘厚度测定方法示意图、标准牛胴体的产生、牛半胴体结构图、牛肉分割方法及命名标准等内容（见 2003 年版的附录 A、附录 G、附录 H、附录 I、附录 J）。

本标准由中华人民共和国农业部提出。

本标准由全国畜牧业标准化技术委员会（SAC/TC 274）归口。

本标准参与起草单位：南京农业大学、中国农业科学院。

本标准主要起草人：周光宏、彭增起、孙宝忠、高峰、杨朝勇、李春保、胡铁军、吴菊清、史文利、江龙建。

本标准所代替的历次版本发布情况：

——NY/T 676—2003 系首次发布，本次为第一次修订。

# 牛肉等级规格

## 1  范围

本标准规定了牛肉的术语和定义、技术要求、评定方法。

本标准适用于牛肉品质分级；本标准不适用于小牛肉、小白牛肉、雪花肉的分级。

## 2  规范性引用文件

下列文件对于本文件的应用是必不可少的。凡是注日期的引用文件，仅注日期的版本适用于本文件。凡是不注日期的引用文件，其最新版本（包括所有的修改单）适用于本文件。

GB 18393—2001  牛羊屠宰产品品质检验规程

## 3  术语和定义

下列术语和定义适用于本文件。

### 3.1  胴体  beef carcass

牛宰杀放血后，除去皮、头、蹄、尾、内脏及生殖器（母牛去除乳房）的躯体部分。

### 3.2  特级牛肉  prime beef

肥育牛按规范工艺屠宰、加工，按 GB 18393—2001 检验合格，符合附录 A 胴体等级图谱特级要求的牛肉。

### 3.3  优级牛肉  choice beef

肥育牛按规范工艺屠宰、加工，按 GB 18393—2001 检验合格，符合附录 A 胴体等级图谱优级要求的牛肉。

### 3.4  良好级牛肉  select beef

肥育牛按规范工艺屠宰、加工，按 GB 18393—2001 检验合格，符合附录 A 胴体等级图谱良好级要求的牛肉。

### 3.5  普通级牛肉  ordinary quality beef

肥育牛按规范工艺屠宰、加工，按 GB 18393—2001 检验合格，符合附录 A 胴体等级图谱普通级要求的牛肉。

### 3.6  生理成熟度  maturity

根据门齿变化或胴体脊椎骨棘突末端软骨的骨质化程度评定牛年龄的指标。

### 3.7  大理石纹  marbling

反映背最长肌中肌内脂肪的含量和分布状态，根据附录 B 来评价。

## 4  技术要求

4.1  牛肉品质等级主要由大理石纹等级和生理成熟度两个指标来评定，分为特级、优级、良好级和普通级。

4.2  牛肉品质等级按附录 A 评定，同时结合肌肉色和脂肪色对等级进行适当的调整。当肉色等级为 3 级 ~ 7 级，脂肪色等级为 1 级 ~ 4 级时，则不进行调整；当肌肉色等级为 1 级 ~ 2 级、8 级或脂肪色等级为 5 级 ~ 8 级时，牛肉品质等级在附录 E 评定等级的基础上下降一个等级。

## 5  评定方法

胴体分割 0.5h 后，在 660lx 白炽灯照明的条件下进行评定。

### 5.1  大理石纹

选取第 5 肋至第 7 肋间，或第 11 肋至第 13 肋间背最长肌横切面进行评定，按照大理石纹等级图谱评定背最长肌横切面处等级。大理石纹共分为 5、4、3、2、1 五个等级。附录 B 大理石纹等级图给出的是每级中纹理的最低标准。

### 5.2  生理成熟度

以脊椎骨棘突末端软骨的骨质化程度和门齿变化为依据来判断生理成熟度，生理成熟度分为 A、B、C、D、E 五级。脊椎骨棘突末端软骨的骨质化程度见附录 C，门齿变化见附录 D，生理成熟度见附录 E。

### 5.3  肌肉色

按图 F.1 判断背最长肌横切面处肌肉色的颜色等级。肌肉色按颜色深浅分为八个等级，其中 4、5 两级的肉色最好。

### 5.4  脂肪色

按图 F.2 判断背最长肌横切面处肌内脂肪和皮下脂肪的颜色等级。脂肪色等级分为八个等级，其中 1、2 两级的脂肪色最好。

# 附录 A
## （规范性附录）
## 胴体等级图

| 大理石纹等级 | A(12月龄~24月龄) | B(24月龄~36月龄) | C(36月龄~48月龄) | D(48月龄~72月龄) | E(72月龄以上) |
|---|---|---|---|---|---|
| | 无或出现第一对永久门齿 | 出现第二对永久门齿 | 出现第三对永久门齿 | 出现第四对永久门齿 | 永久门齿磨损较重 |
| 5级(丰富) | 特 级 | | 优 级 | | |
| 4级(较丰富) | | | | | |
| 3级(中等) | | 良 好 级 | | | |
| 2级(少量) | | | | 普 通 级 | |
| 1级(几乎没有) | | | | | |

本图中给出的等级为在 11～13 肋骨间评定等级，若在 5～7 肋骨间评定等级时，大理石纹等级应再下降一个等级（见示例）。

示例：如果在 5～7 肋骨间评定等级时，大理石纹等级为 4 级，等同于在 11～13 肋骨间评定等级时的 3 级，最终大理石纹等级应为 3 级。

# 附录 B
## （规范性附录）
## 牛肉大理石纹评级图谱

本附录给出的大理石纹图谱是纹理的最低标准。

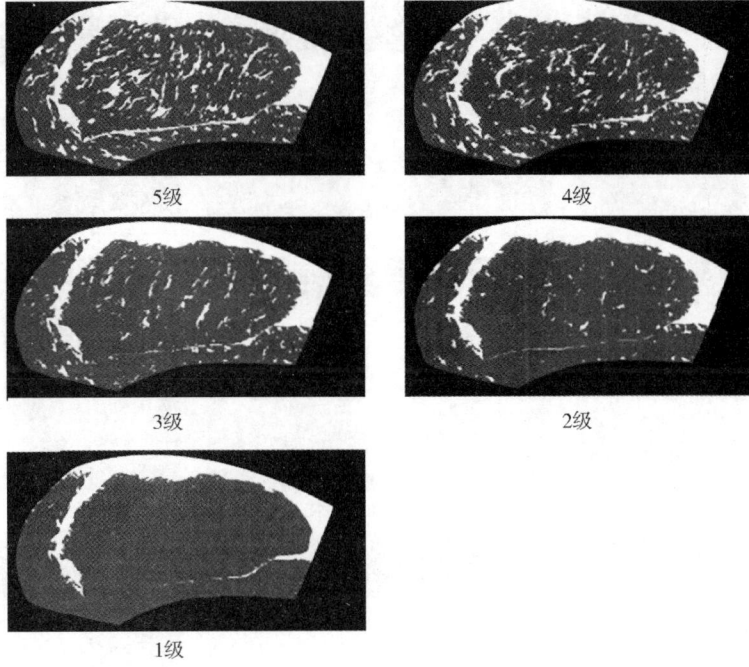

5级

4级

3级

2级

1级

# 附录 C
## （规范性附录）
## 脊椎骨骨质化程度示意图

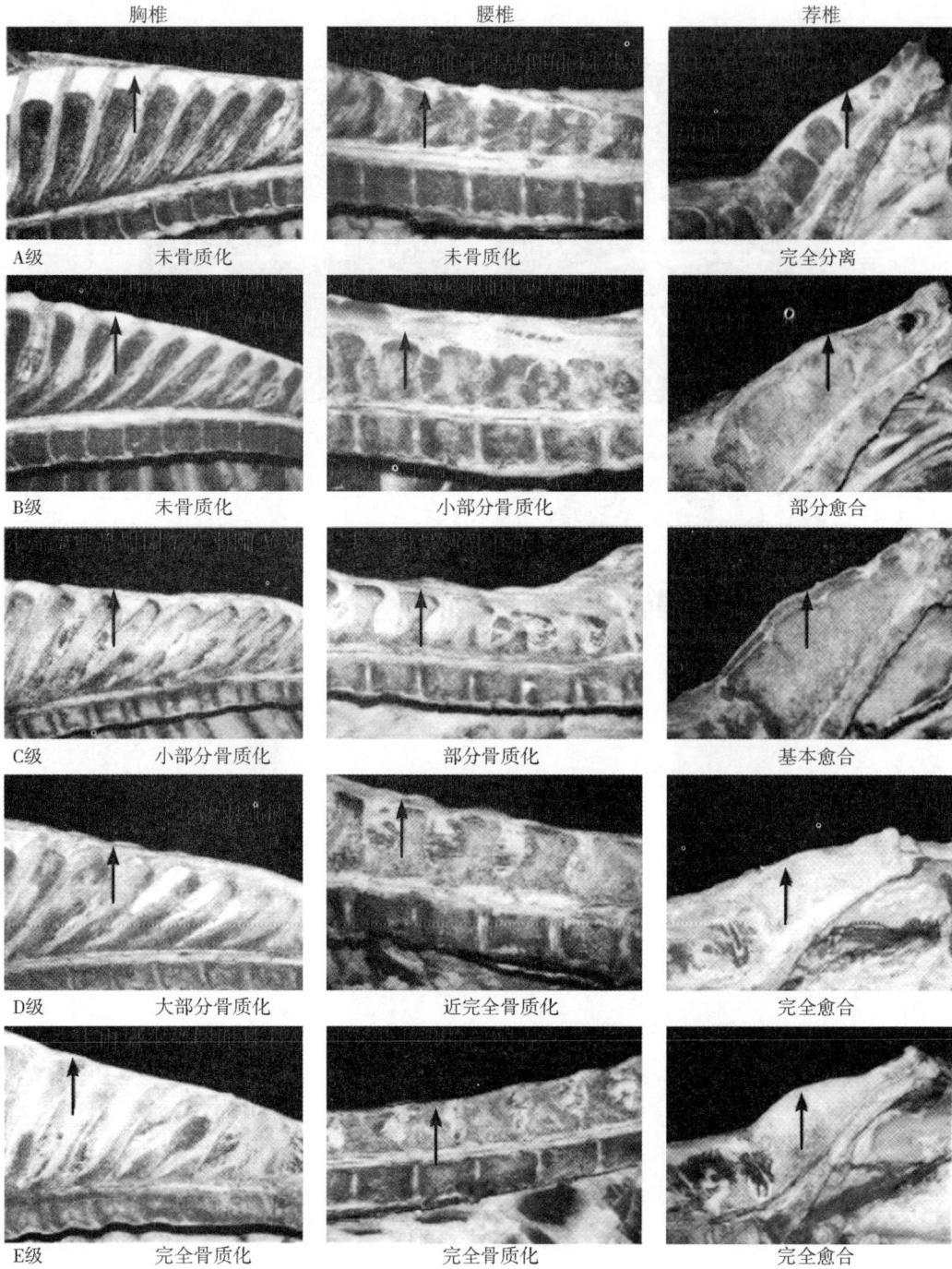

|  | 胸椎 | 腰椎 | 荐椎 |
|---|---|---|---|
| A级 | 未骨质化 | 未骨质化 | 完全分离 |
| B级 | 未骨质化 | 小部分骨质化 | 部分愈合 |
| C级 | 小部分骨质化 | 部分骨质化 | 基本愈合 |
| D级 | 大部分骨质化 | 近完全骨质化 | 完全愈合 |
| E级 | 完全骨质化 | 完全骨质化 | 完全愈合 |

**附录 D**
**（规范性附录）**
**齿龄评级图谱**

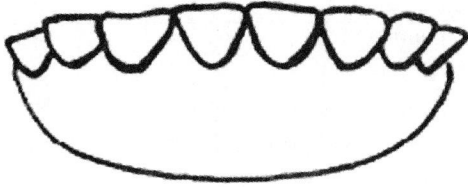

乳齿（18月龄以内）

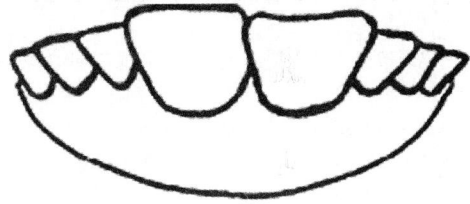

1对永久门齿（18月龄~24月龄）

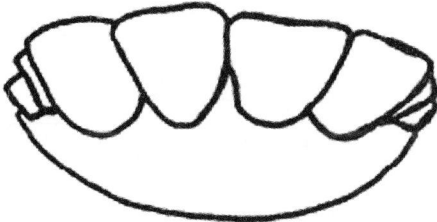

2对永久门齿（30月龄~36月龄）

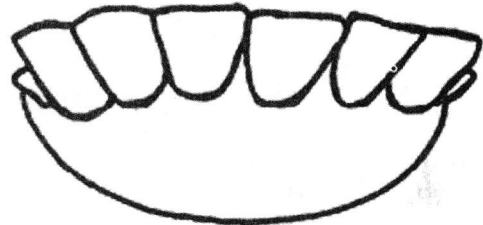

3对永久门齿（42月龄~48月龄）

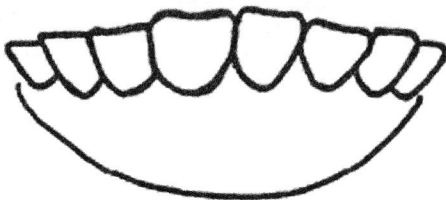

4对永久门齿（54月龄~60月龄）

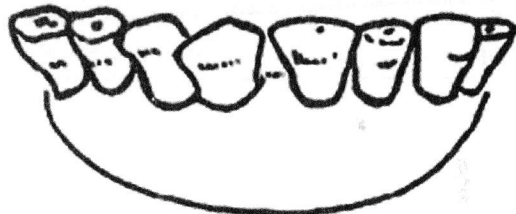

永久门齿磨损严重（72月龄以上）

## 附录 E
### （规范性附录）
### 门齿变化及脊椎骨骨质化程度与生理成熟度的关系

表 E. 1　门齿变化与年龄的关系

| 年龄 | 门齿的变化 |
|---|---|
| 12 月龄 | 乳齿或内中间齿齿冠磨平，牙齿间隙增大 |
| 18 月龄 ~ 24 月龄 | 乳齿脱落，换生永久门齿（出现第一对永久门齿） |
| 30 月龄 ~ 36 月龄 | 乳内中间齿脱落，永久内中间齿长出（出现第二对永久门齿） |
| 42 月龄 ~ 48 月龄 | 乳外中间齿脱落，永久外中间齿长出（出现第三对永久门齿） |
| 54 月龄 ~ 60 月龄 | 乳齿脱落，换生永久门齿（出现第四对永久门齿，也叫齐口） |
| 66 月龄 ~ 72 月龄 | 永久门齿与内中间齿磨损较重，永久门齿珐琅质快磨完，齿面呈椭圆形 |
| 72 月龄以上 | 永久门齿齿面呈长方形，内、外中间齿呈横椭圆形 |

表 E. 2　脊椎骨骨质化程度、门齿变化与生理成熟度的关系

| 生理成熟度 | | 门齿变化 | 脊椎骨骨质化程度 | | |
|---|---|---|---|---|---|
| | | | 荐椎 | 腰椎 | 胸椎 |
| A | 24 月龄以下 | 无或出现第一对永久门齿 | 明显分开 | 未骨质化 | 未骨质化 |
| B | 24 月龄 ~ 36 月龄 | 出现第二对永久门齿 | 开始愈合 | 一点骨质化 | 未骨质化 |
| C | 36 月龄 ~ 48 月龄 | 出现第三对永久门齿 | 愈合但有轮廓 | 部分骨质化 | 小部分骨质化 |
| D | 48 月龄 ~ 72 月龄 | 出现第四对永久门齿 | 完全愈合 | 近完全骨质化 | 大部分骨质化 |
| E | 72 月龄以上 | 永久门齿磨损较重 | 完全愈合 | 完全骨质化 | 完全骨质化 |

# 附录 F
## （规范性附录）
## 肌肉色和脂肪色评级图谱

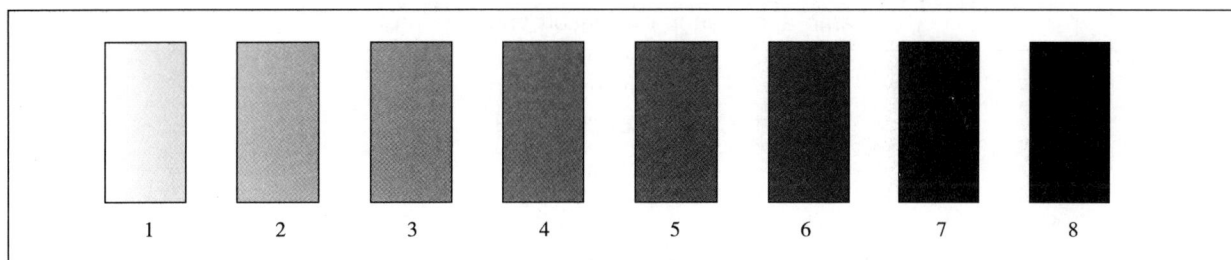

图 F.1　肌肉颜色等级图

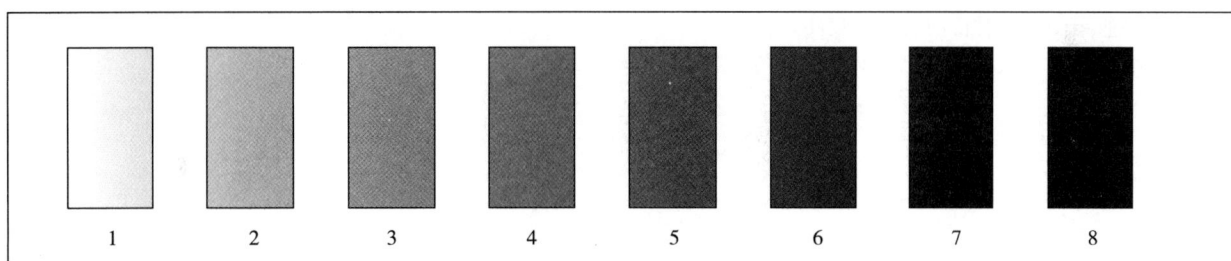

图 F.2　脂肪颜色等级图

# 中华人民共和国农业行业标准

NY/T 630—2002

# 羊肉质量分级

Lamb and mutton evaluation and grading

2002 - 12 - 30 发布/2003 - 03 - 01 实施
中华人民共和国农业部　发布

## 前　言

本标准由农业部畜牧兽医局提出归口。

本标准起草单位：中国农业科学院畜牧研究所、农业部畜禽产品质量监督检验测试中心、内蒙古草原兴发集团、河南兴业集团、吉林柳河县华龙集团。

本标准主要起草人：孙宝忠、刘素英、马爱进、杨季、陈刚。

# 羊肉质量分级

## 1　范围

本标准规定了羊肉、羊肉质量等级、评定分级方法、检测方法、标志、包装、贮存与运输。

本标准适用于羊肉生产、加工、营销企业产品分类分级。

## 2　规范性引用文件

下列文件中的条款通过本标准的应用而成为本标准的条款，凡是注日期的引用文件，其随后所有的修改单（不包括勘误的内容）或修订版均不适用于本标准，然而，鼓励根据本标准达成协议的各方研究是否可使用这些文件的最新版本。凡是不注日期的引用文件，其最新版本适用于本标准。

GB/T 191　包装储运图示标志

GB 2708　牛肉、羊肉、兔肉卫生标准

GB/T 4456　包装用聚乙烯吹塑薄膜

GB/T 6388　运输包装收发货标志

GB 7718　食品标签通用标准

GB 9687　食品包装用聚乙烯成型品卫生标准

GB 9961　鲜、冻胴体羊肉

## 3　术语和定义

下列术语和定义适用于本标准。

### 3.1　羊肉　lamb and mutton

活羊来自非疫病区，按照 GB/T 9961 技术要求屠宰，并经检验检疫获得的符合 GB 2708 卫生技术要求的羊胴体羊肉。

### 3.2　大羊肉　mutton

屠宰 12 月龄以上并已换一对以上乳齿的羊获得的羊肉。

### 3.3　羔羊肉　lamb

屠宰 12 月龄以内、完全是乳齿的羊获得的羊肉。

### 3.4　肥羔肉　fat lamb

屠宰 4～6 月龄、经快速育肥的羊获得的羊肉。

### 3.5　胴体重置　carcass weight

宰后去毛皮、头，蹄、尾、内脏及体腔内全部脂肪后，温度在 0℃～4℃、湿度在 80%～90% 的条件下，静置 30 min 的羊个体重量。

### 3.6　肥度　fatness

羊胴体或羊肉表层沉积脂肪厚度、分布状况与羊胴体或眼肉断面脂肪沉积呈现大理石花纹状态。

### 3.7　背膘厚　fat thickness

指第 12 根肋骨与第 13 根肋骨之间眼肌肉中心正上方脂肪的厚度。

### 3.8　肋肉厚　rib thickness

羊胴体第 12 与 13 肋骨间，距背中线 11 cm 自然长度处胴体肉厚度。

### 3.9　肌肉发育程度　muscle development

羊胴体各部位肌肉发育发达程度。

### 3.10　生理成熟度　maturity

羊胴体骨骼、软骨与肌肉生理发育成熟程度。

### 3.11　肉脂色泽　muscle and fat color

羊胴体或分割肉的瘦肉外部与断面色泽状态以及羊胴体或分割肉表层与内部沉积脂肪色泽状态。

### 3.12　肉脂硬度　muscle and fat firmness

羊胴体腿、背和侧腹部肌肉和脂肪的硬度。

## 4 技术要求

### 4.1 胴体等级及要求

见附录 A。

## 5 检测方法

### 5.1 质量检验

5.1.1 胴体重量：宰后去毛皮、头，蹄、尾、内脏及体腔内全部脂肪后，温度在 0℃~4℃、湿度在 80%~90% 的条件下，静置 30 min 的羊个体进行称重。

5.1.2 肥度：胴体脂肪覆盖程度与肌肉内脂肪沉积程度采用目测法，背膘厚用仪器测量。

5.1.3 肋肉厚：测量法。

5.1.4 肉脂硬度、肌肉饱满度、生理成熟度、肉脂色泽：采用感官评定法。

## 6 标志、包装、贮存、运输

### 6.1 标志

内包装标志符合 GB 7718 的规定，外包装标志应符合 GB/T 191 和 GB/T 6388 的规定。

### 6.2 包装

包装材料应符合 GB/T 4456 和 GB 9687 的规定。

### 6.3 贮存

鲜羊肉在 0℃~4℃贮存、冻羊肉在 -18℃贮存，库温一昼夜升降幅度不超过 1℃。

### 6.4 运输

应符合卫生要求的专用冷藏车和保温车（船），不应和对产品发生污染的物品混装，运输过程中产品的温度 7℃以下。

## 附录 A
### （规范性附录）
### 羊胴体等级及要求

表 A.1 羊胴体等级及要求

| 项目 | 大羊肉 | | | | 羔羊肉 | | | | 肥羊肉 | | | |
|---|---|---|---|---|---|---|---|---|---|---|---|---|
| | 特等级 | 优等级 | 良好级 | 可用级 | 特等级 | 优等级 | 良好级 | 可用级 | 特等级 | 优等级 | 良好级 | 可用级 |
| 胴体重量/kg | >25 | 22~25 | 19~22 | 16~19 | 18 | 15~18 | 12~15 | 9~12 | >16 | 13~16 | 10~13 | 7~10 |
| 肥度 | 背膘厚度0.8cm~1.2cm，腿肩背部脂肪丰富，肌肉不显露，大理石花纹丰富，理石花纹明显 | 背膘厚度0.5cm~0.8cm，腿肩背部覆有脂肪，腿肩部肌肉略显露，大理石花纹明显 | 背膘厚度0.3cm~0.5cm，腿肩背部覆有薄层脂肪，肩部肌肉略显露，大理石花纹略显现 | 背膘厚度≤0.3cm，腿肩背部脂肪少，肌肉显露，无大理石花纹 | 背膘厚度0.5cm以上，腿肩部脂肪覆盖，肌肉略显露，理石花纹明显 | 背膘厚度0.3cm~0.5cm左右，腿肩背部覆有薄层脂肪，肉略显露，大理石花纹略显现 | 背膘厚度0.3cm，腿背部覆有脂肪，肌肉显露，无大理石花纹 | 背膘厚度≤0.3cm，腿肩背部脂肪少，肌肉显露，无大理石花纹 | 眼肌大理石花纹显 | 无大理石花纹 | 无大理石花纹 | 无大理石花纹 |
| 肋肉厚 | ≥14mm | 9mm~14mm | 4mm~9mm | 0mm~4mm | ≥14mm | 9mm~14mm | 4mm~9mm | 0mm~4mm | ≥14mm | 9mm~14mm | 4mm~9mm | 0mm~4mm |
| 肉脂硬度 | 脂肪和肌肉硬实 | 脂肪和肌肉较硬实 | 脂肪和肌肉略软 | 肌肉和脂肪软 | 脂肪和脂肪软 | 脂肪和肌肉较硬实 | 脂肪和肌肉略软 | 肌肉和脂肪略软 | 脂肪和肌肉硬实 | 脂肪和肌肉较硬实 | 脂肪和脂肪略软 | 肌肉和脂肪软 |
| 肌肉发育程度 | 全身骨骼不显露，腿部较丰满充实，微有肌肉隆起，背部宽平，背部和肩部比较宽厚，肩部宽厚宽厚充实 | 肩隆部及颈部脊椎骨尖精突出，腿部丰满充实，肌肉隆起较明显，背部宽，背和肩部比较宽，肩稍窄、稍薄 | 肩隆部及颈部脊椎骨尖精突出，腿部欠丰满，无肌肉隆起，有回陷，背和肩部窄、稍薄 | 肩隆部及颈部脊骨尖精突出，腿部窄瘦，无肌肉隆起，背有回陷，和肩部窄、薄 | 全身骨骼不显露，腿部较丰满充实，肌肉隆起明显，背部宽平，肩部宽厚充实 | 全身骨骼不显露，脊椎骨尖精突出，腿部较丰满充实，微有肌肉隆起，背部宽，背和肩部比较宽，肩稍窄、稍薄 | 肩隆部及颈部脊椎骨尖精突出，腿部欠丰满，无肌肉隆起，有回陷，背和肩部窄、稍薄 | 肩隆部及颈部脊椎骨尖精突出，腿部窄瘦，无肌肉隆起，背有回陷，和肩部窄、薄 | 全身骨骼不显露，腿部较丰满充实，肌肉隆起明显，背部宽，肩部宽厚充实 | 肩隆部及颈部脊椎骨尖精突出，腿部丰满充实，微有肌肉隆起，背部宽，背和肩部比较宽，肩稍窄、稍薄 | 肩隆部及颈部脊椎骨尖精突出，腿部欠丰满，无肌肉隆起，有回陷，背和肩部比较窄、稍薄 | 肩部及颈部脊椎骨有折裂关节；折裂节，颜色润，鲜红，肋骨略圆 |
| 生理成熟度 | 前小腿至少有一个控制关节，助骨宽、平 | 前小腿至少有一个控制关节，助骨宽、平 | 前小腿至少有一个控制关节，助骨宽、平 | 前小腿至少有一个控制关节，助骨宽、平 | 前小腿有折裂关节；折裂关节湿润，颜色鲜红，助骨略平 | 前小腿有折裂关节，折裂节湿润，颜色鲜红，宽，助骨略平 | 前小腿可能有控制关节或折裂关节，略平，助骨略圆 | 前小腿可能有控制关节或折裂关节，裂关节略平，肋骨略圆 | 前小腿有折裂关节；折裂关节湿润，颜色鲜红，肋骨略圆 | 前小腿有折裂关节；折裂节湿润，颜色鲜红，肋骨略圆 | 前小腿有折裂关节；折裂节湿润，颜色鲜红，肋骨略圆 | 前小腿有折裂关节；折裂节湿润，颜色鲜红，肋骨略圆 |
| 肌肉色泽 | 肌肉颜色深红，肌肉颜色深红，脂肪乳白色 | 肌肉颜色深红，肌肉颜色深红，脂肪白色 | 肌肉颜色深红，肌肉颜色深红，脂肪浅黄色 | 肌肉颜色深红，肌肉颜色深红，脂肪黄色 | 肌肉颜色深红，脂肪乳白色 | 肌肉颜色红色，脂肪白色 | 肌肉颜色红色，脂肪浅黄色 | 肌肉颜色红色，脂肪黄色 | 肌肉颜色浅红，脂肪白色 | 肌肉颜色浅红，脂肪乳白色 | 肌肉颜色浅红，脂肪浅黄色 | 肌肉颜色浅红，脂肪黄色 |

# 中华人民共和国农业行业标准

NY/T 631—2002

## 鸡肉质量分级

### Chicken quality grading

2002－12－30 发布/2003－03－01 实施
中华人民共和国农业部　发布

## 前　言

本标准的附录 A、附录 B 均为规范性附录。

本标准由农业部畜牧兽医局提出归口。

本标准起草单位：中国农业科学院畜牧研究所、农业部畜禽产品质量监督检验测试中心、内蒙古草原兴发集团、河南兴业集团、吉林柳河县华龙集团。

本标准主要起草人：孙宝忠、刘素英、杨季、马爱进、陈刚、杜文君、黄凡、王兵。

# 鸡肉质量分级

## 1 范围

本标准规定了鸡肉、鸡肉质量等级、评定分级方法、检测方法、标志、包装、贮存与运输。

本标准适用于鸡肉生产、加工、营销企业产品质量分级。

## 2 规范性引用文件

下列文件中的条款通过本标准的应用而成为本标准的条款，凡是注日期的引用文件，其随后所有的修改单（不包括勘误的内容）或修订版均不适用于本标准，然而，鼓励根据本标准达成协议的各方研究是否可使用这些文件的最新版本。凡是不注日期的引用文件，其最新版本适用于本标准。

GB/T 191　包装储运图示标志

GB/T 4456　包装用聚乙烯吹塑薄膜

GB/T 6388　运输包装收发货标志

GB 7718　食品标签通用标准

GB 9687　食品包装用聚乙烯成型卫生标准

GB 16869　鲜、冻禽产品

NY/T 330　肉用仔鸡加工技术规范

## 3 术语和定义

下列术语和定义适用于本标准。

### 3.1　引进类　introduced class

屠宰 56 日龄以下引进肉鸡品系鸡只产出的各种鸡肉产品。

### 3.2　仿土类　imitated class

屠宰 90 日龄以上土种鸡与引进肉鸡品系杂交选育系鸡只产出的各种鸡肉产品。

### 3.3　土种类　native class

屠宰 120 日龄以下土种鸡只获得的各种鸡肉产品。

### 3.4　胴体完整程度　carcass integrity degree

鸡胴体各部位皮肤、骨骼完整状态。

### 3.5　胴体胸部形态　carcass breast conformation

鸡骨架及其附着肌肉、皮肤显现出的鸡胴体胸部形态。

### 3.6　胸角　chest angle

鸡胴体胸部角度，是鸡胸部肌肉发达程度的衡量指标。胸角越大，胸肌越发达。胸角测定方法为将鸡胴体仰放固定在桌面上，在距龙骨突最前端 1cm 处，将胸肌量角器压紧肌肉，并与胸骨脊垂直，使量角器角顶接触胸骨，读取量角器显示角度。

### 3.7　胴体肤色　carcass color

鸡胴体或分割鸡肉主体肤色与异常色斑存在状态。

### 3.8　异常色斑　abnormal splash

因屠宰加工不当形成的烫熟色、桃红色、红肿等异常的斑点。

### 3.9　皮下脂肪分布状态　subcutaneous fat distribution

鸡胴体背、尾部皮下脂肪覆盖状态。

### 3.10　羽毛残留状态　feather residual state

鸡胴体与鸡分割肉皮肤上残留管状羽毛根数和绒羽毛数。

### 3.11　分割肉形态　cut conformation

屠宰分割过程中操作不当或因剔除异常色斑、存留伤痕后获得的分割肉形态。

### 3.12　肉色　flesh color

分割鸡肉断面处鸡肉颜色。

### 3.13　分割肉脂肪沉积状况　cut fat deposition

采用腿部皮下脂肪厚度和胸肌边缘脂肪带宽度衡量脂肪沉积程度。

**3.14　皮下脂肪厚度　subcutaneous fat thickness**

在尾椎前端，背侧正中线切开后的皮肤转角处皮下脂肪厚度。

**3.15　胸肌边缘脂肪带　breast skirt fat width**

起于腋窝，沿着胸大肌的边缘止于胸骨末端脂肪带的中下段（胸骨剑突的末端处）脂肪带的宽度。

# 4　技术要求

**4.1　肉鸡屠宰加工分割要求**

按 GB 16869 和 NY/T 330 标准执行。

**4.2　鸡胴体、分割肉等级及要求**

**4.2.1　鸡胴体等级及要求**

见附录 A。

**4.2.2　鸡分割肉等级及要求**

见附录 B。

**4.2.3　鸡胴体、分割肉等级判定**

附录 A、附录 B 所列 1、2、3 鸡胴体、分割肉各项检测指标要求是鸡胴体、分割肉判定为该等级的必备条件。即在对鸡胴体、分割肉在对各项等级要求指标作出判定后，以各项等级要求检测指标判定所得最低等级为鸡胴体、鸡分割肉的等级。

# 5　检测方法

**5.1　质量检验**

5.1.1　羽毛残留状态通过测量毛根和绒毛的数量，皮下脂肪厚度用仪器测定，异常色斑的面积用刻度尺测量并计算，胸肌边缘脂肪带宽度用刻度尺测量。

5.1.2　胴体完整程度、胴体肤色、胴体胸部形态、脂肪皮下脂肪分布状态、肉色、分割肉肌肉间和皮下脂肪沉积状况、异常色斑数量、分割肉形态：目测法。

# 6　标志、包装、贮存、运输

**6.1　标志**

内包装标志符合 GB 7718 的规定，外包装标志应符合 GB/T 191 和 GB/T 6388 的规定。

**6.2　包装**

包装材料应符合 GB/T 4456 和 GB 9687 的规定。

**6.3　贮存**

鲜鸡肉在 0℃～4℃贮存、冻鸡肉在 -18℃贮存，库温一昼夜升降幅度不超过 1℃。

**6.4　运输**

应符合卫生要求的专用冷藏车和保温车（船），不应和对产品发生污染的物品混装，运输过程中产品的温度7℃以下。

## 附录 A
### （规范性附录）
### 鸡胴体等级及要求

表 A.1 鸡胴体等级及要求

| | 引进类 | | | 仿土类 | | | 土种类 | | |
| --- | --- | --- | --- | --- | --- | --- | --- | --- | --- |
| | 1 | 2 | 3 | 1 | 2 | 3 | 1 | 2 | 3 |
| 胴体完整程度 | 胴体完整,皮肤无伤斑和溃烂,无脱白,破损,骨折 | 胴体较完整,皮肤修割伤斑和溃烂破损不影响外观,骨折与脱白均不超过1处,无断骨突出 | 不符合1,2 | 胴体完整,皮肤无伤斑和溃烂,无脱白,破损,骨折 | 胴体较完整,皮肤修割伤斑和溃烂破损不影响外观,骨折与脱白均不超过1处,无断骨突出 | 不符合1,2 | 胴体完整,皮肤无伤斑和溃烂破损,无脱白,骨折 | 胴体较完整,皮肤修割伤斑和溃烂破损不影响外观,骨折与脱白均不超过1处,无断骨突出 | 不符合1,2 |
| 胴体胸部形态 | 胸骨尖不显露,胸部呈梯形,胸背背骨略弯曲 | 胸骨尖显露但不突出,胸部略呈梯形,胸背背骨略弯曲明显 | 不符合1,2 | 胸骨尖显露但不突出,胸部略呈梯形,胸背背骨弯曲明显 | 胸骨尖显,胸角大于70°,胸背背骨弯曲明显 | 不符合1,2 | 胸骨尖显露,胸角大于70°,胸背背骨弯曲明显 | 胸骨尖显露,胸角大于60°,胸背背骨弯曲明显 | 不符合1,2 |
| 胴体皮色 | 无黄衣,无异常色斑 | 胸腿异常色斑与破损不超过3处,总面积不超过1cm²,整个胴体异常色斑与破损不超过6处,总面积不超过2cm² | 不符合1,2 | 无黄衣,无异常色斑 | 胸腿异常色斑与破损不超过3处,总面积不超过1cm²,整个胴体异常色斑与破损不超过6处,总面积不超过2cm² | 不符合1,2 | 无黄衣,无异常色斑 | 胸腿异常色斑与破损不超过3处,总面积不超过1cm²,整个胴体异常色斑与破损不超过6处,总面积不超过2cm² | 不符合1,2 |
| 胴体皮下脂肪分布状态 | 背与尾部皮下脂肪厚度在0.3cm以上 | 背与尾部皮下稍有脂肪 | 不符合1,2 | 背与尾部皮下布满脂肪,厚度0.5cm以上 | 背与尾部皮下稍有脂肪,皮下脂肪厚度在0.3cm以上 | 不符合1,2 | 背与尾部皮下布满脂肪,厚度0.5cm以上 | 背与尾部皮下稍有脂肪,皮下脂肪厚度在0.3cm以上 | 不符合1,2 |
| 羽毛残留状态 | 无毛根与绒毛 | 毛根在4根以下,绒毛在20根以下 | 不符合1,2 | 无毛根与绒毛 | 毛根在4根以下,绒毛在20根以下 | 不符合1,2 | 无毛根与绒毛 | 毛根在4根以下,绒毛在20根以下 | 不符合1,2 |

# 附录 B
## （规范性附录）
## 鸡分割肉等级及要求

表 B.1 鸡分割肉等级及要求

| 项目 | 引进类 | | | 仿土类 | | | 土种类 | | |
|---|---|---|---|---|---|---|---|---|---|
| | 1 | 2 | 3 | 1 | 2 | 3 | 1 | 2 | 3 |
| 分割肉形态 | 块形完整，无缺损，无残羽毛，无残留骨，无伤斑和溃烂，无剔割伤痕 | 块形较完整，无缺损，胸腿部剔割留存羽毛。胸腿部剔割伤痕在2处以下，鸡翅与胸里脊均不超过1处，不得影响外形美观 | 不符合1,2 | 块形完整，无缺损，无残羽毛，无残留骨，无伤斑和溃烂，无剔割伤痕 | 块形较完整，无缺损，胸腿部剔割留存羽毛。胸腿部剔割伤痕在2处以下，鸡翅与胸里脊均不超过1处，不得影响外形美观 | 不符合1,2 | 块形完整，无缺损，无残羽毛，无残留骨，无伤斑和溃烂，无剔割伤痕 | 块形较完整，无缺损，无残羽毛，无残留骨。胸腿部剔割伤痕存在2处以下，鸡翅与胸里脊均不超过1处，不得影响外形美观 | 不符合1,2 |
| 肉色 | 肉色正常，无血肿、溃烂等异常色斑 | 胸肉、腿肉血肿色斑少于2处，最大长宽在0.5cm以下，胸里脊与鸡翅红肿、色斑在1处以下，最大长宽不超过0.3cm，无溃烂 | 不符合1,2 | 肉色正常，无血肿、溃烂等异常色斑色 | 胸肉、腿肉血肿色斑少于2处，最大长宽在0.5cm以下，胸里脊与鸡翅红肿、色斑在1处以下，最大长宽不超过0.3cm，无溃烂 | 不符合1,2 | 肉色正常，无血肿、溃烂等异常色斑 | 胸肉、腿肉血肿色斑少于2处，最大长宽在0.5cm以下，胸里脊与鸡翅红肿、色斑在1处以下，最大长宽不超过0.3cm，无溃烂 | 不符合1,2 |
| 分割肉脂肪沉积程度 | 胸肌脂肪带宽在0.5cm～1cm之间，腿部与尾部切离皮下脂肪厚度在0.3cm以上 | 可见胸肌边缘脂肪带 | 不符合1,2 | 胸肌边缘脂肪带宽在1cm以上。腿部与尾切离皮下脂肪厚度在0.5cm以上 | 胸肌边缘脂肪带宽在0.5cm～1cm间。腿部与尾切离皮下脂肪厚度在0.3cm～0.5cm | 不符合1,2 | 胸肌边缘脂肪带宽在1cm以上。腿部与尾处皮下脂肪离切离厚度0.5cm以上 | 胸肌边缘脂肪带宽在0.5cm～1cm之间。腿部与尾切离皮下脂肪厚度0.3cm～0.5cm | 不符合1,2 |

# 中华人民共和国国家标准

GB 2707—2005
代替 GB 2707 ~ 2708—1994

## 鲜（冻）畜肉卫生标准

### Hygienic standard for fresh（frozen）meat of livestock

2005 - 01 - 25 发布/2005 - 10 - 01 实施
中华人民共和国卫生部　中国国家标准化管理委员会　发布

## 前　言

本标准全文强制。

本标准代替并废止 GB 2707—1994《猪肉卫生标准》和 GB 2708—1994《牛肉、羊肉、兔肉卫生标准》。

本标准与 GB 2707—1994 和 GB 2708—1994 相比主要变化如下：

——按照 GB/T 1.1—2000 对标准文本的格式进行了修改；

——将 GB 2707—1994 和 GB 2708—1994 合并为本标准，并扩大标准的适用范围；

——对 GB 2707—1994 和 GB 2708—1994 的结构进行了修改，增加了原料、食品添加剂、生产加工以及包装、运输和贮存的卫生要求；

——增加了铅、无机砷、总汞、镉限量指标和农药残留要求；

——挥发性盐基氮的限量修改为≤15mg/100g。

本标准于 2005 年 10 月 1 日起实施，过渡期为一年。即 2005 年 10 月 1 日前生产并符合相应标准要求的产品，允许销售至 2006 年 9 月 30 日止。

本标准由中华人民共和国卫生部提出并归口。

本标准起草单位：江苏省疾病预防控制中心、上海市卫生监督所、杭州市卫生监督所、辽宁省卫生监督所、卫生部卫生监督中心、北京市疾病控制中心。

本标准主要起草人：袁宝君、顾振华、范葆荣、蔡延平、李江平、郑云雁、丁秀英。

本标准所代替标准的历次版本发布情况为：

——GB 2707—1981、GB 2707—1994；

——GB 2708—1981、GB 2708—1994。

# 鲜（冻）畜肉卫生标准

## 1 范围

本标准规定了鲜（冻）畜肉的卫生指标和检验方法以及生产加工过程、标识、包装、运输、贮存的卫生要求。本标准适用于牲畜屠宰加工后，经兽医卫生检验合格的生鲜或冷冻畜肉。

## 2 规范性引用文件

下列文件中的条款通过本标准的引用而成为本标准的条款。凡是注日期的引用文件，其随后所有的修改单（不包括勘误的内容）或修订版均不适用于本标准，然而，鼓励根据本标准达成协议的各方研究是否可使用这些文件的最新版本。凡是不注日期的引用文件，其最新版本适用于本标准。

GB 2763 食品中农药最大残留限量

GB/T 5009.11 食品中总砷及无机砷的测定

GB/T 5009.12 食品中铅的测定

GB/T 5009.15 食品中镉的测定

GB/T 5009.17 食品中总汞及有机汞的测定

GB/T 5009.44 肉与肉制品卫生标准的分析方法

GB 7718 预包装食品标签通则

GB 12694 肉类加工厂卫生规范

## 3 指标要求

### 3.1 原料要求

牲畜应是来自非疫区的健康牲畜，并持有产地兽医检疫证明

### 3.2 感官指标

无异味、无酸败味。

### 3.3 理化指标

理化指标应符合表 1 规定。

表 1 理化指标

| 项 目 | | 指 标 |
|---|---|---|
| 挥发性盐基氮（mg/100g） | ≤ | 15 |
| 铅（Pb）/（mg/kg） | ≤ | 0.2 |
| 无机砷/（mg/kg） | ≤ | 0.05 |
| 镉（Cd）（mg/kg） | ≤ | 0.1 |
| 总汞（以 Hg 计）/（mg/kg） | ≤ | 0.05 |

### 3.4 农药残留

农药残留按 GB 2763 执行。

### 3.5 兽药残留

兽药残留按有关国家标准及有关规定执行。

## 4 生产加工过程

鲜（冻）畜肉生产加工过程的卫生要求应符合 GB 12694 的规定。

## 5 包装

包装容器材料应符合相应的卫生标准和有关规定。

## 6 标识

定型包装的标识要求按 GB 7718 规定执行。

## 7　贮存及运输

### 7.1　贮存

产品应贮存在干燥、通风良好的场所。不得与有毒、有害、有异味、易挥发、易腐蚀的物品同处贮存。

### 7.2　运输

运输产品时应避免日晒、雨淋。不得与有毒、有害、有异味或影响产品质量的物品混装运输。

## 8　检验方法

### 8.1　感官指标

按 GB/T 5009.44 规定的方法检验。

### 8.2　理化指标

8.2.1　挥发性盐基氮：按 GB/T 5009.44 规定的方法测定。

8.2.2　铅：按 GB/T 5009.12 规定的方法测定。

8.2.3　无机砷：按 GB/T 5009.11 规定的方法测定。

8.2.4　镉：按 GB/T 5009.15 规定的方法测定。

8.2.5　总汞：按 GB/T 5009.17 规定的方法测定。

# 中华人民共和国国家标准

GB 18394—2001

## 畜禽肉水分限量

Permitted level of moisture in meat of livestock and poultry

2001－07－20 批准/2001－12－01 实施

中华人民共和国国家质量技术监督检验检疫局

## 前　言

**本标准的第 3 章和 4.2.1 条为强制性条文，其余为推荐性条文。**

本标准与 GB 9959.1—2001《鲜、冻片猪肉》、GB 9959.2—2001《分割鲜、冻猪瘦肉》、GB 9961—2001《鲜、冻胴体羊肉》、GB 17238—1998《鲜、冻分割牛肉》、GB 16869—2000《鲜、冻禽产品》配套使用。

本标准由国家国内贸易局提出。

本标准起草单位：国家国内贸易局肉禽蛋食品质量检测中心（北京）。

本标准主要起草人：金社胜、阮炳琪、刘文娟、吴爱华、赵志云、曹贤钦、王贵际。

# 畜禽肉水分限量

## 1　范围

本标准规定了畜禽肉水分限量指标、测定方法等要求。

本标准适用于鲜冻猪肉、牛肉、羊肉和鸡肉。

## 2　引用标准

下列标准所包含的条文，通过在本标准中引用而构成为本标准的条文。本标准出版时，所示版本均为有效。所有标准都会被修订，使用本标准的各方应探讨使用下列标准最新版本的可能性。

GB/T 9695.15—1988　肉与肉制品水分含量测定

GB/T 9695.19—1988　肉与肉制品取样方法

## 3　畜禽肉水分限量指标

畜禽肉水分限量指标见表 1。

表 1

| 品种 | 水分含量，% |
| --- | --- |
| 猪肉 | ≤77 |
| 牛肉 | ≤77 |
| 羊肉 | ≤78 |
| 鸡肉 | ≤77 |

## 4　样品制备

### 4.1　抽样

按 GB/T 9695.19 规定的方法执行。

### 4.2　试样制备

4.2.1　鲜肉：将剔除脂肪、筋、腱后的肌肉组织用绞肉机（孔径不大于 4mm）至少绞两次。绞碎的样品应保存于密封容器中。

4.2.2　冻肉：自然解冻，并记录解冻前后的样品质量 $m_1$ 和 $m_2$（精确至 0.01g），解冻后的样品按 4.2.1 处理。

## 5　测定方法

### 5.1　干燥箱干燥法（仲裁法）

按 GB/T 9695.15 规定的方法测定。

### 5.2　红外线干燥法（快速法）

5.2.1　原理

用红外线加热将水分从样品中去除，再将干燥前后的质量差计算成水分含量。

5.2.2　仪器

红外线快速水分分析仪：水分测定范围 0% ~ 100%，读数精度 0.01%，称量范围（0 ~ 30）g，称量精度 1mg。

5.2.3　测定

5.2.3.1　接通电源并打开开关，设定干燥加热温度为 105℃，加热时间为自动，结果表示方式为 0% ~ 100%。

5.2.3.2　打开样品室罩，取一样品盘置于红外线水分分析仪的天平架上，并回零。

5.2.3.3　取出样品盘，将约 5.00g 按本标准 4.2.1 制备而成的样品均匀铺于盘上，再放回样品室。

5.2.3.4　盖上样品室罩，开始加热，待完成干燥后，读取在数字显示屏上的水分含量。在配有打印机的状况下，可自动打印出水分含量。

## 6　结果表述

6.1　鲜肉的水分含量按 4.3 或 4.4 的测定值报告结果。

6.2 冻肉的水分含量 $X$ 按式（1）计算：

$$X(\%)=\frac{(m_1-m_2)+m_2 \times C}{m_1} \times 100$$

式中：

$X$——冻肉的水分含量；

$m_1$——解冻前样品质量，g；

$m_2$——解冻后样品质量，g；

$C$——解冻后样品的水分含量，%。

# 三 加工技术

# 中华人民共和国国家标准

GB/T 17236—2008
代替 GB/T 17236—1998

## 生猪屠宰操作规程

Operating procedures of pig-slaughtering

2008－06－27 发布/2008－10－01 实施

中华人民共和国国家质量监督检验检疫总局　中国国家标准化管理委员会　发布

## 前　言

本标准代替 GB/T 17236—1998《生猪屠宰操作规程》。

本标准与 GB/T 17236—1998 相比主要变化如下：

——规范性引用文件中增加部分新引用标准；

——增加了部分术语和定义；

——增加了蒸汽烫毛内容；

——增加了割尾、头、蹄工序内容；

——增加了预冷、分割、冻结、包装、贮存等工序要求；

——增加了屠宰厂人员、环境与设施、记录要求的引用。

本标准由中华人民共和国商务部提出并归口。

本标准起草单位：商务部屠宰技术鉴定中心、临沂新程金锣肉制品有限公司。

本标准主要起草人：张立峰、张季川、张京茂、张新铃、胡新颖。

本标准所代替标准的历次版本发布情况为：

——GB/T 17236—1998。

# 生猪屠宰操作规程

## 1　范围

本标准规定了生猪屠宰加工各工序的操作规程和要求。

本标准适用于各类生猪屠宰加工厂（场）。

## 2　规范性引用文件

下列文件中的条款通过本标准的引用而成为本标准的条款。凡是注日期的引用文件，其随后所有的修改单（不包括勘误的内容）或修订版均不适用于本标准，然而，鼓励根据本标准达成协议的各方研究是否可使用这些文件的最新版本。凡是不注日期的引用文件，其最新版本适用于本标准。

GB/T 5737　食品塑料周转箱

GB/T 6388　运输包装收发货标志

GB/T 6543　运输包装用单瓦楞纸箱和双瓦楞纸箱

GB 7718　预包装食品标签通则

GB 9683　复合食品包装袋卫生标准

GB 9687　食品包装用聚乙烯成型品卫生标准

GB 9688　食品包装用聚丙烯成型品卫生标准

GB 10457　聚乙烯自粘保鲜膜

GB 16548　病害动物和病害动物产品生物安全处理规程

GB/T 19479　生猪屠宰良好操作规范

GB/T 19480　肉与肉制品术语

肉品卫生检验试行规程〔（59）农牧委字第113号、（59）卫防字第556号、（59）检一联字第231号和（59）商卫联字第399号文〕

## 3　术语和定义

GB/T 19480确立的及下列术语和定义适用于本标准。

### 3.1　**猪屠体**　pig body

猪屠宰、放血后的躯体。

### 3.2　**猪胴体**　pig carcass

猪屠宰放血后，去头、蹄、尾、毛及内脏的躯体。

### 3.3　**分割肉**　cut meat

胴体去骨后，按规格要求分割成各个部位的肉。

### 3.4　**内脏**　viscera

**脏器**

猪胸、腹腔内的器官，包括心、肝、肺、脾、胃、肠、肾、胰脏、膀胱等。

注1：内脏是生猪屠宰行业常用的概念。

注2：改写GB/T 19480—2004，定义2.1.12。

### 3.5　**挑胸**　breast splitting

用刀或设备沿胸中部挑开胸骨。

### 3.6　**同步检验**　online inspection

生猪屠宰剖腹后，取出内脏放在设置的盘子上或挂钩装置上并与胴体生产线同步运行，以便兽医对照检验和综合判断的一种检验方法。

### 3.7　**屠宰车间**　slaughtering room

自致昏放血到加工成片猪肉的场所。

### 3.8　**分割车间**　cutting and deboning room

胴体分段、剔骨、分割的场所。

### 3.9 片猪肉 half carcass

白条

将宰后的整只猪胴体沿脊椎中线，纵向锯（劈）成两分体的猪肉。包括带皮片猪肉、无皮片猪肉。

### 3.10 非清洁区 non-hygienic area

待宰、致昏、放血、烫毛、脱毛、剥皮和白脏加工处理的场所。

### 3.11 清洁区 hygienic area

胴体加工，修整，红脏加工，头、蹄、尾加工（脱毛除外），暂存发货间，分割、分级和计量等场所。

### 3.12 冻结间 freezing room

冻结产品的房间。

## 4 宰前要求

4.1 待宰猪应来自非疫区，健康良好，并有兽医检验合格证书。

4.2 待宰猪临宰前应停食静养 12h～24h，宰前 3h 停止喂水。

4.3 应将待宰猪喷淋干净，猪体表面不应有灰尘、污泥、粪便。

4.4 检验人员应按《肉品卫生检验试行规程》进行宰前检验。

4.5 送宰猪应经检验人员签发《宰前合格证》。送宰猪通过屠宰通道时，应按顺序赶送，不应脚踢、棒打。

## 5 屠宰操作规程及操作要求

### 5.1 致昏

宜采用电致昏或二氧化碳（$CO_2$）麻醉法进行致昏。

#### 5.1.1 电致昏

##### 5.1.1.1 人工麻电

操作人员应穿戴合格的绝缘靴、绝缘手套和绝缘围裙。使用人工麻电器应在其两端分别蘸盐水（防止电源短路），操作时在猪头颞颥区（俗称太阳穴）额骨与枕骨附近（猪眼与耳根交界处）进行麻电：电极的一端撅在颞颥区，另一端撅在肩胛骨附近。需按生猪品种和屠宰季节，适当调整电压和麻电时间。

##### 5.1.1.2 自动麻电

采用自动麻电器对猪进行麻电。

##### 5.1.1.3 三点式低压高频麻电

采用麻电设备对猪的两边头部、心脏进行麻电。

#### 5.1.2 $CO_2$ 麻醉法

将猪赶入麻醉室后麻醉致昏。麻醉室内气体组成为：二氧化碳（$CO_2$）65%～75%，空气 25%～35%，时间设定为 15s。

#### 5.1.3 致昏要求

猪致昏后应心脏跳动，呈昏迷状态。不应使其致死或反复致昏。

### 5.2 刺杀放血

5.2.1 致昏后应立即进行卧式放血或用链钩套住猪左后脚跗骨节，将其提升上轨道（套脚提升）进行立式放血。从致昏至刺杀放血，不应超过 30s。刺杀放血刀口长度约 5cm。沥血时间不宜少于 5min。

5.2.2 刺杀时操作人员应一手抓住猪前脚，另一手握刀，先对准第一肋骨咽喉正中偏右 0.5cm～1cm 处向心脏方向刺入，再侧刀下拖切断颈部动脉和静脉，不应刺破心脏或割断食管、气管。刺杀时不应使猪呛膈、瘀血。

5.2.3 放血刀应经不低于 82℃ 热水消毒后轮换使用。

5.2.4 沥血后的猪屠体应喷淋水（40℃ 左右温水）或清洗机冲淋，清洗血污、粪便及其他污物。屠体放血后，可采用剥皮（5.3）或者浸烫脱毛（5.4）工艺进行后序加工。

### 5.3 剥皮

可采用机械剥皮或人工剥皮。

#### 5.3.1 机械剥皮

按剥皮机性能，预剥一面或两面，确定预剥面积。剥皮按以下程序操作。

##### 5.3.1.1 挑腹皮：从颈部起沿腹部正中线切开皮层至肛门处。

##### 5.3.1.2 剥前腿：挑开前腿腿裆皮，剥至脖头骨脑顶处。

##### 5.3.1.3 剥后腿：挑开后腿腿裆皮，剥至肛门两侧。

5.3.1.4　剥臀皮：先从后臀部皮层尖端处割开一小块皮，用手拉紧，顺序下刀，再将两侧臀部皮和尾根皮剥下。

5.3.1.5　剥腹皮：左右两侧分别剥。剥右侧时，一手拉紧、拉平后裆肚皮，按顺序剥下后腿皮、腹皮和前腿皮；剥左侧时，一手拉紧脖头皮，按顺序剥下脖头皮、前腿皮、腹皮和后腿皮。

5.3.1.6　夹皮：将预剥开的大面猪皮拉平、绷紧，放入剥皮机卡口夹紧。

5.3.1.7　开剥：水冲淋与剥皮同步进行，按皮层厚度掌握进刀深度，不应划破皮面，少带肥膘。

### 5.3.2　人工剥皮

将屠体放在操作台上，按顺序挑腹皮、剥臀皮、剥腹皮、剥脊背皮。剥皮时不应划破皮面，少带肥膘。

## 5.4　浸烫脱毛

5.4.1　浸烫：采用蒸汽烫毛隧道或浸烫池进行烫毛。应按猪屠体的大小、品种和季节差异，调整浸烫温度、时间。

蒸汽烫毛隧道：调整隧道内温度至59℃～62℃，烫毛时间为6min～8min，遇到紧急情况时应立即开启隧道的紧急保护系统。

浸烫池：调整水温至58℃～63℃，烫毛时间为3min～6min，应设有溢水口和补充净水的装置，浸烫池水根据卫生情况每天更换1～2次。不应使猪屠体沉底、烫生、烫老。

5.4.2　脱毛：采用脱毛机进行脱毛。应根据季节不同适当调整脱毛时间，脱毛机内的喷淋水温度控制在59℃～62℃，脱毛后屠体应无浮毛、无机械损伤、无脱皮现象。

5.4.3　猪屠体修刮、冲淋后应按《肉品卫生检验试行规程》进行头部和体表检验。

5.4.4　对每头屠体进行编号，不应漏编、重编。

## 5.5　预干燥

采用预干燥机或人工刷掉猪体上的残留猪毛与水分。

## 5.6　燎毛

采用喷灯或燎毛炉燎毛，烧去猪体表面残留猪毛及杀死体表微生物。

## 5.7　清洗抛光

采用人工或抛光机将猪屠体体表残毛、毛灰清刮干净并进行清洗，然后将屠体送入清洁区作进一步的加工。

## 5.8　割尾、头、蹄

此工序也可以放在5.10后进行。

### 5.8.1　割尾

一手抓猪尾，一手持刀，贴尾根部关节割下，使割后肉尸没有骨梢突出皮外，没有明显凹坑。

### 5.8.2　割头

割头，从生猪左右嘴角、眼角处各4cm齐两耳根割下；割平头，经颈部第一皱纹下1cm～2cm位置下刀，走势呈弧形，刀中圆滑，不应出现刀茬和多次切割。

### 5.8.3　割蹄

前蹄从腕关节处下刀，后蹄从跗关节处下刀，割断连带组织。

## 5.9　雕圈

刀刺入肛门外围，雕成圆圈，掏开大肠头垂直放入骨盆内。应使雕圈少带肉，肠头脱离括约肌，不应割破直肠。

## 5.10　开膛、净腔

5.10.1　挑胸、剖腹：自放血口沿胸部正中线挑开胸骨，沿腹部正中线自上而下剖腹，将生殖器从脂肪中拉出，连同输尿管全部割除，不应刺伤内脏。放血口、挑胸、剖腹口应连成一线，不应出现三角肉。

5.10.2　拉直肠、割膀胱：一手抓住直肠，另一手持刀，先将肠系膜及韧带割断，再将膀胱和输尿管割除，不应刺破直肠。

5.10.3　取肠、胃（肚）：一手抓住肠系膜及胃部大弯头处，另一手持刀在靠近肾脏处将肠系膜组织和肠、胃共同割离猪体，并割断韧带及食道，不应刺破肠、胃、胆囊。

5.10.4　取心、肝、肺：一手抓住肝，另一手持刀，割开两边隔膜，取横隔膜肌脚备检。左手顺势将肝下掀，右手持刀将连接胸腔和颈部的韧带割断，并割断食管和气管，取出心、肝、肺，不应使其破损。

5.10.5　冲洗胸、腹腔：取出内脏后，应及时用足够压力的净水冲洗胸腔和腹腔，洗净腔内瘀血、浮毛、污物，并摘除两侧肾上腺。

5.10.6　摘除内脏各部位的同时，应由检验人员按《肉品卫生检验试行规程》进行同步检验。

## 5.11　劈半（锯半）

5.11.1　可采用手工劈半或自动劈半。劈半时应沿着脊柱正中央线将胴体劈成两半。

5.11.2 劈半后的片猪肉应摘除肾脏（腰子），撕断腹腔板油，冲洗血污、浮毛等。

## 5.12 整修、复验

5.12.1 按顺序整修腹部，修割乳头、放血刀口、割除槽头、护心油、暗伤、脓包、伤斑和遗漏病变腺体。

5.12.2 整修后的片猪肉应进行复验，计量分级。

## 5.13 整理副产品

5.13.1 分离心、肝、肺，切除肝膈韧带和肺门结缔组织。摘除胆囊时，不应使其损伤、残留，猪心上不应带护心油、横膈膜；猪肝上不应带水泡；猪肺上允许保留 5cm 肺管。

### 5.13.2 分离脾、胃（肚）

将胃底端脂肪割除，切断与十二指肠连接处和肝胃韧带。剥开网油，从网膜上割除脾脏，少带油脂。翻胃清洗时，一手抓住胃尖冲洗胃部污物，先用刀在胃大弯处戳开 5cm ～8cm 小口，再用洗胃机或长流水将胃翻转冲洗干净。

### 5.13.3 扯大肠

摆正大肠，从结肠末端将花油撕至离盲肠与小肠连接处 15cm ～20cm，割断，打结。不应使盲肠破损，残留油脂过多。翻洗大肠时，一手抓住肠的一端，另一手自上而下挤出粪污，并将肠子翻出一小部分，用一手二指撑开肠口，另一手向大肠内灌水，使肠水下坠，自动翻转。经清洗、整理的大肠不应带粪污，不应断肠。

### 5.13.4 扯小肠

将小肠从割离胃的断面拉出，一手抓住花油，另一手将小肠末梢挂于操作台边，自上而下排除粪污。操作时不应扯断、扯乱，扯出的小肠应及时采用机械或人工方法清除肠内污物。

### 5.13.5 摘胰脏

从肠系膜中将胰脏摘下，胰脏上应少带油脂。

## 5.14 预冷

将片猪肉送入冷却间进行预冷，采用一段式预冷或二段式预冷工艺。

### 5.14.1 一段式预冷

片猪肉冷却间相对湿度应为 75% ～95%，温度 -1℃ ～4℃，胴体间距 3cm ～5cm，时间 16h ～24h。

### 5.14.2 二段式预冷

快速冷却：先将片猪肉送入 -15℃ 以下的快速冷却间进行冷却，时间 1.5h ～2h，然后进入预冷间预冷。

预冷：预冷间温度 -1℃ ～4℃，胴体间距 3cm ～5cm，时间 14h ～20h。

## 5.15 分割

5.15.1 分割间温度应控制在 15℃ 以下。

5.15.2 分割肉加工工艺宜采用冷剔骨工艺，即片猪肉在冷却后进行分割剔骨。

5.15.3 分割肉应修割净伤斑、出血点、碎骨、软骨、血污、淋巴结、脓包、浮毛及杂质。严重苍白的肌肉及其周围有浆液浸润的组织应剔除。

5.15.4 片猪肉可采用卧式或立式分段，并分别使用卧式分段锯和立式分段锯。

5.15.5 分割的原料及产品采用平面带式输送设备，其传动系统应选用电辊筒减速装置，在输送带两侧设置不锈钢或其他符合食品卫生要求的材料制作的分割工作台，进行剔骨分割。输送机末端配备分检台，对分割产品进行检验。

5.15.6 屠宰车间非清洁区的器具和运输工具不应进入分割间，非分割间工作人员不应随意进入分割区。

## 5.16 冻结

5.16.1 冻结间：温度应为 -28℃ 以下。

5.16.2 分割冻结猪肉系列产品应在 24h ～48h 内使中心温度降至 -15℃ 以下。

## 5.17 包装、标签和标识

5.17.1 包装材料应符合 GB/T 5737、GB/T 6543、GB 9683、GB 9687、GB 9688、GB10457 及相关法规、标准的规定。标签应符合 GB 7718 的要求。

5.17.2 包装材料和标签应由专人保管，每批产品标签凭相应的出库证明才能发放、领用。销毁的包装材料应有记录。

5.17.3 在印字或贴签过程中，应随时抽查印字或贴签质量。印字应清晰；贴签应贴正、贴牢。

5.17.4 分割产品的包装箱外的标识应符合 GB/T 6388 的规定，两侧应标明产品的名称、质量、企业名称和存储条件。

## 5.18 成品贮存

5.18.1 经检验合格的包装产品应存于成品库，其容量与生产能力应相适应，并应设有温、湿度监测装置和防鼠、防虫等设施，定期检查和记录。

5.18.2　冷却片猪肉及其分割产品应在相对湿度为 75%～95%、温度为 −1℃～4℃ 的冷却间贮存，并且片猪肉需吊挂，肉体间距不宜低于 5cm。

5.18.3　冻片猪肉及其分割产品应在相对湿度为 95%～100%、温度为 −18℃ 以下的冷藏库贮存，且冷藏库一昼夜温度升降幅度不应超过 1℃。

## 6　其他要求

6.1　应在屠宰加工各有关工序中配备专职检验人员，按《肉品卫生检验试行规程》要求进行宰后检验及处理。

6.2　从放血到摘取内脏，不应超过 30min 屠宰全过程应不超过 45min。

6.3　经检验不合格的肉品和副产品，应按 GB 16548 中的规定处理。

6.4　屠宰厂（场）的人员、环境与设施、生产记录方面的要求应按 GB/T 19479 中的规定执行。

# 中华人民共和国农业行业标准

NY/T 1565—2007

## 冷却肉加工技术规范

Technical specification for processing of chilled meat

2007－12－18 发布/2008－03－01 实施
中华人民共和国农业部　发布

## 前　言

本标准由中华人民共和国农业部提出并归口。

本标准起草单位：中国农业科学院农产品加工研究所、宁夏金福来羊产业有限公司。

本标准起草人：张德权、李淑荣、张洪恩、李庆鹏、周洪杰、王锋、哈益明、杨远剑。

# 冷却肉加工技术规范

## 1 范围

本标准规定了冷却肉加工的术语和定义、技术要求、标签与标志、包装、储存与运输。

本标准适用于冷却猪肉、牛肉和羊肉的生产加工。

## 2 规范性引用文件

下列文件中的条款通过本标准的引用而成为本标准的条款。凡是注日期的引用文件，其随后所有的修改单（不包括勘误的内容）或修订版均不适用于本标准，然而，鼓励根据本标准达成协议的各方研究是否可使用这些文件的最新版本。凡是不注日期的引用文件，其最新版本适用于本标准。

GB 191 包装储运图示标志

GB/T 4456 包装用聚乙烯吹塑薄膜

GB 5749 生活饮用水卫生标准

GB 6388 运输包装收发货标志

GB 7718 预包装食品标签通则

GB 9687 食品包装用聚乙烯成型卫生标准

GB 9959.1 鲜、冻片猪肉

GB 12694 肉类加工厂卫生规范

GB 14881 食品企业通用卫生规范

GB 14930.1 食品工具、设备用洗涤剂卫生标准

GB 14930.2 食品工具、设备用洗涤消毒剂卫生标准

GB/T 17236 生猪屠宰操作规程

GB/T 17237 畜类屠宰加工通用技术条件

GB 18393 牛羊屠宰产品品质检验规程

GB/T 19477 牛屠宰操作规程

GB/T 20799 鲜、冻肉运输条件

NY 467 畜禽屠宰卫生检疫规

NY/T 630 羊肉质量分级

NY/T 632 冷却猪肉

NY/T 633 冷却羊肉

NY/T 676 牛肉质量分级

## 3 术语和定义

下列术语和定义适用于本标准。

### 3.1 冷却肉 chilled meat

在良好操作规范和良好卫生条件下，活畜经宰前、宰后检验检疫合格屠宰后，胴体经冷却处理，其后腿肌肉深层中心温度在 24h 内降至 0℃ ~4℃，在 10℃ ~12℃ 的车间内进行分割加工，并在后续包装、贮藏、流通和销售过程中始终保持在 0℃ ~4℃ 范围内的生鲜肉。

### 3.2 同步检验 synchronous inspection

在轨道运行中，对牲畜的胴体、内脏、头、蹄、皮张等实行的在线检验。

## 4 基本要求

4.1 冷却肉加工企业卫生条件应符合 GB 12694、GB 14881 和 NY 467 的规定。

4.2 生产前后应对各生产设备与设施进行全面检查并进行消毒，生产加工用水应符合 GB 5749 的规定，使用的消毒剂和洗涤剂应符合 GB 14930.1 和 GB 14930.2 的规定。

4.3 屠宰加工技术条件应符合 GB/T 17237 的规定。

## 5 加工技术要求

### 5.1 宰前要求

5.1.1 待宰牲畜卫生检疫状况应符合 NY 467 的规定。

5.1.2 生产冷却猪肉的原料应符合 NY/T 632 的规定。

5.1.3 生产冷却羊肉的原料应符合 NY/T 633 的规定。

5.1.4 种牛及晚阉牛不得用于加工冷却牛肉。

### 5.2 屠宰加工技术要求

5.2.1 猪屠宰按 GB/T 17236 规定执行，牛屠宰按 GB/T 19447 规定执行。

5.2.2 羊屠宰加工技术要求

　　a)除清真屠宰加工厂外，宜采用麻电致昏、血管刺杀放血（切断颈动脉、颈静脉）方式刺杀放血。麻电电压不高于90V、电流强度小于0.2A、麻电时间 3s～4s。清真屠宰加工厂，采用断三管（血管、气管和食管）的刺杀方式放血，由阿訇主刀；垂直式放血时间不少于5min，平卧式放血时间不少于7min。

　　b)剥皮、开膛、净腔、去头、割蹄等加工环节应符合 GB/T 17237 的规定，同步检验按 GB 18393、NY 467 的规定执行。

### 5.3 分级

　　猪胴体、牛胴体、羊胴体分级标准分别按 GB 9959.1、NY/T 676、NY/T 630 的规定执行；分级方法可采用人工分级、超声波自动分级或基于 CCD 成像技术的自动分级系统。

### 5.4 冷却处理技术要求

5.4.1 冲淋

　　胴体进入冷却间之前，采用热水或乳酸进行冲洗，由上至下冲洗整个胴体内侧及锯口、刀口处，降低初始菌落总数。

5.4.2 冷却成熟

5.4.2.1 宰后胴体应在1h内进入冷却间，并在24h内畜胴体后腿肌肉深层中心温度达到0℃～4℃。牛、羊胴体冷却速度不宜过快，防止冷收缩。

5.4.2.2 冷却成熟温度维持在0℃～4℃，相对湿度维持在85%～90%。猪胴体成熟时间不少于24h，羊胴体成熟时间不少于48h，牛胴体成熟时间不少于72h。

### 5.5 胴体分割

　　分割车间温度应控制在10℃～12℃，分割滞留时间应小于0.5h，分割过程中肉块中心温度应不高于4℃。分割刀具、箱框和工作人员双手应每隔1h消毒一次。

### 5.6 金属检测

　　用金属探测仪检验分割肉块，剔除带有金属异物的肉块。

## 6 标签与标志

　　标签应符合 GB 7718 的规定，包装储运图示标志应符合 GB 191 和 GB 6388 的规定。

## 7 包装、储存与运输

7.1 冷却肉包装材料应符合 GB/T 4456 和 GB 9687 的规定。包装间温度应在10℃～12℃，包装滞留时间应小于0.5h。

7.2 冷却肉应储存在温度0℃～4℃、相对湿度85%～90%的环境中。

7.3 冷却肉运输条件按 GB/T 20799 的规定执行。

# 中华人民共和国国家标准

GB/T 19477—2004

## 牛屠宰操作规程

Operating procedures of cattle slaughtering

2004 -03 -16 发布/2004 -08 -01 实施

中华人民共和国国家质量监督检验检疫总局　中国国家标准化管理委员会　发布

## 前　言

制定本标准是为了规范牛屠宰加工厂（场）的行为，促进行业的技术进步，提高肉类产品质量，保护消费者身体健康。

本标准的附录 A 为规范性附录。

本标准由中国商业联合会提出并归口。

本标准由河南省漯河双汇实业集团有限责任公司、国家经贸委屠宰技术鉴定中心负责起草，内蒙古远大肉牛产业开发公司参加起草。

本标准主要起草人：王玉芬、王永林、王巧玲、赵建生、刘桂珍、王贵际、张新玲、刘虎成。

# 牛屠宰操作规程

## 1 范围

本标准规定了牛屠宰各工序的操作要求。

本标准适用于中华人民共和国境内的各类活牛屠宰厂（场）。

## 2 规范性引用文件

下列文件中的条款通过本标准的引用而成为本标准的条款。凡是注日期的引用文件，其随后所有的修改单（不包括勘误的内容）或修订版均不适用于本标准，然而，鼓励根据本标准达成协议的各方研究是否可使用这些文件的最新版本。凡是不注日期的引用文件，其最新版本适用于本标准。

## 3 术语和定义

下列术语和定义适用于本标准。

### 3.1 牛屠体 feet body

放血后的躯体。

### 3.2 牛胴体 feet carcass

牛屠体去除头、蹄、尾、内脏及生殖器（母牛去乳房）的躯体。

### 3.3 二分体牛 half carcass

将牛胴体脊椎中线纵向锯（劈）成一半的酮体。

### 3.4 四分体牛肉 quarter

将二分体牛肉从第十一、十二（十三）肋骨间呈弧线横截成前后两部分，有前四分体（四分体牛前）和后四分体四分体牛肉。

### 3.5 内脏 offal

#### 3.5.1 白内脏

牛的胃、肠、脾。

#### 3.5.2 红内脏

牛的心、肝、肺、肾。

### 3.6 四分体牛前（前四分体） forequarter

将牛胴体横截成四分体后的前段部位牛肉。

### 3.7 四分体牛后（后四分体） hindquarter

将牛胴体横截成四分体后的后段部位牛肉。

## 4 宰前要求

4.1 待宰牛应来自非疫区，健康良好，并有产地兽医检疫合格证明。

4.2 活牛进厂（场）后停食，充分休息 12h～24h，充分饮水至宰前 3h。

4.3 送宰牛只应由兽医检疫人员签发《准宰证》或《准宰通行单》方可宰杀。

4.4 待宰前牛体充分沐浴，体表无污垢。

4.5 牛只通过赶牛道时，应按顺序赶送，不能用硬器鞭打牛体。

## 5 屠宰操作规程及操作要求

### 5.1 致昏

致昏的方法有多种，推荐使用刺昏法、击昏法、麻电法。

5.1.1 刺昏法：固定牛头，用尖刀刺牛的头部"天门穴"（牛两角连线中点后移 3 cm）使牛昏迷。

5.1.2 击昏法：用击昏枪对准牛的双角与双眼对角线交叉点，启动击昏枪使牛昏迷。

5.1.3 麻电法：用单杆式电麻器击牛体，使牛昏迷（电压不超过 200 V，电流为 1A～1.5A，作用时间 7s～30s）。

5.1.4 致昏要适度，牛昏而不死。

## 5.2　挂牛

5.2.1　用高压水冲洗牛腹部，后腿部及肛门周围。

5.2.2　用扣脚链扣紧牛的右后小腿，匀速提升，使牛后腿部接近输送机轨道，然后挂至轨道链钩上。

5.2.3　挂牛要迅速，从击昏到放血之间的时间间隔不超过 1.5 min。

## 5.3　放血

5.3.1　从牛喉部下刀，横断食管、气管和血管，采用伊斯兰"断三管"的屠宰方法，由阿訇主刀。

5.3.2　刺杀放血刀应每次消毒，轮换使用。

5.3.3　放血完全，放血时间不少于 20 s。

## 5.4　结扎肛门

5.4.1　冲洗肛门周围。

5.4.2　将橡皮筋套在左臂上。

5.4.3　将塑料袋反套在左臂上。

5.4.4　左手抓住肛门并提起。

5.4.5　右手持刀将肛门沿四周割开并剥离，随割随提升，提高至 10 cm 左右。

5.4.6　将塑料袋翻转套住肛门。

5.4.7　将橡皮筋扎住塑料袋。

5.4.8　将结扎好的肛门送回深处。

## 5.5　剥后腿皮

5.5.1　从跗关节下刀，刀刃沿后腿内侧中线向上挑开牛皮。

5.5.2　沿后腿内侧线向左右两侧剥离，从跗关节上方至尾根部牛皮，同时割除生殖器。

5.5.3　割掉尾尖，放入指定器皿中。

## 5.6　去后蹄

从跗关节下刀，割断连接关节的结缔组织、韧带及皮肉，割下后蹄，放入指定的容器中。

## 5.7　剥胸、腹部皮

5.7.1　用刀将牛胸腹部皮沿胸腹中线从胸部挑到裆部。

5.7.2　沿腹中线向左右两侧剥开胸腹部牛皮至肷窝止。

## 5.8　剥颈部及前腿皮

5.8.1　从腕关节下刀，沿前腿内侧中线挑开牛皮至胸中线。

5.8.2　沿颈中线自下而上挑开牛皮。

5.8.3　从胸颈中线向两侧进刀，剥开胸颈部皮及前腿皮至两肩止。

## 5.9　去前蹄

从腕关节下刀，割断连接关节的结缔组织、韧带及皮肉，割下前蹄放入指定的容器内。

## 5.10　换轨

启动电葫芦，用两个管轨滚轮吊钩分别钩住牛的两只后腿跗关节处，将牛屠体平稳送到管轨上。

## 5.11　扯（撕）皮

5.11.1　用锁链锁紧牛后腿皮，启动扯皮机由上到下运动，将牛皮卷撕。要求皮上不带膘、不带肉、皮张不破。

5.11.2　扯到尾部时，减慢速度，用刀将牛尾的根部剥开。

5.11.3　扯皮机均匀向下运动，边扯边用刀轻剁皮与脂肪、皮与肉的连接处。

5.11.4　扯到腰部时适当增加速度。

5.11.5　扯到头部时，把不易扯开的地方用刀剥开。

5.11.6　扯完皮后将扯皮机复位。

## 5.12　割牛头

5.12.1　用刀在牛脖一侧割开一个手掌宽的孔，将左手伸进孔中抓住牛头。

5.12.2　沿放血刀口处割下牛头，挂同步检验轨道。

## 5.13　开胸、结扎食管

5.13.1　从胸软骨处下刀，沿胸中线向下贴着气管和食管边缘，锯开胸腔及脖部。

5.13.2　剥离气管和食管，将气管与食管分离至食道和胃结合部。

5.13.3　将食管顶部结扎牢固，使内容物不流出。

## 5.14 取白内脏

5.14.1 在牛的裆部下刀向两侧进刀，割开肉至骨连接处。

5.14.2 刀尖向外，刀刃向下，由上向下推刀割开肚皮至胸软骨处。

5.14.3 用左手扯出直肠，右手持刀伸入腹腔，从左到右割离腹腔内结缔组织。

5.14.4 用力按下牛肚，取出胃肠送入同步检验盘，然后扒净腰油。

5.14.5 取出牛脾挂到同步检验轨道。

## 5.15 取红内脏

5.15.1 左手抓住腹肌一边，右手持刀沿体腔壁从左到右割离横膈肌，割断连接的结缔组织，留下小里脊。

5.15.2 取出心、肝、肺，挂到同步检验轨道。

5.15.3 割开牛肾的外膜，取出肾并挂到同步检验轨道。

5.15.4 冲洗胸腹腔。

## 5.16 劈半

5.16.1 沿牛尾根关节处割下牛尾，放入指定容器内。

5.16.2 将劈半锯插入牛的两腿之间，从耻骨连接处下锯，从上到下匀速地沿牛的脊柱中线将胴体劈成二分体，要求不得劈斜、断骨，应露出骨髓。

## 5.17 胴体修整

5.17.1 取出骨髓、腰油放入指定容器内。

5.17.2 一手拿镊子，一手持刀，用镊子夹住所要修割的部位，修去胴体表面的瘀血、淋巴、污物和浮毛等不洁物，注意保持肌膜和胴体的完整。

## 5.18 冲洗

用 32℃ 左右温水，由上到下冲洗整个胴体内侧及锯口、刀口处。

## 5.19 检验

5.19.1 下货检验：按《肉品卫生检验试行规程》的规定进行。

5.19.2 胴体检验：按《肉品卫生检验试行规程》的规定进行。

## 5.20 胴体预冷

5.20.1 将预冷间温度降到 -2℃ ~0℃。

5.20.2 推入胴体，胴体间距保持不少于 10 cm。

5.20.3 启动冷风机，使库温保持在 0℃ ~4℃，相对湿度保持在 85% ~90%。

5.20.4 预冷后检查胴体 pH 及深层温度，符合要求进行剔骨、分割、包装。

**附录 A**
**（规范性附录）**
**屠宰加工过程的检验**

A.1　宰后检验

A.1.1　同一屠体的胴体、内脏、头和皮应编为同一号码。

A.1.2　屠体应进行下列各项检验：

A.1.2.1　头部检验

　　检验颌下淋巴结和咽后内外淋巴结、侧淋巴结，检视口腔及咽喉黏膜有出血、溃疡和色泽变化并检查舌根纵剖面和内外咬肌。

A.1.2.2　胴体检验

　　a）检查胴体表面、脂肪、肌肉及其他；

　　b）剖检股前淋巴结、肩胛淋巴结及淋巴结和腰下淋巴；

　　c）剖开深腰肌、肌肉及腹斜肌有无孢子。

A.1.2.3　内脏检验

　　a）肺脏：观察外面色泽，剖检支气管淋巴结和纵隔淋巴结，必要时剖检。

　　b）心脏：检查心膜和心包液，剖检心肌有无病理变化，注意血凝状态。

　　c）肝脏：触检，检查有无肿胀、坏死和寄生虫，必要时切开胆囊及肝脏。

　　d）脾脏：观察有无肿胀、出血点、触检。

　　e）胃肠：剖检胃淋巴结及肠系膜淋巴结，必要时解剖胃肠，观察黏膜有无异常现象。

　　f）肾脏：剥离肾，观察色泽，大小无出血点和坏死，必要时解剖肾脏，观察有无病理变化。

　　g）必要时检验乳房，检查子宫。

A1.3　经检验后胴体、内脏和皮张，应按不同情况分别打上印记。

A1.3.1　如宰后发现恶性传染病，或其疑似的传染病症状，应封锁现场。采取防范措施，将可能被污染的场地，所有所有屠宰用的工具，以及工作服、鞋、帽子等严格消毒，在保证消灭一切传染病源后，方可恢复屠宰。患牛粪便、胃肠内容物及流出的污水、残渣等应经消毒后移除场外。

A1.3.2　宰后发现各种恶性传染病时，其同群未宰牛的处理办法同宰前。

A1.3.3　发现疑似炭疽等恶性传染病时，应将病变部分密封，送至化验室进行化验。

A1.3.4　宰后发现人畜共患传染病时，凡与病牛接触过的人员应立即采取防范措施。

A1.3.5　检验人员应将宰后检验结果及处理情况详细记录，以备统计查考。

# 中华人民共和国国家标准

GB/T 27643—2011

# 牛胴体及鲜肉分割

Beef carcass and cuts

2011 - 12 - 30 发布/2012 - 04 - 01 实施

中华人民共和国国家质量监督检验检疫总局　中国国家标准化管理委员会　发布

## 前　言

本标准按照 GB/T 1.1—2009《标准化工作导则第 1 部分：标准的等构和编写》给出的规则起草。

本标准由全国畜牧业标准化技术委员会（SAC/TC 274）归口。

本标准起草单位：南京农业大学、中国农业科学院、河北福成五丰食品股份有限公司、陕西秦宝牧业发展有限公司、安徽省瀚森荷金来肉牛集团有限公司。

本标准主要起草人：彭增起、周光宏、孙宝忠、于春起、史文利、杨朝勇、高峰、李春保、陈银基、吴菊清。

# 牛胴体及鲜肉分割

## 1　范围

本标准规定了牛胴体及鲜肉分割方法。

本标准适用于各类肉牛屠宰加工企业。

## 2　规范性引用文件

下列文件对于本文件的应用是必不可少的。凡是注日期的引用文件，仅注日期的版本适用于本文件。凡是不注日期的引用文件，其最新版本（包括所有的修改单）适用于本文件。

GB/T 19477—2004 牛屠宰操作规程

## 3　术语和定义

下列术语和定义适用于本文件。

### 3.1　胴体　carcass

牛经宰杀放血后，除去皮、头、蹄、尾、内脏及生殖器（母牛去除乳房）后的躯体部分。（牛屠宰应符合 GB/T 19477—2004 的规定，牛半胴体结构图参见附录 A）。

### 3.2　二分体　side

将宰后的整胴体沿脊柱中线纵向切成的两片。

### 3.3　四分体　quarter

在第 5 肋至第 7 肋，或第 11 肋至第 13 肋骨间将二分体切开后得到的前、后两个部分。

### 3.4　分割牛肉　beef cuts

依据牛胴体形态结构和肌肉组织分布进行分割，得到的不同部位的肉块（牛胴体分割图见附录 B，分割牛肉名称对照表见附录 C。

### 3.5　里脊　tenderloin

取自牛胴体腰部内侧带有完整里脊头的净肉。

### 3.6　外脊　striploin

取自牛胴体第 6 腰椎外横截至第 12～第 13 胸椎椎窝中间处垂直横截，沿背最长肌下缘切开的净肉，主要是背最长肌。

### 3.7　眼肉　rib eye

取自牛胴体第 6 胸椎到第 12～第 13 胸椎间的净肉。前端与上脑相连，后端与外脊相连，主要包括背阔肌、背最长肌、肋间肌等。

### 3.8　上脑　high rib

取自牛胴体最后颈椎到第 6 胸椎间的净肉。前端在最后颈椎后缘，后端与眼肉相连，主要包括背最长肌、斜方肌等。

### 3.9　辣椒条　chuck tender

位于肩胛骨外侧，从肱骨头与肩胛骨结节处紧贴冈上窝取出的形如辣椒状的净肉，主要是冈上肌。

### 3.10　胸肉　brisket

位于胸部，主要包括胸升肌和胸横肌等。

### 3.11　臀肉　rump

位于后腿外侧靠近股骨一端，主要包括臀中肌、臀深肌、股阔筋膜张肌等。

### 3.12　米龙　topside

位于后腿外侧，主要包括半膜肌、股薄肌等。

### 3.13　牛霖　knuckle

位于股骨前面及两侧，被阔筋膜张肌覆盖，主要是臀股四头肌。

### 3.14　大黄瓜条　outside flat

位于后腿外侧，沿半腱肌股骨边缘取下的长而宽大的净肉，主要是臀股二头肌。

### 3.15 小黄瓜条 eye round

位于臀部，沿臀股二头肌边缘取下的形如管状的净肉，主要是半腱肌。

### 3.16 腹肉 thin flank

位于腹部，主要包括肋间内肌、肋间外肌和腹外斜肌等。

### 3.17 腱子肉 shin/shank

腱子肉分前后两部分。牛前腱取自牛前小腿肘关节至腕关节外净肉，包括腕桡侧伸肌、指总伸肌、指内侧伸肌、指外侧伸肌和腕尺侧伸肌等。牛后腱取自牛后小腿膝关节至跟腱外净肉，包括腓肠肌、趾伸肌和趾伸屈肌等。

## 4 技术要求

### 4.1 胴体分割要求

#### 4.1.1 二分体分割要求

将牛胴体沿脊椎中线纵向切成两片（见表 D.1）。

#### 4.1.2 普通四分体分割要求

在第 11 肋至第 ~13 肋，或第 5 肋至第 ~7 肋骨间将二分体横截后得到的前、后两个部分（见表 D.1）。

#### 4.1.3 枪形前、后四分体分割要求

分割时一端沿腹直肌与臀部轮廓处切开，平行于脊柱走向，切至第 5 至第 7 根肋骨，或第 11 至第 13 肋骨处横切后得到的前、后两部分称为枪形前、后四分体（见表 D.1）。

### 4.2 分割肉分割要求

#### 4.2.1 里脊分割要求

分割时先剥去肾周脂肪，然后沿耻骨前下方把里脊剔出，再由里脊头向里脊尾，逐个剥离腰椎横突，即可取下完整的里脊（见表 E.1），里脊分粗修里脊（修去里脊表层附带的脂肪，不修去侧边）和精修里脊（修去里脊表层附带的脂肪，同时修去侧边）。

#### 4.2.2 外脊分割要求

分割步骤如下：①沿最后腰椎切下；②沿背最长肌腹壁侧（离背最长肌 5cm~8cm）切下；③在第 12~第 13 胸肋处切断胸椎；④逐个把胸、腰椎剥离（见表 E.1）。

#### 4.2.3 眼肉分割要求

后端在第 12~第 13 胸椎处，前端在第 5~第 6 胸椎处。分割时先剥离胸椎，抽出筋腱，在背最长肌腹侧距离为 8cm~10cm 处切下（见表 E.1）。

#### 4.2.4 带骨眼肉分割要求

分割时不剥离胸椎，稍加修整即为带骨眼肉（见表 E.1）。

#### 4.2.5 上脑分割要求

其后端在第 5~第 6 胸椎处，与眼肉相连，前端在最后颈椎后缘。分割时剥离胸椎，去除筋腱，在背最长肌腹侧距离为 6cm~8cm 处切下（见表 E.1）。

#### 4.2.6 胸肉分割要求

在剑状软骨处，随胸肉的自然走向剥离，修去部分脂肪即成胸肉（见表 E.1）。

#### 4.2.7 辣椒条分割要求

位于肩胛骨外侧，从肱骨头与肩胛骨结节处紧贴冈上窝取出的形如辣椒状的净肉（见表 E.1）。

#### 4.2.8 臀肉分割要求

位于后腿外侧靠近股骨一端，沿着臀股四头肌边缘取下的净肉（见表 E.1）。

#### 4.2.9 米龙分割要求

沿股骨内侧从臀股二头肌与臀股四头肌边缘取下的净肉（见表 E.1）。

#### 4.2.10 牛霖分割要求

当米龙和臀肉取下后，能见到长圆形肉块，沿自然肉缝分割，即得到一块完整的净肉（见表 E.1）。

#### 4.2.11 小黄瓜条分割要求

当牛后腱子取下后，小黄瓜条处于最明显的位置。分割时可按小黄瓜条的自然走向剥离（见表 E.1）。

#### 4.2.12 大黄瓜条分割要求

与小黄瓜条紧紧相连，剥离小黄瓜条后大黄瓜条就完全暴露，顺着肉缝自然走向剥离，便可得到一块完整的四方形肉块（见表 E.1）。

### 4.2.13　腹肉分割要求

分无骨肋排和带骨肋排。一般包括4根~第7根肋骨（见表 E.1）

### 4.2.14　腱子肉分割要求

腱子分为前、后两部分，前牛腱从尺骨端下刀，剥离骨头，后牛腱从胫骨上端下刀，剥离骨头取下（见表 E.1）。

## 附录 A
### （资料性附录）
### 牛半胴体结构图

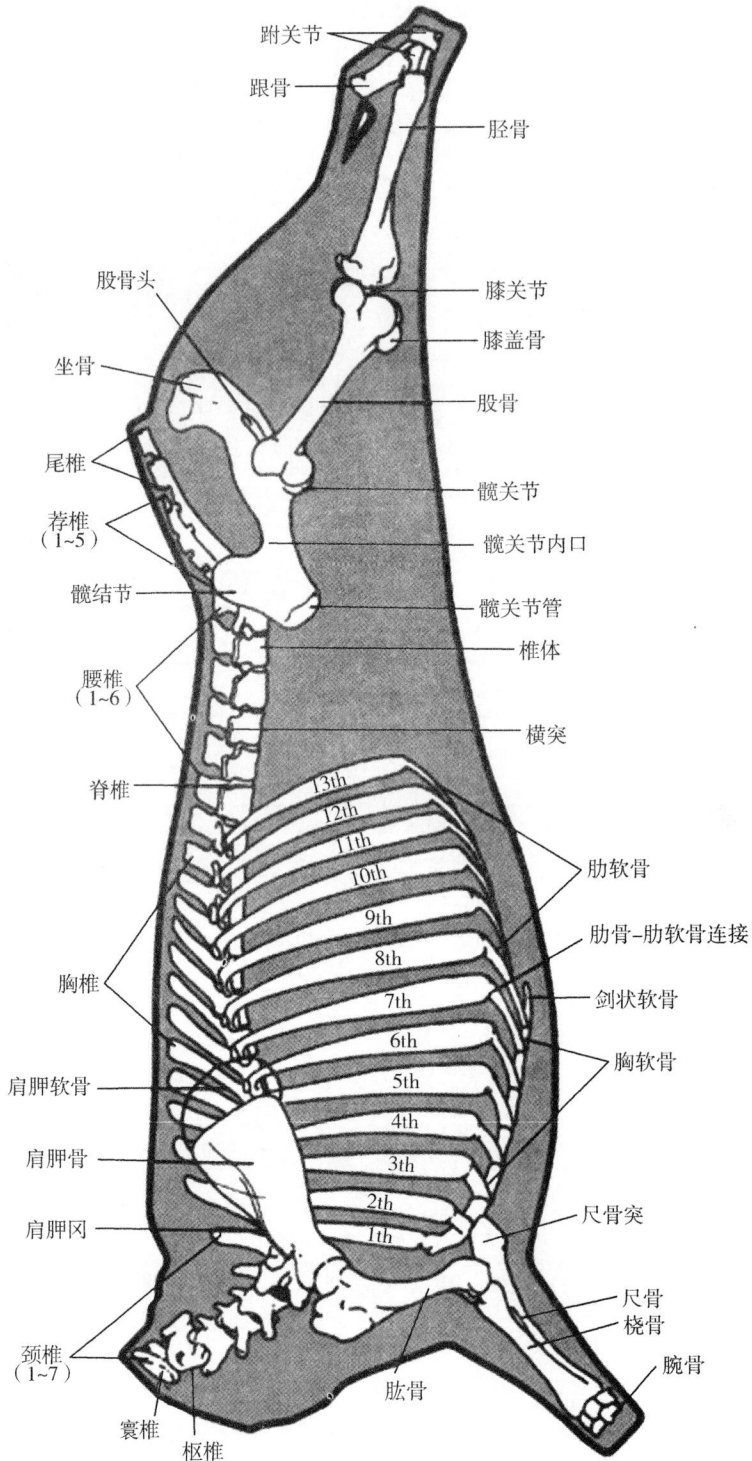

附录 A.1　牛半胴体结构图

**附录 B**
**（规范性附录）**
**牛胴体分割图**

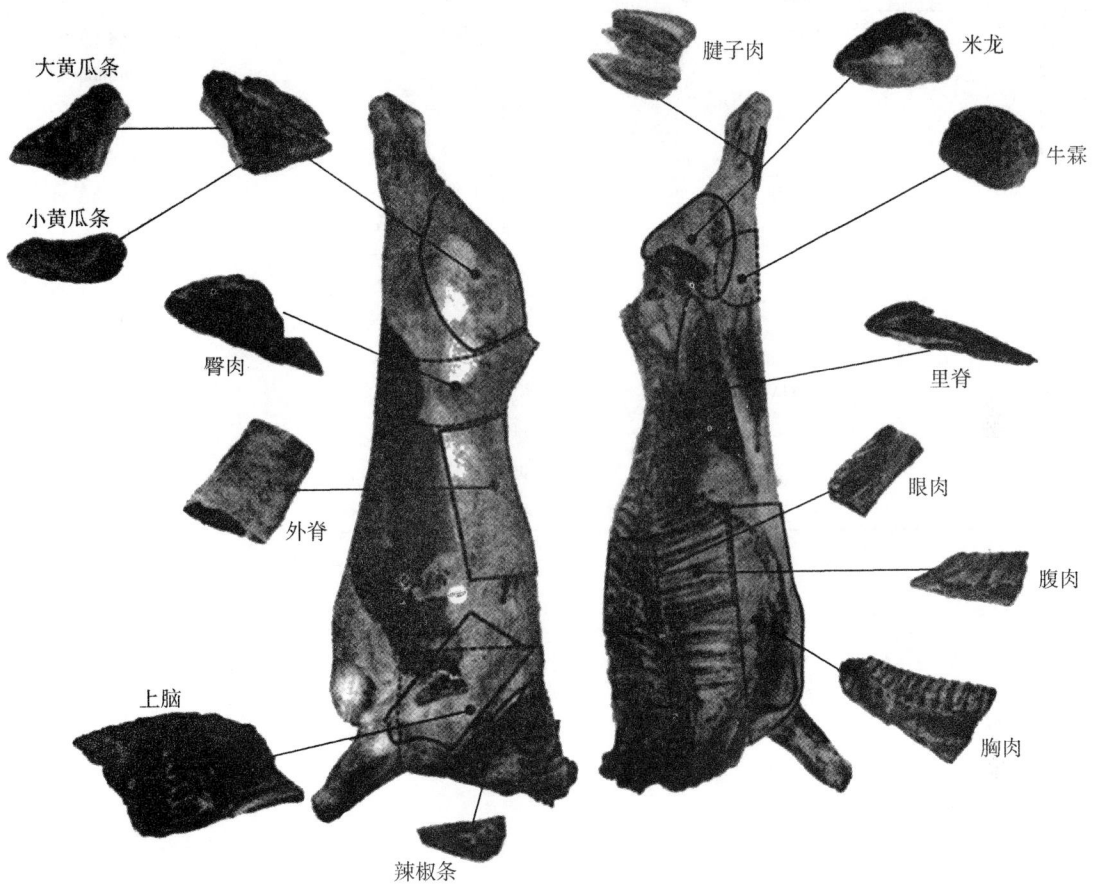

大黄瓜条

小黄瓜条

臀肉

外脊

上脑

辣椒条

腱子肉

米龙

牛霖

里脊

眼肉

腹肉

胸肉

附录 B.1　牛胴体分割示意图

# 附录 C
## （规范性附录）
## 分割牛肉名称对照表

表 C.1 分割牛肉名称对照

| 序号 | 商品名 | 别名 | 英文名 |
|---|---|---|---|
| 1 | 里脊 | 牛柳 菲力 | tenderloin |
| 2 | 外脊 | 西冷 | striploin |
| 3 | 眼肉 | 沙朗 | ribeye |
| 4 | 上脑 | — | high rid |
| 5 | 辣椒肉 | 辣椒肉、嫩肩肉、小里脊 | chuck tender |
| 6 | 胸肉 | 胸口肉、前胸肉 | brisket |
| 7 | 臀肉 | 臀腰肉、尾扒、尾龙扒 | rump |
| 8 | 米龙 | 针扒 | topside |
| 9 | 牛霖 | 膝圆、霖肉、和尚头、牛林 | knuckle |
| 10 | 大黄瓜条 | 烩扒 | outside flat |
| 11 | 小黄瓜条 | 鲤鱼管、小条 | eyeround |
| 12 | 腹肉 | 肋腹肉、肋排、肋条肉 | thin flank |
| 13 | 腱子肉 | 牛展、金钱展、小腿肉 | shin/shank |

# 附录 D

## （规范性附录）

## 胴体分割示意表

表 D.1　胴体分割示意表

| 序号 | 名称 | 分割示意图 | 真实图片 |
|------|------|-----------|---------|
| 1 | 二分体 | | |
| 2 | 普通四分体 | | |
| 3 | 枪形前、后四分体 | | |

# 附录 E
## （规范性附录）
## 鲜肉体分割示意表

表 E.1　鲜肉体分割示意表

| 序号 | 名称 | 分割示意图 | 真实图片 |
|------|------|------------|----------|
| 1 | 里脊 | | |
| 2 | 粗修里脊 | | |
| 3 | 精修里脊 | | |
| 4 | 外脊 | | |
| 5 | 眼肉 | | |

（续）

| 序号 | 名称 | 分割示意图 | 真实图片 |
|------|------|-----------|---------|
| 6 | 带骨眼肉 | | |
| 7 | 上脑 | | |
| 8 | 胸肉 | | |
| 9 | 辣椒条 | | |
| 10 | 臀肉 | | |

（续）

| 序号 | 名称 | 分割示意图 | 真实图片 |
|------|------|-----------|---------|
| 11 | 米龙 | | |
| 12 | 牛霖 | | |
| 13 | 小黄瓜条 | | |
| 14 | 大黄瓜条 | | |
| 15 | 腹肉 | | |
| 16 | 腱子肉 | | |

# 中华人民共和国农业行业标准

NY/T 1564—2007

## 羊肉分割技术规范

Cutting technical specification of mutton

2007-12-18 发布/2008-03-01 实施

中华人民共和国农业部 发布

## 前 言

本标准的附录 A、附录 B、附录 C 为规范性附录。

本标准由中华人民共和国农业部提出并归口。

本标准起草单位：中国农业科学院农产品加工研究所、宁夏金福来羊产业有限公司。

本标准起草人：张德权、李淑荣、张洪恩、李庆鹏、周洪杰、王锋、哈益明、杨远剑。

# 羊肉分割技术规范

## 1 范围

本标准规定了羊肉分割的术语和定义、技术要求、标志、包装、储存和运输。
本标准适用于羊肉分割加工。

## 2 规范性引用文件

下列文件中的条款通过本标准的引用而成为本标准的条款。凡是注日期的引用文件，其随后所有的修改单（不包括勘误的内容）或修订版均不适用于本标准，然而，鼓励根据本标准达成协议的各方研究是否可使用这些文件的最新版本。凡是不注日期的引用文件，其最新版本适用于本标准。

GB 191　包装储运图示标志
GB/T 4456　包装用聚乙烯吹塑薄膜
GB/T 6388　运输包装收发货标志
GB/T 6543　瓦楞纸箱
GB 7718　预包装食品标签通则
GB 9681　食品包装用聚氯乙烯成型品卫生标准
GB 9687　食品包装用聚乙烯成型品卫生标准
GB 9688　食品包装用聚丙烯成型品卫生标准
GB 9689　食品包装用聚苯乙烯成型品卫生标准
GB 9&61　鲜、冻胴体羊肉
GB/T 20799　鲜、冻肉运输条件 NY/T633 冷却羊肉
NY 1165　羔羊肉

## 3 术语和定义

下列术语和定义适用于本标准。

### 3.1 胴体羊肉　mutton whole carcass
活羊屠宰放血后，去毛、头、蹄、尾和内脏的带皮或去皮躯体。

### 3.2 鲜胴体羊肉　fresh mutton whole carcass
未经冷却或冻结处理的胴体羊肉。

### 3.3 冷却胴体羊肉　fresh mutton carcass
经冷却处理，其后腿肌肉深层中心温度在0℃~4℃的胴体羊肉。

### 3.4 冻胴体羊肉　fresh mutton whole carcass
经冻结处理，其后腿肌肉深层中心温度不高于-15℃的胴体羊肉。

### 3.5 分割羊肉　cut mutton
鲜胴体羊肉、冷却胴体羊肉、冻胴体羊肉在特定环境下按部位分割，并在特定环境下储存、运输和销售的带骨或去骨切块。

### 3.6 冷却分割羊肉　chilled cut mutton
经冷却处理，肉块中心温度维持在0℃~4℃的分割羊肉。

### 3.7 冷冻分割羊肉　frozen cut mutton
经过冻结处理，肉块中心温度低于-15℃的分割羊肉。

### 3.8 带骨分割羊肉　cut mutton-bone in
未经剔骨加工处理的分割羊肉。

### 3.9 去骨分割羊肉　cut mutton-bone off
经剔骨加工处理的分割羊肉。

## 4 基本要求

### 4.1 原料
加工分割羊肉的胴体羊肉原料应符合 GB 9961、NY/T 633、NY1165 的规定。

290

## 4.2　分割

分割方法分为热分割和冷分割，生产时可根据具体条件选用。

### 4.2.1　热分割

以屠宰后未经冷却处理的鲜胴体羊肉为原料进行分割，热分割车间温度应不高于20℃，从屠宰到分割结束应不超过2h。

### 4.2.2　冷分割

以冷却胴体羊肉或冻胴体羊肉为原料进行分割，冷分割车间温度应在10℃~12℃，冷却胴体羊肉切块的中心温度应不高于4℃，冻胴体羊肉切块的中心温度应不高于－15℃，分割滞留时间不超过0.5h。

## 4.3　冷加工

### 4.3.1　冷却

冷却间温度0℃~4℃、相对湿度85%~90%。热分割切块应在24h内中心温度降至4℃以下后，方可入冷藏间或冻结间；冷分割羊肉可直接入冷藏间或冻结间；冷冻分割羊肉可直接入冷藏间。

### 4.3.2　冻结

冻结间温度应低于－28℃、相对湿度95%以上，切块中心温度应在48h内降至－15℃以下。

### 4.3.3　冷藏

冷却分割羊肉应入0℃~4℃、相对湿度85%~90%的冷藏间中，肉块中心温度保持在0℃~4℃，冷冻分割羊肉入－18℃以下、相对湿度95%以上的冷藏间中，肉块中心温度保持在－15℃以下。

# 5　分割技术要求

## 5.1　分割羊肉品种

### 5.1.1　本标准包括38种分割羊肉，其中带骨分割羊肉25种，去骨分割羊肉13种。

a）带骨分割羊肉（25种）

躯干（trunk）

带臀腿（leg-chump on）

带臀去腱腿（leg-chump on shank off）

去臀腿（leg-chump off）

去臀去腱腿（leg chump off, shank off）

带骨臀腰肉（rump-bone on）

去髋带臀腿（leg-chump on aitch bone removed）

去髋去腱带股腿（leg-femur bone）

鞍肉（saddle）

带骨羊腰脊（双/单）（short Loin pair/single）

羊T骨排（双/单）（short loin chop pair/single）

腰肉（loin）

羊肋脊排（rack）

法式羊肋脊排（rack-cap on or off French）

单骨羊排（法式）（rib chop（French））

前1/4胴体（forequarter）

方切肩肉（square cut shoulder）

肩肉（shoulder）

肩脊排/法式脊排（shoulder rack/ shoulder rack French）

牡蛎肉（shoulder blade or oyster cut）

颈肉（neck）

前腱子肉/后腱子肉（fore shank/hind shank）

法式羊前腱/羊后腱（fore shank/hind shank French）

胸腹腩（breast and flap）

法式肋排（lamb full rib set French）

b）去骨分割羊肉（13种）

半胴体肉（side meat）

291

躯干肉（trunk meat）

剔骨带臀腿（leg-chump on bone removed）

剔骨带臀去腱腿（leg-chump on shank off，bone removed）

剔骨去臀去腱腿（leg chump off Shank off，bone removed）

臀肉（砧肉）（topside）

膝圆（knuckle）

粗米龙（silver side）

臀腰肉（rump）

腰脊肉（short loin）

去骨羊肩（square cut shoulder rolled/netted）

里脊（tenderloin）

通脊（back strap）

## 5.2 分割方法

分割方法按附录 A、附录 B 和附录 C 执行。

**附录 A**
**（规范性附录）**
**羊肉分割图**

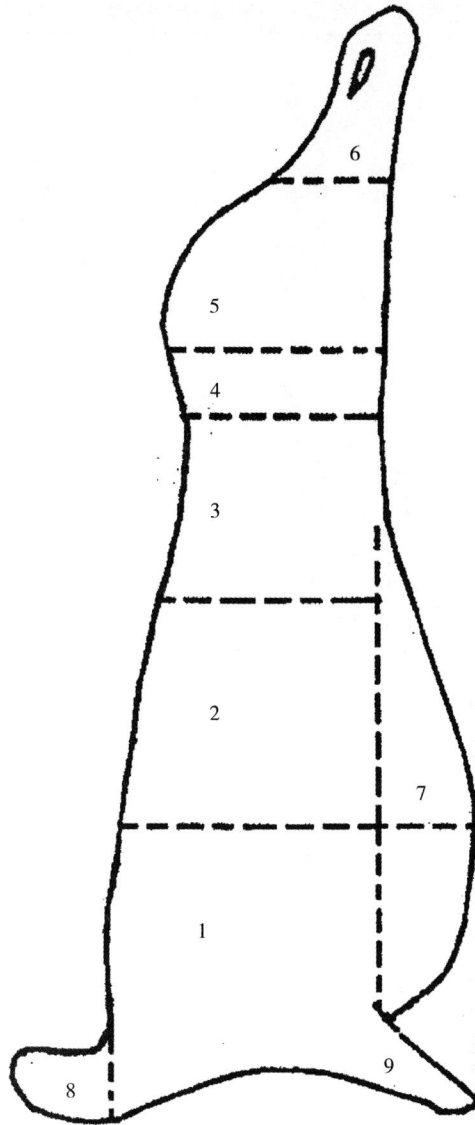

1.前1/4 胴体（forequarter）
2.羊肋脊排（rack）
3.腰肉（loin）
4.臀腰肉（rump-bone on）
5.带臀腿（leg-chump on）
6.后腿腱（hind shank）
7.胸腹腩（breast and lap）
8.羊颈（neck）
9.羊前腱（fore shank）

图 A.1　羊肉分割图

# 附录 B
## （规范性附录）
## 分割羊肉分割方法与命名标准

表 B.1　带骨分割羊肉分割方法与命名标准

B. 1.1 躯干（trunk）

主要包括前1/4 胴体、羊肋脊排及腰肉部分，由半胴体分割而成。分割时经第6 腰椎到髂骨尖处直切至腹肋肉的腹侧部，切除带臀腿。

修整说明：保留膈、肾和脂肪。

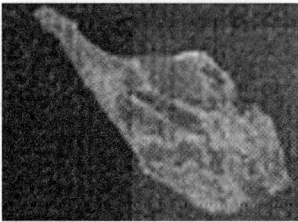

B. 1.2 带臀腿（leg-chump on）

主要包括粗米龙、臀肉、膝圆、臀腰肉、后腱子肉、髂骨、荐椎、尾椎、坐骨、股骨和胫骨等，由半胴体分割时自半胴体的第6 腰椎经髂骨尖处直切至腹肋肉的腹侧部，除去躯干。

修整说明：切除里脊头、尾，保留股骨；根据加工要求保留或去除腹肋肉、盆腔脂肪、荐椎和尾椎。

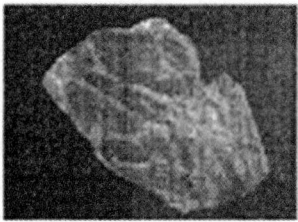

B. 1.3 带臀去腱腿（leg chump on shank off）

主要包括粗米龙、臀肉、膝圆、臀腰肉、髂骨、荐椎、尾椎、坐骨和股骨等，由带臀腿自膝关节处切除腱子肉及胫骨而得。

修整说明：切除里脊头、尾，根据加工要求去除或保留腹肋肉、盆腔脂肪、荐椎。

B. 1.4 去臀腿（leg-chump off）

主要包括粗米龙、臀肉、膝圆、后腱子肉、坐骨和股骨、胫骨等，由带臀腿在距离髋关节大约12mm 处成直角切去带骨臀腰肉而得。

修整说明：切除尾及尖端，根据加工要求去除或保留盆腔脂肪。

B. 1.5 去臀去腱腿（leg chump off. shank off）

主要包括粗米龙、臀肉、膝圆、坐骨和股骨等，由去臀腿于膝关节处切除后腱子肉和胫骨而得。

修整说明：切除尾。

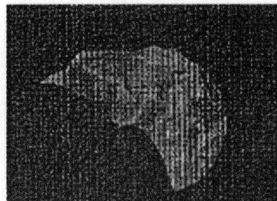

B.1.6 带骨臀腰肉（rump-bone on）

主要包括臀腰肉、髂骨、荐椎由带臀腿于距髋关节大约 12mm 处以直角切未去臀腿而得。

修整说明：根据加工要求保留或去除腔脂肪和腹肋肉。

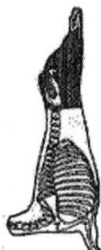

B.1.7 去髋带臀腿（leg-chump on aitch bone removed）

由带臀肉除去髋骨制作而成。

修整说明：切除尾及尖端；根据加工要求去除或保留腹肋肉。

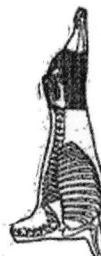

B.1.8 去髋腱带股腿（leg-femur bone）

由去髋带臀腿在膝关肉及胫骨而成。

修整说明：除去腹肋肉及周围脂肪。

B.1.9 鞍肉（saddle）

主要包括部分肋骨、胸椎、腰椎及有关肌肉等，由整个胴体于第 4 或第 5 或第 6 或第 7 肋骨处背侧切至胸腹侧部，切去前 1/4 胴体，于第 6 腰椎处经荐椎处经髂骨尖从背侧切至腹脂肪的腹侧部而得。

修整说明：保留肾脂肪、膈，根据加工要求确定肋骨数（6、7、8、9）和腹壁切除线距眼肌的距离。

B.1.10 带骨羊腰脊（双/单）（short loin pair/ single）主要包括腰椎及腰脊肉。在腰荐结合处背侧切除带臀腿，在第 1 腰椎和第 13 胸椎之间背侧切除胴体前半部分，除去腰腹肉。

修整说明：除去筋膜、肌腱，根据加工要求将带骨羊腰脊（双）沿第 1 腰椎直切至第 6 腰椎，分割成带骨羊腰脊。

B. 1.11 羊 T 骨排（双/单）（short loin chop pair/single）
由带骨羊腰脊（双/单）沿腰椎结合处直切而成。

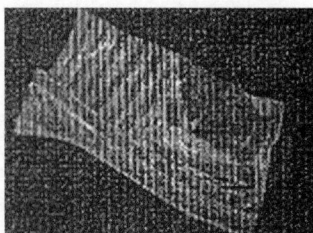

B. 1.12 腰肉（loin）
主要包括部分肋骨、胸椎、腰椎及有关肌肉等，由半胴体位于第 4 或第 5 或第 6 或第 7 肋骨处切去前 1/4 胴体，于腰荐结合处切至腹肋肉，去后腿而得。
修整说明：根据加工要求确定肋骨数（6、7、8、9）和腹壁切除线距眼肌的距离，保留或除去肾/肾脂肪、膈。

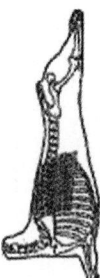

B. 1.13 羊肋脊排（rack）
主要包括部分肋骨、胸椎及有关肌肉，由腰肉经第 4 或第 5 或第 6 或第 7 肋骨与第 13 肋骨之间切割而成。分割时沿第 13 肋骨与第 1 腰椎之间的背腰最长肌（眼肌），垂直于腰椎方向切割，除去后端的腰脊肉和腰椎。
修整说明：除去肩胛软骨，根据加工要求确定肋骨数（6、7、8、9）和腹壁切除线距眼肌的距离。

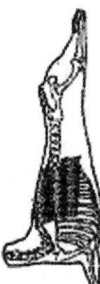

B. 1.14 法式羊肋脊排（rack-cap on or off French）
主要包括部分肋骨、胸椎及有关肌肉，由羊肋脊排修整而成。分割时保留或去除盖肌，除去棘突和椎骨，在距眼肌大约 10cm 处平行于椎骨缘切开肋骨，或距眼肌 5cm 处（法式）修整肋骨。
修整说明：根据加工要求确定保留或去除盖肌、肋骨数（6、7、8、9）及距眼肌距离。

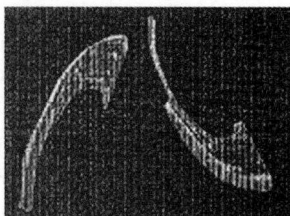

B. 1.15 单 骨 羊 排/法式单骨羊排（rib chop/ rib chop French）
主要包括单根肋骨、胸椎及背最长肌，由羊肋脊排分割而成。分割时沿两根肋骨之间，垂直于胸椎方向切割（单骨羊排）眼肌大约 10cm 处修整肋骨（法式）。
修整说明：根据加工要求确定修整部位距眼肌距离。

（续）

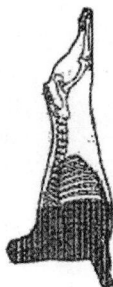

**B. 1. 16 前 1/4 胴体（forequarter）**
主要包括颈肉、前腿和部分胸椎、肋骨及背最长肌等，由半胴体在分膈前后，即第 4 或第 5 或第 6 肋骨处以垂直于脊椎方向切割得到的带前腿的部分。
修整说明：分割时前腿应折向颈部，根据加工要求确定肋骨数（4、5、6、13），保留或去除腱子肉、颈肉；也可根据加工要求将前 1/4 胴体切割成羊肩胛肉排（forequater chop）。

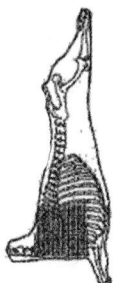

**B. 1. 17 方切肩肉（square cut shoulder）**
主要包括部分肩胛骨肋骨、颈椎、肱骨、胸椎及有关肌肉，由前 1/4 胴体切去颈肉、胸肉和前腱子肉而得。分割时沿前 1/4 胴体与第 3 和第 4 颈椎之间的背侧线切去颈肉，然后自第 1 肋骨与胸骨结合处切割至第 4 或第 5 或第 6 肋骨处，除去胸肉和前腱子肉。
修整说明：根据加工要求确定肋骨数（4、5、6）。

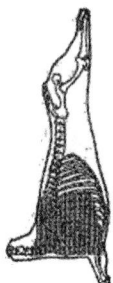

**B. 1. 18 肩肉（shoulder）**
主要包括肩胛骨、肋骨、肱骨，颈椎、部分桡尺骨及有关肌肉。由前 1/4 胴体切去颈肉、部分桡尺骨和部分腱子肉而得。分割时沿前 1/4 胴体第 3 和第 4 颈椎之间的背切线切去颈肉，腹侧切割线割线沿第 2 和第 3 肋骨与胸骨结合处直切至第 3 或第 4 或第 5 肋骨，保留部分桡尺骨和腱子肉。
修整说明：根据加工要求确定肋骨数（4、5、6）和保留桡尺骨的量。

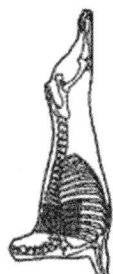

**B. 1. 19 肩脊排/法式脊排（shoulder rack/ shoulder rack French）**
主要包括部分肋骨、椎骨及有关肌肉，由方切肩肉（4~6 肋）除去肩胛肉，保留下面附着的肌肉带制作而成，在距眼肌大约 10cm 处平行于椎骨缘切开肋骨修整，即得法式脊排。
修整说明：根据加工要求确定肋骨数（4、5、6）和腹壁切除线距眼肌的距离。

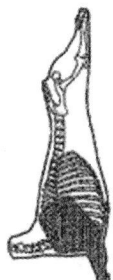

**B. 1. 20 牡蛎肉（shoulder blade or oyster cut）**
主要包括肩胛骨、肱骨和桡尺骨及有关的肌肉。由前 1/4 胴体的前臂骨与躯干骨之间的自然缝切开，保留底切（肩胛下肌）附着而得。
修整说明：切断肩关节，根据加工要求剔骨或不剔骨。

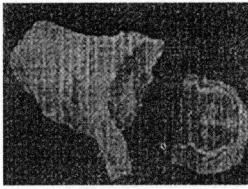

**B. 1. 21 颈肉（neck）**

俗称血脖，位于颈椎周围，主要由颈部肩带肌、颈部脊柱肌和颈腹侧肌所组成，包括第 1 颈椎与第 3 颈椎之间的部分。颈肉由胴体经第 3 和第 4 颈椎之间切割，将颈部肉与胴体分离而得。

修整说明：剔除筋腱，除去血污、浮毛等污物；根据加工要求将颈肉沿颈椎分割成羊颈肉排（neck chop）。

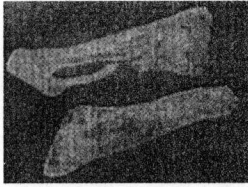

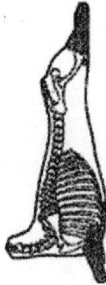

**B. 1. 22 前腱子肉/后腱子肉（fore shank/hind shank）**

前腱子肉主要包括尺骨、桡骨、腕骨和肱骨的远侧部及有关的肌肉，位于肘关节和腕关节之间。分割时沿胸骨与盖板远端的肱骨切除线自前 1/4 胴体切下前腱子肉。

后腱子肉由胫骨、跗骨和跟骨及有关的肌肉组成，位于膝关节和跗关节之间。分割时自胫骨与股骨之间的膝关节切割，切下后腱子肉。

修整说明：除去血污、浮毛等不洁物，不剔骨。

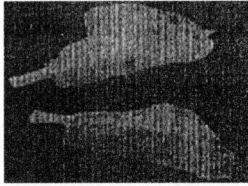

**B. 1. 23 法式羊前腱/羊后腱（foreshank French）**

法式羊前腱/羊后腱分别由前腱子肉后腱子肉分割而成，分割时分别沿桡骨/胫骨末端 3～5cm 处进行修整，露出桡骨/胫骨。

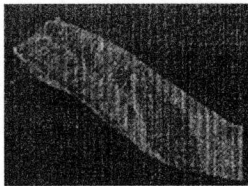

**B. 1. 24 胸腹腩（breast and flap）**

俗称五花肉，主要包括部分肋骨、胸骨和腹外斜肌、升胸肌等，位于腰肉的下方。分割时自半胴体第 1 肋骨与胸骨结合处直切至膈在第 11 肋骨上的转折处，再经腹肋肉切至腹股沟浅淋巴结。

修整说明：可包括除去带骨腰肉－鞍肉－脊排和腰脊肉之后剩余肋骨部分，保留膈。

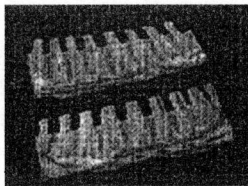

**B. 1. 25 法式肋排（lamb full rib set French）**

主要包括肋骨、升胸肌等，由胸腹腩第 2 肋骨与胸骨结合处直切至第 10 肋骨，除去腹肋肉并进行修整而成。

表 B.2　去骨分割羊肉分割方法与命名

**B.2.1 半胴体肉**（side meat）

由半胴体剔骨而成，分割时沿肌肉自然缝剔除所有的骨、软骨、筋腱、板筋（项韧带）和淋巴结。

修整说明：根据加工要求保留或去除里脊、肋间肌、膈。

**B.2.2 躯干肉**（trunk meat）

由躯干剔骨而成，分割时沿肌肉自然缝剔除所有的骨、软骨、筋腱、板筋（项韧带）和淋巴结。

修整说明：根据加工要求保留或去除里脊、肋间肌、膈。

**B.2.3 剔骨带臀腿**（leg-chump on bone removed）

主要包括粗米龙、臀肉、膝圆、臀腰肉、后腱子肉等，由带臀腿除去骨、软骨、腱和淋巴结制作而成，分割时沿肌肉天然缝隙从骨上剥离肌肉或沿骨的轮廓剔掉肌肉。

修整说明：切除里脊头。

**B.2.4 剔骨带臀去腱腿**（leg-chump on shank off, bone removed）

主要包括粗米龙、臀肉、膝圆、臀腰肉，由带臀去腱腿剔除骨、软骨、腱和淋巴结制作而成，分割时沿肌肉天然缝隙从骨上剥离肌肉或沿骨的轮廓剔掉肌肉。

修整说明：切除里脊头。

**B.2.5 剔骨去臀去腱腿**（leg chump off, shank off, bone removed）

主要包括粗米龙、臀肉、膝圆等，由去臀去腱腿剔除骨、软骨、腱和淋巴结制作而成，分割时沿肌肉天然缝隙从骨上剥离肌肉或沿骨的轮廓剔掉肌肉。

修整说明：切除尾。

（续）

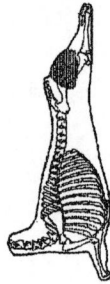

**B. 2.6 臀肉（砧肉）（topside）**
　　又名羊针扒，主要包括半膜肌、内收肌、股薄肌等，由带臀腿沿膝圆与粗米龙之间的自然缝分离而得。分割时把粗米龙剥离后可见一块肉，沿其边缘分割即可得到臀肉，也可沿被切开的盆骨外缘，再沿本肉块边缘分割。
　　修整说明：修净筋膜。

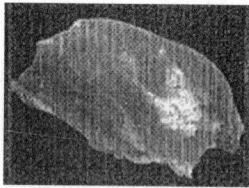

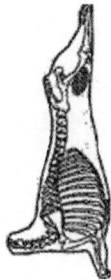

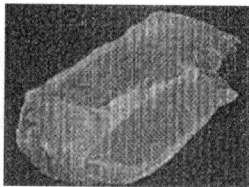

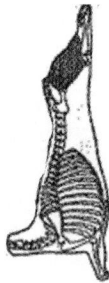

**B. 2.7 膝圆（kunckle）**
　　又名羊霖肉，主要是臀骨四头肌。当粗米龙、臀肉去下后见到一块长圆形肉块，沿此肉块自然缝分割，除去关节囊和肌腱即可得到膝圆。
　　修整说明：修净筋膜。

**B. 2.8 粗米龙（silver side）**
　　又名羊烩扒，主要包括臀股二头肌和半腱肌，由去骨腿沿臀肉与膝圆之间的自然缝分别而成。
　　修整说明：修净筋膜，除去腓肠肌。

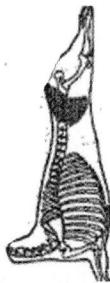

**B. 2.9 臀腰肉（rump）**
　　主要包括臀中肌、臀深肌、阔筋膜张肌。分割时于距髋关节大约 12mm 处直切，与粗米龙、臀肉、膝圆分离，沿臀中肌与阔筋膜张肌之间的自然缝除去尾。
　　修整说明：根据加工要求，保留或除去盖肌（阔筋膜张肌）和所有的皮下脂肪。

**B. 2.10 腰脊肉（short loin）**
　　主要包括背腰最长肌（眼肌），由腰肉剔骨而成。分割时沿腰荐结合处向前切割至第 1 腰椎，除去脊排和肋排。
　　修整说明：根据加工要求确定腰脊切块大小。

**B. 2. 11 去骨羊肩**（square cut shoulder rolled/ netted）

主要由方切肩肉剔骨分割而成，分割时剔除骨、软骨、板筋（项韧带），然后卷裹后用网套结而成。

**修整说明：**形状呈圆柱状，脂肪覆盖在 80% 以上，不允许将网绳裹在肉内。

**B. 2. 12 里脊**（tender loin）

主要是腰大肌，位于腰椎腹侧面和髂骨外侧。分割时先剥去肾脂肪，然后自半胴体的耻骨前下方剔出，由里脊头向里脊尾，逐个剥离腰椎横突，取下完整的里脊。

**修整说明：**根据加工要求保留或去除侧带，或自腰椎与髂骨结合处将里脊分割成里脊头和里脊尾。

**B. 2. 13 通脊**（back strap）

主要由沿颈椎棘突和横突、胸椎和腰椎分布的肌肉组成，包括从第 1 颈椎至腰荐结合处的肌肉。分割时自半胴体的第 1 颈椎沿胸椎、腰椎直至腰荐结合处剥离取下背腰最长肌（眼肌）。

**修整说明：**修净筋膜，根据加工要求把通脊分割成腰脊眼肉（eye of short loin）、肩胛眼肉（eye of shoulder）、前 1/4 胴体眼肉（eye of forequarter）、脊排眼肉（eye of rack）、肩脊排眼肉（eye of shoulder rack）。

# 附录 C
## （规范性附录）
## 羊胴体骨骼图

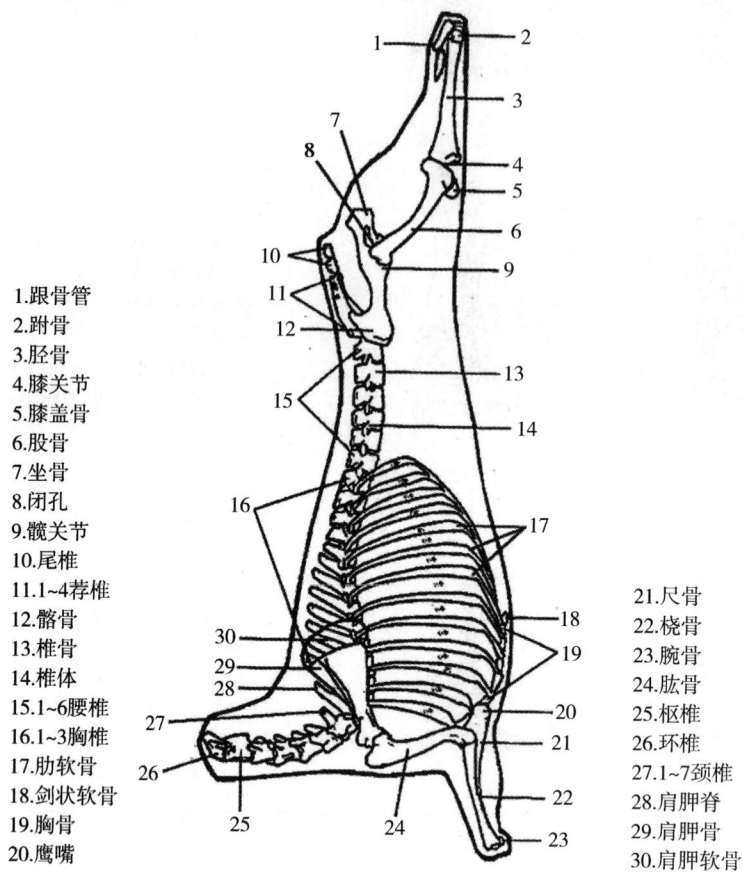

1.跟骨管
2.跗骨
3.胫骨
4.膝关节
5.膝盖骨
6.股骨
7.坐骨
8.闭孔
9.髋关节
10.尾椎
11.1~4荐椎
12.髂骨
13.椎骨
14.椎体
15.1~6腰椎
16.1~3胸椎
17.肋软骨
18.剑状软骨
19.胸骨
20.鹰嘴

21.尺骨
22.桡骨
23.腕骨
24.肱骨
25.枢椎
26.环椎
27.1~7颈椎
28.肩胛脊
29.肩胛骨
30.肩胛软骨

图 C.1 羊胴体骨骼图

# 中华人民共和国国家标准

GB/T 19478—2004

# 肉鸡屠宰操作规程

Operating procedure of chicken slaughtering

2004-03-16 发布/2004-08-01 实施

中华人民共和国国家质量监督检验检疫总局　中国国家标准化管理委员会　发布

## 前　言

本标准的附录 A 为规范性附录。

本标准由中国商业联合会提出并归口。

本标准由河南省漯河双汇实业集团有限公司、国家经贸委屠宰技术鉴定中心负责起草。

本标准主要起草人：王玉芬、王永林、王巧玲、赵建生、王贵际、张新玲、刘虎成。

# 肉鸡屠宰操作规程

## 1 范围

本标准规定了肉鸡屠宰各工序的操作要求。

本标准适用于中华人民共和国境内的各类活鸡屠宰厂（场）。

## 2 规范性引用文件

下列文件中的条款，通过本标准的引用而成为本标准的条款。凡是注日期的引用文件，其随后所有的修改单（不包括勘误的内容）或修订版均不适用于本标准，然而，鼓励根据本标准达成协议的各方研究是否可使用这些文件的最新版本。凡是不注日期的引用文件，其最新版本适用于本标准。

GB 12694 肉类加工厂卫生规范

GB 16548 畜禽病害肉尸及其产品无害化处理规程

## 3 术语和定义

下列术语和定义适用于本标准。

### 3.1 肉鸡 chicken

一般为 6 周～8 周龄，毛重在 1.5kg～2.5kg 的肉用品种鸡。

### 3.2 鸡屠体 chicken body

经过屠宰、放血、脱毛后的鸡体，包括内脏。

### 3.3 鸡胴体（整鸡） whole chicken

去除内脏后的鸡屠体。

## 4 宰前要求

4.1 待宰鸡应来自非疫区，健康状况良好，并有当地农牧部门畜禽防疫机构出具的检疫合格证明。

4.2 按家畜家禽防疫条例，由质检人员严格把关，确认健康无病的鸡群，方可进入候宰圈，分批候宰。

4.3 鸡在宰前必须断食休息 12h～24h，并应充分给水。

## 5 屠宰操作要求

### 5.1 挂鸡

5.1.1 轻抓轻挂，将鸡的双腿同时挂在挂钩上。

5.1.2 死鸡、病弱、瘦小鸡只不得挂上线。

5.1.3 鸡体表面和肛门四周粪便污染严重的鸡只集中处理，最后上挂。

5.1.4 挂鸡间与屠宰间要分开。

### 5.2 麻电

挂鸡上传送带后，自动麻电，电压 30V～50V，要求麻昏不致死。

### 5.3 刺杀放血

在下颌后的颈部，横切一刀，将颈部的气管、血管和食管一齐切断，放血时间为 3min～5min。

### 5.4 浸烫

5.4.1 浸烫水温一般以 60℃～62℃为宜，浸烫时间 60s～99s。

5.4.2 烫池中应设有温度显示，浸烫时采用流动水或经常换水，一般要求每烫一批需调换一次，保持池水清洁。

### 5.5 脱毛

5.5.1 出烫毛池后，要经过至少二道打毛机进行脱毛。第一台去除屠体上的微毛及体表黄衣，在第二台打毛机设专人去除屠体表面残留的毛及毛根。

5.5.2 脱毛后要用清水冲洗鸡屠体，要求体表不得有粪污。

### 5.6 去嗉囊

割开嗉囊处表面皮肤，将嗉囊拉出割除。

### 5.7　摘取内脏

**5.7.1**　切肛：从肛门周围伸入旋转环行刀切成半圆形或用剪刀斜剪成半圆形，刀口长约 3cm。要求切肛部位准确，不得切断肠管。

**5.7.2**　开腹皮；用刀具或自动开腹肌从肛门口向前划开 3cm～5cm 不得超过胸骨不得划破内脏。

**5.7.3**　用自动摘脏机或专用工具从肛门剪口处伸入腹腔、将心管、心、肝、胗全部拉出，并拉出食管。消化道内容物、胆汁不得污染胴体，损伤的肠管不得垂挂在鸡胴体表面。

**5.7.4**　取出内脏后，要用一定压力的清水冲洗体腔，并冲去机器或道具上的被污染物。

**5.7.5**　落地或粪污、胆污的肉尸，必须冲洗干净，另行处理。

### 5.8　冷却

**5.8.1**　预冷却水控制在 5℃ 以下。

**5.8.2**　终冷却水温度控制在 0℃～2℃，勤换冷却水，冷却总时间控制在 30min～40min。

**5.8.3**　鸡胴体在冷却槽中逆水流方向移动。

**5.8.4**　冷却后的鸡屠体中心温度降至 5℃ 以下。

### 5.9　全鸡整理

**5.9.1**　摘取胸腺、甲状腺、甲状旁腺及残留器官。

**5.9.2**　修割整齐，冲洗干净。要求无肿瘤、无溃疡、无毛囊炎、无严重创伤、无出血点、无骨折、无血污、无杂质、无残毛、无青黑跗骨关节等。

### 5.10　分割加工

**5.10.1**　鸡全翅：从臂骨与喙状骨紧贴肩胛骨下刀，割断筋腱，不得划破骨关节面和伤残里脊。

**5.10.2**　鸡胸：紧贴胸骨两侧用刀划开，切断肩关节，紧握翅根连同胸肉向尾部方向撕下，剪下翅。修净多余脂肪、鸡膜。使胸皮与肉大小相称，无瘀血，无熟烫。

**5.10.3**　鸡小胸（胸里脊）：在锁骨与喙状骨之间取下胸里脊，要求条形完整、无破损、无污染。

**5.10.4**　鸡全腿：从背部到尾部居中和两腿与腹部之间割一刀。从坐骨开始，切断髋关节，取下鸡腿，与肉大小相称，剔除骨折、畸形腿。

## 6　其他要求

**6.1**　刺杀、放血摘取内脏、修整各工序都要设立检验点，配备专职检验人员，按附录 A 的规定严格检验。

**6.2**　人工挂鸡上传送链，从挂鸡到分割等各道工序，应在链条上进行操作，从宰杀到成品进入冷冻间的时间不得超过 2h。

**6.3**　经检验不符合食用条件的肉品和副产品，应按 GB 12694 的规定处理。

**6.4**　经检验不合格的肉品和副产品，应按 GB 12694 的规定处理。

**6.5**　对于患有传染性疾病、寄生虫病和中毒性疾病的肉及其产品（内脏、血液）应按 GB 16548 的有关规定进行相应处理。

**附录 A**
**（规范性附录）**
**屠宰加工过程的检验**

**A.1　宰后检验**

A.1.1　同一屠体的胴体、内脏、爪应编为同一号码。

A.1.2　屠体应进行下列各项检验：

**A.1.2.1　头部检验**

检验头部有无肿胀、色泽有无异常，检视口腔及咽喉黏膜有无出血、溃疡和色泽变化。

**A.1.2.2　胴体检验**

a）检查胴体表面、脂肪、肌肉、皮肤及其皮肤及他组织有无病理变化；

b）剖检淋巴结，观察鸡翅、鸡腿有无异常。

**A.1.2.3　内脏检验**

a）气囊：观察有无常，必要时剖开检验；

b）心脏：检查有无病理变化，注意有无渗出物；

c）肝脏：检查其弹性，检查有无肿胀、坏死，并剥开肝门淋巴结，必要时切开胆囊及肝脏；

d）脾脏：观察有无肿胀、出血点，触检弹性。

A.1.3　经检验后胴体、内脏和爪，应按不同处理情况分别加盖不同印记。

A.1.3.1　如宰后发现恶性传染病，应立即停止工作，封锁现场，采取防范措施。将可能被污染的场地，所有屠宰用的工具及工作服（鞋、帽）等进行严格消毒，保证消灭一切染源后，方可恢复屠宰。患鸡粪便、肠胃内容物及流出的污水、残渣等经消毒后移出场外。

A.1.3.2　宰后发现各种恶性传染病时，其同群未宰鸡的处理办法同宰前。

A.1.3.3　发现疑似恶性传染病时应将病变部分密封，送至化验室进行化验。

A.1.3.4　检验人员应将宰后检验结果及处理情况详细记录，以备统计查找。

# 中华人民共和国国家标准

GB/T 24864—2010

## 鸡胴体分割

### Chicken carcass segmentation

2010 -06 -30 发布/2011 -01 -01 实施

中华人民共和国国家质量监督检验检疫总局　中国国家标准化管理委员会　发布

## 前　言

本标准由中华人民共和国农业部提出。

本标准由全国畜牧业标准化技术委员会归口。

本标准起草单位：农业部家禽品质监督检验测试中心（扬州）、中国农业科学院家禽研究所。

标准主要起草人：高玉时、邹剑敏、王克华、唐修君、童海兵、屠云杰、陈宽维。

# 鸡胴体分割

## 1 范围

本标准规定了原料鸡要求、分割环境要求、人员要求、屠宰工艺、分割、产品检验、贮藏、包装、标志、运输。

本标准适用于肉类屠宰加工企业对鸡胴体的分割。

## 2 规范性引用文件

下列文件中的条款通过本标准的引用而成为本标准的条款。凡是注日期的引用文件，其随后所有的修改单（不包括勘误的内容）或修订版均不适用于本标准，然而，鼓励根据本标准达成协议的各方研究是否可使用这些文件的最新版本3 凡是不注日期的引用文件，其最新版本适用于本标准。

GB/T 191　包装储运图示标志

GB/T 63S8　运输包装收发货标志

GB 7718　预包装食品标签通则

GB 9687　食品包装用聚乙烯成型品卫生标准

GB 11680　食品包装用原纸卫生标准

GB 12694　肉类加工厂卫生规范

GB/T 19478　肉鸡屠宰操作规程

GB/T 20799　鲜、冻肉运输条件

NY 5034　无公害食品禽肉及禽副产品

## 3 术语和定义

下列术语和定义适用于本标准。

### 3.1 鸡屠体　chicken body

活鸡屠宰、放血，去除羽毛、脚角质层、趾壳和喙壳后的鸡体。

### 3.2 鸡胴体　chicken carcass

活鸡屠宰、放血，去除羽毛、头、爪和内脏后的整个躯体。

## 4 原料鸡要求

4.1 原料鸡应来自非疫区，健康状况良好，并有当地畜禽防疫机构出具的检疫合格证明。

4.2 宰前应停饲12h以上，但要保证饮水充分。

## 5 分割环境要求

肉鸡屠宰分割厂区、厂房及环境要求应符合GB 12694的规定。

## 6 人员要求

屠宰加工操作人员的卫生应符合GB 12694的规定。

## 7 屠宰工艺

### 7.1 屠宰

包括挂鸡、刺杀放血、浸烫、脱毛、去嗉囊、摘取内脏、冷却等工艺，其操作按GB/T 19478规定执行。

### 7.2 修整

7.2.1 摘取胸腺、甲状腺、甲状旁腺及残留气管。

7.2.2 修割整齐，冲洗干净，胴体无可见出血点，无溃疡、无排泄物残留、无骨折。

## 8 分割

### 8.1 白条鸡类

8.1.1 带头带爪白条鸡：屠体去除所有内脏，保留头、爪。

8.1.2　带头去爪白条鸡：屠体去除所有内脏，沿跗关节处切去爪，保留头。

8.1.3　去头带爪白条鸡：屠体去除所有内脏，在第一颈椎骨与环椎骨交界处连皮将头去掉，保留爪。

8.1.4　净膛鸡：屠体去除所有内脏，齐肩胛骨处去颈和头，颈根不得高于肩胛骨，按 8.1.2 的方法切去爪。

8.1.5　半净膛鸡：将符合卫生质量标准要求的心、肝、肫（肌胃）和颈装入净膛鸡胸腹腔内。

### 8.2　翅类

8.2.1　整翅：切开肱骨与喙状骨连接处，切断筋腱，不得划破关节面和伤残里脊。

8.2.2　翅根（第一节翅）：沿肘关节处切断，由肩关节至肘关节段。

8.2.3　翅中（第二节翅）：切断肘关节，由肘关节至腕关节段。

8.2.4　翅尖（第三节翅）：切断腕关节，由腕关节至翅尖段。

8.2.5　上半翅（V 形翅）：由肩关节至腕关节段，即第一节和第二节翅。

8.2.6　下半翅：由肘关节至翅尖段，即第二节和第三节翅。

### 8.3　胸肉类

8.3.1　带皮大胸肉：沿胸骨两侧划开，切断肩关节，将翅根连胸肉向尾部撕下，剪去翅，修净多余的脂肪、肌膜，使胸皮肉相称、无瘀血、无熟烫。

8.3.2　去皮大胸肉：将带皮大胸肉的皮除去。

8.3.3　小胸肉（胸里脊）：在鸡锁骨和喙状骨之间取下胸里脊，要求条形完整，无破损，无污染。

8.3.4　带里脊大胸肉：包括去皮大胸肉和小胸肉。

### 8.4　腿肉类

8.4.1　全腿：沿腹股沟将皮划开，将大腿向背侧方向掰开，切断髋关节和部分肌腱，在跗关节处切去鸡爪，使腿型完整，边缘整齐，腿皮覆盖良好。

8.4.2　大腿：将全腿沿膝关节切断，为髋关节和膝关节之间的部分。

8.4.3　小腿：将全腿沿膝关节切断，为膝关节和跗关节间的部分。

8.4.4　去骨带皮鸡腿：沿胫骨到股骨内侧划开，切断膝关节，剔除股骨、胫骨和腓骨，修割多余的皮、软骨、肌腱。

8.4.5　去骨去皮鸡腿：将去骨带皮鸡腿上的皮去掉。

### 8.5　副产品

8.5.1　心：去除心包膜、血管、脂肪和心内血块。

8.5.2　肝：去除胆囊，修净结缔组织。

8.5.3　肫（肌胃）：去除腺胃、肠管、表面脂肪。在一侧切开，去除内容物，剥去角质膜。

8.5.4　骨架：去除腿、翅、胸肉和皮肤后的胸椎和肋骨部分。

8.5.5　鸡爪：沿跗关节切断，除去趾壳。

8.5.6　鸡头：在第一颈椎骨与寰椎骨交界处连皮切断。

8.5.7　鸡脖：去头后再齐肩胛骨处切断，去掉食道和气管。

8.5.8　带头鸡脖：包括鸡头和鸡脖部分。

8.5.9　鸡睾丸：摘取公鸡双侧睾丸。

## 9　产品检验

分割鸡产品的检验应符合 NY 5034 的要求。

## 10　贮藏

生鲜产品应在 -1℃ ~4℃ 贮存，冷冻产品应在 -18℃ 以下贮存。

## 11　包装、标志、运输

### 11.1　包装
分割鸡产品的包装应符合 GB 9687 和 GB 11680 的规定。

### 11.2　标志
产品标志应符合 GB 7718 的规定，箱外标志符合 GB/T 6388 和 GB/T 191 的规定，箱外两侧标明产品名称、生产日期、规格、等级、贮存条件和企业名称。

### 11.3　运输
产品运输应符合 GB/T 20799 的规定。

四 检疫检验

# 中华人民共和国国家标准

GB/T 17996—1999

## 生猪屠宰产品品质检验规程

国家质量技术监督局 1999 – 11 – 10 批准/1999 – 12 – 01 实施

## 前 言

本标准首次制定。

制定本标准是为了贯彻落实国务院发布的《生猪屠宰管理条例》和原国内贸易部发布的《生猪屠宰管理条例实施办法》，规范生猪屠宰行业行为，促进技术进步，加强行业管理，提高肉类产品的质量，保护消费者利益。

本标准不涉及传染病和寄生虫病的检验及处理。传染病和寄生虫病按照 1959 年农业部、卫生部、对外贸易部、商业部《肉品卫生检验试行规程》的规定执行。

本标准部分采用 CAC/RCP 12—1976 的部分条款和 GB/T 17236—1998《生猪屠宰操作规程》、GB/T 9959.1—1988《带皮鲜、冻片猪肉》的有关规定。

本标准的附录 A 是标准的附录。

本标准由国家国内贸易局提出。

本标准由国家国内贸易局归口。

本标准起草单位：国家国内贸易局肉禽蛋食品质量检验测试中心（北京）。

本标准主要起草人：毓厚基、阮炳琪、金社胜、刘志仁、吴英、曹贤钦、王贵际。

本标准由国家国内贸易局负责解释。

# 生猪屠宰产品品质检验规程

## 1 范围

本标准规定了生猪屠宰加工过程中产品品质检验的程序、方法及处理。

本标准适用于中华人民共和国境内的生猪屠宰加工厂或场。

## 2 引用标准

下列标准所包含的条文，通过在本标准中引用而构成为本标准的条文。本标准出版时，所示版本均为有效。所有标准都会被修订，使用本标准的各方应探讨使用下列标准最新版本的可能性。

GB/T 9959.1—1988 带皮鲜、冻片猪肉

GB/T 9959.2—1988 无皮鲜、冻片猪肉

GB/T 17236—1998 生猪屠宰操作规程

## 3 定义

本标准采用下列定义。

### 3.1 产品 product

生猪屠宰后的胴体、头、蹄、尾、皮张和内脏。

### 3.2 品质 quality

生猪产品的卫生、质量和感官性状。

## 4 宰前检验及处理

宰前检验包括验收检验、待宰检验和送宰检验。

### 4.1 验收检验

4.1.1 活猪进屠宰厂或场后，在卸车或船前检验人员要先向送猪人员索取产地动物防疫监督机构开具的检疫合格证明，经临车观察未见异常，证货相符时准予卸车或船。

4.1.2 卸车或船后，检验人员必须逐头观察活猪的健康状况，按检查结果进行分圈、编号，健康猪赶入待宰圈休息；可疑病猪赶入隔离圈，继续观察；病猪及伤残猪送急宰间处理。

4.1.3 对检出的可疑病猪，经过饮水和充分休息后，恢复正常的，可以赶入待宰圈；症状仍不见缓解的，送往急宰间处理

### 4.2 待宰检验

4.2.1 生猪在待宰期间，检验人员要进行"静、动、饮水"的观察，检查有无病猪漏检。

4.2.2 检查生猪在待宰期间的静养、喂水是否按 GB/T 17236 执行。

### 4.3 送宰检验

4.3.1 生猪在送宰前，检验人员还要进行一次全面检查，确认健康的，签发《宰前检验合格证明》，注明货主和头数，车间凭证屠宰。

4.3.2 检查生猪宰前的体表处理，是否按 GB/T 17236 执行。

4.3.3 检查送宰猪通过屠宰通道时，是否按 GB/T 17236 执行。

### 4.4 急宰猪处理

4.4.1 送急宰间的猪要及时进行屠宰检验，在检验过程中发现难以确诊的病猪时，要及时向检验负责人汇报并进行会诊。

4.4.2 死猪不得冷宰食用，要直接送往不可食用肉处理间进行处理。

## 5 宰后检验及处理

宰后检验必须对每头猪进行头部检验、体表检验、内脏检验、胴体初验、复验与盖章。

无同步检验设备的屠宰厂或场屠体的统一编号，按 GB/T 17236 执行。

### 5.1 头部检验

屠体经脱毛吊上滑轨后进行，首先观察头颈部有无脓肿，然后切开两侧颌下淋巴结，检查有无肿大、出血、

化脓和其他异常变化，脂肪和肌肉组织有无出血、水肿和瘀血，对检出的病变淋巴结和脓肿要进行修割处理。

当发现颌下淋巴结肿大、出血，周围组织水肿或有胶样浸润时，应报告检验负责人进行会诊。

### 5.2　体表检验

5.2.1　对屠体的体表和四肢进行全面观察，剥皮猪还要检查皮张，检查有无充血、出血和严重的皮肤病。当发现皮肤肿瘤或皮肤坏死时，要在屠体上做出标志，供胴体检验人员处理。

5.2.2　检查颈部耳后有无注射针孔或局部肿胀、化脓，发现后应做局部修割。

5.2.3　检查屠体脱毛是否干净，有无烫生、烫老和机损，修刮后浮毛是否冲洗干净，剥皮猪体表是否残留毛、小皮，是否冲洗干净。

### 5.3　内脏检验

屠体挑胸剖腹后进行，首先检查肠系膜淋巴结和脾脏，随后对摘出的心、肝、肺进行检验，当发现肿瘤等重要病变时，将该胴体推入病肉岔道，由专人进行对照检验、综合判定和处理。

5.3.1　肠系膜淋巴结和脾脏的检查：于挑胸剖腹后，先检验胃肠浆膜面上有无出血、水肿、黄染和结节状增生物，触检全部肠系膜淋巴结，并拉出脾脏进行观察。对肿大、出血的淋巴结要切开检查，当发现可疑肿瘤、白血病、霉菌感染和黄疸时，连同心、肝、肺一起将该胴体推入病猪岔道进行详细检验和处理。胃肠于清除内容物后，还要对黏膜面进行检验和处理。

5.3.2　在剖腹后，还应注意观察膀胱和生殖器官有无异常，当发现膀胱中有血尿、生殖器官有肿瘤时，要与胴体进行对照检验和处理。

#### 5.3.3　心肝肺检验

a）心脏检验：观察心包和心脏有无异常，随即切开左心室检查心内膜。注意有无心包炎、心外膜炎、心肌炎、心内膜炎、肿瘤和寄生性病变等。

b）肝脏检验：观察其色泽、大小，并触检其弹性有无异常，对肿大的肝门淋巴结、胆管粗大部分要切检。注意有无肝包膜炎、肝瘀血、肝脂肪变性、肝脓肿、肝硬变、胆管炎、坏死性肝炎、寄生性白癜和肿瘤等。

c）肺脏检验：观察其色泽、大小是否正常，并进行触诊，发现硬变部分要切开检查，切检支气管淋巴结有无肿大、出血、化脓等变化。注意有无肺呛血、肺呛水、肺水肿、小叶性肺炎、肺气肿、融合性支气管肺炎、纤维素性肺炎、寄生性病变和肿瘤等。气管上附有甲状腺的必须摘除。

### 5.4　胴体初验

观察体表和四肢有无异常，随即切检两侧浅腹股沟淋巴结有无肿大、出血、瘀血、化脓等变化，检验皮下脂肪和肌肉组织是否正常，有无出血、瘀血、水肿、变性、黄染、蜂窝织炎等变状。检查肾脏，剥开肾包膜观察其色泽、大小并触检其弹性是否正常，必要时进行纵剖检查。注意有无肾瘀血、肾出血、肾浊肿、肾脂变、肾梗死、间质性肾炎、化脓性肾炎、肾囊肿、尿潴留及肿瘤等。检查胸腹腔中有无炎症、异常渗出液、肿瘤病变，结合内脏检验结果做出综合判定。对可疑病猪做上标记，推入病肉岔道，通过复验做出处理。

### 5.5　复验与盖章

胴体劈半后，复验人员结合胴体初验结果，进行全面复查。检查片猪肉的内外伤、骨折造成的瘀血和胆汁污染部分是否修净，检查椎骨间有无化脓灶和钙化灶，骨髓有无褐变和溶血现象。肌肉组织有无水肿、变性等变化，仔细检验膈肌有无出血、变性和寄生性损害。检查有无肾上腺和甲状腺及病变淋巴结漏摘。

经过全面复验，确认健康无病，卫生、质量及感官性状又符合要求的，盖上本厂或场的检验合格印章，见附录 A 中图 A1。对检出的病肉，按照 5.6 的规定分别盖上相应的检验处理印章，见附录 A 中图 A2～图 A6。

### 5.6　检验后不合格肉品的处理

#### 5.6.1　放血不全

全身皮肤呈弥漫性红色，淋巴结瘀血，皮下脂肪和体腔内脂肪呈灰红色，以及肌肉组织色暗，较大血管中有血液滞留的，连同内脏做非食用或销毁。

皮肤充血发红，皮下脂肪呈淡红色，内脏颜色较暗，肌肉组织基本正常的高温处理后出厂或场。

#### 5.6.2　白肌病

后肢肌肉和背最长肌见有白色条纹和条块，或见大块肌肉苍白，质地湿润呈鱼肉样，或肌肉较干硬，晦暗无光，在苍白色的切面上散布有大量灰白色小点，心肌也见有类似病变胴体、头、蹄、尾和内脏全部做非食用或销毁。

局部肌肉有病变，经切检深层肌肉正常的，割去病变部分后，经高温处理后出厂或场。

#### 5.6.3　白肌肉（PSE 肉）

半腱肌、半膜肌和背最长肌显著变白，质地变软，且有汁液渗出。对严重的白肌肉进行修割处理。

#### 5.6.4 黄脂、黄脂病和黄疸

a）仅皮下和体腔内脂肪微黄或呈蛋清色，皮肤、黏膜、筋腱无黄色，无其他不良气味，内脏正常的不受限制出厂或场。如伴有其他不良气味，应作非食用处理。

b）皮下和体腔内脂肪明显发黄乃至呈淡黄棕色，稍浑浊，质地变硬，经放置一昼夜后黄色不消褪，但无不良气味的，脂肪组织做非食用或销毁处理，肌肉和内脏无异常变化的，不受限制出厂或场。

c）皮下和体腔内脂肪、筋腱呈黄色，经放置一昼夜后，黄色消失或显著消褪，仅留痕迹的，不受限制出厂或场。黄色不消失的，作为复制原料肉利用。

d）黄疸色严重，经放置一昼夜后，黄色不消失，并伴有肌肉变性和苦味的，胴体和内脏全部作非食用或销毁处理。

#### 5.6.5 骨血素病（卟啉症）

肌肉可以食用，有病变的骨骼和内脏作非食用或销毁处理。

#### 5.6.6 种公母猪和晚阉猪

未经阉割带有睾丸的猪，即为种公猪；乳腺发达，乳头长大，带有子宫和卵巢的猪，即为种母猪；晚阉猪一般体形较大，分别在会阴部和左肷部有阉割的痕迹，这类猪均按 GB/T 9959.1 或 GB/T 9959.2 的规定处理。

#### 5.6.7 在肉品品质检验中，有下列情况之一的病猪及其产品全部作非食用或销毁：

a）脓毒症；

b）尿毒症；

c）急性及慢性中毒；

d）全身性肿瘤；

e）过度瘠瘦及肌肉变质、高度水肿的。

#### 5.6.8 组织器官仅有下列病变之一的，应将有病变的局部或全部作非食用或销毁处理。局部化脓、创伤部分、皮肤发炎部分、严重充血与出血部分、浮肿部分、病理性肥大或萎缩部分、钙化变性部分、寄生虫损害部分、非恶性局部肿瘤部分、带异色、带异味及带异臭部分及其他有碍食肉卫生部分。

#### 5.6.9 检验结果的登记

每天检验工作完毕，要将当天的宰头数、产地、货主、宰前检验和宰后检验病猪和不合格产品的处理情况进行登记备查。

## 6 肉的分级

片猪肉的分级按 GB/T 9959.1 或 GB/T 9959.2 执行。

**附录 A**
**（标准的附录）**
**检验处理章印模**

A1　检验合格章印模，见图 A1，直径 75mm，上线距圆心 5mm，下线距圆心 1.0mm，"××××"为厂或场名，要刻制全称，字体为宋体，铜制材料，日期可调换。

**A2　无害化处理章印模**

A2.1　非食用处理章印模，长 80mm，宽 37mm，见图 A2。

A2.2　高温处理章印模，等边三角形，边长各 45mm，见图 A3。

A2.3　复制处理张印模，菱形，长轴 60mm，短轴 30mm，见图 A4。

A2.4　销毁处理章印模，对角线长 60mm，见图 A5。

A2.5　食用油处理章印模，长 45mm，宽 20mm，见图 A6。

图A1　检验合格印章印模

图A2　非食用处理章印模

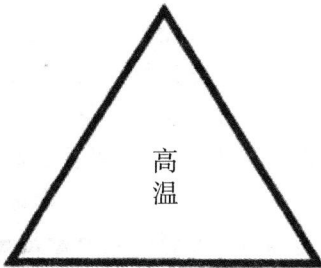

图A3　高温处理章印模

图A4　食用油处理章印模

图A5　销毁处理章印模

图A6　复制处理章印模

# 中华人民共和国农业行业标准

NY/T 909—2004

## 生猪屠宰检疫规范
Animal health inspection code for swine slaughter

2005 -01 -04 发布/2005 -02 -01 实施

中华人民共和国农业部　发布

## 前　言

本标准由中华人民共和国农业部提出并归口。

本标准起草单位：全国畜牧兽医总站。

本标准主要起草人：李万有、张银田、田永军、李全录、刘铁男、朱家新、高巨星。

# 生猪屠宰检疫规范

## 1　范围

本标准规定了生猪屠宰防疫、宰前检疫、宰后检疫以及检疫结果处理的技术要求。

本标准适用于所有定点生猪屠宰厂（场）防疫活动。

## 2　规范性引用文件

下列文件中的条款通过本标准的引用而成为本标准的条款。凡注明日期的引用文件，其随后所有的修改单（不包括勘误的内容）或修订版均不适用于本标准，然而，鼓励根据本标准达成协议的各方研究是否可使用这些文件的最新版本。凡不注明日期的引用文件，其最新版本适用于本标准。

GB 16548　畜禽病害肉尸及其产品无害化处理规程

GB 16549　畜禽产地检疫规范

GB 16569　畜禽产品消毒规范

农业部《一、二、三类动物疫病病种名录》

《中华人民共和国动物防疫法》

## 3　术语和定义

下列术语和定义适用于本标准。

### 3.1　猪胴体　swine carcass

生猪经屠宰放血，去掉毛、头、尾、蹄、内脏的躯体。

### 3.2　急宰　emergency slaughter

对出现普通病临床症状、物理性损伤，以及一、二类疫病以外的生猪，在急宰间进行的紧急屠宰。

### 3.3　同步检疫　synchronous inspection

与屠宰操作相对应，对同一头猪的头、蹄、内脏、胴体等实施的现场检疫。

### 3.4　生物安全处理　bio-safety disposal

通过销毁或无害化处理的方法，将病害生猪尸体和病害生猪产品或附属物进行处理，以彻底消灭其所携带的病原体。

### 3.5　同群猪　flock

指与染疫病猪在同一环境中的生猪，如同窝、同圈（舍）、同车或同一屠宰、加工生产线等。

### 3.6　同批产品　a batch of production

与染疫病猪在同一屠宰车间同时在线屠宰，有污染可能的产品。

## 4　屠宰厂（场）防疫要求

4.1　符合动物防疫条件，依法取得《动物防疫合格证》。

4.2　选址、布局符合动物防疫要求。距离居民区、地表水源、交通干线及生猪交易市场 500m 以上，生产区与生活区分开，生猪和产品出入口分设，净道和污道分开不交叉。厂（场）区的道路要硬化。

4.3　设计、建筑符合动物防疫要求。

4.3.1　设置入场检疫值班室和检疫室，屠宰流程的设计应按同步检疫的要求安排检疫位置，保障宰后检疫有足够的时间和空间。

4.3.2　有与屠宰规模相适应的待宰圈、急宰间和隔离圈，屠宰场出入口设消毒池。

4.3.3　屠宰间采光、通风良好，污物、污水排放设施齐全。

4.4　有用于病害生猪及其产品销毁的设备，以及污水、污物、粪便无害化处理的设施。

4.5　生猪、生猪产品运载工具和专用容器，以及屠宰设备和工具符合动物防疫要求，并有清洗消毒设备，每班清洗消毒一次。

4.6　屠宰厂（场）要配置专职的防疫消毒人员，屠宰管理和操作人员应经过动物防疫知识培训，无人畜共患病和其他可能造成污染的化脓性或渗出性皮肤病。

4.7　动物防疫制度、疫病处置方案健全，并上墙公示，遵守动物防疫管理规定，不得收购、屠宰、加工未经检疫的、无检疫合格证明和免疫耳标、病死的生猪。

4.8 已经入厂（场）的生猪，未经驻厂（场）检疫员许可，不得擅自出厂（场）；确需出厂（场）的，要采取严格的防疫措施和检疫后方可出厂（场）。

## 5 检疫设施和检疫员要求

5.1 屠宰厂（场）入口设置屠宰检疫值班室。

5.2 厂内设置屠宰检疫室。日屠宰量在 500 头以下的，检疫室面积 15m² 以上；日屠宰量在 500 头以上的，检疫室面积不能低于 30m²。

5.3 屠宰车间光照适宜，宰后检疫区照度不低于 220lx，检疫点光照度不低于 540lx。

### 5.4 屠宰检疫设施

5.4.1 检疫室内基本设施：器械柜、操作台、冰箱、干燥箱、照相机、消毒器具。

5.4.2 检疫室检验设备：显微镜、载玻片、用于染色、采样、样品保存、快速检验的设备及相关试剂。

5.4.3 现场检疫器具：刀、钩、锉、剪刀、镊子、瓷盘、骨钳、放大镜、应急照明灯、测温仪（体温表）、听诊器和废弃物专用容器。

5.5 动物防疫监督机构应派出机构或人员实施驻厂（场）检疫，检疫员的数量应与屠宰厂（场）防疫检疫工作量相适应。在宰前、头蹄部、内脏、胴体、实验室检验、复检等环节上，设置检疫岗位。

5.6 动物防疫检疫法规、制度、操作程序、收费依据、监督电话上墙公示。

## 6 宰前检疫

### 6.1 查证验物

6.1.1 查证。查验并回收《动物产地检疫合格证明》或《出县境动物检疫合格证明》和《动物及动物产品运载工具消毒证明》，查验免疫标识。

6.1.2 验物。核对生猪数量，实施临床检查，并开展必要的流行病学调查。

### 6.2 待宰检疫

6.2.1 按 GB 16549 的规定实施群体和个体检查。将可疑病猪转入隔离圈，必要时进行实验室检验。

## 7 宰前检疫结果处理

7.1 对经入厂（场）检疫合格的生猪准予入场。

7.2 对经入厂（场）检疫发现疑似染疫的，证物不符、无免疫耳标、检疫证明逾期的，检疫证明被涂改、伪造的，禁止入厂（场），并依法处理。

7.3 经待宰检疫合格的生猪，由检疫员出具准宰通知书后，方可进入屠宰线。

7.4 在宰前检疫环节发现使用违禁药物、投入品，以及注水、中毒等情况的生猪，应禁止入场、屠宰，并向畜牧兽医行政管理部门报告。

7.5 根据农业部《一、二、三类动物疫病病种名录》，经宰前检疫发现口蹄疫、猪水疱病、猪瘟等一类传染病，采取以下措施：

7.5.1 立即责令停止屠宰，采取紧急防疫措施，控制生猪及产品和人员流动，同时报请畜牧兽医行政管理部门依法处理。

7.5.2 按照《动物防疫法》及相关法规的规定，划定并封锁疫点、疫区，采取相应的动物防疫措施。

7.5.3 病猪、同群猪按 GB 16548 的规定，用密闭运输工具运到动物防疫监督机构指定的地点扑杀、销毁。

7.5.4 对全厂（场）实施全面严格的消毒。

7.5.5 在解除封锁后，恢复屠宰须经畜牧兽医行政管理部门批准。

7.6 经宰前检疫发现炭疽，病猪及同群猪采取不放血的方法销毁，并严格按规定对污染场所实施防疫消毒。

7.7 经宰前检疫发现狂犬病、破伤风、布鲁氏菌病、猪丹毒、弓形虫病、链球菌病等二类动物疫病时，采取以下防疫措施：

7.7.1 病猪按 GB 16548 的办法处理。

7.7.2 同群猪按规定隔离检疫，确认无病的，可正常屠宰；出现临床症状的，按病猪处理。

7.7.3 对生猪待宰圈、急宰间、隔离圈、屠宰间等场所实行严格的消毒。

7.8 经宰前检疫检出患有本规范 7.5、7.6、7.7 所列之外的其他疫病及物理损伤的生猪，在急宰间进行急宰，按 GB 16548 的规定处理。

7.9　对宰前检疫检出的病猪，依据耳标编码和检疫证明，通报产地动物防疫监督机构追查疫源。

7.10　检疫员在宰前检疫过程中，要对检疫合格证明、免疫耳标、准宰通知书等检疫结果及处理情况，做出完整记录，并保存12个月备查。

# 8　宰后检疫

8.1　生猪宰后实行同步检疫，对头（耳部）、胴体、内脏在流水线上编记同一号码，以便查对。

8.2　头、蹄检疫。重点检查有无口蹄疫、水疱病、炭疽、结核、萎缩性鼻炎、囊尾蚴等疫病的典型病变。

8.2.1　放血前触检颌下淋巴结，检查有无肿胀。

8.2.2　褪毛前剖检左、右两侧颌下淋巴结，必要时剖检扁桃体。观察其形状、色泽、质地，检查有无肿胀、充血、出血、坏死，注意有无砖红色出血性、坏死性病灶。

8.2.3　视检蹄部，观察蹄冠、蹄叉部位皮肤有无水疱、溃疡灶。

8.2.4　剖检左、右两侧咬肌，充分暴露剖面，观察有无黄豆大、周边透明、中间含有小米粒大、乳白色虫体的囊尾蚴寄生。

8.2.5　视检鼻、唇、齿龈、可视黏膜，观察其色泽及完整性，检查有无水疱、溃疡、结节及黄染等病变。

8.3　内脏检疫

8.3.1　重点检查有无猪瘟、猪丹毒、猪副伤寒、口蹄疫、炭疽、结核、气喘病、传染性胸膜肺炎、链球菌、猪李氏杆菌、姜片吸虫、包虫、细颈囊尾蚴、弓形虫等疫病的典型病变。

8.3.2　开膛后，立即对肠系膜淋巴结、脾脏进行检查，内脏摘除后，依次检查肺脏、心脏、肝脏、胃肠等。

8.3.3　肠系膜淋巴结检查。抓住回盲瓣，暴露链状淋巴结，做弧形或"八"字形切口，观察大小、色泽、质地，检查有无充血、出血、坏死及增生性炎症变化和胶冻样渗出物。注意有无猪瘟、猪丹毒、败血型炭疽及副伤寒。

8.3.4　脾脏检查。视检形状、大小、色泽，检查有无肿胀、瘀血、梗死；触检被膜和实质弹性。必要时，剖检脾髓。注意有无猪瘟、猪丹毒、败血型炭疽。

8.3.5　肺脏检查。视检形状、大小、色泽；触检弹性；剖检支气管淋巴结。必要时，剖检肺脏，检查支气管内有无渗出物，肺实质有无萎陷、气肿、水肿、瘀血及脓肿、钙化灶、寄生虫等。

8.3.6　心脏检查。视检心包和心外膜，触检心肌弹性，在与左纵沟平行的心脏后缘房室分界处纵向剖开心室，观察二尖瓣、心肌、心内膜及血液凝固状态。检查有无变性、渗出、出血、坏死，以及菜花样增生物、绒毛心、虎斑心、囊尾蚴等。

8.3.7　肝脏检查。视检形状、大小、色泽；触检被膜和实质弹性；剖检肝门淋巴结。必要时，剖检肝实质和胆囊。检查有无瘀血、水肿、变质、黄染、坏死、硬化，以及肿瘤、结节、寄生虫等病变。

8.3.8　胃肠检查。观察胃肠浆膜有无异常，必要时剖检胃肠，检查黏膜，观察黏膜有无充血、水肿、出血、坏死、溃疡以及回盲瓣扣状肿、结节、寄生虫等病变。

8.3.9　肾脏检查（与胴体检查一并进行）。剥离肾包膜，视检形状、大小、色泽及表面状况，触检质地，必要时纵向剖检肾实质。检查有无瘀血、出血、肿胀等病变，以及肾盂内有无渗出物、结石等。

8.3.10　必要时，剖检膀胱有无异常，观察黏膜有无充血、出血。

8.4　胴体检疫

8.4.1　重点检查有无猪瘟、猪肺疫、炭疽病、猪丹毒、链球菌、胸膜肺炎、结核、旋毛虫、囊尾蚴、住肉孢子虫、钩端螺旋体等疫病。

8.4.2　外观检查。开膛前视检皮肤；开膛后视检皮下组织、脂肪、肌肉及胸腔、腹腔浆膜。检查有无充血、出血及疹块、黄染、脓肿和其他异常现象。

8.4.3　淋巴结检查。剖检肩前淋巴结、腹股沟浅淋巴结、髂内淋巴结、股前淋巴结，必要时剖检髂外淋巴结和腹股沟深（或髂下）淋巴结。检查有无瘀血、水肿、出血、坏死、增生等病变，注意猪瘟大理石样病变。

8.4.4　肌肉检查

8.4.4.1　剖检两侧深腰肌、股内侧肌，必要时检查肩胛外侧肌，检查有无囊尾蚴和白骨肉（PSE肉）。两侧深腰肌沿肌纤维方向切开，刀迹长20cm、深3cm左右；股内侧肌纵切，刀迹长15cm、深8cm左右；肩胛外侧肌沿肩胛内侧纵切，刀迹长15cm、深8cm左右。

8.4.4.2　膈肌检查。主要检查旋毛虫、住肉孢子虫、囊尾蚴。旋毛虫、住肉孢子虫采用肉眼检查、实验室检验的方法。在每头猪左右横膈肌脚采取不少于30g肉样各一块，编上与胴体同一的号码，撕去肌膜，肉眼观察有无针尖大小的旋毛虫白色点状虫体或包囊，以及柳叶状的住肉孢子虫。

旋毛虫实验室检验：剪取上述样品24个肉粒（每块肉样12粒），制成肌肉压片，置于低倍显微镜下或旋毛虫投影仪检查。有条件的，可采用集样消化法检查。

### 8.5 摘除免疫耳标

检疫不合格的立即摘除耳标，凭耳标编码追溯疫源。

### 8.6 复检

上述检疫流程结束后，检疫员对检疫情况进行复检，综合判定检疫结果，并监督检查甲状腺、肾上腺和异常淋巴结的摘除情况，填写宰后检疫记录。

## 9 宰后检疫结果处理

9.1 经检疫合格的，由检疫员在胴体上加盖统一的检疫验讫印章，签发《动物产品检疫合格证明》。验讫印章的材料应使用无毒、无害的食品蓝。

9.2 检疫不合格的，根据不同情况采取下列相应措施：

9.2.1 经宰后检疫发现一类疫病和炭疽时、采取以下措施：

9.2.1.1 按本规范 7.5.1、7.5.2、7.5.4、7.5.5 规定处理。

9.2.1.2 病猪胴体、内脏及其他副产品、同批产品及副产品，按 GB 16548 规定处理。

9.2.2 经宰后检疫发现除炭疽以外的二类猪动物疫病和其他疫病的胴体及副产品，按 GB 16548 规定处理；污染的场所、器具、按规定采取严格消毒等防疫措施。

9.2.3 经宰后检疫发现肿瘤者，胴体、头蹄尾、内脏销毁。

9.2.4 经宰后检疫发现局部损伤及外观色泽异常者，按下列规定处理：

9.2.4.1 黄疸、过度消瘦者，全尸作工业用或销毁。

9.2.4.2 局部创伤、化脓、炎症、硬变、坏死、瘀血、出血、肥大或萎缩，寄生虫损害、白肌肉（PSE 肉）及其他有碍品质卫生安全的部分，病变部分销毁，其余部分可有条件利用。

9.3 检疫员应在需作生物安全处理的胴体等产品上加盖统一专用的处理印章或相应的标记，监督厂（场）方做好生物安全处理，并填写处理记录。

9.4 宰后检疫各项记录应填写完整，保存 5 年以上。

## 10 疫情报告

检疫员在屠宰检疫各个环节发现动物疫情时，按规定向畜牧兽医行政管理部门报告。

# 中华人民共和国农业行业标准

NY 467—2001

## 畜禽屠宰卫生检疫规范

2001 - 09 - 03 发布/2001 - 10 - 01 实施
中华人民共和国农业部　发布

## 前　言

本标准由中华人民共和国农业部提出。
本标准起草单位：农业部动物检疫所、甘肃农业大学。
本标准主要起草人：郑志刚、刘占杰、黄保续、杨承谕、仰惠芬、封启民。

# 畜禽屠宰卫生检疫规范

## 1 范围

本标准规定了畜禽屠宰检疫的宰前检疫、宰后检验及检疫检验后处理的技术要求。

本标准适用于所有从事畜禽屠宰加工的单位和个人。

## 2 规范性引用文件

下列文件中的条款通过本标准的引用而成为本标准的条款。凡是注日期的引用文件，其随后所有的修改单（不包括勘误的内容）或修订版均不适用于本标准，然而，鼓励根据本标准达成协议的各方研究是否可使用这些文件的最新版本。凡是不注日期的引用文件，其最新版本适用于本标准。

GB 16548—1996 畜禽病害肉尸及其产品无害化处理规程

GB 16549 畜禽产地检疫规范

64/433/EEC 关于影响欧共体内部鲜肉贸易的动物卫生问题

71/118/EEC 关于鲜禽肉生产和市场销售的动物卫生问题

91/495/EEC 欧盟关于兔肉和野味肉生产的卫生问题和卫生检验规定

## 3 术语和定义

下列术语和定义适用于本标准。

### 3.1 胴体 carcase

放血后去头、尾、蹄、内脏的带皮或不带皮的畜禽肉体。

### 3.2 急宰 emergency slaughter

对患有某些疫病、普通病和其他病损的，以及长途运输中所出现的畜禽，为了防止传染或免于自然死亡而强制进行紧急宰杀。

### 3.3 同步检验 synchronous inspection

在轨道运行中，对同畜禽的胴体、内脏、头、蹄，甚至皮张等实行的同时、等速、对照的集中检验。

### 3.4 无害化处理 bio-safety disposal

用物理化学方法，使带菌、带毒、带虫的患病畜禽肉产品及其副产品和尸体失去传染性和毒性而达到无害的处理。

### 3.5 同群畜禽 flock，herd

以自然小群为单位，即有直接传播疫病可能的同一小环境中的畜禽，如同窝、同圈、同舍或同一车皮等。

### 3.6 同批产品 a batch of product

同时、同地加工的同一种畜禽的同一批产品。

## 4 宰前检验

### 4.1 入场检疫

4.1.1 首先查验法定的动物产地检疫证明或出县境动物及动物产品运载工具消毒证明及运输检疫证明，以及其他所必需的检疫证明，待宰动物应来自非疫区，且健康良好。

4.1.2 检查畜禽饲料添加剂类型、使用期及停用期，使用药物种类、用药期及停药期，疫苗种类和接种日期方面的有关记录。

4.1.3 核对畜禽种类和数目，了解途中病、亡情况。然后进行群体检疫，剔出可疑病畜禽，转放隔离圈，进行详细的个体临床检查，方法按 GB 16549 执行，必要时进行实验室检查。

### 4.2 待宰检疫

健康畜禽在留养待宰期间尚需随时进行临床观察。送宰前再做一次群体检疫，剔出患病畜禽。

## 5 宰前检疫后的处理

5.1 经宰前检疫发现口蹄疫、猪水疱病、猪瘟、非洲猪瘟、非洲马瘟、牛瘟、牛传染性胸膜肺炎、牛海绵状脑病、痒病、蓝舌病、小反刍兽疫、绵羊痘和山羊痘、高致病性禽流感、鸡新城疫、兔出血热时，病畜禽按

GB 16548—1996 3.1 处理。

5.1.1　同群畜禽用密闭运输工具运到动物防疫监督部门指定的地点，用不放血的方法全部扑杀，尸体按 GB 16548—1996 3.1 处理。

5.1.2　畜禽存放处和屠宰场所实行严格消毒，严格采取防疫措施，并立即向当地畜牧兽医行政管理部门报告疫情。

5.2　经宰前检疫发现狂犬病、炭疽、布鲁氏菌病、弓形虫病、结核病、日本血吸虫病、囊尾蚴病、马鼻疽、兔黏液瘤病及疑似病畜时，按 GB 16548—1996 3.1 处理。

5.2.1　同群畜急宰，胴体内脏按 GB I6548—1996 3.3 处理。

5.2.2　病畜存放处和屠宰场所实行严格消毒，采取防疫措施，并立即向当地畜牧兽医行政管理部门报告疫情。

5.3　除 5.1 和 5.2 所列疫病外，患有其他疫病的畜禽，实行急宰，除剔除病变部分销毁外，其余部分按 GB 16548—1996 3.3 规定的方法处理。

5.4　凡判为急宰的畜禽，均应将其宰前检疫报告单结果及时通知检疫人员，以供对同群畜禽宰后检验时综合判定、处理。

5.5　对判为健康的畜禽，送宰前应由宰前检疫人员出具准宰通知书。

# 6　屠宰过程中卫生要求

只有出具准宰通知书的畜禽才可进入屠宰线。

## 6.1　家畜屠宰卫生要求

### 6.1.1　淋浴净体

家畜致昏、放血前，应将畜体清扫或喷洗干净。家畜通过屠宰通道时，应按顺序赶送，且应尽量避免动物遭受痛苦。

### 6.1.2　电麻致昏

致昏的强度以使待宰畜处于昏迷状态，失去攻击性，消除挣扎，保证放血良好为准，不能致死。废止锤击，操作人员应穿戴合格的绝缘鞋、绝缘手套。

### 6.1.3　刺杀放血

刺杀由经过训练的熟练工人操作，采用垂直放血方式。除清真屠宰场外，一律采用切断颈动脉、颈静脉或真空刀放血法，沥血时间不得少于 5min。废止心脏穿刺放血法，放血刀消毒后轮换使用。

### 6.1.4　剥皮或褪毛

需剥皮时手工或机械剥皮均可，剥皮力求仔细，避免损伤皮张和胴体，防止污物、皮毛、脏手沾污胴体，禁止皮下充气作为剥皮的辅助措施。

需褪毛时，严格控制水温和浸烫时间，猪的浸烫水温以60℃～68℃为宜，浸烫时间为5min～7min，防止烫生、烫老。刮毛力求干净，不应将毛根留在皮内，使用打毛机时机内淋浴水温保持在 30℃左右。禁止吹气、打气刮毛和用松香拔毛。烫池水每班更换一次，取缔清水池，采用冷水喷淋降温净体。

### 6.1.5　开膛、净膛

剥皮或褪毛后立即开膛，开膛沿腹白线剖开腹腔和胸腔，切忌划破胃肠、膀胱和胆囊。摘除的脏器不准落地，心、肝、肺和胃、肠、胰、脾应分别保持自然联系，并与胴体同步编号，由检验人员按宰后检验要求进行卫生检验。

### 6.1.6　冲洗胸腔、腹腔

取出内脏后，应及时用足够压力的净水冲洗胸腔和腹腔，洗净腔内瘀血、浮毛、污物。

### 6.1.7　劈半

将检验合格的胴体去头、尾，沿脊柱中线将胴体劈成对称的两半。劈面要平整、正直，不应左右弯曲或劈断、劈碎脊柱。

### 6.1.8　整修、复验

修割掉所有有碍卫生的组织，如暗伤、脓疱、伤斑、甲状腺、病变淋巴结和肾上腺；整修后的片猪肉应进行复验，合格后割除前后蹄，用甲基紫液加盖验记印章。

### 6.1.9　整理副产品

整理副产品应在副产品整理间进行，整理好的脏器应暨时发送或送冷却间，不得长时间堆放。

### 6.1.10　皮张和鬃毛整理

皮张和鬃毛整理应在专用房间内进行。皮张和鬃毛应及时收集整理，皮张应抽去尾巴，刮除血污、皮肌和脂肪，及时送往加工处，不得堆压、日晒；鬃毛应及时摊干晾晒，不能堆放。

### 6.2 禽屠宰卫生要求

#### 6.2.1 致昏与放血

进入屠宰线的活禽应在电击后立即屠宰，屠宰操作应合理，放血应完全，防止血液污染刀口以外的地方。

#### 6.2.2 脱毛

要快速、完全。

#### 6.2.3 内脏摘除与处理

屠宰后应立即进行内脏全摘除，检验体腔和相关的内脏，并记录检验结果。

检验后，内脏应立即与胴体分离，并立即去除不适于人类食用的部分。屠宰场内，禁止用布擦拭清洁禽肉。

### 6.3 兔屠宰卫生要求

#### 6.3.1 致昏与放血

致昏兔时，应尽可能选用无痛苦方法；屠宰操作应合理，放血应完全。

#### 6.3.2 剥皮

避免损伤皮张和胴体，防止污物、皮毛、脏手沾污胴体。

#### 6.3.3 内脏摘除与处理

可参考6.2.3部分。

## 7 宰后卫生检验

畜禽屠宰后应立即进行宰后卫生检验，宰后检验应在适宜的光照条件下进行。

头、蹄（爪）、内脏和胴体施行同步检验（皮张编号）；暂无同步检验条件的要统一编号，集中检验，综合判定，必要时进行实验室检验。

### 7.1 家畜宰后卫生检验

#### 7.1.1 头部检验

7.1.1.1 猪头检验：剖检两侧颌下淋巴结和外咬肌，视检鼻盘、唇、齿龈、咽喉黏膜和扁桃体。

7.1.1.2 牛头检验：视检眼睑、鼻镜、膊、齿龈、口腔、舌面及上下颌骨的状态，触检舌体，剖检两侧颌下淋巴结和咽后内侧淋巴结，视检咽喉黏膜和扁桃体，剖检舌肌（沿系带面纵向切开）和两侧内外咬肌。

7.1.1.3 羊头检验：视检皮肤、唇和口腔黏膜。

7.1.1.4 马、骡、驴和骆驼头的检验：剖检两侧颌下淋巴结、鼻甲和鼻中隔及喉头。

#### 7.1.2 内脏检验

7.1.2.1 胃肠检验：视检胃肠浆膜，剖检肠淋巴结，牛、羊尚需检查食道，必要时剖检胃肠黏膜。

7.1.2.2 脾脏检验：视检外表、色泽、大小，触检被膜和实质弹性，必要时剖检脾髓。

7.1.2.3 肝脏检验：视检外表、色泽、大小，触检被膜和实质弹性，剖检肝门淋巴结，必要时剖检肝实质和胆囊。

7.1.2.4 肺脏检验：视检外表、色泽、大小，触检弹性，剖检支气管淋巴结和纵膈后淋巴结（牛、羊），必要时剖检肺实质。

7.1.2.5 心脏检验：视检心包及心外膜，并确定肌僵程度，剖开心室视检心肌、心内膜及血液凝固状态。猪心，特别注意二尖瓣病损。

7.1.2.6 肾脏检验：剥离肾包膜，视检外表、色泽、大小，触检弹性，必要时纵向剖检肾实质。

7.1.2.7 乳房检验（牛、羊）：触检弹性，剖检乳房淋巴结，必要时剖检其实质。

7.1.2.8 必要时，剖检子宫、睾丸及膀胱。

#### 7.1.3 胴体检验

7.1.3.1 首先判定放血程度。

7.1.3.2 视检皮肤、皮下组织、脂肪、肌肉、胸腔、腹腔、关节、筋腱、骨及骨髓。

7.1.3.3 剖检颈浅背（肩前）淋巴结、股前淋巴结、腹股沟浅淋巴结、腹股沟深（或髂内）淋巴结，必要时增检颈深后淋巴结和腘淋巴结。

#### 7.1.4 寄生虫检验

7.1.4.1 旋毛虫和住肉孢子虫的实验室检验

由每头猪左右横膈膜脚肌采取不少于30g肉样两块（编上与胴体同一号码），撕去肌膜，剪取24个肉粒（每块肉样12粒），制成肌肉压片，置低倍显微镜下或旋毛虫投影仪检查。有条件的场、点可采用集样消化法检查，发现虫体或包囊，根据编号进一步检查同一动物胴体、头部和心脏。

#### 7.1.4.2 囊尾蚴的检验

主要检查部位为咬肌、两侧腰肌和膈肌，其他可检部位是心肌、肩肝外侧肌和股内侧肌。

### 7.2 家禽宰后检验

家禽体表、内脏和体腔应逐只进行视检，必要时进行触检或切开检查，注意胴体的质地、颜色和气味的异常变化，特别应注意屠宰操作可能引起的异常变化。宰后检验过程中淘汰下来的家禽，应抽样进行细致的临床检查和实验室诊断。

### 7.3 家兔检验

重点检查胴体表面、胸腔、肝、脾、肾、盲肠蚓突和圆小囊等部位，判定有无异常。具体检验方法可参照7.1.2和7.2条相关要求进行。

# 中华人民共和国国家标准

GB 18393—2001

# 牛羊屠宰产品品质检验规程

Code for product quality inspection for cattle or sheep in slaughtering

中华人民共和国国家质量监督检验检疫总局

2001 –07 –20 批准/2001 –12 –01 实施

## 前 言

本标准的 5.5 及附录 A 为强制性条文，其余为推荐性条文。

本标准的 4.1.1、4.1.2、4.3.1、4.4.2、第 5 章、5.4 和 5.5 采用了 CAC/RCP12—1976《屠宰牲畜宰前宰后卫生实施法规》的 15（a）、16（b）、17（a）、26、34 和 59（a）。

本标准不涉及传染病和寄生虫病的检验及处理。传染病和寄生虫病按照 1959 年农业部、卫生部、对外贸易部、商业部联合颁发的《肉品卫生检验试行规程》和 GB 16548—1996《畜禽病害肉尸及其产品无害化处理规程》的规定执行。

本标准的附录 A 是标准的附录。

本标准曲国家国内贸易局提出。

本标准起草单位：国家国内贸易局肉禽蛋食品质量检测中心（北京）。

本标准主要起草人：毓厚基、阮炳琪、金社胜、刘志仁、曹贤钦、王贵际。

# 牛羊屠宰产品品质检验规程

## 1　范围

本标准规定了牛、羊屠宰加工的宰前检验及处理、宰后检验及处理。

本标准适用于牛、羊屠宰加工厂（场）。

## 2　引用标准

下列标准所包含的条文，通过在本标准中引用而构成为本标准的条文。本标准出版时，所示版本均为有效。所有标准都会被修订，使用本标准的各方应探讨使用下列标准最新版本的可能性。

CAC/RCP 12—1976　屠宰牲畜宰前宰后卫生实施法规

## 3　定义

本标准采用下列定义。

### 3.1　牛羊屠宰产品　product of cattle or sheep

牛、羊屠宰后的胴体、内脏、头、蹄、尾，以及血、骨、毛、皮。

### 3.2　牛羊屠宰产品品质　quality of cattle or sheep product

牛、羊屠宰产品的卫生质量和感官性状。

## 4　宰前检验及处理

宰前检验包括验收检验、待宰检验和送宰检验。宰前检验应采用看、听、摸、检等方法。

### 4.1　验收检验

4.1.1　卸车前应索取产地动物防疫监督机构开具的检疫合格证明，并临车观察，未见异常，证货相符时准予卸车。

4.1.2　卸车后应观察牛、羊的健康状况，按检查结果进行分圈管理。

　　A）合格的牛、羊送待宰圈；

　　B）可疑病畜送隔离圈观察，通过饮水、休息后，恢复正常的，并入待宰圈；

　　C）病畜和伤残的牛、羊送急宰间处理。

### 4.2　待宰检验

4.2.1　待宰期间检验人员应定时观察，发现病畜送急宰间处理。

4.2.2　待宰牛、羊送宰前应停食静养 12h～24h、宰前 3h 停止饮水。

### 4.3　送宰检验

4.3.1　牛、羊送宰前，应进行一次群检。

4.3.2　牛还应赶入测温巷道逐头测量体温（牛的正常体温是 37.5℃～39.5℃）。

4.3.3　羊可以进行抽测（羊的正常体温是 38.5℃～40.0℃）。

4.3.4　经检验合格的牛、羊，由宰前检验人员签发《宰前检验合格证》，注明畜种、送宰头（只）数和产地，屠宰车间凭证屠宰。

4.3.5　体温高、无病态的，可最后送宰。

4.3.6　病畜由检验人员签发急宰证明，送急宰间处理。

### 4.4　急宰牛、羊的处理

4.4.1　急宰间凭宰前检验人员签发的急宰证明，及时屠宰检验。在检验过程中发现难于确诊的病变时，应请检验负责人会诊和处理。

4.4.2　死畜不得屠宰，应送非食用处理间处理。

## 5　宰后检验和处理

宰后检验包括头部检验、内脏检验、胴体检验和复验盖章。宰后检验采用视、触、嗅等感官检验方法。头、屠体、内脏和皮张应统一编号，对照检验。

### 5.1 头部检验

#### 5.1.1 牛头部检验

　　a）剥皮后，将舌体拉出，角朝下，下颌朝上，置于传送装置上或检验台上备检；

　　b）对牛头进行全面观察，并依次检验两侧颌下淋巴结，耳下淋巴结和内外咬肌；

　　c）检验咽背内外淋巴结，并触检舌体，观察口腔黏膜和扁桃体；

　　d）将甲状腺割除干净；

　　e）对患有开放性骨瘤且有脓性分泌物的或在舌体上生有类似肿块的牛头作非食用处理；

　　f）对多数淋巴结化脓、干酪变性或有钙化结节的；头颈部和淋巴结水肿的；咬肌上见有灰白色或淡黄绿色病变的；肌肉中有寄生性病变的将牛头扣留，按号通知胴体检验人，将该胴体推入病肉岔道进行对照检验和处理。

#### 5.1.2 羊头部检验

　　a）发现皮肤上生有脓疱疹或口鼻部生疮的连同胴体按非食用处理；

　　b）正常的将附于气管两侧的甲状腺割除。

### 5.2 内脏检验

　　在屠体剖腹前后检验人员应观察被摘除的乳房、生殖器官和膀胱有无异常。随后对相继摘出的胃、肠和心、肝、肺进行全面对照观察和触检。当发现有化脓性乳房炎，生殖器官肿瘤和其他病变时，将该胴体连同内脏等推入病肉岔道，由专人进行对照检验和处理。

#### 5.2.1 胃、肠检验

　　先进行全面观察，注意浆膜面上有无淡褐色绒毛状或结节状增生物、有无创伤性胃炎、脾脏是否正常；然后将小肠展开，检验全部肠系膜淋巴结有无肿大、出血和干酪变性等变化，食管有无异常；当发现可疑肿瘤、白血病和其他病变时，连同心、肝、肺将该胴体推入病肉岔道进行对照检验和处理；胃肠于清洗后还要对胃肠黏膜面进行检验和处理；当发现脾脏显著肿大、色泽黑紫、质地柔软时，应控制好现场，请检验负责人会诊和处理。

#### 5.2.2 心、肝、肺检验：与胃、肠先后做对照检验。

##### 5.2.2.1 心脏检验

　　a）检验心包和心脏，有无创伤性心包炎、心肌炎、心外膜出血。

　　b）必要时切检右心室，检验有无心内膜炎、心内膜出血、心肌脓疡和寄生性病变。

　　c）当发现心脏上生有蕈状肿瘤或见红白相间、隆起于心肌表面的白血病病变时，应将该胴体推入病肉岔道处理。

　　d）当发现心脏上有神经纤维瘤时，及时通知胴体检验人员，切检腋下神经丛。

##### 5.2.2.2 肝脏检验

　　a）观察肝脏的色泽、大小是否正常，并触检其弹性。

　　b）对肿大的肝门淋巴结和粗大的胆管，应切开检查，检验有无肝瘀血、混浊肿胀、肝硬变、肝脓疡、坏死性肝炎、寄生性病变、肝富脉斑和锯屑肝。

　　c）当发现可疑肝癌、胆管癌和其他肿瘤时，应将该胴体推入病肉岔道处理。

##### 5.2.2.3 肺脏检验

　　a）观察其色泽、大小是否正常，并进行触检。

　　b）切检每一硬变部分。

　　c）检验纵隔淋巴结和支气管淋巴结，有无肿大、出血、干酪变性和钙化结节病灶。

　　d）检验有无肺呛血、肺瘀血、肺水肿、小叶性肺炎和大叶性肺炎，有无异物性肺炎、肺脓疡和寄生性病变。

　　e）当发现肺有肿瘤或纵隔淋巴结等异常肿大时，应通知胴体检验人员将该胴体推入病肉岔道处理。

### 5.3 胴体检验

#### 5.3.1 牛的胴体检验在剥皮后，按以下程序进行

　　a）观察其整体和四肢有无异常，有无瘀血、出血和化脓病灶，腰背部和前胸有无寄生性病变。臀部有无注射痕迹，发现后将注射部位的深部组织和残留物挖除干净。

　　b）检验两侧髂下淋巴结、腹股沟深淋巴结和肩前淋巴结是否正常，有无肿大、出血、瘀血、化脓、干酪变性和钙化结节病灶。

　　c）检验股部内侧肌、内腰肌和肩胛外侧肌有无瘀血、水肿、出血、变性等变状，有无囊泡状或细小的寄生性病变。

　　d）检验肾脏是否正常，有无充血、出血、变性、坏死和肿瘤等病变，并将肾上腺割除掉。

　　e）检验腹腔中有无腹膜炎，脂肪坏死和黄染。

f）检验胸腔中有无肋膜炎和结节状增生物，胸腺有无变状，最后观察颈部有无血污和其他污染。

5.3.2　羊的胴体检验以肉眼观察为主，触检为辅。

a）观察体表有无病变和带毛情况；

b）胸腹腔内有无炎症和肿瘤病变；

c）有无寄生性病灶；

d）肾脏有无病变；

e）触检髂下和肩前淋巴结有无异常。

## 5.4　胴体复验与盖章

5.4.1　牛的胴体复验于劈半后进行，复验人员结合初验的结果，进行一次全面复查。

a）检查有无漏检；

b）有无未修割干净的内外伤和胆汁污染部分；

c）椎骨中有无化脓灶和钙化灶，骨髓有无褐变和溶血现象；

d）肌肉组织有无水肿、变性等变状；

e）膈肌有无肿瘤和白血病病变；

f）肾上腺是否摘除。

5.4.2　羊的胴体不劈半，按初检程序复查。

a）检查有无病变漏检；

b）肾脏是否正常；

c）有无内外伤修割不净和带毛情况。

5.4.3　盖章

a）复验合格的，在胴体上加盖本厂（场）的肉品品质检验合格印章（见附录A中的图A1），准予出厂；

b）对检出的病肉按照5.5的规定分别盖上相应的检验处理印章（见附录A，图A2～图A5）。

## 5.5　不合格肉品的处理

5.5.1　创伤性心包炎

根据病变程度，分别处理。

a）心包膜增厚，心包囊极度扩张，其中沉积有多量的淡黄色纤维蛋白或脓性渗出物、有恶臭，胸、腹腔中均有炎症，且膈肌、肝、脾上有脓疮的，应全部做非食用或销毁；

b）心包极度增厚，被绒毛样纤维蛋白所覆盖，与周围组织膈肌、肝发生粘连的，割除病变组织后，应高温处理后出厂（场）。

c）心包增厚被绒毛样纤维蛋白所覆盖，与膈肌和网胃愈着的，将病变部分割除后，不受限制出厂（场）。

5.5.2　神经纤维瘤

牛的神经纤维瘤首先见于心脏，当发现心脏四周神经粗大如白线，向心尖处聚集或呈索状延伸时，应切检腋下神经丛，并根据切检情况，分别处理。

a）见腋下神经粗大、水肿呈黄色时，将有病变的神经组织切除干净，肉可用于复制加工原料；

b）腋下神经丛粗大如板，呈灰白色，切检时有韧性，并生有囊泡在无色的囊液中浮有杏黄色的核，这种病变见于两腋下，粗大的神经分别向两端延伸，腰荐神经和坐骨神经均有相似病变。应全部做非食用或销毁。

5.5.3　牛的脂肪坏死

在肾脏和胰脏周围、大网膜和肠管等处，见有手指大到拳头大的、呈不透明灰白色或黄褐色的脂肪坏死凝块，其中含有钙化灶和结晶体等。将脂肪坏死凝块修割干净后，肉可不受限制出厂（场）。

5.5.4　骨血素病（卟啉沉着症）

全身骨骼均呈淡红褐色、褐色或暗褐色，但骨膜、软骨、关节软骨、韧带均不受害。有病变的骨骼或肝、肾等应做工业用，肉可以作为复制品原料。

5.5.5　白血病

全身淋巴结均显著肿大、切面呈鱼肉样、质地脆弱、指压易碎，实质脏器肝、脾、肾均见肿大，脾脏的滤泡肿胀，呈西米脾样，骨髓呈灰红色，应整体销毁。

注：在宰后检验中，发现可疑肿瘤，有结节状的或弥漫性增生的，单凭肉眼常常难于确诊，发现后应将胴体及其产品先行隔离冷藏，取病料送病理学检验，按检验结果再作出处理。

5.5.6　种公牛、种公羊

健康无病且有性气味的，不应鲜销，应做复制品加工原料。

**5.5.7** 有下列情况之一的病畜及其产品应全部做非食用或销毁。

　　a）脓毒症；

　　b）尿毒症；

　　c）急性及慢性中毒；

　　d）恶性肿瘤、全身性肿瘤；

　　e）过度瘠瘦及肌肉变质、高度水肿的。

**5.5.8** 组织和器官仅有下列病变之一的，应将有病变的局部或全部做非食用或销毁处理。

　　a）局部化脓；

　　b）创伤部分；

　　c）皮肤发炎部分；

　　d）严重充血与出血部分；

　　e）浮肿部分；

　　f）病理性肥大或萎缩部分；

　　g）变质钙化部分；

　　h）寄生虫损害部分；

　　i）非恶性肿瘤部分；

　　j）带异色、异味及异臭部分；

　　k）其他有碍食肉卫生部分。

**5.5.9** 检验结果登记

　　每天检验工作完毕，应将当天的屠宰头（只）数、产地、货主、宰前和宰后检验查出的病畜和不合格肉的处理情况进行登记。

## 附录 A
### （标准的附录）
### 检验处理章印模

A1　检验合格章印模，见图 A1，直径 75mm，上线距圆心 5mm，下线秤圆心 1.0mm，"××××"为厂或场名，要刻制全称，字体为宋体，铜制材料，日期可调换。

**A2　无害化处理章印模**

A2.1　高温处理章印模，等边三角形，边长各 45mm，见图 A2。

A2.2　非食用处理章印模，长 80mm，宽 37mm，见图 A3。

A2.3　复制处理张印模，菱形，长轴 60mm，短轴 30mm，见图 A4。

A2.4　销毁处理章印模，对角线长 60mm，见图 A5。

图A1　检验合格印章印模

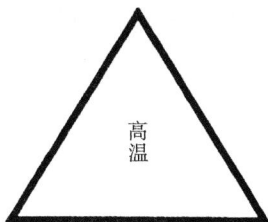

图A2　高温处理章印模

图A3　非食用处理章印模

图A4　复制处理章印模

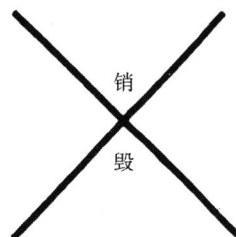

图A5　销毁处理章印模

# 中华人民共和国国家标准

GB 16548—2006
代替 GB 16548—1996

## 病害动物和病害动物产品生物安全处理规程

Biosafety specification on sick animal and animal product disposal

2006 -09 -04 发布/2006 -12 -01 实施
中华人民共和国国家质量监督检验检疫总局　中国国家标准化管理委员会　发布

## 前 言

本标准的全部技术内容为强制性。

本标准是对 GB 16548—1996 的修订。

本标准根据《中华人民共和国动物防疫法》及有关法律法规和规章的规定，参照世界动物卫生组织（OIE）《国际动物卫生法典》（International Animal Health Codes）标准性文件的有关部分，依据相关科技成果和实践经验修订而成。

本标准与 GB 16548—1996 的主要区别在于：

——将标准名称改为《病害动物和病害动物产品生物安全处理规程》；

——将适用范围改为"适用于国家规定的染疫动物及其产品，病死、毒死或者死因不明的动物尸体，经检验对人畜健康有危害的动物和病害动物产品、国家规定应该进行生物安全处理的动物和动物产品"；

——"术语和定义"中，明确"生物安全处理"的含义；

——在销毁的方法中增加"掩埋"一项，并规定具体的操作程序和方法。

本标准由中华人民共和国农业部提出。

本标准由全国动物防疫标准化技术委员会归口。

本标准起草单位：农业部全国畜牧兽医总站。

本标准主要起草人：徐百万、李秀峰、陈国胜、辛盛鹏、冯雪领、李万有。

# 病害动物和病害动物产品生物安全处理规程

## 1　范围

本标准规定了病害动物和病害动物产品的销毁、无害化处理的技术要求。

本标准适用于国家规定的染疫动物及其产品、病死毒死或者死因不明的动物尸体、经检验对人畜健康有危害的动物和病害动物产品、国家规定的其他应该进行生物安全处理的动物和动物产品。

## 2　术语和定义

下列术语和定义适用于本标准。

### 2.1　生物安全处理　biosafety disposal

通过用焚毁、化制、掩埋或其他物理、化学、生物学等方法将病害动物尸体和病害动物产品或附属物进行处理，以彻底消灭其所携带的病原体，达到消除病害因素，保障人畜健康安全的目的。

## 3　病害动物和病害动物产品的处理

### 3.1　运送

运送动物尸体和病害动物产品应采用密闭、不渗水的容器，装前卸后必须要消毒。

### 3.2　销毁

#### 3.2.1　适用对象

3.2.1.1　确认为口蹄疫、猪水疱病、猪瘟、非洲猪瘟、非洲马瘟、牛瘟、牛传染性胸膜肺炎、牛海绵状脑病、痒病、绵羊梅迪/维斯那病、蓝舌病、小反刍兽疫、绵羊痘和山羊痘、山羊关节炎脑炎、高致病性禽流感、鸡新城疫、炭疽、鼻疽、狂犬病、羊快疫、羊肠毒血症、肉毒梭菌中毒症、羊猝狙、马传染性贫血病、猪密螺旋体痢疾、猪囊尾蚴、急性猪丹毒、钩端螺旋体病（已黄染肉尸）、布鲁氏菌病、结核病、鸭瘟、兔病毒性出血症、野兔热的染疫动物以及其他严重危害人畜健康的病害动物及其产品。

3.2.1.2　病死、毒死或不明死因动物的尸体。

3.2.1.3　经检验对人畜有毒有害的、需销毁的病害动物和病害动物产品。

3.2.1.4　从动物体割除下来的病变部分。

3.2.1.5　人工接种病原微生物或进行药物试验的病害动物和病害动物产品。

3.2.1.6　国家规定的其他应该销毁的动物和动物产品。

#### 3.2.2　操作方法

##### 3.2.2.1　焚毁

将病害动物尸体、病害动物产品投入焚化炉或用其他方式烧毁。

##### 3.2.2.2　掩埋

本法不适用于患有炭疽等芽孢杆菌类疫病，以及牛海绵状脑病，痒病的染疫动物及产品、组织的处理。具体掩埋要求如下：

a)掩埋地应远离学校、公共场所、居民住宅区、村庄、动物饲养和屠宰场所、饮用水源地、河流等地区；

b)掩埋前应对需掩埋的病害动物尸体和病害动物产品实施焚烧处理；

c)掩埋坑底铺2cm厚生石灰；

d)掩埋后需将掩埋土夯实，病害动物尸体和病害动物产品上层应距地表1.5m以上；

e)焚烧后的病害动物尸体和病害动物产品表面，以及掩埋后的地表环境应使用有效消毒药喷、洒消毒。

### 3.3　无害化处理

#### 3.3.1　化制

##### 3.3.1.1　适用对象

除3.2.1规定的动物疫病以外的其他疫病的染疫动物，以及病变严重、肌肉发生退行性变化的动物的整个尸体或胴体、内脏。

##### 3.3.1.2　操作方法

用干化、湿化机，将原料分类，分别投入化制。

### 3.3.2 消毒

#### 3.3.2.1 适用对象

除 3.2.1 规定的动物疫病以外的其他疫病的染疫动物的生皮、原毛，以及未经加工的蹄、骨、角、绒。

#### 3.3.2.2 操作方法

##### 3.3.2.2.1 高温处理法

适用于染疫动物蹄、骨和角的处理。

将肉尸作高温处理时剔出的骨、蹄、角放入高压锅内蒸煮至骨脱胶或脱脂时止。

##### 3.3.2.2.2 盐酸食盐溶液消毒法

适用于被病原微生物污染或可疑被污染和一般染疫动物的皮毛消毒。

用 2.5% 盐酸溶液和 15% 食盐水溶液等量混合，将皮张浸泡在此溶液中，并使溶液温度保持在 30℃ 左右，浸泡 40h，1m² 的皮张用 10L 消毒液。浸泡后捞出沥干，放入 2% 氢氧化钠溶液中，以中和皮张上的酸，再用水冲洗后晾干。也可按 100mL 25% 食盐水溶液中加入盐酸 1mL 配制消毒液，在室温 15℃ 条件下浸泡 48h，皮张与消毒液之比为 1:4。浸泡后捞出沥干，再放入 1% 氢氧化钠溶液中浸泡，以中和皮张上的酸，再用水冲洗后晾干。

##### 3.3.2.2.3 过氧乙酸消毒法

适用于任何染疫动物的皮毛消毒。

将皮毛放入新鲜配制的 2% 过氧乙酸溶液中浸泡 30min，捞出，用水冲洗后晾干。

##### 3.3.2.2.4 碱盐液浸泡消毒法

适用于被病原微生物污染的皮毛消毒。

将皮毛浸入 5% 碱盐液（饱和盐水内加 5% 氢氧化钠）中，室温（18℃ ~ 25℃）浸泡 24h，并随时加以搅拌，然后取出挂起，待碱盐液流净，放入 5% 盐酸液内浸泡，使皮上的酸碱中和，捞出，用水冲洗后晾干。

##### 3.3.2.2.5 煮沸消毒法

适用于染疫动物鬃毛的处理。

将鬃毛于沸水中煮沸 2h ~ 2.5h。

# 中华人民共和国国内贸易行业标准

SB/T 10657—2012

# 生猪无害化处理操作规范

Operation specification for hazard – free treatment of pig

2012 –03 –15 发布/2012 –06 –01 实施
中华人民共和国商务部  发布

## 前 言

本标准按照 GB/T 1.1—2009 给出的规则起草。

本标准由中华人民共和国商务部提出并归口。

本标准起草单位：商务部流通产业促进中心、江苏雨润肉类产业集团有限公司。

本标准主要起草人：闵成军、金社胜、胡新颖、李欢、方芳。

# 生猪无害化处理操作规范

## 1 范围

本标准规定了开展病害生猪和病害生猪产品无害化处理的人员要求、基础设施要求、操作要求、记录要求。

本标准适用于病害生猪及病害生猪产品的无害化处理操作。

## 2 规范性引用文件

下列文件对于本文件的应用是必不可少的。凡是注日期的引用文件，仅注日期的版本适用于本文件。凡是不注日期的引用文件，其最新版本（包括所有的修改单）适用于本文件。

GB 16548　病害动物和病害动物产品无害化处理规程

SB/T 10396　生猪屠宰企业资质等级要求

《生猪定点屠宰厂（场）病害猪无害化处理管理办法》（商务部令 2008 年第 9 号）

## 3 术语和定义

下列术语和定义适用于本文件。

### 3.1 病害生猪 sick pig

宰前检验确认为患有某种疾病，并对人体具有危害的生猪。

### 3.2 病害生猪产品 sick pig products

生猪屠宰后，经宰后检验确认为危害疾病的胴体、内脏、头、蹄、尾，以及血、骨、毛、皮等。

### 3.3 宰前检验 ante mortem inspection

生猪屠宰前，判定生猪是否健康和适合人类食用进行的检验。

### 3.4 宰后检验 postmortem inspection

生猪屠宰后，判定生猪是否健康和适合人类食用，对其头、胴体、内脏和其他部分进行的检验。

### 3.5 同步检验 synchronous inspection

生猪屠宰剖腹后，取出内脏放在设置的专用托盘上和（或）挂钩装置上并与胴体生产线同步运行，以便检验人员对照检验和综合判断的一种检验方法。

### 3.6 无害化处理 biosafety disposal

将遭受生物、化学和物理性污染及加工过程中产生的不适合食用的畜禽、胴体、内脏或其他部分通过焚毁、化制、深埋或其他物理、化学、生物学等方法进行处理，达到消除病害因素，保障人畜健康安全的目的。

### 3.7 焚毁 burn down

将病害生猪及病害生猪产品焚烧毁坏、烧毁。

### 3.8 化制 fusion

将不符合卫生要求（不可食用）的病害生猪及病害生猪产品等，经过干化法或湿化法熔炼，达到对人畜无害的处理过程。

### 3.9 蒸煮杀毒 stewing

用蒸煮的形式高温杀灭病原体的方法。

### 3.10 消毒 disinfection

用物理学、化学或生物学方法杀灭病原体的措施。

## 4 无害化处理操作人员要求

4.1　企业应有与生产能力相适应的、具备专业技术资格的无害化处理人员。

4.2　应每年进行健康检查，取得健康证，并建立健康档案。

4.3　应了解生猪及其产品检验检疫方面的专业知识，经培训合格。

4.4　应了解人畜共患病的防范知识，防止人畜共患疫病的传播。

4.5　应在工作期间保持个人安全卫生，按照规定做好卫生防护。

## 5 无害化处理基础设施要求

5.1　无害化处理场所、设备设施应符合 SB/T 10396 规定的要求。

5.2　应具备焚毁、化制、高温、消毒等无害化处理设施和设备。

5.3　焚毁设备应具备二次燃烧和防尘防病害微生物污染的性能。

# 6　操作要求

## 6.1　基本要求

6.1.1　无害化处理设备应定期维护，有效运行。

6.1.2　应配备消毒液，操作前后对设备、工器具、人手进行清洗消毒。

6.1.3　对检验出的病害生猪及病害生猪产品在进行无害化处理前，应按《生猪定点屠宰厂（场）病害猪无害化处理管理办法》规定的程序进行，具体处理的技术要求应符合 GB 16548 的规定。

## 6.2　运输要求

病害生猪及病害生猪产品应装入密闭不漏水的容器，用专用运输车辆运送到无害化处理场所。被病害产品污染或疑似污染的场地、运输工具、所经过的运输路线、工器具、设施设备、容器、人员等都要进行严格的隔离消毒。

## 6.3　无害化处理操作

### 6.3.1　焚毁

#### 6.3.1.1　焚毁对象

确认为恶性传染病的病猪，病死、毒死或不明死因生猪的尸体，从生猪体割除的病变部分，人工接种病原微生物或进行药物试验的病害生猪和生猪产品，国家规定的其他应该焚毁的生猪和生猪产品。

#### 6.3.1.2　操作方法

将病害生猪及其病害产品投入焚化炉或其他方式烧毁碳化。对宰前检出的恶性传染病，应采取不放血的方法扑杀后焚毁。对进行烧毁处理的病料，必须同密闭容器整体焚烧，不能分割。在焚化前可加入助燃剂，要烧透，最好烧焦。

### 6.3.2　化制

#### 6.3.2.1　化制对象

病变严重、肌肉发生退行性变化的动物的整个尸体或胴体、内脏；注水或注入其他有害物质猪胴体；农残药残重金属超标肉；修割废弃物、变质肉、污染严重肉等。

#### 6.3.2.2　操作方法

包括湿化法和干化法两种，将病料投入湿化机或干化机内进行化制。

### 6.3.3　蒸煮

#### 6.3.3.1　蒸煮对象

在宰前宰后经检验人员检验确认为普通疾病，或一般性的病理损伤、机械损伤，或被确认为恶性传染病的同群猪，经过高温后，其危害性消失。

#### 6.3.3.2　操作方法

有高压蒸煮法和一般煮沸法。将病害生猪及其病害生猪产品放入锅内蒸煮至骨脱胶或脱脂时止。

a）高压蒸煮法：将病害生猪及其病害产品切成质量不超过 2kg、厚度不超过 8cm 的肉块放进密闭的高压锅内，水面超出肉块 10cm，肉块和水的体积不超过高压蒸煮锅 2/3 体积，并在 112kPa 压力下蒸煮 1.5h～2h。

b）一般煮沸法：将锅内加水至 1/2 体积，把肉尸切成重量不超过 2kg、厚度不超过 8cm 的肉块放进普通锅内，水面超出肉块 10cm，煮沸 2h～2.5h。

### 6.3.4　消毒

#### 6.3.4.1　消毒对象

染疫生猪的生皮、原毛以及未经加工的蹄、骨、毛等。

#### 6.3.4.2　操作方法

将病害生猪产品浸泡在有效浓度的消毒液内进行处理。

6.3.4.2.1　漂白粉消毒法：将 1 份漂白粉加入 4 份病害猪血液中充分搅拌，放置 24h 后于专设掩埋废弃物的地点掩埋。

6.3.4.2.2　石灰乳浸泡消毒法：将 1 份生石灰加 1 份水制成熟石灰，再用水配成 10% 或 5% 混悬液（石灰乳）。将螨病病皮浸入 5% 石灰乳中浸泡 12h，然后取出晾干。

6.3.4.2.3　盐酸食盐溶液消毒法、过氧乙酸消毒法、碱盐液浸泡消毒法方法按 GB 16548 中规定的要求操作。

## 6.4 无害化处理场所的消毒

病害生猪及其病害产品经无害化处理结束后，应采用有效浓度的消毒液对处理设备、工器具、场地、人手等进行消毒。

# 7 记录要求

7.1 按《生猪定点屠宰厂（场）病害猪无害化处理管理办法》规定的要求，填写相关记录。

7.2 无害化处理记录应与宰前检验记录和宰后检验记录相统一。

7.3 无害化处理记录应符合标记、收集、编目、归档、存储、保管和处理的程序，并贯彻执行。

7.4 所有记录应统一规范，记录不得涂改和伪造。

7.5 无害化处理记录应详细、清楚、真实、准确，并具有可追溯性，保存期不少于 5 年。

# 五 管理控制

# 中华人民共和国国家标准

GB 14881—2013

## 食品安全国家标准
## 食品生产通用卫生规范

2013 -05 -24 发布/2014 -06 -01 实施
中华人民共和国国家卫生和计划生育委员会　发布

## 前　言

本标准代替 GB 14881—1994《食品企业通用卫生规范》。

本标准与 GB 14881—1994 相比，主要变化如下：

——修改了标准名称；

——修改了标准结构；

——增加了术语和定义；

——强调了对原料、加工、产品贮存和运输等食品生产全过程的食品安全控制要求，并制定了控制生物、化学、物理污染的主要措施；

——修改了生产设备有关内容，从防止生物、化学、物理污染的角度对生产设备布局、材质和设计提出了要求；

——增加了原料采购、验收、运输和贮存的相关要求；

——增加了产品追溯与召回的具体要求；

——增加了记录和文件的管理要求；

——增加了附录 A "食品加工环境微生物监控程序指南"。

# 食品安全国家标准
# 食品生产通用卫生规范

## 1　范围

本标准规定了食品生产过程中原料采购、加工、包装、贮存和运输等环节的场所、设施、人员的基本要求和管理准则。本标准适用于各类食品的生产，如确有必要制定某类食品生产的专项卫生规范，应当以本标准作为基础。

## 2　术语和定义

### 2.1　污染
在食品生产过程中发生的生物、化学、物理污染因素传入的过程。

### 2.2　虫害
由昆虫、鸟类、啮齿类动物等生物（包括苍蝇、蟑螂、麻雀、老鼠等）造成的不良影响。

### 2.3　食品加工人员
直接接触包装或未包装的食品、食品设备和器具、食品接触面的操作人员。

### 2.4　接触表面
设备、工器具、人体等可被接触到的表面。

### 2.5　分离
通过在物品、设施、区域之间留有一定空间，而非通过设置物理阻断的方式进行隔离。

### 2.6　分隔
通过设置物理阻断，如墙壁、卫生屏障、遮罩或独立房间等进行隔离。

### 2.7　食品加工场所
用于食品加工处理的建筑物和场地，以及按照相同方式管理的其他建筑物、场地和周围环境等。

### 2.8　监控
按照预设的方式和参数进行观察或测定，以评估控制环节是否处于受控状态。

### 2.9　工作服
根据不同生产区域的要求，为降低食品加工人员对食品的污染风险而配备的专用服装。

## 3　选址及厂区环境

### 3.1　选址
3.1.1　厂区不应选择对食品有显著污染的区域。如某地对食品安全和食品宜食用性存在明显的不利影响，且无法通过采取措施加以改善，应避免在该地址建厂。

3.1.2　厂区不应选择有害废弃物及粉尘、有害气体、放射性物质和其他扩散性污染源不能有效清除的地址。

3.1.3　厂区不宜选择易发生洪涝灾害的地区，难以避开时应设计必要的防范措施。

3.1.4　厂区周围不宜有虫害大量孳生的潜在场所，难以避开时应设计必要的防范措施。

### 3.2　厂区环境
3.2.1　应考虑环境给食品生产带来的潜在污染风险，并采取适当的措施将其降至最低水平。

3.2.2　厂区应合理布局，各功能区域划分明显，并有适当的分离或分隔措施，防止交叉污染。

3.2.3　厂区内的道路应铺设混凝土、沥青或者其他硬质材料；空地应采取必要措施，如铺设水泥、地砖或铺设草坪等方式，保持环境清洁，防止正常天气下扬尘和积水等现象的发生。

3.2.4　厂区绿化应与生产车间保持适当距离，植被应定期维护，以防止虫害的孳生。

3.2.5　厂区应有适当的排水系统。

3.2.6　宿舍、食堂、职工娱乐设施等生活区应与生产区保持适当距离或分隔。

## 4　厂房和车间

### 4.1　设计和布局
4.1.1　厂房和车间的内部设计和布局应满足食品卫生操作要求，避免食品生产中发生交叉污染。

4.1.2 厂房和车间的设计应根据生产工艺合理布局，预防和降低产品受污染的风险。

4.1.3 厂房和车间应根据产品特点、生产工艺、生产特性以及生产过程对清洁程度的要求合理划分作业区，并采取有效分离或分隔，如通常可划分为清洁作业区、准清洁作业区和一般作业区；或清洁作业区和一般作业区等。一般作业区应与其他作业区域分隔。

4.1.4 厂房内设置的检验室应与生产区域分隔。

4.1.5 厂房的面积和空间应与生产能力相适应，便于设备安置、清洁消毒、物料存储及人员操作。

## 4.2 建筑内部结构与材料

### 4.2.1 内部结构

建筑内部结构应易于维护、清洁或消毒。应采用适当的耐用材料建造。

### 4.2.2 顶棚

4.2.2.1 顶棚应使用无毒、无味、与生产需求相适应、易于观察清洁状况的材料建造；若直接在屋顶内层喷涂涂料作为顶棚，应使用无毒、无味、防霉、不易脱落、易于清洁的涂料。

4.2.2.2 顶棚应易于清洁、消毒，在结构上不利于冷凝水垂直滴下，防止虫害和霉菌孳生。

4.2.2.3 蒸汽、水、电等配件管路应避免设置于暴露食品的上方；如确需设置，应有能防止灰尘散落及水滴掉落的装置或措施。

### 4.2.3 墙壁

4.2.3.1 墙面、隔断应使用无毒、无味的防渗透材料建造，在操作高度范围内的墙面应光滑、不易积累污垢且易于清洁；若使用涂料，应无毒、无味、防霉、不易脱落、易于清洁。

4.2.3.2 墙壁、隔断和地面交界处应结构合理、易于清洁，能有效避免污垢积存，如设置漫弯形交界面等。

### 4.2.4 门窗

4.2.4.1 门窗应闭合严密。门的表面应平滑、防吸附、不渗透，并易于清洁、消毒。应使用不透水、坚固、不变形的材料制成。

4.2.4.2 清洁作业区和准清洁作业区与其他区域之间的门应能及时关闭。

4.2.4.3 窗户玻璃应使用不易碎材料。若使用普通玻璃，应采取必要的措施防止玻璃破碎后对原料、包装材料及食品造成污染。

4.2.4.4 窗户如设置窗台，其结构应能避免灰尘积存且易于清洁。可开启的窗户应装有易于清洁的防虫害窗纱。

### 4.2.5 地面

4.2.5.1 地面应使用无毒、无味、不渗透、耐腐蚀的材料建造。地面的结构应有利于排污和清洗的需要。

4.2.5.2 地面应平坦防滑、无裂缝，易于清洁、消毒，并有适当的措施防止积水。

# 5 设施与设备

## 5.1 设施

### 5.1.1 供水设施

5.1.1.1 应能保证水质、水压、水量及其他要求符合生产需要。

5.1.1.2 食品加工用水的水质应符合 GB 5749 的规定，对加工用水水质有特殊要求的食品应符合相应规定。间接冷却水、锅炉用水等食品生产用水的水质应符合生产需要。

5.1.1.3 食品加工用水与其他不与食品接触的用水（如间接冷却水、污水或废水等）应以完全分离的管路输送，避免交叉污染。各管路系统应明确标识以便区分。

5.1.1.4 自备水源及供水设施应符合有关规定。供水设施中使用的涉及饮用水卫生安全产品还应符合国家相关规定。

### 5.1.2 排水设施

5.1.2.1 排水系统的设计和建造应保证排水畅通、便于清洁维护；应适应食品生产的需要，保证食品及生产、清洁用水不受污染。

5.1.2.2 排水系统入口应安装带水封的地漏等装置，以防止固体废弃物进入及浊气逸出。

5.1.2.3 排水系统出口应有适当措施以降低虫害风险。

5.1.2.4 室内排水的流向应由清洁程度要求高的区域流向清洁程度要求低的区域，且应有防止逆流的设计。

5.1.2.5 污水在排放前应经适当方式处理，以符合国家污水排放的相关规定。

### 5.1.3 清洁消毒设施

应配备足够的食品、工器具和设备的专用清洁设施，必要时应配备适宜的消毒设施。应采取措施避免清洁、消毒工器具带来的交叉污染。

#### 5.1.4　废弃物存放设施

应配备设计合理、防止渗漏、易于清洁的存放废弃物的专用设施；车间内存放废弃物的设施和容器应标识清晰。必要时应在适当地点设置废弃物临时存放设施，并依废弃物特性分类存放。

#### 5.1.5　个人卫生设施

5.1.5.1　生产场所或生产车间入口处应设置更衣室；必要时特定的作业区入口处可按需要设置更衣室。更衣室应保证工作服与个人服装及其他物品分开放置。

5.1.5.2　生产车间入口及车间内必要处，应按需设置换鞋（穿戴鞋套）设施或工作鞋靴消毒设施。如设置工作鞋靴消毒设施，其规格尺寸应能满足消毒需要。

5.1.5.3　应根据需要设置卫生间，卫生间的结构、设施与内部材质应易于保持清洁；卫生间内的适当位置应设置洗手设施。卫生间不得与食品生产、包装或贮存等区域直接连通。

5.1.5.4　应在清洁作业区入口设置洗手、干手和消毒设施；如有需要，应在作业区内适当位置加设洗手和（或）消毒设施；与消毒设施配套的水龙头其开关应为非手动式。

5.1.5.5　洗手设施的水龙头数量应与同班次食品加工人员数量相匹配，必要时应设置冷热水混合器。洗手池应采用光滑、不透水、易清洁的材质制成，其设计及构造应易于清洁消毒。应在临近洗手设施的显著位置标示简明易懂的洗手方法。

5.1.5.6　根据对食品加工人员清洁程度的要求，必要时应可设置风淋室、淋浴室等设施。

#### 5.1.6　通风设施

5.1.6.1　应具有适宜的自然通风或人工通风措施；必要时应通过自然通风或机械设施有效控制生产环境的温度和湿度。通风设施应避免空气从清洁度要求低的作业区域流向清洁度要求高的作业区域。

5.1.6.2　应合理设置进气口位置，进气口与排气口和户外垃圾存放装置等污染源保持适宜的距离和角度。进、排气口应装有防止虫害侵入的网罩等设施。通风排气设施应易于清洁、维修或更换。

5.1.6.3　若生产过程需要对空气进行过滤净化处理，应加装空气过滤装置并定期清洁。

5.1.6.4　根据生产需要，必要时应安装除尘设施。

#### 5.1.7　照明设施

5.1.7.1　厂房内应有充足的自然采光或人工照明，光泽和亮度应能满足生产和操作需要；光源应使食品呈现真实的颜色。

5.1.7.2　如需在暴露食品和原料的正上方安装照明设施，应使用安全型照明设施或采取防护措施。

#### 5.1.8　仓储设施

5.1.8.1　应具有与所生产产品的数量、贮存要求相适应的仓储设施。

5.1.8.2　仓库应以无毒、坚固的材料建成；仓库地面应平整，便于通风换气。仓库的设计应能易于维护和清洁，防止虫害藏匿，并应有防止虫害侵入的装置。

5.1.8.3　原料、半成品、成品、包装材料等应依据性质的不同分设贮存场所或分区域码放，并有明确标识，防止交叉污染。必要时仓库应设有温、湿度控制设施。

5.1.8.4　贮存物品应与墙壁、地面保持适当距离，以利于空气流通及物品搬运。

5.1.8.5　清洁剂、消毒剂、杀虫剂、润滑剂、燃料等物质应分别安全包装，明确标识，并应与原料、半成品、成品、包装材料等分隔放置。

#### 5.1.9　温控设施

5.1.9.1　应根据食品生产的特点，配备适宜的加热、冷却、冷冻等设施，以及用于监测温度的设施。

5.1.9.2　根据生产需要，可设置控制室温的设施。

### 5.2　设备

#### 5.2.1　生产设备

##### 5.2.1.1　一般要求

应配备与生产能力相适应的生产设备，并按工艺流程有序排列，避免引起交叉污染。

##### 5.2.1.2　材质

5.2.1.2.1　与原料、半成品、成品接触的设备与用具，应使用无毒、无味、抗腐蚀、不易脱落的材料制作，并应易于清洁和保养。

5.2.1.2.2　设备、工器具等与食品接触的表面应使用光滑、无吸收性、易于清洁保养和消毒的材料制成，在正常生产条件下不会与食品、清洁剂和消毒剂发生反应，并应保持完好无损。

##### 5.2.1.3　设计

5.2.1.3.1　所有生产设备应从设计和结构上避免零件、金属碎屑、润滑油或其他污染因素混入食品，并应易于清洁消毒、易于检查和维护。

5.2.1.3.2　设备应不留空隙地固定在墙壁或地板上，或在安装时与地面和墙壁间保留足够空间，以便清洁和维护。

### 5.2.2　监控设备

用于监测、控制、记录的设备，如压力表、温度计、记录仪等，应定期校准、维护。

### 5.2.3　设备的保养和维修

应建立设备保养和维修制度，加强设备的日常维护和保养，定期检修，及时记录。

## 6　卫生管理

### 6.1　卫生管理制度

6.1.1　应制定食品加工人员和食品生产卫生管理制度及相应的考核标准，明确岗位职责，实行岗位责任制。

6.1.2　应根据食品的特点及生产、贮存过程的卫生要求，建立对保证食品安全具有显著意义的关键控制环节的监控制度，良好实施并定期检查，发现问题及时纠正。

6.1.3　应制定针对生产环境、食品加工人员、设备及设施等的卫生监控制度，确立内部监控的范围、对象和频率。记录并存档监控结果，定期对执行情况和效果进行检查，发现问题及时整改。

6.1.4　应建立清洁消毒制度和清洁消毒用具管理制度。清洁消毒前后的设备和工器具应分开放置妥善保管，避免交叉污染。

### 6.2　厂房及设施卫生管理

6.2.1　厂房内各项设施应保持清洁，出现问题及时维修或更新；厂房地面、屋顶、天花板及墙壁有破损时，应及时修补。

6.2.2　生产、包装、贮存等设备及工器具、生产用管道、裸露食品接触表面等应定期清洁消毒。

### 6.3　食品加工人员健康管理与卫生要求

#### 6.3.1　食品加工人员健康管理

6.3.1.1　应建立并执行食品加工人员健康管理制度。

6.3.1.2　食品加工人员每年应进行健康检查，取得健康证明；上岗前应接受卫生培训。

6.3.1.3　食品加工人员如患有痢疾、伤寒、甲型病毒性肝炎、戊型病毒性肝炎等消化道传染病，以及患有活动性肺结核、化脓性或者渗出性皮肤病等有碍食品安全的疾病，或有明显皮肤损伤未愈合的，应当调整到其他不影响食品安全的工作岗位。

#### 6.3.2　食品加工人员卫生要求

6.3.2.1　进入食品生产场所前应整理个人卫生，防止污染食品。

6.3.2.2　进入作业区域应规范穿着洁净的工作服，并按要求洗手、消毒；头发应藏于工作帽内或使用发网约束。

6.3.2.3　进入作业区域不应佩戴饰物、手表，不应化妆、染指甲、喷洒香水；不得携带或存放与食品生产无关的个人用品。

6.3.2.4　使用卫生间、接触可能污染食品的物品或从事与食品生产无关的其他活动后，再次从事接触食品、食品工器具、食品设备等与食品生产相关的活动前应洗手消毒。

#### 6.3.3　来访者

非食品加工人员不得进入食品生产场所，特殊情况下进入时应遵守和食品加工人员同样的卫生要求。

### 6.4　虫害控制

6.4.1　应保持建筑物完好、环境整洁，防止虫害侵入及孳生。

6.4.2　应制定和执行虫害控制措施，并定期检查。生产车间及仓库应采取有效措施（如纱帘、纱网、防鼠板、防蝇灯、风幕等），防止鼠类昆虫等侵入。若发现有虫鼠害痕迹时，应追查来源，消除隐患。

6.4.3　应准确绘制虫害控制平面图，标明捕鼠器、粘鼠板、灭蝇灯、室外诱饵投放点、生化信息素捕杀装置等放置的位置。

6.4.4　厂区应定期进行除虫灭害工作。

6.4.5　采用物理、化学或生物制剂进行处理时，不应影响食品安全和食品应有的品质、不应污染食品接触表面、设备、工器具及包装材料。除虫灭害工作应有相应的记录。

6.4.6　使用各类杀虫剂或其他药剂前，应做好预防措施避免对人身、食品、设备工具造成污染；不慎污染时，应及时将被污染的设备、工具彻底清洁，消除污染。

### 6.5 废弃物处理

6.5.1 应制定废弃物存放和清除制度，有特殊要求的废弃物其处理方式应符合有关规定。废弃物应定期清除；易腐败的废弃物应尽快清除；必要时应及时清除废弃物。

6.5.2 车间外废弃物放置场所应与食品加工场所隔离防止污染；应防止不良气味或有害有毒气体溢出；应防止虫害孳生。

### 6.6 工作服管理

6.6.1 进入作业区域应穿着工作服。

6.6.2 应根据食品的特点及生产工艺的要求配备专用工作服，如衣、裤、鞋靴、帽和发网等，必要时还可配备口罩、围裙、套袖、手套等。

6.6.3 应制定工作服的清洗保洁制度，必要时应及时更换；生产中应注意保持工作服干净完好。

6.6.4 工作服的设计、选材和制作应适应不同作业区的要求，降低交叉污染食品的风险；应合理选择工作服口袋的位置、使用的连接扣件等，降低内容物或扣件掉落污染食品的风险。

## 7 食品原料、食品添加剂和食品相关产品

### 7.1 一般要求

应建立食品原料、食品添加剂和食品相关产品的采购、验收、运输和贮存管理制度，确保所使用的食品原料、食品添加剂和食品相关产品符合国家有关要求。不得将任何危害人体健康和生命安全的物质添加到食品中。

### 7.2 食品原料

7.2.1 采购的食品原料应当查验供货者的许可证和产品合格证明文件。对无法提供合格证明文件的食品原料，应当依照食品安全标准进行检验。

7.2.2 食品原料必须经过验收合格后方可使用。经验收不合格的食品原料应在指定区域与合格品分开放置并明显标记，并应及时进行退、换货等处理。

7.2.3 加工前宜进行感官检验，必要时应进行实验室检验；检验发现涉及食品安全项目指标异常的，不得使用；只应使用确定适用的食品原料。

7.2.4 食品原料运输及贮存中应避免日光直射、备有防雨防尘设施；根据食品原料的特点和卫生需要，必要时还应具备保温、冷藏、保鲜等设施。

7.2.5 食品原料运输工具和容器应保持清洁、维护良好，必要时应进行消毒。食品原料不得与有毒、有害物品同时装运，避免污染食品原料。

7.2.6 食品原料仓库应设专人管理，建立管理制度，定期检查质量和卫生情况，及时清理变质或超过保质期的食品原料。仓库出货顺序应遵循先进先出的原则，必要时应根据不同食品原料的特性确定出货顺序。

### 7.3 食品添加剂

7.3.1 采购食品添加剂应当查验供货者的许可证和产品合格证明文件。食品添加剂必须经过验收合格后方可使用。

7.3.2 运输食品添加剂的工具和容器应保持清洁、维护良好，并能提供必要的保护，避免污染食品添加剂。

7.3.3 食品添加剂的贮藏应有专人管理，定期检查质量和卫生情况，及时清理变质或超过保质期的食品添加剂。仓库出货顺序应遵循先进先出的原则，必要时应根据食品添加剂的特性确定出货顺序。

### 7.4 食品相关产品

7.4.1 采购食品包装材料、容器、洗涤剂、消毒剂等食品相关产品应当查验产品的合格证明文件，实行许可管理的食品相关产品还应查验供货者的许可证。食品包装材料等食品相关产品必须经过验收合格后方可使用。

7.4.2 运输食品相关产品的工具和容器应保持清洁、维护良好，并能提供必要的保护，避免污染食品原料和交叉污染。

7.4.3 食品相关产品的贮藏应有专人管理，定期检查质量和卫生情况，及时清理变质或超过保质期的食品相关产品。仓库出货顺序应遵循先进先出的原则。

### 7.5 其他

盛装食品原料、食品添加剂、直接接触食品的包装材料的包装或容器，其材质应稳定、无毒无害，不易受污染，符合卫生要求。

食品原料、食品添加剂和食品包装材料等进入生产区域时应有一定的缓冲区域或外包装清洁措施，以降低污染风险。

# 8 生产过程的食品安全控制

## 8.1 产品污染风险控制

8.1.1 应通过危害分析方法明确生产过程中的食品安全关键环节，并设立食品安全关键环节的控制措施。在关键环节所在区域，应配备相关的文件以落实控制措施，如配料（投料）表、岗位操作规程等。

8.1.2 鼓励采用危害分析与关键控制点体系（HACCP）对生产过程进行食品安全控制。

## 8.2 生物污染的控制

### 8.2.1 清洁和消毒

8.2.1.1 应根据原料、产品和工艺的特点，针对生产设备和环境制定有效的清洁消毒制度，降低微生物污染的风险。

8.2.1.2 清洁消毒制度应包括以下内容：清洁消毒的区域、设备或器具名称；清洁消毒工作的职责；使用的洗涤、消毒剂；清洁消毒方法和频率；清洁消毒效果的验证及不符合的处理；清洁消毒工作及监控记录。

8.2.1.3 应确保实施清洁消毒制度，如实记录；及时验证消毒效果，发现问题及时纠正。

### 8.2.2 食品加工过程的微生物监控

8.2.2.1 根据产品特点确定关键控制环节进行微生物监控；必要时应建立食品加工过程的微生物监控程序，包括生产环境的微生物监控和过程产品的微生物监控。

8.2.2.2 食品加工过程的微生物监控程序应包括：微生物监控指标、取样点、监控频率、取样和检测方法、评判原则和整改措施等，具体可参照附录 A 的要求，结合生产工艺及产品特点制定。

8.2.2.3 微生物监控应包括致病菌监控和指示菌监控，食品加工过程的微生物监控结果应能反映食品加工过程中对微生物污染的控制水平。

## 8.3 化学污染的控制

8.3.1 应建立防止化学污染的管理制度，分析可能的污染源和污染途径，制订适当的控制计划和控制程序。

8.3.2 应当建立食品添加剂和食品工业用加工助剂的使用制度，按照 GB 2760 的要求使用食品添加剂。

8.3.3 不得在食品加工中添加食品添加剂以外的非食用化学物质和其他可能危害人体健康的物质。

8.3.4 生产设备上可能直接或间接接触食品的活动部件若需润滑，应当使用食用油脂或能保证食品安全要求的其他油脂。

8.3.5 建立清洁剂、消毒剂等化学品的使用制度。除清洁消毒必需和工艺需要，不应在生产场所使用和存放可能污染食品的化学制剂。

8.3.6 品添加剂、清洁剂、消毒剂等均应采用适宜的容器妥善保存，且应明显标示、分类贮存；领用时应准确计量、作好使用记录。

8.3.7 应当关注食品在加工过程中可能产生有害物质的情况，鼓励采取有效措施减低其风险。

## 8.4 物理污染的控制

8.4.1 应建立防止异物污染的管理制度，分析可能的污染源和污染途径，并制订相应的控制计划和控制程序。

8.4.2 应通过采取设备维护、卫生管理、现场管理、外来人员管理及加工过程监督等措施，最大程度地降低食品受到玻璃、金属、塑胶等异物污染的风险。

8.4.3 应采取设置筛网、捕集器、磁铁、金属检查器等有效措施降低金属或其他异物污染食品的风险。

8.4.4 当进行现场维修、维护及施工等工作时，应采取适当措施避免异物、异味、碎屑等污染食品。

## 8.5 包装

8.5.1 食品包装应能在正常的贮存、运输、销售条件下最大限度地保护食品的安全性和食品品质。

8.5.2 使用包装材料时应核对标识，避免误用；应如实记录包装材料的使用情况。

# 9 检验

9.1 应通过自行检验或委托具备相应资质的食品检验机构对原料和产品进行检验，建立食品出厂检验记录制度。

9.2 自行检验应具备与所检项目适应的检验室和检验能力；由具有相应资质的检验人员按规定的检验方法检验；检验仪器设备应按期检定。

9.3 检验室应有完善的管理制度，妥善保存各项检验的原始记录和检验报告。应建立产品留样制度，及时保留样品。

9.4 应综合考虑产品特性、工艺特点、原料控制情况等因素合理确定检验项目和检验频次以有效验证生产过程中的控制措施。净含量、感官要求及其他容易受生产过程影响而变化的检验项目的检验频次应大于其他检验项目。

9.5 同一品种不同包装的产品，不受包装规格和包装形式影响的检验项目可以一并检验。

## 10 食品的存和运输

10.1 根据食品的特点和卫生需要选择适宜的贮存和运输条件，必要时应配备保温、冷藏、保鲜等设施。不得将食品与有毒、有害、或有异味的物品一同贮存运输。

10.2 应建立和执行适当的仓储制度，发现异常应及时处理。

10.3 贮存、运输和装卸食品的容器、工器具和设备应当安全、无害，保持清洁，降低食品污染的风险。

10.4 贮存和运输过程中应避免日光直射、雨淋、显著的温湿度变化和剧烈撞击等，防止食品受到不良影响。

## 11 产品召回管理

11.1 应根据国家有关规定建立产品召回制度。

11.2 当发现生产的食品不符合食品安全标准或存在其他不适于食用的情况时，应当立即停止生产，召回已经上市销售的食品，通知相关生产经营者和消费者，并记录召回和通知情况。

11.3 对被召回的食品，应当进行无害化处理或者予以销毁，防止其再次流入市场。对因标签、标识或者说明书不符合食品安全标准而被召回的食品，应采取能保证食品安全且便于重新销售时向消费者明示的补救措施。

11.4 应合理划分记录生产批次，采用产品批号等方式进行标识，便于产品追溯。

## 12 培训

12.1 应建立食品生产相关岗位的培训制度，对食品加工人员以及相关岗位的从业人员进行相应的食品安全知识培训。

12.2 应通过培训促进各岗位从业人员遵守食品安全相关法律法规标准和执行各项食品安全管理制度的意识和责任，提高相应的知识水平。

12.3 应根据食品生产不同岗位的实际需求，制订和实施食品安全年度培训计划并进行考核，做好培训。

12.4 当食品安全相关的法律法规标准更新时，应及时开展培训。

12.5 应定期审核和修订培训计划，评估培训效果，并进行常规检查，以确保培训计划的有效实施。

## 13 管理制度和人员

13.1 应配备食品安全专业技术人员、管理人员，并建立保障食品安全的管理制度。

13.2 食品安全管理制度应与生产规模、工艺技术水平和食品的种类特性相适应，应根据生产实际和实施经验不断完善食品安全管理制度。

13.3 管理人员应了解食品安全的基本原则和操作规范，能够判断潜在的危险，采取适当的预防和纠正措施，确保有效管理。

## 14 记录和文件管理

### 14.1 记录管理

14.1.1 应建立记录制度，对食品生产中采购、加工、贮存、检验、销售等环节详细记录。记录内容应完整、真实，确保对产品从原料采购到产品销售的所有环节都可进行有效追溯。

14.1.1.1 应如实记录食品原料、食品添加剂和食品包装料等食品相关产品的名称、规格、数量、供货者名称及联系方式、进货日期等内容。

14.1.1.2 应如实记录食品的加工过程（包括工艺参数、环境监测等）、产品贮存情况及产品的检验批号、检验日期、检验人员、检验方法、检验结果等内容。

14.1.1.3 应如实记录出厂产品的名称、规格、数量、生产日期、生产批号、购货者名称及联系方式、检验合格单、销售日期等内容。

14.1.1.4 应如实记录发生召回的食品名称、批次、规格、数量、发生召回的原因及后续整改方案等内容。

14.1.2 食品原料、食品添加剂和食品包装材料等食品相关产品进货查验记录、食品出厂检验记录应由记录和审核人员复核签名，记录内容应完整。保存期限不得少于2年。

14.1.3 应建立客户投诉处理机制。对客户提出的书面或口头意见、投诉，企业相关管理部门应作记录并查找原因，妥善处理。

14.2 应建立文件的管理制度，对文件进行有效管理，确保各相关场所使用的文件均为有效版本。

14.3 鼓励采用先进技术手段（如电子计算机信息系统），进行记录和文件管理。

## 附录 A
## 食品加工过程的微生物监控程序指南

注：本附录给出了制定食品加工过程环境微生物监控程序时应当考虑的要点，实际生产中可根据产品特性和生产工艺技术水平等因素参照执行。

A.1　食品加工过程中的微生物监控是确保食品安全的重要手段，是验证或评估目标微生物控制程序的有效性、确保整个食品质量和安全体系持续改进的工具。

A.2　本附录提出了制定食品加工过程微生物监控程序时应考虑的要点。

A.3　食品加工过程的微生物监控，主要包括环境微生物监控和过程产品的微生物监控。环境微生物监控主要用于评判加工过程的卫生控制状况，以及找出可能存在的污染源。通常环境监控对象包括食品接触表面、与食品或食品接触表面邻近的接触表面，以及环境空气。过程产品的微生物监控主要用于评估加工过程卫生控制能力和产品卫生状况。

A.4　食品加工过程的微生物监控涵盖了加工过程各个环节的微生物学评估、清洁消毒效果以及微生物控制效果的评价。在制定时应考虑以下内容：

　　a）加工过程的微生物监控应包括微生物监控指标、取样点、监控频率、取样和检测方法、评判原则以及不符合情况的处理等；

　　b）加工过程的微生物监控指标：应以能够评估加工环境卫生状况和过程控制能力的指示微生物（如菌落总数、大肠菌群、酵母霉菌或其他指示菌）为主。必要时也可采用致病菌作为监控指标；

　　c）加工过程微生物监控的取样点：环境监控的取样点应为微生物可能存在或进入而导致污染的地方。可根据相关文献资料确定取样点，也可以根据经验或者积累的历史数据确定取样点。过程产品监控计划的取样点应覆盖整个加工环节中微生物水平可能发生变化且会影响产品安全性和/或食品品质的过程产品，例如微生物控制的关键控制点之后的过程产品。具体可参考表 A.1 中示例；

　　d）加工过程微生物监控的监控频率：应基于污染可能发生的风险来制定监控频率。可根据相关文献资料，相关经验和专业知识或者积累的历史数据，确定合理的监控频率。具体可参考表 A.1 中示例。加工过程的微生物监控应是动态的，应根据数据变化和加工过程污染风险的高低而有所调整和定期评估。例如：当指示微生物监控结果偏高或者终产品检测出致病菌、或者重大维护施工活动后、或者卫生状况出现下降趋势时等，需要增加取样点和监控频率；当监控结果一直满足要求，可适当减少取样点或者放宽监控频率；

　　e）取样和检测方法：环境监控通常以涂抹取样为主，过程产品监控通常直接取样。检测方法的选择应基于监控指标进行选择；

　　f）评判原则：应依据一定的监控指标限值进行评判，监控指标限值可基于微生物控制的效果以及对产品质量和食品安全性的影响来确定；

　　g）微生物监控的不符合情况处理要求：各监控点的监控结果应当符合监控指标的限值并保持稳定，当出现轻微不符合时，可通过增加取样频次等措施加强监控；当出现严重不符合时，应当立即纠正，同时查找问题原因，以确定是否需要对微生物控制程序采取相应的纠正措施。

表 A.1　食品加工过程微生物监控示例

| 监控项目 | | 建议取样点[a] | 建议监控微生物[b] | 建议监控频率[c] | 建议监控指标限值 |
|---|---|---|---|---|---|
| 环境的微生物监控 | 食品接触表面 | 食品加工人员的手部、工作服、手套传送皮带、工器具及其他直接接触食品的设备表面 | 菌落总数大肠菌群等 | 验证清洁效果应在清洁消毒之后，其他可每周、每两周或每月 | 结合生产实际情况确定监控指标限值 |
| | 与食品或食品接触表面邻近的接触表面 | 设备外表面、支架表面、控制面板、零件车等接触表面 | 菌落总数、大肠菌群等卫生状况指示微生物，必要时监控致病菌 | 每两周或每月 | 结合生产实际情况确定监控指标限值 |
| | 加工区域内的环境空气 | 靠近裸露产品的位置 | 菌落总数酵母霉菌等 | 每周、每两周或每月 | 结合生产实际情况确定监控指标限值 |
| 过程产品的微生物监控 | | 加工环节中微生物水平可能发生变化且会影响食品安全性和（或）食品品质的过程产品 | 卫生状况指示微生物（如菌落总数、大肠菌群、酵母霉菌或其他指示菌） | 开班第一时间生产的产品及之后连续生产过程中每周（或每两周或每月） | 结合生产实际情况确定监控指标限值 |

a 可根据食品特性以及加工过程实际情况选择取样点。

b 可根据需要选择一个或多个卫生指示微生物实施监控。

c 可根据具体取样点的风险确定监控频率。

# 中华人民共和国国家标准

GB 12694—201×

---

## 食品安全国家标准
## 畜禽屠宰加工卫生规范
## （报批稿）

中华人民共和国国家卫生和计划生育委员会　发布

---

## 前　言

本标准代替 GB 12694—1990《肉类加工厂卫生规范》、GB /T 20094—2006《屠宰和肉类加工企业卫生管理规范》、GB /T 22289—2008《冷却猪肉加工技术要求》。

本标准与代替标准相比，主要变化如下：

——标准名称修改为"食品安全国家标准　畜禽屠宰加工卫生规范"；

——整合修改了标准结构；

——整合修改了部分术语和定义；

——整合修改并补充了对选址及厂区环境、厂房和车间、设施与设备的要求和卫生控制操作的管理要求；

——增加了产品追溯与召回管理的要求；

——增加了记录和文件管理的要求。

# 食品安全国家标准
# 畜禽屠宰加工卫生规范

## 1 范围

本标准规定了畜禽屠宰加工过程中畜禽验收、屠宰、分割、包装、贮存和运输等环节的场所、设施设备、人员的基本要求和卫生控制操作的管理准则。

本标准适用于规模以上畜禽屠宰加工企业。

## 2 术语和定义

GB 14881—2013 中的术语和定义适用于本标准。

### 2.1 规模以上畜禽屠宰加工企业

实际年屠宰量生猪在 2 万头、牛在 0.3 万头、羊在 3 万只、鸡在 200 万羽、鸭鹅在 100 万羽以上的企业。

### 2.2 畜禽

供人类食用的家畜和家禽。

### 2.3 肉类

供人类食用的，或已被判定为安全的、适合人类食用的畜禽的所有部分，包括畜禽胴体、分割肉和食用副产品。

### 2.4 胴体

放血、脱毛、剥皮或带皮、去头蹄（或爪）、去内脏后的动物躯体。

### 2.5 食用副产品

畜禽屠宰、加工后，所得内脏、脂、血液、骨、皮、头、蹄（或爪）、尾等可食用的产品。

### 2.6 非食用副产品

畜禽屠宰、加工后，所得毛皮、毛、角等不可食用的产品。

### 2.7 宰前检查

在畜禽屠宰前，综合判定畜禽是否健康和适合人类食用，对畜禽群体和个体进行的检查。

### 2.8 宰后检查

在畜禽屠宰后，综合判定畜禽是否健康和适合人类食用，对其头、胴体、内脏和其他部分进行的检查。

### 2.9 非清洁区

待宰、致昏、放血、烫毛、脱毛、剥皮等处理的区域。

### 2.10 清洁区

胴体加工、修整、冷却、分割、暂存、包装等处理的区域。

## 3 选址及厂区环境

### 3.1 一般要求

应符合 GB 14881—2013 中第 3 章的相关规定。

### 3.2 选址

3.2.1 卫生防护距离应符合 GB 18078.1 及动物防疫要求。

3.2.2 厂址周围应有良好的环境卫生条件。厂区应远离受污染的水体，并应避开产生有害气体、烟雾、粉尘等污染源的工业企业或其他产生污染源的地区或场所。

3.2.3 厂址必须具备符合要求的水源和电源，应结合工艺要求因地制宜地确定，并应符合屠宰企业设置规划的要求。

### 3.3 厂区环境

3.3.1 厂区主要道路应硬化（如混凝土或沥青路面等），路面平整、易冲洗，不积水。

3.3.2 厂区应设有废弃物、垃圾暂存或处理设施，废弃物应及时清除或处理，避免对厂区环境造成污染。厂区内不应堆放废弃设备和其他杂物。

3.3.3 废弃物存放和处理排放应符合国家环保要求。

3.3.4 厂区内禁止饲养与屠宰加工无关的动物。

## 4 厂房和车间

### 4.1 设计和布局

4.1.1 厂区应划分为生产区和非生产区。活畜禽、废弃物运送与成品出厂不得共用一个大门，场内不得共用一个通道。

4.1.2 生产区各车间的布局与设施应满足生产工艺流程和卫生要求。车间清洁区与非清洁区应分隔。

4.1.3 屠宰车间、分割车间的建筑面积与建筑设施应与生产规模相适应。车间内各加工区应按生产工艺流程划分明确，人流、物流互不干扰，并符合工艺、卫生及检疫检验要求。

4.1.4 屠宰企业应设有待宰圈（区）、隔离间、急宰间、实验（化验）室、官方兽医室、化学品存放间和无害化处理间。屠宰企业的厂区应设有畜禽和产品运输车辆和工具清洗、消毒的专门区域。

4.1.5 对于没有设立无害化处理间的屠宰企业，应委托具有资质的专业无害化处理场实施无害化处理。

4.1.6 应分别设立专门的可食用和非食用副产品加工处理间。食用副产品加工车间的面积应与屠宰加工能力相适应，设施设备应符合卫生要求，工艺布局应做到不同加工处理区分隔，避免交叉污染。

### 4.2 建筑内部结构与材料

应符合 GB 14881—2013 中 4.2 的规定。

### 4.3 车间温度控制

4.3.1 应按照产品工艺要求将车间温度控制在规定范围内。预冷设施温度控制在 0℃～4℃；分割车间温度控制在 12℃以下；冻结间温度控制在 -28℃以下；冷藏储存库温度控制在 -18℃以下。

4.3.2 有温度要求的工序或场所应安装温度显示装置，并对温度进行监控，必要时配备湿度计。温度计和湿度计应定期校准。

## 5 设施与设备

### 5.1 供水要求

5.1.1 屠宰与分割车间生产用水应符合 GB 5749 的要求，企业应对用水质量进行控制。

5.1.2 屠宰与分割车间根据生产工艺流程的需要，应在用水位置分别设置冷、热水管。清洗用热水温度不宜低于40℃，消毒用热水温度不应低于82℃。

5.1.3 急宰间及无害化处理间应设有冷、热水管。

5.1.4 加工用水的管道应有防虹吸或防回流装置，供水管网上的出水口不应直接插入污水液面。

### 5.2 排水要求

5.2.1 屠宰与分割车间地面不应积水，车间内排水流向应从清洁区流向非清洁区。

5.2.2 应在明沟排水口处设置不易腐蚀材质格栅，并有防鼠、防臭的设施。

5.2.3 生产废水应集中处理，排放应符合国家有关规定。

### 5.3 清洁消毒设施

#### 5.3.1 更衣室、洗手和卫生间清洁消毒设施

5.3.1.1 应在车间入口处、卫生间及车间内适当的地点设置与生产能力相适应的，配有适宜温度的洗手设施及消毒、干手设施。洗手设施应采用非手动式开关，排水应直接接入下水管道。

5.3.1.2 应设有与生产能力相适应并与车间相接的更衣室、卫生间、淋浴间，其设施和布局不应对产品造成潜在的污染风险。

5.3.1.3 不同清洁程度要求的区域应设有单独的更衣室，个人衣物与工作服应分开存放。

5.3.1.4 淋浴间、卫生间的结构、设施与内部材质应易于保持清洁消毒。卫生间内应设置排气通风设施和防蝇防虫设施，保持清洁卫生。卫生间不得与屠宰加工、包装或贮存等区域直接连通。卫生间的门应能自动关闭，门、窗不应直接开向车间。

#### 5.3.2 厂区、车间清洗消毒设施

5.3.2.1 厂区运输畜禽车辆出入口处应设置与门同宽，长 0.4m、深 0.3m 以上的消毒池；生产车间入口及车间内必要处，应设置换鞋（穿戴鞋套）设施或工作鞋靴消毒设施，其规格尺寸应能满足消毒需要。

5.3.2.2 隔离间、无害化处理车间的门口应设车轮、鞋靴消毒设施。

### 5.4 设备和器具

5.4.1 应配备与生产能力相适应的生产设备，并按工艺流程有序排列，避免引起交叉污染。

5.4.2 接触肉类的设备、器具和容器，应使用无毒、无味、不吸水、耐腐蚀、不易变形、不易脱落、可反复清洗

与消毒的材料制作，在正常生产条件下不会与肉类、清洁剂和消毒剂发生反应，并应保持完好无损；不应使用竹木工（器）具和容器。

5.4.3 加工设备的安装位置应便于维护和清洗消毒，防止加工过程中交叉污染。

5.4.4 废弃物容器应选用金属或其他不渗水的材料制作。盛装废弃物的容器与盛装肉类的容器不得混用。不同用途的容器应有明显的标志或颜色差异。

5.4.5 在畜禽屠宰、检验过程使用的某些器具、设备，如宰杀、去角设备、检验刀具、开胸和开片刀锯、检疫检验盛放内脏的托盘等，每次使用后，应使用82℃以上的热水进行清洗消毒。

5.4.6 根据生产需要，应对车间设施、设备及时进行清洗消毒。生产过程中，应对器具、操作台和接触食品的加工表面定期进行清洗消毒，清洗消毒时应采取适当措施防止对产品造成污染。

### 5.5 通风设施

5.5.1 车间内应有良好的通风、排气装置，及时排除污染的空气和水蒸气。空气流动的方向应从清洁区流向非清洁区。

5.5.2 通风口应装有纱网或其他保护性的耐腐蚀材料制作的网罩，防止虫害侵入。纱网或网罩应便于装卸、清洗、维修或更换。

### 5.6 照明设施

5.6.1 车间内应有适宜的自然光线或人工照明。照明灯具的光泽不应改变加工物的本色，亮度应能满足检疫检验人员和生产操作人员的工作需要。

5.6.2 在暴露肉类的上方安装的灯具，应使用安全型照明设施或采取防护设施，以防灯具破碎而污染肉类。

### 5.7 仓储设施

5.7.1 储存库的温度应符合被储存产品的特定要求。

5.7.2 储存库内应保持清洁、整齐、通风。有防霉、防鼠、防虫设施。

5.7.3 应对冷藏储存库的温度进行监控，必要时配备湿度计；温度计和湿度计应定期校准。

### 5.8 废弃物存放与无害化处理设施

5.8.1 应在远离车间的适当地点设置废弃物临时存放设施，其设施应采用便于清洗、消毒的材料制作；结构应严密，能防止虫害进入，并能避免废弃物污染厂区和道路或感染操作人员。车间内存放废弃物的设施和容器应有清晰、明显标识。

5.8.2 无害化处理的设备配置应符合国家相关法律法规、标准和规程的要求，满足无害化处理的需要。

## 6 检疫检验

### 6.1 基本要求

6.1.1 企业应具有与生产能力相适应的检验部门。应具备检验所需要的检测方法和相关标准资料，并建立完整的内部管理制度，以确保检验结果的准确性；检验要有原始记录。实验（化验）室应配备满足检验需要的设施设备。委托社会检验机构承担检测工作的，该检验机构应具有相应的资质。委托检测应满足企业日常检验工作的需要。

6.1.2 产品加工、检验和维护食品安全控制体系运行所需要的计量仪器、设施设备应按规定进行计量检定，使用前应进行校准。

### 6.2 宰前检查

6.2.1 供宰畜禽应附有动物检疫证明，并佩戴符合要求的畜禽标识。

6.2.2 供宰畜禽应按国家相关法律法规、标准和规程进行宰前检查。应按照有关程序，对入场畜禽进行临床健康检查，观察活畜禽的外表，如畜禽的行为、体态、身体状况、体表、排泄物及气味等。对有异常情况的畜禽应隔离观察，测量体温，并做进一步检查。必要时，按照要求抽样进行实验室检测。

6.2.3 对判定为不适宜正常屠宰的畜禽，应按照有关规定处理。

6.2.4 畜禽临宰前应停食静养。

6.2.5 应将宰前检查的信息及时反馈给饲养场和宰后检查人员，并做好宰前检查记录。

### 6.3 宰后检查

6.3.1 宰后对畜禽头部、蹄（爪）、胴体和内脏（体腔）的检查应按照国家相关法律法规、标准和规程执行。

6.3.2 在畜类屠宰车间的适当位置应设有专门的可疑病害胴体的留置轨道，用于对可疑病害胴体的进一步检验和判断。应设立独立低温空间或区域，用于暂存可疑病害胴体或组织。

6.3.3 车间内应留有足够的空间以便于实施宰后检查。

6.3.4 猪的屠宰间应设有旋毛虫检验室，并备有检验设施。

6.3.5 按照国家规定需进行实验室检测的，应进行实验室抽样检测。

6.3.6　应利用宰前和宰后检查信息，综合判定检疫检验结果。

6.3.7　判定废弃的应做明晰标记并处理，防止与其他肉类混淆，造成交叉污染。

6.3.8　为确保能充分完成宰后检查或其他紧急情况，官方兽医有权减慢或停止屠宰加工。

### 6.4　无害化处理

6.4.1　经检疫检验发现的患有传染性疾病、寄生虫病、中毒性疾病或有害物质残留的畜禽及其组织，应使用专门的封闭不漏水的容器并用专用车辆及时运送，并在官方兽医监督下进行无害化处理。对于患有可疑疫病的应按照有关检疫规程进行检验，确认后应进行无害化处理。

6.4.2　其他经判定需无害化处理的畜禽及其组织应在官方兽医的监督下，进行无害化处理。

6.4.3　企业应制定相应的防护措施，防止无害化处理过程中造成的人员危害，以及产品交叉污染和环境污染。

## 7　屠宰和加工的卫生控制

7.1　企业应执行政府主管部门制定的残留物质监控、非法添加物和病原微生物监控规定，并在此基础上制定本企业的所有肉类的残留物质监控计划、非法添加物和病原微生物监控计划。

7.2　应在适当位置设置检查岗位，检查胴体及产品卫生情况。

7.3　应采取适当措施，避免可疑病害畜禽胴体、组织、体液（如胆汁、尿液、奶汁等）、肠胃内容物污染其他肉类、设备和场地。已经污染的设备和场地应进行清洗和消毒后，方可重新屠宰加工正常畜禽。

7.4　被脓液、渗出物、病理组织、体液、胃肠内容物等污染物污染的胴体或产品，应按有关规定修整、剔除或废弃。

7.5　加工过程中使用的器具（如盛放产品的容器、清洗用的水管等）不应落地或与不清洁的表面接触，避免对产品造成交叉污染；当产品落地时，应采取适当措施消除污染。

7.6　按照工艺要求，屠宰后胴体和食用副产品需要进行预冷的，应立即预冷。冷却后，畜肉的中心温度应保持在7℃以下，禽肉中心温度应保持在4℃以下，内脏产品中心温度应保持在3℃以下。加工、分割、去骨等操作应尽可能迅速。生产冷冻产品时，应在48h内使肉的中心温度达到−15℃以下后方可进入冷藏储存库。

7.7　屠宰间面积充足，应保证操作符合要求。不应在同一屠宰间，同时屠宰不同种类的畜禽。

7.8　对有毒有害物品的贮存和使用应严格管理，确保厂区、车间和化验室使用的洗涤剂、消毒剂、杀虫剂、燃油、润滑油、化学试剂以及其他在加工过程中必须使用的有毒有害物品得到有效控制，避免对肉类造成污染。

## 8　包装、贮存与运输

### 8.1　包装

8.1.1　应符合 GB 14881—2013 中 8.5 的规定。

8.1.2　包装材料应符合相关标准，不应含有有毒有害物质，不应改变肉的感官特性。

8.1.3　肉类的包装材料不应重复使用，除非是用易清洗、耐腐蚀的材料制成，并且在使用前经过清洗和消毒。

8.1.4　内、外包装材料应分别存放，包装材料库应保持干燥、通风和清洁卫生。

8.1.5　产品包装间的温度应符合产品特定的要求。

### 8.2　贮存和运输

8.2.1　应符合 GB 14881—2013 中第 10 章的相关规定。

8.2.2　储存库内成品与墙壁应有适宜的距离，不应直接接触地面，与天花板保持一定的距离，应按不同种类、批次分垛存放，并加以标识。

8.2.3　储存库内不应存放有碍卫生的物品，同一库内不应存放可能造成相互污染或者串味的产品。储存库应定期消毒。

8.2.4　冷藏储存库应定期除霜。

8.2.5　肉类运输应使用专用的运输工具，不应运输畜禽、应无害化处理的畜禽产品或其他可能污染肉类的物品。

8.2.6　包装肉与裸装肉避免同车运输，如无法避免，应采取物理性隔离防护措施。

8.2.7　运输工具应根据产品特点配备制冷、保温等设施。运输过程中应保持适宜的温度。

8.2.8　运输工具应及时清洗消毒，保持清洁卫生。

## 9　产品追溯与召回管理

### 9.1　产品追溯

应建立完善的可追溯体系，确保肉类及其产品存在不可接受的食品安全风险时，能进行追溯。

### 9.2 产品召回

9.2.1 畜禽屠宰加工企业应根据相关法律法规建立产品召回制度，当发现出厂产品属于不安全食品时，应进行召回，并报告官方兽医。

9.2.2 对召回后产品的处理，应符合 GB 14881—2013 中第 11 章的相关规定。

## 10 人员要求

**10.1 应符合国家相关法规要求。**

10.2 从事肉类直接接触包装或未包装的肉类、肉类设备和器具、肉类接触面的操作人员，应经体检合格，取得所在区域医疗机构出具的健康证后方可上岗，每年应进行一次健康检查，必要时做临时健康检查。凡患有影响食品安全的疾病者，应调离食品生产岗位。

10.3 从事肉类生产加工、检疫检验和管理的人员应保持个人清洁，不应将与生产无关的物品带入车间；工作时不应戴首饰、手表，不应化妆；进入车间时应洗手、消毒并穿着工作服、帽、鞋，离开车间时应将其换下。

10.4 不同卫生要求的区域或岗位的人员应穿戴不同颜色或标志的工作服、帽。不同加工区域的人员不应串岗。

10.5 企业应配备相应数量的检疫检验人员。从事屠宰、分割、加工、检验和卫生控制的人员应经过专业培训并经考核合格后方可上岗。

## 11 卫生管理

### 11.1 管理体系

11.1.1 企业应当建立并实施以危害分析和预防控制措施为核心的食品安全控制体系。

11.1.2 鼓励企业建立并实施危害分析与关键控制点（HACCP）体系。

11.1.3 企业最高管理者应明确企业的卫生质量方针和目标，配备相应的组织机构，提供足够的资源，确保食品安全控制体系的有效实施。

### 11.2 卫生管理要求

11.2.1 企业应制定书面的卫生管理要求，明确执行人的职责，确定执行频率，实施有效的监控和相应的纠正预防措施。

11.2.2 直接或间接接触肉类（包括原料、半成品、成品）的水和冰应符合卫生要求。

11.2.3 接触肉类的器具、手套和内外包装材料等应保持清洁、卫生和安全。

11.2.4 人员卫生、员工操作和设施的设计应确保肉类免受交叉污染。

11.2.5 供操作人员洗手消毒的设施和卫生间设施应保持清洁并定期维护。

11.2.6 应防止化学、物理和生物等污染物对肉类、肉类包装材料和肉类接触面造成污染。

11.2.7 应正确标注、存放和使用各类有毒化学物质。

11.2.8 应防止因员工健康状况不佳对肉类、肉类包装材料和肉类接触面造成污染。

11.2.9 应预防和消除鼠害、虫害和鸟类危害。

## 12 记录和文件管理

12.1 应建立记录制度并有效实施，包括畜禽入场验收、宰前检查、宰后检查、无害化处理、消毒、贮存等环节，以及屠宰加工设备、设施、运输车辆和器具的维护记录。记录内容应完整、真实，确保对产品从畜禽进厂到产品出厂的所有环节都可进行有效追溯。

12.2 企业应记录召回的产品名称、批次、规格、数量、发生召回的原因、后续整改方案及召回处理情况等内容。

12.3 企业应做好人员入职、培训等记录。

12.4 对反映产品卫生质量情况的有关记录，企业应制定并执行质量记录管理程序，对质量记录的标记、收集、编目、归档、存储、保管和处理做出相应规定。

12.5 所有记录应准确、规范并具有可追溯性，保存期限不得少于肉类保质期满后 6 个月，没有明确保质期的，保存期限不得少于 2 年。

12.6 企业应建立食品安全控制体系所要求的程序文件。

# 中华人民共和国国家标准

GB/T 27301—2008

# 食品安全管理体系
# 肉及肉制品生产企业要求

Food safety management system—Requirements for meat and meat product establishments

2008 -08 -28 发布/2008 -12 -01 实施
中华人民共和国国家质量监督检查检疫总局 中国国家标准化管理委员会 发布

## 前 言

本标准附录 A 为资料性附录。

本标准由中国合格评定国家认可中心和中华人民共和国河北出入境检验检疫局提出。

本标准由全国认证认可标准化技术委员会（SAC/TC 261）归口。

本标准起草单位：中国合格评定国家认可中心、中华人民共和国河北出入境检验检疫局、国家认证认可监督管理委员会注册管理部、中国质量认证中心、石家庄市牧工商开发总公司、河南双汇集团、福喜食品有限公司、北京华都肉鸡公司、中华人民共和国江苏出入境检验检疫局、商务部屠宰技术鉴定中心。

本标准主要起草人：王孝霞、高永丰、樊恩健、游安君、张涛、孟凡亚、佘峰、刘庆龙、王刚、赵箭、延静清、陈忘名。

## 引 言

本标准从我国肉及肉制品产品安全存在的关键问题入手，采取自主创新和积极引进并重的原则，结合肉及肉制品企业生产特点，提出了建立我国肉及肉制品企业食品安全管理体系的特定要求。

本标准的编制基础为"十五"国家重大科技专项"食品企业和餐饮业 HACCP 体系的建立和实施"科研成果之一"食品安全管理体系 肉及肉制品生产企业要求"。

GB/T 22000—2006《食品安全管理体系 食品链中各类组织的要求》提供了通用要求，肉及肉制品生产企业及相关方在使用 GB/T 22000 中，提出了针对本类型食品企业生产特点对通用要求进一步细化的需求。

为了确保肉及肉制品生产企业的食品安全管理体系符合国内外有关法规、文件要求，本标准明确提出应 GB 19303—2003《熟肉制品企业生产卫生规范》和 GB/T 20094—2006《屠宰和肉类加工企业生管理规范》中的相关要求。本标准提出了"关键过程控制"要求，其中包括原料验收，用以强调食品安全始于农场的理念；包括宰前、宰后检验要求，用以体现肉类屠宰的特殊性；同时也引入微生物控制的要求，提倡通过过程卫生监控，确保产品的安全。鉴于肉制品生产企业在生产加工过程方面的差异，本标准只提出了对肉制品生产企业的一般要求。为了确保与其他法规的一致性，本标准还引入了卫生标准操作程序（SSOP）的概念和要求。

# 食品安全管理体系
# 肉及肉制品生产企业要求

## 1 范围

本标准规定了肉及肉制品生产企业食品安全管理体系的特定要求，包括人力资源、前提方案、关键过程控制、检验、产品追溯和撤回。

本标准配合 GB/T 22000 以适用于肉及肉制品生产企业建立、实施与自我评价其食品安全管理体系，也可用于对此类生产企业食品安全管理体系的外部评价和认证。

本标准用于认证目的时，应与 GB/T22000 一起使用。GB/T 22000 与本标准之间的对应关系参见附录。

## 2 规范性引用文件

下列文件中的条款通过本标准前引用而成为本标准的条款，凡是注日期的引用文件，具随后所有的修改单（不包括勘误的内容）或修订版均不适用于本标准，然而，鼓励根据本标准达成协议的各方研究是否可使用这些文件的最新版本。凡是不注日期的引用文件，其最新版本适用于本标准。

GB 2760　食品添加剂使用卫生标准

GB 19303—2003　熟肉制品企业生产卫生规范

GB/T 20094—2006　屠宰和肉类加工企业卫生管理规范

GB/T 22000—2006　食品安全管理体系食品链中各类组织的要求（ISO 22000：2005. IDT）

## 3 术语和定义

GR/T 22000—2006 确立的以及下列术语和定义适用于本标准。

### 3.1 肉　meat
适合人类食用的家养或野生哺乳动物和禽类的肉及可食用的副产品。

### 3.2 宰前检验　ante-mortem inspection
在动物屠宰前，判定动物是否健康和适合人类食用进行的检验。

### 3.3 宰后检验　post-mortem inspection
在动物屠宰后，判定动物是否健康和适合人类食用，对其头、胴体、内脏和动物其他部分进行的检验。

### 3.4 肉类卫生　meat hygiene
保证肉类安全、适合人类食用的所有条件和措施。

### 3.5 肉制品　meat product
以肉类为主要原料制成并能体现肉类特征的产品（罐头除外）。

### 3.6 卫生标准操作程序　sanitation standard operation procure，　SSOP
为了保证达到食品所制定的控制生产加工卫生的操作程序。

## 4 人力资源

### 4.1 食品安全小组的组成
食品安全小组应由具有相关知识和经验的多专业人员组成，通常包括从事卫生质量控制、生产加工、工艺定制、实验室检验、设备维护、原辅料采购、仓储管理及销售等工作的人员。

### 4.2 能力、意识和培训
4.2.1 组织内与食品安全相关的人员应具备相应的资格和能力。

4.2.2 食品安全小组成员应理解 HACCP 原理和食品安全管理体系的相关标准。

4.2.3 肉类加工和检察人员应熟悉肉类生产基本知识及加工工艺。

4.2.4 从事肉类工艺制定、卫生质量控制、实验室检查工作的人员应具备相关知识。

4.2.5 生产人员熟悉卫生要求，遵守相应法律、法规及其他要求。

4.2.6 动物屠宰企业应配备足够数量的兽医，从事畜禽宰前、宰后检验的人员应具有相应的兽医专业知识和能力。

## 5　前提方案

### 5.1　总则

在根据 GB/T 22000 建立食品安全管理体系时，从事肉及肉制品生产企业的前提方案应符合 GB/T 20094—2006 和（或）GB 19303—2003 的相关要求。

### 5.2　基础设施和维护

肉类屠宰生产企业设备的布局、维护保养应至少符合 GB/T 20094—2006 中第 6 章至第 9 章的相关要求；肉制品生产企业设备设施的布局、维护保养应至少符合 GB 19303—2003 中第 4 章至第 6 章的相关要求。

### 5.3　卫生标准操作程序（SSOP）

5.3.1　肉及肉制品生产企业在制定前提方案时，宜制定书面的卫生标准操作程序（SSOP），明确执行人的职责，确定执行的方法，步骤和频率，实施有效的监控和相应的纠正预防措施。

5.3.2　企业制定的卫生标准操作程序（SSOP），至少应包括以下的内容：

　　a）肉及肉制品加工过程中使用的水和冰应当符合安全、卫生要求；

　　b）接触食品的器具、手套和内外包装材料等应清洁、卫生和安全；

　　c）确保食品免受交叉感染；

　　d）正确标注、存放和使用．各类有毒化学物质；

　　e）保证与食品接触的员工的身体健康和卫生；

　　f）清除和预防鼠害、虫害。

### 5.4　人员健康和卫生要求

5.4.1　从事肉类生产、检验和管理的人员应符合《中华人民共和国食品卫生法》中关于从事食品加工人员卫生要求和健康检查的规定。每年应进行一次健康检查及卫生知识培训。必要时实施临时健康检查，体检合格后方可上岗。

5.4.2　直接从事肉类生产、检验和管理的人员，凡患有影响食品卫生疾病者，应调离本岗位。

## 6　关键过程控制

### 6.1　总则

企业根据 GB/T 22000 进行危害分析时应至少关注本章所述的相关关键过程，并选择适宜的控制措施组合对危害实施控制。

### 6.2　原料验收

#### 6.2.1　对供宰动物的要求

供宰动物应来自经国家主管部门批准的饲养场，饲养场按照相关规定和饲养规范对养殖过程实施了有效的控制，出场动物应附有检疫合格证明。

#### 6.2.2　肉制品加工的原料、辅料的卫生要求

　　a）原料肉应来自定点的肉类屠宰加工生产企业，附有检疫合格证明，并经验收合格；

　　b）进口的原料肉应来自经国家主管部门注册的国外肉类生产企业，并附有出口国（地区）官方兽医部门出具的检验检疫证明和进境口岸检验检疫部门出具的入境货物检验检疫证明；

　　c）辅料应具有检验合格证，并经过进厂验收合格后方准使用，原、辅材料应专库存放；

　　d）超过保质期的原料、辅料不应用于生产加工；

　　e）原料、辅料、半成品、成品及生、熟产品应分别存放，防止污染。

### 6.3　宰前检验

6.3.1　供宰动物应来自非疫区，并附有相关证明。屠宰企业不得屠宰在运输过程中死亡的动物、有传染病或疑似传染病的动物、来源不明或证明不全的动物。

6.3.2　供宰动物应按国家有关规定进行宰前检验。宰前检验应考虑饲养场的相关信息，如动物饲养情况、用药及疫苗防治情况等，并按照有关程序观察活动物的外表，如动物的行为，体态、身体状况、体表、排泄物及气味等。对有异常症状地动物应隔离观察，测量体温，并作进一步兽医检查。必要时，进行实验室检测。

6.3.3　对判定为不适宜正常屠宰的动物，应按照有关收益规定处理。

6.3.4　应将宰前检验的信息及时反馈给饲养场和宰后检验人员，并作好宰前记录。

### 6.4　宰后检验

6.4.1　宰后对动物头部、胴体和内脏的检验应按照国家有关规定、程序和标准执行。

6.4.2 应利用宰前检验信息和宰后检验结果，判定肉类是否适合人类食用。

6.4.3 感官检验不能准确判断肉类是否适合人类食用时，应进一步检验或进行实验室检测。

6.4.4 废弃的肉类或动物的其他部分，应作适当标记，并防止与其他肉类交叉感染的方式处理。废弃处理应做好记录。

6.4.5 为确保能充分完成宰后检验，主管兽医有权减慢或停止屠宰加工。

6.4.6 宰后检验应做好记录，宰后检验结果应及时分析，汇总后上报有关部门。必要时，反馈给饲养场。

**6.5 粪便、奶汁、胆汁等可见污染物的控制**

肉类屠宰生产企业应使粪便、奶汁、胆汁等可见污染物得到控制、确保产品不受污染。

**6.6 肉及肉制品微生物的控制**

生产企业应根据产品的卫生要求，制定书面的微生物控制规定，定期或不定期对产品生产的主要过程。成品和半成品进行监控。

**6.7 物理危害的控制**

生产企业应利用必要的监控设备，如金属探测仪、X线检测仪等控制物理危害。

**6.8 化学危害的控制**

生产企业应充分考虑原料加工过程（配辅料、注射或浸渍）中可能引起的化学危害（如农兽药残留、环境污染物、添加剂的误用等）并加以有效控制。食品添加剂的使用范围和加入量应符合 GB 2760 的规定，不能使用未经许可或禁止使用的食品添加剂。

**6.9 加工过程中温度的控制**

车间温度应按照产品工艺要求控制在规定的范围内。预冷间/设施温度控制在 0℃～4℃，分割间、肉制品加工车间的温度不高于 12℃（除加热工序），冻结间温度不高于 -28℃。冷藏库温度不高于 -18℃，包装车间的温度不高于 10℃，解冻和腌制车间的温度不高于 4℃。肉制品加工过程中温度及产品中心温度、时间的控制应符合 GB 19303—2003 中 6.3 的要求。熟肉制品的加热工序应能保证加热温度的均匀性。

**6.10 肉制品加工过程区域控制**

生制品加工应分清洁区和非清洁区，熟制品加工应严格划分生熟界面。

**6.11 产品储存和运输**

储存库的温度应符合储存肉类的特定要求。储存库内应保持清洁、整齐、通风，不得存放有碍卫生的物品，同一库内不得存放可能造成相互污染或者串味的食品。有防霉、防鼠、防虫设施，定期消毒。

运输工具应符合卫生要求，并根据产品特点配备制冷、保温等设施。运输过程中应保持适宜的温度，运输工具应及时清洗消毒，保持清洁卫生。

# 7 检验

**7.1 检验能力**

7.1.1 应有与生产能力相适应的内部检验部门和具备相应资格的检验人员。

7.1.2 内部检验部门应具备检验工作所需要的标准资料，检验设施和仪器设备；检验仪器应按规定进行计量检定。

7.1.3 委托企业外部检验机构承担检测工作的，该检验机构应具有相应的资格。

**7.2 检验要求**

7.2.1 产品应按照相关产品国家、行业等标准要求进行检测判定。

7.2.2 产品微生物检测项目包括常规卫生指标（如细菌总数、大肠菌群等）和致病菌。

7.2.3 食品添加剂，农药、兽药残留，环境污染物等项目的检测和判定，按现行有效的国家标准执行，必要时参照国际标准或者进口国标准。

# 8 产品追溯和撤回

**8.1 不合格品控制**

企业应制定和执行对不合格品的控制制度，包括不合格品的标识、记录、评价、隔离处置等内容。

**8.2 产品追溯和撤回**

企业应建立和实施产品的追溯和撤回程序，当肉及肉制品存在不可接受风险时确保能追溯并及时撤回产品。必要时定期演练。

# 中华人民共和国农业行业标准

NY/T 1341—2007

## 家畜屠宰质量管理规范

Specifications of quality management for livestock slaughtering

2007－04－17 发布/2007－07－01 实施
中华人民共和国农业部　发布

## 前　言

本标准由中华人民共和国农业部提出。

本标准由全国畜牧业标准化技术委员会归口。

本标准起草单位：全国畜牧总站。

本标准主要起草人：徐百万、辛盛鹏、田莉、武玉波、佘锐萍、刘彬、田双喜、林剑波、李一平、冯秀燕。

# 家畜屠宰质量管理规范

## 1 范围

本标准规定了家畜屠宰加工的基础设施、卫生管理、屠宰过程控制、质量检验、包装储存和运输的基本要求。本标准适用于家畜（猪、牛、羊、兔）屠宰的质量管理。

## 2 规范性引用文件

下列文件中的条款通过本标准的引用而成为本标准的条款。凡是注日期的引用文件，其随后所有的修改单（不包括勘误的内容）或修订版均不适用于本标准，然而，鼓励根据本标准达成协议的各方研究是否可使用这些文件的最新版本。凡是不注日期的引用文件，其最新版本适用于本标准。

GB 5749　生活饮用水卫生标准

GB 7718　食品标签通用标准

GB 12694　肉类加工厂卫生规范

GB 16548　畜禽病害肉尸及其产品无害化处理规范

NY 467　畜禽屠宰卫生检疫规范

## 3 基础设施

### 3.1 厂址

应符合 GB 12694 规定的选址要求。

### 3.2 厂区布局及厂房

应符合 GB 12694 规定的厂区布局及厂房要求。

### 3.3 配套设备设施

应符合 GB 12694 规定的设备设施要求。

### 3.4 供水

与食品接触的加工用水符合 GB 5749 的要求。

## 4 卫生管理

### 4.1 人员管理

4.1.1　生产人员应取得健康合格证后方可上岗工作。生产人员每年应进行一次健康检查并建立健康档案，必要时做临时健康检查。

4.1.2　生产人员上岗前应经卫生知识和岗位技能培训并具备相应能力和资格。

4.1.3　应配备经培训合格的专职人员负责人员卫生管理及厂区内的清洁消毒工作。

4.1.4　进车间前更衣消毒，洗净双手。更换的工作服、帽、靴、鞋等应经有效消毒，工作服应盖住外衣，头发不应露于帽外。

4.1.5　生产车间内不应带入与工作无关物品。

4.1.6　离开生产加工场所，应脱下工作服、帽、靴等。

4.1.7　不同卫生要求的区域或岗位的人员应穿戴不同颜色或标志的工作服、帽，以便区别。不同加工区域或岗位的人员不应串岗。

4.1.8　手部等外伤人员不应从事接触食品或原料的工作。

4.1.9　生产人员遇有下述情况之一时应洗手、消毒：

　　——开始工作之前；

　　——上厕所之后；

　　——手接触脏物、吸烟、用餐后；

　　——处理被污染的原材料之后；

　　——离开加工场所再次返回前；

　　——从事与生产无关的活动后返回工作岗位前。

4.1.10　进入生产加工车间的其他人员（包括参观人员）均应遵守本规范的规定。

## 4.2　清洁、消毒

4.2.1　工作场地应保持整洁，无积水，无污物、垃圾等有碍肉品卫生的物品堆放，定期进行清洁消毒、除虫灭鼠工作，防止鼠类、蚊、蝇等有害生物的聚集和孳生。

4.2.2　每班工作结束后，应彻底清洗屠宰加工器具、肉品接触面、屠宰加工车间的地面、墙壁、排水沟，必要时进行消毒。

4.2.3　设备、工器具、操作台用洗涤剂或消毒剂处理后，应再用水彻底冲洗干净，除去残留物后方可接触肉品。

4.2.4　工作服、帽、靴等应集中管理，在每班工作结束后清洗消毒并保持清洁。生产中使用手套作业的，手套应不妨碍食品卫生，易于清洗消毒处理，保持完好。

4.2.5　更衣室、淋浴室、厕所、工间休息室等公共场所，应每天清洁消毒，保持整洁。

4.2.6　生产中产生的废弃物应及时清除，用不漏水的专用车辆运到指定地点加以处理。废弃物容器、专用车辆和废弃物临时存放场应标识明显并及时清洗、消毒。

## 4.3　其他要求

4.3.1　建立健全维修保养制度，保持厂房等建筑物和各种机械设备、装置、设施、给排水系统等均保持良好卫生和运行状态，适时进行检查、维修。

4.3.2　厂区禁止饲养非屠宰动物。

4.3.3　消毒药品应符合国家消毒品的规定。

4.3.4　厂区、车间和化验室使用的洗涤剂、消毒剂、杀虫剂、燃油、润滑油和化学试剂，以及其他有毒有害物品应有专人管理，设专柜贮存并明显标识，制定严格保存使用管理制度。

# 5　屠宰过程控制

## 5.1　宰前检验检疫

5.1.1　入厂家畜应感官检查健康，来自非疫区，具备齐全的动物防疫监督机构出具的证明文件。检验人员应了解动物饲养情况、用药及疫病防治情况等。不应接收运输过程中死亡的、有传染病或疑似传染病的、来源不明或证明文件不全的家畜。对行为异常的，进行实验室检测。

5.1.2　经检疫判定为合格的家畜入待宰圈，判定为不适宜正常屠宰的家畜，应按照 GB 16548 处理，需要急宰的应立即送急宰间处理。严禁健畜、病畜混宰。

5.1.3　待宰家畜宰前应停食静养，喂水应适宜。

5.1.4　待宰家畜宰前应用温水冲洗干净。

## 5.2　屠宰

5.2.1　家畜应采用电麻或其他致昏措施，使其呈昏迷状态，不应致死。在同一屠宰间，不应同时屠宰不同种类的动物。

5.2.2　致昏后应立即放血，放血应充分。

5.2.3　应对屠宰家畜进行适宜的标识。运输屠体的速度应适于生产操作和检验检疫的要求。

5.2.4　剥皮时应避免损伤皮张，防止污物沾污胴体，禁止采用皮下充气作为剥皮的辅助措施。

5.2.5　浸烫脱毛时应严格控制水温和浸烫时间，防止烫生、烫老。脱毛干净。禁止吹气、打气刮毛和用松香拔毛。烫池水应及时更换（至少每班一次），采用冷水冲洗体表。

5.2.6　开膛时应避免割破肠、胃、胆囊、膀胱、孕育子宫等，以免污染胴体。

5.2.7　屠宰时应做到胴体、内脏、头蹄不落地；整理胃、肠时应单独处理，翻洗干净，避免交叉污染，不残留粪便。

5.2.8　摘除甲状腺应固定工序，指定专人，不应遗漏，并妥善保管。

5.2.9　修整后的胴体和副产品应符合有关卫生、质量标准，应避免沾染毛、污血及其他污染物。

5.2.10　车间的输送设备不应造成肉品污染，盛放产品的容器不直接落地。

5.2.11　胴体进行分割、去骨、包装前应尽快冷却至适宜温度，并在适宜的低温环境下操作，避免产品污染变质。需要成熟的胴体应根据产品特性要求在适宜的温度下排酸成熟。

5.2.12　应采取适当措施，避免可疑动物胴体、组织、体液（如胆汁、尿液、奶汁等）、胃肠内容物等污染其他肉类、设备和场地。

5.2.13　污染的设备和场地应在兽医监督下进行清洗和消毒后，才能恢复使用。

5.2.14　被脓液、病理组织、胃肠内容物、渗出物等污染物污染的胴体或肉类，应按有关规定剔除或处置。

### 5.3 宰后检疫

5.3.1 宰后检疫按 NY 467 规定执行。

5.3.2 经检疫合格的胴体或肉品应加盖统一的检疫合格印章或标识，并签发检疫合格证。印章染色液应对人无害、盖后不流散，迅速干燥，附着牢固。

5.3.3 经判定为有条件可食肉、工业用肉、销毁肉等均应分别加盖识别印章，并分别在指定场所按有关规定处理。

5.3.4 宰后检疫应做好记录，结果应及时分析汇总。

**5.4 不合格品和废弃物的处理**

5.4.1 对屠宰加工过程中产生的不合格品，应在固定地点用有明显标识的专用容器分别收集盛装，并在检验人员监督下及时处理，其容器和运输工具应及时清洗消毒。

5.4.2 需无害化处理的动物和动物组织应用专门的车辆、容器运送。无害化处理应在兽医的监督下，在专用的设施中进行。企业应制定严格的防护措施，防止交叉污染和环境污染。

## 6 质量检验

6.1 应设有与生产能力相适应的质量检验部门，配备经专业培训并具备相应资格的检验人员。

6.2 应具备检验工作所需要的检验室、仪器设备、实验试剂、标准检测方法资料等，并有健全的管理手册和程序文件。

6.3 计量器具、检验、化验仪器、设备，应定期检定、维修，确保使用中符合要求。

6.4 检验部门应按照国家、行业或企业标准对原料、成品和生产工作环境进行检验，不合格的产品一律不应出厂。

6.5 各项检验报告及原始记录保存备查。

## 7 包装、储存、运输

### 7.1 包装

7.1.1 各种包装材料应符合国家卫生标准和卫生管理办法的规定，不应含有有毒有害物质，不应改变肉的感官特性。

7.1.2 包装物料应有足够的强度，保证在运输和搬运过程中保持完好。

7.1.3 包装材料不应重复使用。

7.1.4 内、外包装材料应分别专库存放，包装材料库应干燥、通风，保持清洁卫生。

7.1.5 成品的外包装应贴有符合 GB 7718 规定的标签。

### 7.2 储存

7.2.1 储存库的温度应符合被储存肉类的特定要求，以使产品在适宜的时间内降到规定的温度。

7.2.2 储存库内物品与墙壁、地面、天花板保持一定的距离，分类、分批、分垛存放，标识清楚。同一库内不应存放可能造成相互污染或者串味的食品，无碍卫生的物品。

7.2.3 储存库内应有防霉、防鼠、防虫设施，定期消毒，保持清洁、整齐、通风，防止产品风干、变质。

7.2.4 冷库应定期除霜，贮藏过程中应定期检查除霜情况。

7.2.5 储存库应设置内部报警装置及温度显示和记录装置，并定期检查校准。

### 7.3 运输

7.3.1 运输工具应符合卫生要求，并根据产品特点配备制冷、保温等设施。运输过程中应保持适宜的温度。

7.3.2 用于运输肉品的工具不应运输活动物或其他可能污染肉品的物品。

7.3.3 包装肉与裸装肉不应同车运输，采取有效物理性隔离防护措施的例外。

7.3.4 头蹄、内脏、油脂等应使用不渗水的容器装运。胃、肠与心、肝、肺、肾应盛装在不同容器内，且不与肉品直接接触。

7.3.5 鲜、冻肉不应敞运，装、卸时确保卫生干净。

7.3.6 所有运输车辆、容器应经清洗、消毒后使用，未经有效清洗、消毒不应使用。

## 8 特殊条款

对于需要按照传统工艺或宗教习俗屠宰家畜的，在保证肉类安全卫生的前提下，可按传统工艺或宗教习俗屠宰。

# 中华人民共和国国家标准

GB/T 20575—2006

## 鲜、冻肉生产良好操作规范

Specification of good manufacture practice for fresh and frozen meat processing

2006 -09 -14 发布/2007 -01 -01 实施
中华人民共和国国家质量监督检验检疫总局　中国国家标准化管理委员会　发布

## 前　言

本标准参考了国际食品法典委员会（CAC）发布的 CAC/RCP 011 — 1976，Rev. 1 （1993）《国际推荐的鲜肉卫生操作规程》（Recommended international code of hygienic practice for fresh meat）的有关内容，并结合我国畜类屠宰加工和肉品加工企业的现状制定。

本标准由中华人民共和国商务部提出并归口。

本标准起草单位：商务部屠宰技术鉴定中心。

本标准主要起草人：王贵际、龚海岩、赵箭、张萍萍。

本标准由商务部屠宰技术鉴定中心负责解释。

# 鲜、冻肉生产良好操作规范

## 1 范围

本标准规定了鲜、冻肉生产的术语和定义，用于生产鲜、冻肉的动物饲养要求，屠宰动物的运输要求，屠宰动物的要求，屠宰厂、肉品企业设施、设备要求，卫生要求，过程控制，检验检疫的要求等内容。

本标准适用于供人类消费的鲜、冻猪、牛和羊肉产品，包括售出后直接或经进一步加工后供食用的鲜、冻猪、牛和羊肉产品，但不包括其他法规规定的家禽、鱼类与野生动物。

## 2 规范性引用文件

下列文件中的条款通过本标准的引用而成为本标准的条款。凡是注日期的引用文件，其随后所有的修改单（不包括勘误的内容）或修订版均不适用于本标准，然而，鼓励根据本标准达成协议的各方研究是否可使用这些文件的最新版本。凡是不注日期的引用文件，其最新版本适用于本标准。

GB 5749　生活饮用水卫生标准

GB 16548　病害动物和病害动物产品生物安全处理规程

GB/T 17996　生猪屠宰产品品质检验规程

GB 18393　牛羊屠宰产品品质检验规则

GB 50317　猪屠宰与分割车间设计规范

## 3 术语和定义

下列术语和定义适用于本标准。

### 3.1　屠宰厂　abattoir
由政府监管部门批准注册的用于可食用猪、牛和羊动物屠宰与加工的场所。

### 3.2　肉品企业　establishment
除屠宰厂之外，经政府监管部门批准注册的进行鲜、冻肉加工、包装、运输或储藏的企业。

### 3.3　标记　brand
政府监管部门批准加盖的印记或印章，或带有印记或印章的标记、标签。

### 3.4　屠宰动物　slaughter animal
法律允许在屠宰厂屠宰的动物，如猪、牛、羊等。

### 3.5　屠体　animal body
活畜经屠宰、放血后的躯体。

### 3.6　胴体　carcass
活畜经屠宰、放血后除去鬃毛、内脏、头、尾及四肢下部（腕及关节以下）后的躯体部分。

### 3.7　肉　meat
屠宰动物胴体及副产品的任何可食部分。

### 3.8　鲜、冻肉　fresh and frozen meat
指热鲜肉、冷却肉和冷冻肉，包括仅为保存需要经气调包装、真空包装的肉品。

### 3.9　可食用副产品　edible offal
屠宰动物中可以供人食用的内脏、头、蹄、尾等。

### 3.10　监管部门　controlling authority
负责动物屠宰加工、肉品检验检疫和卫生监督的官方机构。

### 3.11　屠宰加工　dressing
在加工车间将屠宰动物加工成胴体（或分割肉）、内脏及皮毛等其他副产品的过程。

### 3.12　清洗　cleaning
去除胴体的污染物。

### 3.13　污染　contamination
污物、微生物等因素使鲜、冻肉产品安全性降低或影响正常感官特征的过程。

### 3.14　疾病或缺陷　disease or defect
指病理变化或其他异常。

**3.15 残留 residues**

肉品中残存的兽药、农药和其他污染物。

**3.16 消毒 disinfection**

在不影响肉品品质的情况下，通过符合质量和卫生要求的化学或物理方法将肉品中的微生物减少到最低水平的过程。

**3.17 可食用 fit for human consumption**

经检验检疫是安全卫生，并在后续的检验中未发现不卫生因素的肉品。

**3.18 不可食用 lnedible**

经检验、判断认定不适于食用，但不必要销毁的肉品。

**3.19 饮用水 potable water**

符合 GB 5749 规定的水。

**3.20 防护服 protective clothing**

屠宰厂或肉品企业工人用于防止肉品受到污染而穿戴的专用服装、帽、头罩、靴子和口罩等。

**3.21 危害分析 risk analysis**

包括危害评估、危害管理和危害信息交流三个步骤，通过分析确定危害的可接受水平，并采取相应的控制措施。

**3.22 安全卫生肉品 safe and wholesome meat**

符合下列要求，适于食用的肉品：

a）根据预期的食用目的经过恰当的加工处理后不会引起食源性感染或中毒；

b）残留量不超过相关国家标准中的规定水平；

c）无明显污染；

d）通常认为不宜食用的缺陷；

e）在保证卫生的条件下生产；

f）未经违禁物质处理。

## 4 用于生产鲜、冻肉的动物饲养要求

4.1 动物养殖场所的设立和管理应符合政府监管部门的要求，以确保屠宰动物的健康及肉品的安全卫生。养殖场的养殖和防疫规程应以相关法规为基础，并包括以下措施：

a）防止外来公共卫生疾病或严重动物性疾病的侵入和传播；

b）对地方性重大公共卫生疾病或严重动物性疾病进行监控，并制定恰当的控制和/或根除措施。

4.2 养殖场应按国家相关规定控制化学物质（如兽药、杀虫剂和其他农药）或可能导致鲜、冻肉中残留，以及污染物有害水平升高的化学物质的使用。

4.3 饲养用于屠宰的动物应按照良好的饲养管理规范进行，不应饲喂以下饲料：

a）可能含有人畜共患病病原体的饲料；

b）含有国家禁用药物，或者含有导致鲜、冻肉中残留或污染物水平超过国家规定的兽药残留限量的饲料。

4.4 集约化养殖生产系统中的饲养或废弃物处理方式不应对公共卫生和动物健康造成危害，不应对周围环境造成污染。

4.5 宜建立从屠宰厂生产线末端追溯到屠宰动物状况的可追溯系统。

4.6 政府监管部门应鼓励在鲜、冻肉生产过程中建立并实施 HACCP 体系。

4.7 饲养员及相关人员应明确动物发生下列情况时，其肉可能不适于人类消费：

a）事故；

b）疾病或缺陷；

c）使用药物或化学品；

d）任何治疗。

应对发生上述任一情况的动物进行检疫，检疫合格后方能送往屠宰厂，兽医检疫员应是唯一决定动物是否适于屠宰的仲裁者。

## 5 屠宰动物的运输要求

5.1 运输屠宰动物的车辆应达到以下要求：

a）装卸方便；

b）不同畜种的动物或可能相互攻击的动物，在运输过程中应隔离；

c）装有地板格栅或类似的装置，防止动物排泄物在地板上堆积；

d）通风良好；

e）两层或多层的运输车辆，每层都应具有防渗漏隔板；

f）容易清洁和消毒。

5.2 运输屠宰动物的车辆应保持良好，卸车后应尽快清洗消毒。

5.3 运往屠宰厂的动物应保持标志。

# 6 屠宰动物的要求

## 6.1 动物的识别

应采取一切必要措施保持待宰动物产地的标记。

## 6.2 需特殊处理动物的识别

当屠宰动物在运输、宰前、宰中和宰后过程中被鉴定为需要特殊处理的，应采取一切必要措施确保动物或胴体及其相关信息的正确传递。

## 6.3 屠宰厂的信息传递和隔离

屠宰厂应建立有效的信息传递系统，保证动物到达屠宰场以前及宰前、宰后检验检疫信息的传递；对有特殊要求的屠宰动物的相关信息，应及时传递到相关人员，并采取有效的隔离措施隔离有特殊要求的屠宰动物。

## 6.4 动物宰前要求

6.4.1 动物在屠宰之前应保证停食静养12h～24h，宰前3h停止喂水。

6.4.2 应将患有任何影响或可能影响鲜、冻肉安全性的疾病或缺陷的动物同其他动物隔离。

6.4.3 不同畜种应在不同的屠宰线上屠宰。

6.4.4 待宰动物临宰前应喷淋冲洗干净。

## 6.5 兽医的职责

动物宰前应经兽医检疫人员进行卫生检疫。动物宰前应有兽医检疫人员签发的《宰前检验合格证明》。

# 7 屠宰厂、肉品企业设施、设备要求

## 7.1 厂房与设施

7.1.1 屠宰厂和肉品企业应：

a）位于不易出现洪涝，无不良气味、烟、尘及其他污染源的地方；

b）有足够能完成符合要求的操作空间；

c）结构合理，通风良好，有充足的天然或人工光源，易于清洁；

d）厂房和设施结构合理、坚固，便于清洗和消毒；

e）布局和设施利于进行肉品卫生监督和肉品检验；

f）设有防虫、防鼠、防蝇和防鸟等设施；

g）可食用肉品处理区和不可食用肉品处理区之间应完全隔离；

h）可食用肉品处理区和动物待宰区之间应完全隔离；

i）除用于工人和检验人员休息的场所外，所有车间应满足以下要求：

——地面应使用防水、防滑、不吸潮、可冲洗、耐腐蚀、无毒的材料，表面无裂缝，易于清洗和消毒；

——地面应有一定的坡度便于液体流入有网罩防护的排水口中（不包括冻结间和冷藏间）

——墙壁应防水、无毒、不吸潮、浅色，易清洗和消毒，光滑，高度适于操作；

——相邻墙壁之间的拐角及墙壁和地板之间的拐角为弧形；

——天花板的设计和建造应防止污物积聚，表面涂层光滑，不易脱落，浅色，易清洗；

j）排水系统和废弃物处理系统应满足以下要求：

——保持良好的状态；

——所有的管道，包括下水道，应满足排放的要求；

——所有的管道均不漏水，水流顺畅；

——排水系统和废弃物处理系统与鲜、冻肉加工和储藏车间完全隔离；

——废弃物的处理应避免对生产饮用水造成污染；

——来自卫生间的下水管道与工厂排水系统分开；

——排水方向应从清洁区流向非清洁区；

——获得主管部门认可。

**7.1.2　屠宰厂应：**

a）按照本标准第 10 章的要求设有用于肉品检验检疫的专用场所；

b）待宰圈的要求：

——有足够的圈舍容量；

——有顶棚，如果气候条件允许可以不设；

——适合宰前检疫；

——有足够的围栏便于进行宰前检疫；

——结构合理，便于维修；

——地面的铺设和排水良好；

——供水充足；

——供水管道的设置便于对待宰圈、通道、装卸台和运输工具进行清洗；

——有合适的隔离圈以便于对动物进行仔细的检查。

c）对患病动物和疑似患病动物进行隔离的设施：

——如果环境条件要求应设有顶棚；

——能够上锁；

——有单独的排污管道，并且不与流经其他圈舍的排污管道相连；

d）应设有与屠宰和加工相适应的屠宰和加工车间；

e）屠宰和加工车间的设施应用防水、防渗和防腐蚀的材料建造，便于清洗，其设计、建造和安装应能保证肉不接触地面；

f）猪和其他动物屠宰加工车间应分开；

g）设有足够的空间分别进行浸烫、脱毛等相关操作，每个加工区域应和其他区域分开；

h）设有对动物内脏进行清空和清洗的操作间；

i）设有对动物内脏进行进一步处理的操作间；

j）如需要，应设有对可食用脂肪进行处理和贮存的专用设备；

k）应设有皮、角、蹄和非食用动物脂肪的储存间；

l）设有适宜的预冷间、冷却间、冻结间和冷藏间；

m）动物急宰间的设施应满足以下要求：

——带锁；

——只用于急宰动物的屠宰加工，并且用于存放急宰动物的肉；

——便于到达隔离急宰动物的围栏；

n）设有病害肉的储存间，设计上应防止病害肉的交叉污染；

o）不适于食用的肉应单独存放；

p）有控制进出屠宰厂的设施；

q）有对车辆进行彻底清洗和消毒的设施；

r）有对动物粪便进行收集和无害化处理的设施。

**7.1.3　屠宰厂和其他设施的设计、建造和安装应符合下列要求：**

a）工艺流程应合理设置，不造成交叉污染；

b）肉不应与地面、墙面和其他设施表面接触；

c）运输肉的轨道不应对肉造成污染；

d）应在足够的压力下保证供应足够的符合卫生要求的饮用水，水的储存和使用条件应能避免回吸，且保证其不会受到污染；

e）在动物的屠宰、剔骨和分割过程中设有相应的设备，应提供下列条件：

——不低于 82℃ 的热水；

——适于洗手的温水；

——浓度适宜的冷热清洗剂或皂液；

——可正常使用的干手器；如必须使用一次性纸巾，应提供相应的放置废弃纸巾的容器。

f）设有相应的设备提供非饮用水：

——非饮用水的供应应与饮用水完全分开；

367

——非饮用水管道和容器应用不同的颜色或主管部门允许的其他方式进行区分；

g）应有足够的自然或人工照明设施，照明设施不应改变被加工物的本色，并且能够提供规定的照明强度；

h）所用照明灯泡或照明设施应选用保险型灯泡或装有安全防护罩，以防灯具破碎污染肉品；

i）设有足够的通风设施避免照明设施过热或水蒸气聚集，保证空气不会被灰尘、水蒸气和烟尘污染；

j）所有窗户应安装合适的玻璃，其他开口于户外的通风设施以及所有的其他通风开口，应有纱网或其他保护性的耐腐蚀材料制作的网罩，纱网或网罩应便于装卸和清洗；

k）应有足够宽的通道，便于通行；

l）可食用原料处理间的门，应牢固并且符合下列要求：

——尽可能使用自动门；

——采用双向自由门，关闭时密闭性好；

m）可食用原料处理间的楼梯应易于清洁；

n）所有的专用电梯能避免肉遭受污染，且易于进行有效的清洁；

o）工作间用于处理肉的平台、梯子、滑槽和类似设备应能进行有效的清洁，制作这些设备的原材料应符合下列要求：

——不易破裂，耐磨损，耐腐蚀；

——易于进行有效的清洁；

p）滑槽应便于检查，必要时应有清洁开口以保证能够进行有效的清洁；

q）用于屠宰、开膛、剔骨、分割、包装和其他处理的车间应安装足够的洗手设备，洗手设备应满足下列要求：

——有下水道将废水及时排出；

——安装地点应便于使用；

——能够供应热水；

——水龙头为非手动式；

——有能提供皂液和其他洗手剂的装置；

r）用于屠宰、开膛、剔骨、分割、包装和其他处理的车间应配备足够的对工具进行清洁和消毒的设备或设施，这些设备或设施应符合下列要求：

——有下水管道将废水及时排出；

——存放地点应便于使用；

——专门用于对刀、磨刀器具、钩、锯和其他工具进行清洁和消毒；

——易于清洁消毒；

s）所有对胴体、分割胴体和可食用副产品进行冷却、冷冻和冷藏的车间应有合适的温度记录仪；

t）所有胴体、分割胴体和可食用副产品冷却间的墙和屋顶应隔热，并且满足下列要求：

——如果安装悬挂式冷却排管，应配备隔热滴水盘；

——如果安装落地式冷却器，除非紧邻地面排水管道，否则应安装于具有独立排水设施的边缘区域。

7.1.4　冷却间、冻结间设施的设计和建造应满足 GB 50317 的相关规定。

7.1.5　屠宰厂和进行剔骨和/或分割的设施应具备下列条件：

a）一个或几个用于保存肉的车间，并能控制温度；

b）一个或几个与其他车间隔离用于对肉进行剔骨和分割的车间，并能控制车间温度；

c）进行剔骨、分割和简单包装操作的区域应与进行包装的区域分开，除非主管部门允许采取必要的方法避免包装对肉造成污染。

## 7.2　附属设施

a）更衣间、餐厅、水冲式厕所和淋浴室规模应与员工的数量相适应；

b）厕所有洗手设施，并应满足以下要求：

——能够提供热水；

——水龙头为非手动式；

——有能提供液体肥皂或其他洗手剂的设施；

——配备卫生的干手设施；

c）能够提供足够的照明、通风设施，必要时能够提供取暖设施；

d）不直接向任何工作区域开放。

### 7.3　设备

7.3.1　屠宰厂或肉品企业使用的所有与肉品接触的设备、工器具在设计和制造上应易于清洗、并满足下列要求：

　　a）表面光滑、耐磨损、防渗、无凹陷和裂缝；

　　b）耐腐蚀，无毒，无异味；

　　c）经得起反复的清洗和消毒，固定设备的安装方式应易于进行全面的清洗。

7.3.2　用于处理不可食用或不合格肉品的设备和工具应单独存放。

### 7.4　运输工具

7.4.1　用于运输肉品的工具，其设计和制造应能防止来自于外部和运输工具自身给肉品带来的污染，并能防止或抑制微生物的生长。

7.4.2　运输工具应满足下列要求：

　　a）容器的表面应用耐腐蚀的原材料制成，光滑、防渗，易于清洗和消毒；

　　b）有密封的门和接缝，能够防止昆虫和其他污染物的侵入；

　　c）在设计、制造和装备上应能满足肉品运输所需的温度；

　　d）在设计、制造和装备上应能保证肉品不会和车厢底面接触。

## 8　卫生要求

### 8.1　个人健康

8.1.1　应在上岗前对生产操作人员依据国家相关规定进行体检，生产操作人员应有体检合格证。当有临床和流行病症状出现时，或在政府监管部门要求的情况下，应对生产操作人员进行再次体检。

8.1.2　管理人员应确保既不允许已知患有疾病、怀疑患有疾病、疾病的携带者或患有伤口感染、疮、腹泻的人员进行工作，也不允许其停留在屠宰厂的加工区域或肉品企业内可能直接或间接造成肉品污染的区域。在岗操作人员一旦发现患有疾病应立即向部门负责人报告。

### 8.2　厂房与设施的卫生

8.2.1　工厂和设备应保持清洁，保证肉品免受直接或间接的污染。

8.2.2　屠宰厂或肉品企业应建立卫生清洁制度，以保证：

　　a）员工使用的设施（包括肉品检验检疫设施）保持清洁；

　　b）所有设备、工具和用具（包括刀具、刀袋、切肉刀、锯和盘）应满足以下要求：

　　——在工作期间进行清洗和消毒；

　　——接触了有病的或有传染病的肉品以及其他受到污染的物体，应立即进行彻底的清洗和消毒；

　　——每日工作结束后，对不同区域的设备和用具分开进行清洗和消毒；

　　c）应确保按卫生清洁规则进行洗刷、清洗或消毒；

　　d）在对工作间、设备或其他用具进行清洗和消毒时，应确保胴体和肉品不受到污染；

　　e）洗涤剂、卫生清洁剂和消毒剂不应与肉有直接或间接的接触；

　　f）用洗涤剂、卫生清洁剂和消毒剂洗刷地面、墙壁和设备后留下的残留物，应在该区域或设备再次处理肉品之前，用饮用水彻底清洗，以除去残留物；

　　g）对动物进行屠宰、开膛、剔骨、分割、包装和其他处理的车间内，不应使用可能污染肉品的材料、漆料或清洗方式。

### 8.3　虫害控制

　　屠宰厂或肉品企业应建立有效、详细的文件化规章制度，以控制昆虫、与类、啮齿动物和其他虫害，内容包括：

　　a）规章制度的实施应由此项任务的主管负责人直接监控；

　　b）应对屠宰厂或肉品企业及其周围环境进行经常性的检查，以了解是否有虫害的侵扰；

　　c）如发现害虫侵入屠宰厂或肉品企业，应采取消灭措施，且应在有经验的人员指导下实施，肉品检验员亦应对此有全面的了解；

　　d）应包括杀虫剂、灭鼠药的使用规定，并符合国家的有关规定；

　　e）使用杀虫剂时应避免污染肉品；

　　f）只有在其他方法不能有效地控制害虫时才能使用杀虫剂；

　　j）车间内使用杀虫剂之前，应将全部肉品移出；

　　h）使用杀虫剂后，车间内所有的设备和用具应在再次使用之前彻底清洗；

i）杀虫剂和其他有毒物质应单独存放并加锁，其管理人员应经授权和适当的培训。应采取一切预防措施避免污染肉品。

### 8.4 一般性生产操作卫生要求

8.4.1 屠宰厂或肉品企业应定期对所有从事鲜、冻肉生产的工作人员进行肉品加工卫生管理和个人卫生方面的培训。

8.4.2 屠宰厂或肉品企业进行肉品加工处理区域内的任何人（包括参观者）都应保持良好的个人卫生，应穿戴可清洗的亮色防护服、帽子和鞋，应根据穿戴者的工作性质保持防护物处于相应的清洁状态。

8.4.3 进行屠宰、剔骨、分割、包装和其他处理的车间内，不应存放个人物品。防护服、刀袋、皮带和工具不用时应放在不会污染肉品或发生交叉污染的地方。

8.4.4 进行肉品加工、处理、包装和运输的工作人员在工作时应经常用洗手液和流动的温水彻底洗手；开始工作之前、去厕所和处理污物后及在其他必要时均应立即洗手并消毒；应在明显位置张贴有关洗手的注意事项。

8.4.5 生产操作人员工作前应彻底洗手，如需使用手套处理肉品时，手套应保持干净卫生。手套应用防渗材料制成，只有在不会影响肉品卫生的情况下才可使用渗透材料制成的手套。

8.4.6 屠宰厂或肉品企业应禁止任何可能潜在污染肉品的行为和不卫生的操作。

8.4.7 受刀伤或其他外伤的生产人员，应立即采取妥善措施包扎防护，否则不应从事屠宰或接触肉品的工作；车间应配备相应的包扎用品。

8.4.8 可食用原料处理间的门若无有效的风幕应尽可能保持关闭状态。

8.4.9 可食用原料处理间内使用的料斗、手推车或任何容器进入到处理和贮存不可食用原料处理区域，应经清洗和消毒后，才能放回到可食用原料处理间。

8.4.10 进行屠宰、开膛、剔骨、分割、包装和其他处理车间内的容器、设备或用具应避免对肉品造成污染。

8.4.11 除了鞋以外，不应在地板上清洗围裙或其他防护物。

8.4.12 屠宰厂或肉品企业应提供有效的通风设备，防止车间内空气过热、蒸汽或冷凝水的产生，确保车间空气不被异味污染。

8.4.13 整个屠宰厂或肉品企业在动物的屠宰、剔骨和分割过程中照明强度不应低于：

　　a）检验或剔骨分割区域：540lx；

　　b）工作间：220lx；

　　c）其他区域：110lx。

8.4.14 与屠宰无关的动物不允许进入屠宰厂。

8.4.15 任何动物不允许进入肉品企业。

8.4.16 屠宰厂或肉品企业的建设和维修中使用的材料不应对肉品造成污染。

### 8.5 水的卫生

屠宰厂和肉品企业内的州水应符合 GB 5749 的规定，不符合该标准的水只能用于不会造成肉品污染的场合。

## 9 过程控制

### 9.1 过程控制程序

9.1.1 应制定保证肉品安全卫生的文件化过程控制程序，屠宰动物的检验检疫和产品品质检验应符合 GB 18393、GB/T 17996 和国家的有关规定。过程控制程序应把生产安全卫生的肉品作为其制定的目的。

9.1.2 屠宰厂或肉品企业的负责人应负责过程控制程序的开发和实施，负责人可以授权经过培训的有关人员对过程控制程序进行监督管理。

9.1.3 检验员应监督与鲜、冻肉安全和卫生相关的过程控制程序的应用。

9.1.4 应定期验证过程控制程序的有效性，企业应保证验证人员能全面了解过程控制程序的实施和记录。

### 9.2 屠宰加工的操作要求

9.2.1 屠宰加工的车间、设备和用具只能用于屠宰，不能用于剔骨分割。

9.2.2 需紧急屠宰的动物，应在肉品检验员的监督下进行屠宰加工。

9.2.3 进入屠宰间的动物应立即屠宰。

9.2.4 致昏、屠宰放血应和后续的屠宰加工速度相适应。

9.2.5 屠宰、放血和脱毛开膛的操作应确保肉的清洁卫生。

9.2.6 放血应彻底，如果动物的血液用于食用，必须采用安全卫生的方法进行收集和处理；需要搅拌时，应使用符合卫生标准要求的工具，不应用手进行操作。

9.2.7　脱毛或去皮后，胴体间应保持一定距离，防止交叉污染。胴体只能与屠宰加工和检验检疫设备的表面接触。

9.2.8　从头部分割供食用的肉和脑之前，头应彻底冲洗干净；除胴体浸烫脱毛外，头应剥皮，以便于头部的卫生检验及头部肉和脑的分割卫生。

9.2.9　取舌头时应避免割破扁桃体。

9.2.10　剥皮及其他相关操作，应满足以下要求：

　　a）剥皮应在开膛去内脏之前进行，避免对肉造成污染；

　　b）剥皮后未去内脏的屠体若冲洗不要使水进入胸腔和腹腔；

　　c）经浸烫、燎毛或相关处理的屠体，应冲洗掉其鬃、毛、皮屑和污垢；

　　d）浸烫池中的水应定时更换；

　　e）乳房的处理应：

　　——分泌乳汁期或有明显病症的乳房均应尽早在屠宰加工前期切除；

　　——禁止乳房分泌物和内容物污染胴体，切除乳房时，应保持乳头和乳房本身的完整，不应割破乳腺和乳窦。

9.2.11　进一步加工时应满足以下要求：

　　a）应按照卫生要求迅速取出内脏；

　　b）应有效地防止从食管、胃、小肠、直肠、胆囊、膀胱、子宫或乳房排出内容物；

　　c）在开膛摘取内脏时，应避免肠道的破损，另行处理时结扎小肠以防内容物溢出；

　　d）在冲洗胴体时，不应造成胴体的二次污染；

　　e）在屠宰厂或肉品企业内的用于动物屠宰或加工、可食用肉的制备或存放处，不应对皮进行冲洗或其他处理，不应存放皮毛、皮或生皮；

　　f）胃、小肠和所有屠宰加工过程中取下的不可食用部分，均应满足下列要求：

　　——按照检验检疫程序的要求，立即用密封的容器从屠宰加工车间运走，防止造成污染；

　　——运出后要在指定地点处理，以降低污染的危险；

　　g）屠宰过程中，及时清除污染胴体的粪便和其他污物；

　　h）检验员认为在屠宰、分割和包装加工过程中对以下方面造成不良影响时：

　　——胴体或肉的安全和卫生；

　　——生产的卫生；

　　——检验检疫的效率。

且管理人员不能采取有效的措施来消除不良影响时，检验员有权要求减慢生产速度或暂时中止某一工段的生产。

### 9.3　屠宰加工后的操作要求

9.3.1　检验合格适于食用的肉应满足下列要求：

　　a）应在加工、贮存和运输过程中，防止污染变质；

　　b）应尽快从加工区移走；

　　c）对需进行冷分割的胴体，应尽快降低胴体温度和/或水分活度。

9.3.2　胴体、分割胴体、分割肉和可食副产品贮藏时，应遵守下列条款：

　　a）应具备相应的监测设施；

　　b）胴体之间通风良好；

　　c）分割胴体应悬挂或放置在合适的容器中，并保证空气充分流通；

　　d）防止汁液滴落污染其他肉品；

　　e）温度、相对湿度和空气流通的控制应符合过程控制程序中的要求；

　　f）应防止滴水，包括冷凝水。

9.3.3　用于剔骨、分割或对肉进行深加工的工作间、设备和器具不应另做他用。

9.3.4　剔骨分割间应保持一定的温度和湿度，适于操作。

9.3.5　冷剔骨分割时环境温度不应高于12℃。

9.3.6　对需进行热分割的，应满足下列要求：

　　a）应直接从屠宰间转到剔骨分割间；

　　b）应立即进行剔骨分割、包装和快速冷却或经快速冷却、剔骨分割和包装，操作过程应符合过程控制程序的要求；

　　c）应控制剔骨分割间的环境温度不高于15℃。

9.3.7　肉品的包装应满足下列要求：

　　a）应用清洁卫生的方式储存和使用包装材料；

b）包装材料及包装方式应避免肉品在处理、加工和/或储存的过程中受到污染；

c）包装材料应无毒无害；

d）肉品的包装盒或瓦楞纸箱内应有合适的衬垫，单独包装的分割肉则无需衬垫。

9.3.8 对所有的冷冻肉要监控冻结和储藏过程，并详细地记录，以确保其时间和温度参数能满足要求。

9.3.9 胴体、分割胴体、分割肉和可食用副产品进行冻结时，应遵守以下条款：

a）未放在瓦楞纸箱中的肉品应悬挂或放置在适当的防腐盘内，并保证空气充分流通；

b）盛放肉品的瓦楞纸箱应排放整齐，保证每个纸箱周围的空气流通；

c）未放在瓦楞纸箱中的肉，应防止汁液滴落污染其他肉品；

d）盛有肉品的托盘叠放时，应防止托盘底部同下边的肉品相接触；

e）经冻结后肉品的中心温度不高于 –15℃。

9.3.10 胴体、分割胴体、分割肉和可食用副产品放入冷藏间时，应满足下列要求：

a）当肉的温度降低到可接受水平时，才能放入冷藏间；

b）胴体或盛放肉的瓦楞纸箱，都不能直接接触地面，以保证空气的充分流通；

c）冷藏间的温度应控制在一定范围内，以确保肉品的安全性；

d）胴体、分割胴体在屠宰后 24h 内使中心温度不高于 4℃，不低于 0℃；可食用副产品中心温度不高于 3℃；冷却分割肉应在 24h 之内使中心温度不高于 7℃。

9.3.11 胴体、分割胴体、分割肉和可食用副产品放入冻结间或冷藏间时，应满足下列要求：

a）只允许相关工作人员进入；

b）开门的时间不宜过长，使用后要立即关闭；

c）记录室内温度。

## 9.4 运输的操作要求

9.4.1 运输时应满足下列要求：

a）运输工具装载前应清洗、消毒和维修；

b）不应与其他货物混运；

c）动物肠胃必须清洗或浸烫后方可运输；

d）头和蹄应剥皮或浸烫脱毛后方可运输；

e）整个、1/2 和 1/4 胴体，运输时应悬挂起来；在包装和冻结良好的状态时可采用适宜的方式运输；

f）对于未包装、未冷冻的副产品，应放入合适的密闭容器中运输；

g）不应接触运输车辆底板；

h）车辆或容器应密封良好，防止虫害和其他污染物侵入；

i）防止运输过程中温度过度升高。

9.4.2 在运输过程中，肉的品质受到质疑时，应采取相应的处理措施，在采取进一步处理前请相关人员对其进行安全卫生的评价。

## 9.5 隔离屠宰的操作要求

9.5.1 经兽医检疫后认为需要隔离屠宰的动物应按相应的操作规范进行屠宰。

9.5.2 隔离屠宰加工生产的肉品，对其是否可食用应进行判断，对其食用性有怀疑的应分开存放，防止污染其他可食用肉并防止与其他肉品混淆。

## 9.6 不可食用肉品的操作要求

9.6.1 用于不可食肉品的工作间、设备和器具应专门使用，不可用于可食肉的操作。

9.6.2 不合格的或不适于食用的肉品应在兽医检验检疫人员的监督下，采取以下措施：

a）立即放在专用且防漏的容器或房间内，或进行相应的处理；

b）采用相应的标志进行区分；

c）按照 GB 16548 中的相关规定进行处理。

# 10 检验检疫的要求

10.1 屠宰厂和肉品企业的布局和设备应便于肉品生的监督和检验检疫。

10.2 检验区域的照明强度不低于 540lx。

10.3 屠宰厂和肉品企业应为检验检疫人员提供与生产相适应的专门检验室和办公设备。

10.4 应提供适当的实验室设施，建立文件化的实验室管理程序，并有效运行。

# 中华人民共和国国家标准

GB/T 20551—2006

## 畜禽屠宰 HACCP 应用规范

Evaluating specification on the HACCP certification in the slaughter of livestock and poultry

2006 - 09 - 29 发布/2006 - 12 - 01 实施
中华人民共和国国家质量监督检验检疫总局　中国国家标准化管理委员会　发布

## 前　言

本标准参考了国际食品法典委员会（CAC）发布的 Annex to CAC/RCP 1 - 1969，Rev. 3（1997），Amd，1999《HACCP 体系及其应用准则》（Guidelines for the application of the HACCP system）的有关内容，并结合我国畜禽屠宰行业的现状制定的。

本标准的附录 A、附录 B、附录 C、附录 D、附录 E 和附录 F 为规范性附录，附录 G、附录 H、附录 I 和附录 J 为资料性附录。

本标准由中华人民共和国商务部提出并归口。

本标准起草单位：商务部屠宰技术鉴定中心、国家认证认可监督管理委员会注册管理部、河南漯河双汇实业股份有限公司、内蒙古草原兴发股份有限公司、北京大发正大有限公司、北京华都肉鸡公司、深圳南山肉联厂、山东肥城银宝食品有限公司。

本标准主要起草人：王贵际、龚海岩、赵箭、史小卫、石瑞芳、李红伟、刘景德、谢丽华、邹杰、李载道、李登芹。

本标准由商务部屠宰技术鉴定中心负责解释。

# 畜禽屠宰 HACCP 应用规范

## 1 范围

本标准规定了畜禽屠宰加工企业 HACCP 体系的总要求，以及文件、良好操作规范（GMP）、卫生标准操作程序（SSOP）、标准操作规程（SOP）、有害微生物检验和 HACCP 体系的建立规程方面的要求，提供了畜禽屠宰 HACCP 计划模式表。

本标准适用于畜禽屠宰加工企业 HACCP 体系的建立、实施和相关评价活动。

## 2 规范性引用文件

下列文件中的条款通过本标准的引用而成为本标准的条款。凡是注日期的引用文件，其随后所有的修改单（不包括勘误的内容）或修订版均不适用于本标准，然而，鼓励根据本标准达成协议的各方研究是否可使用这些文件的最新版本。凡是不注日期的引用文件，其最新版本适用于本标准。

GB/T 191　包装储运图示标志（GJB 191—2000，eqv ISO 780：1997）

GB/T 4456　包装用聚乙烯吹塑薄膜

GB 5749　生活饮用水卫生标准

GB/T 6388　运输包装收发货标志

GB/T 6543　瓦楞纸箱

GB 7718　预包装食品标签通则 9959.1 鲜、冻片猪肉

GB 9959.2　分割鲜、冻猪瘦肉 GB/T 9960 鲜、冻四分体带骨牛肉

GB 9961　鲜、冻胴体羊肉 GB 16869 鲜、冻禽产品 GB/T 17236 生猪屠宰操作规程

GB/T 17238　鲜、冻分割牛肉 GB/T 17996 生猪屠宰产品品质检验规程

GB 18393　牛羊屠宰产品品质检验规则

GB/T 19000　质量管理体系 基础和术语（GB/T 19000—2000，idt ISO 9000：2000）

GB/T 19080　食品与饮料行业 GB/T 19001—2000 应用指南

GB 50317　猪屠宰与分割车间设计规范

《中华人民共和国食品卫生法》1995 年 10 月 30 日

(59) 商卫联字第 399 号附件：《肉品卫生检验（试行）规程》1959 年 11 月 1 日

## 3 术语和定义

GB/T 19000、GB/T 19080 和 GB 50317 确立的及下列术语和定义适用于本标准。

### 3.1 控制（动词）　control
采取一切必要措施，以确保和保持符合 HACCP 计划所制定的指标。

### 3.2 控制（名词）　control
遵循正确的方法和达到安全指标的状态。

### 3.3 控制措施　control measure
用以防止或消除食品安全危害或将其降低到可接受的水平，所采取的任何行动和活动。

### 3.4 偏差　deviation
不符合关键限值。

### 3.5 关键控制点　critical control point（CCP）
能够进行控制，并且该控制对防止、消除某一食品安全危害或将其降低到可接受水平是必需的某一步骤。

### 3.6 危害分析和关键控制点　hazard analysis and critical control point（HACCP）
对食品安全有显著意义的危害加以识别、评估和控制的体系。

### 3.7 危害分析和关键控制点计划　HACCP plan
根据 HACCP 原理所制定的用以确保食品链各考虑环节中对食品有显著意义的危害予以控制的文件。

### 3.8 监控　monitor
为了确定 CCP 是否处于控制之中，对所实施的一系列对预定控制参数所作的观察或测量进行评估。

### 3.9 HACCP 原理　principle of HACCP
HACCP 包括下列 7 项原理：

原理 1　进行危害分析；

原理 2　确定关键控制点；

原理 3　建立关键限值；

原理 4　建立监控关键控制点控制体系；

原理 5　当监控表明个别 CCP 失控时所采取的纠偏措施；

原理 6　建立验证程序、证明 HACCP 体系工作的有效性；

原理 7　建立关于所有适用程序和这些原理及其应用的记录系统。

**3.10　卫生标准操作程序　sanitation standard operating procedure（SSOP）**

为保障产品卫生质量，组织在产品加工过程中应遵守的操作规范。

注：SSOP 主要包括以下内容：接触产品（包括原料、半成品、成品）或与产品有接触的物品（包括水和冰）应符合安全、卫生要求；接触产品的器具、手套和内外包装材料等必须清洁、卫生和安全；确保产品免受交叉污染，保证操作人员手的清洗消毒，保持洗手间设施的清洁；防止润滑剂、燃料、清洗消毒用品、冷凝水及其他化学、物理和生物等污染物对产品造成安全危害；正确标注、存放和使用各类有毒化学物质；保证与产品有接触的员工的身体健康和卫生；预防和清除鼠害、虫害。

**3.11　标准操作规程　standard operating procedure（SOP）**

为保障产品质量，组织在产品加工过程中应遵守的设备及工艺操作规范。

# 4　HACCP 体系

## 4.1　总要求

4.1.1　管理层及 HACCP 工作小组应对 HACCP 体系的建立、实施及验证给予全面责任承诺和参与。

4.1.2　HACCP 体系应用前，应建立实施 HACCP 体系所必需的前提质量管理文件，加以实施和保持，并持续改进其有效性。

4.1.3　应按本标准的要求建立 HACCP 体系，形成文件。

4.1.4　HACCP 体系应充分体现 3.9 中的 7 项原理。

## 4.2　文件要求

### 4.2.1　HACCP 体系前提文件与记录

#### 4.2.1.1　基础前提文件：

a）良好操作规范；

b）卫生标准操作程序；

c）标准操作规程；

d）职工培训计划；

e）产品标志、质量追踪和产品召回制度；

f）设备、设施的维护、校准、校验和保养程序；

g）有害微生物检验规程。

#### 4.2.1.2　其他前提文件：

a）产品标准；

b）屠宰检验规程；

c）实验室管理制度；

d）委托社会实验室检测的合同或协议；

e）文件与资料控制程序；

f）其他文件化内容（以书面或电子形式）可包括：

——规范；

——图纸：厂区及周围地区平面图、车间平面图（物流、人流图和气流图）、工艺流程图、供水与排水网络图和捕鼠图；

——现行法规；

——其他支持性文件（如设备手册，制定抑制细菌性病原体生长方法时所使用的资料，建立产品货架期所使用的资料，以及在确定杀死细菌性病原体加热强度时所使用的资料。除了数据资料外，支持文件也包含向有关顾问或专家进行咨询的信件。

4.2.1.3 前提文件记录表

4.2.2 HACCP 体系文件与记录:

  a) HACCP 体系建立规程;

  b) HACCP 小组名单及职责分配;

  c) 产品描述表;

  d) 产品加工流程图;

  e) 危害分析表;

  f) HACCP 计划表;

  g) HACCP 计划记录表。

4.2.3 文件控制

  按照附录 A 的逻辑程序建立 HACCP 体系文件,并对此文件进行控制。

4.2.4 记录控制

  应建立并保持记录,以提供符合要求和 HACCP 体系有效运行的证据。

## 5 良好操作规范

  应执行附录 B 的规定。

## 6 卫生标准操作程序

  应执行附录 C 的规定。

## 7 标准操作规程

  生猪屠宰应执行附录 D 的规定;

  牛羊屠宰应执行附录 E 的规定;

  禽类屠宰应执行附录 F 的规定。

## 8 有害微生物检验

8.1 应建立对大肠菌群、沙门氏菌等有害微生物进行检验的程序并达到合格要求。

8.2 应建立对其他可能存在的有害微生物进行检验的程序并达到合格要求。

## 9 HACCP 体系的建立规程

### 9.1 HACCP 体系建立前期程序

9.1.1 组建 HACCP 工作小组

  HACCP 工作小组负责制定 HACCP 计划,以及实施和验证 HACCP 体系。HACCP 工作小组的人员组成应保证建立有效 HACCP 体系所需要的相关专业知识和经验,应包括具体管理 HACCP 体系实施的领导、生产技术人员、工程技术人员、品控人员及其他必要人员,技术力量不足的部分小型组织可以外聘专家。

9.1.2 描述产品, 确定产品的预期用途

  HACCP 工作小组的首要任务是对实施 HACCP 体系管理的产品进行描述,描述的内容包括:

  a) 产品名称;

  b) 产品的原料和主要成分;

  c) 产品的理化性质(如 pH)及加工处理方式(如冷却、冷冻);

  d) 包装方式;

  e) 贮存条件;

  f) 保质期限;

  g) 销售方式;

  h) 销售区域;

  i) 有关食品安全的流行病学资料(必要时);

  j) 产品的预期用途和消费人群;

  k) 畜禽屠宰产品描述表。

### 9.1.3　绘制和确认产品加工流程图

9.1.3.1　HACCP 工作小组应深入生产线，详细了解产品的生产加工过程，在此基础上绘制产品的加工流程图，绘制完成后需要现场验证流程图。

9.1.3.2　畜禽屠宰加工流程图按照国家现行的相关标准制定。

## 9.2　HACCP 体系建立程序

### 9.2.1　危害分析（原理1）

#### 9.2.1.1　危害分析类型

危害分析分为自由讨论和危害评估。

9.2.1.1.1　自由讨论时，范围要求广泛、全面。讨论的内容包括从原料、加工到贮存、销售的每一阶段，应尽量列出所有可能出现的潜在危害。

9.2.1.1.2　危害评估是对每一个危害发生的可能性及其严重性进行评价，以确定出对食品安全非常关键的显著危害，并将其纳入 HACCP 计划。

#### 9.2.1.2　涉及安全问题的危害

进行危害分析时应区分安全问题与一般质量问题，应考虑的涉及安全问题的危害包括：

a）生物危害：包括细菌、病毒及其毒素、寄生虫和有害生物因子；

b）化学危害：包括畜禽饲养中国家所禁用的兽药残留或未按休药期规定导致的兽药残留等化学物质；

c）物理危害：任何潜在于畜禽屠宰产品中的有害异物，如断针、金属和碎骨等。

#### 9.2.1.3　列出危害分析表

危害分析表可以明确危害分析的思路。HACCP 工作小组应考虑对每一危害可采取的控制措施。控制某一个特定危害可能需要一个以上的控制措施，而某一个特定的控制措施也可能控制一个以上的危害。

### 9.2.2　确定关键控制点（原理2）

9.2.2.1　应用附录 D 中判断树的逻辑推理方法，确定 HACCP 体系中的关键控制点（CCP）。对判断树的应用应当灵活，必要时也可采用其他方法。如果在某一步骤上对一个确定的危害进行控制对保证食品安全是必要的，然而在该步骤及其他的步骤上都没有相应的控制措施，那么，应在该步骤或其前后的步骤上对生产或加工工艺包括控制措施进行修改。

9.2.2.2　通过畜禽屠宰危害分析表确定关键控制点。

### 9.2.3　建立每个关键控制点的关键限值（原理3）

9.2.3.1　每个关键控制点会有一项或多项控制措施确保预防、消除已确定的显著危害或将其减至可接受的水平，每一项控制措施要有一个或多个相应的关键限值。

9.2.3.2　关键限值的确定应以科学为依据，参考资料可源于科学刊物、法规性指南、专家和试验研究等，用来确定限值的依据和参考资料应作为 HACCP 体系支持文件的一部分。

9.2.3.3　通常关键限值所使用的指标包括温度、时间、湿度、物理参数、pH、Aw 和感官指标等。

### 9.2.4　建立对每个关键控制点进行监控的系统（原理4）

9.2.4.1　通过监测能够发现关键控制点是否失控，此外，通过监控还能提供必要的信息，以便及时调整生产过程，防止超出关键限值。

9.2.4.2　一个监控系统的设计必须确定：

a）监控内容：通过观察和测量评估一个 CCP 的操作是否在关键限值内；

b）监控方法：设计的监控措施必须能够快速提供结果。物理和化学检测能够比微生物检测更快地进行，常用的物理、化学检测指标包括时间和温度组合、酸度或 pH、感官检验等；

c）监控设备：如温湿度计、钟表、天平、金属探测仪和化学分析设备等；

d）监控频率：监控可以是连续的或非连续的。连续监控对许多物理或化学参数都是可行的，非连续监控应确保关键控制点是在监控之下；

e）监控人员：进行 CCP 检测的人员包括流水线上的人员、设备操作者、监督员、维修人员、品控人员等。负责 CCP 检测的人员必须接受 CCP 监控技术的培训，理解 CCP 监控的重要性，能及时进行监控活动，准确报告每次监控工作，随时报告违反关键限值的情况以便及时采取纠偏行动。

### 9.2.5　建立纠偏措施（原理5）

9.2.5.1　在 HACCP 体系中，应对每一个关键控制点预先建立相应的纠偏措施，以便在出现偏离时实施。

9.2.5.2　纠偏措施应包括：

a）确定引起偏离的原因；

b）确定偏离期采取的处理方法，例如进行隔离和保存并做安全评估、退回原料、重新加工、销毁产品等，纠偏措施必须保证 CCP 重新处于受控状态；

c）记录纠偏措施，包括偏离的描述、对受影响产品的最终处理、采取纠偏措施人员的姓名、必要的评估结果。

### 9.2.6 建立验证程序（原理 6）

9.2.6.1 通过验证、审查、检验（包括随机抽样化验），确定 HACCP 体系是否有效运行，验证程序包括对 CCP 的验证和对 HACCP 体系的验证。

9.2.6.2 CCP 的验证活动

a）校准：CCP 验证活动包括监控设备的校准，以确保测量的准确度；

b）校准记录的复查：复查设备的校准记录、检查日期和校准方法，以及实验结果；

c）针对性的采样检测；

d）CCP 记录的复查。

9.2.6.3 HACCP 体系的验证

a）验证的频率：验证的频率应足以确认 HACCP 体系的有效运行，每年至少进行一次或在计划发生故障时、产品原材料或加工过程发生显著改变时或发现了新的危害时进行；

b）体系的验证内容包括检查产品说明和生产流程图的准确性；检查 CCP 是否按 HACCP 的要求被监控；监控活动是否在 HACCP 计划中规定的场所执行；监控活动是否按照 HACCP 计划中规定的频率执行；当监控表明发生了偏离关键限值的情况时，是否执行了纠偏措施；设备是否按照 HACCP 计划中规定的频率进行了校准；工艺过程是否在既定的关键限值内进行；检查记录是否准确和按照要求的时间来完成等。

### 9.2.7 建立记录档案（原理 7）

HACCP 体系须保存的记录应包括：

a）危害分析表：用于进行危害分析和建立关键限值的任何信息的记录；

b）HACCP 计划表：HACCP 计划表应包括产品名称、CCP 所处的步骤和危害的名称、关键限值、监控程序、纠偏措施、验证程序和记录保持程序；

c）HACCP 体系运行记录表：包括监控记录、纠偏措施记录及验证记录。

### 9.2.8 畜禽屠宰 HACCP 计划模式表

遵照附录 E 的内容。

## 10 宣传与培训

应定期对 HACCP 体系相关人员进行培训并形成记录，确保与 HACCP 体系有关的人员在上岗前掌握相关的 HACCP 知识。

## 11 其他

11.1 应将实施 HACCP 体系和组织的基础设施、技术设备的改造相结合起来。

11.2 在执行 HACCP 体系过程中应当定期或者根据需要及时对 HACCP 体系进行内部审核和调整。

11.3 本标准中提供了一系列有关 HACCP 计划的表格供组织和评审机构实施和评审 HACCP 体系时参考。这些表格的具体格式灵活，内容应结合实际情况编写，同时可考虑将 HACCP 体系与其他体系整合。

# 中华人民共和国农业行业标准

NY/T 2076—2011

# 生猪屠宰加工场（厂）动物卫生条件

Veterinary sanitary conditions for pig packinghouse

2011 - 09 - 01 发布/2011 - 12 - 01 实施

中华人民共和国农业部　发布

## 前　言

本标准按照 GB/T 1.1—2009 给出的规则起草。

本标准由中华人民共和国农业部兽医局提出。

本标准由全国动物防疫标准化技术委员会（SAC/TC 181）归口。

本标准起草单位：中国动物卫生与流行病学中心。

本标准主要起草人：李卫华、魏荣、陈向前、邵卫星、孙映雪。

# 生猪屠宰加工场（厂）动物卫生条件

## 1 范围

本标准规定了生猪屠宰加工场（厂）的动物卫生要求。

本标准适用于生猪屠宰场或加工厂。

## 2 规范性引用文件

下列文件对于本文件的应用是必不可少的。凡是注日期的引用文件，仅注日期的版本适用于本文件。凡是不注日期的引用文件，其最新版本（包括所有的修改单）适用于本文件。

GB 5749  生活饮用水卫生标准

GB 12694  肉品加工厂卫生规范

GB 13457  肉类加工工业水污染物排放标准 GB 16548 动物及动物产品生物安全处理规程

《动物防疫条件审查办法》 农业部

## 3 术语和定义

下列术语和定义适用于本文件。

### 3.1 **隔离观察圈**  isolating room

隔离可疑病畜，观察、检查疫病的场所。

### 3.2 **待宰圈**  waiting pens

宰前停食、饮水、冲淋的场所。

### 3.3 **急宰间**  emergency slaughtering room

紧急屠宰病畜、伤畜的场所。

### 3.4 **屠宰间**  slaughtering room

自致昏放血到加工成胴体的场所。

### 3.5 **分割加工间**  cutting and debonding room

剔骨、分割、分部位肉的场所。

### 3.6 **无害化处理间**  biosafety processing room

对患病动物或不宜食用的动物产品进行无害化处理的场所。

## 4 总体要求

4.1  生猪屠宰加工场（厂）选址布局应当符合《动物防疫条件审查办法》的规定，应取得《动物防疫条件合格证》。

4.2  生猪屠宰加工场（厂）应设有宰前管理区、屠宰间、分割加工间、患病动物隔离观察圈、急宰间、无害化处理间和检疫室。

4.3  生猪屠宰加工场（厂）应建立健全下列卫生管理规章制度：

车间内场地、器具、操作台等定期清洗消毒制度；

更衣室、淋浴室、厕所、休息室等公共场所定期清洗、消毒制度；

废弃物定期处理、消毒制度；

定期除虫、灭鼠制度；

危险物保存和管理制度；

动物入场和动物产品出场登记、检疫申报、疫情报告、消毒、无害化处理制度。

4.4  生猪屠宰场（厂）工作人员卫生应当符合 GB 12694 的要求。

## 5 宰前管理区

5.1  宰前管理区设动物饲养圈、待宰圈和兽医室。

5.2  动物装卸台设置照度不小于 300Lx 的照明设备。

5.3  饲养圈地面硬化、平整，配备饮水、饲料和消毒设备，设有排水、排污系统和消毒设施。饲料、饮水应达到国家相关规定的卫生要求。

5.4　待宰圈地面硬化、平整，配备排水、排污系统和淋浴、消毒设施。

5.5　检疫室配备宰前检查的设备。

## 6　屠宰间

### 6.1　屠宰间及设施卫生要求

6.1.1　车间与设施结构合理、坚固，地面、操作台、墙壁、天棚应耐腐蚀、不吸潮、易清洗。

6.1.2　车间及设施与生产能力相适应，车间高度满足生产操作、设备安装与维修、采光和通风的需要。

6.1.3　车间设有防蚊蝇、鼠及其他害虫侵入或隐藏的设施，并设有防灰尘设施。

6.1.4　车间地面使用防滑、不吸潮、可冲洗、耐腐蚀的无毒材料制作，坡度为 1% ~2% 。表面无裂缝、无局部积水，易于清洗和消毒。明地沟应呈弧形，排水口设网罩。

6.1.5　车间墙壁和墙柱使用不吸潮、可冲洗、无毒、淡色的材料制作，墙群贴瓷砖不低于 2m，顶角、墙角和地角呈弧形。

6.1.6　车间天花板表面光滑，不易脱落，防止污物积聚。

6.1.7　车间门窗装配严密，使用不变形的材料制作，所有门窗及其他开口安装易于清洗和拆卸的纱门、纱窗，并经常维修，保持清洁，内窗台下斜 45° 或采取无窗台结构。

6.1.8　车间配有与屠宰同步检疫所需的设施和设备。

6.1.9　车间有与生产规模相适应的无害化处理、污水处理设施设备。

### 6.2　传送装置

屠宰车间设置架空轨道和运转机，并有防油污装置。放血地段的传送轨道下设置收集血液的金属或水泥斜槽，表面光滑。

### 6.3　通风设备

6.3.1　屠宰车间应设有通风设备。门窗有利于空气对流，并有防蚊、防蝇和防尘装置。

6.3.2　在大量发生水蒸气或大量散热的部位装设排风罩或通风孔。空气交换的次数根据悬挂的动物数量和内部温度而定，一般每小时交换 1 次~3 次。

### 6.4　照明

屠宰间配备照度不小于 500Lx 的照明设备。光线不改变物体本色，亮度应能满足兽医检疫和生产操作需要。吊挂在车间上方的灯具，要装有安全防护罩。

### 6.5　供水系统

屠宰间要有充足的冷热水供应，供水管道要有防虹吸设施。水质应符合 GB 5749 的规定，每个加工点设有冷热水龙头和蓄水池。水龙头采用脚踏式或感应式。蓄水池定期清洗、消毒。制冷及贮存过程中应防止污染。制气、制冷、消防用水，要使用独立管道系统，不能与生产用水交叉连接。

### 6.6　污水排放系统

屠宰车间有完善的排污系统。根据污水排放量，地面设置若干装有滤水箅子的收容坑，排水管的直径能保证坑内污水充分排出且畅通无阻；排水管的出口处设置清除脂肪装置。排出的污水经过净化和无害化处理，达到 GB 13457 规定的要求。

### 6.7　生产设备和用具

运输工具、工作台、挂钩、容器器具等，应采用无毒、无味、不吸水、耐腐蚀，经得起反复清洗、消毒的材料制成。表面平滑，无凹坑和裂缝，设备组件易于拆洗。

### 6.8　废弃物临时存放设施

在远离车间的下风口适当地方设置废弃物临时存放设施，采用便于清洗、无毒的材料制成，结构严密，防止害虫进入，并避免废弃物污染厂区和道路。

### 6.9　废气（汽）排放设施

车间应配备废气（汽）排放设施，并保持良好的工作状态。

### 6.10　更衣室、淋浴室和厕所

车间应设有与职工人数相适应的更衣室、淋浴室和厕所。车间内的厕所可与走廊或操作间相连，厕所的门窗不能直接开向操作间。便池为水冲式，粪便排泄管不能与车间污水排放管混用。

### 6.11　清洗、消毒设施

在车间的进口处及车间内部的适当位置设冷、热水洗手设施，并备有清洁剂和一次用纸巾。车间内应设有器具、容器清洗、消毒设备，由无毒、耐腐蚀、易清洗的材料制作。

## 7  分割加工车间

### 7.1  车间及设施卫生要求

7.1.1  分割加工车间建筑卫生要求参照 6.1 的规定执行，通风、照明、供水、污水排放、生产设备及用具等设施按 6.3~6.11 的规定执行。

7.1.2  分割加工间应配有温度调控装置，并配有温度表或电子温度记录仪。

7.1.3  分割加工车间应配备不透气、不漏水的特制容器，盛放分割后不适于食用的废弃肉，并加盖；如果数量大，当日无法无害化处理时，应有专用房间存放，并加锁。

## 8  患病动物隔离观察圈

8.1  应远离生产、生活区，处于屠宰加工场（厂）下风口位置，并有隔离设施。

8.2  入口处应设置消毒池。

8.3  配备消毒、检查设备。

8.4  圈内净道、污道分设，并在入口设置人员更衣消毒室。

8.5  圈内应当有无害化处理、污水污物处理设备。

8.6  设置紧急扑杀间，并配备相关设备。

8.7  应当建立动物登记、消毒、无害化处理后的物品流向登记、人员防护等制度。

## 9  无害化处理间

9.1  屠宰场或屠宰加工场（厂）应当设置无害化处理间。

9.2  无害化处理间出入口处设置消毒池，并设有单独的人员消毒通道。

9.3  无害化处理间入口处设置人员更衣室，出口处设置消毒室。

9.4  无害化处理间应配置消毒设备。

9.5  无害化处理间配备污水污物处理设施、设备。

9.6  污水、污物、患病动物的无害化处理按照 GB 16548 的要求进行。

9.7  无害化处理间应当建立动物和动物产品入场登记、消毒、无害化处理后的物品流向登记、人员防护等制度。

# 中华人民共和国国家标准

GB/T 19479—2004

## 生猪屠宰良好操作规范

Good manufacturing practice for pig slaughting

2004 - 03 - 16 发布/2004 - 08 - 01 实施

中华人民共和国国家质量监督检验检疫总局　中国国家标准化管理委员会　发布

## 前　言

本标准是在依据了 CAC/RCP1—1969，Rev. 3（1997）和 CAC/RCP1—1969，Rev. 3（1997）Annex 原则，参考了美国 FDA21part110 及加拿大相关标准内容的基础上，结合我国国情制定的。标准中明确规范了屠宰加工企业的厂区环境、厂房及设施，设备，组织结构，人员，卫生管理，加工管理，包装和卫生标志、标签，品质管理，储运管理，质量信息反馈及处理，制度建立与记录等内容。

本标准由中国商业联合会提出。

本标准由中国肉类协会归口。

本标准由中国农业大学食品科学学院、国家经贸委屠宰技术鉴定中心负责起草。

本标准主要起草人：马长伟、金志雄、徐静、王贯际、张新玲、刘虎成。

# 生猪屠宰良好操作规范

## 1 范围

本标准规定了对生猪屠宰分割企业的人员、环境与设施、宰前、屠宰、宰后处理及分割、贮藏和运输过程中品质和卫生管理等方面的基本技术要求。

本标准适用于生猪屠宰及分割加工企业。

## 2 规范性引用文件

下列文件中的条款通过本标准的引用而成为本标准的条款。凡是注日期的引用文件，其随后所有的修改单（不包括勘误的内容）或修订版均不适用于本标准，然而，鼓励根据本标准达成协议的各方研究是否可使用这些文件的最新版本。凡是不注日期的引用文件，其最新版本适用于本标准。

GB 5749　生活饮用水卫生标准

GB/T 6388　运输包装收发货标志

GB 7718　食品标签通用标准

GB 9959.2　分割鲜、冻猪瘦肉

GB 9959.3　分部位分割冻猪肉

GB 13457　肉类加工工业水污染物排放标准

GB/T 17236—1998　生猪屠宰操作规程

GB/T 17996—1999　生猪屠宰产品品质检验规程

GB 50317—2000　猪屠宰与分割车间设计规范

《中华人民共和国食品卫生法》

## 3 术语和定义

下列术语和定义适用于本标准。

### 3.1 **猪屠体**　pig body

猪屠宰、放血后的躯体。

### 3.2 **猪胴体**　pig carcass

生猪屠宰，放血，去毛、头、蹄、尾、内脏的躯体。

### 3.3 **片猪肉**　half carcass

沿背脊正中线将猪胴体劈成两片的分体。

### 3.4 **分割肉**　cut meat

胴体去骨后，按规格要求分割成各个部位的肉。

### 3.5 **内脏**　offal

猪脏腑内的心、肝、肺、脾、胃、肠、肾等。

### 3.6 **挑胸**　breast splitting

用刀刺入放血口，沿胸部正中挑开胸骨。

### 3.7 **雕圈**　cutting of around anus

沿肛门外围，将刀刺入雕成圆形。

### 3.8 **描脊**　cutting the middle line of back fat

沿背脊正中线，用刀切开皮层、皮下脂肪。

### 3.9 **同步检验**　synchronous inspection

生猪屠宰剖腹后，取出内脏放在设置的盘子上或挂钩装置上并与胴体生产线同步运行，以便兽医对照检验和综合判断的一种检验方法。

### 3.10 **验收间**　inspection and reception department

活猪进厂后检验接收的场所。

3.11　**隔离间**　isolating room

隔离可疑病猪，观察、检验疫病的场所。

3.12　**待宰间**　waiting pens

宰前停食、饮水、冲淋的场所。

3.13　**急宰间**　emergency slaughtering room

屠宰病、伤猪的场所。

3.14　**屠宰车间**　slaughtering room

自致昏放血到加工成片猪肉的场所。

3.15　**分割车间**　cutting and deboning room

胴体冷却、剔骨、分割、分部位肉的场所。

3.16　**副产品加工间**　by-products processing room

心、肝、肺、脾、胃、肠、肾及头、蹄、尾等器官加工整理的场所。

3.17　**有条件可食用肉处理间**　edible processing room

采用高温、冷冻或其他有效方法，使有条件可食肉中的寄生虫和有害微生物致死的场所。

3.18　**不可食用肉处理间（化制车间）**inedible and waste processing room

将不符合卫生要求（不可食用）的屠体（病、死猪）或其病变组织、器官经过干法或湿法处理，达到对人、畜无害的处理的场所。

3.19　**非清洁区**　non-hygienic area

待宰、致昏、放血、烫毛、脱毛、剥皮和胃、肠、头、蹄、尾加工处理的场所。

3.20　**清洁区**　hygienic area

胴体加工，修整，心、肝、肺加工，暂存发货间，分割、分级和计量等场所。

3.21　**胴体发货间**　carcass deliver goods department

猪宰后胴体和片猪肉成品发货的场所。

3.22　**副产品发货间**　by-products deliver goods department

猪副产品发货的场所。

3.23　**包装间**　packing department

猪分割肉产品的包装场所。

3.24　**冷却间**　chilling room

对产品进行冷却的房间。

3.25　**冻结间**　freezing room

冻结产品的房间。

# 4　人员

## 4.1　卫生教育

工厂对新参加工作及临时参加工作的人员要进行上岗卫生安全教育。定期对全厂职工进行《中华人民共和国食品卫生法》、各种卫生规范、操作规程进行宣传教育，做到卫生培训制度化和规范化。

## 4.2　健康检查

生产人员及与生产有关的管理人员至少每年进行一次健康检查，新参加工作和临时参加工作的人员，应经过健康检查取得健康合格证后方可上岗，并建立职工健康档案。凡患有下述疾病之一者，不得从事屠宰和接触肉品的工作：痢疾、伤寒、病毒性肝炎及消化道传染病（包括病原携带者）、活动性肺结核、化脓性或渗出性皮肤病及其他有碍食品卫生的疾病。

## 4.3　受伤处理

凡受刀伤或其他外伤的生产人员，应立即采取妥善措施包扎防护，否则不得从事屠宰和接触肉品的工作。

## 4.4　洗手要求

生产人员遇到下列情况之一，必须洗手消毒：开始工作之前；上厕所之后；处理被污染的原料或病猪及其内脏之后；从事与生产无关的其他活动之后。

## 4.5　个人卫生

4.5.1　生产人员应保持良好的个人卫生，勤洗澡、勤换衣、勤理发，不留长指甲和涂抹指甲油。

4.5.2　进车间必须穿工作服、工作鞋、戴工作帽，头发不得外露。

4.5.3 生产工作人员不得在工作岗位或工作区域从事可能影响产品质量的活动。

4.5.4 生产人员不得穿戴工作服、鞋、帽到非生产场所和厕所。

### 4.6 监督措施

对人员卫生及健康的要求必须作为工作制度予以监督，并确定监管人员监督员工的卫生、健康状况。

## 5 环境与设施

### 5.1 厂址选择

5.1.1 所选厂址应远离居民区，不得靠近城市水源的上游，并位于城市居住区夏季主导风向下风侧至少500m以上。并且应避开产生有害气体、烟雾、粉尘等物质的工业企业及其他产生污染源的地区或场所。

5.1.2 厂址选择应考虑电源、水源及运输条件，并有经过处理的污水排放渠道和途径。

### 5.2 厂区规划

5.2.1 厂区内应划分生产区和非生产区。生产区应包括验收间、隔离间、待宰间、急宰间、屠宰车间、分割车间、副产品加工间、有条件可食用肉处理间、不可食用肉处理间。

5.2.2 生产区中待宰猪及废弃物的出入口和产品及人员出入口应分开，单独设立，且产品和废弃物及待宰猪不得共用同一通道。

5.2.3 屠宰和分割车间应设置在不可食用肉处理间、废弃物集存区域、污水处理场所、锅炉房、煤场、待宰间的上风向，远离养殖区域，并根据卫生要求将厂区内的清洁区和非清洁区明显分开，防止非清洁区对清洁区的污染。

5.2.4 厂区内建筑物周围、道路两侧空地均应绿化。屠宰及分割车间所在的区域周围路面、场地必须平整、无积水。主要通道及场地宜采用混凝土铺设。

### 5.3 屠宰场（厂）设施要求

5.3.1 车间内地面应采用不渗水、防滑、易清洗、耐腐蚀的材料，其表面应平整无裂痕、无局部积水。排水坡度：分割车间不应小于1%，屠宰车间不应小于2%。车间内墙面及墙裙应光滑平整，并应采用无毒、不渗水、耐冲洗的材料制作，颜色宜为白色或浅色。墙裙如采用不锈钢或塑料板制作时，所有板缝间及边缘连接处应是密闭的。墙裙高度：屠宰车间不应低于3m，分割车间不应低于2m。

5.3.2 地面、顶棚、墙、柱、窗口等处的阴阳角，必须设计成弧形。顶棚或吊顶应采用光滑、无毒、耐冲洗、不易脱落的材料，其表面应平整简洁，不应有不易清洗的缝隙、凹角或突起物，不宜设过密的次梁。门窗应采用密闭性能好、不变形、不渗水、防锈蚀的材料制作。内窗台宜设计成向下倾斜45°的斜坡，或采用无窗台构造。楼梯及扶手、栏板均应做成整体式，面层应采用不渗水材料制作。楼梯与电梯应便于清洗消毒。

5.3.3 产品或半成品通过的门，应有足够宽度，避免与产品接触。通行吊环的门洞，其宽度不应小于1.2m；通行手推车的双扇门，应采用双向自由门，其门扇上部应安装由不易破碎材料制作的通视窗。

5.3.4 车间采光、照明良好，能满足生产要求。

5.3.5 车间内应设有防止蚊蝇、昆虫、鼠类进入的设施。

5.3.6 宰前建筑设施应包括卸猪站台、赶猪道、验收间（包括司镑间）、待宰间（待宰冲淋间）、隔离间，并有专门的兽医工作室与药品间等。这些设施应符合GB 50317—2000的4.2中规定的要求。

5.3.7 急宰间应设在隔离间附近，并设有单独的更衣室和淋浴室。地面排水坡度不可小于2%。

5.3.8 屠宰车间内应划分为清洁区和非清洁区。两区域划分明确，不得交叉污染，使用器具也不得随意串用。

5.3.9 冷却间、胴体发货间与屠宰车间相连，发货间应通风良好，并宜采用冷却措施。发货间外应设发货站台，有条件的地方做成封闭式发货站台。

5.3.10 放血槽和集血池应采用不渗水、耐腐蚀材料制作，表面光滑平整，便于清洗消毒。放血槽起始段8m～10m坡度不应低于5%，最低处应分设血、水输送管道。集血池最小应能容纳3h屠宰的集血量，池底应有坡度，并与排血管相连。

5.3.11 烫毛生产线的烫池部位宜设天窗，且烫毛生产线和剥皮生产线之间设置隔墙。

5.3.12 疑似病猪胴体间和病猪胴体间应设置在胴体、内脏同步检验轨道的邻近处。病猪胴体间应有直通车间外的门。

5.3.13 分割车间应包括胴体预冷间、分割剔骨间、产品冷却间、包装间、包装材料间、磨刀清洗间和空调设备间。

5.3.14 胴体预冷间、产品冷却间至少应各设两间，室内墙面和地面应易于清洗和消毒。胴体预冷间的设计温度为0℃～4℃，分割肉冷却间温度应为0℃；分割剔骨间的温度为15℃以下；包装间的室温不应高于10℃。并且分割剔骨间、包装间应做吊顶，室内净高不应低于3m。

5.3.15　屠宰车间和分割车间的设计面积可参照 GB 50317—2000 中 4.4 和 4.5 中的相关条款执行。

5.3.16　所有接触肉品的加工设备，以及操作台面、工具、容器、包装及运输工具等设计和制作应符合卫生要求，使用的材料应表面光滑、无毒、不渗水、耐腐蚀、不生锈，并便于清洗消毒。屠宰车间设备采用不锈蚀金属或热镀锌钢材制作；分割车间设备采用不锈蚀金属和符合食品卫生的其他材料制作。

### 5.4　卫生设施

#### 5.4.1　废弃物临时存放设施

在厂区的非清洁区内设置废弃物临时存放设施，该设施必须采用便于清洗、消毒的材料制作，结构严密，能防止害虫、鼠类等进入繁殖，日产日清。并确保废弃物不会漏出，污染厂区或道路。厂区的清洁区内不得有其他堆放垃圾的场所。

#### 5.4.2　废水、废气（汽）处理系统

必须有废水、废气（汽）处理系统，并保持良好状态。处理效果能够达到 GB 13457 的规定。生产车间的下水道口须设地漏、铁箅，并不得和厕所下水道及其他不洁净排水水管相通。有防止污染水源和鼠类、昆虫通过排水管道进入车间的有效措施。

#### 5.4.3　淋浴室、更衣室及厕所

5.4.3.1　淋浴室应设置天窗或通风排气孔和采暖设施。淋浴器按每班工作人员每计每 20 人一个，并与更衣室相通。

5.4.3.2　更衣室衣柜应设储衣柜和衣架，储衣柜应分设，离地面 20cm 以上，并配备穿衣镜供工作人员自检。

5.4.3.3　生产车间的厕所应设置在车间外侧，并一律为水冲式。备有洗手设施和排臭装置，其出入口不得正对车间门，并要避开通道，其排污管道与车间排水管道分设。

#### 5.4.4　洗手消毒设施

5.4.4.1　生产车间进口处及车间内的适当地点、厕所出口等，应设有热水、冷水非手动开关的洗手设施，并配有洗手液及干手器。

5.4.4.2　屠宰间和分割间内，必须有非手动式的洗手设施。

5.4.4.3　活猪进厂入口处设置与门同宽，长 3m、深 0.1m~0.15m 便于排放消毒液的车轮消毒池；病猪隔离间、急宰间和化制车间的门口，必须设有便于手推车出入的与门同宽，长 2m、深 0.1m 便于排放消毒液的消毒池。

5.4.4.4　车间内应设有工器具、容器和固定设备的清洗、消毒设施，并应有充足的冷热水源。这些设施采用无毒、耐腐蚀、易清洗的材料制作，固定设备的清洗设施应配有食用级的软管。

### 5.5　给水系统

5.5.1　给水系统应能适应生产需要，设施应合理有效，经常保持畅通，生产用水应符合 GB 5749 的要求。车间的储水设备应有防污染设施和清洗消毒设施，定期对其进行清洗消毒。

5.5.2　根据生产需要，车间在用水位置合理设置冷热水管，清洗用热水温度不宜低于 40℃，消毒用热水不宜低于 82℃消毒热水管出口应配备温度指示计。

5.5.3　车间内应配备清洗墙裙和地面的高压冲洗设备和软管。

## 6　屠宰分割加工过程

### 6.1　宰前要求

6.1.1　待宰猪应来自非疫区，健康良好，严格按照 GB/T 17996—1999 规定的检验程序检验并有开具的宰前检验合格证明。

6.1.2　待宰猪临宰前应静养 12h~24h，充分喂水至宰前 3h 停止。

6.1.3　待宰猪在屠宰前先进入喷淋通道，充分洗净猪体表面的灰尘、污泥、粪便等。

6.1.4　送宰猪在经过屠宰通道时，应按顺序赶送，不得采用脚踢、棒打等粗暴方式驱赶。

### 6.2　电致昏

6.2.1　麻电设备应安装电压表、电流表、调压器，并能根据生猪和屠宰季节，适当调节电压和麻电时间。

6.2.2　麻电操作人员应穿戴合格的绝缘靴、绝缘手套。

6.2.3　使用人工麻电器应在其两端分别蘸盐水（防止电源短路），操作时在猪头颞颥区（俗称太阳穴）额骨与枕骨附近（猪眼与耳根交界处）进行麻电；将电极的一端按在颞颥区，另一端按在肩胛骨附近。

6.2.4　猪被麻电后心脏应跳动，呈昏迷状态，不得致其死亡。

6.2.5　麻电后用链钩套住猪左后脚跗骨节，将其提升到轨道上（套脚提升）。

### 6.3　刺杀放血

6.3.1　从麻电致昏至刺杀放血，时间不得超过 30s。刺杀放血刀口长度约 5cm。沥血时间不得少于 5min。

6.3.2 刺杀时操作人员一手抓住猪前脚，另一手提刀，刀尖向上，刀锋向前，对准第一肋骨咽喉正中偏右0.5cm~1cm处向心脏方向刺入，再侧刀下拖切断颈部动脉和静脉，不得刺破心脏。刺杀时不得使猪呛膈、瘀血。

6.3.3 刺杀刀应消毒后轮换使用。

### 6.4 浸烫脱毛

6.4.1 放血后的猪屠体应用喷淋水或清洗机冲淋，清洗血污、粪污及其他污物。

6.4.2 应按猪屠体的大小、品种和季节差异，控制浸烫水温在58℃~63℃，浸烫时间为3min~6min，不得使猪屠体沉底、烫老。浸烫池应有溢水口和补充净水的装置。

6.4.3 经机械脱毛或人工刮毛后，将猪体提升悬挂，用清水洗刷浮毛、污垢，再修割，冲淋。

6.4.4 按GB/T 17996—1999对检验刮毛、冲淋后的猪屠体做头部和体表检验。

6.4.5 在每头屠体的耳部或腿部外侧，用变色笔编号，字迹应清晰。不得漏编、重编。

### 6.5 开膛、净腔

可采用带皮开膛、净腔或去皮开膛、净腔，开膛时不得割破肠、胃、胆囊、膀胱、子宫等。

#### 6.5.1 带皮开膛、净腔

6.5.1.1 雕圈：刀刺入肛门外围，雕成圆圈，掏开大肠头垂直放入骨盆内。应使雕圈少带肉，肠头脱离括约肌，不得割破直肠。

6.5.1.2 开膛：自放血口沿胸部正中挑开胸骨，沿腹部正中线自上而下剖开腹腔，将生殖器从脂肪中拉出，连同输尿管全部割除，不得刺伤内脏。放血口、挑胸、剖腹口应连成一线，不得出现三角肉。

6.5.1.3 拉直肠、割膀胱：一手抓住直肠，另一手持刀，将肠系膜及韧带割断，再将膀胱和输尿管割除，不得刺破直肠。

6.5.1.4 摘除肠、胃（肚）：一手抓住肠系膜及胃部大弯头处，另一手持刀在靠近肾脏处将系膜组织和肠、胃共同割离猪体，并割断韧带及食道，不得刺破肠、胃、胆囊。

6.5.1.5 摘除心、肝、肺：一手抓住肝，另一手持刀，割开两边膈膜，取横膈膜的肌脚备检。左手顺势将肝向下拉，右手持刀将连接胸腔和颈部的韧带割断，并割断食管和气管，取出心、肝、肺，不得使其破损。

6.5.1.6 去除三腺：摘除甲状腺、肾上腺及病变的淋巴结等。摘除甲状腺应指定专人，不得遗漏并妥善保管。

6.5.1.7 冲洗胸、腹腔：取出内脏后，应及时用足够压力的净水冲洗胸腔和腹腔，洗净腔内瘀血、浮毛、污物。

6.5.1.8 生猪屠宰时应做到胴体、内脏、头蹄不落地。

6.5.1.9 摘除内脏各部位的同时，应由检验人员按GB/T 17996—1999进行同步检验。

#### 6.5.2 去皮开膛、净腔

##### 6.5.2.1 去皮

可采用机械剥皮或人工剥皮。

###### 6.5.2.1.1 机械剥皮

按剥皮机性能，预剥一面或两面，确定顶剥面积。剥皮按以下程序操作：

a）挑腹皮：从颈部起沿腹部正中线切开皮层至肛门处；

b）剥前腿：挑开前腿腿裆皮，剥至脖头骨脑顶处；

c）剥后腿：挑开后腿腿裆皮，剥至肛门两侧；

d）剥臀皮：先从后臀部皮层尖端处开一小块皮，用手拉紧，顺序下刀，再将两侧臀部皮和尾根皮剥下；

e）剥腹皮：左右两侧分别剥；剥右侧时，一手拉紧、拉平后档肚皮，按顺序剥下后腿皮、腹皮和前腿皮；剥左侧时，一手拉紧脖头皮，按顺序剥下脖头皮、前腿皮、腹皮和后腿皮；

f）夹皮：将预剥开的大面猪皮拉平、绷紧，放入剥皮机卡口、夹紧。

g）开剥：水冲淋与剥皮同步进行，按皮层厚度掌握进刀深度，不得划破皮面，少带肥膘。

###### 6.5.2.1.2 人工剥皮

将屠体放在操作台上，按顺序挑腹皮、剥臀皮、剥腹皮、剥脊背皮。剥皮时不得划破皮面，少带肥膘。

##### 6.5.2.2 开膛、净腔

按6.5.1操作。

### 6.6 劈半（锯半）

6.6.1 将经检验合格的猪胴体去头、尾。

6.6.2 可采用手工劈半或电锯劈半。手工劈半或电锯劈半时应"描脊"，使骨节对开，劈半均匀。采用桥式电锯劈半时，应使轨道、锯片、引进槽成直线，不得锯偏。

**6.6.3** 劈半后的片猪肉还应立即摘除肾脏（腰子），剥离腹腔板油，冲洗血污、浮毛、锯肉末。

### 6.7 修整、复检

**6.7.1** 按顺序修整腹部，修割乳头、放血刀口，割除槽头、护心油、暗伤、脓疮、伤疤和遗漏病变腺体，去净残留绒毛及长短毛。

**6.7.2** 修整后的片猪肉应进行复检，合格后割除前后蹄，加盖检验印章，计量分级。

**6.7.3** 全部屠宰过程不得超过45min，从放血到摘取内脏，不得超过30min，从屠体编号（6.4.5）到复检，加盖检验印章，不得超过15min。

### 6.8 整理副产品

**6.8.1** 分离心、肝、肺

切除肝膈韧带和肺门结缔组织及摘除胆囊时，不得使其损伤、不得残留；猪心上不得带护心油、横膈膜；猪肝上不得带水泡；猪肺上允许保留5cm肺管。

**6.8.2** 分离脾、胃（肚）

将胃底端脂肪割断，切断与十二指肠连接处和肝胃韧带。剥开网油，从网膜上割除脾脏，少带油脂。翻胃清洗时，一手抓住胃尖冲洗胃部污物，用刀在胃大弯处戳开约10cm的小口，再用洗胃机或长流水将胃翻转冲洗干净。

**6.8.3** 扯大肠

摆正大肠，从结肠末端将油脂撕至离盲肠与小肠连接处15cm～20cm，将大肠割断、打结。不得使盲肠被损，残留油脂过多。翻洗大肠：一手抓住肠的一端，另一只手自上而下挤出粪污，并将肠子翻出一小部分，用一手二指撑开肠口，另一手向大肠内灌水，使肠水下坠，自动翻转。经清洗、整理的大肠不得带粪污，不得断肠．

**6.8.4** 扯小肠

将小肠从割离胃的断面拉出，一手抓住油脂（花油），另一手将小肠末梢挂于操作台边，自上而下排出粪污，操作时不得扯断、扯乱。扯出的小肠应及时采用机械或人工方法清除肠内污物。

**6.8.5** 摘胰脏

从肠系膜中将胰脏摘下，胰脏上应少带油脂。

### 6.9 分割

**6.9.1** 分割肉加工工艺宜采用冷剔骨工艺，即片猪肉在冷却后进行分割剔骨。

**6.9.2** 分割肉应修割净伤斑、出血点、碎骨、软骨、血污、淋巴结、脓疮、浮毛及杂质。严重苍白的肌肉及其周围有浆液浸润的组织应剔除。

**6.9.3** 片猪肉可以采用卧式或立式分段，并分别使用卧式分段锯和立式分段锯。

**6.9.4** 分割的原料及产品采用平面带式输送设备，其传动系统应选用电辊筒减速装置，在输送带两侧设置不锈钢或其他符合食品卫生要求的材料制作的分割工作台，进行剔骨分割，输送机末端配备分检台，对分割产品进行检验。

**6.9.5** 屠宰车间非清洁区的器具和运输工具不得进入分割间，非分割间工作人员不得随意进入分割区。

**6.9.6** 分割产品品种和质量要求根据需要按照GB 9959.2和GB 9959.3的要求执行。

### 6.10 冷却及冻结

**6.10.1** 分割冷却猪肉系列产品冷却终温应在24h之内达到，其肌肉深层中心温度不得高于7℃。

**6.10.2** 分割冻结猪肉系列产品的冻结终温须使其肌肉深层中心温度不得高于－15℃。

## 7 屠宰加工过程检验

### 7.1 宰前检验

应根据GB/T 17996—1999规定的要求，对送宰生猪做验收检验、待宰检验和送宰检验。其中送宰检验必须在屠宰前24h之内进行。

### 7.2 宰后检验

在生猪屠宰后，应根据GB/T 17996—1999和GB/T 17236—1998附录A规定立即进行头部检验、体表检验、内脏检验、寄生虫检验、胴体初验、复验、盖章。

### 7.3 检验操作要求

**7.3.1** 从取肠胃开始至胴体初验，其间工序应采用胴体和内脏同步运行方法进行检验或同一屠体的肉尸、内脏、头和皮在屠宰过程中编号统一，便于复检。

**7.3.2** 刺杀、放血、挑胸、剖腹、摘取内脏、劈半、修整各工序都要设立检验点，配备专职检验人员，按上述检验方法严格检验。

7.3.3  经检验后的肉尸、内脏和皮张，应按不同处理情况分别加盖不同印记。印章规格和使用类别应遵照 GB/T 17996—1999 附录 A 的要求执行．印记使用色素必须是食品级。

### 7.4  检验结果异常的处理

7.4.1  如宰后发现炭疽等恶性传染病或其疑似病猪，应立即停止工作，封锁现场，采取防范措施，将可能被污染的场地、所有屠宰用的工具及工作服（鞋、帽）等进行严格的消毒。在保证消灭一切传染源后，方可恢复屠宰。患猪粪便、胃肠内容物及流出的污水、残渣等应消毒后移出场外。

7.4.2  宰后发现各种恶性传染病时，其同群未宰猪的处理办法同宰前。

7.4.3  发现疑似炭疽等恶性传染病时，应将病变部分密封，送至化验室进行化验。

7.4.4  宰后发现人畜共患传染病时，凡与病猪接触过的人员应立即采取防范措施。

## 8  包装、标签和标识

8.1  必须对产品的包装材料、标签进行检查，包装材料应符合相关国家标准的规定，不合格者不得使用。食品标签应符合 GB 7718 的规定。

8.2  包装材料和标签应由专人保管，每批产品标签凭相应的出库证明才能发放、领用。销毁的包装材料应有记录。

8.3  在印字或贴签过程中，应随时抽查印字或贴签质量。印字要清晰，贴签要贴正、贴牢。成品包装内不得夹放与食品无关的物品。

8.4  分割产品的包装箱外的标识应符合 GB/T6388 的规定，两侧应标明肉的名称、质量、企业名称和贮存条件。

## 9  成品贮存、运输

9.1  经检验合格的包装产品应贮存于成品库，其容量与生产能力相适应，要设有温、湿度监测装置和防鼠、防虫等设施，定期检查和记录。

9.2  冷却片猪肉及其分割产品应在相对湿度为 75%～84%、温度为 0℃～1℃ 的冷却间贮存，并且片猪肉需吊挂，肉体间距不得低于 3cm～5cm。

9.3  冻片猪肉及其分割产品应在相对湿度为 95%～100%，温度为 -18℃ 的冻藏间贮存，且冻藏间一昼夜温度升降幅度不得超过 1℃。

9.4  成品入库应有存量记录，成品出库应有出货记录，内容至少包括批号、出货时间、地点、接货方、数量等，以便发现问题及时回收。

9.5  公路水路运输应使用符合卫生要求的冷藏车（船）或保温车。

9.6  铁路运输应按国家有关规定执行。

## 10  记录

### 10.1  宰前检验

10.1.1  凡运到屠宰厂（场）的猪应具备养殖地检验合格证明并存查，并将验收的健康检查情况详细记录备查。

10.1.2  经宰前检验发现猪有传染病时，除按规定处理外应记录备案。

10.1.3  检验人员认为必须急宰的猪，应出具急宰证明单，以供宰后检验时查对。

### 10.2  宰后检验

10.2.1  检验人员应将宰后检验结果及处理情况详细记录，以备统计查考。

10.2.2  每天检验工作完毕，应将当天的屠宰头数、产地、货主，以及宰前和宰后检验查出的病畜和不合格肉的处理情况进行登记。

### 10.3  生产记录

10.3.1  对生产车间的各关键工序要编制相应的操作规程和岗位说明书，建立严格岗位责任制。

10.3.2  各生产车间的生产技术和管理人员，应按照生产过程中各关键工序控制项目及检查要求，对产品质量和卫生指标等情况进行记录。

10.3.3  要对重要的生产设备定期检修，并作检修记录。

10.3.4  应具备对生产环境进行监测的能力，并定期对关键工艺环境的温度、湿度、空气净化度等指标进行监测记录。

10.3.5  应具备对生产用水的监测能力，定期进行监测并记录。

10.3.6　对品质管理过程中发现的异常情况，应迅速查明原因做好记录，并加以纠正。

10.3.7　应对用户提出的质量意见详细记录，并做好调查处理工作和记录。

10.3.8　应具备对排放污水的监测能力，定期进行监测并记录。

## 11　品质管理

11.1　屠宰厂（场）必须设置独立的与生产能力相适应的品质管理机构，直属工厂负责人领导。各车间设专职质检员，各班组设兼职质检员，形成一个完整而有效的品质监控体系，负责生产全过程的品质监督。

11.2　品质管理机构必须制定完善的品质管理制度，并且要确保这些管理制度切实可行、便于操作和检查。这些管理制度至少应包括下述内容：

11.2.1　在加工过程中检验的不合格品及成品检验中的不合格品的管理制度。

11.2.2　宰前、屠宰分割过程中及宰后的检验流程和检验制度，包括各环节的检验项目、检验标准、抽样和检验方法等管理制度。

11.2.3　生产工艺操作核查制度。

11.2.4　清场管理制度。

11.2.5　各种原始记录和生产管理记录管理制度。

11.3　必须设置专门的与生产过程适应的检验室，配备必需的检验器材、仪器、设备，并定期校准鉴定，使其处于良好状态。

11.4　根据要求配备专业化的检验人员，其中主要品质检验人员必须取得兽医资格，品质管理人员和监督人员必须是相关专业毕业并经过严格的质量和卫生培训。

11.5　定期对生产设备和计量器具进行检修，并做好检修记录。

11.6　定期对生产环境、生产用水的相应指标进行检测，特别是关键工艺环境的湿度、温度、空气洁净度等指标进行监测。

11.7　定期对生产过程和质量体系运行情况进行检查，对生产过程中的各项操作流程、岗位责任制的执行进行校验，对检查和验证中发现的问题进行调整，并定期向卫生行政部门汇报产品的生产质量情况。

11.8　建立完整的品质管理档案，并设置专门的档案室和管理人员，各种记录分类归档，保存两年备查。

# 中华人民共和国农业行业标准

NY/T 1340—2007

## 家禽屠宰质量管理规范
Specifications of Quality Management for Poultry Slaughtering

2007 - 04 - 17 发布/2007 - 07 - 01 实施
中华人民共和国农业部　发布

## 前　言

本标准由中华人民共和国农业部提出。

本标准由全国畜牧业标准化技术委员会归口。

本标准起草单位：全国畜牧总站。

本标准主要起草人：徐百万、辛盛鹏、田莉、武玉波、佘锐萍、刘彬、田双喜、林剑波、李一平、冯秀燕。

# 家禽屠宰质量管理规范

## 1　适用范围

本标准规定了家禽屠宰的设备设施、卫生管理、屠宰过程、包装、储存、运输的基本要求。

本标准适用于家禽屠宰的质－管理。

## 2　引用标准

下列文件中的条款通过本标准的引用而成为本标准的条款。凡是注日期的引用文件，其随后所有的修改单（不包括勘误的内容）或修订版均不适用于本标准，然而，鼓励根据本标准达成协议的各方研究是否可使用这些文件的最新版本。凡是不注日期的引用文件，其最新版本适用于本标准。

GB 5749　生活饮用水卫生标准

GB 7718　食品标签通用标准

GB 12694　肉类加工厂卫生规范

GB 13457　肉类加工工业水污染物排放标准

GB 16548　畜禽病害肉尸及其产品无害化处理规范

GB 16869　鲜、冻禽产品

## 3　基本要求

### 3.1　厂址

3.1.1　厂址应选择在生态环境良好、地势较高、较干燥、水源充足、交通方便，没有或不直接受工业"三废"及农业、城镇生活、医疗废弃物污染的区域。

3.1.2　厂区应远离居民生活区、水源防护区、风景名胜区、人员密集区等环境敏感地区 500m 以上，符合环境保护要求，便于排放污水。

### 3.2　厂区

3.2.1　生产区建筑物与外界之间应设有围墙等防护地带，防止外来污染物侵入。

3.2.2　厂区道路采用便于清扫的硬质材料铺设，便于机动车通行，防止积水及尘土飞扬。

3.2.3　厂区应分设生产区和生活区，各区应有相关的办公等配套设施。

3.2.4　厂区应分设运送活禽和成品出厂的大门，场内不共用一个通道，并在送活禽入口处设置有效消毒池等消毒设施。

3.2.5　病禽隔离间、化制间、污水与污物处理设施与贮煤场所应位于厂区主导风向的下风向，并与生产车间间隔一定距离。锅炉房应设有消烟除尘设施，排烟除尘装置应设置在主导风向的下风向。

3.2.6　生产车间应按照生产工艺的先后次序和产品特点，设活禽待宰场、家禽吊挂间、浸烫脱毛间、去内脏间、冷却间、半成品加工间、成品包装检验间和贮存间等，保持各区域的连贯并根据不同卫生要求相对隔离，防止交叉污染。

3.2.7　厂区应设置密闭式的污物收集设施，并定期清洗、消毒，污物不应外溢，防止蚊虫集聚孳生。

3.2.8　厂房设计及材料符合 GB 12694 关于厂房的要求。

### 3.3　屠宰加工设备设施

#### 3.3.1　总体要求

3.3.1.1　设备设置应根据工艺要求，布局合理，利于清洗、消毒。

3.3.1.2　接触肉品的设备、工器具和容器，应使用无毒、无气味、不吸水、耐腐蚀、经得起反复清洗与消毒的材料制作，不应使用竹木工器具和容器。

3.3.1.3　设备、工具、管道表面要清洁，边角圆滑，无死角，不易积垢，不漏隙，便于拆卸、清洗和消毒。

3.3.1.4　各种管道、管线尽可能集中走向。冷水管不宜在生产线和设备包装台上方通过，防止冷凝水滴入食品。其他管线和阀门也不应设置在暴露原料和成品的上方。

3.3.1.5　工作区应有保障正常工作需要的通风和照明设备，照明设备应加防护罩。

3.3.1.6　生产线上应设置检验检疫所需的设备设施及操作空间。

3.3.1.7　盛装废弃物的容器不应与盛装肉品的容器混用。废弃物容器应选用金属或其他不渗水的材料制作。不同的容器应有明显的标志。

3.3.1.8 传动部分应有防水、防尘罩,便于清洗和消毒。

3.3.2 宰杀设备

3.3.2.1 宰杀间应设置能使活禽致昏设备,如麻电器等。

3.3.2.2 宰杀间应设置不渗透、易于清洗并能防止血液飞溅的放血槽。

3.3.2.3 宰杀间应设置宰杀刀具的清洗、消毒设备。

3.3.3 浸烫、脱毛设备

3.3.3.1 有与生产能力相适应并能保持适宜浸烫温度的浸烫设备。

3.3.3.2 浸烫池的设置应能够使禽体逆水流移动。

3.3.3.3 根据生产能力及不同家禽特点设置适宜的脱毛及羽毛输送设备,配备用于输送设备冲洗及防止羽毛飞扬的设施。

3.3.3.4 浸烫、脱毛间与去内脏间之间应有有效屏障。

3.3.3.5 浸烫、脱毛间应设有良好的通风设施。

3.3.4 内脏去除及冲洗设备

3.3.4.1 内脏去除设备应与屠宰家禽个体相适应,避免伤及内脏。

3.3.4.2 去内脏间应设置专门用于冲洗体腔、体表的压力冲洗设备。

3.3.4.3 冲洗体腔、体表的设备应具有往压力水中自动添加消毒液的功能。

3.3.5 冷却设备

3.3.5.1 冷却设备中至少包括预冷和冷却两个冷水池。

3.3.5.2 冷却池应安装易于计量冷却水用量的装置。

3.3.5.3 冷却设备应能使屠体在冷却池内逆水流移动。

3.3.5.4 冷却设备的能力应与生产能力相适应。

3.3.5.5 预冷及冷却池均应设置促使水温均匀、稳定的附属装置。

3.3.5.6 预冷设施应设有消毒液自动添加控制装置。

3.3.5.7 副产品冷却应有单独的冷却设备。副产品冷却与整理加工应分设在不同区域,防止交叉污染。

3.3.6 冷冻、冷藏设备

3.3.6.1 冷冻库、冷藏库应设置供码放产品所使用的货架或垫板。

3.3.6.2 冷冻库、冷藏库应设有报警装置、温度显示和记录装置,并定期校准。

3.3.6.3 冷冻、冷藏设备应满足生产中的降温要求。

3.4 给排水

3.4.1 应有足够的供水,水质应符合 GB 5749 的规定。

3.4.2 应有提供适宜压力和温度的供水设备,保障生产加工中浸烫、脱毛、工器具冲洗消毒、洗手等用。

3.4.3 用于生产蒸汽、制冷、消防和其他类似用途而不与食品接触的非饮用水,应使用完全独立、有鉴别颜色的管道输送,并不应与生产(饮用)水系统交叉联结。

3.4.4 供水管道应避免死角或盲端,设排污阀或排污口,便于清洗、消毒,防止堵塞。

3.4.5 污水排放应符合 GB 13457 标准的要求,达标后才可排放。净化和排放设施不应位于生产车间主风向的上方。

3.4.6 车间排水系统通畅,排水沟出口应与污水处理设施相连,并有防止有害动物侵入装置。

3.4.7 车间内地面应有一定坡度(1%~3%)并设明沟或暗沟,以避免积水明沟或暗沟的侧面和底面应平滑且有一定弧度,暗沟用盖子须坚固耐用不易生锈。

3.4.8 排水地漏口设置防止固体物流入的设施以及防止污水、臭气倒流的设施,数量和流量满足通畅排水的需求。

3.4.9 车间内排水沟管流向应由清洁区向非清洁区流动,并防止倒流。

3.5 卫生辅助设施

3.5.1 在车间进口处和车间内适当的地点应分别设置洗手设施。

3.5.2 要配备冷热水混合器,其开关应采用非手动式,龙头设置以每班人数在 200 人以内者按每 10 人 1 个,200 人以上者每增加 20 人增设 1 个。

3.5.3 洗手设施还应包括干手设备(热风、消毒干毛巾、消毒纸巾等);根据生产需要配备消毒手套、指甲刀、指甲刷、洗涤剂和消毒液等。

3.5.4　生产车间进口应设有工作靴鞋消毒池。

3.5.5　消毒池壁内侧与墙体呈坡形，其规格尺寸应根据情况使工作人员必须通过消毒池才能进入为目的。

3.5.6　不同清洁程度要求的区域应设有单独的更衣室，更衣室应设储衣柜或衣架、鞋箱（架），衣柜之间要保持一定距离，离地面20cm以上，如采用衣架应另设个人物品存放柜。

3.5.7　更衣室还应备有穿衣镜，供工作人员自检用。

3.5.8　淋浴室可分散或集中设置，但不应对产品造成潜在污染，淋浴器按每班工作人员计每20人～25人设置1个。

3.5.9　淋浴室应设置天窗或通风排气孔和采暖设备。

3.5.10　厕所设置应有利于生产正常进行和卫生清扫，其数量和便池坑位应根据生产需要和人员情况适当设置。

3.5.11　生产车间的厕所应设置在车间外侧，并一律为水冲式，备有洗手设施和排臭装置，其出入口不应正对车间门，要避开通道；其排污管道应与车间排水管道分设。

# 4　卫生管理

## 4.1　人员卫生要求

4.1.1　生产人员应身体健康，无影响食品卫生的疾病，经体检取得健康合格证后方可上岗工作。每年应进行一次健康检查并建立健康档案，必要时做临时健康检查。

4.1.2　应配备经培训合格的专职卫生管理人员负责卫生消毒工作。工作服、消毒池、更衣室、淋浴室、厕所等卫生设施，应有专人管理，建立管理制度，责任到人，保持良好状态。

4.1.3　进车间前更衣消毒，洗净双手。更换的工作服、帽、靴、鞋等应经有效消毒，且工作服应盖住外衣，头发不应露于帽外。

4.1.4　生产车间不应带入或存放与工作无关物品。工作时不吸烟、饮酒、吃食物及做其他有碍食品卫生的活动。

4.1.5　操作人员手部受到外伤，不应接触食品或原料。

4.1.6　离开生产加工场所，应脱下工作服、帽、靴。

4.1.7　不同卫生要求的区域或岗位的人员应穿戴不同颜色或标志的工作服、帽，以便区别。不同加工区域的人员不应串岗。

4.1.8　生产中使用手套作业的，手套应坚固且不妨碍食品卫生，易于清洁消毒处理，保持完好。

4.1.9　生产人员遇有下述情况之一时应洗手、消毒并有监督措施：

　　——开始工作之前；

　　——上厕所之后；

　　——手接触脏物、吸烟、用餐后；

　　——处理被污染的原材料之后；

　　——离开加工场所再次返回前；

　　——从事与生产无关的其他活动之后。

4.1.10　进入生产加工车间的其他人员（包括参观人员）均应遵守本规范的规定。

## 4.2　清洗、消毒

4.2.1　每班工作结束后，工作服、帽、靴等应集中管理，统一清洗消毒并保持清洁。肉品接触面、加工场地的地面、墙壁、排水沟应彻底清洗，必要时进行消毒。设备、工器具、操作台等肉品接触面用洗涤剂或消毒剂处理后，应再用水彻底冲洗干净。

4.2.2　不同清洁程度区域的工器具应专用，接触肉品的工器具在生产中不应接触地面、墙面。

4.2.3　生产中手消毒池和靴、鞋消毒池内消毒液的浓度应适宜有效。

4.2.4　更衣室、淋浴室、厕所、工间休息室等公共场所，应定期清扫、清洗、消毒、保持清洁。

4.2.5　厂房、机械设备、设施、给排水系统保持良好卫生和应用状态，每年至少进行一次全面检修。

## 4.3　废弃物处理

4.3.1　厂房通道及周围场地不应堆放杂物。

4.3.2　工作场地的废弃物应随时清除，及时用不渗水的专用车辆运到指定地点加以处理。废弃物容器、专用车辆和废弃物临时存放场应标识明显，并及时清洗、消毒。

## 4.4　除虫、灭鼠

4.4.1　厂区应定期或在必要时进行除虫灭鼠工作，要采取有效措施防止鼠类、蚊、蝇、昆虫等的聚集和孳生。

4.4.2　应由经过培训的人员按照使用方法使用各类杀虫剂或其他药剂，使用前应做好避免肉品、设备工具污染和人员中毒的预防措施，用药后将所用设备、工具彻底清洗，消除污染。

## 4.5 其他要求

4.5.1 厂区、车间和化验室使用的洗涤剂、消毒剂、杀虫剂、燃油、润滑油和化学试剂及其有毒有害物品应有专人管理，设立明显标识并贮存于专柜，制定严格使用管理制度，确保得到有效控制，避免造成污染。

4.5.2 除卫生和工艺需要，不应在生产车间使用和存放可能污染肉品的任何药剂。

4.5.3 建筑物和各种机械设备、装置、设施、给排水系统等均应保持良好状态，确保正常运行和整齐洁净，并建立健全维修保养制度，定期检查、维修。

4.5.4 厂内不应饲养其他动物。

# 5 屠宰过程

## 5.1 宰前检疫与检验

5.1.1 待宰活禽应感官检查健康，来自非疫区，具备附有齐全的动物防疫监督机构出具的证明文件。不应接收运输过程中死亡的、有传染病或疑似传染病的、来源不明或证明文件不全的禽只。

5.1.2 活禽在宰前应断食 12h 以上，给水适宜。

5.1.3 由动物防疫监督机构进行宰前检疫，凡检疫不合格及不能正常屠宰的活禽，应按照 GB 16548 或有关兽医规定处理，如需急宰应立即处理，严禁将健、病禽混宰。检疫合格后方能屠宰。

5.1.4 检验人员应了解家禽饲养情况，如使用的药物及饲料添加剂种类、用药时间及休药期、疫苗种类和接种时间等。必要时，进行实验室检测，确认待宰家禽健康。

5.1.5 应做好宰前检验检疫记录，相关记录及证明文件保存 2 年。

## 5.2 挂禽与宰杀

5.2.1 轻抓、轻挂家禽，将禽的双腿同时挂在挂钩上，防止损伤。

5.2.2 致昏可采用麻电或其他致昏措施，使其呈昏迷状态，严禁致死。

5.2.3 活禽在击晕后应立即宰杀。

5.2.4 宰杀时应准确切断颈动脉（按照宗教习惯宰杀的例外），沥血时间应充分，保证放血完全，放血后的屠体在浸烫前应已停止呼吸。

5.2.5 放血间的光照度宜保持在 50Lx 以下。

5.2.6 宰杀刀具等工具设备在生产中应按规定的频率清洗、消毒。

## 5.3 浸烫、脱毛

5.3.1 浸烫水保持清洁卫生，采用流动水，根据禽类的特点调整适宜的换水量。

5.3.2 浸烫水温和时间应根据品种等条件合理确定，防止胸肉烫白且易于脱毛。

5.3.3 浸烫后脱毛应快速、完全，避免禽体损伤，脱毛净度应符合 GB 16869 规定的要求。

5.3.4 脱毛时应用适宜的热水喷淋禽体。

5.3.5 脱毛后去除禽体残毛、黄皮、脚皮和趾壳等（利用石蜡去毛的工艺应完全去除禽体上残留石蜡碎片），并用清水冲干净，确保屠体不被粪便等污物污染。

## 5.4 内脏去除

5.4.1 去内脏的所有操作应在单独的房间内进行，防止交叉污染。

5.4.2 割开颈皮、分离颈皮时应避免割破肌肉。

5.4.3 完整去除嗉囊、食道、肠道等消化道及内脏时，应避免消化道及内脏损伤，防止消化道内容物等污染胴体。污染的胴体应从生产线摘下单独清洗处置。

5.4.4 机械或人工划开腹皮时，开口的大小以能伸进机械手、手掌或其他工具为宜，应避免刀具伤及内脏。

5.4.5 去内脏的器具每使用一次或人手每操作一次均应经过清洗、消毒，再进行后续的操作。

## 5.5 冲洗

5.5.1 去内脏后的体腔、体表应用压力喷射水充分冲洗干净。

5.5.2 冲洗器械每一次操作后应清洁消毒，机械和工具上的污物应用压力喷射水冲洗干净。

## 5.6 冷却

5.6.1 预冷胴体应采用清洁流动水，不应被消化道内容物、血水等污染。

5.6.2 胴体冷却池中冷却水的温度应保持在 4℃ 以下。

5.6.3 准确计量冷却用水，确保适宜的换水量。

5.6.4 冷却后胴体中心温度达到 10℃ 以下。

5.6.5 合理控制消毒液用量，使预冷水中消毒液浓度保持有效。

5.6.6　胴体出冷却槽后，应充分沥掉胴体体表及体腔的自由水。

5.6.7　制定并有效执行冷却系统监控程序，应记录并保存各种检查结果。

5.6.8　生产前、后应对冷却设备进行卫生清洁工作，专人负责检查，并作记录。

5.6.9　各种温度计、压力计、流量计及称重磅等设施应定期进行检查、校准。

### 5.7　宰后检疫

5.7.1　应对每只禽体表、内脏和体腔实施同步检疫，必要时进行触检或切开检查。经宰后检疫判定的可疑品，应进行实验室确认。

5.7.2　宰后检疫发现国家规定的一、二、三类传染病的胴体，立即向当地动物防疫监督机构报告。

5.7.3　为防止污染，在处理不宜人类食用的禽（被脓液污染、存在病变污染）废弃物时，应使用密闭的容器。

5.7.4　应做好宰后检疫和无害化处理记录，进行综合分析，必要时反馈给饲养场。

5.7.5　检疫过程中所用器具每次使用后均应进行清洗、消毒。

### 5.8　质量检验

5.8.1　应设有与生产能力相适应的质量检验部门，配备经专业培训并具备相应资格的检验人员。

5.8.2　应具备检验工作所需要的检验室、仪器设备、实验试剂、标准检测方法资料等，并有健全的管理手册和程序文件。

5.8.3　计量器具、检验、化验仪器、设备，必须定期检定、维修，确保使用中符合要求。

5.8.4　检验部门应按照国家、行业或企业标准，对原料、成品和生产环境进行检验，不合格的产品一律不应出厂。

5.8.5　各项检验报告及原始记录应保存备查。

## 6　包装、储存、运输

### 6.1　包装

6.1.1　各种包装材料应符合国家卫生标准和卫生管理办法的规定，不应含有有毒有害物质，不应改变肉的感官特性。

6.1.2　包装物料应有足够的强度，保证在运输和搬运过程中保持完好。

6.1.3　包装材料不应重复使用。

6.1.4　内、外包装物料应分别专库存放，包装物料库应干燥、通风，保持清洁卫生。

6.1.5　成品的外包装应贴有符合 GB 7718 规定的标签。

### 6.2　储存

6.2.1　先加工、先包装的产品先入库储存，产品出库时应遵循先入库产品先出库的原则。

6.2.2　冷冻冷藏储存库的温度应符合被储存肉品的特定要求。

6.2.3　储存库内物品与墙壁、地面、天花板保持一定的距离，分类、分批、分垛存放，标识清楚。同一库内不应存放可能造成相互污染、串味及有碍卫生的物品。

6.2.4　冷库应定期除霜，并设有防虫、防鼠装置，保持库内清洁、无异味。

### 6.3　运输

6.3.1　运输工具应符合卫生要求，并根据产品特点配备制冷、保温等设施。运输过程中应保持适宜的温度。

6.3.2　用于运输的工具不应运输活动物或其他可能污染肉类的物品。

6.3.3　包装肉与裸装肉不应同车运输，采取有效物理性隔离防护措施的例外。

6.3.4　鲜、冻肉不应敞运，装、卸时确保干净。运输作业应避免强烈震荡、撞击。

6.3.5　运输家禽的车辆及容器出厂前应彻底清洗、消毒。产品运输车辆、容器应经有效清洗、消毒后使用。

## 7　特殊条款

对于需要按照传统工艺或宗教习俗屠宰的家禽，在保证肉品安全卫生的前提下，可按传统工艺或宗教习俗屠宰。

# 中华人民共和国农业行业标准

NY/T 1174—2006

## 肉鸡屠宰质量管理规范
Quality Management practice for broiler Slaughtering

2006 - 07 - 10 发布/2006 - 10 - 01 实施
中华人民共和国农业部　发布

## 前　言

本标准由中华人民共和国农业部提出。

本标准由全国畜牧业标准化技术委员会归口。

本标准起草单位：北京华都集团有限责任公司。

本标准起草人：张立昌、李建魁、佘锋、吉晓春、刘伟、杨冰琳、田本财、辛利、韩世国。

# 肉鸡屠宰质量管理规范

## 1　范围

本标准规定了肉鸡屠宰加工过程中的设备要求，卫生质量要求、建议检验要求。

本标准适用于肉鸡屠宰加工企业组织生产，进行质量管理水平评价。

## 2　规范性引用文件

下列文件中的条款通过本标准的引用而成为本标准的条款，凡是注日期的引用文件，其随后所有的修改单（不包括勘误的内容）或修订版均不适用本标准，然而，鼓励根据本标准达成协议的各方研究是否可使用这些文件的最新版本。凡是不注日期的引用文件，其最新版本适用于本标准。

GB/T 4456　包装用聚乙烯吹塑薄膜

GB 5749　生活饮用水卫生标准

GB/T 6543　瓦楞纸箱

GB 7718　预包装食品标签通则

GB 14881　食品企业通用卫生规范

GB 16548　畜禽病害肉尸及其他产品无害化处理规程

GB 16549　禽畜产品检疫规范

GB 16869　鲜、冻禽产品

NY/T 330　肉用仔鸡加工技术规范

JJF 1070　定量包装产品净含量计量检验规则

## 3　术语和定义

下列术语和定义适用于本标准。

### 3.1　初级生产　primary production

从肉鸡饲养、抓捕、运输到屠宰前的整个过程。

### 3.2　原料鸡　live boiler

宜于人类食用的、健康的活体肉鸡。

### 3.3　胴体　carcass

经过放血、去毛、去爪、去内脏（不包括肺、肾）、去头等工序后肉鸡的整个躯体。

### 3.4　副产品　offal

除胴体外，加工后宜于人类食用的部分。

### 3.5　冷却　chilling

在 1h 内，通过冰水或其他方法，将胴体中心温度降至 10℃ 以下的过程。

## 4　厂区、厂房要求

### 4.1　企业的厂区设施应符合下列要求

4.1.1　屠宰场厂址的选择应远离污染源，远离居民区 500m 以上，厂区外围设有围墙。

4.1.2　原料鸡与成品应分别设出入口，并在运输原料鸡车辆出入口处设置车轮消毒池，消毒池应与门同宽，长度超过车轮周长。

4.1.3　厂区内运输原料鸡与成品的通道不得交叉。

### 4.2　企业的厂房及设施应符合下列要求

4.2.1　厂房面积和设备能力应与生产能力相适应。

4.2.2　厂区内应设有原料鸡接收场所（待宰间）、挂鸡间、放血间、浸烫脱毛间、内脏摘除间、预冷间、副产品处理间、速冻间、包装间和化制间。

4.2.3　厂内应设置专门存放，运输病死鸡及其他不可食用肌肉的密闭容器，该容器应用不渗透材料制成，设计上易于清洗，无渗透。

4.2.4　厂内应设置专门存放、外包装材料的库房，库内保持干燥、通风良好、清洁卫生。

4.2.5　车间内鸡体吊挂传送链、钩及其他相配套的加工设备和设施应无毒、无害，并易于清洗、消毒。

4.2.6　屠宰加工线生产线上应设置专门共检查员实施宰后检验的设施。

4.2.7　屠宰车间内应设置专门存放清洗、消毒化学用品的区域，并加有明显标识。

4.2.8　厂内应设置符合 GB 16548 要求的无害化处理设施。

4.2.9　厂内应设置清洗、消毒运输原料鸡车辆和工具的专门区域及其相关设备。

4.2.10　运输原料鸡的车辆及容器出厂前应彻底清洗消毒。

## 4.3　工厂设计与设施卫生要求

4.3.1　厂房建筑应坚固耐用，易于维修，便于清洗和消毒，并具有良好的保温和防火性能。

4.3.2　车间的墙裙高度应不低于 2m，放血处的墙裙不低于 3m，墙裙应采用无毒无害易于清洗、浅色明亮的建筑材料。

4.3.3　厂内的地沟设计应光滑，易于清洗、消毒，并设有防止固体废弃物进入、异味溢出、鼠类进入的装置。

4.3.4　厂内的更衣室、卫生间、淋浴间等其他设计应符合 GB 14881 规定。

# 5　检疫检验要求

5.1　屠宰场内的宰前和宰后检疫由动物防疫监督机构派驻出的动物检疫员实施。

## 5.2　宰前检疫与检验

5.2.1　原料鸡入场前，应持有由饲养地动物防疫监督机构出具的动物检疫合格证明和动物及动物产品运载工具消毒证明。

5.2.2　原料鸡在宰前 12h 应断食，并充分给水至宰前 3h。

5.2.3　检疫员首先检查、收缴检疫合格证明和动物产品运载工具消毒证明，应对原料鸡进行群体和个体检疫，检疫方法按 GB 16549 的规定进行。

5.2.4　核对检查、了解初级生产的相关信息，如肉鸡的饲养情况、使用药物种类、疫病防治情况、疫苗种类和接种时间、饲料添加剂类型、药物使用期及休药期等。

5.2.5　经在前检疫发现病鸡后应根据疾病的性质按《中华人民共和国动物防疫法》和 GB 16548 的相应规定进行处理。

5.2.6　做好宰前检疫记录，对收缴的检疫合格证明和动物及动物产品运载工具消毒证明应当保存 2 年。

## 5.3　宰后检疫与检验

5.3.1　检疫员应对每只鸡体表、内脏和体腔设施同步检疫，必要时进行触检或切开检查。经宰后检疫判定的可疑品，应进一步进行细致的临床检查和实验室诊断。

5.3.2　宰后检疫发现病鸡后应根据疾病的性质按《中华人民共和国动物防疫法》和 GB 16548 的相关规定进行处理。

5.3.3　在处理病害鸡肉和其他废弃物时，应使用密闭的容器。

5.3.4　做好宰后检疫和无害化处理记录，记录应至少保存 2 年。

5.3.5　检验过程中所用器具每次使用后均应进行清洗、消毒。

# 6　生产过程中要求

6.1　从原料鸡放血到产品包装、入冷库的时间不得超过 2h，先加工、先包装的产品先入库。

## 6.2　挂鸡与放血

### 6.2.1　放血及沥血间的设备要求

6.2.1.1　应设置麻电设备，宗教习俗有相关要求除外。

6.2.1.2　应设置不可渗透、易于清洗。消毒的接血槽。

6.2.1.3　应设置用于清洗、消毒放血刀具的设备。

6.2.1.4　室内的光照宜保持在 50Lx 以下。

6.2.1.5　沥血间生产中应保持黑暗。

### 6.2.2　卫生质量要求

6.2.2.1　轻抓轻挂原料鸡，防止机械性损伤，将鸡的双腿同时挂在挂钩上。

6.2.2.2　麻电设备电压控制应保持 30V～50V。

6.2.2.3　进入屠宰间的鸡在致昏后应立即放血，按照宗教习惯放血的例外。

6.2.2.4　放血时应准确切断颈动脉，沥血时间应保持在 3min～5min。

6.2.2.5　放血刀具在生产中的应按规定的频率清洗、消毒。

6.2.2.6　制定清洁程序，生产中工器具应保持清洁并维护良好。

6.2.2.7　待宰间、放血间、沥血间生产后应彻底清洗、消毒。

### 6.3　浸烫、脱毛

#### 6.3.1　设备要求

6.3.1.1　有生产能力相适应的浸烫池，并没有自定温控设施。

6.3.1.2　浸烫池的设计和构造应能够使鸡体在池内逆水流方向移动。

6.3.1.3　应设有至少两次脱毛的设备，并设有鸡体脱钩后自动的链条清洗设备。

6.3.1.4　浸烫、脱毛间应设有良好的透风设施。

6.3.1.5　脱毛机应具有防止羽毛飞溅的挡板。

6.3.1.6　浸烫、脱毛间应设有良好的透风设施。

6.3.1.7　浸烫、脱毛间与去内脏间之间应有能自动关闭的门。

#### 6.3.2　卫生质量要求

6.3.2.1　浸烫应采用流动水，浸烫时水量充足，并保持清洁。

6.3.2.2　浸烫水温宜保持在60℃±2℃，浸烫时间宜控制在60s～80s。

6.3.2.3　浸烫后脱毛应快速、完全。

6.3.2.4　脱毛时应用温度适宜的热水喷淋鸡体。

6.3.2.5　合理调整脱毛机，不得出现皮肤撕裂、翅骨折的现象。

6.3.2.6　脱毛后应用清水冲洗鸡体，确保冲净鸡体表面的污物。

6.3.2.7　每班生产后应用压力喷射水对脱毛脂进行冲洗。

6.3.2.8　脱毛后应有专门的人员去除鸡体表的残毛、黄皮、脚皮和趾壳等。

### 6.4　内脏摘除

#### 6.4.1　设备操作要求

6.4.1.1　摘除内脏的所有操作应在内脏摘除间进行。

6.4.1.2　开膛时，开口的大小以能伸进手掌、机械手或其他工具为宜、应避免刀具伤及内脏。

6.4.1.3　利用自动去脏机或者专用工具取出内脏时，应避免器具伤及消化道。

6.4.1.4　利用机械或人工去除肛门时，应避免消化道内容物污染胴体。

6.4.1.5　去头、去颈、去爪应符合NY/T 330规定要求。

#### 6.4.2　卫生质量要求

6.4.2.1　割开颈部皮肤、分离皮肤时应避免割破肌肉。

6.4.2.2　完整去除嗉囊和食道，被嗉囊内容物、胆汁和粪便等污物的胴体应从生产线摘下单独清洗、处理。

6.4.2.3　摘除内脏的器具每使用一次或人手每动作一次均经过清洗，再进行后续的操作。

6.4.2.4　放血、摘除内脏的器具至少每小时用83℃以上的热水清洗、消毒一次。

6.4.2.5　放血、摘除内脏所用的器具不得接触地面、墙面。

6.4.2.6　用于生产中操作人员的手、鞋、靴消毒的消毒池内的消毒液应保持有效的浓度。

6.4.2.7　放血、摘除内脏、冷却加工三个不同区域的卫生清洁工具应专用，并在适宜的地方单独保存。

### 6.5　清洗

#### 6.5.1　设备要求

6.5.1.1　内脏摘除间应设置专门冲洗鸡体腔、体表的压力冲洗设备，且系统水压不小于3kg/cm²。

6.5.1.2　用于冲洗鸡体腔、体表的压力冲洗设备应便于清洗、消毒。

#### 6.5.2　卫生质量要求

6.5.2.1　摘除内脏后的鸡体腔、体表均经过压力射水充分清洗。

6.5.2.2　人工冲洗鸡体腔的器械每一次操作后均应清洗或消毒，自动冲洗鸡体腔的器械每一次冲洗后应自动清洁。

### 6.6　冷却

#### 6.6.1　设备要求

6.6.1.1　冷却设备的能力应与生产能力相适应。

6.6.1.2　冷却设备中至少包括预冷和冷却两个冷水池。

6.6.1.3　冷却池安装计量冷却水用量的装置。

6.6.1.4 冷却设备的设计与构造能够使鸡体在冷却池内逆水流方向流动。

6.6.1.5 供水系统应符合 GB 5749 要求，并设置生产用水过滤装置。

6.6.1.6 预冷及冷却池均应设置促使水温均匀，稳定的附属装置。

6.6.1.7 预冷设施应设有消毒液自动添加控制装置。

6.6.2 卫生质量要求

6.6.2.1 预冷胴体应采用流动水，并保持清洁。

6.6.2.2 胴体冷却池中冷却水的温度应保持在 4℃ 以下。

6.6.2.3 冷却胴体时应准确计量冷却水用量，每只鸡的换水量不得低于 2.5L。

6.6.2.4 冷却时间不低于 30min，冷却后胴体的中心温度应达到 10℃ 以下。

6.6.2.5 合理控制消毒液用量，使用次氯酸钠消毒时，预冷水中消毒液浓度易保持在 50mg/kg～100mg/kg。

6.6.2.6 胴体出冷却池后，应充分沥掉胴体体表及体腔的游离水。

6.6.2.7 制定并有效执行冷却系统监控程序，应记录并保存各种监控结果。

6.6.2.8 生产前中、后应对冷却设备进行卫生清洁工作，专人负责检，并作记录；

6.6.2.9 温度计、压力计、流量计及称重磅应定期进行检定、校准。

## 6.7 副产品处理

6.7.1 设备要求

6.7.1.1 副产品处理间应有专用的冷却设备，分设内脏整理间冷却加工间。

6.7.1.2 副产品处理间应设有与胴体加工间同样的洗手、消毒设施。

6.7.2 卫生质量要求

副产品处理所用器具至少应每小时清洁一次。

## 6.8 冷冻、冷藏

6.8.1 设备要求

6.8.1.1 速冻间的温度应保持在 -28℃ 以下，分割产品速冻时间不超过 8h。

6.8.1.2 贮存冷冻产品的冷藏库温度应保持在 -18℃ 以下。

6.8.1.3 贮存鲜肉产品的保鲜库温度应保持在 2℃ 以下。

6.8.1.4 冷藏库、保鲜库应设置供码放产品所使用的货架或垫板。

6.8.1.5 速冻间、冷藏库、保鲜库应设有温度显示和记录装置，并定期校准。

6.8.2 卫生质量要求

6.8.2.1 冷冻产品的中心温度应达到 -18℃ 以下，鲜肉产品的中心温度保持在 4℃ 以下。

6.8.2.2 产品进入冷藏库应分品种、规格、生产日期、批次，分别码在垫板上。

6.8.2.3 产品贮存应离墙、离地码放，产品出库时应遵循先入先出的原则。

6.8.2.4 冷藏库应定期除霜，并设有防虫、防鼠装置、保持库内清洁、无异味。

# 7 包装、标识、运输要求

## 7.1 鸡肉产品的包装应符合下列要求

7.1.1 与鸡肉直接接触的塑料薄膜应符合 GB/T 4456 的规定。

7.1.2 包装应符合 GB/T 6543 的规定。

7.1.3 包装材料所含有的成分不会对鸡肉造成潜在污染。

7.1.4 包装材料应有足够的强度，保证在运输和搬运过程中不破损。

## 7.2 标签

鸡肉产品的包装标签符合 GB 7718 的规定。

## 7.3 运输鸡肉产品的工具应符合下列要求

7.3.1 运输工具应密闭，易于清洗，消毒，长途运输车辆应具有制冷功能。

7.3.2 运输工具在每次装货前均应经过清洗、消毒。

7.3.3 运输工具不得运输其他可能污染鸡肉的物品。

7.3.4 包装的肉同未包装的肉分车运输，或者采取必要的物理性防护措施。

# 8 质量检验要求

8.1 感官性状应符合 GB 16869 的规定。

8.2　理化、微生物指标应符合 GB 16869 的规定。

8.3　产品净含量按 JJF 1070 规定的方法检验。

## 9　人员健康、卫生管理及培训要求

9.1　肉鸡屠宰加工的从业人员上岗前应接受健康检查，取得健康合格证后方可上班。

9.2　经健康检查合格后的人员每年至少进行一次健康检查，如发现患有活动性肺结核，传染性肝炎、肠道传染病及其带菌或带毒者、渗出性皮肤病、疥疮者和皮肤化脓感染者应立即调离生产岗位。

9.3　人员卫生管理与其他要求应符合 GB 144881 的规定。

9.4　肉鸡屠宰加工企业应定期对从业人员进行卫生等相关知识培训。

## 10　质量管理体系要求

10.1　企业应建立质量管理体系，并形成相应的文件和记录。

10.2　企业应当建立与生产规模相适应的质量管理机构，并规定其职责和权限。

# 中华人民共和国国内贸易行业标准

SB/T 10660—2012

# 屠宰企业消毒规范

Disinfection requirements for slaughter house

2012 -03 -15 发布/ 2012 -06 -01 实施
中华人民共和国商务部　发布

# 前　言

本标准按照 GB/T 1.1—2009 出的规则起草。

本标准由中华人民共和国商务部提出并归口。

本标准起草单位：商务部流通产业促进中心、江苏雨润肉类产品集团有限公司。

本标准主要起草人：闵成军、金社胜、胡新颖、李欢、方芳、温晓辉、黄强力。

# 屠宰企业消毒规范

## 1　范围

本标准规定了屠宰企业消毒的基本要求、消毒管理、消毒方法及消毒效果检测管理。

本标准适用于屠宰企业消毒工作管理。

## 2　规范性引用文件

下列文件对于本文件的应用必不可少的。凡是注日期的引用文件，其最新版本（包括所有的修改单）适用于文件。

GB 12694 肉类加工厂卫生规范

GB 19085 商业、服务业务经营所传染性疾病预防措施

《消毒管理办法》中华人民共和国卫生部 2002 年第 27 号令

《消毒技术规范》中华人民共和国卫生部

## 3　术语和定义

下列术语和定义适用于本文件。

### 3.1　可追溯　traceability

对影响灭菌过程和结果的关键要素进行记录、保存备查，实现可追踪。

## 4　基本要求

4.1　应建立消毒责任制，明确责任，落实到人。

4.2　应对必要的冲洗和消毒设备，按规定及时冲洗、消毒，有足够的消毒药品库存。

4.3　应有用于库房洗涤剂、消毒剂的房间或安全之处，并有明确的领用制度和记录。

4.4　应有对于车辆、工器具进行清洗和消毒的场所和设施。

4.5　发生疫情时的消毒，按 GB 19085 执行。

4.6　屠宰企业应配备防蚊、防蝇、防鼠设施，车间不得使用药物灭害。

4.7　严格按照国家有关规定进行污水、污物处理。

## 5　消毒管理

5.1　消毒作业前，要检查应携带者的消毒工具是否全无故障，消毒剂是否足够。

5.2　选择消毒方式时，应尽量选择物理法。在用化学法消毒时尽量选择对致病微生物杀灭作用良好，对人、物品、畜禽及畜禽产品损害轻微，对环境影响小的消毒剂。

5.3　消毒过程中，不得吸烟、饮食，要注意自我保护。

5.4　消毒过程中，不得随意出入消毒区域，禁止无关人员进入消毒区内。

5.5　严格区分已消毒和未消毒的物品，勿使已消毒的物品被再次污染。

5.6　清点所消耗的药品器材，加以整修、补充。

5.7　做好消毒记录，详细记录消毒时间、消毒地点、消毒对象、所用消毒剂、剂量、作用时间、消毒人员、负责人等内容，并按期限保存相关记录。

## 6　消毒方法

### 6.1　进出场消毒

车辆入口设置消毒池，池长至少为轮胎周长的 1.5 倍，池宽与入口相同，池内置 2% ~3% 的氯氧化钠溶液或使用含有效氯在（600~700）$\times 10^{-6}$ 消毒溶液，溶液高度不小于 25cm。同时，配置低压消毒器械，对进出场车辆喷雾消毒。

### 6.2　圈舍消毒

6.2.1　空圈舍时：圈舍清洗干净后以 2% ~3% 氢氧化钠溶液消毒 2h 以上，先用质地较硬的刷子刷洗，再用清水冲洗。放干后，用固体甲醛或过氧乙酸熏蒸 12h。

**6.2.2** 畜禽在圈时：清洗后用 0.1% 过氧乙酸，0.5% 强力消毒灵溶液、0.015% 百毒杀溶液喷雾或用 1∶1200 消毒威药液对圈舍、地面、墙体、门窗以及畜禽体表喷雾，每平方米用配置好的消毒液 300mL ~ 500mL，每周 1 ~ 2 次。

### 6.3 生产区消毒

**6.3.1** 生产区入口设置合理分布的紫外线灯，紫外线灯管约每 45d 检查更换 1 次。有条件的企业可以选用臭氧发生器或消毒风机。

**6.3.2** 车间、卫生间入口处及靠近工作台的地方，应设有洗手、消毒和干手设施及工具清洗、消毒设备，洗手的水龙头要有冷水、热水供应并采用非手动式开关，干手设施应采用烘手器或一次性使用的消毒纸巾。

**6.3.3** 屠宰分割车间应设与门同宽的鞋底消毒池（内置有效氯含量为 600mg/L ~ 700mg/L 的消毒溶液）或鞋底消毒垫。

**6.3.4** 加工场地应每日生产前、后各消毒一次，地面、墙壁及经常使用或触摸的物体表面，先用热水洗刷干净，再用 0.2% ~ 0.5% 过氧乙酸溶液、有效氯含量为 250mg/L ~ 500mg/L 的消毒溶液拖擦或喷洒。消毒原则为先上后下、先左后右进行喷雾或擦拭，作用时间 30min ~ 60min。

### 6.4 冷库消毒

**6.4.1** 冷库消毒不能使用消毒、有气味的药物。

**6.4.2** 应做好定期消毒计划，消毒前先将库内的物品全部搬空，升高温度，用机械方法清除地面、墙壁，顶板上的污物和排管上的冰霜，有霉菌生长的地方应用刮刀或刷子仔细清除，然后用 5% ~ 10% 的过氧乙酸水溶液电热熏蒸或喷雾器喷雾消毒。

**6.4.3** 应在发生疫情时进行临时消毒，将库内物品搬空后，在低温条件下进行消毒，可使用过氧乙酸，按每立方米 1g ~ 3g，配成 3% ~ 5% 的溶液（为了防冻，可加入乙酸、乙二醇等有机溶剂），加热熏蒸，密闭 1h ~ 2h，或用 0.05% ~ 0.50% 的浓度进行喷雾，喷雾后密闭 1h ~ 2h；也可用福尔马林按每立方米空间 25mL，加沸水 12.5mL、高锰酸钾 25g，置于金属容器中内，任其自然蒸发，或在冷库外加热，用管道将蒸汽通入冷库内。

**6.4.4** 消毒完毕后，应打开库门，通风换气，驱散消毒物气味。

### 6.5 车辆、工器具消毒

**6.5.1** 屠宰检验刀具每天洗净、煮沸消毒后浸入 0.1% 新洁尔灭溶液内或用 0.5% 过氧乙酸，60mg/L 次氯酸钠溶液浸泡消毒。

**6.5.2** 胶靴、围裙等橡胶制品，用 2% ~ 5% 福尔马林溶液进行擦拭消毒，工作服、口罩、手套等进行煮沸消毒。

**6.5.3** 屠宰过程中与胴体接触的工具应用 82℃ 热水每头一消毒。

**6.5.4** 生产加工或检疫检验过程中，如所用工具（刀、钩等）触及带病菌的屠体或病变组织时应将工具彻底消毒后再继续使用。

**6.5.5** 没有装运过肉品原料（主要指各类畜禽）及其产品的车船等运输工具，装运前进行机械清除，然后用 0.1% 新洁尔灭消毒。

**6.5.6** 装运过健康畜禽的车船等运输工具，在进行一般的机械清除后，用 60℃ ~ 70℃ 的热水冲洗消毒。

**6.5.7** 装运过患病畜禽及其产品的车船等运输工具，除机械清除外，用 4% 氢氧化钠溶液消毒 2h ~ 4h，然后用清水冲洗。

**6.5.8** 装运过恶性传染病畜禽及其产品的车船等运输工具，先用 4% 的甲醛溶液或含有不低于 4% 有效氯的漂白粉澄清液喷洒消毒（均按 0.5kg/m$^2$ 消毒液量计算），保持半小时后再用热水仔细冲洗，然后再次用上述消毒液进行消毒（1kg/m$^2$）。

### 6.6 人员消毒

**6.6.1** 工作人员进入生产区前，必须在消毒间用 75% 酒精擦拭消毒或用 0.0025% 的碘溶液洗手消毒，并更换工作衣橱。有条件的企业可以先淋浴、更衣后进入生产区。

**6.6.2** 生产过程中应按规定周期性的洗手消毒。

**6.6.3** 生产结束后应将工器具放入指定地点，更换工作衣帽，对双手进行彻底消毒后方可离开生产区。

## 7 消毒质量管理和效果的监测

### 7.1 消毒质量的监测

**7.1.1** 应专人负责消毒效果监测工作，并对负责监测的人员进行定期岗位培训和继续教育。

**7.1.2** 应定期对用于消毒的制剂进行质量监测，包括对清洁剂、消毒剂、包装材料等进行质量检查，检查结果应符合相关要求。

7.1.3　应定期检测消毒器的主要性能参数，结果应符合生产厂家的使用说明或指导手册的要求。

7.1.4　应根据消毒剂的种类特点，定期监测消毒剂的浓度、消毒时间和消毒对的温度，结果应符合该消毒剂的使用规定。

7.1.5　对监测材料应定期进行质量检查。

7.1.6　监测不合格的消毒物品不得使用。

## 7.2　质量控制过程的记录与可追溯要求

7.2.1　应建立消毒操作的过程记录。

7.2.2　应留存消毒器运行参数打印资料或记录。

7.2.3　应对消毒质量的监测进行记录。

7.2.4　记录应具有可追溯性，保存期应≥6个月。

# 中华人民共和国国内贸易行业标准

SB/T 10730—2012

# 易腐食品冷藏链技术要求
# 禽畜肉

Technical requirements for perishable food cold chain——Livestock poultry meat

2012 -08 -01 发布

中华人民共和国商务部　发布

## 前　言

本标准按照 GB/T 1.1—2009 给出的规则起草。

本标准由中华人民共和国商务部提出。

本标准由全国制冷标准化技术委员会（SAC/TC 119）归口并负责解释。

本标准主要起草单位：中国制冷学会、国内贸易工程设计研究院、广州拜尔冷链聚氨酯科技有限公司、广州大学、天津商业大学、北京二商集团有限责任公司、浙江盾安冷链系统有限公司、英格索兰（中国）投资有限公司、常州晶雪冷冻设备有限公司、保定欣达制冷空调工程有限公司、南通冷冻设备有限公司。

本标准主要起草人：杨一凡、唐俊杰、赵秀兰、尹从绪、谢如鹤、申江、顾众、王宏、商跃、刘芳、常琳、贾富忠、黄杰、王英辉。

# 易腐食品冷藏链技术要求
## 禽畜肉

## 1　范围

本标准规定了猪、牛、羊和鸡、鸭、鹅等肉类食品（以下简称畜禽肉）在冷藏链中的加工、贮藏、运输、销售各环节及环节间的技术要求。

本标准适用于供人类食用的冷却、冷冻畜禽肉。

本标准不适用于肉类制品。

## 2　规范性引用文件

下列文件对于本文件的应用是必不可少的。凡是注日期的引用文件，仅注日期的版本适用于本文件。凡是不注日期的引用文件，其最新版本（包括所有的修改单）适用于本文件。

GB/T 5600　铁道货车通用技术条件

GB 5749　生活饮用水卫生标准

GB/T 7392　系列1：集装箱的技术要求和试验方法保温集装箱

GB 14881　食品企业通用卫生规范

GB 14930.2　食品安全国家标准消毒剂

GB/T 15233　包装单货物尺寸

GB/T 16470　托盘单元货载

GB/T 16471　运输包装件尺寸与质量界限

GB/T 22918　易腐食品控温运输技术要求

JT/T 650　冷藏保温厢式挂车通用技术条件

QC/T 450　保温车、冷藏车技术条件

## 3　术语和定义

下列术语和定义适用于本文件。

### 3.1　**易腐食品**　perishable food
容易腐烂变质的食品，包括肉、禽、蛋、奶、水产品、水果、蔬菜及冷饮、冰激凌、豆制品、速冻食品等。

### 3.2　**畜禽肉冷藏链**　cold chain for livestock poultry meat
以制冷技术为主要手段，使畜禽肉在屠宰、加工、贮藏、运输、销售各环节始终保持适宜温度的流通系统。

### 3.3　**冷却肉**　chilled meat
在良好操作规范和良好卫生条件下，畜禽经宰前、宰后检验检疫合格，屠宰后胴体经冷却处理，并在后续分割加工、包装、贮藏、运输和销售过程中始终处于适宜的低温状态的肉。冷却肉在冷却后分割包装时温度不超过7℃，其后环节中温度处于 −1℃ ~4℃。

### 3.4　**冷冻肉**　frozen meat
经冻结工艺冷却使其中心温度不高于 −15℃，并在后续包装、贮藏、运输、销售中维持规定温度状态的肉。

### 3.5　**控温运输工具**　temperature-controlled vehicles
设有隔热厢体并可在一定的时间内维持规定的内部环境温度的运输工具。包括保温车（箱）、冷藏汽车、铁路冷藏车、冷藏集装箱和冷藏船等。

## 4　一般要求

4.1　在冷藏链各环节中的畜禽肉应符合食品卫生的要求。

4.2　畜禽肉生产加工车间、生产用水应符合 GB 5749 的规定。畜禽肉经营企业卫生要求应符合 GB 14881 的规定。

4.3　冷藏链各环节中所使用的消毒剂应符合 GB 14930.2 的有关规定。

4.4　畜禽肉应在规定的温度条件下进行胴体处理、冷却、分割加工、包装、冻结、贮藏、运输、配送、销售。

4.5　在冷藏链各环节中，应检测检疫畜禽肉的质量和配套设施的运行情况等，并检测各环节温度，做好记录。对

于不合格的畜禽肉应及时隔离、销毁处理，与其直接接触的工器具应消毒后方能使用。

4.6 畜禽胴体加工间的温度应控制在28℃以下。

4.7 应使用控温运输工具运输畜禽肉，并保证运输工具及设施的正常运行。

4.8 在贮藏、运输、销售过程中，冷却肉温度应保持在 -1℃ ~4℃ 范围。

4.9 在贮藏、销售过程中，冷冻肉温度应不高于 -18℃，装卸及运输过程中，冷冻肉温度应不高于 -12℃。

4.10 畜禽肉在冷藏链各环节中严禁与有毒、有异味的物品混放。

4.11 应根据畜禽肉冷藏链全过程的技术要求，确定保质期，并协调确定其在各环节的保存期。

4.12 在冷藏链全过程中，应做到全程可追溯。记录文件应包括：畜禽肉的品种、产地、数量、质量、等级、品牌、生产企业名称、贮存条件、交接时间、检验检疫记录等。

4.13 在冷藏链全过程中，清真畜禽肉使用的场所、设施、设备、计量器具、工器具必须专用，并应有明显的标识。

## 5 冷却与分割加工

### 5.1 畜类

5.1.1 进入冷却间前，应对胴体进行清洗。

5.1.2 冷却间温度应控制在0℃ ~4℃。如采用快速冷却技术，快速冷却间温度应低于 -15℃。

5.1.3 宰后的畜类胴体应在1h内进入冷却间。猪二分胴体应在24h内使其中心温度降至7℃，牛四分胴体应在48h内使其中心温度降至7℃，羊胴体应在12h内使其中心温度降至7℃。牛、羊胴体冷却速度不宜过快，防止冷收缩。副产品冷却时间应不大于24h，中心温度不高于4℃。

5.1.4 畜肉冷却成熟期的环境温度应维持在0℃ ~4℃，相对湿度85% ~90%；猪胴体、羊胴体成熟时间不少于24h，牛胴体成熟时间不少于48h。

5.1.5 分割间、包装间温度应控制在12℃以下。分割后，肉块中心温度不应高于7℃。

### 5.2 禽类

5.2.1 宰后的禽类应在1h内进入冷却间。

5.2.2 禽胴体宜采用水冷或风冷方式冷却。冷却后的鸡胴体中心温度不应高于4℃，鸭、鹅胴体中心温度不应高于7℃。

5.2.3 采用水冷方式时，水温不应高于0.5℃，冷却时间应为45min ~60min。

5.2.4 采用风冷方式时，应在2h内将鸡胴体中心温度降至4℃，鸭、鹅胴体中心温度降至7℃。冷却间的温度应为0℃ ~4℃，空气相对湿度在85% ~90%。

5.2.5 禽副产品冷却间的温度应为0℃ ~4℃，冷却时间应不大于24h，其中心温度不应高于4℃。

5.2.6 禽类的分割加工间、包装间温度应在8℃ ~10℃。

### 5.3 修整操作台

分割产品的修整操作台材料应采用符合食品卫生要求的材料。

## 6 冻结

6.1 畜禽肉的冻结技术要求详见下表。

表1 畜禽肉的冻结温度及时间要求

| 类别 | 冻结间温度（℃） | 冻结时间（h）（含进出库时间） | 冻品中心温度（℃） |
|---|---|---|---|
| 猪肉 | ≤ -23 | ≤24 | ≤ -15 |
| 猪副产品 | ≤ -23 | ≤48 | ≤ -15 |
| 牛肉 | ≤ -25 | ≤48 | ≤ -15 |
| 羊肉 | ≤ -25 | ≤24 | ≤ -15 |
| 牛、羊副产品 | ≤ -25 | ≤24 | ≤ -18 |
| 鸡 | ≤ -30 | ≤8 | ≤ -15 |
| 鸭、鹅 | ≤ -30 | ≤10 | ≤ -15 |
| 禽副产品 | ≤ -25 | ≤24 | ≤ -18 |

6.2 冻结间的温度要求见上表。停用时，冻结间的温度不宜高于 -6℃。

6.3　冻结产品如需更换包装，应在冻结间附近设置包装间。

# 7　贮藏

## 7.1　冷库要求

7.1.1　冷库库房温度应满足畜禽肉贮藏条件要求，温度波动不得超过 ±1℃，并确保库内温度分布均匀。

7.1.2　冷库库房应满足畜禽肉冷藏的卫生要求。

7.1.3　冷库门应设置空气幕或软门帘，冻结物冷藏间宜设置回笼间。

7.1.4　冷库库房宜设置封闭控温月台及与运输车辆对接的升降平台、滑升门和门套密封装置。

7.1.5　冷库应配备温湿度记录仪，温湿度记录仪应能准确反映库内空气的平均温湿度。JJS 湿度记录至少保存2 年。

7.1.6　冷库应具有防媒介生物（如鼠、蟑螂、蝇等）功能的设施。

7.1.7　库房内的装卸堆码设备应便于货物的快速装卸，并能适应低温高湿的环境要求。

## 7.2　冷藏要求

7.2.1　冷却肉入库温度应不高于其贮藏温度要求。冷冻肉入库温度应不高于 –12℃。

7.2.2　冷却肉和冷冻肉的贮藏条件见下表。

表 2　畜禽肉的贮藏条件

| 类别 | 贮藏温度（℃） | 相对湿度（%） |
|---|---|---|
| 冷却肉 | –1 ~ 4 | 85 ~ 90 |
| 冷冻肉 | ≤ –18 | 90 ~ 95 |

7.2.3　货物堆码不应影响库房内气流组织。

7.2.4　畜禽肉出库宜遵循"先进先出"的原则。

# 8　冷藏运输

## 8.1　控温运输工具要求

8.1.1　冷藏集装箱应满足 GB/T 7392 的规定，铁路冷藏车应满足 GB/T 5600 的规定，冷藏汽车应满足 QC/T 450 的规定；冷藏厢式挂车应满足 JT/T 650 的规定。

8.1.2　控温运输工具厢体应符合食品卫生要求，无毒、无害、无异味、无污染。

8.1.3　控温运输工具应配备能连续记录并输出不可人为更改的温度记录装置。

8.1.4　运输工具内部材料应光滑、不渗透、容易清洗和消毒。

8.1.5　运输畜胴体的冷藏车厢体内应有防尘、吊挂设施。

## 8.2　装运要求

8.2.1　装载前，应对畜禽肉的质量进行检验检疫，检测温度，并做好相关记录。

8.2.2　装载冷却肉前，宜将控温运输工具厢体预冷至 10℃ 以下或货物要求的运输温度；装载冷冻肉前，宜将控温运输工具厢体预冷至 –3℃ 以下或货物要求的运输温度。

8.2.3　冷却肉和冷冻肉不应在同一控温空间内运输。

8.2.4　畜禽肉的运输技术条件应符合 GB/T 2291S 的规定。

# 9　销售

9.1　销售场地应干净卫生。应配备与批发或销售能力相适应的冷库、冷藏陈列柜。

9.2　检验合格待销售的畜禽肉应尽快置于小型批发用冷库或冷藏陈列柜中。

9.3　小型批发用冷库及冷藏陈列柜应配有温度仪表，除装货和融霜时间外，其贮存温度应符合 4.8、4.9 条的规定。

9.4　冷却胴体宜在 10℃ ~ 12℃ 环境中进行分割销售。

# 10　包装、标识

## 10.1　包装

10.1.1　包装材料应符合食品卫生法规和标准要求，安全、无毒、卫生、无污染、无异味。

10.1.2　包装材质、规格应满足装卸、堆码、贮运、销售的要求，且应具有一定的保护性。冷冻肉的外包装应具有防潮性。

10.1.3　同一包装内的畜禽肉品种、部位和规格应一致。

10.1.4　运输包装尺寸应符合 GB/T 15233 和 GB/T 16471 的规定，采用托盘包装时还应符合 GB/T 16470 的规定。

## 10.2　标识

10.2.1　标识应字迹清晰、持久、易于辨认和识读，内容应准确、清晰、显著、规范。

10.2.2　标识内容应包括品种、产地、数量、质量、等级、商标，认证标识、贮存条件、保质期、企业名称（生产企业、合作社或经销商）、地址和联系电话等。

10.2.3　具有有关认证的畜禽肉，应按照认证机构要求使用认证标识。

# 中华人民共和国国内贸易行业标准

SB/T 10731—2012

# 易腐食品冷藏链操作规范
# 畜禽肉

Operation specification for perishable food cold chain——Livestock poultry meat

2012 -08 -01 发布/ 2012 -11 -01 实施

中华人民共和国商务部　发布

## 前　言

本标准按照 GB/T 1.1—2009 给出的规则进行起草。

本标准由中华人民共和国商务部提出。

本标准由全国制冷标准化技术委员会（SAC/TC 119）归口并负责解释。

本标准主要起草单位：中国制冷学会、广州大学、国内贸易工程设计研究院、广州拜尔空港冷链物流中心有限公司、北京二商集团有限责任公司、天津商业大学、浙江盾安冷链系统有限公司、英格索兰（中国）投资有限公司、常州晶雪冷冻设备有限公司。

本标准主要起草人：尹从绪、谢如鹤、杨一凡、赵秀兰、王宏、唐俊杰、申江、刘广海、顾众、商跃、刘芳、常琳、贾富忠。

# 易腐食品冷藏链操作规范
# 畜禽肉

## 1 范围

本标准规定了猪、牛、羊和鸡、鸭、鹅等肉类食品（以下简称畜禽肉）在冷藏链中的加工、贮藏、运输、销售各环节及环节间的操作要求。

本标准适用于供人类食用的冷却、冷冻畜禽肉。

本标准不适用于肉类制品。

## 2 规范性引用文件

下列文件对于本文件的应用是必不可少的。凡是注日期的引用文件，仅注日期的版本适用于本文件。凡是不注日期的引用文件，其最新版本（包括所有的修改单）适用于本文件。

GB/T 6388 运输包装收发货标志

GB/T 9829 水果和蔬菜冷库中物理条件定义和测量

GB/T 9961 鲜、冻胴体羊肉

GB/T 17236 生猪屠宰操作规程

GB/T 17238 鲜、冻分割牛肉

GB/T 19477 牛屠宰操作规程

SBJ 15 禽类屠宰与分割车间设计规范

SB/T 10730 易腐食品冷藏链技术要求畜禽肉

## 3 术语和定义

下列术语和定义适用于本文件。

### 3.1 易腐食品 perishable food

容易腐烂变质的食品，包括肉、蛋、奶、水产品、水果、蔬菜及冷饮、冰激凌、豆制品、速冻食品等。

### 3.2 畜禽肉冷藏链 cold chain for livestock poultry meat

以制冷技术为主要手段，使畜禽肉在屠宰、加工、贮藏、运输、销售各环节始终保持适宜温度的流通系统。

### 3.3 冷却肉 chilled meat

在良好操作规范和卫生条件下，畜禽经宰前、宰后检验检疫合格、屠宰后胴体经冷却处理，并在后续分割加工、包装、贮藏、运输和销售过程中始终处于适宜的低温状态的肉。冷却肉在冷却后分割包装时温度不超过 7℃，其后环节中温度处于 -1℃ ~ -4℃。

### 3.4 冷冻肉 frozen meat

经冻结工艺冷却使其中心温度不高于 -15℃，并在后续包装、贮藏、运输、销售中维持规定的温度状态的肉。

### 3.5 控温运输工具 temperature-controlled vehicles

设有隔热厢体并可在一定的时间内维持规定的内部环境温度的运输工具。包括保温车（箱）、冷藏汽车、铁路冷藏车、冷藏集装箱和冷藏船等。

## 4 一般要求

4.1 冷藏链各环节的作业人员，应具备相应的专业知识和技能；作业人员应按国家相关规定持证上岗。

4.2 与畜禽肉生产、加工、管理接触的人员经体检合格后持健康证明方可上岗，且应每年进行一次健康检查，必要时做临时健康检查；凡患有碍食品卫生疾病或疾患的人员，应调离相关岗位。

4.3 冷藏链各环节应建立岗位责任制，作业人员应根据职责检查、记录相关信息和畜禽肉质量及作业要求。

4.4 冷藏链各环节的操作应符合畜禽肉食品卫生要求。

4.5 应根据畜禽肉冷藏链技术要求，在各环节的周转期内完成相关作业。

4.6 在冷藏链中，清真畜禽肉所涉及的场所、设施、设备、计量器具、工器具等应符合清真食品的要求。

## 5　胴体处理

5.1　猪胴体处理应符合 GB/T 17236 的规定。

5.2　牛胴体处理应符合 GB/T 19477 的规定。

5.3　羊胴体处理应符合 GB/T 9961 的规定。

5.4　禽胴体处理应符合 SBJ 15 的规定。

## 6　冷却与分割加工

6.1　畜禽肉应按 SB/T 10730 中规定的冷却技术要求操作。

6.2　畜胴体进入冷却间前，应将冷却间的温度降至 0℃，采用二段式冷却工艺的快速冷却间温度应降至 -15℃。

6.3　副产品的冷却与加工应在单独的房间。

6.4　未经允许，非分割间作业人员不应进入分割间（区）。

6.5　分割加工作业人员在操作过程中应每隔 1h 消毒一次分割刀具、器具等。

## 7　冻结

7.1　畜禽肉应按 SB/T 10730 中规定的冻结技术要求操作。

7.2　冻结应采用快速冻结方式，进货应一次完成。

7.3　胴体冻结时，应合理吊挂冻肉，较重的和较肥的肉体应吊在出风口处，体轻的和肥度小的肉体可挂在中间，以使胴体在同一时间内完成冻结。

7.4　分割畜禽肉冻结宜采用装盘冻结或纸箱冻结。

## 8　包装、标识

8.1　冷却分割或冻结后需要包装的畜禽肉应尽快进行包装。包装时间不应超过 0.5h。

8.2　包装材料和标签应有专人管理，凭出库证明发放、领用产品标签。销毁的包装材料应有记录。

8.3　在印字或贴签过程中，应随时抽查印字或贴签质量。印字清晰，标签应贴正，贴牢。

8.4　分割产品的外包装箱标识应符合 GB/T 6388 的规定，两侧应标明产品的名称、质量、企业名称和贮存条件、保质期。

8.5　应用金属探测装置检测包装的畜禽肉是否残留金属异物。

8.6　包装完毕的畜禽肉应尽快放入规定库房或冻结间。

## 9　贮藏

### 9.1　入库前准备

9.1.1　入库前，应对库房和用具进行清洁和消毒。

9.1.2　入库前，应将库房温度预先降至或略低于畜禽肉贮藏要求的温度。畜禽肉的贮藏温湿度应符合 SB/T 10730 的规定。

### 9.2　入库和堆码

9.2.1　应对入库货物进行准入核查，并记录入库时间、品种、部位、数量、等级、质量、温度、包装、生产企业和生产日期等信息。

9.2.2　应按畜禽肉的品种、批次分区（库）存放。

9.2.3　分割肉堆码时宜使用 1 200mm×1 000mm、1 100mm×1 100mm 等规格的托盘，托盘材质应符合食品卫生标准。

9.2.4　堆码应稳固、整齐、适量。

9.2.5　堆码应有空隙，便于冷风循环，并维持所需的温度。堆码时货垛应符合下列要求：

　　a）距冻结物冷藏间顶棚 ≥0.2m；

　　b）距冷却物冷藏间顶棚 ≥0.3m；

　　c）距顶排管下侧 ≥0.3m；

　　d）距顶排管横侧 ≥0.2m；

　　e）距无排管的墙 ≥0.2m；

　　f）距墙排管外侧 ≥0.4m；

　　g）距风道 ≥0.2m；

h）距冷风机周边≥1.5m。

9.2.6　对于无货架库房，堆码应按"品"字形或"井"字形码放，保证气流均匀流通。

9.2.7　库房内产品的存放不应置于冷藏门附近及人员进出频繁的区域。

### 9.3　贮藏

#### 9.3.1　温度湿度控制及检测

9.3.1.1　应定时检查库内的温度和相对湿度。温湿度记录资料的保存应不少于2年。库房温度测量应按GB/T 9829的规定执行。

9.3.1.2　当库内温度波动接近最大允许值时，应进行调控。

#### 9.3.2　贮藏管理

9.3.2.1　应对库房进行定期清洁和维护，对库内制冷设备及时融霜。

9.3.2.2　经冷加工处理后的畜禽肉应尽快入库，入库温度应接近冷藏温度要求。高于−12℃的冷冻肉不应直接入库。

9.3.2.3　贮藏期间应定期对畜禽肉进行抽样检测，并做好相关记录。

9.3.2.4　货物和蒸发器表面的温差应尽可能降至最低，以减少食品的干耗。

9.3.2.5　出入库时，应对畜禽肉进行检验，并记录货物的进出库时间、品种、数量、等级、质量、包装、生产企业和生产日期等信息。

### 9.4　出库

9.4.1　应遵循"先进先出"的原则，根据保质期适当调整出库时间。

9.4.2　出库时，交接双方应确认禽肉品种、数量、部位、质量、温度、包装和时间等信息，尽快完成出库作业进入下一环节。

9.4.3　应检查出库畜禽肉的质量，记录出库时间、品种、部位、数量、质量、温度、包装、生产企业和生产日期等信息。

## 10　冷藏运输

### 10.1　装卸操作

10.1.1　装卸前，交接双方应确认畜禽肉品种、数量、部位、质量、温度、包装、交接地点和时间等信息，并填写运输单据。

10.1.2　装载前，应对控温运输工具进行检查，确认制冷系统状态良好、厢体清洁卫生。装卸前，应测量货物温度，检测时宜针对运输货物的同一位置，或针对同一样品，在冷藏环境条件下进行。

10.1.3　装卸时，应尽快完成装卸作业，如没有封闭装卸口，厢体车门应随开随关。畜禽肉的温度波动不应超过3℃。

10.1.4　在环境温度高于运输温度时，运输工具应在装载前进行预冷，运输冷却肉的车厢内温度宜预冷到10℃以下或达到货物要求的运输温度；运输冷冻肉的车厢内温度宜预冷到−3℃以下或达到货物要求的运输温度方可装载。除霜操作应在装载前完成。

10.1.5　装载时，货物与厢壁应留有缝隙，货物与后门之间宜保留至少10cm距离，天花板和货物之间宜留出至少25cm距离，使用固定装置防止货物移动。

10.1.6　装卸货时应关闭制冷机组。

10.1.7　应根据"后卸先装"的原则进行装卸。

10.1.8　装卸过程中，应做到快装快卸，宜使用叉车和托盘。装卸时应有门帘或空气幕等隔热措施，作业完毕应迅速关闭车（库）门。

10.1.9　卸货作业后，应及时对运输工具厢体进行的清洗、消毒。

### 10.2　途中操作

10.2.1　控温运输工具应配备自动记录装置，显示并记录厢体内的温度、冷风循环的回风温度、制冷系统运转时间以及装载和卸货时间等。应保存记录数据至该批次货物保质期后6个月。运输途中，应定时监控车厢内温度。

10.2.2　在运输途中，应平稳行驶，避免碰撞、倒塌，避免长时间停留。

10.2.3　冷却肉和冷冻肉的运输温度应符合SB/T 10730的规定。

10.2.4　运输工具发生故障时，应尽快抢修，不能及时修复时，应立即采取措施转运或就近妥善处理。

## 11　销售

11.1　进入销售环节的畜禽肉，应尽快置于小型冷库或冷藏陈列柜中。

11.2　销售场地应定期清洗，保持清洁卫生，并应对贮藏畜禽肉的小型冷库、冷藏陈列柜定期进行消毒。

11.3　应定期检查畜禽肉的质量、核查保质期，将不合格的商品及时下架。

11.4　冷却胴体宜在 10℃～12℃环境中进行分割销售。

11.5　销售所用的计量器具、刀具、砧板、容器等应及时清洗消毒。

11.6　冷却肉销售时，单品应以单层、纵向为陈列原则，避免肉类重叠而影响风幕的保温效果。

11.7　摆放在冷藏陈列柜中的商品，不应超过冷藏陈列柜的负载线，严禁将商品摆放在冷藏陈列柜回风口处。

11.8　冷藏陈列柜应使用适当数量的隔板，将不同种类的冷藏食品隔开，包装的与不包装的商品应分开存放销售。

11.9　冷藏陈列柜的敞开放货区不应受到阳光直射，不应受强烈的人工光线照射，不应正对加热器。

11.10　营业结束后，对于存放冷冻肉的冷冻柜应加上盖板或夜帘。冷藏柜内的肉类应放回冷库中储存，不应放置在柜内。

11.11　不具备自动除霜功能的冷藏陈列柜应在非营业时间除霜。

11.12　冷藏陈列柜的温度传感器应至少每 6 个月校验一次。

# 中华人民共和国国家标准

GB/T 22569—2008

# 生猪人道屠宰技术规范

Technical criterion of pig humane slaughter

2008 - 12 - 15 发布/2009 - 02 - 01 实施
中华人民共和国国家质量监督检验检疫总局　中国国家标准化管理委员会　发布

## 前　言

本标准的附录 A 为资料性附录。

本标准由中华人民共和国商务部提出并归口。

本标准由商务部畜禽屠宰管理办公室、北京安华动物产品安全研究所、江苏雨润食品产业集团有限公司、双汇集团负责起草。

本标准主要起草人：房爱卿、徐息和、邢文凯、贾自力、冯梁、张萍萍、闵成军、王永林。

# 生猪人道屠宰技术规范

## 1 范围

本标准规定了实施生猪人道屠宰的管理和技术要求。

本标准适用于生猪屠宰企业。

## 2 术语和定义

下列术语和定义适用于本标准。

### 2.1 人道屠宰　humane slaughter

减少或降低生猪压力、恐惧和痛苦的宰前处置和屠宰方式。

### 2.2 致昏　stunning

通过机械、电击、气体等方式使动物失去知觉，但保持心跳和呼吸。

### 2.3 赶猪板　driving board

用于驱赶生猪的工具，一般用橡胶或塑料制作。

## 3 管理

3.1 屠宰企业应建立人道屠宰管理体系，对设备设施、操作方法和人员要求作出规定，以保证实现相应的技术要求。该体系应采用体系文件形式予以明确，并记录其实施过程。

3.2 体系文件应包括标准操作程序、设备操作方法、维护清理方式、紧急情况应急预案和不同员工的职责。

3.3 体系文件应明确影响肉品质量的人道屠宰要求如何反馈到养殖、运输环节。

3.4 应制定处理突发事件的应急预案，应包括对生猪逃跑、设备事故、停电、火灾和气体泄露等紧急情况发生时的应对方案。方案中应明确紧急情况发生时的负责人。

3.5 参与宰前处置和宰杀生猪的员工应掌握该体系文件中相应的要求。

## 4 人员

4.1 屠宰企业应有专人对卸车、待宰、驱赶、致昏和刺杀过程中的操作进行监督。在处置和宰杀生猪过程中，监督员应全程跟踪屠宰过程，及时纠正不当行为。重大问题应及时报告管理层。

4.2 卸车、待宰、驱赶、致昏和刺杀等环节应至少有一名接受过人道屠宰知识培训的技术人员，负责操作或指导其他人员操作。从事专门设备操作、检测或维护的人员应具有相应的工作能力。

4.3 兽医卫生检验人员应具备相应的人道屠宰知识。

## 5 设施

5.1 屠宰厂应设置卸猪台，卸猪台应防滑，坡度小于20度。坡道的周边应有围挡，引导生猪进入圈舍。

5.2 围栏、圈舍、出入口、通道应随时可以对生猪进行检查，并能及时将患病或受伤的生猪转移到合适的圈舍中。

5.3 通道应有助于猪自由向前移动，应尽量减少拐角，不应有直角转弯。

5.4 通道应保持一定的亮度，越接近致昏点，通道光线应越亮。但应避免出现阴影或强烈明暗对比，禁止光线直接照射生猪的眼睛。

5.5 通往致昏点的通道应有紧急出口，供紧急情况或致昏延迟时使用。

5.6 通道中不应有任何可导致生猪停止、放缓或掉头的设施。

5.7 通道地面应平整，没有明显的凸起或凹槽，排水系统不应位于通道下方，如果通道需经过排水系统上方，排水系统的盖板应经过加固，并与周围地板融为一体，不应影响生猪的行动。

5.8 圈舍应有一定弧度的不透明围墙和饮水系统。

5.9 在天气过热或过冷的情况下，圈舍应具备适当的通风和保温设施。

5.10 伤残生猪圈舍应尽可能靠近卸猪坡道，圈舍应易于识别，易于进入。

## 6 伤残生猪处置

6.1 对有病或受伤的生猪应立即宰杀。不具备立即宰杀条件时，应采取减少痛苦的方法转移至伤残生猪圈舍中。

6.2 应采用致昏后放血的屠宰方式宰杀伤残生猪。

6.3 执行紧急宰杀任务的员工应能正确识别有效的致昏迹象。

6.4 应全天为伤残生猪圈舍中的生猪提供清洁饮水。

## 7 卸车与待宰

7.1 卸猪时应保持安静，动作平缓，让生猪自己行走，任何情况下都不应强迫猪跳下运输车辆。

7.2 生猪在待宰圈中的密度要求为应能使所有生猪同时站起、躺下和自由转身。

7.3 因性别、来源或年龄不同而可能具有攻击性的生猪在圈舍中应单独隔离。

7.4 待宰圈应有淋浴系统，淋浴时间不应超过 2h。当环境温度低于 5℃时，禁止使用淋浴系统。

## 8 驱赶生猪

8.1 驱赶生猪应保持安静并有耐心，不应粗暴的驱赶生猪。只有在保持前方通道畅通才可驱赶生猪。在使用赶猪板时，应降低通道和圈舍中的声音。

8.2 一般情况下不应使用电棒赶猪。只有在待宰圈前方通道通畅，生猪拒绝向前移动时方可使用电棒，禁止在从待宰圈舍通往致昏点的通道以外的其他地点使用电棒赶猪。使用电棒赶猪时，只能接触成年生猪身体后部，不应接触生猪的眼睛、嘴、耳、肛门、生殖器和腹部等敏感部位。电击时间不能应超过 2s。

8.3 参与卸猪、赶猪和待宰圈管理的员工应穿深色衣服。

## 9 电击致昏

9.1 电击致昏设备应能确保生猪立即失去知觉，并持续足够时间，保证生猪在被宰杀前不恢复意识。

9.2 生猪被有效电击致昏是一个可逆过程，包括僵直期、抽搐期和复苏期。僵直期、抽搐期和复苏期的特征参见附录 A。

### 9.3 二点式电击致昏

9.3.1 电极与皮肤接触位置为头部两侧、眼与耳之间或两耳后部，确保电流能穿过大脑。

9.3.2 电流不应低于 1.3A，通电时间 1s～3s。

9.3.3 操作人员应检查电击后生猪症状，确保生猪被有效致昏。如果没有致昏，应立即对生猪进行二次致昏。

### 9.4 三点式电击致昏

9.4.1 电流不应低于 1.3A，通电时间 1s～2s。

9.4.2 使用三点式电击致昏设备，应配备二点式手持电击致昏设备作为备用设备。

9.4.3 电击后应确保生猪被有效致昏。如果没有致昏，应立即对生猪进行二次致昏。

### 9.5 设备维护要求

9.5.1 工作前应检查所有致昏设备（包括备用设备），确保设备可以正常工作。

9.5.2 工作前致昏设备的输出电压和电流应使用能够模仿猪头部电阻（200Ω～400Ω）的设备进行测试。

9.5.3 电压表和电流表应安装在操作人员易于看到的位置。

9.5.4 电致昏设备在使用结束后应进行清理，确保电极清洁。

9.5.5 备用电致昏设备应存放在专用地点，供紧急情况或在致昏设备发生故障时使用。

## 10 刺杀

10.1 未经致昏的生猪不应刺杀。

10.2 致昏后应立即刺杀，致昏至刺杀时间应小于 15s。

**附录 A**
**（资料性附录）**
**生猪电击致昏僵直期、抽搐期和复苏期的特征**

A.1　生猪被有效电致昏是一个可逆过程，包括僵直期、抽搐期和复苏期。一般情况下，生猪离开电击致昏设备0s～20s为僵直期；15s～45s为抽搐期；60s后为复苏期。

A.1.1　僵直期的特征：

　　a）生猪瘫倒逐渐僵直；

　　b）呼吸失去节律；

　　c）瞳孔放大，失去眼角膜反射；

　　d）大（小）便失禁；

　　e）前肢伸直，后肢弯向身体。

A.1.2　抽搐期的特征：

　　a）肌肉逐渐松弛；

　　b）四肢无规律抽搐。

A.1.3　复苏期的特征：

　　a）出现正位反射；

　　b）呼吸恢复节律；

　　c）瞳孔恢复正常。

# 中华人民共和国国家标准

GB/T 30134—2013

## 冷库管理规范

Cold store management regulation

2014 - 12 - 01 实施/2013 - 12 - 17 发布

中华人民共和国国家质量监督检验检疫总局 中国国家标准化管理委员会 发布

## 前　言

本标准按照 GB/T 1.1—2009 给出的规则起草。

本标准由中华人民共和国商务部提出。

本标准由全国制冷标准化技术委员会（SAC/TC 119）归口并负责解释。

本标准起草单位：中国制冷学会、天津商业大学、北京二商集团、常州晶雪冷冻设备有限公司。

本标准主要起草人：杨一凡、申江、唐俊杰、商跃、尹从绪、李鹏、贾富忠。

# 冷库管理规范

## 1 范围

本标准规定了冷库制冷、电气、给排水系统，库房建筑及相应的设备设施运行管理、维护保养要求和食品贮存管理要求。

本标准适用于贮存肉、禽、蛋、水产及果蔬类的食品冷库，贮存其他货物的冷库可参照执行。

## 2 规范性引用文件

下列文件对于本文件的应用是必不可少的。凡是注日期的引用文件，仅注日期的版本适用于本文件。凡是不注日期的引用文件，其最新版本（包括所有的修改单）适用于本文件。

GB 2893　安全色

GB/T 13462　电力变压器经济运行

GB 28009　冷库安全规程

GB 50072　冷库设计规范

TSG R0004　固定式压力容器安全技术监察规程

中华人民共和国消防法

国务院令第 373 号　特种设备安全监察条例

国家质量监督检验检疫总局令第 46 号　气瓶安全监察规程

国质检局［2003］46 号　气瓶安全监察规程

国质检锅［2003］108 号　在用工业管道定期检验规程

## 3 术语和定义

下列术语和定义适用于本文件。

### 3.1 冷库　cold store

采用人工制冷降温并具有保温功能的仓储用建筑物，包括库房、制冷机房、变配电间等。

### 3.2 库房　storehouse

冷库建筑群的主体。包括冷加工间、冷藏间及直接为其服务的建筑（如楼梯间、电梯间、穿堂等）。

### 3.3 制冷机房　refrigeration machine room

用于放置制冷设备和操作系统及其相关设施的房间。包括：制冷机器间、设备间和控制室、变配电室和机修室等。

### 3.4 制冷设备　refrigerating equipment

制冷压缩机、油分离器、冷凝器、贮液器、中间冷却器、气液分离器、低压循环桶、集油器、蒸发器、空气分离器等制冷系统所用设备的总称。

### 3.5 制冷系统　refrigerating system

通过制冷设备及专用管道、阀门、自动化控制元件、安全装置等连接在两个热源之间工作，用于制冷目的的总成。

## 4 基本要求

4.1 冷库管理应遵循《中华人民共和国消防法》、GB 28009 等我国有关法律法规及标准规范的规定。

4.2 冷库管理人员，应具备一定的专业知识和技能；特种作业人员（电梯工、制冷工、叉车工、电工、压力容器操作工等）应依据《特种设备安全监察条例》及国家相关规定持证上岗；库房作业人员，应具有健康合格证，经培训合格后，方能上岗。

4.3 冷库生产经营企业应建立安全生产制度、岗位责任制度、各项操作规程；应建立事故应急救援预案，并定期演练。

4.4 冷库生产经营企业宜建立质量管理体系、HACCP（食品危害分析及关键控制点）体系、职业健康安全管理体系、环境管理体系和库存管理信息系统。

4.5 冷库生产经营企业应建立日常培训制度，并建立培训人员档案。

4.6　冷库生产经营企业应配备与生产经营规模相适应的设备设施，并对其进行定期检查、维护，发现问题及时排除。

4.7　当设备、设施或操作控制系统进行更新改造或升级时，冷库生产经营企业应对相应的维护及操作规程等及时更新完善。作业人员操作前，应接受培训。

4.8　冷库生产经营企业应在厂区特定的位置设立安全标识，其安全色应符合 GB 2893 的规定。

4.9　冷库生产经营企业在采用节能运行模式时，应保证食品质量和安全生产。

4.10　库房中的食品应根据其贮存工艺的要求，分区（间）贮存。库房温、湿度应满足其在规定的时间范围内的贮存要求，对于气调式冷库，库内的气体成分尚应满足其在规定的时间范围内的贮存要求。

4.11　食品的冷加工，应按规定的时间、温度完成其冷却/冻结加工，并应记录食品进出库的温度。对于畜禽肉的胴体及块状食品，应记录其中心温度。

4.12　冷库生产经营企业应保持区域内清洁卫生。库房及加工间应定期消毒，冷藏间应至少每年消毒一次，所使用的消毒剂应无毒无害、无污染。

### 4.13　厂区要求

4.13.1　冷库厂区内严格控制有毒有害物品，防止造成食品污染。

4.13.2　厂区内的通道应满足交通工具畅通运行的要求。

4.13.3　厂区主线道路的照明照度应不小于 25 lx、广场照明照度应不小于 30 lx。

4.13.4　厂区内运输车辆的行驶速度应不超过 15km/h。

4.14　非作业人员未经许可不得进入作业区域。

4.15　冷库内严禁烟火。

## 5　冷库运行管理

### 5.1　制冷系统运行管理

5.1.1　应建立交接班制度、巡检制度、设备维护保养制度等。

5.1.2　应采用人工或人工与自动仪器相结合的方式，监测制冷系统的运行状况，定时做好运行记录，确保系统安全正常运行。

5.1.3　操作人员发现运行问题及隐患应及时排除，当班处理并做好相应记录。

5.1.4　操作人员应及时排除制冷系统内的不凝性气体。对于氨制冷系统，应将不凝性气体经空气分离器处理后排放至水容器中。

5.1.5　从制冷系统中回收的冷冻油，应经再生处理，并经检测合格方可重复使用。

5.1.6　制冷设备应按照其使用说明书的要求进行操作。

5.1.7　冷凝器的运行压力不得超过系统设计允许值，如出现异常情况，应及时处理。

5.1.8　冷凝器应定期清除污垢。

5.1.9　高压贮液器液面应相对稳定，存液量不应超过容器容积的 2/3；卧式高压贮液器的液位高度不得低于容器直径的 1/3。

5.1.10　低压循环桶、气液分离器的存液量不应超过容器容积的 2/3，液位高度不得超过高液位报警线。

5.1.11　氨制冷系统应视系统运行情况，定期放油。

5.1.12　蒸发器表面霜层及管内油污等应定时清除。

5.1.13　水冷冷凝器、水泵等用水设备在环境温度低于 0℃时，应采取防冻措施。

5.1.14　制冷剂钢瓶应严格按照《气瓶安全监察规程》中的有关规定使用。

5.1.15　制冷系统长期停止运行时，应妥善处理系统中的制冷剂。

5.1.16　阀门

5.1.16.1　在制冷系统中，有液体制冷剂的管道和容器，严禁将进出两端的阀门均处于关闭状态。

5.1.16.2　制冷系统正常运行或停止运行时，系统中的压力表阀、安全阀前的截止阀和均压阀应处于开启状态。

5.1.16.3　多台高压贮液器并联使用时，均液阀和均压阀应处于开启状态。

5.1.16.4　冷风机融霜时，严禁关闭回气截止阀。

5.1.16.5　安全阀应按《特种设备安全监察条例》的规定定期校验并做好记录。

5.1.17　制冷系统所用仪器、仪表、衡器、量具应按规定的时间间隔由具备相应资质的机构进行校准或鉴定（验证）。

5.1.18　运行记录。

5.1.18.1 操作人员应至少每隔 2h 做一次巡视检查并做好运行记录。

5.1.18.2 运行值班记录应按规定的内容如实填写，字迹工整，并保持记录册整洁、完整，不得随意涂改，做好统一保管。运行值班记录应至少保存 5 年。

5.1.19 机房内不得存放杂物及与工作无关的物品，设备设施的备品、备件应整齐码放在规定的位置。

### 5.1.20 防护器具

5.1.20.1 防护器具的使用人员应经过培训，熟知其结构、性能和使用方法及维护保管方法。

5.1.20.2 消防灭火器、防毒器具和抢救药品等应急物品应放在危险事故发生时易于安全取用的位置，并由专人保管，定期校验和维护。

5.1.20.3 应建立防护用品、器具的领用登记制度。

### 5.1.21 制冷系统维修保养

5.1.21.1 制冷压缩机应按制造商的要求定期进行大、中、小修和日常维修保养。其他制冷设备应定期维护保养。

5.1.21.2 特种设备应按照《特种设备安全监察条例》、《固定式压力容器安全技术监察规程》和《在用工业管道定期检验规程》的相关规定进行管理。

5.1.21.3 特种设备应由具备相应资质的机构进行维保。

5.1.21.4 制冷系统检修前，应检查系统中所有的阀门的启闭状态，确认状态无误后方可进行检修，并设置安全标识。

5.1.21.5 检修带电设备时，应首先断电隔离并在开关处设置安全标识；通电运行前应确认接地良好。

5.1.21.6 制冷系统拆检、维修、焊接时，应排空维修部位的制冷剂并与大气连通后方可进行，严禁带压操作。

5.1.21.7 向系统外排放冷冻油时，应注意防火，并严格避免冷剂外泄。

5.1.21.8 长期停机时，应切断电源。

5.1.21.9 制冷系统进行管路、设备更换维修后，应进行排污及强度、气密试验。气密性试验应使用氮气或干燥清洁的空气进行，严禁使用氧气。

5.1.21.10 维护检修后，应填写维修记录。维修记录的内容包括维护时间、设备、人员、维修内容、责任人、工作说明等。

### 5.2 给排水系统管理

5.2.1 冷却水、融霜水的水质应满足设备的水质要求和卫生要求。

5.2.2 应保证冷库给水系统有足够的水量、水压。

5.2.3 冷库用水的水温应符合下列规定：

　　a）水冷冷凝器的冷却水进出口平均温度应比冷凝温度低 5℃ ~7℃；

　　b）融霜水的水温应不低于 10℃，宜不高于 25℃。

5.2.4 冷库生产、生活用水应做好计量，并采取有效的节水措施。

### 5.3 电气运行管理

5.3.1 应建立配电间停送电操作规程、电气安全操作规程、交接班制度、巡检制度、设备维护保养制度等。

5.3.2 操作者应严格遵循设备操作规范和巡检制度，发现异常情况及时处理，确保设施和系统正常运行。

5.3.3 应详细填写运行值班记录，运行值班记录应按规定的内容如实填写，字迹工整，并保持记录册整洁、完整，不得随意涂改，做好统一保管。运行值班记录应至少保存 5 年。

5.3.4 冷库的电气设置应符合 GB 50072 的相关要求并定期检查，保证其良好的性能。

5.3.5 应定期检查备用电源的可用性。

5.3.6 变压器的经济运行应符合 GB/T 13462 的规定。

### 5.4 库房管理

5.4.1 库房应定期打扫、消毒，保持清洁卫生。严禁存放与贮存食品无关的物品。

5.4.2 库房内应注意防水、防制冷剂泄漏，严禁带水作业。

5.4.3 应及时清除穿堂和库房的墙、地坪、门、顶棚等部位的冰、霜、水。

5.4.4 无进出货时，库房门应处于常闭状态。

5.4.5 应对库房货架的紧固件、水平度和垂直度等至少每 6 个月进行一次检查。

### 5.4.6 搬运设备

5.4.6.1 搬运设备应无毒、无害、无异味、无污染，符合相关食品卫生要求。

5.4.6.2 冷库搬运设备应能在低温环境下正常运行。

5.4.6.3 叉车停用时，应停放在规定的位置，并将货叉降至最低位置。

5.4.6.4 搬运设备应定期消毒。

5.4.7 应采用耐低温、防潮防尘型照明设施。大、中型冷库冷间的照明照度不宜低于50lx，穿堂照度不宜低于100lx。小型冷库冷间的照度不宜低于20lx，穿堂照度不宜低于50lx。作业视觉要求高的冷库，应按具体要求进行配置。

5.4.8 应在库房内适当的位置设置至少1个温度测量装置，冻结物冷藏间的温度测量误差不大于1℃，冷却物冷藏间的温度测量误差不大于0.5℃。如需要测量湿度，相对湿度测量误差不大于5%。温湿度测量装置的安装位置应能正确反映冷间的平均温、湿度。

5.4.9 应定期检查并记录库房温度，记录数据的保存期应不少于2年。

5.4.10 应至少每季度核查一次库内温、湿度检测装置，发现问题及时解决。

5.4.11 库房内应合理分区并设置相关标识。

5.4.12 采用货架堆垛及吊轨悬挂食品，其质量不得超过货架及吊轨的承重荷载。

5.4.13 库房地下自然通风道应保持畅通，不应有积水、雪、污物。采用机械通风或地下油管加热等防冻措施，应由专人负责操作和维护。

5.4.14 库房应设置防撞设施。

5.4.15 土建式冷库的冻结间和冻结物冷藏间空库时，相应的库房温度应保持在－5℃以下。

5.4.16 库内作业结束后，作业人员应确认库内无人后方可关灯、锁门。

5.4.17 应为库内作业人员配备防寒工装。

# 6 食品贮存管理

6.1 应对入库食品进行准入审核，合格后入库，并做好入库时间、品种、数量、等级、质量、温度、包装、生产日期和保质期等信息记录。

6.2 入库前，应检查并确保库房的温湿度符合要求，并做好记录。

6.3 宜遵循先进先出、分区存放的原则。

6.4 在冷库中贮存的食品，应满足贮存食品整体有效保质期的要求，贮存时间不得超过该食品的协议保存期，并定期进行质量检查，发现问题及时处理。

6.5 清真食品的贮存应符合民族习俗的要求，库房、搬运设备、计量器具、工具等应专用。

6.6 具有强烈挥发气味和相互影响（如乙烯）的食品应设专库贮存，不得混放。

6.7 食品堆码时，宜使用标准托盘［1200mm×1000mm（优先推荐使用），1100mm×1100mm］，且托盘材质符合食品卫生标准。

6.8 食品堆码时，应稳固且有空隙，便于空气流通，维持库内温度的均匀性。食品堆码应符合下列要求：
——距冻结物冷藏间顶棚≥0.2m；
——距冷却物冷藏间顶棚≥0.3m；
——距顶排管下侧≥0.3m；
——距顶排管横侧≥0.2m；
——距无排管的墙≥0.2m；
——距墙排管外侧≥0.4m；
——距风道≥0.2m；
——距冷风机周边≥1.5m。

6.9 应对出库食品进行检验，办理出库手续。

6.10 应做好出库时间、品种、数量、等级、质量、温度、包装、生产日期和保质期等信息记录。

# 7 冷库安全设施管理

## 7.1 消防设施

7.1.1 消防设施日常使用管理由专职管理员负责。专职管理员应每日检查消防设施的状况，确保设施完好、整洁、卫生。发现丢失、损坏应立即补充、更新。

7.1.2 消防设备设施应由具备相应资质的机构进行维修保养和定期检测。

7.1.3 应设有消防安全疏散等指示标识，严禁关闭、遮挡或覆盖安全疏散指示标识。保持疏散通道、安全出口畅通，严禁将安全出口封闭、上锁。

7.1.4 应保持应急照明、机械通风、事故报警等设施处于正常状态，并定期检测、维护保养。

#### 7.2　氨气体浓度报警仪

7.2.1　采用氨制冷系统的机房应安装氨气体浓度报警仪，库房宜安装氨气体浓度报警仪。氨气体浓度报警仪应由法定计量鉴定机构或厂家每年进行复检，确保安全有效。

7.2.2　氨气体浓度报警仪宜与其他相关设备联防控制和管理。

7.3　设有视频监控系统的冷库，应设立专管员负责安防监控系统的日常管理与维护，确保视频监控系统的安全运行、视频质量清晰。视频资料应至少保存 3 个月，并不得擅自复制、修改视频资料。

## 8　冷库建筑维护

8.1　应每年对冷库建筑物进行全面检查，做出维护计划。日常维护中，发现屋面漏水，隔气防潮层起鼓、裂缝，保护层损坏，屋面排水不畅，落水管损坏或堵塞，库内外排水管道渗水，墙面或地面裂缝、破损、粉面脱落，冷库门损坏等问题应及时修复并做好记录。

8.2　地坪冻鼓，墙壁和柱子裂缝时，应查明原因，及时采取措施。

8.3　采用松散隔热层时，如隔热层下沉，应以同样材料填满压实，发现受潮要及时翻晒或更换。

8.4　冷库维修时宜采用新工艺、新材料，做好维修的质量检查及验收。

**附录 A**
**（资料性附录）**
**易腐食品贮藏温湿度要求**

表 A.1 规定了食品贮藏温湿度要求。

表 A.1　易腐食品贮藏温湿度要求　　　　　　　　　　　　　　　　（前部分略）

| 品类序号 | 食品类别 | 食品品名 | 贮藏温度（℃） | 相对湿度（%） |
|---|---|---|---|---|
| 15 | 畜禽肉 | 冷却畜禽肉 | − 1 ~ 4 | 85 ~ 90 |
| | | 冷冻畜禽肉 | ≤ − 18 | 90 ~ 95 |

注：鉴于易腐食品的种类繁多，特别对于果蔬类食品的品种、产地、成熟度、采摘期、加工工艺、保鲜工艺等存在较大差异，本附录仅给出列名易腐食品通用贮藏温湿度要求。各地可根据具体情况，参照执行。

# 中华人民共和国国家标准

GB/T 20799—2014

# 鲜、冻肉运输条件

## Fresh and frozen meat transport condition

2014 -07 -08 发布/2015 -01 -10 实施

中华人民共和国国家质量监督检验检疫总局　中国国家标准化管理委员会　发布

## 前　言

本标准按照 GB/T 1.1—2009 给出的规则起草，本标准是对 GB/T 20799—2006《鲜、冻肉运输条件》的修订。本标准与 GB/T 20799—2006 相比，主要变化如下：

——增加、调整了引用标准；

——删除、调整了术语、定义；

——规范、增加了对运输工具的要求；

——规范、增加了包装要求；

——规范、增加、细化了运输过程控制及温度要求；

——规范、增加、细化了装卸要求；

——增加了管理要求；

——增加了文件和记录要求。

本标准由中华人民共和国商务部提出并归口。

本标准起草单位：商务部流通产业促进中心、临沂新程金锣肉制品集团有限公司。

本标准主要起草人：张立峰、孟凡场、龚海岩、李欢、方芳、张京茂。

本标准所代替标准的历次版本发布情况为：

——GB/T 20799—2005。

# 鲜、冻肉运输条件

## 1 范围

鲜冻肉运输相关的术语和定义、运输工具、包装、标志、运输控制、装卸、管理、文件和记录要求。

本标准适用于鲜、冻肉的运输管理。

## 2 规范性引用文件

下列文件对于本文本的应用是必不可少的。凡是注日期的引用文件，仅注日期的版本适用于本文件。凡是不注日期的引用文件，其最新版本（包括所有的修改单）适用于本文件。

GB/T 191　包装储运图示标志

GB/T 5600　铁道货车通用技术条件

GB/T 6388　运输包装收发货标志

GB/T 7392　系列 1　集装箱的技术要求和实验方法　保温集装箱

GB/T 15233　包装　单元货物尺寸

GB/T 16470　托盘单元货载

GB/T 16471　运输包装件尺寸与质量界限

GB/T 19480　肉与肉制品术语

QC/T 449　保温车、冷藏车技术条件及实验方法

## 3 术语和定义

GB/T 19480 所界定的以及下列术语和定义适用本文件。

### 3.1 **物流企业**　logistics enterprise

从事物流基本功能范围内的物流业务设计和系统运作，具有与自身业务相适应的信息管理系统，实行独立核算，独立承担民事责任的经济组织。

[GB/T 18354—2006，定义 2.16]

## 4 运输工具

4.1　鲜、冻肉运输工具应具有制冷和（或）保温功能，运输过程应具有保证鲜、冻肉质量不发生改变和维持温度在规定要求的能力。应使用冷藏车或保温车、冷藏集装箱、冷藏船、铁路冷藏车等冷藏、保温的箱式运输设备，不应使用敞篷式车厢。

4.2　冷藏车、保温车的性能应符合 QC/T 449 的规定，保温集装箱应符合 GB/T 7392 的规定、铁路冷藏车应符合 GB/T 5600 的规定。

4.3　运输工具箱体内壁应由安全、卫生、无毒、无异味的材料制作、且光滑、清洁、不渗漏、无污染，易于清洗和消毒。

4.4　运输鲜、冷片肉的运输工具体内应有牢固的吊挂设施。

4.5　运输工具应配备温度自动记录仪器或配置从车厢外部能观察到温度的测温设备，宜配备温度异常报警装置，测温设备、温度异常报警装置应定期效验。

4.6　物流企业宜为运输设备配备卫星定位系统及车载温度跟踪系统。温度自动记录仪器的时间设置间隔不应超过 10min，测量精度为 ±1℃。

## 5 包装与标志

### 5.1 **包装**

5.1.1　运输鲜、冻肉（片猪肉除外）应有包装，禁止无包装运输。鲜和冷鲜的头蹄尾、内脏和油脂等产品应使用不渗水的容器装运、鲜和冷鲜的胃、肠与心、肝、肺、肾等不应盛放在同一容器内，并不得与其他鲜、冻肉接触。

5.1.2　运输包装材料应耐低温，具有足够的防湿、耐压强度和足够的韧性，具有良好的密闭性、低水蒸气渗透性。预包装产品的包装应坚固完整、封口严密、不散包，便于运输和装卸。

5.1.3　鲜、冻肉质使用的包装材料和容器应符合国家相应食品包装材料的质量卫生标准。

5.1.4　运输鲜、冻肉的单元包装尺寸应符合 GB /T 15233 和 GB/T 16471 的规定，采用托盘包装时还应符合

GB/T 16470的规定。

## 5.2 标志

运输包装标志应符合 GB/T 191、GB/T 6388 的规定。

# 6 运输控制

## 6.1 总要求

应根据运输距离或时间、地区、季节和鲜、冻肉品种选用适宜的运输工具。运输途中应严格控制温度，确保肉品安全。

## 6.2 鲜肉运输

6.2.1 鲜肉装运前应使其中心温度降到≤25℃或市售需求温度。装货前应检查车厢体内温度与肉温，箱体内温度不宜超过肉温3℃；若箱体内温度超过肉温，应采取措施降温至肉温。

6.2.2 常温条件下运输时间不应超过 2h；运输过程中鲜肉的升温不宜超过3℃。

6.2.3 4℃以下运输时间不应超过 6h。

6.2.4 运输时，箱体内要预留通风循环的空隙。

## 6.3 冷却肉运输

6.3.1 冷却肉装运前其中心温度应在 0℃～4℃范围内，运输工具应具有将产品保持在 0℃～4℃的能力。

6.3.2 冷却肉的最长运输时间不应超过 24h

6.3.3 装货前，应将车厢内温度降至 7℃以下。

6.3.4 运输途中，运输设备箱体内温度不得高于 4℃。运输中最多允许有 2℃的肉温变化。

## 6.4 冷冻肉运输

6.4.1 冻肉装运前期中心温度应在 –15℃以下。

6.4.2 运输时间少于 8h 的，也可采用保温车（船）运输，但应采取如加盖保温被等措施；运输时间在 8h 以上的，应采用有制冷设备的运输工具。

6.4.3 装货前，应将箱体内温度降低至 7℃以下。运输工具应具有将产品保持在 –15℃或更低温度的能力。

6.4.4 运输途中箱体内温度应保持在 –15℃以下。

## 6.5 温度记录要求

卸货前，应根据本标准或约定要求对产品的即时温度和记录仪的数据进行检查、记录并存档保存。

# 7 装卸要求

7.1 产品装卸应在月台上进行。冷却肉、冷冻肉的装卸宜在封闭式的月台进行，封闭式月台应具备良好的制冷系统和保温条件的缓冲间，不与外界接触；无封闭式月台的，应采取适当的措施，防止产品装卸过程回温。

7.2 装货前，应对运输工具箱体的密封性、保温设施、制冷设备、温度检测系统进行检查、确保性能良好，能正常运行。

7.3 装货前，应对运输工具箱体清扫（洗）、消毒并保持记录，确保箱体内无污物、干净卫生、无异味、无霉变；必要时应使用垫板或隔热板。

7.4 装货前，应让运输工具箱体内温度降至要求的范围内，应检查装载肉品的温度并保持记录。

7.5 装货前，应按不同目的的对肉品加以筛选和分组，根据"后卸货物后装载"的顺序进行装载，不同目的的产品应予以标识清楚或进行明确分组。

7.6 使用食品塑料周转箱盛放肉品时，箱与箱壁之间应有不低于 5cm 的通风空间；码放的最底层不应使用网格型的周转箱，否则应采取与箱板的隔离措施。

7.7 箱体内上层肉品与箱体顶部应留有不低于 10cm 的通风空间；肉品与后门宜保留至少 10cm 距离；必要时应采取其他措施防止货物移动并保持箱体内冷气循环。

7.8 鲜冷却片肉应采用行轨悬挂方式，胴体之间的距离不于 3cm。

7.9 装卸过程中产品不得接触地、抛摔、脚踩，应保证包装的完整性，防止把状物损坏、变形。

# 8 管理要求

8.1 运输设备应专车专用，禁止与任何危险货物、有异味物品同车装运；不得与非肉品货物混装或拼装。完成运输作业后，应立即对运输设备箱体进行严格的清洗，消毒和晾干，达到相关食品卫生要求后，方可进行新的运输作业。

8.2 产品在出库、装卸、入库过程中应严格控制作业环境温度和时间。

8.3 使用的所有设备和器具、包装容器应保持卫生，使用前应进行清洁消毒，禁止使用未经清洗消毒的设备和工器具。

8.4 接触肉品的工作人员应持有有效的健康证。

8.5 装运肉品的场地（包括中转站或配送地等）应具有足够的空间，能满足对肉品质量防护的需要，周围不得有害气体、粉尘、放射性物质和其他扩散性污染源，并有效的防虫蝇、防鼠、防尘等设施。

8.6 应保持冷藏库、中转站或配送地等场地卫生，定期清洁消毒并保持记录，清洁消毒应采用安全卫生的方式和消毒剂，防止人体和肉品收到污染。

## 9 文件和记录的要求

9.1 鲜、冻肉的发货方、运输方和收货方应建立食品安全管理制度。

9.2 运输过程应建立和保持完整记录，相关记录的保存期限不少于两年。

# 中华人民共和国国家标准

GB/T 28640—2012

## 畜禽肉冷链运输管理技术规范

Practices for cold-chain transportation of livestock & poultry meat

2012 -07 -31 发布/2012 -11 -01 实施
中华人民共和国国家质量监督检验检疫总局　中国国家标准化管理委员会　发布

## 前 言

本标准按照 GB/T 1.1—2009 给出的规则起草。

本标准由中华人民共和国商务部提出并归口。

本标准起草单位：全国城市农贸中心联合会、大连熟食品交易中心、江苏雨润食品产业集团有限公司。

本标准主要起草人：马增俊、侯仰标、纳绍平、刘旭波、闵成军。

# 畜禽肉冷链运输管理技术规范

## 1 范围

本标准规定了畜禽肉的冷却冷冻处理、包装及标识、贮存、装卸载、运输、节能要求以及人员的基本要求。本标准适用于生鲜畜禽肉从运输准备到实现最终消费前的全过程冷链运输管理。

## 2 规范性引用文件

下列文件对于本文件的应用是必不可少的。凡是注日期的引用文件，仅注日期的版本适用于本文件。凡是不注日期的引用文件，其最新版本（包括所有的修改单）适用于本文件。

GB/T 191　包装储运图示标志

GB/T 4456　包装用聚乙烯吹塑薄膜

GB 6388　运输包装收发货标志

GB/T 6548　运输包装用单瓦楞纸箱和双瓦楞纸箱

GB/T 7392　系列1：集装箱的技术要求和试验方法保温集装箱

GB 7718　预包装食品标签通则

GB 9687　食品包装用聚乙烯成型品卫生标准

GB 9688　食品包装用聚丙烯成型品卫生标准

GB 9689　食品包装用聚苯乙烯成型品卫生标准

QC/T 450　保温车、冷藏车技术条件

## 3 术语和定义

### 3.1 冷却畜禽肉　chilled meat

经冷却加工，并在运输和销售中始终保持低温（中心温度0℃~4℃）而不冻结的畜禽肉。

### 3.2 冷却畜禽肉　frozen meat of livestock and poultry

冷却后的畜禽胴体经低温冻结处理，并在加工、运输、销售过程中保持其中心温度不超过–15℃的畜禽肉。

### 3.3 冷链　cold-chain

根据产品特性，为保持其品质而采用的配有相应设施设备、从生产到消费各环节始终使产品处于低温状态的物流网络。

## 4 冷却冷冻处理

### 4.1 畜禽肉冷却处理

#### 4.1.1 畜禽宰后冷却处理

##### 4.1.1.1 片猪肉

宰后片猪肉应在击昏45min内进入0℃~4℃冷却间，并在24h内使其后腿肌肉深层中心温度降至0℃~7℃。

##### 4.1.1.2 片牛肉

宰后片牛肉应在击昏45min内进入0℃~4℃冷却间，并在36h内使其后腿部及肩胛部肌肉深层中心温度降至0℃~7℃。

##### 4.1.1.3 羊胴体

宰后羊胴体应在击昏1h内进入0℃~4℃冷却间，并在10h内使其后腿部及肩胛部深层中心温度降至0℃~7℃。

##### 4.1.1.4 鸡胴体

冷却介质的温度控制在0℃~4℃，冷却时间控制在45min以内，冷却后鸡胴体中心温度达到7℃以下。

##### 4.1.1.5 其他

其他畜禽胴体的冷却操作要求参照上述过程的控制要求执行。

#### 4.1.2 畜禽产品的冷分割

冷却后的畜禽产品应在良好卫生条件和车间温度低于12℃的环境中进行分割，分割后肉的中心温度应不高于7℃。

**4.2　畜禽肉冷冻处理**

4.2.1　分割猪肉应在 24h 内使其肌肉深层中心温度降至 −15℃ 以下。

4.2.2　片牛肉及分割牛肉应分别在 72h 和 36h 内使其肌肉深层中心温度降至 −15℃ 以下。

4.2.3　分割羊肉应在 16h 内使其肌肉深层中心温度降至 −15℃ 以下。

4.2.4　鸡胴体及其分割产品应在 12h 内使其肌肉深层中心温度降至 −18℃ 以下。

4.2.5　其他畜禽产品的冻结参照上述要求执行。

## 5　包装及标识

### 5.1　包装

5.1.1　冷却畜禽肉应在良好卫生条件和包装间温度不超过 12℃ 的环境中进行包装。

5.1.2　冷冻畜禽肉应在良好卫生条件和包装间温度不超过 0℃ 的环境中进行包装。

5.1.3　内包装材料应符合 GB/T 4456、GB 9687、GB 9688 和 GB 9689 等标准的相关规定，薄膜不得重复使用。外包装材料应符合 GB/T 6543 的规定。

5.1.4　运输包装应能满足畜禽肉安全运输的要求。

### 5.2　标识

5.2.1　预包装畜禽肉的标签应符合 GB 7718 的规定。

5.2.2　运输包装的收发货标志和图示应符合 GB 6388 和 GB/T 191 的规定，至少应有"温度极限"标识。

## 6　贮存

6.1　贮存库应根据产品要求配备相应的制冷设备、温（湿）度测量装置、监控装置等，定期维护、校准。

6.2　临时贮藏的冷却畜禽肉应贮存于 0℃ ~4℃、相对湿度 75% ~84% 的冷却间。

6.3　冷冻畜禽肉应贮存于 −18℃ 以下、相对湿度 95% 以上的冷冻间，冷冻间温度昼夜波动不得超过 ±1℃。

6.4　畜禽肉应按产品大类分区存放，产品贮存应遵循先进先出的原则。

6.5　畜禽肉和副产品混合贮存时，应该分别密闭包装并分区存放。

6.6　应详细记录畜禽肉的出入库时间、数量、贮存温度等信息。

6.7　供特定宗教信仰人员使用的畜禽肉产品在满足上述要求的同时，还应满足其特定贮存要求。清真产品应存放在经过认可的专用库内，不得与其他畜禽肉产品混贮。

## 7　装卸载

### 7.1　装卸载设施设备要求

7.1.1　应根据企业实际需求配备电瓶叉车、货架、托盘等装卸载设施设备。

7.1.2　企业宜统一使用 1200mm ×1000mm 规格的托盘。

7.1.3　装卸载设施设备应保持清洁卫生，并定期消毒。

7.1.4　宜配备封闭式站台进行装卸载活动。

### 7.2　畜禽肉装车摆放要求

7.2.1　同一运输车厢内不得摆放不同温度要求的畜禽肉或其他产品。

7.2.2　清真畜禽肉产品应专车运输。

7.2.3　冷却畜肉胴体应吊挂运输。

7.2.4　冷却肉进入车厢内应采取一定装置和措施防止过度挤压。包装好的畜禽肉应摆放整齐有序。

### 7.3　作业管理要求

7.3.1　企业应制定装卸载监管制度，做到票物相符，做好相关记录并存档，装载前应查验检疫证明、检疫证章是否齐全，片胴体是否加盖检疫合格验讫印章，并核对数量是否一致；卸载前应检查产品色泽是否新鲜，包装是否完整，生产日期是否清晰并确保畜禽肉在保质期范围内。

7.3.2　本环节中应保证冷却畜禽肉脱离冷链时间不超过 30min，冷冻畜禽肉脱离冷链时间不超过 15min。

## 8　运输

### 8.1　运输前准备

8.1.1　应检查畜禽肉温度是否符合规定要求，冷却畜禽肉中心温度应在 0℃ ~4℃，冷冻畜禽肉中心温度应低于 −18℃。

8.1.2　应检查车厢温度，在温度高于产品温度时，应提前制冷，将温度降低到相应的温度。运输冷却畜禽肉时车厢温度应低于7℃，运输冷冻畜禽肉时车厢温度应低于 –15℃。

### 8.2 运输工具

8.2.1 应采用冷藏车、保温车、冷藏集装箱、冷藏船、冷藏火车（专列）和附带保温箱的运输设备。保温集装箱应符合 GB/T 7392 的规定，运输车辆应符合 QC/T 450 的规定。

8.2.2 运输工具应配备温湿度传感器和温湿度自动记录仪，实时监测和记录温湿度。

8.2.3 所有的运输装置都应处于良好的技术状态，如顶部的通风孔要处于工作状态，车厢排水应良好，并设有确保空气循环的货垫等。

### 8.3 运输条件

8.3.1 运输参数应符合 6.2 和 6.3 的规定。

8.3.2 运输过程温度应与运输产品所需温度环境相匹配。

### 8.4 监测与记录

8.4.1 企业应建立产品运输跟踪系统，做好记录并存档。

8.4.2 运输过程中应定时监测和记录车厢内温湿度值，如超出允许的波动范围应按相关规定及时处理。

## 9 节能要求

在畜禽肉冷却、冷冻、贮存、冷链运输中宜选用节能设备，并采用节能方法和技术。

## 10 人员

10.1 设备操作人员应经培训，持证上岗。

10.2 患有痢疾、伤寒、病毒性肝炎等消化道传染病的人员，以及患有活动性肺结核、化脓性或者渗出性皮肤病等有碍食品安全的疾病的人员，不得直接接触食品及其包装物。

# 中华人民共和国农业行业标准

NY/T 2534—2013

## 生鲜畜禽肉冷链物流技术规范

Technical specification for cold chain logistics of fresh livestock and poultry meat

2013-12-13 发布/2014-04-01 实施

中华人民共和国农业部 发布

## 前 言

本标准按照 GB/T 1.1—2009 给出的规则起草。

本标准由农业部农产品加工局提出并归口。

本标准主要起草单位：中国农业科学院农产品加工研究所、雨润集团、宁夏金福来羊产业有限公司、河南大用实业有限公司、内蒙古蒙都羊业食品有限公司。

本标准主要起草人：张德权、张春晖、饶伟丽、闵成军、陈丽、张洪恩、李春红、李娟、杜文君、许录。

# 生鲜畜禽肉冷链物流技术规范

## 1 范围

本标准规定了生鲜畜禽肉冷链物流过程的术语和定义、冷加工、包装、贮存、运输、批发及零售的要求。

本标准适用于生鲜畜禽肉从冷加工到零售终端的整个冷链物流过程中的质量控制。

## 2 规范性引用文件

下列文件对于本文件的应用是必不可少的。凡是注日期的引用文件，仅注日期的版本适用于本文件。凡是不注日期的引用文件，其最新版本（包括所有的修改单）适用于本文件。

GB/T 4456　包装用聚乙烯吹塑薄膜

GB/T 6543　运输包装用单瓦楞纸箱和双瓦楞纸箱

GB 7718　预包装食品标签通则

GB 9687　食品包装用聚乙烯成型品卫生标准

GB 9688　食品包装用聚丙烯成型品卫生标准

GB 9959.2　分割鲜、冻猪瘦肉

GB 12694　肉类加工厂卫生规范

GB 14881　食品企业通用卫生规范

GB 14930.1　食品工具、设备用洗涤剂卫生标准

GB 14930.2　食品工具、设备用洗涤消毒剂卫生标准

GB/T 18354　物流术语

GB/T 19478　肉鸡屠宰操作规程

GB/T 19480　肉与肉制品术语

NY 467　畜禽屠宰卫生检疫规范

NY/T 631　鸡肉质量分级

NY/T 1564　羊肉分割技术规范

## 3 术语和定义

GB/T 18354、GB/T 19480 界定的以及下列术语和定义适用于本文件。

### 3.1 生鲜畜禽肉 fresh livestock and poultry meat

畜禽经屠宰、分割或不分割后得到的非冻结畜禽胴体和分割产品。

### 3.2 冷链物流 cold chain logistics

在生产到消费全过程中，产品始终处于低温状态进行生产加工、贮存、运输、批发和零售等实体流动的过程。

### 3.3 分割 cut

根据有关标准和要求，对胴体按不同部位，去皮或不去皮、去骨或不去骨的切割过程。

### 3.4 预冷 pre-cooling

在下一道工序之前的冷却，或在运输及入库前，对产品进行的快速冷却。

### 3.5 冷藏 chilling

在0℃~4℃的低温条件下贮存生鲜畜禽肉。

### 3.6 冷库 cold storage

用于在低温下贮存货物的建筑群，包括库房、制冷设施、配电室及其附属建筑物。按使用性质可分为生产性冷库、分配性冷库和零售性冷库。

## 4 冷链流程

加工厂宰杀的畜禽胴体经预冷→分割或不分割→冷却后胴体或分割肉→包装→贮存→冷藏运输→批发→零售。

## 5　冷加工

### 5.1　加工企业卫生要求

应符合 GB 12694、GB 14881 的要求。

### 5.2　屠宰加工要求

应符合 GB/T 19478、GB 9959.2、NY 467、NY/T 631 和 NY/T 1564 的要求。

### 5.3　预冷要求

胴体温度应在 24h 之内降至 0℃~4℃，方可入冷藏间。

### 5.4　分割要求

分割间温度应≤12℃，分割时间≤30min，分割过程肉中心温度 <7℃。

## 6　包装

### 6.1　包装要求

生鲜畜禽肉包装间温度应≤12℃，包装时间 30min。

### 6.2　预包装标识要求

进入零售市场销售的生鲜畜禽肉需要预包装的预包装标识应符合 GB 7718 的要求。

### 6.3　预包装材料要求

应符合 GB/T4456、GB/T 6543、GB 9687 和 GB 9688 的要求。

## 7　贮存

### 7.1　冷库要求

7.1.1　冷库应设有与运输车辆对接的门套密封装置。

7.1.2　冷库温度应控制在 0℃~4℃。

### 7.2　贮存管理

7.2.1　生鲜畜禽肉贮存过程中不应与有毒、有害、有异味、易挥发、易腐蚀的物品同处存放。

7.2.2　不同品种、批次、规格的生鲜畜禽肉应分别码放，码放应稳固、整齐、适量。货垛应置于拖板上，不得直接着地，并满足"先进先出"原则。

7.2.3　温度记录档案应保存 2 年。

7.2.4　生鲜畜禽肉离冷库门两边的距离至少为 200mm，离墙 300mm、离顶 200mm~600mm、离排管 300mm、离风道 300mm 距离。

## 8　运输

### 8.1　运输设备

8.1.1　应采用冷藏车、冷藏集装箱、冷藏船等具有制冷功能的运输设备。

8.1.2　车厢及接触肉类的器具应符合卫生要求，且利于清洗消毒。

8.1.3　冷藏运输设备应设有持续全程的温度记录装置。

### 8.2　温度要求

运输生鲜畜禽肉的厢体内应保持 0℃~4℃。

### 8.3　运输管理

8.3.1　冷藏运输设备每次用毕应进行清洗消毒，做好消毒记录，保持清洁卫生。清洗消毒剂应符合GB 14930.1和GB 14930.2 的规定。

8.3.2　冷藏运输设备装载货物前，运输人员应对冷藏运输设备及其制冷装置、温度记录装置进行检查，确保所有的设施正常，车厢内温度应预冷到 4℃以下。

8.3.3　装载时，生鲜畜禽肉离顶 20mm，应用支架、栅栏或其他装置防止货物移动。包装肉与裸装肉同车运输时，应采取隔离防护措施。

8.3.4　装货后 1h 之内降到 4℃以下，全程保持 0℃~4℃。

8.3.5　在出库或到达接收方时，应在 30min 以内装卸完毕。在装卸过程中，生鲜畜禽肉不应落地。

8.3.6　运输人员在运输过程中要及时查看温度记录装置，做好记录，作为交接凭证。交接时，生鲜畜禽肉应 <7℃。

## 9　批发、零售

### 9.1　设备设施要求

批发市场应建有冷库、冷柜，库容量应不小于年交易量的 0.5% ，零售市场应设有冷藏柜。

### 9.2　温度要求

批发、零售时生鲜畜禽肉温度应 <7℃ 。

### 9.3　卫生要求

批发、零售相关设施应每日清洗消毒，保持清洁。

# 中华人民共和国农业行业标准

NY/T 1764—2009

# 农产品质量安全追溯操作规程
# 畜肉

Operating rules for quality and safety traceability of agricultural products—Livestock meat

2009 - 04 - 23 发布/2009 - 05 - 20 实施
中华人民共和国农业部　发布

# 前　言

本标准由中华人民共和国农业部农垦局提出并归口。

本标准起草单位：中国农垦经济发展中心、全国畜牧总站。

本标准主要起草人：张宗城、王生、王勇、韩学军、辛盛鹏、赵小丽。

# 农产品质量安全追溯操作规程
# 畜肉

## 1 范围

本标准规定了畜肉质量追溯术语和定义、要求、信息采集、信息管理、编码方法、追溯标识、体系运行自查和质量安全问题处置。

本标准适用于猪、牛、羊等畜肉质量安全追溯。

## 2 规范性引用文件

下列文件中的条款通过本标准的引用而成为本标准的条款。凡是注日期的引用文件，其随后所有的修改单（不包括勘误的内容）或修订版均不适用于本标准，然而，鼓励根据本标准达成协议的各方研究是否可使用这些文件的最新版本。凡是不注日期的引用文件，其最新版本适用于本标准。

NY/T 1761 农产品质量追溯操作规程通则

中华人民共和国农业部令第 67 号《畜禽标识和养殖档案管理办法》

## 3 术语和定义

NY/T 1761 确立的术语和定义适用于本标准。

## 4 要求

### 4.1 追溯目标

追溯的畜肉可根据追溯码追溯到各个养殖、加工、流通环节的产品、投入品信息及相关责任主体。

### 4.2 机构和人员

追溯的畜肉生产企业、组织或机构应指定机构或人员负责追溯的组织、实施、监控、信息的采集、上报、核实和发布等工作。

### 4.3 设备和软件

追溯的畜肉生产企业、组织或机构应配备必要的计算机、网络设备、标签打印机、条码读写设备等，相关软件应满足追溯要求。

### 4.4 管理制度

追溯的畜肉生产企业、组织或机构应制定产品质量追溯工作规范、信息采集规范、信息系统维护和管理规范、质量安全问题处置规范等相关制度，并组织实施。

## 5 编码方法

### 5.1 养殖环节

#### 5.1.1 猪牛羊个体编码

按中华人民共和国农业部令第 67 号的规定执行。

#### 5.1.2 养殖地编码

企业应对每个养殖地，包括养殖场、圈、栏、舍等编码，并建立养殖地编码档案。其内容应至少包括地区、面积、养殖者、养殖时间、养殖数量等。

#### 5.1.3 养殖者编码

企业应对养殖者（生产管理相对统一的种植户、种植组统称种植者）编码，并建立养殖者编码档案。其内容应至少包括姓名、承担的养殖地和养殖数量等。

### 5.2 加工环节

#### 5.2.1 屠宰厂编码

应对不同屠宰厂编码，同一屠宰厂内不同流水线编为不同编码，并建立养殖场流水线编码档案。其内容应至少包括检疫、屠宰环境、清洗消毒、分割等。

### 5.2.2　包装批次编码

应对不同批次编码，并建立包装批次编码档案。其内容应至少包括生产日期、批号、包装环境条件等。

## 5.3　贮运环节

### 5.3.1　贮藏设施编码

应对不同储存设施编码，不同贮藏地编为不同编码，并建立贮藏编码档案。其内容应至少包括位置、温度、卫生条件等。

### 5.3.2　运输设施编码

应对不同运输设施编码，并建立运输设施编码档案。其内容应至少包括车厢温度、运输时间、卫生条件等。

## 5.4　销售环节

### 5.4.1　入库编码

应对销售环节库房编码，并建立编码档案。其内容应包括库房号、库房温度、出入库数量和时间、卫生条件等。

### 5.4.2　销售编码

销售编码可用以下方式：

——企业编码的预留代码位加入销售代码，成为追溯码。

——在企业编码外标出销售代码。

# 6　信息采集

## 6.1　产地信息

产地代码、养殖者档案、产地环境监测等信息。

## 6.2　养殖信息

种畜；繁殖；仔畜、育肥畜的饲养、卫生防疫、兽医兽药、无害化处理、出栏检疫等信息。

## 6.3　屠宰加工信息

进厂检疫、清洗消毒、屠宰、宰后检疫、分割、无害化处理以及包装等信息。

## 6.4　产品贮藏信息

位置、日期、设施、环境等信息。

## 6.5　运输信息

运输工具、运输号、运输环境条件、运输日期、起止位置、数量等信息。

## 6.6　销售信息

市场流向、售前检疫、分销商、零售商、进货时间、上架时间、保存条件等信息。

## 6.7　产品检验信息

产品来源、检验日期、检测机构、产品标准、产品批次、检验结果等信息。

# 7　信息管理

## 7.1　信息存储

应建立信息管理制度。纸质记录应及时归档，电子记录应每2周备份一次。所有信息档案应至少保存2年。

## 7.2　信息传输

上一环节操作结束时，应及时通过网络、纸质记录等以代码形式传递给下一环节，企业、组织或机构汇总诸环节信息后传输到追溯系统。

## 7.3　信息查询

凡经相关法律法规规定，应向社会公开的质量安全信息均应建立用于公众查询的技术平台。内容应至少包括养殖者、产品、产地、加工企业、批次、质量检验结果、产品标准等。

# 8　追溯标识

追溯标识编制按 NY/T 1761 的规定执行。

# 9　体系运行自查

按 NY/T 1761 的规定执行。

# 10　质量安全问题处置

按 NY/T 1761 的规定执行。

# 中华人民共和国国内贸易行业标准

SB/T 10570—2010

## 片猪肉激光灼刻标识码、印应用规范

Application norms of laser marking on half carcass

2010 -10 -09 发布/2011 -06 -01 实施
中华人民共和国商务部 发布

## 前 言

本标准按照 GB/T 1.1—2009 给出的规定起草。

本标准由中华人民共和国商务部提出并归口。

本标准起草单位：商务部流通产业促进中心、北京志恒达科技有限公司。

本标准主要起草人：原鹏、吴政敏、吕光华、李文祥、赵强、甘泉、张新玲、胡新颖、李欢。

# 片猪肉激光灼刻标识码、印应用规范

## 1　范围

本标准规定了片猪肉表皮激光灼刻标识码、印的相关术语和定义、技术要求及应用方法。

本标准适用于片猪肉标识码、印的激光灼刻。

## 2　规范性引用文件

下列文件对于本文件的应用是必不可少的。凡是注日期的引用文件，仅注日期的版本适用于本文件。凡是不注日期的引用文件，其最新版本（包括所有的修改单）适用于本文件。

GB 4208—2008　外壳防护等级（IP 代码）

GB 7247.1　激光产品的安全第 1 部分：设备分类、要求和用户指南

GB 10320　激光设备和实施的电气安全

GB 10435　作业场所激光辐射卫生标准

GB 14881　食品企业通用卫生规范

GB/T 17237　畜类屠宰加工通用技术条件

GB/T 17236—2008　生猪屠宰操作规程

GB/T 17996　生猪屠宰产品品质检验规程

GB 19517　国家电气设备安全技术规范

## 3　术语和定义

下列术语和定义适用于本文件。

### 3.1　片猪肉对应授权码　authorized code of half carcass

单片片猪肉具有的唯一代码特征的数据信息码。

### 3.2　片猪肉授权码编译器　authorized code compilation generator of half carcass

读取片猪肉对应授权码，生成激光灼刻码数据信息的专用装置。

### 3.3　激光灼刻码　lase rmarking code

由激光灼刻标识系统灼刻到片猪肉的一组由字母和数字组成的混编字符串。

注：该码是经片猪肉授权码编译器对片猪肉对应授权码及其他管理信息码进行整合、加密、压缩后自动生成。

### 3.4　激光灼刻印　laser marking stamps

以激光灼刻方法在片猪肉上灼刻出符合国家规定的印章图样。

## 4　码、印刷类

### 4.1　码

#### 4.1.1　片猪肉对应授权码

#### 4.1.1.1　片猪肉对应授权码结构

肉品追溯码编码规则：

屠宰厂（场）/点 $\boxed{A/B}$　　　　　　　　　定点屠宰代码 $\boxed{N_1\ N_2\ N_3\ N_4\ N_5\ N_6\ N_7\ N_8}$

肉品生产日期 $\boxed{N_9\ N_{10}\ N_{11}\ N_{12}\ N_{13}\ N_{14}}$　　　批次号 $\boxed{N_{15}\ N_{16}}$

屠宰生猪编码 $\boxed{N_{17}\ N_{18}\ N_{19}\ N_{20}}$　　　左片/右片猪肉 $\boxed{R_{21}/L_{22}}$

分割肉的不同部位 $\boxed{N_{22}\ N_{24}}$　　　效验码 $\boxed{N_{25}}$

屠宰厂（场）/点标记为 A 或 B 大写英文字母　　　　　　　　　1 位

定点屠宰代码（必须由生猪屠宰行业主管部门授权发放）（字母＋数字代码）　　1＋8 位

肉品生产日期　　　　　　　　　　　　　　　　　　　　　6 位

批次号　　　　　　　　　　　　　　　　　　　　　　　2 位

屠宰生猪编号　　　　　　　　　　　　　　　　　　　　4 位

左片/右片猪肉　　　　　　　　　　　　　　　　　　　1 位

分割肉的不同部位　　　　　　　　　　　　　　　　　2 位

T + N24——猪蹄

B + N24——带皮五花肉

C + N24——臀部

校验码　　　　　　　　　　　　　　　　　　　　　　1 位

**4.1.1.2　激光灼刻码编译方法**

激光灼刻码编译方法见附录 A。

**4.1.2　激光灼刻码**

**4.1.2.1　激光灼刻码的生成**

经片猪肉授权码编译器对 4.1.1 款的片猪肉对应授权码进行加密、压缩等编译，而生成的一组由字母和数字混编组成的字符串。

**4.1.2.2　激光灼刻码的形式（灼刻于片猪肉）**

片猪肉对应授权码经过 36 进制转换成为以下形式：

A 0B2 94L J1 R

**4.2　印**

**4.2.1**　激光灼刻检验合格验讫印章图样。

**4.2.2**　激光灼刻无害化处理印章图样。

**4.2.3**　激光灼刻其他印章图样。

# 5　码、印的规格尺寸

## 5.1　激光灼刻码规格

**5.1.1**　格式：由 10 位字母和数字混编组成的码。

**5.1.2**　字高：8.00mm ± 1.00mm

## 5.2　激光灼刻检验合格印章（见图1）

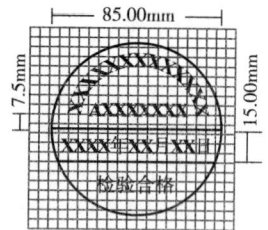

**5.2.1**　印章图样的直径为 85.00mm，"XXXXXXXXXXX"为定点屠宰厂（场）全称。字体为汉仪大宋简，字号 24.5pt。

**5.2.2**　印章中上线在圆心中线上，与下线距离为 15.00mm。

**5.2.3**　上线上方"AXXXXXXXX"为生猪定点屠宰企业定点屠宰代码，编码数字字体为 Times New Roman，字号 26pt，编码数字距圆心中线 7.5mm。

图 1　激光灼刻检验合格印章

**5.2.4**　两线中标注日期"××××年××月××日"为肉品生产日期，字体为宋体，字号 27pt，日期应系统自动更新。

**5.2.5**　"检验合格"字体为汉仪大宋简，字号 28pt。

## 5.3　激光灼刻无害化处理印章

**5.3.1**　非食用标印（见图2）

规格：等腰圆形，腰长 80.00mm，宽 37.00mm。

**5.3.2**　高温处理标印（见图3）

规格：等边三角形，边长各 45.00mm。

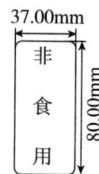

图 2　激光灼刻无害化处理印章　　图 3　高温处理标印

**5.3.3**　销毁标印（见图4）

规格：对角线长 60.00mm；60 度夹角。

**5.3.4**　复制标印（见图5）

规格：菱形；长轴 60.00mm，短轴 30.00mm。字体采用方正小标宋。

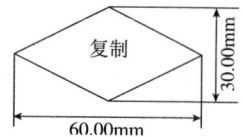

图 4　销毁标印　　　　　图 5　复制标印

# 6　赋码、印对象及灼刻内容

## 6.1　经检验合格的片猪肉

**6.1.1**　每片片猪肉均应带有符合 4.1.2 规定的激光灼刻码和符合 5.2 规定的激光灼刻印。

激光灼刻码对应每一片猪肉，一片一码。源自同一猪胴体的左、右两片猪肉，激光灼刻码仅末位字母不同，以分出左右。激光灼刻印必须是按国家法规规定的印章管理程序进行相关的方案设计备案、获准启用并备案。

6.1.2 每片片猪肉赋激光灼刻码应不少于三处，间隔应大于100mm。每片片猪肉赋刻激光灼刻印大于一处。

6.1.3 激光灼刻系统安装位置、赋码、印对象及灼刻内容：

6.1.3.1 激光灼刻系统安装位于 GB/T 17236—2008 中 5.12.2 规定的复验工序后，对检验合格的片猪肉进行灼刻码、印。灼刻内容应符合本标准 6.1.1、6.1.2 的规定。

6.1.3.2 应在每片片猪肉的前中后三处不同部位灼刻激光灼刻码。在片猪肉中间部位灼刻激光灼刻印。

## 6.2 不合格片猪肉的处置

处于 GB/T 17236—2008 中规定的 5.12.2 复验工序后，在所设的疑似病害肉岔道分支线位置上安装专用的激光灼刻装置，赋标识内容应符合本标准 5.3 的规定。

# 7 应用方法

## 7.1 码、印图案要求

7.1.1 码：应生成单线字体。

7.1.2 印及图案：应用单线体矢量绘制。

## 7.2 激光灼刻码、印的技术要求

### 7.2.1 外观要求

标刻的（码、印）字迹、图案应内容正确，清晰可辨认。色泽均匀，无局部灼刻过度现象。猪胴体、片猪肉上应有明显的高温烧灼凹痕。

### 7.2.2 特性要求

失真度 ≤±5%

完整性 ≥95%

连续性 允许值<1.6mm 断口

色泽 黄褐色

色差 浅褐色至中褐色

## 7.3 激光灼刻标识系统要求

7.3.1 片猪肉授权码编译器应识别及读取片猪肉对应授权码，并将片猪肉对应授权码经压缩加密，形成统一格式的激光灼刻码，并将其导入激光灼刻标识系统。经资质认定的激光灼刻标识系统方准许按规定上传相关信息。

7.3.2 对操作人员的要求及密钥功能

7.3.2.1 经有关部门派出或经考核合格予以授权的检验员。

7.3.2.2 中等专业以上学历水平，经激光灼刻标识系统操作培训，并考核合格后的操作员。必须严格遵守激光灼刻标识系统操作规程。

7.3.2.3 上岗人员应符合卫生许可。

7.3.2.4 上岗人员必须佩戴专用激光防护眼镜。

7.3.2.5 有关管理部门或企业应同时设置机械锁、分离式密钥硬件，并在软件中设置不同密级的密码，确保设备仅由经合法授权的人员使用。

7.3.2.6 印章图样及码在正常生产流程中由合格的检验人员依法依规使用。

7.3.3 激光灼刻标识的全过程不应影响屠宰生产线运行效率。

## 7.4 激光灼刻标识系统的工作环境

7.4.1 卫生环境、工作环境应符合屠宰企业的卫生要求。

应保持使用净水冲洗工作区域地面。按规定擦拭设备，清洗消毒。

7.4.2 激光灼刻标识系统的工作区的安全与防护

7.4.2.1 要配备氨气探测装置，发现氨泄漏迹象要强制停机，并提示报警。

7.4.2.2 激光灼刻标识系统工作区域应设有防护装置。系统工作应设有相应面积的激光防护区域并应符合激光防护要求规范。

7.4.2.3 激光灼刻标识系统防护级别应符合 GB 4208—2008 的 IP55 等级。

7.4.2.4 在激光灼刻标识系统出光窗口处，须设置不锈钢双层转塔式防护罩专用装置，该装置可耐受个别情况下现场水流直接冲洗工况。

7.4.2.5 激光灼刻标识系统应具有较强的抗潮能力，应防止凝露。

7.4.3 激光灼刻标识系统使用的安全性及必须的提示标志

7.4.3.1 安装激光安全出光控制装置。

注：该装置能够防止激光灼刻标识系统错误出光、长时间出光及对片猪肉的过度烧灼。当单次出光时间大于设定值时，激光可自动强制关断。

7.4.3.2 为保障设备的安全，应安装猪胴体未完全劈半报警装置，声光报警装置应置于显著位置。

7.4.3.3 设备及工区必须设置激光安全标志及相关提示语。

## 附录 A
### （信息强化性附录）
### 激光灼刻码编译方法

**A.1　编译方法**

A.1.1　屠宰企业应向生猪屠宰行业主管部门申领相关的定点屠宰区域编码、企业代码；经生猪屠宰行业主管部门授权发放定点屠宰区域编码、企业代码；屠宰企业应按 A.2.1 生成片猪肉对应授权码。

A.1.2　片猪肉授权码编译器对片猪肉对应授权码进行加密、压缩等编译，生成激光灼刻码。通过激光灼刻标识系统，将激光灼刻码灼刻于片猪肉上。

A.1.3　企业应建立相应的质量溯源数据库管理系统，并实现相应管理系统对片猪肉对应授权码、激光灼刻码数据的存留。

A.1.4　企业应建立与定点屠宰区域生猪屠宰行业主管部门信息平台相关联的服务器。对构成市场销售的合格片猪肉产品及生猪分割肉产品具有可监管的肉品追溯码，即片猪肉对应授权码＋激光灼刻码的电子形式，通过该服务器上传至定点屠宰区域生猪屠宰行业主管部门的信息平台。被用于各级主管部门对片猪肉产品质量、市场监管、公众溯源的查询。

**A.2　编码说明**

**A.2.1　片猪肉对应授权码**

构成产品质量及市场监管溯源系统信息码，被定义为肉品追溯码。

**A.2.2　片猪肉对应授权码结构**

A.2.2.1　肉品追溯码编码规则：

屠宰厂（场）/点 $\boxed{A/B}$　　定点屠宰代码 $\boxed{N_1 N_2 N_3 N_4 N_5 N_6 N_7 N_8}$

肉品生产日期 $\boxed{N_9 N_{10} N_{11} N_{12} N_{13} N_{14}}$　批次号 $\boxed{N_{15} N_{16}}$　　屠宰生猪编号 $\boxed{N_{17} N_{18} N_{19} N_{20}}$

左片/右片猪肉 $\boxed{R_{21}/L_{22}}$　　分割肉的不同部位 $\boxed{N_{22} N_{24}}$　　效验码 $\boxed{N_{25}}$

| | |
|---|---|
| 屠宰厂（场）/点标记　为 A 或 B 大写英文字母 | 1 位 |
| 定点屠宰代码（必须由生猪屠宰行业主管部门授权发放） | 8 位 |
| 肉品生产日期 | 6 位 |
| 批次号 | 2 位 |
| 屠宰生猪编号 | 4 位 |
| 左片/右片猪肉 | 1 位 |
| 分割肉的不同部位 | 2 位 |
| T + N24——猪蹄 | |
| B + N24—带皮五花肉 | |
| C + N24—臀部 | |
| "N"为任意字母和数字 | |
| 校验码 | 1 位 |

A.2.2.2　其他分割肉的不同部位代码结构企业根据以上原则自行编制。

**A.2.3　片猪肉对应授权码呈现形式**

电子信息：适应重复型应用、重复读入信息。

读卡信息：只适应于一次性写人信息，经一次性减除或递减性减除。

**A.2.4　激光灼刻码的生成**

A.2.4.1　经片猪肉授权码编译器对片猪肉对应授权码进行加密、压缩等编译，而生成的一组由字母和数字混编组成的字符串。

A.2.4.2　片猪肉对应授权码经过 36 进制转换成为以下形式：（但不能大于 10 位）

A 0B2 94L　J1 R

A.2.4.3　在激光灼刻标识系统中可对该字符串进行编辑、复制、布局等操作。生成激光灼刻码的布局。

A.2.4.4  生成的激光灼刻码布局经激光灼刻标识系统灼刻到片猪肉表皮上形成唯一的可识别的激光灼刻码。

A.2.5  激光灼刻码的解译

A.2.5.1  经手持解译器或软件对激光灼刻码进行解密、反压缩等编译，生成的一组由字母和数字混编组成的字符串，即为片猪肉对应授权码。适应于溯源的查询、中转监管、稽查等管理。

A.2.5.2  第 A.2.4.1 款规定的肉品追溯码编码规则应分段压缩、整体加密：

A.2.5.2.1  分段压缩原则：

首位：屠宰厂（场）/点标记代码；R21/L22：左片/右片猪肉标志，不经压缩直接引用。

中部各码段分别压缩。码段的位长应能满足片猪肉激光灼刻标识系统灼刻的要求。

A.2.5.2.2  整体加密原则：

将分段压缩完的准中间过程码进行整体加密。

经加密后生成的代码为激光灼刻码的电子形式。

# 六 生产保障

# 中华人民共和国国内贸易行业标准

SB/T 10353—2011
代替 SB/T 10353—2003

## 生猪屠宰加工职业技能岗位标准、职业技能岗位要求

Profession standard and technique requirement for the job in the slaughter establishment

## 前　言

本标准按照 GB/T 1.1—2009 给出的规则起草。

请注意本文件的某些内容可能涉及专利。本文件的发布机构不承担识别这些专利的责任。

修订本标准是为了贯彻国务院《生猪屠宰管理条例》和商务部《生猪屠宰管理条例实施办法》，规范生猪屠宰加工人员技能岗位要求，提高生猪屠宰人员技术素质和技术水平，保证肉类产品卫生质量。

本标准代替 SB/T 10353—2003《生猪屠宰加工职业技能岗位标准、职业技能岗位鉴定规范》，与 SB/T 10353—2003 相比，主要技术变化如下：

——增加了规范性引用文件；

——修改了初级工专业知识要求，由"初步了解《中华人民共和国食品安全法》、《中华人民共和国动物防疫法》、《生猪屠宰管理条例》等国家有关肉类产品标准、卫生标准的规定和要求"改为"了解《中华人民共和国食品安全法》、《中华人民共和国动物防疫法》等相关法律、法规"；

——把工种定义修改为术语和定义；

——修订了初级工、中级工、高级工知识要求；

——修订了初级工、中级工、高级工操作技能要求；

——删除了岗位鉴定规范内容。

本标准由中华人民共和国商务部提出并归口。

本标准由商务部市场秩序司、商务部流通产业促进中心、河南众品食业股份有限公司负责起草。

本标准主要起草人：罗志良、郭耿锐、张新玲、胡新颖、李欢、张建林、张清峰。

本标准于 2003 年 11 月 05 日首次发布，本次为第一次修订。

# 生猪屠宰加工职业技能岗位标准、职业技能岗位要求

## 1　范围

本标准规定了生猪屠宰加工职业技能岗位术语和定义、技能等级、技能要求。本标准适用于生猪定点屠宰厂（场）从事生猪屠宰加工的人员。

## 2　术语和定义

### 2.1　生猪屠宰技能岗位

使用各种屠宰加工机械设备和工器具，对生猪进行致昏、刺杀放血、清洗、脱毛或剥皮、开膛净腔、劈半、修整分级、副产品整理清洗、分割加工的岗位。

## 3　技能等级

各工种分为初级工、中级工、高级工三个技能等级。

## 4　技能要求

### 4.1　初级工

#### 4.1.1　知识要求

4.1.1.1　了解生猪解剖的基本知识。

4.1.1.2　了解生猪屠宰加工工艺流程及生猪屠宰操作规程。

4.1.1.3　了解片猪肉、分割肉、副产品的名称、规格及质量要求。

4.1.1.4　了解常用屠宰加工机械设备、工器具的名称、规格型号、性能及安全操作、维护的一般知识。

4.1.1.5　掌握屠宰车间机械设备、工器具、环境和个人卫生及消毒要求。

4.1.1.6　掌握生猪屠宰加工机械设备、工器具的安全操作技术要求和安全生产的一般常识。

4.1.1.7　了解《中华人民共和国食品安全法》和《中华人民共和国动物防疫法》等相关法律、法规。

#### 4.1.2　操作技能

4.1.2.1　能正确和熟练地进行所在工序的操作。

4.1.2.2　能从感官上初步鉴别片猪肉、分割肉、副产品的加工质量。

4.1.2.3　能独立对所使用的屠宰加工机械设备、工器具进行卫生消毒。

### 4.2　中级工

#### 4.2.1　知识要求

4.2.1.1　掌握生猪解剖和常见病变的基础知识。

4.2.1.2　掌握生猪屠宰加工工艺流程及屠宰加工操作的要求。

4.2.1.3　掌握片猪肉、分割肉、猪副产品的质量要求。

4.2.1.4　掌握屠宰车间机械设备、工器具、环境和个人卫生及消毒要求。

4.2.1.5　掌握屠宰加工机械设备构造、性能和使用维护的一般知识。

4.2.1.6　掌握屠宰加工机械设备、工器具的安全操作规范。

4.2.1.7　熟知《中华人民共和国食品安全法》和《中华人民共和国动物防疫法》等相关法律、法规。

#### 4.2.2　操作技能

4.2.2.1　能正确地操作使用屠宰加工机械设备和工器具。

4.2.2.2　能按照生猪屠宰操作规程熟练操作。

4.2.2.3　能从感官上正确和熟练鉴定片猪肉、分割肉、副产品的加工质量。

4.2.2.4　能熟练地对屠宰加工机械设备进行日常维护保养。

4.2.2.5　能及时发现屠宰加工过程中的产品质量安全隐患。

4.2.2.6　能对初级工进行示范操作。

### 4.3　高级工

#### 4.3.1　知识要求

4.3.1.1　具有生猪解剖、病理方面的系统知识。

4.3.1.2 熟练掌握生猪屠宰、分割和副产品加工的操作方法和要求。

4.3.1.3 看懂屠宰车间工艺设计图。

4.3.1.4 了解目前国内外生猪屠宰加工技术。

4.3.1.5 掌握屠宰废弃物的处理方法及无害化处理要求。

4.3.2 操作技能

4.3.2.1 能根据生猪品种、产地和季节的变化调整屠宰加工工艺参数。

4.3.2.2 能解决屠宰加工过程中出现的产品加工质量问题。

4.3.2.3 具备对屠宰机械设备进行简单维修、调试的能力。

4.3.2.4 能通过对屠宰厂（车间）的工艺参数、质量标准进行分析，发现问题并提出改进措施。

4.3.2.5 具备参与新设备、生产线的安装、调试的能力。

4.3.2.6 能对初级工、中级工进行培训、指导。

# 中华人民共和国国内贸易行业标准

SB/T 10359—2011
代替 SB/T 10359—2003

# 肉品品质检验人员岗位技能要求

Requirement for meat quality inspector

2011 -07 -07 发布/2011 -11 -01 实施
中华人民共和国商务部　发布

## 前　言

本标准按照 GB/T 1.1—2009 给出的规则起草。

本标准代替 SB/T 10359—2003《肉品品质检验人员技能要求》，与 SB/T 10359—2003 相比，主要技术变化如下：

——增加了规范性引用文件；

——调整了文化程度要求，由"初中毕业"调整为"相关专业（或同等学力）中专以上"；

——删除了学徒期要求；

——删除了初级检验员专业知识要求中对生猪名称的了解以及对猪皮名称的掌握；

——增加了初级检验员专业知识要求中应了解的法律法规；

——调整了身体状况要求，由健康调整为符合食品从业要求；

——增加了术语和定义；

——修订了初级检验员、中级检验员和高级检验员专业知识要求；

——修订了初级检验员、中级检验员和高级检验员技能要求。

本标准由中华人民共和国商务部提出并归口。

本标准由商务部流通产业促进中心、河南众品食业股份有限公司负责起草。

本标准主要起草人：罗志良、郭耿锐、张新玲、胡新颖、李欢、张建林、张清峰。

本标准于 2003 年 11 月 05 日首次发布，本次为第二次修订。

# 肉品品质检验人员岗位技能要求

## 1 范围

本标准规定了肉品品质检验人员的术语和定义、技能等级、身体状况、文化程度和技能等级要求。本标准适用于畜禽屠宰加工厂（场）从事肉品品质检验的人员。

## 2 术语和定义

下列术语和定义适用于本文件。

### 2.1 肉品检验工

依据国家有关法律、法规、标准，以感官检验为主、仪器检验为辅的方式，对畜禽及其产品的品质进行检验的工种。

## 3 技能等级

肉品品质检验人员分为初级、中级、高级三个技能等级。

## 4 身体状况

符合食品从业要求。

## 5 文化程度

相关专业（或同等学历）中专以上文化程度。

## 6 技能要求

### 6.1 初级检验员

#### 6.1.1 专业知识要求

6.1.1.1 了解《中华人民共和国食品安全法》、《中华人民共和国动物防疫法》、《生猪屠宰管理条例》等相关法律、法规、标准的规定和要求。

6.1.1.2 掌握畜禽生理解剖、常见疾病、人畜共患病、个人安全防护、肉品卫生以及消毒的一般知识。

6.1.1.3 了解畜禽屠宰、检验或肉品加工工艺流程；熟悉肉品品质检验程序。

6.1.1.4 了解主要产品的质量标准。

6.1.1.5 了解生产、储存、运输环节防止产品污染和保证肉品质量的知识。

6.1.1.6 了解畜禽传染病的危害和应急措施。

6.1.1.7 掌握本岗位品质检验的部位、检验方法、常见病理变化及判定处理规定和检验记录要求。

6.1.1.8 掌握常用消毒药品的配制知识、使用方法

#### 6.1.2 技能要求

6.1.2.1 能初步识别宰前健康、异常畜禽，并能判定肉品是否正常。

6.1.2.2 能初步判定产品加工质量和质量安全。

6.1.2.3 能正确确定本岗位应检部位，并做到熟练操作。

6.1.2.4 能在两个检验岗位上独立操作。

6.1.2.5 能按规定要求正确判定和标识本岗位常见病变畜禽及产品。

6.1.2.6 能正确使用维护、保养检验工具和设备。

6.1.2.7 能正确配制常用的消毒药品。

6.1.2.8 能做好本岗位检验工作的原始记录。

### 6.2 中级检验员

#### 6.2.1 专业知识要求

6.2.1.1 熟悉《中华人民共和国食品安全法》、《中华人民共和国产品质量法》、《中华人民共和国动物防疫法》、《生猪屠宰管理条例》、《生猪屠宰管理条例实施办法》等相关法律、法规、标准的规定和要求。

6.2.1.2 具有畜禽生理解剖、微生物、常见疾病、人畜共患病、寄生虫、个人安全防护知识和肉品卫生等基本

知识。

6.2.1.3　熟知宰前和宰后品质检验的程序、部位、方法和判定处理知识。

6.2.1.4　熟知常用消毒药品的性能、配制、使用方法。

6.2.1.5　熟知畜禽屠宰加工工艺流程。

6.2.1.6　熟知品质检验工具、设备使用和保养知识。

6.2.1.7　熟知主要产品的质量标准。

6.2.1.8　熟知防止肉品污染和贮藏方面的知识。

6.2.1.9　熟知畜禽传染病的病源、传播途径、危害及紧急控制与预防措施。

6.2.2　技能要求

6.2.2.1　能在四个检验岗位上熟练操作。

6.2.2.2　能正确识别和准确判定畜禽常见疾病的症状、病理变化，并按相关规定进行处理。能熟练掌握有毒有害物质的检测方法。

6.2.2.3　能准确判定产品加工质量和质量安全。

6.2.2.4　能熟练使用、维护、保养检验工具、仪器、设备。

6.2.2.5　能做好本岗位检验工作的检验记录，并能进行统计分析。

6.2.2.6　能应用先进的检验技术和方法。

6.2.2.7　能指导、培训初级检验员。

6.3　高级检验员

6.3.1　专业知识要求

6.3.1.1　熟知《中华人民共和国食品安全法》、《中华人民共和国产品质量法》、《中华人民共和国动物防疫法》、《生猪屠宰管理条例》、《生猪屠宰管理条例实施办法》等相关法律、法规、标准的规定和要求。

6.3.1.2　掌握畜禽生理解剖、病理、微生物、寄生虫、兽医公共卫生和肉类加工的知识。

6.3.1.3　掌握常用消毒药品的选用、配制、使用方法和管理。

6.3.1.4　掌握畜禽宰前和宰后品质检验的程序、部位、方法和判定处理知识。

6.3.1.5　掌握畜禽屠宰加工工艺流程和操作规程。

6.3.1.6　掌握畜禽屠宰加工质量安全控制措施，了解国内外相关新技术及发展动态。

6.3.1.7　掌握畜禽传染病的基本症状和病理变化、传播途径、危害及紧急控制措施。

6.3.2　技能要求

6.3.2.1　能按规定的程序熟练进行宰前和宰后各个环节的检验，并能正确识别和准确判定畜禽常见疾病的症状、病理变化，并按相关规定进行处理。能熟练掌握有毒有害物质的检测方法。

6.3.2.2　能解决和处理肉品品质检验中遇到的疑难问题。

6.3.2.3　能正确确定畜禽产品的加工质量和质量安全。

6.3.2.4　能正确使用、维护、保养检验工具和设备，并能正确使用先进的检验设备。

6.3.2.5　能做好本部门检验工作记录，写出肉品品质检验总结及分析报告。

6.3.2.6　能运用肉品检验基础理论和实践经验指导培训初级检验员、中级检验。

6.3.2.7　能对宰前、宰后各环节中影响肉品品质的因素提出指导和改进意见。

6.3.2.8　能指导应用肉品品质检验新技术，提高检验工作水平。

# 中华人民共和国国内贸易行业标准

SB/T 10663—2012

# 病害畜禽及其产品无害化处理人员技能要求

Skills requirements on sick livestock and poultry and by-products biosafety disposal staff

2012 -03 -15 发布/2012 -06 -01 实施
中华人民共和国商务部　发布

## 前　言

本标准按照 GB/T 1.1—2009 给出的规则起草。

本标准由中华人民共和国商务部提出并归口。

本标准起草单位：商务部流通产业促进中心、江苏雨润肉类产业集团有限公司。

本标准主要起草人：闵成军、金社胜、胡新颖、方芳、李欢、温晓辉。

# 病害畜禽及其产品无害化处理人员技能要求

## 1　范围

本标准规定了病害畜禽及其产品无害化处理人员的术语和定义、等级及技能要求。

本标准适用于畜禽屠宰加工厂（场）的病害畜禽及其产品无害化处理人员。

## 2　规范性引用文件

下列文件对于本文件的应用是必不可少的。凡是注日期的引用文件，仅注日期的版本适用于本文件。凡是不注日期的引用文件，其最新版本（包括所有的修改单）适用于本文件。

GB 16548　畜禽病害肉尸及其产品无害化处理规程

《生猪定点屠宰厂（场）病害猪无害化处理管理办法》（中华人民共和国商务部、中华人民共和国财政部令 2008 年第 9 号）

《生猪屠宰管理条例》（中华人民共和国国务院令 2008 年第 525 号）

## 3　术语和定义

下列术语和定义适用于本文件。

### 3.1　**病害畜禽及其产品**　sick livestock and poultry and by-products

宰前检验确认为患有某种疾病，并对人体具有危害的畜禽及畜禽屠宰后，经宰后检验确认为危害疾病的胴体、内脏、头、蹄、尾，以及血、骨、毛、皮等。

### 3.2　**无害化处理**　biosafety disposal

将遭受生物、化学和物理性污染及加工过程中产生的不适合食用的畜禽、胴体、内脏或其他部分通过焚毁、化制、深埋或其他物理、化学、生物学等方法进行处理，达到消除病害因素，保障人畜健康安全的目的。

### 3.3　**无害化处理人员**　biosafety disposal staff

畜禽屠宰加工厂（场）内从事病害畜禽及其产品无害化处理的人员。

## 4　等级划分

根据知识和操作技能水平分为初级工、中级工、高级工三个技能等级。

## 5　要求

### 5.1　**基本要求**

5.1.1　高中及以上文化程度，或同等学历。

5.1.2　身体健康并取得健康证。

5.1.3　从事畜禽屠宰加工工作一年以上。

5.1.4　经过病害畜禽及其产品无害化处理专业知识和技能培训，获得合格证书。

5.1.5　特殊工种需有相关资质证书。

### 5.2　**初级工**

#### 5.2.1　知识要求

5.2.1.1　了解《中华人民共和国食品安全法》、《中华人民共和国动物防疫法》、《生猪屠宰管理条例》、《生猪定点屠宰厂（场）病害猪无害化处理管理办法》、《病害动物和病害动物产品生物安全处理规程》等相关法律法规和技术标准要求。

5.2.1.2　了解畜禽传染病、寄生虫病和中毒性疾病等的症状、危害和应急处理措施。

5.2.1.3　具备一定的肉品品质检验基本知识。

5.2.1.4　具有消毒的一般知识。

5.2.1.5　了解销毁、化制、高温处理和化学处理等各种无害化处理方法的原理及其适用对象。

5.2.1.6　了解病害畜禽及其产品无害化处理的基本程序、操作要求和记录。

#### 5.2.2　操作技能

5.2.2.1　能正确使用无害化处理设备。

5.2.2.2 能按规定对病害畜禽及其产品进行无害化处理。

5.2.2.3 能够完成病害畜禽无害化处理记录、报送及存档工作。

### 5.3 中级工

#### 5.3.1 知识要求

5.3.1.1 熟悉《中华人民共和国食品安全法》、《中华人民共和国动物防疫法》、《生猪屠宰管理条例》、《生猪定点屠宰厂（场）病害猪无害化处理管理办法》、《病害动物和病害动物产品生物安全处理规程》等相关法律法规和技术标准要求。

5.3.1.2 熟悉肉品品质检验基本知识。

5.3.1.3 熟悉畜禽传染病、寄生虫病和中毒性疾病等的症状、病原、传播途径、危害、预防和紧急控制措施。

5.3.1.4 熟悉常用消毒药品的性能、配制、使用方法和消毒原理。

5.3.1.5 熟悉病害畜禽及其产品销毁、化制、高温处理、生物处理和化学处理等各种无害化处理方法的原理、工作流程及其适用对象。

5.3.1.6 熟悉各种无害化处理设备使用和保养知识。

5.3.1.7 熟悉病害畜禽及其产品无害化处理的基本程序和记录要求。

#### 5.3.2 操作技能

5.3.2.1 能熟练使用无害化处理设备。

5.3.2.2 能按规定对病害畜禽及其产品进行无害化处理。

5.3.2.3 能做好无害化处理原始记录的复查工作，并对无害化处理工作写出书面总结。

5.3.2.4 能指导、培训初级工。

### 5.4 高级工

#### 5.4.1 知识要求

5.4.1.1 掌握《中华人民共和国食品安全法》、《中华人民共和国动物防疫法》、《生猪屠宰管理条例》、《生猪定点屠宰厂（场）病害猪无害化处理管理办法》、《病害动物和病害动物产品生物安全处理规程》等相关法律法规和技术标准要求。

5.4.1.2 掌握畜禽屠宰过程的检验检疫知识。

5.4.1.3 能识别常见畜禽传染病、寄生虫病和中毒性疾病等的症状，掌握病原传播途径、危害、预防和安全控制措施。

5.4.1.4 掌握常用消毒药品的使用方法。

5.4.1.5 掌握畜禽销毁、化制、高温处理、生物处理和化学处理等各种无害化处理方法的原理、工作流程及其适用对象，并了解国内外畜禽无害化处理方面的新技术及发展动向。

5.4.1.6 掌握各种无害化处理设备及设施的使用和保养知识。

5.4.1.7 掌握病害畜禽及其产品无害化处理的基本程序和记录要求。

#### 5.4.2 操作技能

5.4.2.1 能熟练使用无害化处理设备。

5.4.2.2 能采取合理方式对病害畜禽及其产品进行无害化处理。

5.4.2.3 能解决和处理无害化处理过程中遇到的疑难问题。

5.4.2.4 掌握常用消毒药品的消毒原理和使用方法。

5.4.2.5 能做好本部门无害化处理工作记录，写出工作总结及分析报告。

5.4.2.6 能指导、培训初、中级人员。

5.4.2.7 能对无害化处理各环节提出指导和改进意见。

5.4.2.8 能指导应用新技术，提高无害化处理工作水平。

# 中华人民共和国国内贸易行业标准

SB/T 10911—2012

# 屠宰设备维修员技能要求

Skill requirement on equipment repairer in the slaughterhouse

2013 -01 -23 发布/2013 -09 -01 实施
中华人民共和国商务部　发布

## 前　言

本标准按照 GB/T 1.1—2009 给出的规则起草。

本标准由中华人民共和国商务部提出并归口。

本标准起草单位：商务部流通产业促进中心、江苏雨润肉类产业集团有限公司。

本标准主要起草人：黄强力、凡强胜、龚海岩、李欢、方芳、杨德明、闵成军。

# 屠宰设备维修员技能要求

## 1 范围

本标准规定了屠宰设备维修员的术语和定义、维修员技能等级及其要求。本标准适用于屠宰加工厂（场）的屠宰设备维修人员。

## 2 规范性引用文件

下列文件对于本文件的应用是必不可少的。凡是注日期的引用文件，仅注日期的版本适用于本文件。凡是不注日期的引用文件，其最新版本（包括所有的修改单）适用于本文件。

GB/T 17236  生猪屠宰操作规程

GB/T 27519  畜禽屠宰加工设备通用要求

SB/T 10486  生猪屠宰成套设备技术条件

## 3 术语和定义

下列术语和定义适用于本文件。

### 3.1  设备维修员  equipment repairer

为保障设备正常运行而进行维护、维修等相关操作的人员。

## 4 技能等级划分

根据知识和操作技能分为初级工、中级工、高级工 3 个技能等级。

## 5 要求

### 5.1  基本要求

5.1.1  身体健康并取得健康证。

5.1.2  应具有高中以上文化程度或同等以上学历，经过机械设备维修的相关知识和技能培训，经考核通过，获得相应的资格证书。

5.1.3  熟练掌握消防、安全操作和产品防护相关知识和技能。

### 5.2  初级工

#### 5.2.1  知识要求

5.2.1.1  了解 GB/T 17236、GB/T 27519 和 SB/T 10486 等相关标准的要求。

5.2.1.2  了解本岗位相关的基础知识。

5.2.1.3  了解屠宰设备基本构造及用途。

5.2.1.4  了解屠宰设备基本工作原理。

5.2.1.5  熟悉常用机械设备的使用方法及维护保养的一般知识。

#### 5.2.2  操作技能

5.2.2.1  能对本岗位使用的工器具进行保养维护。

5.2.2.2  能正确选用合适的工器具进行设备维修保养。

5.2.2.3  能按操作说明对屠宰设备进行简单拆解组装。

5.2.2.4  能初步鉴别并排除简单的设备故障，对设备进行基本维护保养并能进行一般的维修操作。

### 5.3  中级工

#### 5.3.1  知识要求

5.3.1.1  熟悉 GB/T 17236、GB/T 27519 和 SB/T 10486 等相关标准的要求。

5.3.1.2  熟悉本岗位相关设备的运行原理和要求。

5.3.1.3  熟悉屠宰设备结构和常见故障类型。

5.3.1.4  了解屠宰设备型号及特点。

5.3.1.5  熟悉屠宰设备主要部件的质量标准要求。

**5.3.2　操作技能**

5.3.2.1　能熟练地操作屠宰设备，对设备运行情况进行检查并能进行维修保养操作。

5.3.2.2　能发现并排除设备运行故障。

5.3.2.3　能按照要求对设备参数进行调整，完善设备性能。

5.3.2.4　能阅读简单的电气原理图和设备装配图。

5.3.2.5　能进行新设备的安装、调试工作。

5.3.2.6　能对初级工进行简单培训和指导。

**5.4　高级工**

**5.4.1　知识要求**

5.4.1.1　掌握 GB/T 17236、GB/T 27519 和 SB/T 10486 等相关标准的要求，并在屠宰生产和设备维修中熟练应用。

5.4.1.2　熟悉屠宰设备使用及维修保养周期。

5.4.1.3　熟悉设备运行原理，了解设备故障产生原因。

5.4.1.4　了解国内外屠宰加工工艺和设备的技术水平。

**5.4.2　操作技能**

5.4.2.1　能制定屠宰设备维修计划。

5.4.2.2　能熟练地操作、拆解、组装屠宰相关设备。

5.4.2.3　能熟练阅读设备电气原理图和设备装配图。

5.4.2.4　能鉴别屠宰设备运行情况，及时进行调整。

5.4.2.5　能对设备突发事故采取相应处理措施。

5.4.2.6　能协助新设备的安装、调试工作并对设备运行情况进行调整。

5.4.2.7　能编写设备安全操作和维修操作规程及培训教材，并对初级工和中级工进行指导和培训。

# 中华人民共和国国家标准

GB 16798—1997

## 食品机械安全卫生

Requirements of safety and sanitation for food machinery

国家技术监督局 1997 - 05 - 28 批准/1998 - 05 - 01 实施

## 前　言

　　本标准的主要目标在于防止食品在生产加工过程中受到有害、有毒物质和微生物病苗等的污染，并由此而引起食品的腐败变质或对人体产生有害作用，因此，食品工厂、车间等生产场地、生产装备的清洁卫生状态等就显得非常重要。本标准着重于控制在生产加工过程中与食品可能接触的任何表面的安全、无毒及应保持的良好卫生状态，同时，也考虑到了食品机械也应具有的通用安全要求。

　　本标准由中国轻工总会提出。

　　本标准由全国轻工机械标准化技术委员会食品机械标准化分技术委员会归口。

　　本标准起草单位：中国轻工总会杭州机械设计研究所，广东轻机集团公司、广东省肇庆市仪表阀门厂。

　　本标准主要起草人：汪元振、郎慧勤、何启汶、邱少良。

# 食品机械安全卫生

## 1 范围

本标准规定了食品机械装备的材料选用、设计、制造、配置原则的安全卫生要求。

本标准适用于食品机械装备（以下简称设备），也适用于具有产品接触表面的食品包装机械。

## 2 引用标准

下列标准所包含的条文，通过在本标准中引用而构成为本标准的条文。本标准出版时，所示版本均为有效。所有标准都会被修订，使用本标准的各方应探讨使用下列标准最新版本的可能性。

GB 150—89 钢制压力容器

GB 1173—86 铸造铝合金

GB 3190—82 铝及铝合金加工产品的化学成分

GB 3280—92 不锈钢冷轧钢板

GB 3766—83 液压系统通用技术条件

GB 4141.33—84 操作件技术条件

GB 4807—84 食品用橡胶垫片（圈）卫生标准

GB 4808—84 食品用高压锅密封圈卫生标准

GB 5083—85 生产设备安全卫生设计总则

GB 5226—85 机床电器设备通用技术条件

GB 7932—87 气动系统通用技术条件

GB 9687—88 食品包装用聚乙烯成型品卫生标准

GB 9688—88 食品包装用聚丙烯成型品卫生标准

GB 9689—88 食品包装用聚苯乙烯成型品卫生标准

GB 9690—88 食品包装用三聚氰胺成型品卫生标准

GB 9691—88 食品包装用聚乙烯树脂卫生标准

GB 9692—88 食品包装用聚苯乙烯树脂卫生标准

GB 12075—89 食品工业用不锈钢管与配件 不锈钢管

GB 12076—89 食品工业用不锈钢管与配件 不锈钢螺纹接管器

GB 14253—93 轻工机械通用技术条件

QB/T 2003—1994 食品工业用不锈钢对缝焊接管件

QB/T 2004—1994 食品工业用带垫圈不锈钢卡箍衬套

## 3 定义

本标准采用下列定义。

### 3.1 产品

食品原辅料及其各种不同深度的制品。

### 3.2 工作空气

用于产品加热、冷却、干燥、输送或检验设备密封情况等的洁净空气。

### 3.3 产品接触表面

在产品处理、加工及包装过程中，按其功能要求需直接或间接暴露于产品，与产品相接触的表面。

### 3.4 非产品接触表面

在环绕产品区域内的其他暴露表面，通常不与产品相接触，然而，由于泄漏、溢出、设备损伤、人手的触摸等原因而有可能直接或间接与产品相接触。

### 3.5 产品区域

在其范围内进行产品加工的一个空间，这个区域包含置有直接或间接与产品相接触的各种单元及其边沿区段。

### 3.6 主要工艺设备

具有产品接触表面的用于产品预处理、加工、贮存、输送和包装的设备。

## 3.7 辅助设备

按照功能要求，经常或周期性地处于产品区域以内，但不具有产品接触表面的设备。

## 3.8 易于清洗和检查

无须采用特殊手段，也不需要对操作人员进行专门培训，仅在短时间内用水、洗涤剂、消毒剂即可将设备清洗干净并完成其安全卫生检查。

## 3.9 检验性清洗

为采用外观方法评定表面质量所作的清洗工作。

# 4 材料及其卫生性

4.1 食品生产主要工艺设备所选用的用于制作产品接触表面的结构材料（以下简称材料）必须满足下述基本要求。

a）易于清洗、消毒、符合食品卫生；

b）不含有害或超过食品卫生标准中规定数量而有害于人体健康的物质；

c）材料与产品接触，不应因相互作用而产生有害或超过食品卫生标准中规定数量而有害于人体健康的物质。

### 4.2 材料还须满足下述要求：

a）材料与产品接触，不应因相互作用而产生对产品形成污染、影响产品气味、色泽和质量的物质或对产品加工的工艺过程产生不良影响；

b）材料应具有耐热、耐化学和机械作用以利于清洗和消毒；

c）产品、洗涤剂、消毒剂与材料相作用，在材料表面或深入其内部形成的化合物的类型或其数量，不应造成需要对设备进行补充加工，以清除这些化合物的不良后果；

d）材料的颜色不应对评估产品质量或污染程度构成困难；

e）为适应不同用途，许多用于具有产品接触表面的零部件的材料应具有良好的加工工艺性能（如可弯曲性、切削性、焊接性、表面硬度、可研磨和抛光等），良好的导热性、耐腐蚀性、对液体的抗渗透性等等。

### 4.3 制造产品接触表面的结构材料

#### 4.3.1 不锈钢

型材易于拉伸及弯曲成形，焊接性能良好，无毒性，无吸收性，耐腐蚀性强，不溶于食品溶液，不产生有损于产品风味的金属离子，对液体有良好的抗渗透性，表面能抛光处理，外表明亮、美观又易于清洗，亦常用于设备外部防护及装饰，有利于保持良好的卫生状态。推荐采用 GB 3280 中规定的 0Cr19Ni9、0Cr18Ni12Mo2Ti 等牌号不锈钢或与上述材料性能相近似的不锈钢，如 1Cr18Ni9Ti 等。食品工业用不锈钢管与配件应符合 GB 12075 有关规定。

#### 4.3.2 铝合金

应具有一定抗腐蚀能力，无毒性，无吸收性。用于形状复杂的具有产品接触表面的零部件，推荐采用 GB 1173，GB 3190 中 ZL 104，LY 12 号铝合金或与之在性能上相近的铝合金，其砷、镉、铅的含量应不超过 0.01%。

#### 4.3.3 塑料

用于产品接触表面的塑料应无毒、无影响产品的气味，耐磨，在清洗、消毒及工作条件下应能保持其固有形态、形状、色泽、透明度、韧性、弹性、尺寸等特性，并应满足 GB 9687～GB 9692 的有关卫生要求，常用于制作窥镜、弹性接头、隔热、过滤、密封及某些零件。

#### 4.3.4 橡胶

具有产品接触表面的橡胶制品应符合 GB 4807 和 GB 4808 的卫生要求。在工作环境中应具有耐热、耐酸碱、耐油的稳定性，可接受正常清洗和消毒，不溶解，无毒性、无吸收性，不得有影响产品的气味。

#### 4.3.5 焊接材料

应具有与被焊接材料相近的性能要求，在焊区内应形成紧密、坚固的组织，并应无毒性、耐腐蚀。

### 4.4 为特定用途采用的具有某种固有功能的材料

#### 4.4.1 石墨、陶瓷

应具有惰性，无渗透性、无毒性、无溶解性、耐刮伤，并能在给定工作条件下，在清洗和杀菌过程中，承受住周围环境和介质的作用而不改变其固有形态。常用于密封等处。

#### 4.4.2 纤维材料

棉纤维、木纤维、亚麻制品、丝缠、聚砜和人造纤维等。应无毒性、无脱落物、不溶于水、不与产品作用、不得有影响产品的气味。常用作过滤材料、筛网材料、弹性连接材料。

### 4.4.3　耐热玻璃

用于视镜和光线入口处。

### 4.4.4　过滤介质

棉纤维、木纤维、金属丝、活性炭、活性氧化铝、硅藻土及食品工业用半透膜等，过滤介质可同时由数种构成。在工作条件下应无毒性、无脱落物、不带有毒挥发物或其他可能污染空气和产品的物质，也不应有影响产品的气味。

### 4.4.5　粘接材料

在工作条件下应能保证粘接面具有足够的强度和紧密度，热稳定性好，应无毒性、无挥发性、无溶解性、无影响产品的气味。

4.5　在食品设备中，用于制造产品接触表面和与产品相接触的覆盖层（以下简称覆盖层）的材料均应符合国家有关卫生法规的要求，不得采用铅、锌及其合金制作产品接触表面，也不得用作覆盖层；不得采用镉、镍、铬、搪瓷、发泡塑料和以酚醛为基础的塑料为覆盖层；不得采用含有玻璃纤维、石棉的材料；不得采用木材（除用于分割原料的硬木砧板及酿酒生产的特殊场合外）、玻璃以及具有彩色蜡克涂层的制品一般不应采用铜及其合金制作产品接触表面或覆盖层，当该表面层在生产中所产生的化合物数量不致引起产品中铜离子含量超过 $5 \times 10^{-6}$ 时，可允许采用。

4.6　非产品接触表面应由耐腐蚀材料制成，也允许采用表面涂覆过能耐腐蚀的材料，如经表面涂液，其涂层应站附牢固。非产品接触表面应具有较好的抗吸收、抗渗透的能力，具有耐久性和可洗净性。

## 5　设备结构的安全卫生性

5.1　设备结构、产品输送管道和连接部分不应有滞留产品的凹陷及死角。

5.2　外部零部件伸入产品区域处应设置可靠的密封，以免产品受到污染。任何与产品接触的轴承都应为非润滑型；润滑型轴承如处于产品区域，轴承周围必须具有可靠的密封装置以防止产品被污染。

5.3　产品区域应与外界隔离，在某些情况下至少应加防护罩以防止异物落入或害虫侵入，工作空气过滤装置应保证不得使 $5\mu m$ 以上的尘埃通过。

5.4　设备上应设有安全卫生的装、卸料操作构造。

5.5　零件及螺栓、螺母等紧固件应可靠固定，防止松动，不应因震动而脱落。

5.6　在产品接触表面上粘接的橡胶件、塑料件（如需固定的密封垫圈、视镜胶框）等应连续粘接，保证在正常工作条件（清洗、加热、加压）下不应脱落。

5.7　机械设备的齿轮、皮带、链条、摩擦轮等运动部件应设置防护罩，使之在运行时，人体任意部位难于接触。

5.8　机械设备的电气系统应符合 GB 5226 有关电气系统安全的规定，便于维修和操作。短接的动力电路（包括与动力电路联接的控制电路和信号电路）与保护电路（包括机座）导线之间的绝缘电阻应不小于 $1M\Omega$。电气设备必须经受 1min 的耐压试验，试验电压应等于元、器件出厂耐压试验规定值的 85%，但不得低于 1500V。电气设备和机械设备的所有裸露导体零件（包括机座），必须接到保护接地专用端子上。外部保护导线端子与电气设备任何裸露导体零件和机械设备外壳之间的电阻应不大于 $0.1\Omega$。

机械设备的电路、电动机的选择、置于设备上的二次仪表及操作控制单元以及它们的接线和安装，应妥善考虑到其具体工作环境所需的防水、防尘或防爆等方面的特定要求。

5.9　具压力、高温内腔的设备应设置安全阀、泄压阀等超压泄放装置，必要时并配置自动报警装置，压力设备上安全装置的动作压力及各项指标应符合 GB 150 的有关规定。

5.10　各机械设备的安全操作参数，如：额定压力、额定电压、最高加热温度等，应在铭牌上标出。

5.11　设备上具有潜在危险因素的，对人身和设备安全可能构成威胁的人孔盖、贮罐上的罐盖、可能经常开启的转动部分的防护罩，应具有联锁装置。

5.12　各种腔、室、罐、塔的人孔盖不可自动锁死。人孔直径至少为 450m，或为 380mm×510mm 以上的椭圆形，人孔盖应向外开。高度超过 2m 以上的立式或卧式贮罐，设在底部和侧部的人孔盖应向内开，并应设计成椭圆形，以便拆卸和安装。

5.13　备有梯子和操作平台的设备，台面及梯子踏板材料、构造应具有防滑性能。与塔壁、罐壁平行的梯子，应设置等距踏条，踏条间距不得大于 350mm 踏条与塔壁、罐壁之间的距离不得小于 165mm，安装固定后，梯子前面与最近固定物之间距离不得小于 750mm。

5.14　梯子在高度 3m 以上部位应设置安全护栏，操作平台上应设置护栏，护栏高度不得低于 1050mm，操作平台面积不得小于 $1m^2$。最狭窄处不得小于 750mm。

5.15 机械的外表面应光滑、无棱角、无尖刺。

5.16 在正常运行的情况下，设备的噪声不应超过 85dB（A）。

5.17 在工作过程中，当操作人员的手经常会与产品相接触时，启动和停车应不采用手动操作，而应采用足踏或膝盖控制的开关。

5.18 操作件结构形式应先进合理，其技术要求应符合 GB 4141.33 规定经常使用的手轮、手柄的操纵力应均匀。其操纵力可参照 GB 14253 的推荐值，见表 1。

表 1  操纵力

| 操纵方式 | 操纵件类型 | | | |
|---|---|---|---|---|
| | 按钮 | 操纵杆 | 手轮、驾驶盘 | 踏板 |
| 用手指 | 5 | 10 | 10 | — |
| 用手掌 | 10 | — | — | — |
| 用手掌和手臂 | — | 60（150） | 40（150） | — |
| 用双手 | — | 90（200） | 60（250） | — |
| 用脚 | — | — | — | 120（200） |

注：表中括号内数值适用于不常用的操纵器。

## 6  设备结构的可洗净性

6.1 产品区域开启方便、处于该区域不能自动清洗的零部件的拆卸和安装必须简单、方便。

6.2 不可拆卸的零部件应可自动清洗，允许不用拆卸进行清洗时，其结构应易于清洗，并达到良好的洗净效果。

6.3 处于产品区域的槽、角及圆角应利于清洗。

6.3.1 放置密封圈的槽和与产品接触的键槽，其宽度不得小于深度，在安装允许的情况下，槽的宽度应大于 6.5mm。

6.3.2 产品接触表面上任何等于或小于 135° 的内角，应加工成圆角。

6.3.3 圆角半径一般不得小于 6.5mm，但下列情况除外：

a）互搭连接（焊接或粘接）处，嵌条焊接处，键槽内角、密封垫圈放置槽的内角处，其圆角半径应不小于 1.5mm；

b）导向阀、单向阀、三通阀、截止阀，其内角的圆角半径应不小于 1.6mm；

c）节流阀、空气分流装置、气门等处，其最小圆角半径应不小于 0.8mm；

d）物料泵、压力表、流量表、液面高度指示装置等，由于功能要求必须小于 0.8mm 的圆角半径部位，应便于接触，易于手工清洗和检查。

### 6.4  产品接触表面的表面质量及要求

6.4.1 不锈钢板、管的产品接触表面，其表面粗糙度 $Ra$ 值不得大于 1.6μm；塑料制品和橡胶制品的表面粗糙度 $Ra$ 值不得大于 0.8μm。

6.4.2 产品接触表面不得喷漆及采用有损产品卫生性的涂镀等工艺方法进行处理。

6.4.3 产品接触表面应无凹坑、无疵点、无裂缝、无丝状条纹。

6.4.4 非产品接触表面粗糙度尺值不得大于 3.2μm，无疵点、无裂缝。如须电镀和油漆，镀面和漆面与本底应结合牢固，不易脱落，形成的表面应美观、耐久、易于清洁。

6.4.5 对于既有产品接触表面又有非产品接触表面，需要拆卸清洗的零件，不得喷涂油漆。

6.4.6 用于加热工作空气的表面应用耐腐蚀金属材料，或采用镀面，不得使用油漆，如属于应清洗部位，则应采用不锈钢制造。

6.4.7 与产品接触的软连接处表面应抻直而无折皱。

6.4.8 产品接触表面上所有连接处应平滑，装配后易于自动清洗。永久连接处不应间断焊接，焊口应平滑，无凹坑、针孔，须经磨光、喷砂或抛光处理，其 $Ra$ 值不得大于 3.2μm。非产品接触表面上的焊缝应连续焊接，焊口应平滑，无凹坑、针孔。

### 6.4.9  下列情况允许互搭焊接：

a）对垂直方向倾斜角度在 15℃ ~ 45℃ 之间的侧壁；

　　b）可以进行机械清理的水平上部表面；

　　c）互搭焊接的焊接材料厚度不超过 0.4mm。

6.4.10　相焊接的材料中一件厚度小于5mm，则允许加嵌条焊接。

6.4.11　工作空气接触表面上的焊缝应连续、严密，不允许未经过滤的空气透入，也不应形成卫生死角。

6.4.12　与产品接触的部分，不得采用具有吸水性的衬垫。

6.4.13　箱要手工进行清洗的部位，结构上应保证操作者的手能够达到所需清洗的范围。

6.4.14　设备（如桶、罐、槽、锅）底部向排出口方向应具有一定斜度，以利于洗净液流干，排气管的水平段应向下倾斜不小于2.5°，使其上凝结的液体只能向外流出。

6.4.15　采用不锈钢盘管加热的蒸发浓缩装置，在未设自动清洗装置的情况下，其盘管设置应满足下列要求：

　　a）盘管之间的距离大于或等于70mm；

　　b）盘管和内壁之间的距离大于或等于80mm；

　　c）每排盘管之间的距离大于或等于90mm。

## 7　设备的可拆卸性

7.1　设备中需要拆洗的部分，应不必采用特殊工具即能很容易地拆卸下来。重新安装时应易于操作。因此，在物料管道联接中推荐采用食品工业用不锈钢管与配件不锈钢螺纹接管器（GB 12076）、食品工业用不锈钢对缝焊接管件（QB/T 2003）和食品工业用带垫圈不锈钢卡箍衬套（QB/T 2004），其各项技术要求应符合标准规定。

7.2　夹紧机构应采用蝶形螺母和单手柄操作的扣片等。

7.3　各类容器的盖和门应拆卸简便，利于清洗。

## 8　设备安全卫生检查的方便性

8.1　处于产品区域的零部件，在清洗后应易于检查。

8.2　需要清洗的特殊部位，必须容易拆开检查。

8.3　附件或零件的安装，应使操作人员易于看出其安装是否正确。

## 9　设备的安装配置

9.1　设备相对于地面、墙壁和其他设备的布置，设备管道的配置和固定，设备和排污系统的连接，不应对卫生清洁工作的进行和检查形成障碍，也不应对产品安全卫生构成威胁。

9.2　输送有别于产品的介质（如液压油、冷媒等）的管道支架的配置、连接的部位，应能避免因工作过程中偶发故障或泄露而对产品形成污染，也不应妨碍设备清洁卫生工作的进行。

9.3　设备或安装中采用的绝热材料不应对大气和产品构成污染。在生产车间或间接和生产车间相接触而有可能对产品卫生性构成威胁时，严禁在任何表面或夹层内采用玻璃纤维和矿渣棉作为绝热材料。

# 中华人民共和国国家标准

GB/T 27519—2011

## 畜禽屠宰加工设备通用要求

General requirements for livestock slaughtering equipment

2011 -11 -21 发布/2012 -03 -01 实施

中华人民共和国国家质量监督检验检疫总局　中国国家标准化管理委员会　发布

## 前　言

本标准按照 GB/T 1.1—2009 给出的规则起草。

本标准由中华人民共和国商务部提出并归口。

本标准起草单位：商务部流通产业促进中心、济宁兴隆食品机械制造有限公司。

# 畜禽屠宰加工设备通用要求

## 1　范围

本标准规定了畜禽屠宰加工设备的设计、制造、验收的基本要求、试验方法、检验规则及标牌、包装、运输、贮存的要求。

本标准适用于畜禽屠宰加工设备（以下简称设备）。

## 2　规范性引用文件

下列文件对于本文件的应用是必不可少的。凡是注日期的引用文件，仅注日期的版本适用于本文件。凡是不注日期的引用文件，其最新版本（包括所有的修改单）适用于本文件。

GB/T 191　包装储运图示标志

GB 1173—1995　铸造铝合金

GB/T 2828.1　计数抽样检验程序　第1部分：按接收质量限（AQL）检索的逐批检验抽样计划

GB/T 3766　液压系统通用技术条件

GB/T 3767　声学　声压法测定噪声源声功率级　反射面上方近似自由场的工程法

GB/T 3768　声学　声压法测定噪声源声功率级　反射面上方采用包络测量表面的简易法

GB 4706.1　家用和类似用途电器的安全　第1部分：通用要求

GB 4806.1　食品用橡胶制品卫生标准

GB 5226.1　机械电气安全　机械电气设备　第1部分：通用技术条件

GB/T 6576　机床润滑系统

GB/T 7932　气动系统通用技术条件

GB/T 7935　液压元件　通用技术条件

GB/T 8196　机械安全　防护装置　固定式和活动式防护装置设计与制造一般要求

GB 9687　食品包装用聚乙烯成型品卫生标准

GB 9688　食品包装用聚丙烯成型品卫生标准

GB 9689　食品包装用聚苯乙烯成型品卫生标准

GB 9690　食品容器、包装材料用三聚氰胺–甲醛成型品卫生标准

GB 9691　食品包装用聚乙烯树脂卫生标准

GB/T 13306　标牌

GB/T 13384　机电产品包装通用技术条件

GB/T 14211　机械密封试验方法

GB/T 14253—2008　轻工机械通用技术条件

GB/T 16769　金属切削机床噪声声压级测量方法

GB 17888.2　机械安全　进入机械的固定设施　第2部分：工作平台和通道

GB 17888.3　机械安全　进入机械的固定设施　第3部分：楼梯、阶梯和护栏

GB/T 20878—2007　不锈钢和耐热钢　牌号及化学成分

JB/T 4127.1　机械密封　技术条件

JB/T 4127.2　机械密封　分类方法

JB/T 4127.3　机械密封　产品验收技术条件

JB/T 7277　操作件技术条件

SB/T 228　食品机械通用技术条件表面涂漆

## 3　术语和定义

下列术语和定义适用于本文件。

### 3.1　产品　products

经畜禽屠宰加工设备加工的肉类及可食用副产物。

**3.2 产品接触面** faces contact with products

加工过程中直接与产品接触的设备表面。

**3.3 非产品接触面** faces no contact with products

加工过程中不与产品直接接触的设备表面。

**3.4 使用寿命** service life of a machine

设备在规定的使用条件下完成规定功能的工作总时间（设备的性能和精度的保持时间、发生失效前的工作时间或工作次数）。

注：改写 GB/T 14253—2008，定义 3.4。

**3.5 使用性能** service property of a machine

与设备使用直接有关并自设备设计决定的功能指标和特性。

注：改写 GB/TU253—2008 定义 3.6。

**3.6 运行性能** working property of a machine

设备在使用过程中的运行特性和运行适应能力。如设备的工作效率（或生产效率）、能量消耗设备对环境条件的适应能力等各项技术指标。

注：改写 GB/T 14253—2008，定义 3.7。

**3.7 可靠性** reliability

设备在规定的时间和条件下完成规定功能的能力。

注：改写 GB/T 14253—2008，定义 3.3。

## 4 材料要求

### 4.1 设备材料的一般要求

4.1.1 所用的材料应能耐受工作环境的温度、压力、潮湿的条件；耐受化学清洁剂、紫外线或其他消毒剂的腐蚀作用。

4.1.2 所用的材料、材料表面的涂层或电镀层，其表面应光滑、易清洗消毒、耐腐蚀、耐磨损、不易碎、不易破损、无裂缝及无脱落。

4.1.3 产品接触面所用的材料还应符合下列条件：

a）无毒；

b）不得污染产品或对产品有负面影响；

c）无吸附性（除非无法避免）；

d）不得直接或间接地进入产品，造成产品中含有掺杂物；

e）不应因相互作用而产生有害或超过食品安全国家标准中规定数量而有害于人体健康的物质；

f）不得影响产品的色泽、气味及其品质；

g）符合食品卫生，易于清洗及消毒。

4.1.4 非产品接触表面应由耐腐蚀材料制成，允许采用表面涂覆过能耐腐蚀的材料。如经表面涂覆，其涂层应粘附牢固。非产品接触表面应具有较好的抗吸收、抗渗透的能力，具有耐久性和可洗净性。

### 4.2 产品接触面的材料

4.2.1 以下材料不得用于产品接触面：

a）含有锑、砷、镉、铅、汞等重金属物质的材料；

b）含硒超过 0.5% 的材料；

c）石棉和含有石棉的材料；

d）木质材料；

e）皮革；

f）没有经表面涂层处理（如氧化处理）的铝及其合金；

g）电镀铝、电镀锌及涂漆；

h）对产品可能产生污染的其他材料。

4.2.2 推荐采用 GB/T 20878—2007 中规定的 06Cr19Ni10、06Cr17Ni12Mo2 等牌号不锈钢，不得采用可能生锈的金属材料制作产品接触面。

4.2.3 形状复杂的产品接触面零部件允许采用 GB 1173—1995 中的 ZL104 或与之在性能上相近的铝合金，应经表面涂层处理（如氧化处理），具有一定的抗腐蚀能力。

4.2.4 允许采用具有耐腐蚀作用和符合条件的其他金属或合金材料铜、铜合金以及电镀锌不得用于产品接触面，但可用于非产品接触面的其他零部件。

4.2.5　橡胶和塑料应具有耐热、耐酸碱、耐油性，并能保持固有形态、色泽、韧性、弹性、尺寸等特性。橡胶制品应符合 GB 4806.1 的有关规定；塑料制品应符合 GB 9687、GB 9688、GB 9689、GB 9690、GB 9691 的有关规定。

4.2.6　碳、青玉、石英、氟石、尖晶石、陶瓷在正常的工作环境下，清洗、消毒、杀菌过程中不应改变其固有形态。

4.2.7　焊接材料应与被焊接材料性能相近。

4.2.8　纤维材料在工作环境下应不具有挥发性或其他可能污染空气和产品品质的物质；具有吸附性的纤维材料只能用于过滤装置。

4.2.9　粘接材料在工作环境下应能保证粘接面具有足够的强度、紧密度、热稳定性，耐潮湿。

## 5　设备要求

### 5.1　型号和参数

设备应有型号，型号和主要参数应确切、合理、简明，并符合有关规定。

### 5.2　造型和布局

设备造型设计应力求美观、匀称、和谐，整机（成套设备）应协调一致；布局合理，便于调整维修：操作方便，利于观察工作区域。

### 5.3　结构与性能

5.3.1　设备应具备相关技术文件所规定的结构和使用性能，并且结构合理，运行性能良好，使用性能可靠。

5.3.2　设备应满足使用环境、工作条件、产品质量的要求。

### 5.4　设备表面

5.4.1　产品接触面的表面粗糙度 $Ra$ 值金属制品不得大于 $3.2\mu m$；塑料和橡胶制品一般不得大于 $0.8\mu m$；非产品接触面的表面粗糙度 $Ra$ 值不得大于 $25\mu m$。

5.4.2　产品接触面应无凹陷、疵点、裂纹、裂缝等缺陷。

5.4.3　镀层和涂层表面的表面粗糙度最大 $Ra$ 值为 $50\mu m$；应无分层、凹陷、脱落、碎片、气泡和变形。

5.4.4　同一表面，既有产品接触面又有非产品接触面，按产品接触面要求。

### 5.5　设备连接

5.5.1　产品接触面上的连接处应保证平滑，不应有滞留产品的凹陷及死角，装配后易于清洗。

5.5.2　产品接触面上永久连接处应连续焊接，焊接紧密、牢固。焊口应平滑，无凹坑、气孔、夹渣等缺陷，经磨光、喷砂或抛光处理，其表面粗糙度 $Ra$ 值不得大于 $3.2\mu m$。

5.5.3　产品接触面上粘接的橡胶件、塑料件等应连续粘接，保证在正常工作条件下不脱落。

5.5.4　螺纹连接处应尽量避免螺纹表面外露。

### 5.6　外观质量

5.6.1　设备外观不应有图样规定以外的凸起、凹陷、粗糙和其他损伤等缺陷。

5.6.2　外露件与外露结合面的边缘应整齐，不应有明显的错位，其错位量应不大于表 1 规定；设备的门、盖与设备应贴合良好，其贴合缝隙值应不大于表 1 规定；电气、仪表等的柜、箱的组件和附件的门、盖周边与相关件的缝隙应均匀，其缝隙不均匀值应不大于表 1 的规定。

表 1　错位量及缝隙值

单位为毫米

| 结合面边缘及门、盖边长尺寸 | ≤500 | >500~1250 | >1250~3150 | >3150 |
|---|---|---|---|---|
| 错位量 | 2 | 3 | 3.5 | 4.5 |
| 贴合缝隙值或缝隙不均匀值 | 1.5 | 2 | 2.5 | — |

5.6.3　装配后的沉孔螺钉应不突出于零件表面，也不应有明显的偏心；紧固螺栓尾端应突出于螺母端面，突出值一般为 0.2 倍~0.3 倍螺栓直径；外露轴端应突出于包容件的端面，突出值一般为倒棱值。

5.6.4　非防腐材料制成的手轮轮缘和操作手柄应有防锈层。

5.6.5　电气、气路、液压、润滑和冷却等管道外露部分应布置紧凑，排列整齐，必要时采取固定措施；管子不应出现扭曲、折叠等现象。

5.6.6　镀件、发蓝件和发黑件等的色调应均匀一致，保护层不应有脱落现象。

5.6.7　涂漆表面质量应符合 SB/T 228 的有关规定。

5.6.8　喷砂、拉丝、抛光等的表面应均匀一致。

## 5.7 轴承

5.7.1 任何与产品接触的轴承都应为非润滑型。

5.7.2 若润滑型轴承应穿过产品接触面时，该轴承应有可靠的密封装置并有防污措施以防止产品被污染。

5.7.3 当温升对使用性能和使用寿命有影响时，应有控制温升的定量指标；对主要轴承部位的稳定温度和温升应不超过表2规定。

表2 轴承温度温升控制值

| 轴承型式 | 稳定温度/℃ | 温升 |
|---|---|---|
| 滑动轴承 | ≤70 | ≤35 |
| 滚动轴承 | ≤80 | ≤40 |

## 5.8 电气、液压、气动和润滑系统

5.8.1 电气系统应符合 GB 5226.1 的有关规定。

5.8.2 液压系统应符合 GB/T 3766 的有关规定，所选用的液压元件应符合 GB/T 7935 的有关规定。

5.8.3 气动系统应符合 GB/T 7932 的有关规定。

5.8.4 运动件润滑部位应润滑良好，油箱应设有油标，润滑系统应参照 GB/T 6576 的有关规定；润滑油可能与产品接触时，应采用食品级润滑油。

5.8.5 电器部分应无与带电部件直接或间接接触导致电击危险。

5.8.6 液压、气动、润滑系统或有关部位应无漏油、漏水（或渗透）和漏气等现象；机械密封应符合 JB/T 4127.1、JB/T 4127.2、JB/T 4127.3 的规定。

## 5.9 卫生

5.9.1 设备应易清洗消毒。设备的产品接触面可拆卸部分要确保易清洗检查，且便于移动；不可拆卸的部分应易清洗检查。

5.9.2 产品接触面应能满足所要求的卫生处理或消毒条件；对主要部件的主要部位的清洁度应有限量值，其限量值应确切、合理。

5.9.3 对工作时可能产生的有害气体、液体、油雾等，应有排除装置，并应符合国家环境保护的有关规定。

5.9.4 产品接触面上任何等于或小于135°的内角，应加工成圆角；圆角半径一般应不小于6.5mm。

5.9.5 所有的设备、支持物和构架应防止积水、有害物和灰尘积聚，且便于清洁、检查、保养和维护。

## 5.10 安全

5.10.1 凡有可能对人身或设备造成伤害的部位应采取相应的安全措施。设备的外表面应光滑，无棱角、毛刺，对运动时有可能松脱的零部件应设有防松脱装置；紧急制动按钮应采用醒目的黄色，位置应明显，有足够的尺寸，并标记其复位方向。

5.10.2 设备的齿轮、皮带、链条、摩擦轮、运动刀刃等运动部件应按照 GB/T 8196 的规定设置防护装置，并设置安全标志或安全颜色。

5.10.3 压力系统应有显示压力、真空度、温度的各种仪表及防止超压、超温等的安全防护装置，并应符合有关标准的规定。

5.10.4 安装到设备上的电机、电热元件、显示仪表等均应符合相关国家标准规定的安全要求。

5.10.5 电器，设备应分别符合 GB 4706.1 和 GB 5226.1 的有关规定。

5.10.6 大型成套产品的工作平台、通道、楼梯、阶梯和护栏应符合 GB 17888.2 和 GB 17888.3 的有关规定。

5.10.7 操纵件结构型式应先进合理，其技术要求应符合 JB/T 7277 的有关规定；经常使用的手轮、手柄的操纵力应均匀，其操纵力可参照表3的相应数值。

表3 操纵力推荐值

| 操纵方式 | 操纵力/N | | | |
|---|---|---|---|---|
| | 按钮 | 操纵杆 | 手轮 | 踏板 |
| 用手指 | 5 | 10 | 10 | — |
| 用手掌 | 10 | — | — | — |
| 用手掌和手臂 | — | 60（150） | 40（150） | — |
| 用双手 | — | 90（200） | 60（250） | — |
| 用脚 | — | — | — | 120（200） |

注：表中括号内数值适用于不常用的操纵杆。

**5.10.8**　应具有标明转向、操纵、润滑、油位、安全等的标志或指示牌，标志或指示牌应醒目、清晰、持久。

### 5.11　成（配）套性

**5.11.1**　应配齐保证设备基本性能要求的附件和专用工具，附件和专用工具应附有合格证，对扩大使用性能的特殊附件应根据供需双方协议供应，一般应有随机供应的附件和专用工具的目录表及相应的标记。

**5.11.2**　成套设备（生产线）中各设备功能和生产能力应匹配，相互协调。

### 5.12　使用寿命及可靠性

**5.12.1**　设备的使用寿命或可靠性定量指标应符合国家对机械产品和设备的有关规定。在遵守使用规则的条件下，设备从开始工作到第一次大修的时间应合理；整机寿命应符合国家对机械产品和设备的有关规定。

**5.12.2**　对影响设备精度和性能的主要零部件的可靠性指标应确切、合理；对影响整机寿命的主要零部件应采取有效措施；对易磨损的重要件应采取耐磨措施。

**5.12.3**　设备运转应平稳，启动应灵活，动作应可靠。

### 5.13　节能降耗

设备应充分考虑节约能源和降低消耗，成套设备（生产线）应在满足工艺、卫生和安全的前提下做到节水、节电、减少排放。

### 5.14　噪声

运转时不应有不正常的响声，单台设备空载时的噪声声压级一般应不超过85dB（A）；或符合声功率级的有关规定。

### 5.15　使用信息

成套设备应编制操作和维护手册，操作和维护手册应包括以下内容：

a）设备及辅助设备的安装指南；

b）设备及电气的操作及维护说明；

c）推荐使用的维护方法；

d）安全使用要求；

e）设备清扫、冲洗、消毒和检查的常规程序。

## 6　试验方法

### 6.1　试验前的要求

**6.1.1**　试验前应根据不同设备的特点，将设备安装调整好，一般应自然调平，或能保证正常工作的正确位置。

**6.1.2**　试验时应按整机进行，一般应不拆卸设备，但对运行性能、精度无影响的零部件可除外。

### 6.2　一般要求的检验

用定值或变值量具检验设备的型号和参数、造型和布局、结构与性能、设备表面、设备连接和外观质量。

### 6.3　空运转试验

**6.3.1**　试验时一般使设备主运动机构从最低速起，由低速到高速依次运转。在每级速度的运转时间应不少于10min；达到额定转速时，其最高速运转时间一般应不少于1h。

**6.3.2**　轴承达到稳定温度后，用点温计测轴承位置的温升和温度。

**6.3.3**　运动过程应符合以下试验要求：

a）在规定速度下检验主运动的启动、停止（包括制动、反转和点动等）动作的灵活、可靠性；

b）检验自动化机构（包括自动循环机构）的调整和动作的灵活可靠程度，指示或显示装置的准确性；

c）检验有转位、定位机构的动作的灵活可靠程度；

d）检验调整机构、指承和显示装置或其他附属装置的灵活可靠程度；

e）检验操纵机构的可靠性；

f）检验有刻度装置的反向空程量，应符合有关技术文件的规定；用测力计检验手柄等操纵件的操纵力。

**6.3.4**　当运转稳定后，用功率表测量主传动系统的空运转功率。

**6.3.5**　噪声声压级的测量可参照GB/T 16769规定的方法和仪器进行。在测量产品空载的噪声时应符合5.14的规定；噪声声功率级的测量，应根据噪声类别不同选用其测量方法，对于测量辐射稳态的、非稳态的宽带噪声或窄带噪声的声源，可按GB/T 3767的规定进行；对测量辐射宽带、窄带、离散频率等的稳态噪声的声源可按GB/T 3768的规定进行。

**6.3.6**　液压、气动、润滑等系统和机械密封的试验应根据产品的特点按GB/T 3766、GB/T 7932、GB/T 6576、

GB/T 14211 等的规定进行。

6.3.7  电器、设备安全性的试验应按照 GB 4706.1、GB 5226.1 的规定进行。

#### 6.4  负荷试验

检验设备在最大负荷条件下运转是否正常，有关性能是否可靠。试验时应根据设备的特点，考核其在最大负荷下运转是否平稳，性能是否可靠，刚度是否良好；高速时是否产生冲击、振动，低速时是否异常；各运动中是否产生不均匀现象等。

#### 6.5  精度检验

按照设备标准要求检验其精度。凡温度变化有影响的精度项目，在负荷试验前后均应检验其精度，对不要求做负荷试验的设备，应在空运转试验后进行。记入检测报告或合格证中的数据应是最后一次精度检验的结果。

#### 6.6  振动试验

对某些转动零件的静、动平衡试验及某些转动部位或整机的振动试验应根据有关标准规定进行。

#### 6.7  刚度试验

对需要进行静、动刚度试验的设备应按有关标准进行。

#### 6.8  使用性能试验

6.8.1  检验在不同的生产能力下，加工不同规格产品的工作质量。

6.8.2  在规定的生产能力和质量条件下，检验所有联动机构和有关电气、液压、气动、润滑等系统及安全卫生防护的可靠性。

6.8.3  设备在各种可能条件下的使用性能试验，当不可能在制造厂进行时，允许在用户厂进行抽检。

#### 6.9  压力试验

设备进行压力试验时应根据有关规定进行。

#### 6.10  使用寿命及可靠性试验

可靠性试验应按标准规定进行，使用寿命试验必要时也可在用户厂进行。

## 7  检验规则

#### 7.1  出厂检验

7.1.1  每台设备应经制造厂检验合格，并附有合格证明书或合格证后方能出厂。在特殊情况下，按制造厂与用户协议书规定也可在用户厂进行。

7.1.2  出厂检验一般包括 5.4、5.5、5.6、5.11.1、5.12.3 和 6.3 的内容。

#### 7.2  型式检验

7.2.1  当有下列情况之一时，应进行型式检验。

7.2.1.1  新设备试制、定型鉴定时。

7.2.1.2  结构、材料、工艺有较大改变，可能影响设备性能时。

7.2.1.3  需要对设备质量全面考核评审时。

7.2.1.4  在正常生产的条件下，设备积累到一定产量（数量）时，应周期性进行检验。

7.2.1.5  国家质量监督机构提出型式检验的要求时。

7.2.2  型式检验一般包括下列内容：

7.2.2.1  一般要求的检验。

7.2.2.2  成（配）套性（附件和专用工具）。

7.2.2.3  空运转试验。

7.2.2.4  负荷试验。

7.2.2.5  精度检验。

7.2.2.6  使用性能试验。

7.2.2.7  使用寿命及可靠性试验。

7.2.2.8  卫生、安全检验。

7.2.2.9  其他。

#### 7.3  抽样方法

7.3.1  应根据设备的生产批量大小及复杂程度确定样本的大小，抽样的设备应能真实地反映出企业在一段时期内设备质量的实际水平。一般成品检验的样本，可在生产厂检验合格入库（或用户）的产品中随机抽取 1 台，特殊情况下也可抽取 2 台。抽 2 台时，一台作为检验的主要考核样本，另一台可作为某一项检验有争议时的待检台。

对大批量小型设备也可参照 GB/T 2828.1 等抽样方法。

7.3.2　生产过程质量检验的样本，可由检验合格入库的零部件中随机抽取，特殊情况下也可从整机中拆检。

### 7.4　判定方法

7.4.1　型式检验中若有不合格项目，则加倍抽取该设备对不合格项进行检验，若仍有不合格则判定该批次型式检验不合格。

7.4.2　用户对设备有特殊要求时，可按协议制造和检验。

## 8　标牌

8.1　在设备适当而明显的位置应固定设备标牌，标牌的型式、尺寸和技术要求应符合 GB/T 13306 的有关规定。

8.2　**设备标牌应包括下列基本内容：**

　　a）制造商名称、地址；

　　b）设备名称、型号及商标；

　　c）主要参数（或其他技术特性）；

　　d）制造日期或出厂日期。

## 9　包装、运输

9.1　包装应符合 GB/T 13384 的有关规定。

9.2　包装标志应符合 GB/T 191 的有关规定。

9.3　随机文件应齐全，包括合格证明书或合格证、使用说明书或设备操作和维护手册及装箱单，文件内容应确切。

9.4　包装后的设备在运输过程中应符合铁路、陆路、水路等交通部门的有关规定。对特殊要求的设备，应规定其运输要求。

## 10　贮存

10.1　设备应贮存在干燥、通风的场所。若露天存放时，应有防雨雪淋、日晒和积水的措施。

10.2　设备应平稳存放，不得与有毒、有害、有腐蚀的物品存放在一起。

10.3　设备贮存期间应定期检查防锈情况，在规定的贮存期内，不得发生锈蚀现象。

# 中华人民共和国国家标准

GB/T 30958—2014

# 生猪屠宰成套设备技术条件

Technology for set of pig butchering equipments

2014 - 07 - 08 发布/2015 - 01 - 10 实施

中华人民共和国国家质量监督检验检疫总局　中国国家标准化管理委员会　发布

## 前　言

本标准按照 GB/T 1.1—2009 给出的规则起草。

本标准由中华人民共和国商务部提出并归口。

本标准起草单位：商务部流通产业促进中心、济宁兴隆食品机械制造有限公司。

本标准主要起草人：王向宏、周伟生、李欢、龚海岩、方芳。

# 生猪屠宰成套设备技术条件

## 1　范围

本标准规定了生猪屠宰设备制造企业生猪屠宰成套设备配置基本要求和三类生猪屠宰企业工艺装备基本配置要求。

本标准适用于新建、扩建和技术改造不同类型的生猪屠宰企业。

## 2　规范性引用文件

下列文件对于本文件的应用是必不可少的。凡是注日期的引用文件，仅注日期的版本适用于本文件。凡是不注日期的引用文件，其最新版本（包括所有的修改单）适用于本文件。

GB 5226.1 机械电气安全　机械电气设备第1部分：通用技术条件

## 3　术语和定义

下列术语和定义适用于本文件。

### 3.1　逃逸率　escape proportion
在致昏过程中没有使生猪昏迷而产生逃跑的生猪数量与屠宰量的百分比。

### 3.2　三断率　three-fracture proportion
生猪在致昏应激反应后，产生断腿、断脊骨、断尾骨（其中之一）的生猪数量与屠宰量的百分比。

### 3.3　脱毛率　dehairing proportion
脱毛工序猪体上去除猪毛面积与猪体表面积的百分比。

### 3.4　损伤率　damnify rate
由于设备原因造成的猪体刀伤、破损的数量与屠宰量的百分比。

### 3.5　皮张残次率　imperfect rate of pigskin
剥皮工序由于设备原因造成的刀伤、破损的猪皮数量与剥皮猪数量的百分比。

### 3.6　皮张带脂率　fatty skin weight proportion
剥皮工序剥下皮张上含脂肪的重量与剥下猪皮重量的百分比。

### 3.7　双轨　double track
采用双角钢或其他型钢作为吊挂、输送猪体的轨道。

### 3.8　管轨　pipe track
采用圆管或半圆管作为吊挂、输送猪体的轨道。

### 3.9　冷却　cooling
在0℃~4℃的环境下，使肉品深层中心温度降至7℃以下的过程。

### 3.10　Ⅲ级屠宰企业　class Ⅲ slaughtering enterprises
主要工序实现半机械化作业，并且年屠宰能力在6万头以下（包含6万头）的生猪屠宰企业。

### 3.11　Ⅱ级屠宰企业　class Ⅱ slaughtering enterprises
主要工序实现机械化作业，并且年屠宰能力在6万头以上的生猪屠宰企业。

### 3.12　Ⅰ级屠宰企业　class Ⅰ slaughtering enterprises
主要工序实现自动化作业，并且年屠宰能力在6万头以上的生猪屠宰企业。

## 4　基本配置

### 4.1　Ⅲ级屠宰企业成套设备基本配置
应配备清洗装置、麻电输送机、手持式麻电器、控血输送机、浸烫池、生猪刨毛机、剥皮设备、胴体加工手推轨道、内脏同步检验车、手持劈半锯、劈半锯消毒装置、胴体冲洗装置、洗手刀具消毒装置、扁担钩清洗装置。

### 4.2　Ⅱ级屠宰企业成套设备基本配置
除符合4.1条件外，还应配备淋浴设备、致昏设备、放血输送机、预清洗机、烫毛设备、刨毛设备、平板修刮输送机、预干燥机、燎毛设备、清洗抛光机、胴体加工输送机、内脏同步检验输送机、劈半设备、冷却设备、鲜销发货轨道、扁担钩清洗设备。

#### 4.3 Ⅰ级屠宰企业成套设备基本配置

除符合4.2条件外，还应配备真空采血机、隧道式烫毛设备、自动刨毛机、自动燎毛设备、开肛器、猪体开膛机、胴体劈半机、动态电子轨道秤、二分体装车机。

## 5 成套设备基本技术条件

### 5.1 Ⅲ级屠宰企业成套设备基本技术条件

#### 5.1.1 清洗装置

用于屠宰前猪屠体冲洗，应符合表1的要求。

表1 清洗装置

| 项目 | 单位 | 数值 | 项目 | 单位 | 数值 |
|---|---|---|---|---|---|
| 清洗水压力 | MPa | ≥0.1 | 水消耗量 | L/头 | ≤15 |
| 清洗水温度 | ℃ | 20~25 | 材质 | — | 镀锌 |

#### 5.1.2 麻电输送机

用于生猪的致昏输送，安全有序的对生猪实施致昏操作，同时保护动物福利，应符合表2的要求。

表2 麻电输送机

| 项目 | 单位 | 数值 | 项目 | 单位 | 数值 |
|---|---|---|---|---|---|
| 输送速度 | m/min | ≤5 | 单只生猪重量 | kg | 100±30 |
| 长度尺寸 | m | ≥4 | 功率 | kW | ≤3 |

#### 5.1.3 手持式麻电器

用于生猪的手工致昏，应正确选择致昏参数，不得致死或反复致昏，应符合表3的要求。

表3 手持式麻电器

| 项目 | 单位 | 数值 | 项目 | 单位 | 数值 |
|---|---|---|---|---|---|
| 致昏电压 | V | 90~110 | 功率 | kW | 1 |
| 致昏电流 | A | ≤1.5 | 频率 | Hz | 50 |
| 致昏时间 | s | ≤5 | 电压调整方式 | — | 手动 |

#### 5.1.4 控血输送机

用于吊挂输送猪屠体，在线进行放血、控血、清洗、头部检验并输送至烫毛或剥皮工序，应符合表4的要求。

表4 控血输送机

| 项目 | 单位 | 数值 | 项目 | 单位 | 数值 |
|---|---|---|---|---|---|
| 输送速度 | m/min | ≤6 | 致昏到放血时间 | s | ≤30 |
| 挂载间距 | m | ≥1.2 | 功率 | kW | ≤2.2 |
| 控血时间 | min | ≥5 | 挂钩距离地面高度 | m | 3.0~3.3 |

#### 5.1.5 浸烫池

用于猪屠体人工浸烫，应准确控制浸烫参数，并应符合表5的要求。

表5 浸烫池

| 项目 | 单位 | 数值 | 项目 | 单位 | 数值 |
|---|---|---|---|---|---|
| 烫池有效长度 | m | ≥3.5 | 水消耗量 | L/头 | ≤60 |
| 浸烫水温度 | ℃ | 58~65 | 蒸汽消耗量 | kg/头 | ≤6 |
| 浸烫时间 | min | 3~5 | 材质 | — | 碳钢/不锈钢 |
| 烫池宽度 | m | ≥1.8 | 温度控制方式 | — | 人工 |
| 烫池深度 | m | ≥0.8 | | | |

#### 5.1.6 生猪刨毛机

用于猪屠体脱毛，应符合表6、表7的要求。

表6　100型生猪刨毛机

| 项目 | 单位 | 数值 | 项目 | 单位 | 数值 |
|---|---|---|---|---|---|
| 生产能力 | 头/h | ≤70 | 脱毛率 | % | ≥90 |
| 刨毛载荷 | kg | 100±25 | 损伤率 | % | ≤2 |
| 每次头数 | 头 | 1 | 喷淋水温度 | ℃ | 20~40 |
| 刨毛腔长度 | m | 1.8 | 水消耗量 | L/h | ≤1 500 |
| 总功率 | kW | ≤7 | 控制方式 | — | 自动/手动 |

表7　200型液压生猪刨毛机

| 项目 | 单位 | 数值 | 项目 | 单位 | 数值 |
|---|---|---|---|---|---|
| 生产能力 | 头/h | ≤180 | 脱毛率 | % | ≥90 |
| 刨毛载荷 | kg | 200±50 | 损伤率 | % | ≤2 |
| 每次头数 | 头 | 1~2 | 喷淋水温度 | ℃ | 20~40 |
| 刨毛腔长度 | m | 1.8 | 水消耗量 | L/h | ≤1 500 |
| 总功率 | kW | ≤11.5 | 控制方式 | — | 自动/手动 |

### 5.1.7　剥皮设备

设有剥皮工艺的屠宰线，应配备剥皮设备用于猪屠体人工预剥，机械剥皮，并应符合表8~表10的要求。

表8　预剥输送机

| 项目 | 单位 | 数值 | 项目 | 单位 | 数值 |
|---|---|---|---|---|---|
| 输送速度 | m/min | 6~10 | 功率 | kW | ≤4 |
| 长度尺寸 | m | ≥10 | 机架类型 | — | 平式/坡式 |

表9　卧式剥皮机

| 项目 | 单位 | 数值 | 项目 | 单位 | 数值 |
|---|---|---|---|---|---|
| 剥皮滚筒长度 | m | ≥1.8 | 皮张带脂率 | % | ≤15 |
| 滚筒直径 | mm | 650 | 皮张残次率 | % | ≤2 |
| 滚筒转速 | r/min | 8.47 | 喷淋水温度 | ℃ | ≤20 |
| 总功率 | kW | 7 | 水消耗量 | L/h | ≤500 |

表10　立式剥皮机

| 项目 | 单位 | 数值 | 项目 | 单位 | 数值 |
|---|---|---|---|---|---|
| 剥皮滚筒长度 | m | ≥1.8 | 皮张带脂率 | % | ≤20 |
| 滚筒直径 | mm | 650 | 皮张残次率 | % | ≤2 |
| 滚筒转速 | r/min | 11.15 | 喷淋水温度 | ℃ | ≤20 |
| 功率 | kW | 4 | 水消耗量 | L/h | ≤400 |

### 5.1.8　胴体加工手推轨道

用于吊挂式输送猪屠体，进行胴体加工操作，应符合表11的要求。

表11　胴体加工手推轨道

| 项目 | 单位 | 双轨轨道数值 | 管轨轨道数值 |
|---|---|---|---|
| 吊架高度 | mm | 130 | 145 |
| 吊架间距 | mm | ≤750 | ≤750 |
| 轨道距离地面高度 | m | 2.5~2.8 | 2.5~2.8 |
| 轨道材质 | — | 碳钢热镀锌 | 碳钢热镀锌 |

### 5.1.9　内脏同步检验车

在取内脏工位应设置内脏同步检验车，摘取的内脏分别放入内脏同步检验车的红白脏盘内进行同步检验，应符合表12的要求。

表 12　内脏同步检验车

| 项目 | 单位 | 数值 | 项目 | 单位 | 数值 |
|---|---|---|---|---|---|
| 白脏盘尺寸 | mm | 500×500×100 | 待检时间 | min | ≥3 |
| 红脏盘尺寸 | mm | 350×500×100 | 内脏盘材质 | — | 不锈钢 |
| 总高度尺寸 | mm | 80~900 | 配置数 | 台 | ≥4 |

#### 5.1.10　手持劈半锯

用于胴体劈半，应符合表13、表14的要求。

表 13　往复式劈半锯

| 项目 | 单位 | 数值 | 项目 | 单位 | 数值 |
|---|---|---|---|---|---|
| 切割宽度 | mm | ≥380 | 骨肉损耗 | kg/头 | ≤0.2 |
| 锯条往复行程 | mm | ≥70 | 冷却水温度 | ℃ | ≤20 |
| 锯条往复频率 | 次/s | ≥23 | 水消耗量 | L/h | ≤300 |
| 功率 | kW | 2.2 | 锯体材质 | — | 碳钢/不锈钢 |
| 电压 | V | 42/380 | — | — | — |

表 14　带式劈半锯

| 项目 | 单位 | 数值 | 项目 | 单位 | 数值 |
|---|---|---|---|---|---|
| 切割宽度 | mm | ≥430 | 骨肉损耗 | kg/头 | ≤0.15 |
| 锯条速度 | m/s | ≥7.2 | 冷却水温度 | ℃ | ≤20 |
| 功率 | kW | 2.3 | 水消耗量 | L/h | ≤300 |
| 电压 | V | 42 | 锯体材质 | — | 不锈钢/铝合金 |

#### 5.1.11　劈半锯消毒装置

配备劈半锯消毒装置，每劈半1次消毒1次，应符合表15的要求。

表 15　劈半锯消毒装置

| 项目 | 单位 | 数值 | 项目 | 单位 | 数值 |
|---|---|---|---|---|---|
| 消毒水温度 | ℃ | 82~85 | 水消耗 | L/h | ≤500 |
| 消毒时间 | s/次 | ≥15 | 材质 | — | 不锈钢 |

#### 5.1.12　胴体冲洗装置

用于内脏取出和劈半后冲洗腔内外瘀血、浮毛等污物，应符合表16的要求。

表 16　胴体冲洗装置

| 项目 | 单位 | 数值 | 项目 | 单位 | 数值 |
|---|---|---|---|---|---|
| 冲洗水温度 | ℃ | ≤20 | 材质 | — | 不锈钢 |
| 冲洗水压力 | MPa | ≥0.1 | 操作方式 | — | 人工 |
| 水消耗量 | L/h | ≤1 000 | — | — | — |

#### 5.1.13　洗手刀具消毒装置

在关键工位安装洗手刀具消毒装置，便于操作人员随时洗手和将使用过的刀具及时消毒，避免对肉品的交叉污染，应符合表17的要求。

表 17　洗手刀具消毒装置

| 项目 | 单位 | 数值 | 项目 | 单位 | 数值 |
|---|---|---|---|---|---|
| 消毒水温度 | ℃ | 82~85 | 水消耗量 | L/h | ≤200 |
| 洗手水温度 | ℃ | ≤20 | 洗手盆操作方式 | — | 非手动 |
| 刀具消毒器电加热功率 | kW | 1 | 材质 | — | 不锈钢 |

#### 5.1.14　扁担钩清洗装置

用于扁担钩清洗，扁担钩应清洗后使用，应符合表18的要求。

表 18　扁担钩清洗装置

| 项目 | 单位 | 数值 | 项目 | 单位 | 数值 |
|---|---|---|---|---|---|
| 消毒水温度 | ℃ | 82～85 | 水消耗量 | L/个 | ≤20 |
| 漂洗水温度 | ℃ | ≤20 | 操作方式 | — | 人工 |
| 材质 | — | 不锈钢 | — | — | — |

## 5.2　H 级屠宰企业成套设备基本技术条件

### 5.2.1　淋浴设备

用于屠宰前猪屠体冲洗，应符合表 19 的要求。

表 19　淋浴设备

| 项目 | 单位 | 数值 | 项目 | 单位 | 数值 |
|---|---|---|---|---|---|
| 清洗水压力 | MPa | ≥0.1 | 水消耗量 | L/头 | ≤15 |
| 清洗水温度 | ℃ | 20～25 | 材质 | — | 镀锌 |

### 5.2.2　致昏设备

用于猪屠体致昏，应符合表 20、表 21 的要求。

表 20　三点式麻电机

| 项目 | 单位 | 200 头/h 设备<br>生产能力数值 | 400 头/h 设备<br>生产能力数值 | 600 头/h 设备<br>生产能力数值 |
|---|---|---|---|---|
| 输送机功率 | kW | ≤3 | ≤3 | ≤3 |
| 致昏频率 | Hz | 50～60 | 800 | 800 |
| 致昏电压 | V | 100～380 | 100～380 | 100～380 |
| 致昏电流 | A | ≤2 | ≤5 | ≤5 |
| 致昏时间 | s | ≤5 | ≤4 | ≤3 |
| 压缩空气消耗量 | m³/min | ≤0.5 | ≤1 | ≤1.5 |
| 压缩空气压力 | MPa | 0.4～0.6 | 0.4～0.6 | 0.4～0.6 |
| 单只猪重量 | kg | ≤100±25 | ≤100±25 | ≤100±25 |
| 逃逸率 | % | ≤3 | ≤1 | ≤0.5 |
| 三断率 | % | ≤5 | ≤2 | ≤2 |

表 21　二氧化碳致昏机

| 项目 | 单位 | 200 头/h 设备<br>生产能力数值 | 400 头/h 设备<br>生产能力数值 | 600 头/h 设备<br>生产能力数值 |
|---|---|---|---|---|
| 总功率 | kW | ≤8.5 | ≤11.2 | ≤14 |
| 二氧化碳浓度 | % | 70～80 | 70～80 | 70～80 |
| 二氧化碳压力 | MPa | 0.5 | 0.5 | 0.5 |
| 二氧化碳消耗量 | kg/头 | 0.15～0.20 | 0.15～0.20 | 0.15～0.20 |
| 压缩空气消耗量 | m³/min | ≤1.2 | ≤1.8 | ≤2.0 |
| 压缩空气压力 | MPa | 0.4～0.6 | 0.4～0.6 | 0.4～0.6 |
| 致昏时间 | s | 30～40 | 30～40 | 30～40 |
| 单只猪重量 | kg | ≤160 | ≤160 | ≤160 |
| 淤血、断骨率 | % | ≤1 | ≤1 | ≤1 |
| 逃逸率 | % | ≤1 | ≤1 | ≤1 |

### 5.2.3　放血输送机

5.2.3.1　平板放血输送机用于输送猪屠体挂猪提升立式放血，应符合表 22 的要求。

表 22　平板放血输送机

| 项目 | 单位 | 200 头/h 设备<br>生产能力数值 | 400 头/h 设备<br>生产能力数值 | 600 头/h 设备<br>生产能力数值 |
|---|---|---|---|---|
| 功率 | kW | 3 | 3 | 3 |
| 输送平板宽度 | mm | ≥1 000 | ≥1 000 | ≥1 000 |
| 输送速度 | m/min | 4.5 | 7.2 | 10.5 |
| 长度尺寸 | m | ≥6 | ≥7.5 | ≥9 |
| 清洗水温度 | ℃ | ≤20 | ≤20 | ≤20 |
| 水消耗量 | L/h | ≤500 | ≤500 | ≤500 |

5.2.3.2 卧式放血输送机用于输送猪屠体卧式放血挂猪提升，应符合表23的要求。

表23 卧式放血输送机

| 项目 | 单位 | 200 头/h 设备<br>生产能力数值 | 400 头/h 设备<br>生产能力数值 | 600 头/h 设备<br>生产能力数值 |
|---|---|---|---|---|
| 功率 | kW | 3 | 3 | 3 |
| 卧式放血时间 | s | 40~60 | 40~60 | 40~60 |
| 输送平板宽度 | mm | ≥1 260 | ≥1 260 | ≥1 260 |
| 输送速度 | m/min | 4.5 | 7.2 | 10.5 |
| 长度尺寸 | m | ≥6 | ≥7.5 | ≥9 |
| 清洗水温度 | ℃ | ≤20 | ≤20 | ≤20 |
| 水消耗量 | L/h | ≤500 | ≤500 | ≤500 |

### 5.2.4 控血输送机

用于悬挂输送猪屠体，进行控血、预清洗、头部检验等并输送至烫毛或剥皮工序，应符合表24的要求。

表24 控血输送机

| 项目 | 单位 | 数值 | 项目 | 单位 | 数值 |
|---|---|---|---|---|---|
| 输送速度 | m/min | 5~8 | 控血时间（卧式放血工艺） | min | ≥3 |
| 挂载间距 | m | ≥0.6 | 控血时间（立式放血工艺） | min | ≥5 |
| 功率 | kW | ≤3 | 致昏到放血时间（卧式放血工艺） | s | ≤5 |
| 轨道/挂钩距离地面高度 | m | 3.6~3.8 | 致昏到放血时间（立式放血工艺） | s | ≤30 |

### 5.2.5 预清洗机

用于沥血后猪屠体清洗，减少交叉污染，应符合表25的要求。

表25 预清洗机

| 项目 | 单位 | 数值 | 项目 | 单位 | 数值 |
|---|---|---|---|---|---|
| 清洗辊数量 | 个 | 3 | 喷淋水温度 | ℃ | 20~25 |
| 清洗辊转速 | r/min | 160~180 | 水消耗量 | L/h | ≤3 000 |
| 总功率 | kW×台 | 1.5×3 | 喷淋水控制方式 | — | 自动/手动 |

### 5.2.6 烫毛设备

用于机械烫毛，应符合表26、表27的要求。

表26 运河式猪体浸烫机

| 项目 | 单位 | 200 头/h 设备<br>生产能力数值 | 400 头/h 设备<br>生产能力数值 | 600 头/h 设备<br>生产能力数值 |
|---|---|---|---|---|
| 循环泵功率/台数 | kW×台 | 7.5×1 | 7.5×1 | 7.5×2 |
| 浸烫水温度 | ℃ | 58~65 | 58~65 | 58~65 |
| 浸烫时间 | min | 3~6 | 3~6 | 3~6 |
| 挂载间距 | m | ≥0.6 | ≥0.6 | ≥0.6 |
| 烫池有效长度 | m | ≥12 | ≥24 | ≥36 |
| 单通道内宽度 | m | ≤1 350 | ≤1 350 | ≤1 350 |
| 水消耗量 | L/头 | ≤20 | ≤20 | ≤20 |
| 蒸汽消耗量 | kg/头 | ≤4 | ≤1 | ≤4 |
| 温度控制误差 | ℃ | ±1 | ±1 | ±1 |
| 温度控制方式 | — | 自动 | 自动 | 自动 |

表27 隧道式喷淋烫毛机

| 项目 | 单位 | 200 头/h 设备<br>生产能力数值 | 400 头/h 设备<br>生产能力数值 | 600 头/h 设备<br>生产能力数值 |
|---|---|---|---|---|
| 循环泵功率/台数 | kW×台 | 4×2 | 4×4 | 4×6 |
| 烫毛时间 | min | 3~5 | 3~5 | 3~5 |
| 烫毛温度 | ℃ | 58~62 | 58~62 | 58~62 |
| 挂载间距 | m | ≥0.6 | ≥0.6 | ≥0.6 |
| 水消耗量 | L/头 | ≤5 | ≤5 | ≤5 |
| 蒸汽消耗量 | kg/头 | ≤3 | ≤3 | ≤3 |
| 隧道长度 | m | ≥10 | ≥20 | ≥30 |
| 温度控制误差 | ℃ | ±1 | ±1 | ±1 |
| 温度控制方式 | — | 自动 | 自动 | 自动 |

### 5.2.7　刨毛设备

用于猪屠体脱毛，应符合表28、表29的要求。

表28　液压生猪刨毛机

| 项目 | 单位 | 200头/h设备<br>生产能力数值 | 400头/h设备<br>生产能力数值 | 600头/h设备<br>生产能力数值 |
|---|---|---|---|---|
| 总功率 | kW | 11.5 | 22.5 | 22.5 |
| 刨毛载荷 | kg | 200±50 | 300±50 | 400±50 |
| 每次头数 | 头 | 1~2 | 2~3 | 3~4 |
| 每次刨毛时间 | s | ≤20 | ≤20 | ≤20 |
| 刨毛腔长度 | m | 1.8 | 2.2 | 2.4 |
| 喷淋水温度 | ℃ | 20~40 | 20~40 | 20~40 |
| 水消耗量 | L/h | ≤1 800 | ≤2 000 | ≤2 500 |
| 脱毛率 | % | ≤90 | ≥90 | ≥90 |
| 损伤率 | % | ≤2 | ≤2 | ≤2 |
| 控制方式 | — | 自动/手动 | 自动/手动 | 自动/手动 |

表29　螺旋刨毛机

| 项目 | 单位 | 200头/h设备<br>生产能力数值 | 400头/h设备<br>生产能力数值 | 600头/h设备<br>生产能力数值 |
|---|---|---|---|---|
| 总功率 | kW | 16.5 | 22.5/33 | 33 |
| 单只猪重量 | kg | ≤160 | ≤160 | ≤160 |
| 每次头数 | — | 连续 | 连续 | 连续 |
| 刨毛腔长度 | m | 3.8 | 4.6 | 3.3×2 |
| 刨毛腔宽度 | mm | 650 | 650 | 650 |
| 脱毛率 | % | ≥90 | ≥90 | ≥90 |
| 损伤率 | % | ≤2 | ≤2 | ≤2 |
| 喷淋水温度 | ℃ | 20~40 | 20~40 | 20~40 |
| 水消耗量 | L/h | ≤2 000 | ≤3 000 | ≤4 000 |
| 配置类型 | — | 单机 | 单机或双机 | 双机 |
| 控制方式 | — | 自动 | 自动 | 自动 |

### 5.2.8　平板修刮输送机

用于接收输送猪屠体进行人工修刮操作，应符合表30的要求。

表30　平板修刮输送机

| 项目 | 单位 | 200头/h设备<br>生产能力数值 | 400头/h设备<br>生产能力数值 | 600头/h设备<br>生产能力数值 |
|---|---|---|---|---|
| 功率 | kW | 3 | 3 | 3 |
| 输送速度 | m/min | 4.5 | 8 | 10.5 |
| 平板宽度 | mm | 1 500 | 1 500 | 1 500 |
| 长度尺寸 | m | ≥6 | ≥7.5 | ≥9 |
| 清洗水温度 | ℃ | ≤20 | ≤20 | ≤20 |
| 水消耗量 | L/h | ≤500 | ≤500 | ≤500 |

### 5.2.9　预干燥机

用于猪屠体表面干燥处理，去除猪屠体表面一部分水分，提高自动或手工燎毛效果，同时延缓肉尸僵硬时间，应符合表31的要求。

表31　预干燥机

| 项目 | 单位 | 数值 | 项目 | 单位 | 数值 |
|------|------|------|------|------|------|
| 清洗辊数量 | 个 | 3 | 总功率 | kW×台 | 1.5×3 |
| 清洗辊转速 | r/min | 160~180 | — | — | — |

### 5.2.10　燎毛设备

用于猪屠体残余的猪毛燎烧，并起到一定的高温杀菌作用，应符合表32、表33的要求。

表32　手持燎毛器

| 项目 | 单位 | 数值 | 项目 | 单位 | 数值 |
|------|------|------|------|------|------|
| 燎毛时间 | s/头 | 5~8 | 燃气种类 | — | 液化气 |
| 燃气压力 | MPa | ≤0.05 | 液化气消耗量 | g/s | ≤2.4 |

表33　燎毛炉

| 项目 | 单位 | 数值 | 项目 | 单位 | 数值 |
|------|------|------|------|------|------|
| 燎毛时间（可调） | s/头 | 3~5 | 燃气消耗（天然气） | m³/s | <0.1 |
| 燃气种类 | — | 天然气/液化气 | 点火方式 | — | 自动 |
| 燃气工作压力（液化气） | MPa | ≤0.05 | 冷却水温度 | ℃ | ≤20 |
| 燃气工作压力（天然气） | MPa | ≤0.35 | 水消耗量 | L/h | ≤1200 |
| 燃气消耗量（液化气） | g/s | ≤68.57 | 烟囱直径 | mm | ≥400 |

### 5.2.11　清洗抛光机

用于猪屠体清洗拍打按摩，清除体表污物同时延缓尸僵硬时间，应符合表34的要求。

表34　清洗抛光机

| 项目 | 单位 | 数值 | 项目 | 单位 | 数值 |
|------|------|------|------|------|------|
| 清洗辊数量 | 个 | 4 | 总功率 | kW×台 | 1.5×4 |
| 清洗辊转速 | r/min | 160~180 | 水消耗量 | L/h | ≤3 000 |
| 喷淋水温度 | ℃ | ≤20 | 喷淋水控制方式 | — | 自动/手式 |

### 5.2.12　胴体加工输送机

用于吊挂式输送猪屠体进行胴体加工，要求与同步检验输送机同步运行，应符合表35的要求。

表35　胴体加工输送机

| 项目 | 单位 | 数值 | 项目 | 单位 | 数值 |
|------|------|------|------|------|------|
| 输送速度 | m/min | 5~11 | 功率 | kW | ≤4 |
| 挂载间距 | m | 0.6~1.2 | 轨道距离地面高度 | m | 3.1~3.6 |

### 5.2.13　内脏同步检验输送机

用于红白内脏的检验输送，应符合表36~表39的要求。

表36　悬挂式同步检验输送机

| 项目 | 单位 | 数值 | 项目 | 单位 | 数值 |
|------|------|------|------|------|------|
| 盘钩间距 | mm | 600 | 功率 | kW | ≤2.2 |
| 托盘挂钩间距 | mm | 600 | 同步累积误差 | mm | ±150 |
| 待检时间 | min | ≥3 | 展开长度 | m | ≥24 |

表37　悬挂式红脏同步检验输送机

| 项目 | 单位 | 数值 | 项目 | 单位 | 数值 |
|------|------|------|------|------|------|
| 挂钩间距 | mm | 800~1 200 | 功率 | kW | ≤2.2 |
| 挂钩长度 | mm | ≤800 | 同步累积误差 | mm | ±150 |
| 待检时间 | min | ≥3 | 展开长度 | m | ≥27 |

表 38　落地式白脏同步检验输送机

| 项目 | 单位 | 数值 | 项目 | 单位 | 数值 |
|---|---|---|---|---|---|
| 托盘间距 | mm | ≥600 | 功率 | kW | ≤2.2 |
| 白脏托盘尺寸 | mm | 550×100 | 同步累积误差 | mm | ±150 |
| 红脏托盘尺寸 | mm | 350×100 | 展开长度 | m | ≥24 |
| 待检时间 | min | ≥3 | — | — | — |

表 39　落地式红白脏同步检验输送机

| 项目 | 单位 | 数值 | 项目 | 单位 | 数值 |
|---|---|---|---|---|---|
| 托盘间距 | mm | ≥600 | 功率 | kW | ≤2.2 |
| 白脏托盘尺寸 | mm | φ550×100 | 同步累积误差 | mm | ±150 |
| 红脏托盘尺寸 | mm | φ350×100 | 展开长度 | m | ≥24 |
| 待检时间 | min | ≥3 | — | — | — |

### 5.2.14　劈半设备

用于猪胴体劈半，应符合表 40、表 41 的要求。

表 40　带式劈半锯

| 项目 | 单位 | 数值 | 项目 | 单位 | 数值 |
|---|---|---|---|---|---|
| 切割深度 | mm | ≥430 | 骨肉损耗 | kg/头 | ≤0.15 |
| 锯条速度 | m/s | ≥7.2 | 冷却水温度 | ℃ | ≤20 |
| 功率 | kW | 2.3 | 水消耗量 | L/h | ≤300 |
| 电压 | V | 42 | 锯体材质 | — | 不锈钢/铝合金 |

表 41　胴体劈半机

| 项目 | 单位 | 数值 | 项目 | 单位 | 数值 |
|---|---|---|---|---|---|
| 切割深度 | mm | ≥400 | 骨肉损耗 | kg/头 | 忽略 |
| 同步平移行程 | mm | ≥1 000 | 冷却水温度 | ℃ | ≤20 |
| 劈切行程 | mm | ≥1 600 | 冷却水消耗量 | L/h | ≤500 |
| 总功率 | kW | ≤6 | 消毒水温度 | ℃ | 82~85 |
| 压缩空气消耗量 | m³/min | ≤1 | 消毒水消耗量 | L/h | ≤500 |
| 控制方式 | — | 自动/手动 | — | — | — |

### 5.2.15　冷却设备

利用0℃~4℃冷却间，使二分体中心温度降至 7 ℃以下，应符合表 42 的要求。

表 42　冷却轨道

| 项目 | 单位 | 双轨轨道数值 | 管轨轨道数值 |
|---|---|---|---|
| 吊架高度 | mm | 130 | 145 |
| 吊架间距 | mm | 700~800 | 700~800 |
| 轨道间距 | mm | ≥800 | ≥800 |
| 轨道距离地面高度 | m | 2.5~2.8 | 2.5~2.8 |
| 挂载间距 | m | ≥0.3 | ≥0.3 |
| 预冷间温度 | ℃ | 0~4 | 0~4 |
| 预冷时间 | h | ≥12 | ≥12 |
| 轨道材质 | — | 热镀锌/不锈钢 | 热镀锌/不锈钢 |

### 5.2.16　鲜销发货轨道

用于存放等待发货的二分体，应符合表 43 的要求。

表 43　鲜销发货轨道

| 项目 | 单位 | 双轨轨道数值 | 管轨轨道数值 |
|---|---|---|---|
| 吊架高度 | mm | 130 | 145 |
| 吊架间距 | mm | ≤700 | ≤700 |
| 轨道间距 | mm | ≥800 | ≥800 |

（续）

| 项目 | 单位 | 双轨轨道数值 | 管轨轨道数值 |
|---|---|---|---|
| 轨道距离地面高度 | m | 2.5~2.8 | 2.5~2.8 |
| 挂载间距 | m | ≥0.3 | ≥0.3 |
| 轨道材质 | — | 热镀锌/不锈钢 | 热镀锌/不锈钢 |

### 5.2.17 扁担钩清洗设备

用于扁担钩清洗消毒，防止交叉污染，应符合表44、表45的要求。

表44 扁担钩高压清洗装置

| 项目 | 单位 | 数值 | 项目 | 单位 | 数值 |
|---|---|---|---|---|---|
| 喷淋时间 | s | ≥15 | 水泵功率 | kW | 3 |
| 喷淋长度 | m | ≥2 | 水泵扬程 | m | 40~50 |
| 消毒热水温度 | ℃ | 82~85 | 加热方式 | — | 蒸汽 |
| 冲洗水温度 | ℃ | ≤20 | 温度控制方式 | — | 自动 |
| 热水喷淋压力 | MPa | ≥0.4 | 水消耗量 | L/h | ≤1 000 |
| 冲洗水压力 | MPa | ≥0.1 | 材质 | — | 不锈钢 |
| 温度控制方式 | — | 自动 | 输送控制方式 | — | 自动 |

表45 扁担钩超声波清洗装置

| 项目 | 单位 | 数值 | 项目 | 单位 | 数值 |
|---|---|---|---|---|---|
| 消毒时间 | s | ≥15 | 加热方式 | — | 电加热 |
| 消毒水温度 | ℃ | 82~85 | 温度控制方式 | — | 自动 |
| 冲洗水温度 | ℃ | ≤20 | 水消耗量 | L/h | ≤1 000 |
| 冲洗水压力 | MPa | ≥0.1 | 材质 | — | 不锈钢 |
| 超声波功率 | kW×套 | ≥2×2 | 输送控制方式 | — | 自动 |

## 5.3 I级屠宰企业成套设备基本技术条件

### 5.3.1 真空采血机

用于食用血收集，猪血分头采集并分批次收集在容器中，应符合表46的要求。

表46 真空采血机

| 项目 | 单位 | 数值 | 项目 | 单位 | 数值 |
|---|---|---|---|---|---|
| 旋转装置速度 | — | 变频调速 | 消毒时间 | s | ≥15 |
| 真空度 | % | 75~85 | 总功率 | kW | ≤5.5 |
| 空心刀清洗消毒温度 | ℃ | 82~85 | 水消耗量 | L/h | ≤1 500 |

### 5.3.2 隧道式烫毛设备

用于吊挂式输送隧道式烫毛，应符合表47、表48的要求。

表47 隧道式喷淋烫毛机

| 项目 | 单位 | 200头/h设备生产能力数值 | 400头/h设备生产能力数值 | 600头/h设备生产能力数值 |
|---|---|---|---|---|
| 循环泵功率/台数 | kW×台 | 4×2 | 4×4 | 4×6 |
| 烫毛时间 | min | 3~5 | 3~5 | 3~5 |
| 烫毛温度 | ℃ | 58~65 | 58~65 | 58~65 |
| 挂载间距 | m | ≥0.6 | ≥0.6 | ≥0.6 |
| 水消耗量 | L/头 | ≤5 | ≤5 | ≤5 |
| 蒸汽消耗量 | kg/头 | ≤3 | ≤3 | ≤3 |
| 隧道长度 | m | ≥10 | ≥20 | ≥30 |
| 温度控制误差 | ℃ | ±1 | ±1 | ±1 |
| 温度控制方式 | — | 自动 | 自动 | 自动 |

表48　隧道式蒸汽烫毛机

| 项目 | 单位 | 200头/h设备 生产能力数值 | 400头/h设备 生产能力数值 | 600头/h设备 生产能力数值 |
|---|---|---|---|---|
| 循环风机功率 | kW×台 | 5.5×2 | 5.5×4 | 5.5×6 |
| 烫毛时间 | min | 5~6 | 5~6 | 5~6 |
| 烫毛温度 | ℃ | 58~65 | 58~65 | 58~65 |
| 挂载间距 | m | ≥0.6 | ≥0.6 | ≥0.6 |
| 水消耗量 | L/头 | ≤1.5 | ≤1.5 | ≤1.5 |
| 蒸汽消耗量 | kg/头 | ≤2 | ≤2 | ≤2 |
| 隧道有限长度 | m | ≥12 | ≥24 | ≥36 |
| 温度控制误差 | ℃ | ±1 | ±1 | ±1 |
| 温度控制方式 | — | 自动 | 自动 | 自动 |

### 5.3.3　自动刨毛机

用于猪屠体自动脱毛，宜配套循环水系统和猪毛输送系统，应符合表49的要求。

表49　螺旋刨毛机

| 项目 | 单位 | 200头/h设备 生产能力数值 | 400头/h设备 生产能力数值 | 600头/h设备 生产能力数值 |
|---|---|---|---|---|
| 总功率 | kW | 16.5 | 22.5/33 | 33 |
| 单只猪重量 | kg | ≤160 | ≤160 | ≤160 |
| 每次头数 | — | 连续 | 连续 | 连续 |
| 刨毛腔长度 | m | 3.8 | 4.6 | 3.3×2 |
| 刨毛腔宽度 | mm | 650 | 650 | 650 |
| 脱毛率 | % | ≥90 | ≥90 | ≥90 |
| 损伤率 | % | ≤2 | ≤2 | ≤2 |
| 喷淋水温度 | ℃ | 20~40 | 20~40 | 20~40 |
| 水消耗量 | L/h | ≤2 000 | ≤3 000 | ≤4 000 |
| 配置类型 | — | 单机 | 单机或双机 | 双机 |
| 控制方式 | — | 自动 | 自动 | 自动 |

### 5.3.4　自动燎毛设备

用于猪屠体残余的猪毛自动燎烧，并起到一定的高温杀菌作用，应符合表50的要求。

表50　燎毛炉

| 项目 | 单位 | 数值 | 项目 | 单位 | 数值 |
|---|---|---|---|---|---|
| 燎毛时间（可调） | s/头 | 3~5 | 燃气消耗量（天然气） | m³/s | ≤0.1 |
| 燃气种类 | — | 天然气/液化气 | 点火方式 | — | 自动 |
| 燃气工作压力（液化气） | MPa | ≤0.05 | 冷却水温度 | ℃ | ≤20 |
| 燃气工作压力（天然气） | MPa | ≤0.35 | 水消耗量 | L/h | ≤1 200 |
| 燃气消耗量（液化气） | g/s | ≤68.57 | 烟囱直径 | mm | ≥400 |

### 5.3.5　开肛器

用于猪屠体的开肛操作，改善加工卫生条件，应符合表51的要求。

表51　开肛器

| 项目 | 单位 | 数值 | 项目 | 单位 | 数值 |
|---|---|---|---|---|---|
| 开肛刀直径 | mm | 51 | 真空泵功率 | kW | 1.5 |
| 工作压力 | MPa | 0.62 | 磨刀机功率 | kW | 0.15 |
| 消毒水温度 | ℃ | 82~85 | 压缩空气消耗量 | m³/s | 0.77 |
| 气动马达功率 | kW | 0.63 | 水消耗量 | L/h | ≤200 |
| 消毒水电加热功率 | kW | 1 | 材质 | — | 不锈钢/铝合金 |

### 5.3.6 猪体开膛机

用于猪屠体的自动开膛，应符合表52的要求。

表52 猪体开膛机

| 项目 | 单位 | 数值 | 项目 | 单位 | 数值 |
|---|---|---|---|---|---|
| 切割深度 | mm | ≥50 | 冷却水温度 | ℃ | ≤20 |
| 同步平移行程 | mm | ≥1 000 | 消毒水温度 | ℃ | 82~85 |
| 切割行程 | mm | ≥1 200 | 冷却水消耗量 | L/h | ≤300 |
| 总功率 | kW | ≤6 | 消毒水消耗量 | L/h | ≤300 |
| 压缩空气消耗量 | m³/min | ≤1 | 控制方式 | — | 自动 |

### 5.3.7 胴体劈半机

用于猪胴体自动劈半，应符合表53的要求。

表53 胴体劈半机

| 项目 | 单位 | 数值 | 项目 | 单位 | 数值 |
|---|---|---|---|---|---|
| 切割深度 | mm | ≥400 | 骨肉损耗 | kg/头 | 忽略 |
| 同步平移行程 | mm | ≥1 000 | 冷却水温度 | ℃ | ≤20 |
| 劈切行程 | mm | ≥1 600 | 冷却水消耗量 | L/h | ≤500 |
| 总功率 | kW | ≤6 | 消毒水温度 | ℃ | 82~85 |
| 压缩空气消耗量 | m³/min | ≤1 | 消毒水消耗量 | L/h | ≤500 |
| 控制方式 | — | 自动/手动 | — | — | — |

### 5.3.8 动态电子轨道秤

用于二分体在线称重电子统计，应符合表54的要求。

表54 动态电子轨道秤

| 项目 | 单位 | 数值 | 项目 | 单位 | 数值 |
|---|---|---|---|---|---|
| 称重量 | kg | 300~500 | 称重轨道长度 | mm | ≥600 |
| 称重误差 | % | ±0.2 | 功率 | kW | 0.75 |

### 5.3.9 二分体装车机

用于二分体由鲜销发货轨道到物流运输车之间的自动搬运，应符合表55的要求。

表55 二分体装车机

| 项目 | 单位 | 数值 | 项目 | 单位 | 数值 |
|---|---|---|---|---|---|
| 发送能力 | 头/h | ≥240 | 运输车高度范围 | m | 1.1~1.4 |
| 发送行程 | m | ≥2 | 发货间轨道高度 | m | 2.5~2.8 |
| 功率 | kW | 3 | 与肉品接触材质 | — | 不锈钢 |
| 控制方式 | — | 自动/手动 | — | — | — |

## 6 成套设备基本工艺要求

6.1 工艺钢梁选型，安装符合图样和技术文件要求。全部钢结构件均应热镀锌处理。

6.2 输送机与输送机之间，输送机与输送轨道之间衔接顺畅，安装整齐。

6.3 地面设备整体布置合理，功能完善、性能可靠。

6.4 胴体加工输送机与内脏同步检验输送机同步运行，运行累积误差不得大于±150mm。

6.5 整套设备配置得当，联合运行平稳安全可靠。

6.6 与设备配套的水、压缩空气、蒸汽系统等统一设计安装，管路敷设整齐，不得渗漏。

6.7 正常生产条件下，成套设备主要技术参数应达到：

实际生产能力应达到设计生产能力的95%以上，猪体三断率应小于5%，猪体脱毛率应不低于90%，猪体损伤率应不大于2%。

## 7　成套设备电气要求

7.1　成套设备电气系统应符合 GB 5226.1 的规定。

7.2　电气设备应统一设计施工。采用集中控制或中央控制。

7.3　地面设备和空中设备的钢结构都应可靠接地，并有明显接地标识。

7.4　设备的绝缘电阻应不小于 $1M\Omega$，接地电阻不得大于 $0.1\Omega$。

7.5　所有电气设备的金属外壳均应与 PE 线可靠连接。

7.6　手持电动工具、移动电器及插座回路均应设漏电保护装置。

7.7　电控柜、电动机的防护等级应不低于 IP55。

## 8　检验规则

### 8.1　出厂检验

每台设备应经制造厂检验合格，并附有合格证明书或合格证后方能出厂。在特殊情况下，按制造厂与用户协议书规定也可在用户厂进行。

### 8.2　型式检验

当有下列情况之一时，应进行型式检验：

——新设备试制、定型鉴定时。

——结构、材料、工艺有较大改变，可能影响设备性能时。

——需要对设备质量全面考核评审时。

——正常生产的条件下，设备积累到一定产量（数量）时，应周期性进行检验。

——国家质量监督机构提出型式检验的要求时。

# 中华人民共和国国家标准

GB 50317—2009

# 猪屠宰与分割车间设计规范

Code for design of pig's slaughtering and cutting rooms

2009-05-04 发布/2009-10-01 实施

中华人民共和国住房和城乡建设部、 中华人民共和国国家质量监督检验检疫总局　联合发布

中华人民共和国住房和城乡建设部公告

第 298 号

关于发布国家标准

《猪屠宰与分割车间设计规范》 的公告

现批准《猪屠宰与分割车间设计规范》为国家标准，编号为 GB 50317—2009，自 2009 年 10 月 1 日起实施。其中，第 3.1.2、3.2.2、5.2.5、5.2.6、6.1.1、6.1.2、6.1.3、6.1.8、8.2.4、8.2.10、9.0.9、9.0.10 条为强制性条文，必须严格执行。原《猪屠宰与分割车间设计规范》GB 50317—2000 同时废止。

本规范由我部标准定额研究所组织中国计划出版社出版发行。

中华人民共和国住房和城乡建设部

二〇〇九年五月四日

## 前　言

本规范系根据住房和城乡建设部"关于印发《2008 年工程建设标准规范制订、修订计划（第一批）》的通知"（建标〔2008〕102 号）的要求，由国内贸易工程设计研究院会同有关单位，在原国家标准《猪屠宰与分割车间设计规范》GB 50317—2000 基础上，进行全面修订而成。

本规范在修订过程中，查阅了国内外的有关文献资料，并组织到有关企业进行调研和资料的收集工作，广泛征求了全国有关部门和单位的意见，结合国内近年来在生猪屠宰和分割加工方面的成功经验，吸收了国外的先进技术和标准，对现行规范进行了全面修订，成稿后在全国有关省市征求了业内专业人士的意见，同相关标准规范管理组进行沟通和协调，最后经有关部门的共同审查而定稿。

修订后的规范为贯彻执行国务院提出的"食品安全及食品质量"的精神，进一步加强生猪屠宰行业的管理水平，确保猪肉的产品质量。参照《生猪屠宰操作规程》GB/T 17236、《欧盟卫生要求》和新加坡及香港食环署对肉联厂的要求，结合目前猪屠宰企业中存在的问题等，根据现有猪屠宰企业的发展需要，对猪屠宰车间小时屠宰量的分级范围进行调整；屠宰工艺中增加二氧化碳麻电、蒸汽烫毛、燎毛、刮黑、消毒等工艺要求；增加屠宰过程中的追溯环节；新增制冷工艺章节，增加猪肉的两段冷却工艺及副产品冷却工艺；增加生物无害化处理等内容。修订后的规范，厂址选择和总平面布置更加合理，使猪屠宰加工企业同国际接轨，体现了工艺先进、厂区现代、卫生、环保、节能、经济、高效。一级和二级猪屠宰和分割加工企业达到了国际上屠宰行业的先进水平。

本规范中以黑体字标志的条文为强制性条文，必须严格执行。

本规范由住房和城乡建设部负责管理和对强制性条文的解释，商务部负责日常管理，国内贸易工程设计研究院负责具体技术内容的解释。

本规范在施行过程中，如发现需要修改和补充之处，请将意见和有关资料寄送国内贸易工程设计研究院（通信地址：北京市右安门外大街 99 号，邮政编码：100069），以供今后修订时参考。

本规范主编单位、参编单位、主要起草人和主要审查人：

主编单位：国内贸易工程设计研究院

参编单位：中国肉类协会

　　　　　中国农业大学

　　　　　上海五丰上食食品有限公司

主要起草人：赵秀兰　单守良　赵彤宇　邓建平　司彪　吕济民　陈洪吉　徐宏　马长伟　张琳

主要审查人：边增林　王守伟　张新领　程玉来　戴瑞彤　李琳　吴英　刘金英　李文祥　贾自力

# 1 总则

**1.0.1** 为加强生猪屠宰行业的管理水平，确保猪肉的产品质量，规范猪屠宰与分割车间的设计，制定本规范。

**1.0.2** 本规范适用于新建、扩建和改建猪屠宰厂工程的猪屠宰与分割车间的设计。

**1.0.3** 猪屠宰与分割车间应确保操作工艺、卫生、兽医卫生检验符合国家有关法律、法规和方针政策要求，并应做到技术先进、经济合理、节约能源、使用维修方便。

**1.0.4** 猪屠宰与分割车间应按以下规定进行等级划分：

    **1** 猪屠宰车间按小时屠宰量分为四级：

    Ⅰ级：300 头/h（含 300 头/h）以上；

    Ⅱ级：120 头/h（含 120 头/h）~300 头/h；

    Ⅲ级：70 头/h（含 70 头/h）~120 头/h；

    Ⅳ级：30 头/h（含 30 头/h）~70 头/h。

    **2** 猪分割车间按小时分割量分为三级：

    一级：200 头/h（含 200 头/h）以上；

    二级：50 头/h（含 50 头/h）~200 头/h；

    三级：30 头/h（含 30 头/h）~50 头/h。

**1.0.5** 出口注册厂的猪屠宰与分割车间工程设计除不应低于本规范对Ⅰ级猪屠宰车间及Ⅰ级猪分割车间的要求外，尚应符合国家质量监督检验检疫总局发布的有关出口方面的要求和规定。

**1.0.6** 猪屠宰与分割车间的设计除应符合本规范外，尚应符合国家现行有关标准的规定。

# 2 术语

**2.0.1 猪屠体** pig body

    猪屠宰、放血后的躯体。

**2.0.2 猪胴体** pig carcass

    生猪刺杀、放血后，去毛（剥皮）、头、蹄、尾、内脏的躯体。

**2.0.3 二分胴体（片猪肉）** half carcass

    沿背脊正中线，将猪胴体劈成的两半胴体，

**2.0.4 内脏** offals

    猪体腔内的心、肝、肺、脾、胃、肠、肾等。

**2.0.5 挑胸** breast splitting

    用刀刺入放血口，沿胸部正中挑开胸骨。

**2.0.6 雕圈** cutting of around anus

    沿肛门外围，用刀将直肠与周围括约肌分离。

**2.0.7 分割肉** cut meat

    二分胴体（片猪肉）去骨后，按规格要求分割成各个部位的肉。

**2.0.8 同步检验** synchronous inspection

    生猪屠宰剖腹后，取出内脏放在设置的盘子上或挂钩装置上并与胴体生产线同步运行，以便兽医对照检验和综合判断的一种检验方法。

**2.0.9 验收间** inspection and reception department

    生猪进厂后检验接收的场所。

**2.0.10 隔离间** isolating room

    隔离可疑病猪，观察、检查疫病的场所。

**2.0.11 待宰间** waiting pens

    宰前停食、饮水、冲淋和宰前检验的场所。

**2.0.12 急宰间** emergency slaughtering room

    屠宰病、伤猪的场所。

**2.0.13 屠宰车间** slaughtering room

    自致昏刺杀放血到加工成二分胴体（片猪肉）的场所。

**2.0.14 分割车间** cutting and deboning room

    剔骨、分割、分部位肉的场所。

**2.0.15　副产品加工间**　by-products processing room
心、肝、肺、脾、胃、肠、肾及头、蹄、尾等器官加工整理的场所。

**2.0.16　有条件可食用肉处理间**　edible processing room
采用高温、冷冻或其他有效方法，使有条件可食肉中的寄生虫和有害微生物致死的场所。

**2.0.17　无害化处理间**　innocuous treatment room
对病、死猪和废弃物进行化制（无害化）处理的场所。

**2.0.18　非清洁区**　non-hygienic area
待宰、致昏、放血、烫毛、脱毛、剥皮和肠、胃、头、蹄、尾加工处理的场所。

**2.0.19　清洁区**　hygienic area
胴体加工、修整，心、肝、肺加工，暂存发货间，分级、计量、分割加工和包装等场所。

**2.0.20　二氧化碳致昏机**　$CO_2$ stunning machine
采用二氧化碳气体的方式将生猪致昏的设备。

**2.0.21　低压高频电致昏机**　low voltage high frequency stunning machine
采用低电压高频率的方式将生猪致昏的设备。

**2.0.22　预清洗机**　prewashing machine
在浸烫和剥皮前，对猪屠体进行清洗的机器。

**2.0.23　隧道式蒸汽烫毛**　steam scalding tunnel
猪屠体由吊链悬挂在输送机上通过蒸汽烫毛隧道。

**2.0.24　连续脱毛机**　continuous u-bar dehairing machine
采用两截、旋转方向为左右旋脱毛的机器。

**2.0.25　预干燥机**　pre-drying machine
猪屠宰脱毛后，在用火燎去残毛前先将猪屠体表面擦干的机器。

**2.0.26　燎毛炉（燎毛机）**　flaming furnace
将猪屠体表面的残毛用火烧焦的机器。

**2.0.27　抛光机**　polishing machine
将燎毛后猪屠体表面的焦毛清洗去掉，使其表面光洁的机器。

**2.0.28　二分胴体（片猪肉）发货间**　carcass deliver goods department
二分胴体（片猪肉）发货的场所。

**2.0.29　副产品发货间**　by-products deliver goods department
猪副产品发货的场所。

**2.0.30　包装间**　packing department
猪分割肉产品的包装场所。

**2.0.31　冷却间**　chilling room
对产品进行冷却的房间。

**2.0.32　冻结间**　freezing room
对产品进行冻结工艺加工的房间。

**2.0.33　快速冷却间**　quick chilling room
对产品快速冷却的房间。

**2.0.34　平衡间**　balancing room
使二分胴体（片猪肉）表面温度与中心温度趋于平衡的房间。

# 3　厂址选择和总平面布置

## 3.1　厂址选择

3.1.1　猪屠宰与分割车间所在厂址应远离供水水源地和自来水取水口，其附近应有城市污水排放管网或允许排入的最终受纳水体。厂区应位于城市居住区夏季风向最大频率的下风侧，并应满足有关卫生防护距离要求。

3.1.2　**厂址周围应有良好的环境卫生条件。厂区应远离受污染的水体，并应避开产生有害气体、烟雾、粉尘等污染源的工业企业或其他产生污染源的地区或场所。**

3.1.3　屠宰与分割车间所在的厂址必须具备符合要求的水源和电源，其位置应选择在交通运输方便、货源流向合理的地方，根据节约用地和不占农田的原则，结合加工工艺要求因地制宜地确定并应符合规划的要求。

### 3.2 总平面布置

3.2.1 厂区应划分为生产区和非生产区。生产区必须单独设置生猪与废弃物的出入口，产品和人员出入口需另设，且产品与生猪、废弃物在厂内不得共用一个通道。

3.2.2 生产区各车间的布局与设施必须满足生产工艺流程和卫生要求。厂内清洁区与非清洁区应严格分开。

3.2.3 屠宰清洁区与分割车间不应设置在无害化处理间、废弃物集存场所、污水处理站、锅炉房、煤场等建（构）筑物及场所的主导风向的下风侧，其间距应符合环保、食品卫生以及建筑防火等方面的要求。

### 3.3 环境卫生

3.3.1 屠宰与分割车间所在厂区的路面、场地应平整、无积水。主要道路及场地宜采用混凝土或沥青铺设。

3.3.2 厂区内建（构）筑物周围、道路的两侧空地均宜绿化。

3.3.3 污染物排放应符合国家有关标准的要求。

3.3.4 厂内应在远离屠宰与分割车间的非清洁区内设有畜粪、废弃物等的暂时集存场所，其地面、围墙或池壁应便于冲洗消毒。运送废弃物的车辆应密闭，并应配备清洗消毒设施及存放场所。

3.3.5 原料接收区应设有车辆清洗、消毒设施。生猪进厂的入口处应设置与门同宽、长不小于3.00m、深0.10m～0.15m，且能排放消毒液的车轮消毒池。

## 4 建筑

### 4.1 一般规定

4.1.1 屠宰与分割车间的建筑面积与建筑设施应与生产规模相适应。车间内各加工区应按生产工艺流程划分明确，人流、物流互不干扰，并符合工艺、卫生及检验要求。

4.1.2 地面应采用不渗水、防滑、易清洗、耐腐蚀的材料，其表面应平整无裂缝、无局部积水。排水坡度：分割车间不应小于1.0%，屠宰车间不应小于2.0%。

4.1.3 车间内墙面及墙裙应光滑平整，并应采用无毒、不渗水、耐冲洗的材料制作，颜色宜为白色或浅色。墙裙如采用不锈钢或塑料板制作时，所有板缝间及边缘连接处应密闭。墙裙高度：屠宰车间不应低于3.00m，分割车间不应低于2.00m。

4.1.4 车间内地面、顶棚、墙、柱、窗口等处的阴阳角，应设计成弧形。

4.1.5 顶棚或吊顶表面应采用光滑、无毒、耐冲洗、不易脱落的材料。除必要的防烟设施外，应尽量减少阴阳角。

4.1.6 门窗应采用密闭性能好、不变形、不渗水、防锈蚀的材料制作。车间内窗台面应向下倾斜45°，或采用无窗台构造。

4.1.7 成品或半成品通过的门，应有足够宽度，避免与产品接触。通行吊轨的门洞，其宽度不应小于1.20m通行手推车的双扇门，应采用双向自由门，其门扇上部应安装由不易破碎材料制作的通视窗。

4.1.8 车间应设有防蚊蝇、昆虫、鼠类进入的设施。

4.1.9 楼梯及扶手、栏板均应做成整体式的，面层应采用不渗水、易清洁材料制作。楼梯与电梯应便于清洗消毒。

4.1.10 车间采暖或空调房间外墙维护结构保温宜满足国家对公共建筑节能的要求。

### 4.2 宰前建筑设施

4.2.1 宰前建筑设施包括卸猪站台、赶猪道、验收间（包括司磅间）、待宰间（包括待宰冲淋间）、隔离间、兽医工作室与药品间等。

4.2.2 公路卸猪站台宜设置机械式协助平台或普通站台，并应高出路面0.90m～1.00m（小型拖拉机卸猪应另设站台），且宜设在运猪车前进方向的左侧，其地面应采用混凝土铺设，并应设罩棚。赶猪道宽度应大于1.50m，坡度应小于10.0%。站台前应设回车场，其附近应有洗车台。洗车台应设有冲洗消毒及集污设施。

4.2.3 铁路卸猪站台有效长度应大于40.00m，站台面应高出轨道面1.10m生猪由水路运来时，应设相应卸猪码头。

4.2.4 卸猪站台附近应设验收间，地磅四周必须设置围栏，磅坑内应设地漏。

4.2.5 待宰间应符合下列规定：

　　1 用于宰前检验的待宰间的容量宜按1.00倍～1.50倍班宰量计算（每班按7h屠宰量计）。每头猪占地面积（不包括待宰间内赶猪道）宜按0.60m²～0.80m²计算。待宰间内赶猪道宽不应小于1.50m。

　　2 待宰间朝向应使夏季通风良好，冬季日照充足，且应设有防雨的屋面。四周围墙的高度不应低于1.00m。

寒冷地区应有防寒设施。

3　待宰间应采用混凝土地面。

4　待宰间的隔墙可采用砖墙或金属栏杆，砖墙表面应采用不渗水易清洗材料制作，金属栏杆表面应做防锈处理。待宰间内地面坡度不应小于 1.5%，并坡向排水沟。

5　待宰间内应设饮水槽，饮水槽应有溢流口。

4.2.6　隔离圈宜靠近卸猪站台，并应设在待宰间内主导风向的下风侧，隔离间的面积应按当地猪源的具体情况设置，Ⅰ、Ⅱ级屠宰车间可按班宰量的 0.5% ~ 1.0% 的头数计算，每头疑病猪占地面积不应小于 1.50m²；Ⅲ、Ⅳ级屠宰车间隔离间的面积不应小于 3.00m²。

4.2.7　从待宰间到待宰冲淋间应有赶猪道相连。赶猪道两侧应有不低于 1.00m 的矮墙或金属栏杆，地面应采用不渗水易清洗材料制作，其坡度不应小于 1.0%，并坡向排水沟。

4.2.8　待宰冲淋间应符合下列规定：

1　待宰冲淋间的建筑面积应与屠宰量相适应。Ⅰ、Ⅱ级屠宰车间可按 0.5h ~ 1.0h 屠宰量计，Ⅲ、Ⅳ级屠宰车间按 1.0h 屠宰量计。

2　待宰冲淋间至少设有 2 个隔间，每个隔间都与赶猪道相连，其走道宽度不应小于 1.20m。

## 4.3　急宰间、无害化处理间

4.3.1　急宰间宜设在待宰间和隔离间附近。

4.3.2　急宰间如与无害化处理间合建在一起时，中间应设隔墙。

4.3.3　急宰间、无害化处理间的地面排水坡度不应小于 2.0%。

4.3.4　急宰间、无害化处理间的出入口处应设置便于手推车出入的消毒池。消毒池应与门同宽、长不小于 2.00m、深 0.10m，且能排放消毒液。

## 4.4　屠宰车间

4.4.1　屠宰车间应包括车间内赶猪道、刺杀放血间、烫毛脱毛剥皮间、胴体加工间、副产品加工间、兽医工作室等，其建筑面积宜符合表 4.4.1 的规定。

表 4.4.1　屠宰车间建筑面积

| 按 1h 计算的屠宰量（头） | 平均每头建筑面积（m²） |
| --- | --- |
| 300 及其以上 | 1.20 ~ 1.00 |
| 120（含 120）~ 300 | 1.50 ~ 1.20 |
| 50（含 50）~ 120 | 1.80 ~ 1.50 |
| 50 以下 | 2.00 |

4.4.2　冷却间、二分胴体（片猪肉）发货间、副产品发货间应与屠宰车间相连接。发货间应通风良好，并应采取冷却措施。Ⅰ、Ⅱ、Ⅲ级屠宰车间发货间应设封闭式汽车发货口。

4.4.3　屠宰车间内致昏、烫毛、脱毛、剥皮及副产品中的肠胃加工、剥皮猪的头蹄加工工序属于非清洁区，而胴体加工、心肝肺加工工序及暂存发货间属于清洁区，在布置车间建筑平面时，应使两区划分明确，不得交叉。

4.4.4　屠宰车间以单层建筑为宜，单层车间宜采用较大的跨度，净高不宜低于 5.00m。屠宰车间的柱距不宜小于 6.00m。

4.4.5　致昏前赶猪道坡度不应大于 10.0%，宽度以仅能通过一头猪为宜，侧墙高度不应低于 1.00m，墙上方应设栏杆使赶猪道顶部封闭。

4.4.6　屠宰车间内与放血线路平行的墙裙，其高度不应低于放血轨道的高度。

4.4.7　放血槽应采用不渗水、耐腐蚀材料制作，表面光滑平整，便于清洗消毒。放血槽长度按工艺要求确定，其高度应能防止血液外溢。悬挂输送机下的放血槽，其起始段 8.00m ~ 10.00m 槽底坡度不应小于 5.0%，并坡向血输送管道。放血槽最低处应分别设血、水输送管道。

4.4.8　集血池应符合下列规定：

1　集血池的容积最小应容纳 3h 屠宰量的血，每头猪的放血量按 2.5L 计算。集血池上应有盖板，并设置在单独的隔间内。

2　集血池应采用不渗水材料制作，表面应光滑易清洗消毒。池底应有 2.0% 坡度坡向集血坑，并与排血管相接。

4.4.9　烫毛生产线的烫池部位宜设天窗，且宜在烫毛生产线与剥皮生产线之间设置隔墙。

4.4.10 寄生虫检验室应设置在靠近屠宰生产线的采样处。面积应符合兽医卫生检验的需要，室内光线应充足，通风应良好。

4.4.11 Ⅰ、Ⅱ级屠宰车间的疑病猪胴体间和病猪胴体间应单独设置门直通室外。

4.4.12 副产品加工间及副产品发货间使用的台、池应采用不渗水材料制作，且表面应光滑，易清洗、消毒。

4.4.13 副产品中带毛的头、蹄、尾加工间浸烫池处宜开设天窗。

4.4.14 屠宰车间应设置滑轮、叉挡与钩子的清洗间和磨刀间。

4.4.15 屠宰车间内车辆的通道宽度：单向不应小于1.50m，双向不应小于2.50m。

4.4.16 屠宰车间按工艺要求设置燎毛炉时，应在车间内设有专用的燃料储存间。储存间应为单层建筑，应靠近车间外墙布置，并应设有直通车间外的出入口，其建筑防火要求应符合现行国家标准《建筑设计防火规范》GB 50016—2006第3.3.9条的规定。

## 4.5 分割车间

4.5.1 一级分割车间应包括原料二分胴体（片猪肉）冷却间、分割剔骨间、分割副产品暂存间、包装间、包装材料间、磨刀清洗间及空调设备间等。

4.5.2 二级分割车间应包括原料二分胴体（片猪肉）预冷间、分割剔骨间、产品冷却间、包装间、包装材料间、磨刀清洗间及空调设备间等。

4.5.3 分割车间内的各生产间面积应相互匹配，并宜布置在同一层平面上，其建筑面积宜符合表4.5.3的规定。

表4.5.3 分割车间建筑面积

| 按1h分割量（头） | 平均每头建筑面积（m²） |
| --- | --- |
| 200头（含200头）以上 | 1.50~1.20 |
| 50头/h（含50头/h）~200头/h | 1.80~1.50 |
| 30（含30头/h）~50头/h | 2.00 |

4.5.4 原料冷却间设置应与产能相匹配，室内墙面与地面应易于清洗。

4.5.5 原料冷却间设计温度应取（2±2）℃。

4.5.6 采用快速冷却二分胴体（片猪肉）方法时，应设置快速冷却间及冷却物平衡间。快速冷却间设计温度按产品要求确定，冷却间设计温度宜取（2±2）℃。

4.5.7 分割剔骨间的室温：二分胴体（片猪肉）冷却后进入分割剔骨间时，室温应取（10±2）℃；胴体预冷后进入分割车间时，室温宜取（10±2）℃

4.5.8 包装间的室温应取（10±2）℃。

4.5.9 分割剔骨间、包装间宜设吊顶，室内净高不应低于3.00m。

## 4.6 职工生活设施

4.6.1 工人更衣室、休息室、淋浴室、厕所等建筑面积，应符合国家现行有关卫生标准、规范的规定，并结合生产定员经计算后确定。

4.6.2 生产车间与生活间应紧密联系。更衣室入口宜设缓冲间和换鞋间。

4.6.3 待宰间、屠宰车间非清洁区、清洁区、分割与包装车间、急宰间、无害化处理间生产人员的更衣室、休息室、淋浴室和厕所等应分开布置。各区生产人员的流线不得相互交叉。Ⅰ级屠宰车间的副产加工生产人员的更衣室宜单独设置。

4.6.4 厕所应符合下列规定

 1 应采用水冲式厕所。屠宰与分割车间应采用非手动式洗手设备，并应配备干手设施。

 2 厕所应设前室，与车间应通过走道相连。厕所门窗不得直接与生产操作场所相对。

 3 厕所地面和墙裙应便于清洗。

4.6.5 更衣室与厕所、淋浴间应设有直通门相连。更衣柜（或更衣袋）应符合卫生要求，鞋靴与工作服要分别存放。更衣室应设有鞋靴清洗消毒设施。

4.6.6 Ⅰ、Ⅱ级屠宰车间清洁区与分割车间的更衣室宜设一次和二次更衣室，其间设置淋浴室。Ⅰ、Ⅱ级分割车间宜在消毒通道后，进入车间前设风淋间。

# 5 屠宰与分割工艺

## 5.1 一般规定

5.1.1 屠宰能力应根据正常货源情况，淡、旺季产销情况以及今后的发展来确定。每班屠宰时间应按7h计算。

5.1.2　屠宰工艺流程应按待宰、检验、追溯编码、冲淋、刺杀、放血、烫毛、脱毛、燎毛、刮毛（或剥皮）、胴体加工顺序设置。

5.1.3　工艺流程设置应避免迂回交叉，生产线上各环节应做到前后相协调，使生产均匀地进行。

5.1.4　从宰杀放血到胴体加工完成的时间及放血开始到取出内脏的时间均应符合现行国家标准《生猪屠宰操作规程》GB/T 17236 的规定。

5.1.5　经检验合格的二分胴体（片猪肉）应采取悬挂输送方式运至二分胴体发货间或冷却间。

5.1.6　副产品中血、毛、皮、蹄壳及废弃物的流向不得对产品和周围环境造成污染。

5.1.7　所有接触肉品的加工设备以及操作台面、工具、容器、包装及运输工具等的设计与制作应符合食品卫生要求，使用的材料应表面光滑、无毒、不渗水、耐腐蚀、不生锈，并便于清洗消毒。

屠宰、分割加工设备应采用不锈蚀金属和符合肉品卫生要求的材料制作。

5.1.8　运输肉品及副产品的容器，应采用有车轮的装置，盛装肉品的容器不应直接接触地面。

5.1.9　刀具消毒器应采用不锈蚀金属材料制作，并应使刀具刃部全部浸入热水中，刀具消毒器宜采用直供热水方式。

### 5.2　致昏刺杀放血

5.2.1　Ⅰ、Ⅱ级屠宰车间致昏前的生猪应设采耳号位置及追溯控制点。生猪在致昏前的输送中应避免受到强烈刺激。Ⅰ、Ⅱ级屠宰车间宜设双通道赶猪，双通道终端应设有活动门。Ⅰ、Ⅱ级屠宰车间可设单通道驱赶。

5.2.2　使用自动电致昏法和手工电致昏法致昏时，致昏的电压、电流和操作时间应符合现行国家标准《生猪屠宰操作规程》GB/T 17236 的规定。采用 $CO_2$ 致昏时的操作时间，可根据产量及 $CO_2$ 浓度确定。

5.2.3　采用 $CO_2$ 致昏，车间内致昏机位置设与致昏机相匹配的机坑。手工电致昏应配备盐水箱，其安装位置应方便操作人员浸润电击器。

5.2.4　Ⅰ、Ⅱ级屠宰车间宜采用全自动低压高频三点式致昏或 $CO_2$ 致昏。生猪致昏后应设有接收装置。Ⅲ、Ⅳ级屠宰车间猪的致昏应采用手工电致昏在致昏栏内进行。

猪在致昏后应提升到放血轨道上悬挂刺杀放血或采用放血输送机或平躺机械输送式刺杀放血。

5.2.5　从致昏到刺杀放血的时间应符合现行国家标准《生猪屠宰操作规程》GB/T 17236 的规定。

5.2.6　Ⅰ、Ⅱ级屠宰车间应采用悬挂输送机刺杀放血，并应符合下列要求：

1　在放血线路上设置悬挂输送机，其线速度应按每分钟刺杀头数和挂猪间距的乘积来计算，且应考虑挂空系数。挂猪间距取 0.80m。

2　悬挂输送机轨道面距地面的高度不应小于 3.50m。

3　从刺杀放血处到猪屠体浸烫（或剥皮）处，应保证放血时间不少于 5min。

Ⅲ、Ⅳ级屠宰车间的刺杀放血可在手推轨道上进行。其放血轨道面距地面的高度和放血时间均应符合本条Ⅰ、Ⅱ级屠宰车间的规定。

5.2.7　采用悬挂输送机时，放血槽长度应按猪屠体运行时间不应少于 3min 计算。

5.2.8　Ⅰ、Ⅱ级屠宰车间猪屠体进入浸烫池（或预剥皮工序）前应设有猪屠体洗刷装置；Ⅲ级屠宰车间宜设有猪屠体洗刷装置；Ⅳ级屠宰车间可设猪屠体水喷淋清洗装置。洗刷用水的水温冬季不宜低于 40℃。

### 5.3　浸烫脱毛加工

5.3.1　Ⅲ级屠宰车间猪屠体烫毛宜采用隧道式蒸汽烫毛或运河烫池，Ⅲ、Ⅳ级屠宰车间宜采用运河烫池或普通浸烫池。

5.3.2　采用隧道式蒸汽烫毛或运河烫池时应符合下列要求：

1　猪屠体浸烫应由悬挂输送机的牵引链拖动进行。

2　采用隧道式蒸汽烫毛或浸烫池除出入口外，池体上部均应设有密封盖。

3　池体使用不渗水材料制作时应装有不锈蚀的内衬。池壁应采取保温措施。

4　隧道式蒸汽烫毛机体宽度宜取 0.90m～1.20m，净高度宜取 4.20m～4.35m。池体长度依拖动链条速度和浸烫时间来确定，运河烫池入口、出口段宜各取 2.00m，入口、出口段应有导向装置。池体宽度宜取 0.60m～0.75m，不包括密封盖的池体净高度宜取 0.80m～1.00m。

5　隧道式蒸汽烫毛机及浸烫池应装设温度指示装置，温度调节范围宜取 58℃～63℃。

6　运河烫池入口段应设溢流管，出口段应有补充新水装置。

7　隧道式蒸汽烫毛机及运河浸烫池底部应有坡度，并坡向排水口。

5.3.3　使用普通浸烫池时应符合下列要求：

1　Ⅲ、Ⅳ级屠宰车间浸烫池内宜使用摇烫设备，采用摇烫设备时，应留有大猪通道，除池体出入口外宜加密封罩。

2 烫池侧壁应采取保温措施。

3 使用摇烫设备的浸烫池尺寸应按实际需要确定。不使用摇烫设备的浸烫池净宽不应小于 1.50m，深度宜取 0.80m ~ 0.90m，其长度应按下式计算：

$$L = L_1 + L_2 + L_3 \tag{5.3.3-1}$$

$$L_2 = \frac{ATl}{60} \tag{5.3.3-2}$$

式中：

L ——浸烫池长度（m）；

$L_1$——猪屠体降落浸烫池内所占长度，不应小于 1.00m；

$L_2$——浸入烫池的猪屠体在烫池中所占长度（m）；

$L_3$——猪屠体从烫池中捞出所占长度，可按 1.50m 计算；

A ——小时屠宰量（头）；

T ——浸烫需要时间，按 3min ~ 6min 计算；

l ——每头猪屠体在烫池中所占长度，按 0.50m 计算（m/头）；

60——单位为分钟（min）。

4 浸烫池水温应根据猪的品种和季节进行调整，调节范围宜取 58℃ ~ 63℃ 浸烫池应设有水温指示装置。

5 浸烫池应设溢流管，并应装有补充新水装置。

6 浸烫池底部应有坡度，并坡向排水口。

5.3.4 浸烫后应使用脱毛机脱毛，脱毛机应符合下列要求：

1 脱毛机应与屠宰量相适应。

2 脱毛机上部应有热水喷淋装置。

3 脱毛机的安装应便于排水和安装集送猪毛装置。

4 脱毛机两侧应留有操作检修位置。

5.3.5 脱毛机送出猪屠体的一侧应设置接收工作台或平面输送机。

5.3.6 接收工作台或平面输送机在远离脱毛机的一端应设有提升装置，其附近应设有存放滑轮和叉挡的设施或有集送滑轮和叉挡的轨道。

5.3.7 Ⅰ、Ⅱ级屠宰车间在猪屠体被提升送入胴体加工生产线的起始段，应布置为猪体编号及可追溯的操作位置。

5.3.8 猪屠体送人胴体加工生产线的轨道面的高度应符合下列规定：

1 采用的加工设备为预干燥机、燎毛炉、抛光机时，轨道面距地面的高度不应小于 3.30m。

2 猪屠体采用悬挂输送机或手推轨道输送，使用人工燎毛、刮毛、清洗装置时，其轨道面距地面的高度不应小于 2.50m。

5.3.9 Ⅰ、Ⅱ级屠宰车间应采用悬挂输送机传送猪屠体至胴体加工区。悬挂输送机的输送速度每分钟不得超过 6 头 ~ 8 头，挂猪间距宜取 1.00m。Ⅲ级屠宰车间宜采用胴体加工悬挂输送机。Ⅳ级屠宰车间为手推轨道。

5.3.10 猪屠体浸烫脱毛后，可采用预干燥机、燎毛炉、抛光机等设备完成浸烫脱毛的后序加工。

5.3.11 预干燥机的机架内部应设有内壁冲洗装置。由鞭状橡胶或塑料条组成的干燥器具至少应有 2 组，其长度应满足干燥猪屠体的需要。

5.3.12 燎毛炉设置在预干燥机后，距干燥机的距离宜取 2.00m。燎毛炉上方应装有烟囱，悬挂输送机在燎毛炉中的一段轨道应设有冷却装置。

燎毛炉使用的液体、气体燃料应放置在车间内专设的燃料储存间中。

5.3.13 抛光机设置在燎毛炉后，两机间距宜取 2.00m。抛光机顶部应设有喷淋水装置，机架底部应装有不渗水材料制作的排水沟。为防止冲洗水外溢，排水沟四周应设有挡水槛。

5.3.14 在已脱毛的猪屠体被提升上轨道后，如不设置机器去除残毛，则应设置人工燎毛装置，并应在轨道两侧地面上留有足够地方设置人工刮毛踏脚台。

5.3.15 人工燎毛、刮毛后应设置猪屠体洗刷装置，洗刷处应安装挡水板，下部应有不渗水材料制作的排水沟和挡水槛。

5.3.16 在猪屠体脱掉挂脚链进入浸烫池或预剥皮处，应设有挂脚链返回装置。

**5.4 剥皮加工**

5.4.1 猪屠体应采用落猪装置或使悬挂轨道下降的方法将其放入剥皮台或预剥输送机上，也可设置猪屠体的接收台，再转入预剥输送机上。

5.4.2　采用预剥输送机剥皮时，其传动线速度应适合人工操作，并与剥皮机速度相协调，但线速度不宜超过8.00m/min。根据剥皮机的生产能力，卧式剥皮机配用的输送机长度不宜小于16.00m，立式剥皮机配用的输送机长度宜取13.00m。

5.4.3　采用卧式剥皮机剥皮，应配备转挂台，转挂台应紧靠剥皮机出胴体侧布置。转挂台宜采用不锈钢制作，其长度应与剥皮机和转挂台末端提升猪屠体位置相匹配。在转挂台的末端应有存放滑轮、叉挡的设施或有集放滑轮、叉挡的轨道。

5.4.4　转挂台的末端应设有提升机，将剥皮后的猪屠体提升到轨道上。

5.4.5　立式剥皮机的预剥皮机末端应设有将猪屠体转挂到轨道上的操作位置，其附近应有存放滑轮、叉挡的设施或有集放滑轮、叉挡的轨道。

5.4.6　立式剥皮机前后各约2.00m的悬挂猪屠体轨道应为手推轨道。

5.4.7　Ⅰ、Ⅱ级屠宰车间应采用预剥皮输送机和剥皮机。Ⅲ、Ⅳ级屠宰车间可使用手工剥皮台。

5.4.8　剥皮猪屠体提升上轨道后，应在生产线上设置人工修割残皮的操作位置。

5.4.9　使用剥皮机时，剥下的皮张应设有自动输送设备将其运至暂存间。手工剥下的皮张也应及时运出。

5.4.10　车间内应配备盛放头、蹄、尾的容器和运输设备，以及相应的清洗消毒设施。

### 5.5　胴体加工

5.5.1　胴体加工与兽医卫生检验宜按下列程序进行：

头部与体表检验后的猪屠体→雕圈→猪屠体挑胸、剖腹→割生殖器、摘膀胱等→取肠胃→寄生虫检验采样→取心肝肺→冲洗→胴体初验→合格胴体去头、尾→劈半→去肾、板油、蹄→修整→二分胴体（片猪肉）复验→过磅计量→二段冷却→成品鲜销、分割或入冷却间。

可疑病胴体转入叉道或送入疑病胴体间待处理。

5.5.2　从取肠胃开始至胴体初验，其间工序应采用胴体和内脏同步运行方法或采用统一对照编号方法进行检验。Ⅰ、Ⅱ级屠宰车间应采用带同步检验的设备。Ⅲ、Ⅳ级屠宰车间可采用统一对照编号方法进行检验的设备。Ⅲ级屠宰车间采用悬挂输送机时，宜采用带同步检验的设备。

5.5.3　内脏同步线上的盘、钩或同步检验平面输送机上的盘子，在循环使用中应设有热水消毒装置。热水出口处应有温度指示装置。

5.5.4　同步检验输送线的长度应与取内脏、寄生虫检验、胴体初验等有关工序所需长度相对应。

5.5.5　悬挂输送内脏检验盘子的间距不应小于0.80m，盘子底部距操作人员踏脚台面的高度宜取0.80m。挂钩距踏脚台面的高度宜取1.40m。

5.5.6　劈半工具附近应设有方便使用的82℃热水消毒设施。

5.5.7　使用输送滑槽输送原料时，应配备必须的清洗消毒设施。

5.5.8　Ⅰ、Ⅱ级胴体劈半后应布置编号及可追溯的操作位置，并应在悬挂输送线上或手推轨道上安排修整工序的操作位置。

5.5.9　Ⅰ、Ⅱ级屠宰车间过磅间外应设置电子轨道秤及读码装置。Ⅲ、Ⅳ级屠宰车间可使用普通轨道秤。

5.5.10　胴体整理工序中产生的副产品及废弃物，应有专门的运输装置运送。

5.5.11　二分胴体（片猪肉）销售后返回的叉挡及运输上述副产品的车辆，应进行清洗消毒。

5.5.12　二分胴体（片猪肉）加工间应设有输送胴体至鲜销发货间的轨道，还应设置输送胴体至快速冷却间或冷却间的轨道。鲜销发货间二分胴体（片猪肉）悬挂间距每米不宜超过3头～4头，轨道面距地面高度不应小于250m。

### 5.6　副产品加工

5.6.1　副产品包括心肝肺、肠胃、头、蹄、尾等，它们的加工应分别在隔开的房间内进行。Ⅳ级屠宰车间心肝肺的分离可在胴体加工间内与胴体加工线隔开的地方进行。

5.6.2　各副产品加工间的工艺布置应做到脏净分开，产品流向一致、互不交叉。

5.6.3　Ⅰ、Ⅱ级屠宰车间的肠胃加工间应采用接收工作台和带式输送机等加工设备，胃容物应采用气力输送装置。Ⅲ、Ⅳ级屠宰车间的肠胃加工间内应设置各类工作台、池进行肠胃加工。

5.6.4　副产品加工台四周应有高于台面的折边，台面应有坡度，并坡向排水孔。

5.6.5　带毛的头、蹄、尾加工间应设浸烫池、脱毛机、副产品清洗机及刮毛台、清洗池等设备。

5.6.6　加工后的副产品如进行冷却，应将其摆放在盘内送入冷却间。鲜销发货间内应设有存放副产品的台、池。

5.6.7　生化制药所需脏器应按其工艺要求安排加工及冷却，冷却间设置宜靠近副产品加工间。

### 5.7　分割加工

5.7.1　分割加工宜采用以下两种工艺流程：

1　原料［二分胴体（片猪肉）］快速冷却→平衡→二分胴体（片猪肉）接收分段→剔骨分割加工→包装入库。

2　原料［二分胴体（片猪肉）］预冷→二分胴体（片猪肉）接收分段→剔骨分割加工→产品冷却→包装入库。

5.7.2　采用悬挂输送机输送胴体时，其输送链条应采用无油润滑或使用含油轴承链条。

5.7.3　原料预冷间（或冷却间）内应安装悬挂胴体的轨道，每米轨道上应悬挂 3 头～4 头胴体，其轨道面距地面高度不应小于 2.50m。轨道间距宜取 0.80m。

5.7.4　原料［二分胴体（片猪肉）］先冷却后分割时，原料应冷却到中心温度不高于 7℃时方可进入分割剔骨、包装工序。

5.7.5　二分胴体（片猪肉）分段应符合以下规定：

1　悬挂二分胴体（片猪肉）采用立式分段方法时，应设置转挂输送设备，应设置立式分段锯。

2　悬挂二分胴体（片猪肉）采用卧式分段方法时，应设置胴体接收台，还应设置卧式分段锯。

3　一级、二级分割车间应布置三段编号及可追溯的操作位置。

5.7.6　一级分割车间加工的原料和产品宜采用平面带式输送设备输送。其两侧应分别设置分割剔骨人员的操作台，输送机的末端应配备分检工作台。二级分割车间可只设置分割剔骨工作台。

排腔骨加工位置应设分割锯。

5.7.7　分割肉原料和产品的输送不得使用滑槽。

5.7.8　包装间内应根据产品需要设置各类输送机、包装机、包装工作台及捆扎机具等设施，以及设置不同的计量装置及暂时存放包装材料的台、架等。捆扎机具应设在远离产品包装的地方。

5.7.9　包装材料间内应设有存放包装材料的台、架，并设有包装材料消毒装置。

5.7.10　分割车间应设有悬挂二分胴体（片猪肉）的叉挡和不锈钢挂钩的清洗消毒设施。

5.7.11　分割剔骨间及包装间使用车辆运输时，应留有通道及回车场地。

5.7.12　分割间、包装间内运输车辆只限于内部使用，必须输送出车间的骨头等副产品应设置外部车辆，在车间外接收。

# 6　兽医卫生检验

## 6.1　兽医检验

6.1.1　屠宰与分割车间的工艺布置必须符合兽医卫生检验程序和操作的要求。

6.1.2　宰后检验应按顺序设置头部、体表、内脏、寄生虫、胴体初验、二分胴体（片猪肉）复验和可疑病肉检验的操作点。各操作点的操作区域长度应按每位检验人员不小于 1.50m 计算，踏脚台高度应适合检验操作的需要。

6.1.3　头部检验操作点应设置在放血工序后或在体表检验操作点前，检验操作点处轨道平面的高度应适合检验操作的需要。

6.1.4　体表检验操作点应设置在刮毛、清洗工序后。

6.1.5　在摘取肠胃后，应设置寄生虫采样点。

6.1.6　胴体与内脏检验应符合下列规定：

1　Ⅰ、Ⅱ级屠宰车间，应设置同步检验装置，在此区间内应设置收集修割物与废弃物的专用容器，容器上应有明显标记。

2　Ⅲ、Ⅳ级屠宰车间，可采用胴体与内脏统一编号对照方法检验，心肝肺可采用连体检验。在内脏检验点处应设检验工作台、内脏输送滑槽及清洗消毒设施。

3　检验轨道平面距地面的高度不应小于 2.50m。

6.1.7　在劈半与同步检验结束后的生产线上，必须设置复验操作。

6.1.8　胴体在复验后，必须设置兽医卫生检验盖印操作台。

## 6.2　检验设施与卫生

6.2.1　在待宰间附近，必须设置宰前检验的兽医工作室和消毒药品存放间。在靠近屠宰车间处，必须设置宰后检验的兽医工作室。

6.2.2　在头部检验、胴体检验和复验操作的生产线轨道上，必须设有疑病猪屠体或疑病猪胴体检验的分支轨道。分支轨道应与生产线的轨道形成一个回路，Ⅰ、Ⅱ级屠宰车间该回路应设在疑病猪胴体间内，疑病猪胴体间的轨道应与病猪胴体间轨道相连接。

6.2.3　在疑病猪屠体或疑病猪胴体检验的分支轨道处，应安装有控制生产线运行的急停报警开关装置和装卸病猪屠体或病猪胴体的装置。

6.2.4　在分支轨道上的疑病猪屠体或疑病猪胴体卸下处，必须备有不渗水的密闭专用车，车上应有明显标记。

6.2.5　本规范第6.1.2条列出的各检验操作区和头部刺杀放血、预剥皮、雕圈、剖腹取内脏等操作区，必须设置有冷热水管、刀具消毒器和洗手池。

6.2.6　Ⅰ、Ⅱ、Ⅲ级屠宰车间所在厂应设置检验室，检验室应设有专用的进出口。检验室应设理化、微生物等常规检验的工作室，并配备相应的检验设备和清洗、消毒设施。

6.2.7　屠宰车间必须在摘取内脏后附近设置寄生虫检验室，室内应配备相应的检验设备和清洗、消毒设施。

6.2.8　凡直接接触肉品的操作台面、工具、容器、包装、运输工具等，应采用不锈钢金属材质或符合食品卫生的塑料制作，符合卫生要求，并便于清洗消毒。

6.2.9　各生产加工、检验环节使用的刀具，应存放在易清洗和防腐蚀的专用柜内收藏。

# 7　制冷工艺

## 7.1　胴体冷却

7.1.1　二分胴体（片猪肉）冷却间设计温度应取（2±2）℃，出冷却间的二分胴体（片猪肉）中心温度不应高于7℃，冷却时间不应超过20h。进冷却间二分胴体（片猪肉）的温度按38℃计算。

7.1.2　采用快速冷却二分。胴体方法时，宜设置快速冷却间及（冷却物）平衡间。快速冷却间内二分胴体（片猪肉）冷却时间可取90min。平衡间设计温度宜取（2±2）℃平衡时间不应超过18h，二分胴体（片猪肉）中心温度不应高于7℃。

## 7.2　副产品冷却

7.2.1　Ⅰ、Ⅱ级屠宰车间副产品冷却间设计温度宜取−4℃，副产品经20h冷却后中心温度不应高于3℃。

7.2.2　Ⅲ、Ⅳ级屠宰车间副产品冷却间设计温度宜取0℃，副产品经20h冷却后中心温度不应高于7℃。

## 7.3　产品的冻结

7.3.1　市销分割肉冻结间的设计温度应为−23℃，冻结终了时肉的中心温度不应高于−15℃。对于出口的分割肉，分割肉冻结间的设计温度应为−35℃，冻结终了时肉的中心温度不应高于−18℃。

7.3.2　包括进出货时间在内，副产品冻结间时间不宜超过48h，中心温度不宜高于−15℃。

7.3.3　冻结产品如需更换包装，应在冻结间附近安排包装间，包装间温度不应高于0℃。

# 8　给水排水

## 8.1　给水及热水供应

8.1.1　屠宰与分割车间生产用水应符合现行国家标准《生活饮用水卫生标准》GB 5749的要求。

8.1.2　屠宰与分割车间的给水应根据工艺及设备要求保证有足够的水量、水压。屠宰与分割车间每头猪的生产用水量按$0.40m^3 \sim 0.60m^3$计算。水量小时变化系数为$1.5 \sim 2.0$。

8.1.3　屠宰与分割车间根据生产工艺流程的需要，在用水位置应分别设置冷、热水管。清洗用热水温度不宜低于40℃，消毒用热水温度不应低于82℃，消毒用热水管出口处宜配备温度指示计。

8.1.4　屠宰与分割车间内应配备清洗墙裙与地面用的高压冲洗设备和软管，各软管接口间距不宜大于25.00m。

8.1.5　屠宰与分割车间生产用热水应采用集中供给方式，消毒用82℃热水可就近设置小型加热装置二次加热。热交换器进水宜采用防结垢装置。

8.1.6　屠宰与分割车间内洗手池应根据《肉类加工厂卫生规范》GB 12694及生产实际需要设置，洗手池水嘴应采用自动或非手动式开关，并配备有冷热水。

8.1.7　急宰间及无害化处理间应设有冷、热水管及消毒用热水管。

8.1.8　屠宰与分割车间内应设计量设备并有可靠的节水、节能措施。

8.1.9　屠宰车间待宰圈地面冲洗可采用城市杂用水或中水作为水源，其水质必须达到国家《城市杂用水水质》GB/T 18920标准。城市杂用水或中水管道应有标记，以免误饮、误用。

## 8.2　排水

8.2.1　屠宰与分割车间地面不应积水，车间内排水流向宜从清洁区流向非清洁区。

8.2.2　屠宰车间及分割车间地面排水应采用明沟或浅明沟排水，分割车间地面采用地漏排水时宜采用专用除污地漏。

8.2.3　屠宰车间非清洁区内各加工工序的轨道下面应设置带盖明沟。明沟宽度宜为300mm～500mm，清洁区内各加工工序的轨道下面应设置浅明沟，待宰间及回车场洗车台地面应设有收集冲洗废水的明沟。

8.2.4 **屠宰车间及分割车间室内排水沟与室外排水管道连接处,应设水封装置,水封高度不应小于50mm。**

8.2.5 排水浅明沟底部应呈弧形。深度超过200mm的明沟,沟壁与沟底部的夹角宜做成弧形,上面应盖有使用防锈材料制作的箅子。明沟出水口宜设金属格栅,并有防鼠、防臭的设施。

8.2.6 分割车间设置的专用除污地漏应具有拦截污物功能,水封高度不应小于50mm。每个地漏汇水面积不得大于36m²。

8.2.7 屠宰车间内副产品加工间生产废水的出口处宜设置回收油脂的隔油器,隔油器应加移动的密封盖板,附近备有热水软管接口。

8.2.8 肠胃加工间翻肠池排水应采用明沟,室外宜设置截粪井或采用固液分离机处理粪便及有关固体物质。Ⅰ、Ⅱ级屠宰车间截留的粪便及污物宜采用气体输送至暂存场所。

8.2.9 屠宰与分割车间内排水管道均应按现行国家标准《建筑给水排水设计规范》GB 50015 的有关规定设置伸顶通气管。

8.2.10 屠宰与分割车间内各加工设备、水箱、水池等用水设备的泄水、溢流管不得与车间排水管道直接连接,应采用间接排水方式。

8.2.11 屠宰与分割车间内生产用排水管道管径宜比经水力计算的结果大2号~3号。Ⅰ、Ⅱ级屠宰车间排水干管管径不得小于250mm,Ⅲ、Ⅳ级屠宰车间排水干管管径不得小于200mm,输送肠胃粪便污水的排水管管径不得小于300mm。屠宰与分割车间内生产用排水管道最小坡度应大于0.005。

8.2.12 Ⅰ、Ⅱ级屠宰与分割车间室外排水管干管管径不得小于500mm,Ⅲ、Ⅳ级屠宰与分割车间室外排水管干管管径不得小于300mm。室外排水如采用明沟,应设置盖板。

8.2.13 屠宰与分割车间的生产废水应集中排至厂区污水处理站进行处理,处理后的污水应达到国家及当地有关污水排放标准的要求。

8.2.14 急宰间及无害化处理间排出的污水在排入厂区污水管网之前应进行消毒处理。

## 9 采暖通风与空气调节

9.0.1 屠宰车间应尽量采用自然通风,自然通风达不到卫生和生产要求时,可采用机械通风或自然与机械联合通风。通风次数不宜小于6次/h。

9.0.2 屠宰车间的浸烫池上方应设有局部排气设施,必要时可设置驱雾装置。

9.0.3 分割车间夏季空气调节室内计算温度取值如下:一、二级车间应取(10±2)℃;包装间夏季空气调节室内计算温度不应高于(10±2)℃;空调房间操作区风速应小于0.20m/s。

9.0.4 凡在生产时常开的门,其两侧温差超过15℃时,应设置空气幕或其他阻隔装置。

9.0.5 空气调节系统的新风口(或空调机的回风口)处应装有过滤装置。

9.0.6 在采暖地区,待宰冲淋间、致昏刺杀放血间、浸烫剥皮间、胴体加工间、副产品加工间、急宰间等冬季室内计算温度宜取14℃~16℃。分割剔骨间、包装间冬季室内计算温度应与夏季空气调节室内计算温度相同。

9.0.7 屠宰车间每头猪的生产用汽量应符合表9.0.7的规定:

表9.0.7 每头猪用汽量(kg/h)

| 序号 | 等级 | 用汽量 |
|---|---|---|
| 1 | Ⅰ级 | 2~1.4 |
| 2 | Ⅱ级 | 3~2 |
| 3 | Ⅲ、Ⅳ级 | 4~3 |

9.0.8 屠宰车间及分割包装间的防烟、排烟设计,应按现行国家标准《建筑设计防火规范》GB 50016 执行。

9.0.9 制冷机房的通风设计应符合下列要求:

1 制冷机房日常运行时应保持通风良好,通风量应通过计算确定,且通风换气次数不应小于3次/h。当自然通风无法满足要求时应设置日常排风装置。

2 氟制冷机房应设置事故排风装置,排风换气次数不应小于12次/h。氟制冷机房内的事故排风口上沿距室内地坪的距离不应大于1.20m。

3 氨制冷机房应设置事故排风装置,事故排风量应按183m³/(m²·h)进行计算确定,且最小排风量不应小于34 000m³/h。氨制冷机房内的排风口应位于侧墙高处或屋顶。

4　制冷机房的排风机必须选用防爆型。

9.0.10　制冷机房内严禁明火采暖。设置集中采暖的制冷机房，室内设计温度不应低于16℃。

# 10　电气

10.0.1　屠宰与分割车间用电设备负荷等级应按以下要求进行划分：

　　Ⅰ、Ⅱ级屠宰与分割车间的屠宰加工设备、制冷设备及车间应急照明属于二级负荷，其余用电设备属于三级负荷。

　　Ⅲ、Ⅳ级屠宰与分割车间的用电设备均属于三级负荷。

10.0.2　屠宰与分割车间应由专用回路供电，Ⅰ、Ⅱ级屠宰与分割车间动力与照明宜分开供电，Ⅲ、Ⅳ级屠宰与分割车间可合一供电。

10.0.3　屠宰与分割车间配电电压应采用AC220/380V。新建工程接地型式应采用TN－S或TN－C－S系统，所有电气设备的金属外壳应与PE线可靠连接。扩建和改建工程，接地型式宜采用TN－S或TN－C－S系统。

10.0.4　屠宰与分割车间应按洁净区、非洁净区设配电装置，宜集中布置在专用电气室中。当不设专用电气室时，配电装置宜布置在通风及干燥场所。

10.0.5　当电气设备（如按钮、行程开关等）必须安装在车间内多水潮湿场所时，应采用外壳防护等级为IP55级的密封防水型电气产品。

10.0.6　手持电动工具、移动电器和安装在多水潮湿场所的电气设备及插座回路均应设漏电保护开关。

10.0.7　屠宰与分割车间照明方式宜采用分区一般照明与局部照明相结合的照明方式，各照明场所及操作台面的照明标准值不宜低于表10.0.7的规定。

表10.0.7　车间照明标准值、功率密度值

| 照明场所 | 照明种类及位置 | 照度（lx） | 显色指数（Ra） | 照明功率密度（W/m²） |
|---|---|---|---|---|
| 屠宰车间 | 加工线操作部位照明 | 200 | 80 | 10 |
| | 检验操作部位照明 | 500 | 80 | 20 |
| 分割车间、副产品加工间 | 操作台面照明 | 300 | 80 | 15 |
| | 检验操作台面照明 | 500 | 80 | 25 |
| 寄生虫检验室 | 工作台面照明 | 750 | 90 | 30 |
| 包装间 | 包装工作台面照明 | 200 | 80 | 10 |
| 冷却间 | 一般照明 | 50 | 60 | 4 |
| 待宰间、隔离间 | 一般照明 | 50 | 60 | 4 |
| 急宰间 | 一般照明 | 100 | 60 | 6 |

10.0.8　照明光源的选择应遵循节能、高效的原则，屠宰与分割车间宜采用节能型荧光灯或金属卤化物灯，照明功率密度值不应大于本规范表10.0.7的规定。

10.0.9　屠宰与分割车间应在封闭车间内及其主通道、各出口设应急照明和疏散指示灯、出口标志灯。应急电源的连续供电时间不应少于30min。

10.0.10　屠宰与分割车间照明灯具应采用外壳防护等级为IP55级带防护罩的防潮型灯具，防护罩应为非玻璃制品。待宰间可采用一般工厂灯具。

10.0.11　屠宰与分割车间动力与照明配线应采用铜芯塑料绝缘电线或电缆，移动电器应采用耐油、防水、耐腐蚀性能的铜芯软电缆。

10.0.12　屠宰车间内敷设的导线宜采用电缆托盘、电线套管敷设，电缆托盘、电线套管应采取防锈蚀措施。

10.0.13　分割车间宜采用暗配线，照明配电箱宜暗装。当有吊顶时，照明灯具宜采用嵌入式或吸顶安装。

10.0.14　屠宰与分割车间属多水作业场所，应采取等电位联接的保护措施，并在用电设备集中区采取局部等电位联接的措施。

10.0.15　屠宰与分割车间经计算需进行防雷设计时，应按三类防雷建筑物设防雷设施。

# 本规范用词说明

1 为便于在执行本规范条文时区别对待，对要求严格程度不同的用词说明如下：

1）表示很严格，非这样做不可的；

正面词采用"必须"，反面词采用"严禁"；

2）表示严格，在正常情况下均应这样做的；

正面词采用"应"，反面词采用"不应"或"不得"；

3）表示允许稍有选择，在条件许可时首先应这样做的；正面词采用"宜"，反面词采用"不宜"；

4）表示有选择，在一定条件下可以这样做的，采用"可"。

2 条文中指明应按其他有关标准执行的写法为，应符合…的规定"或"应按…执行"。

# 引用标准名录

《建筑设计防火规范》GB 50016

《生活饮用水卫生标准》GB 5749

《建筑给水排水设计规范》GB 50015

《肉类加工工业水污染物排放标准》GB 13457

《生猪屠宰操作规程》GB/T 17236

《畜禽病害肉尸及其产品无害化处理规范》GB 16548

《肉类加工厂卫生规范》GB 12694

《畜类屠宰加工通用技术条件》GB/T 17237

《生猪屠宰产品品质检验规程》GB/T 17996

《城市杂用水水质标准》GB/T 18920

# 中华人民共和国国家标准
# 猪屠宰与分割车间设计规范

GB 50317—2009

## 条文说明

## 修订说明

### 一、 修订标准的依据

本规范根据中华人民共和国建设部"关于印发《2008 年工程建设标准规范制订、修订计划（第一批）》的通知"（建标〔2008〕102 号）的要求，由国内贸易工程设计研究院会同有关单位在原国家标准《猪屠宰与分割车间设计规范》GB 50317—2000 基础上共同修订编制而成。

### 二、 修订标准的目的和内容

#### 1. 目的

进入 21 世纪以来，随着中国经济蓬勃发展，人民收入日益提高，随着中国畜牧业，尤其是猪肉产业的长足发展，中国猪肉加工业也随之发展到一个新阶段，肉类食品安全、坚持执行猪肉加工卫生标准和产品标准更加重要，为贯彻执行国务院提出的"食品安全及食品质量"的精神，进一步加强生猪屠宰行业的管理水平，确保猪肉的产品质量。根据目前猪屠宰企业的发展状况，原标准实施 8 年多以来，有些条文已不符合当前猪屠宰行业的发展需要因此，对《猪屠宰与分割车间设计规范》的修订是非常及时的。

#### 2. 内容

（1） 对猪屠宰车间小时屠宰量的分级范围进行调整或限定，分割车间按小时量分为三级；

（2） 术语中增加了二氧化碳致昏和低压高频的致昏方式，增加了快速冷却间、平衡间；

（3） 屠宰工艺中增加二氧化碳麻电、蒸汽烫毛、燎毛、刮黑、消毒等工艺要求；增加屠宰过程中的可追溯环节；

（4） 新增制冷工艺章节，增加猪肉的两段冷却工艺及副产品冷却工艺；

（5） 增加生物无害化处理等内容。

修订后的规范，厂址选择和总平面布置更加合理，一级和二级猪屠宰和分割加工企业达到了国际上屠宰行业的先进水平。

### 三、 本规范修订过程

根据项目要求，于 2008 年 1 月组建了规范修订起草小组。由从事多年食品加工设计的专业技术人员 10 人组成，全部是教授级高工。"规范"编制组成立后，查阅了国内外的有关文献资料，于 2008 年 2 月提出编写大纲的要求，各专业制定出编制内容及完成计划。

2008 年 4 月组织到河南双汇集团、上海五丰上食食品有限公司、北京顺鑫农业股份有限公司鹏程食品分公司、北京千喜鹤集团公司、香港上水屠房等加工厂调研和资料的收集工作，2008 年 5 月底完成"规范"初稿。在设计院内听取了各专业的意见。

2008 年 6 月底在本院各专业讨论"规范"编制初稿的基础上，修改完成"征求意见稿"。7 月向有关主管部门、相关学会、设计单位、生产企业等单位及个人寄出"规范"（征求意见稿）14 份，有 7 个单位提出了 96 条（其中重复条款有 10 条）修改意见"规范"起草组根据返回的意见，认真地对"规范"进行了修改，形成送审稿，报送有关主管部门。2008 年 11 月，商务部组织召开了"规范"（送审稿）审查会，并根据专家提出的意见进行了修改完善。

# 1 总则

**1.0.4** 根据目前全国猪屠宰场加工的现状，将屠宰厂按小时屠宰量分为四级。其中Ⅰ、Ⅱ级屠宰车间所在厂多为大中型企业，按班屠宰量计为 3000 头以上（按小时屠宰量计，应大于每小时 120 头，一班按 7h 计），这些企业中有的以生产熟肉制品为主，有的以生产冷却肉和分割肉产品为主，有的以销售鲜肉为主。Ⅲ、Ⅳ级屠宰车间所在厂多为小型企业，按班屠宰量计为（300～500）头，一般为县以上屠宰厂，供应品种以销售鲜肉为主。Ⅳ级以下屠宰车间宜控制。

本条采用小时屠宰量分级的原因：

1 选用的设备是根据小时屠宰量计算的。

2 一些屠宰厂往往只屠宰 4h 左右，小时屠宰量较大，若按班屠宰量计则与实际有出入。

3 这种计算方法与国外相一致。

4 采用小时分割量与屠宰量一致，现屠宰分割车间是按小时分割的头数计算。

**1.0.5** 本条是考虑到出口注册厂的特殊性制定的。

**1.0.6** 本条规定了本规范与其他有关规范的关系。

屠宰与分割车间工程设计，除执行《中华人民共和国食品安全法》、《中华人民共和国动物防疫法》、《中华人民共和国环境保护法》、《生猪屠宰管理条例》（中华人民共和国国务院令第 525 号）和本规范外，还需同时执行相关的标准、规范。目前有关屠宰与卫生方面要求的标准和规范主要有：《生猪屠宰操作规程》GB/T 17236、《畜类屠宰加工通用技术条件》GB/T 17237、《生活饮用水卫生标准》GB 5749、《肉类加工厂卫生规范》GB 12694、《肉类加工工业水污染物排放标准》GB 13457 及《畜禽病害肉尸及其产品无害化处理规程》GB 16548 等。

# 2 术语

**2.0.27** 抛光机。由于各国使用语言的差异，对这台机器有的称为抛光和最终（清洗）机，也有的就称为清洗机，为区别一般清洗机，本术语采用抛光机，以表示燎毛后该机器的作用。

**2.0.34** 平衡间。Ⅰ、Ⅱ级屠宰车间采用快速冷却时，第二段的冷却间也称为平衡间。

# 3 厂址选择和总平面布置

## 3.1 厂址选择

**3.1.1** 屠宰加工厂的原料区、屠宰车间前区和副产加工区、无害化处理间及污水处理站等都散发有明显异味并严重污染空气的气体，因此厂址不得建于城市中心地带，同时应避免其对城市水源及居住区的污染。根据环保部门要求，屠宰加工厂的生产污水必须经过污水处理站处理后才能排放。厂址与厂外污水排放设施的距离不宜过远。

卫生防护距离参见《肉类联合加工厂卫生防护距离标准》GB 18078—2000。若只建设分割车间，不设屠宰、副产车间，则可不受风向、卫生防护距离限制。

**3.1.2** 为保证肉食品安全，对厂区周边卫生环境方面提出要求是必要的。本条为强制性条文。

## 3.2 总平面布置

**3.2.1** 为保证食品卫生，防止活猪、废弃物等污染肉品，强调活猪、废弃物与产品和人员出入口需单独设置，因此，厂区至少应设 2 个出入口。废弃物若用密闭车辆运输，可与活猪共用出入口。

**3.2.2** 工艺流程顺畅、洁污分区明确是保证肉品质量的必要条件，本条为强制性条文。

**3.2.3** 本条对屠宰、分割车间与厂内有关建（构）筑物的防护距离作了较大修改，不再规定防护距离的具体数值，仅提出了原则性的要求，理由如下：

1 原条文中防护距离的数值是参考 20 世纪 60、70 年代苏联相关标制定的，现已不符合我国当前经济形势发展和节省用地的要求。

2 原条文中规定的防护距离数值偏大，在许多地区都难以执行另据调查，现在国外对肉类加工企业也无此类具体规定。

## 3.3 环境卫生

**3.3.2** 本条规定在厂区道路两侧及建筑四周空地宜进行绿化，这对提高厂区空气清洁度、改善环境卫生条件无疑是有益的。

**3.3.4** 由于畜类、废弃物等也是屠宰厂或肉联厂内较明显的污染源，故作此条规定。

**3.3.5** 为了防止运输车辆的车轮将厂外污染物带入厂内，所以规定车辆进厂时必须经过消毒池消毒。

## 4　建筑

### 4.1　一般规定

**4.1.1~4.1.9**　这几条是为保证建筑设计能做到满足肉品卫生的要求而规定的，并与当前国外同类厂的要求与标准是基本一致的。

**4.1.6**　车间内的门、窗及窗台的构造要求方便清洗和维护，易保持车间的洁净。

### 4.2　宰前建筑设施

**4.2.2**　赶猪道坡度应小于10.0%的规定是综合各地赶猪道的情况，在原商业部设计院编写的《商业冷藏库设计技术规定》基础上确定的。这次修编规范时又对此作了调查和复核。因各地猪种不同，猪的爬坡能力也不一样，具体设计时可根据当地情况适当加以调整。

**4.2.5**　待宰间的容量按1.00倍~50倍班宰量计算，是根据我国屠宰有淡旺季生产的实际情况确定的。我国养猪多为农民散养，旺季日收猪量超过正常班宰量，因此待宰间的面积不能按正常一个班的班宰量计算。每头猪占地面积（不包括待宰间内赶猪道）按0.60m²~0.80m²计算，是考虑到各地区因猪种不同而给出的一个范围，便于设计时选用。本条是为了使猪在宰杀前具有良好的待宰环境，从根本上保证肉品的质量制定的。

**4.2.6**　隔离间的面积，根据近年实际情况看，各地差别较大，因此本条作出了具体规定。

**4.2.7**　赶猪道两侧墙定为1.00m，是根据对多数厂的调查后确定的。

**4.2.8**　为了使活猪宰前体表清洁，在进入屠宰车间前应通过冲淋，去掉污物。由于各地猪源及饲养条件的差异，所以对冲淋时间不作规定。冲淋间的大小，是以冲淋后能保证屠宰的连续性、均匀性为前提设置的。

### 4.3　急宰间、无害化处理间

**4.3.1~4.3.3**　这三条是根据原《猪屠宰与分割车间设计规范》GB 50317—2000的规定，并考虑近年来国内部分企业在生产实践及卫生要求上所必须具备的条件修订的。为与国外接轨，对原车间名称作了个别更改，但性质内容未变。

### 4.4　屠宰车间

原本条规定屠宰车间的面积大小与原商业部设计院编制的《商业冷藏库设计技术规定》中提出的面积大小比较如下（见表1）：

表1　每头猪占地面积（m²）

| 班宰量（头） | 2 000及以上 | 1 000~2 000 | 500~1 000 | 200~500 |
| --- | --- | --- | --- | --- |
| 原本条规定 | 1.20~1.00 | 1.40~1.20 | 1.60~1.40 | 1.80~1.60 |
| 《技术规定》 | 1.20 | 1.20 | 1.20~1.40 | — |

从上表看出，班宰量在500头~2 000头之间的屠宰车间每头猪增加0.20m²。其原因是近年来根据国外兽医专家建议，检验方法由分散检验改为同步检验或对号集中检验方法，增加了同步检验线，与此同时，将旋毛虫检验室和疑病猪胴体安排布置在生产线附近。此外，为了避免交叉污染又增加了输送设备，加宽了运输通道，因此增加了车间的使用面积。

本次修订数据系根据上表换算成1h的屠宰量，结合近年实践和调查制定。

**4.4.2**　为了提高胴体发货过程的环境卫生状况，减少对肉品的污染，保证冷链连续，特提出发货间设封闭发货口的措施。

胴体发货间及副产品发货间的面积是按发货量来确定的，但由于各地情况不一，所以本条对其面积未作具体规定。

**4.4.4**　国外屠宰车间多为单层建筑，在处理加工过程中产生非食用肉、内脏、废弃物时，应将清洁的原料、半成品与能引起污染的物料分开，以保证加工产品质量。因此采用单层设计时，应注意安排好非清洁物料的流向。

国外屠宰车间一般采用大跨度，车间内很少有柱子，便于工艺设计布置。本条结合国内情况，提出柱距不宜小于6.00m（主要针对多层厂房），单层宜采用较大跨度，层高应能满足通风、采光、设备安装、维修和生产的要求。

**4.4.6**　由于电击深度不够或电击后停留时间过长，部分猪在宰杀放血后会苏醒挣扎，造成血液飞溅至墙壁高处。所以，此段墙裙高度规定不应低于放血轨道的高度，目的是便于冲洗墙面血污，保持车间卫生。

**4.4.10**　有些厂旋毛虫检验室与旋毛虫检验采样处相距较远，采集的肉样不能及时进行检验并取得结果，待发现问题时，该胴体已与其他健康合格的胴体混在一起，易发生交叉污染。因此，本条规定检验室应靠近采样处，在对号或同步检验完成前，旋毛虫检验已出结果，这样可避免交叉污染发生。

4.4.16 燃料储存间为单层建筑、靠车间外墙布置及对外设有出入口等都是为了防火和避免发生人身安全事故制定的。燃料间防火要求按现行国家标准《建筑设计防火规范》GB 50016 有关条文执行。

## 4.5 分割车间

4.5.3 根据原商业部食品局组织编制的《分割肉、肉制品生产车间设计标准基本要求》和原商业部基建司编制的《关于建设分割肉车间和小包装车间技术标准的若干规定》，结合我院多年承接分割车间工程设计的实际情况调查，认为前两个文件中提出的设计技术标准和基本规定中的面积比较小，现屠宰分割车间是按小时分割头数计算，因此蒋原行业规范中的车间面积改成按平均每头建筑面积计算较为合理，同屠宰车间的建筑面积计算一致。

4.5.5~4.5.8 分割车间中各类需制冷房间的设计温度是根据理论与实践两方面因素并参考国外标准，以保证达到肉质要求制定的。

4.5.9 对于分割剔骨间、包装间是否应设吊顶，始终存在两种不同意见主张设与不设其出发点都是为了保证车间内的清洁卫生。但从调查中发现，设有吊顶的车间由于受气候、环境（车间湿度）以及车间温度可能出现变化（暂时歇产、倒班）或其他原因，造成车间吊顶出现发霉或结露，反而达不到清洁的目的，因此规范修订组认为不宜设吊顶。在本规范送审稿审定会上，部分代表提出，随着冷分割工艺的采用，车间温度降低到6℃~12℃，因此应对围护结构做隔热处理，屋顶隔热可采用吊顶方法解决，同时还具有清洁美观的效果。随着吊顶材料的更新，防霉的问题也会得到解决，只要加强管理，使用吊顶还是利大于弊，所以本规范改为宜设吊顶。

## 4.6 职工生活设施

4.6.1 本条文中的规范、标准系指《肉类加工厂卫生规范》GB 12694—1990、《食品企业通用卫生规范》GB 14881—1994、2002 年 5 月 20 日实施的《出口食品生产企业卫生要求》和2003 年 12 月 31 日实施的《出口肉类屠宰加工企业注册卫生规范》。

4.6.3 既然屠宰车间非清洁区、清洁区和分割车间的生产线路已明确划分开，因此其生产人员线路也应划分开，以防止对产品的交叉污染。

4.6.4 厕所本身的卫生条件和设施，直接关系到其所在生产企业的卫生状况，对于食品加工企业来说更是如此。因此，对厕所作出相关规定是极其必要的。

# 5 屠宰与分割工艺

## 5.1 一般规定

5.1.1 屠宰能力按全年不少于 250 个工作日计算，过去是根据我国以收购农民散养猪为主的情况确定的，农民售猪有季节性，形成了生产淡旺季。现在虽然养猪场和养猪专业户在全国已有一定的发展，正在改变收购生猪的淡旺季特点，但我国养猪业这些年来总是呈现波浪式起伏变化，均衡发展生产还未形成，所以规定应根据各地实际情况确定。

5.1.2 为保证肉品卫生安全设置宰前检疫及可追溯编码等。

5.1.4 活猪刺杀后体内热量不易散发，加速了脏器、特别是肠胃的腐败过程，为保证肉品质量，应尽早剖腹取出内脏，尽快结束胴体加工过程，以保证肉品的新鲜程度。欧盟对肉类加工的卫生要求也作了相应的规定。本条是根据我国实际情况并参照国外标准制定的。

5.1.5 胴体采用悬挂方式运输的目的主要是为了肉品的卫生，悬挂胴体还易于热量的散发，因此胴体的暂存和冷却都采用悬挂方式。

## 5.2 致昏刺杀放血

5.2.1 猪在输送过程中由于使用了不正确的方法，使其神经紧张，受到了强刺激，造成电击昏后屠宰放血不净或产生 PSE 肉（渗水白肌肉）及 DFD 肉（肉表面干燥，色深暗）。为此，对宰前猪的休息、赶猪及输送都提出了要求，同时对检验方式提出了要求。

5.2.3 利用盐水导电性能好的特点，保证电击致昏的时间。

5.2.4 采用全自动低压高频三点式击昏或 $CO_2$ 致昏方法可减少 PSE 肉，提高肉品质量，但会相应增加设备投资。

5.2.5 本条规定是为了控制猪被电击昏的程度，创造最佳放血条件制定的。本条为强制性条文。

5.2.6 猪的大量放血是在最初的 1min~2min 之内，2min 之内放出的血量约占全部出血量的90%，以后为间断出血和滴血，5min 后滴血已经很少，所以放血时间按不少于 5min 来确定。本条为强制性条文。

   1 为避免增加挂猪密度，产生交叉污染；

   2 防止冲洗地面时，脏水溅到胴体上；

   3 为保证产品质量而制定强制性条文。

5.2.7 猪刺杀放血 3min 后处于滴血状态，所以按 3min 放血时间确定放血槽长度。

5.2.8 本条是为猪屠体进入浸烫池或预剥皮输送机时有一个清洁的体表面，尽量减少污染环节，所以要求设置洗猪机械，这与国外先进的屠宰工艺要求一致。

### 5.3 浸烫脱毛加工

5.3.2 隧道式蒸汽烫毛机是目前国际上采用的先进设备，猪由吊链悬挂在输送机上通过蒸汽烫毛隧道，在烫毛过程中，加热加湿从下方向上流动在猪体上冷凝空气由蒸汽加热到 60° 并由热水加湿，蒸汽的循环由风扇和风道进行。运河烫池浸烫方法是国外 20 世纪 70 年代采用的设备，在浸烫过程中，猪屠体挂脚链不松开，被悬挂输送机拖动在浸烫池中行进，完成浸烫后再提升至脱毛机前气动落猪装置外，整个浸烫过程无需人工操作。这两种方式适用于品种相同、体重较为一致的猪屠体依次浸烫，不同品种和体重不同的猪屠体浸烫要另行调整时间和水温。国内已有厂家生产此种设备，Ⅰ、Ⅱ 级屠宰车间使用较为适宜。

这两种设备是隧道和烫池上有密封盖，保温效果好、节能，同时减少生产中的雾气散发，无交叉污染。

5.3.4 脱毛机型式有多种，各地根据习惯选用设备，不作统一规定。

5.3.5 目前国内多数厂在脱毛机脱毛后使用清水池。将猪屠体浸泡在清水池中进行修刮残毛，可节省操作工体力。但由于在池中浸泡，池水对刺杀刀口附近的肉会造成污染，增加了胴体的修割量，减少了出肉率，所以在《对外注册肉联厂卫生与工艺基本要求的暂行规定》的说明中取消了清水池。但是使用刮毛输送机或把猪屠体挂在轨道上刮毛，也还存在一些问题，主要是劳动强度比在清水池中大，刮毛效果也不够理想，但可避免猪屠体进一步受到污染。在权衡利弊后，本规范取消了可使用清水池的提法。

5.3.11 预干燥机是为燎去猪屠体上未脱净的猪毛而设置的前加工设备。它采用鞭状橡胶或塑料条鞭打猪屠体，使其表面脱水、干燥，从而使燎毛设备节省能源消耗。

5.3.12 燎毛炉是国外常用设备，过去由于该机国内不生产，且能源消耗大，增加了生产成本，所以都采用人工喷打燎毛刮毛。随着生产的发展，卫生要求的提高，已有国内厂家向国外订货，准备采用燎毛炉。使用燎毛炉燎毛可使猪屠体表面温度增高，起到杀菌作用，也有利于猪屠体的表面清洁，有条件的Ⅰ、Ⅱ级屠宰车间可选用此种设备。

通过燎毛炉内的一段悬挂轨道因燎毛火焰的烧烤而使温度升高，通常在采用圆管轨道时内部有冷却水流过对轨道进行冷却。

根据防火规范的要求，燎毛炉使用的燃料要有单独的存放房间。

5.3.13 抛光机与预干燥机、燎毛炉是一套去除猪屠体残毛的设备，燎毛后的猪屠体在抛光机上刷去猪屠体上的焦毛和进行表面清洗，完成体表面的最后加工以上设备为国外先进屠宰线必装设备。

5.3.16 猪屠体挂脚链在放血至浸烫（或剥皮）工位之间使用，摘下的脚链送回是为了循环使用。

### 5.4 剥皮加工

5.4.2 如果线速度超过 8.00m/min 时，现有剥皮机剥皮速度将赶不上预剥皮的速度，使生产不协调，因此提出本条要求。

5.4.3 转挂台的作用有二：一是接收剥皮后的猪屠体，二是在转挂台的末端将剥皮后的猪屠体穿上叉挡，挂在提升机上，送入剥皮后的轨道。所以转挂台的长度与二者有关。如果预剥皮输送机上的猪屠体沿输送机前进方向猪臀部在后面时，转挂台还要有一个使猪屠体转向 180° 的作用，以便猪屠体的提升。

5.4.6 立式剥皮机前后各留 2.00m 的手推悬挂轨道是为了剥皮的操作，靠人工预剥皮和剥完皮后推出剥皮机都需要留有手工操作位置。

### 5.5 胴体加工

5.5.1 本条是按现行国家标准《生猪屠宰操作规程》GB/T 17236 的要求制定的。对于出口注册厂，参照欧盟标准，采用在取心肝肺工序后立即进入胴体劈半工序，劈半后再进行兽医检验，为的是能看清脊椎处有无病变，检验一次完成。但国内许多厂都使用桥式劈半电锯，它不能放入同步检验线，所以在此情况下，国内兽医检验分为初验和复验，采用先检验未劈半胴体，待劈半后再做胴体复验。

5.5.2 控制生产线上每分钟均匀通过 6 头～8 头猪屠体，主要是保证兽医检验人员的必要检验时间和肉品质量，这个数据的采用，既能满足检验的必要时间，又不影响生产的速度，以 7h 计算，一条生产线每班可屠宰 2 520 头～3 360 头猪。这个规定与欧盟规定的屠宰线上每分钟屠宰 6 头～8 头一致。

5.5.9 本条是根据现行国家标准《生猪屠宰操作规程》GB/T 17236 的要求而制定。

### 5.6 副产品加工

5.6.1 副产品中肠胃因包含内容物和粪便，必须在单独的隔间内进行加工；头、蹄、尾加工时要浸烫脱毛，也必须单独设置房间加工；而心肝肺则不同，健康猪打开胸腔时是无菌的，所以可在胴体加工间进行加工整理。为此，本条对Ⅳ级屠宰车间作了此项规定，主要考虑到生产量小，无需再专门设房间加工，但为了避免交叉污染，加工位置应与胴体生产线隔开。

### 5.7 分割加工

5.7.1 分割加工采用原料（胴体）先经冷却再分割的加工工艺，目的是为了保证肉品质量，国外企业也规定先冷却胴体再分割。

国内多数企业过去常采用原料先经预冷、再剔骨分割、最后冷却分割产品的加工工艺。

5.7.2 在分割车间内输送胴体的线路一般比较短，负荷较轻，可采用无油润滑链。本条编制目的是防止链条滴油污染肉品。

5.7.5 胴体接收分段通常有两种方法，国内过去多采用立式分段法，这时要求采用转挂线，通过立式锯分段。卧式分段法近年来采用较多，这与国外先进分割工艺一致。

5.7.6 分割剔骨加工在一级分割车间中，由于生产量大，要求使用输送机来保证生产流水线的正常运行，同时也为食品卫生创造良好的条件。二级分割车间加工量相对较小，使用不锈钢工作台也可满足需要。

5.7.7 因滑槽不能像屠宰车间那样及时清洗，为了产品卫生，特作本条规定。

## 6 兽医卫生检验

### 6.1 兽医检验

6.1.1 为保证肉制品的卫生安全而制定的强制性条文。

6.1.2、6.1.3 为满足兽医检验的要求而制定的强制性条文。

6.1.6 现在多数厂采用的是分散的检验方法，它是将猪屠体各部位由卫检人员分别检验，检验过的部位（如内脏器官）即可与猪胴体分离进入后一工序加工，一旦后序检验部位发现疾病时，已离体部位就找不到了，这就失去了从整体上综合判断的作用和控制疫病扩散的可能。

统一编号的对照检验方法是将胴体和内脏编上相同号码，内脏集中在专设检验台处检验，发现疾病时，可按编号找到相应的胴体和内脏进行综合判断处理由此可见，把分散的检验，改为相对集中的对照检验或内脏与胴体同步检验是采用了更为先进的检验方法，它对我国屠宰厂兽医检验工作无疑将起到巨大的推动作用。

6.1.8 为满足兽医检验的要求而制定的强制性条文。

### 6.2 检验设施与卫生

6.2.6 根据《中华人民共和国食品卫生法》和食品卫生标准的有关规定，食品经营企业应对其生产企业的生产用水、生产加工的原料、半成品和产成品是否合格做出微生物、理化项目的法定检验。为承担其职责和任务，应设置检验室。IV级屠宰车间可将采集的样品送有关检验单位检验。

6.2.7 寄生虫检验室的设置是根据《肉品卫生检验试行规程》确定的，它是法定检验项目，检验方法以镜检法为主。近年来国外采用了一种快速简易检验寄生虫的方法，称为消化法。采用此种检验方法有先决条件，即必须有连续三年寄生虫检验检出率低于十万分之一至五十万分之一的记录地区，才可使用消化法。

我国目前市场上以销售热鲜猪肉为主，为了把住检验关，应采用镜检法来做寄生虫检验。

## 7 制冷工艺

### 7.1 胴体冷却

7.1.1 二分胴体中心温度低于7℃可抑制细菌的繁殖。

7.1.2 调查中发现，快速冷却间设计温度大多采用 –20℃ ~ –25℃，冷却时间大致采用70min~100min。

### 7.2 副产品冷却

7.2.1、7.2.2 这两条规定与目前国外标准一致。

### 7.3 产品的冻结

7.3.1 分割肉的冻结要在24h之内完成，在 –35℃冻结间内必须采用盘装包装，在冻结间内把肉冻好后，再进入包装间把盘装换成纸箱包装入库，目的是提高肉品质量。我国目前只有少数用于出口的分割肉冻结间，其内温度可达到这个水平。考虑到国内实际情况，只提出冻肉的终了温度，没有对冻结时间作统一规定。

7.3.2 副产品冻结时间要求比肉冻结时间要短，冻结后温度要低，目的也是保证获得好的质量。国外先进的标准要求副产品在12h内冻到 –18℃，使用平板冻结器可达到这一要求。结合我国情况，提出24h冻结达到 –18℃是可行的，只是冻结间库温要达到 –23℃以下才行，执行起来也应无问题。

## 8 给水排水

### 8.1 给水及热水供应

8.1.1 本条是根据《中华人民共和国食品卫生法》及国家认监委《出口肉类屠宰加工企业注册卫生规范》（国认

注函〔2003〕167号）对食品加工用水水质的要求制定的。

8.1.2 原规范第7.1.2条规定：屠宰车间与分割车间每头猪生产用水量按0.50m³～0.70m³计算。这次规范修订时，我们对全国屠宰加工企业实际生产用水量又进行了一次调查，从调查的资料来看，一方面，各企业实际用水量与原规范规定的数值相差不大，但是从大部分企业来看，加强节水意识及管理，用水量可大大减少。另一方面，由于国家加强定点屠宰，设计规模增大，用水标准相应减少。故这次规范将用水量标准调低一个档次，为0.40m³～0.60m³，生产用水量标准包括屠宰与分割车间的生活用水。

8.1.3 本条是根据国家认监委《出口肉类屠宰加工企业注册卫生规范》（国认注函〔2003〕167号）第7.3.4条对车间消毒要求制定的。

8.1.9 本条主要是从节能减排方面考虑制定的。冲洗待宰圈面采用城市杂用水或中水作为水源能满足卫生要求。

## 8.2 排水

8.2.1、8.2.2 屠宰加工过程中污水排放比较集中，污水中含有大量的血、油脂、胃肠内容物、皮毛、粪便等杂物。为了满足车间卫生要求，地面水应尽快排出且不应堵塞。根据目前各厂实际运行情况，屠宰车间设明沟排水（或浅明沟）较好，一方面污物能及时排放，另一方面清洗卫生方便。

8.2.3 本条是根据屠宰工艺要求制定的。

8.2.4 设置水封装置是防止室外排水管道中有毒气体通过明沟窜入室内，污染车间内的环境卫生，本条为强制性条文。

8.2.6 分割车间可采用明沟（浅明沟）或专用除污地漏排水，专用除污地漏应带有网篮，首先将污物拦截于篮内，水从篮内流入下水管道，否则污物易堵塞下水管道。每个地漏排水的汇水面积参照国外有关标准确定为36.00m²。

8.2.8 屠宰加工中胃肠内容物及粪便都流入室外截粪井，每日截粪井都应出清运送，卫生条件较差，所以本条规定可采用固液分离机处理粪便及有关固体物质。并对Ⅰ、Ⅱ级屠宰车间提出宜安装气体输送装置送至暂存场所，这样可以减少对周边环境的污染。

8.2.10 间接排水指卫生设备或容器与排水管道不直接连接，以防止污浊气体进入设备或容器。本条为强制性条文。

8.2.11 本条是根据本行业屠宰污水排放比较集中、污物较多、管道宜堵塞等情况将管径放大的，从调查实际运行生产厂家，车间内管道及室外排水管道堵塞情况普遍，管内结垢（油垢）严重，按计算选择管径实际使用偏小，也不便于管道内清洗，故将管径放大。

8.2.14 急宰间及无害化处理间排出的污水和粪便应先收集、沉淀和消毒处理后，才准许排入厂区内污水管网。

# 9 采暖通风与空气调节

9.0.1 根据我国实际情况，屠宰车间应以自然通风为主，对于散发臭味多的加工间，如副产品肠胃加工间，换气次数不宜小于6次/h，如果达不到换气要求，就应辅助以机械通风。

9.0.2 本条是根据现行国家标准《采暖通风与空气调节设计规范》GB 50019—2003第5.1.9条制定。

9.0.3 根据国家商检局《出口畜禽肉及其制品加工企业注册卫生规范》（国检监〔1995〕165号），分割车间夏季空气调节室内计算温度应保持在15℃以下。目前国际上普遍采用冷分割工艺，室内温度控制在10℃左右。

9.0.4 分割及包装间温度常年一般在10℃～12℃之间，车间人员及货物进出门时冷耗太大。为了节约能耗，在设计时门上应设置空气幕或其他装置。

9.0.5 为了保证食品和人员卫生安全，在食品加工车间有空调要求场合，空调系统新风吸入口及回风口应设过滤装置。

9.0.6 本条是根据现行国家标准《采暖通风与空气调节设计规范》GB 50019—2003第3.1.1条制定。

9.0.7 本条参考了原商业部设计院编制的《冷藏设计统一技术措施》中有关用汽量指标。条文表9.0.7中数据是指以烫毛为主的屠宰车间，若以剥皮为主时，其用汽量酌情减少。

9.0.9 本条是对制冷机房的通风设计提出的具体要求。本条为强制性条文。

1 制冷机房日常运行时，一方面，为了防止制冷剂的浓度过大，应保证通风良好。另一方面，在夏季良好的通风可以排除制冷机房内电机和其他电气设备散发的热量，以降低制冷机房内温度，改善操作人员的工作环境。日常通风的风量，以消除夏季制冷机房内余热，取机房内温度与夏季通风室外计算温度之差不大于10℃来计算。

2 事故通风是保障安全生产和保障工人生命安全的必要措施。对在事故发生过程中可能突然散发有害气体的制冷机房，在设计中应设置事故通风系统。氟制冷机房事故通风的换气次数与现行国家标准《采暖通风与空气调节设计规范》GB50019中的规定相一致。

3 氨制冷机房，在事故发生时如果突然散发大量的氨制冷剂，其危险性更大。国外相关资料制冷机房每平方米推荐的紧急通风量是 50.8L/S，紧急通风量最低值是 9 440L/s。9 440L/s 是基于假定某根管断裂，而使机房内氨浓度保持在 4% 以下的最小排风量。

9.0.10 当氨蒸气在空气中的含量达到一定比例时，就与空气构成爆炸性气体，这种混合气体遇到明火时会发生爆炸。一些氟利昂制冷剂蒸气接触明火时会分解成有毒气体——光气，对人有危害。因此规定制冷机房内严禁明火采暖。本条为强制性条文。

# 10 电气

10.0.1 屠宰与分割加工生产的正常运行，是确保肉品质量和食品卫生的关键环节，如供电不能保证，一旦停电，势必造成肉品加工生产停止，肉温上升，导致肉品变质，从而造成较大的经济损失。根据猪屠宰与分割加工产品质量标准和卫生标准的要求，为提高供电的可靠性，对Ⅰ、Ⅱ级屠宰与分割车间的屠宰加工设备、制冷设备及应急照明按二级负荷供电。

10.0.2 屠宰与分割车间是肉联厂或屠宰厂主要的用电负荷，为提高其供电的可靠性并便于独立核算，应采用专用回路供电。

10.0.3 屠宰与分割车间属多水潮湿场所，操作工人也经常带水作业，为提高用电安全，故规定此条内容。

10.0.4 根据现行国家标准《食品企业通用卫生规范》GB 14881 的有关规定及屠宰与加工车间潮湿多水的特点制定本条。

10.0.5 潮湿多水场所电气设备选型的一般要求。

10.0.6 为了提高安全用电水平的一般规定。

10.0.7 经对屠宰与分割车间照明照度的调查，根据现行国家标准《建筑照明设计标准》GB 50034 及《食品企业通用卫生规范》GB 14881 的有关规定，对屠宰与分割车间的照明标准值作出规定。考虑到设计时布灯的需要和光源功率及光通量的变化不是连续的实际情况，设计照度值与照度标准值可有 −10% ~ +10% 的偏差。

10.0.8 经对屠宰与分割车间调查收集到的资料进行分析，根据现行国家标准《建筑照明设计标准》GB 50034 的要求对屠宰与分割车间照明光源的选择原则和照明功率密度值作出规定。

10.0.9 屠宰与分割车间属人员密集的工作场所，当突然停电时，为便于工作人员进行必要的操作和安全疏散制定本条。

10.0.10 根据现行国家标准《肉类加工厂卫生规范》GB 12694 的要求及为提高用电安全制定本条。

10.0.11 屠宰与分割车间属多油脂场所，且在对设备及地面进行卫生冲洗时，会使用一些具有一定腐蚀性的物质（如碱等），因此应选择适宜的导线或电缆，以提高电气线路的使用寿命。

10.0.12 根据屠宰车间潮湿多水的特点及肉品加工卫生标准制定本条。

10.0.13 分割车间属清洁区，在电气设计中应减少影响肉品卫生及车间美观的因素。

10.0.14 当发生接地故障时，为降低操作人员间接接触电压，以防止可能发生的人身安全事故，应采取等电位联接的保护措施。

10.0.15 根据现行国家标准《建筑物防雷设计规范》GB 50057 的规定，屠宰与分割车间属三类防雷建筑物。

备案号：J 773—2008

# 中华人民共和国行业标准

SBJ 08—2007

## 牛羊屠宰与分割车间设计规范

Code for design of cattle and sheep slaughtering and cutting rooms

2007 -12 -28 发布/2008 -05 -01 实施
中华人民共和国商务部　发布

## 前　言

本规范系根据国家发改委办公厅（发改办工业〔2004〕872 号文）"关于下达 2004 年行业标准计划"和中国商业联合会（中商会行〔2004〕18 号）发文通知的要求以及国家商务部司（局）函商建标函〔2007〕331 号和国家建设部司函建标标函〔2007〕43 号文的精神，由国内贸易工程设计研究院在原行业标准《牛羊屠宰与分割车间设计规范》SBJ 08—94 的基础上修订编制而成。

本规范在修订编制过程中，规范组广泛征求了全国有关单位和专业技术人员的意见，在总结各地实践经验和实用技术成果的基础上，结合国内外牛羊屠宰加工行业的先进技术和标准，对现行规范进行了全面修订。

本规范共分 10 章。其主要内容为：总则、术语、厂址选择和总平面、建筑、屠宰与分割、兽医卫生检验、制冷工艺、给水排水、采暖通风与空气调节、电气。

本规范在实施过程中，请认真总结经验，注意积累资料。如有修改及补充之处，请将意见及资料函寄国内贸易工程设计研究院（地址：北京市右安门外大街 99 号，邮政编码：100069），以供今后修订时参考。

本规范主编单位、参编单位及主要起草人：

主编单位：国内贸易工程设计研究院

参编单位：青岛建华食品机械制造有限公司

南京亨齐达机械有限责任公司

宜兴市冰川制冷设备有限公司

主要起草人：赵秀兰　邓建平　单守良　柳红光　吕济民　司彪　陈洪吉　杨华建　王慧娟　陈俊

## 1 总则

**1.0.1** 牛羊屠宰与分割车间设计必须符合卫生、适用、安全等基本要求，为实现上述要求，保证肉品质量，特制定本规范。

**1.0.2** 本规范适用于新建、扩建和改建的牛羊屠宰车间与分割车间的工程设计，其规模按班屠宰量分为三级；

  Ⅰ级：牛 150 头以上（含 150 头）或羊 2000 只以上（含 2000 只）；

  Ⅱ级：牛 50～150 头（含 50 头）或羊 1000 只～2000 只（含 1000 只）；

  Ⅲ级：牛 30～50 头（含 30 头）或羊 200 只～1000 只（含 200 只）。

**1.0.3** 屠宰与分割车间设计在确保肉品质量的前提下，做到技术先进、经济合理、节约能源和使用维修方便。

**1.0.4** 屠宰与分割车间的卫生要求，除应符合本规范规定外，还应符合现行国家标准《牛羊屠宰产品品质检验规程》GB 18393—2001 的规定，出口注册车间还应符合国家认监委发布的《出口肉类屠宰加工企业注册卫生规范》的有关规定。

**1.0.5** 屠宰与分割车间设计除应符合本规范规定外，尚应符合国家现行的有关标准、规范的要求。

## 2 术语

**2.0.1 屠体** body

  屠宰、放血后的躯体。

**2.0.2 胴体** carcass

  牛羊屠宰、放血后，去皮（毛）、头、蹄、尾、内脏的躯体。

**2.0.3 二分胴体** half carcass

  沿脊椎中线纵向锯（劈）成的两半胴体。

**2.0.4 牛四分体** quarter carcass

  牛二分胴体 11 至 12 肋骨间横截成四部分。

**2.0.5 内脏** offals

  牛羊脏腑内的心、肝、肺、脾、胃、肠、肾等。

**2.0.6 同步检验** synchronous inspection

  牛、羊胴体加工线同内脏线同步运行便于兽医对照检验和综合判断的一种方式。

**2.0.7 分割肉** cut meat

  胴体去骨后，按规格要求分割成各部分的肉。

**2.0.8 验收间** inspection and reception department

  活牛、羊进厂后检验接收的场所。

**2.0.9 隔离间** insolating room

  隔离可疑病牛、羊，观察、检查疫病的场所。

**2.0.10 待宰间** waiting pens

  宰前停食、饮水、冲淋的场所。

**2.0.11 急宰间** emergency slaughtering room

  屠宰病、伤牛羊的场所。

**2.0.12 屠宰车间** slaughtering room

  自致昏放血到加工成二分体的场所。

**2.0.13 分割车间** cutting and deboning room

  剔骨、分割、分部位肉的场所。

**2.0.14 副产品加工间** by-products processing room

  心、肝、肺、脾、胃、肠、肾、头、蹄、尾等器官加工整理的场所。

**2.0.15 无害化处理间** inedible and waste room

  对病、死牛羊和废弃物进行化制（无害化）处理的场所。

**2.0.16 非清洁区** non-hygienic area

  待宰、致昏、放血、剥皮、烫毛、脱毛和肠、胃、头、蹄、尾粗加工的场所。

**2.0.17 清洁区** hygienic area

  胴体加工、修整，副产品精加工，暂存发货间，分级和计量等场所。

**2.0.18　胴体发货间　carcass deliver room**

牛羊胴体发货的场所。

**2.0.19　副产品发货间　by-products deliver room**

牛羊副产品发货的场所。

**2.0.20　包装间　packing room**

牛羊分割肉产品的包装场所。

**2.0.21　冷却间　chilling room**

对产品进行冷却的房间。

**2.0.22　冻结间　freezing room**

用大流量低温空气循环冻结产品的房间。

# 3　厂址选择和总平面

## 3.1　厂址选择

3.1.1　屠宰与分割车间所在厂区（以下简称厂区）选址时，应选择在地势较高、干燥、水源和电源充足、交通方便、无有害气体和粉尘及其他污染源的地方。

3.1.2　厂区位置应不污染居民饮用水源、不影响居民居住生活、便于生产污水排放，并应位于居民居住区夏季主导风向的下风侧。

新建厂区与居民居住区防护距离应符合表3.1.2的规定。

表3.1.2　新建厂区与居民居住区防护距离（m）

| 班屠宰规模 | 近五年平均风速　（m/s） | | |
| --- | --- | --- | --- |
| | <2 | 2~4 | >4 |
| Ⅱ、Ⅰ级 | 800 | 600 | 500 |
| Ⅲ级 | 700 | 500 | 400 |

单独设置的分割车间选址时可不受风向、防护距离限制。

3.1.3　厂区的厂址必须符合当地城市总体规划要求。

## 3.2　总平面布置

3.2.1　厂区应区分生产区和生活区。生产区内应设置非清洁区、半清洁区和清洁区。生产区内的清洁区宜布置在厂区的上风侧。

3.2.2　原料、产品及废弃物进出厂区应分设出入口，其运输车辆各行其道，避免交叉污染。

废弃物采用封闭的车辆运输时，可与原料共用出入口。

3.2.3　厂区内各生产车间和辅助用房的布局应根据生产工艺流程和卫生要求有序布置，其中：屠宰加工的相关生产车间应连续布置。

3.2.4　厂区内不得布置与生产加工无关的动物饲养场所，不得布置有碍食品卫生的其他生产厂房、库房。

3.2.5　屠宰与分割车间的布置应考虑与其他建筑物的联系，厂区内清洁区与非清洁区应明显分开。

# 3　环境卫生

3.3.1　厂区内不得有污水明沟、露天垃圾堆场或其他有碍卫生和环境整洁的场所。

3.3.2　厂区内车行道路及回车场应铺设具有相应承载能力的平坦坚硬路面，避免扬尘及正常雨天道路积水。

3.3.3　厂区内应建有与生产能力相适应的、符合卫生要求的原料、辅料、化学物品、包装材料的储存用房和垃圾、畜粪、废弃物的暂存场所。

垃圾、畜粪、废弃物的暂存场所地面与围护结构应便于冲洗消毒，并设有相应的排水设施。

3.3.4　厂区内建（构）筑物周围及道路两侧裸露地面应绿化，绿化树种不得有碍食品卫生。

3.3.5　车间外公共厕所应有冲水、洗手、防昆虫设施。

3.3.6　厂区产生的各种污水、废水、废气及废渣应符合当地环保部门要求，达标排放。

3.3.7　活畜进厂入口处必须设置与车行道同宽、长不小于3m、深100mm～150mm的车轮消毒池，池底宜设排水口。

活畜卸车场所应设置活畜运输车辆冲洗设施，冲洗设施周围2m范围内路面排水坡度应不小于2.5%。

## 4 建筑

### 4.1 一般规定

4.1.1 厂区内各生产车间平面布局应符合生产工艺流程、卫生及检验要求，每个车间应按照清洁程度不同分设出入口，相对独立，避免交叉。车间出入口处应设有防鼠、防鸟、防昆虫设施。

4.1.2 地面应采用无毒、不渗水、防滑、易清洗、耐腐蚀的材料，表面应平整、无裂缝、不积水。无盖板的排水明沟应设计成浅圆弧形，沟宽500mm～600mm，沟深不大于120mm。有盖板的排水明沟沟底转角处应设计成圆弧形，弧形的半径不小于30mm，盖板宜采用不锈钢材料制作，沟边应预埋不锈钢材质的角钢。排水口应有隔渣设施。地面排水坡度：待宰间不小于1.5%，急宰间、屠宰车间不小于2%，分割车间不小于1%。

4.1.3 车间内墙面、柱面应采用无毒、平整、不渗水、防霉、易清洗、不脱落、耐腐蚀的白色或浅色建筑材料。面层采用易破损材料时，宜设有防止车间内部运输车辆碰撞设施。

4.1.4 车间顶棚表面应采用无毒、平整、防霉、不脱落、防灰尘积聚的白色或浅色建筑材料。

4.1.5 车间的地面、顶棚、墙面、柱面等处的阴阳角必须设计成弧形，弧形的半径不小于30mm。

4.1.6 车间的门、窗应采用密封性能好、不变形、不生锈、易清洗、浅色的坚固材料制作。可开启的窗扇应安装纱窗。

车间内侧窗台应设计成向下倾斜45°的斜坡，或采用无窗台构造。

4.1.7 电梯厢体内层表面、楼梯扶手及栏杆应做成便于清洗、不易藏垢的形式，宜采用经过防锈处理的金属材料制作。

### 4.2 宰前建筑设施

4.2.1 宰前建筑设施包括卸畜站台、赶畜道、检疫间、接收间、司磅间、健畜待宰间（简称待宰间）、疑病畜间（又称观察间、隔离间）、急宰间、无害化处理间（包括化制间）及配套的生活设施。急宰间、无害化处理间应单独设置，其他房间可综合设计在一栋建筑物内。

4.2.2 公路卸畜站台应高出路面1.0m～1.2m（小型拖拉机卸车时应另设站台）。赶畜道坡度不宜大于15%。站台前应设回车场。

4.2.3 铁路卸畜站台有效长度不应小于40m，站台面应高出轨面1.1m。活畜由水路运来时，应设码头和相应的卸畜设施。

4.2.4 待宰间的容量宜按班屠宰量的1～1.5倍设计。每头牛占地面积按3m² 计算，每只羊占地面积按0.6～0.8m² 计算，面积包括间内赶畜通道。

4.2.5 接收间面积宜为待宰间面积的1/10。附近应设检疫间、司磅间、疑病畜间。待宰间和疑病畜间必须严格分开。地磅四周，必须设置围栏，磅坑内应设地漏。

4.2.6 接收间、待宰间应通风良好，应设有防雨的屋面。采暖地区应采用封闭式建筑，侧墙应设可开启采光窗，屋顶应设可开启采光侧天窗，综合窗地面积比宜大于或等于1/12。

4.2.7 接收间、赶畜道、待宰间应采用混凝土地面，配有冲洗设施和集污设施。地面坡度大于或等于1.5%，坡向排水沟。

4.2.8 接收间、待宰间、赶畜道内的隔墙可采用砌筑墙体或金属栏杆。高度：牛间不应低于1.4m，羊间不应低于0.8m。牛赶畜道净宽度大于或等于1.4m，接近宰杀设备处宽820mm～850mm。羊赶畜道净宽大于或等于1.0m，接近宰杀设备处宽600mm～700mm。

砌筑墙体表面应采用不渗水材料装修，上部应设有拴牛设施。金属栏杆表面应经过防锈处理，栏杆横向间距小于或等于300mm。

4.2.9 待宰间内应设饮水槽，饮水槽必须有溢水口。

4.2.10 疑病畜间（又称观察间、隔离间）宜靠近卸畜站台，应设单独出口，配有消毒设施。疑病畜间面积应按当地畜源的具体情况设置。疑病畜数量宜按不少于班宰头数的0.5%确定，不足1头时按1头设计。疑病畜间的面积按每头牛占地4m²、每只羊占地1.5m² 计算。

4.2.11 急宰间、无害化处理间（包括化制间）可综合在一栋建筑物内，中间须设隔墙，出入口处必须设有消毒设施。除设畜屠宰间外，还应设工具药品保管间、配套的员工生活设施。布置要求见5.6.1条。

### 4.3 屠宰车间

4.3.1 屠宰车间应包括车间内赶畜道、致昏放血（区）、集血池间、剥皮胴体加工间（区），副产品加工间、工器具清洗消毒间及员工生活用房等。屠宰车间内的配电间、热交换器间、空气压缩机间、维修间、磨刀间及胴体暂存发货间（或晾肉间）、副产品暂存发货间、畜皮暂存间等可根据需要设置。

4.3.2 屠宰车间生产用房建筑面积按表4.3.2估算。

表4.3.2 屠宰车间生产用房建筑面积（m²）

| 畜类 | 班屠宰量 | 每头（只）占用建筑面积 |
| --- | --- | --- |
| 牛 | 150 头以上 | 3~5 |
| | 50~150 头 | 5~6 |
| | ≤50 头 | 6 |
| 羊 | 2000 只以上 | 0.3 |
| | 1000~2000 只 | 0.3~0.6 |
| | ≤1000 只 | 0.6~1.0 |

4.3.3 屠宰车间内赶畜道、致昏放血间（区）、集血池间、剥皮加工间（区）为非清洁区之一；副产的头、蹄、尾、肠胃加工间为非清洁区之二；胴体加工间（区）为清洁区之一；心肝肺加工间及暂存发货间为区之二。四个分区必须分开，交通运输不得交叉。

屠宰加工间、白脏（肠胃）加工间、红脏（心肝肺）加工间必须严格分隔。屠宰加工间的非清洁区脏加工间宜设置通风、采光侧天窗。

4.3.4 屠宰车间宜采用较大跨度的单层建筑，占地面积受限制时可采用多层建筑。

屠宰车间柱距不宜小于6.0m。根据屠宰设备高度确定屠宰车间净高。牛屠宰车间净高不得低于5.5m宰车间净高不得低于4.0m。

屠宰车间宜开设高侧窗。

4.3.5 屠宰车间内赶畜道宽度以仅能通过一头牲畜为宜。赶畜道坡度不宜大于15%。牛围栏高度于1.4m，羊围栏高度不应低于0.8m。

4.3.6 屠宰车间地面应沿着生产线设排水明沟。

4.3.7 放血槽应采用不渗水材料制作，表面光滑平整。放血槽的长度按本规范第5.2.6条确定，其深度止血液喷溅外溢。放血槽的槽底坡度不应小于5%，放血槽底的最低处应分别设血和冲洗水的排出口，并应有塞盖。

4.3.8 集血池的容积最小应容纳1/2班宰量的血。每头牛放血量按10L计算，每只羊放血按1L计算。集应有盖板，并宜设在单独的房间内。

集血池应采用不渗水材料制作，表面应光滑且易于清洗和消毒。

集血池内采用血泵排血时，应在池底设有集血坑。在集血池附近应有给排水设施。

4.3.9 屠宰车间的疑病胴体间房间温度应控制在7℃左右。宜设置在胴体内脏同步检验轨道末端的邻近处

4.3.10 屠宰车间、副产品加工间及副产品暂存发货间使用的台、池宜采用不锈钢制作。如采用非金属材料应采用不渗水材料，表面应光滑且易于清洗和消毒。

4.3.11 屠宰车间的胴体暂存发货间及副产品暂存发货间室内温度宜控制在7℃左右，地面应有排水设施。

4.3.12 屠宰车间内车辆通道净宽：单向应不小于1.5m，双向应不小于2.5m。

## 4.4 冷却间

4.4.1 冷却间内墙面、顶棚的保温材料不应裸露，面层应采用无毒、平整、不渗水、防霉、易清洗、不脱腐蚀的白色或浅色建筑材料。地面面层宜采用标号不低于C25的混凝土，应有排水设施。门口处地面不得渗水构造，不得采用易腐烂建筑材料。

4.4.2 二分体冷却间面积可按每头牛占地0.8m²~1.0m²、每只羊占地0.13m²~0.17m²估算。具体面积设备安装方式及本规范第5.7.6条中规定胴体占用轨道长度来确定。

4.4.3 胴体冷却间宜不少于两间，室内温度应控制在0℃~4℃。

4.4.4 分割后成品肉冷却间宜不少于两间，室内设计温度取0℃~4℃。每吨成品肉冷却面积按7m²~10

4.4.5 胴体冷却形式应采用轨道悬挂式，有效防止胴体与地面、墙壁接触。

剔骨后成品肉冷却形式应采用不锈钢车载式。距离墙面300mm处宜设有栏杆，防止冷却物品靠近墙体造染及冷却不均匀。

## 4.5 分割车间

4.5.1 分割车间应包括原料运输走廊、分割间、分割副产品暂存间（或加工间）、包装间、包装材料间清洗消毒间及员工生活用房等。配电间、热交换器间、空调设备用房等可根据需要设置。

独建设的分割车间根据原料、成品的温度要求，还应分别设有原料库、解冻间、冷却间、冻结间、成品库等。

独建设的分割车间原料入口处应设有缓冲间、解包间、废弃包装物暂存间。解冻间室内温度宜控制在18℃。废包装物暂存间及内、外包装材料与车间之间联系应采用传递窗口。

4.5.2 分割车间内的各生产用房面积应相匹配，宜布置在同层平面上。分割、包装间的建筑面积按表4.5.2估算。

表4.5.2 分割、包装间的建筑面积

| 类 | 每班分割肉产量（t） | 每吨分割肉占地面积（m²） | |
|---|---|---|---|
| | | 手工操作 | 使用机器设备 |
| | 30 以上 | 20 ~ 25 | 20 |
| | 15 ~ 30 | 25 ~ 30 | 20 |
| | 5 ~ 15 | 30 ~ 35 | 25 |
| 羊 | 20 以上 | 25 | 20 |
| | 10 ~ 20 | 25 ~ 30 | 20 ~ 25 |
| | 5 ~ 10 | 30 ~ 35 | 25 |
| | 5 以下 | 35 | 25 |

单层分割车间宜采用较大跨度结构体系，室内净高不宜高于4.5m。

分割车间应采用符合卫生标准的保温门。如果有窗，宜设密闭、保温的固定窗。

分割间及其副产品加工间室温不应高于12℃。

成品包装间的温度不应高于10℃。

分割车间应与冷却间、冻结间毗邻布置，如两建筑物间有间隔，应设走廊连接，走廊内温度不应高于。

分割车间内室温不高于12℃的房间应采取防止其围护结构内表面结露的措施。

肉食品冷却物成品库室内温度应为0℃ ~4℃。冻结物成品库室内温度应为 -18℃。

**冻结间**

1 无包装的肉食品冻结间内墙面、顶棚的保温材料不应裸露，面层应采用无毒、平整、防霉、不脱落的白色色建筑材料。地面面层宜采用标号不低于C25的混凝土。

2 库内无侧导流板时，距离墙面300mm处宜设有栏杆，防止冻结物品靠近墙体造成交叉污染及结冻不均匀。

3 冻结间室内温度应为 -23℃。

4 二分体冻结间面积可按每头牛0.8m² ~1.0m²、每只羊0.13m² ~0.17m² 计算。具体面积应按制冷设备安装式及本规范第5.7.5条和本规范第5.7.6条中规定胴体占用轨道长度来确定。

分割后成品肉冻结间面积，可按每吨成品肉7m² ~9m² 估算。

**员工生活设施**

7.1 各个生产车间根据清洁程度不同，均应分别设置与车间操作工位配套的员工生活设施。包括更衣间、休息淋浴间、厕所、风淋间、消毒走廊（手、靴消毒间）等。

7.2 Ⅰ、Ⅱ级牛羊屠宰与分割车间的宰前设施、屠宰车间非清洁区员工生活间可设休息室、一次更衣室（简更）、淋浴间、厕所，屠宰车间清洁区员工生活间应设休息室、一更、淋浴间、厕所、二次更衣室（简称二分割车间员工生活间应设休息室、一更、淋浴间、厕所、二更及风淋间。

3 一更用房内应为每位员工提供一个不小于宽0.4m深0.46m高1.55m的更衣柜，鞋与工作服要分格存放。用房内应设工作服挂衣架。

4 员工生活设施建筑面积指标可按如下标准计算：休息室：1m²/人；一更：1m²/人 ~ 1.2m²/人，二更：m²/人 ~0.6m²/人；淋浴：每8人 ~10人设一只淋浴器，每只淋浴器综合占地2.5m² ~3m²；厕所：100人以15人设一个便器，100人以上每增加25人增设一个便器，每个便器综合占地2.5m² ~3m²。

5 更衣间、淋浴间、厕所应有通风设施，宜有直接对外的采光通风窗。

6 正常生产时，员工严禁穿生产用工作服离开车间。员工可在休息室进工作餐。

7 淋浴间宜设在一更、二更之间。

4.7.8 淋浴间、厕所地面应采用不渗水、防滑、易清洗、耐腐蚀的材料，表面应平整无裂缝、不秽。地面排水坡度≥2%。

内墙面、柱面应采用平整、不渗水、防霉、易清洗、不脱落、耐腐蚀的白色或浅色建筑材料。

顶棚表面应采用平整、防霉、不脱落、防灰尘积聚的白色或浅色建筑材料。

4.7.9 厕所应采用水冲式便器。生产车间不得与厕所直接相连，从生产车间工作区进入厕所必须经消毒走廊及一更或二更。

4.7.10 分割车间员工进入车间应设风淋间。风淋间是成品设备，占地面积根据使用人数及班前准备时间长短确定。

4.7.11 消毒走廊内设手消毒器和靴消毒池，走廊净宽>1.6m。

屠宰车间手消毒器可与烘干器成套设置，8人/套～10人/套。分割车间手消毒器应与干手纸巾盒成套设置，8人/套～10人/套。

手消毒器应采用非手动式洗手设备。员工进入车间的门应设计成无把手的弹簧门或自动感应门或仅用PVC塑料软门帘。

员工进入生产车间工作区的门口处应设靴消毒池。靴消毒池长度通常为1.5m；宽度通常为每侧超门宽0.3m，以员工不能跨越为宜；深度通常为150mm，以消毒液没过靴面并防止消毒液溢出为宜。

4.7.12 车间办公室、参观人员休息室应单设出入口及走廊，走廊可向生产车间开设密闭保温观察窗。

# 5 屠宰与分割

## 5.1 一般规定

5.1.1 班屠宰能力应根据正常货源、淡旺季产销情况确定。班屠宰量头（只）数应按全年生产不少于150工作日的平均值计算。

若屠宰时间集中，小时屠宰量大于班宰量的小时平均值时，应按小时计算屠宰能力。

5.1.2 屠宰工艺流程按候宰—冲淋—待宰—致昏—放血—剥皮—胴体加工顺序设置。

5.1.3 工艺流程设置应在满足加工工位的前提下尽量缩短加工路线，减少运输距离，避免迂回交叉。生产线各环节应做到前后协调，使生产均匀地进行。

5.1.4 从宰杀放血到胴体进冷却间的时间不得超过40min。其中从放血到取出内脏的时间不得超过30min。

5.1.5 副产品中血、毛、皮、头、蹄及废弃物应单设房间，不得对周围环境造成污染。

5.1.6 屠宰车间的工器具、运输小车应设清洗消毒间。

5.1.7 皮、毛、胃容物应采用气力输送避免污染产品及环境。

## 5.2 致昏放血

5.2.1 致昏前的驱赶、输送活畜的方法或使用机具应避免使活畜受到强烈的刺激。

5.2.2 牛致昏通常采用电击昏、气动击昏等方法。

   1 使用电压为90V～120V，电击时间5s～11s，电流强度0.5A～1.0A，频率50Hz～150Hz。

   2 手工电击宜配置盐水箱，安装位置应方便操作人员使用，盐水浓度宜在7Be～10Be。

   3 为保证电击和气动击中部位准确，应设置固定活牛的设备。

   4 无论采用哪种方法击昏应把活畜击昏不能击死。

5.2.3 宰杀与放血：

   1 悬挂输送法宰杀放血及自滑轨宰杀放血应设置提升装置。

   2 使用旋转宰杀箱放血时，应设置使活畜头部固定设施。

   3 两种宰杀放血方式，放血位置上都应设有集血设施。

5.2.4 悬挂输送机：

   1 在放血线路上设置悬挂输送机，其运行速度应按宰杀量和挂牲畜的间距来确定，挂牛间距不应小于h，挂羊间距不应小于0.8m。

   2 放血线路上输送机轨道面距地面高度的确定：对牛屠体不宜小于4.5m，对羊屠体不宜小于2.6m。

   3 放血段轨道长度按悬挂输送机运行时间来确定：牛放血（包括大量出血后的滴血，下同）不得小于n，羊放血不得少于5min。

5.2.5 带限制器的悬挂牲畜放血自滑轨道：

   1 自滑轨道的斜度不得小于0.035（相当α=2°）。

   2 放血段自滑轨道限制器不应少于两个。

5.2.6 悬挂法屠宰牲畜，放血槽的长度应按牛放血时间不得少于6min。羊放血不得少于3min。

5.2.7 加后用过的滑轮、套脚链应设返回装置。

### 5.3 牛羊剥皮加工

5.3.1 悬挂畜体预剥皮加工工序：

（宰放血）—电刺激—预剥前蹄—去角、前蹄—预剥头皮—编号—去头—（头部检验、冲洗）—扎食管—剥后腿皮-转挂畜体、换轨—去后蹄—剥臀部皮、尾皮—分离直肠—封肛—预剥胸部皮—预剥颈部皮—机器扯皮—（进入胴体加工工序）。

注：去头工序也可设在机器扯皮之后进行。

5.3.2 采用悬挂输送机输送畜体进行预剥皮时，所设置剥皮工位的数目应与输送带的运行速度相适应。

5.3.3 去角及去前后蹄工位附近应备有盛放角、蹄的容器和输送设备。使用去蹄机具时，应在机具附近设置清洗消毒施。

5.3.4 换轨与畜体转挂：

预皮轨道与胴体加工轨道分开设置的，应设置转挂操作台。

1 转挂操作台的高度应适合轨道转换操作的进行，并设有畜体提升转挂装置。

2 转挂台上适当高度应设有滑轮、钩子和叉挡的存放位置，并应设有使空滑轮和套蹄链返回畜体致昏处的返回装置。应设胴体间用过的滑轮叉挡经消毒后返回装置。

3 两转挂轨道面高差：牛屠体取0.6m～0.8m为宜；羊屠体取0.0m～0.5m为宜。

5.3.5 机器扯皮：

1 使用下拉式扯皮机时应对扯皮区域内的受力轨道进行加固。对上拉式扯皮机应设置拴腿架。

2 扯下的畜应有运输设备将其送到皮张暂存间。皮张运输设备应备有清洗设施。

5.3.6 当去头工序设在放血工序之后或设在机械扯皮工序之后进行时，应在去头位置设置头加工清洗装置。头部进检验时检验钩的设置应便于吊挂。

### 5.4 胴体加工

5.4.1 胴体加工工序：（机器扯皮）—开胸骨—部腹—取肠胃脾—取心肝肺肾—（冲淋）—去尾、鞭—胴体劈半—兽医验—胴体修整—盖复验讫印—计量—冲淋—冷却。

5.4.2 牛开胸骨应设操作台，使用胸骨锯或其他工具开胸时，应备有相应的热水消毒设备。

5.4.3 牛胴体加工平均每小时10头以上（含10头），羊胴体加工
平均每小时100只以上（含100只），应采用悬挂输送机及内脏同
步检验线。但牛胴体加工宜采用步进式输送。

5.4.4 胴体加工轨道面距地面高度：
牛去头工序设置在扯皮机后的，轨道面高度不得低于4.0m。
羊胴体加工轨道面距地面高度不得低于2.2m。

5.4.5 悬挂输送机上推送牛胴体的间距不得小于2.0m。步进式输送牛胴体间距以2.4m为宜。羊胴体间距不得小于0.8m。

5.4.6 内脏同步检验线上应采用悬挂或平面输送设备。并设有不锈钢盘、钩装置。牛肠胃可采用滑槽与同步检验线不锈钢盘相配套。

5.4.7 红脏检验输送线应设不锈钢钩。

5.4.8 牛胴体加工线上每小时加工量超过30头的，剖腹取肠胃与取心肝肺肾工序应分别设置加工工位。

5.4.9 胴体劈半锯应配有热水消毒设施。

5.4.10 牛胴体劈半，兽医检验工序应设置可升降的操作台。小型牛屠宰车间兽医检验可设置高低位检验操作台。

5.4.11 内脏同步检验线的长度应从取白内脏工位及检验工位的数目以及各工位间的距离的总和来确定。

5.4.12 红内脏同步线上钩子的下端距离操作人员的踏脚台的高度以1.2m～1.4m为宜。白内脏同步线上放肠胃的盘子距离地面的高度以0.8m为宜。以保证滑槽与同步检验线上的盘子高度相吻合，保证内脏安全稳妥地滑入盘中。

5.4.13 人员踏脚台宜采用不锈金属或不渗水材料制作。

5.4.14 悬挂在同步检验线上的红、白内脏应设自动或手动卸料装置。经检验合格的副产品通过滑槽送至副产品间，滑槽应用不锈金属制作。如采用手工卸料，附近应设洗手池。并应在卸料处调整同步检验线的高度以适工操作。

5.4.15 Ⅰ、Ⅱ级屠宰车间胴体加工线上使用的滑轮或叉挡，应设置提升和输送装置，将滑轮、叉挡送至转挂操处。

### 5.5 副产品加工

5.5.1 屠体的心、肝、肺、肠、胃、头、蹄、尾的加工应分别在隔开的房间里进行。小型屠宰车间，屠体心、肝、肺的分离、修整可以在胴体加工间里进行，但必须在台池内完成。

5.5.2 副产品加工间的工艺布置应做到脏净分开，产品流向一致、互不交叉。

5.5.3 肠胃加工间应配置肠胃接收台、清洗池、暂存台（池）等。Ⅰ、Ⅱ级屠宰车间应设置清洗机、土清洗机、沥水台及带式输送机等设备。

5.5.4 心、肝、肺、肾加工应设置接收台、清洗池、修整工作台、暂存台（池）等设备。

5.5.5 牛头蹄尾加工间应设接收台、工作台、清洗池等设施。根据需要设置牛头机、锯牛角机等设备。

5.5.6 羊头蹄尾加工间应设置接收台、锯羊角机、浸烫池、刮毛台、清洗池等设施。

5.5.7 Ⅰ、Ⅱ级屠宰厂（场）牛羊胃房草应设有集送装置将其输送至暂存场所。

### 5.6 畜病害肉尸及其产品无害化处理

5.6.1 在生产区应设置畜病害肉尸及其产品无害化设施，设置地点应在厂区下风向位置。

5.6.2 无害化处理有关要求应执行《畜禽病害肉尸及其产品无害化处理规程》GB 16548—1996。

### 5.7 分割加工

5.7.1 分割加工宜采用以下工艺流程：

1 宰后合格牛胴体—冷却—剔骨—分割—包装—冻结。

2 宰后合格羊胴体—冷却—剔骨—分割—包装—冻结。

5.7.2 胴体必须先经冷却过程才能冻结。胴体冷却应采用悬挂方式。

5.7.3 牛胴体冷却，普通牛肉不大于24h，高档牛肉的冷却时间应适当延长。羊胴体冷却要求在12h。将胴体中心温度冷却到7℃。胴体进冷却间的温度按38℃计算。

5.7.4 胴体冷却间内安装吊运轨道，其轨面距地面的高度：牛二分胴体（劈半后）不低于3.3m，牛四分体不宜低于2.6m，羊胴体不宜低于2.3m。

5.7.5 胴体冷却轨道间距：牛二分胴体不得小于850mm，羊胴体（每叉挡挂3只）不宜小于800mm，胴体间不得接触。

5.7.6 冷却间轨道上悬挂劈半后的牛二分胴体每米按1.5头计算，羊胴体（每叉挡挂3只）每米按9只计算。

5.7.7 分割肉宜采用小车分层冷却。

5.7.8 分割间内采用悬挂输送机输送胴体时，其输送链宜采用无油润滑或使用含油轴承链条运输机。

5.7.9 Ⅰ、Ⅱ级剔骨分割加工间，班产牛分割肉在10t以上（含10t）或羊分割肉8t以上（含8t）的原料和半成品、成品的输送应采用自动输送装置。

5.7.10 牛二分胴体在进剔骨分割前应分为四分胴体，并设四分体锯及四分体转挂及下降装置。

5.7.11 在分割间内，对悬挂的牛四分体中后腿部分胴体，应设置下降装置，使其胴体的轨道面高度下降到适宜剔骨工序操作的高度。前腿部分胴体，应设置提升机，使其胴体的轨道面高度提升到适宜剔骨工序操作的高度。

5.7.12 在轨道上悬挂剔骨时，如需从轨道上卸四分体胴体则工作台附近宜设置卸料装置。

5.7.13 在轨道上悬挂剔骨时，其轨道下面应设置接收台（或接收盘）。

5.7.14 在分割输送机（带工作台）上进行分部位剔骨时，应在输送机前安装分割据及工作台D。

5.7.15 分割间安排工艺布局时，应在车间留有人行走通道，如使用车辆运输时应有回车场地。

5.7.16 分割肉原料和半成品、成品的输送不得采用滑槽（筒）。

5.7.17 包装间应设有工作台、计量装置和捆扎机具等设施，还应安排存放包装材料的场所。使用车辆运输时应有回车场地。

5.7.18 分割车间内的包装材料间存放包装材料的搁架应使用防锈金属或其他符合卫生的材料制作。

5.7.19 分割副产品间根据加工产品需要，分别设置工作台、计量装置及其必要的机具。

5.7.20 分割车间的工器具清洗间内，应设置盛装肉品容器、冻结用金属盒及运输车辆的清洗消毒设备。还应设置符合卫生要求的存放架。

## 6 兽医卫生检验

### 6.1 兽医检验

6.1.1 屠宰生产线上被检畜产品的流速，必须能保证满足兽医卫生检验的要求。

6.1.2 宰后检验必须设置头部、内脏、体表与胴体检验和复检的操作位置，其长度应按每位检验人员不少于1.5m计算。各操作点的踏脚台的高度应适应该处检验人员的要求。

### 6.1.3 头部检验位置：

**1** 采用放血以后立即落头工序的，应在落头位置附近设置头部检验位置，并配置检验台及清洗装置。检验后的头部按往畜屠宰统一编号放在小车上等待复检。

**2** 采用胴体、内脏、头部同步检验方法的，应将头部清洗后悬挂或放在同步检验设备上等待检验。

### 6.1.4 胴体与内脏检验：

Ⅰ、Ⅱ级屠宰车间，可设置同步检验装置，在检验位置应设置收集修割废弃物的专用容器。

Ⅲ级屠宰车间，可采用胴体和内脏统一编号方法对照检验或畜体取出内脏后就地与胴体对照检验，其内脏检验位置应设置检验工作台。

胴体与内脏、头部进行同步检验或对照检验后，必须设置兽医卫生检验盖章操作台。

## 6.2 检验与清洗消毒设施

**6.2.1** 在待宰间临近处，必须设置宰前检验的兽医工作室和消毒药品存放间。在靠近屠宰车间处，必须设置宰后兽医工作室。

**6.2.2** 在胴体检验工序后，胴体加工轨道上必须设置疑病胴体的分支轨道。分支轨道可与胴体加工轨道形成一个回路，或将分支轨道通往疑病胴体间。

**6.2.3** 运送病胴体必须具有不渗水的密闭的专用车。

**6.2.4** 内脏同步检验线上的盘、钩、肠胃同步检验滑槽在循环使用中应设置冷热水清洗消毒装置。

**6.2.5** 各检验操作位置上必须设置冷、热水管，刀具消毒器及洗手池。

**6.2.6** 在放血、剥皮及胴体加工各工序操作位置上，副产品各加工间、分割加工间、包装间内都应设置刀具消毒器及洗手池。

**6.2.7** 消毒器应采用不锈金属制作。

**6.2.8** 在生产区必须设置与生产规模相适应的检验化验室，化验室应单独设置进出口。

**6.2.9** 化验室应设置理化、细菌、病理等常规检测的工作间，并配备相应的清洗、消毒、高压蒸汽消毒设施和检测仪器设备。

**6.2.10** 化验室内应设有更衣柜和专用消毒药品室。

## 6.3 工器具及设备卫生

**6.3.1** 所用接触肉品的加工设备，其设计与制作应符合卫生要求，并便于清洗消毒。

**6.3.2** 凡接触肉品的操作台面、工具（包括刀柄）、容器、包装运送用具等应采用不锈金属材料或符合食品卫生的材料制作。

**6.3.3** 盛装肉品及副产品的容器严禁接触地面，应有放置容器的垫架。输送容器，应使用小车或其他输送装置。

**6.3.4** 盛装食品、非食用品、半成品、下脚料、废弃物的容器应分别标有不同的明显标志。

**6.3.5** 半成品露天运输应使用密封车辆。

**6.3.6** 各生产加工检验环节所使用的工具，必须存放于易于清洗和防腐蚀的专用柜内收藏。

**6.3.7** 洗手池水嘴应采用非手动开关，并应供应热水或预先混合好的水。

# 7 制冷工艺

## 7.1 原料的（预冷）冷却

**7.1.1** 牛胴体（原料）冷却，普通牛肉要求在24h（包括进出库时间），高档牛肉冷却时间不少于48h（包括进出库时间），羊胴体冷却要求在12h（包括进出库时间），将胴体（原料）中心温度冷却到7℃。进冷却间胴体的温度按38℃计算。

**7.1.2** 胴体（原料）冷却间按屠宰量设计宜不少于两间，其内设计温度取0℃。

**7.1.3** 副产品冷却间设计温度取0℃~4℃，包括进出货时间在内，副产品经24h冷却后中心温度为7℃。

**7.1.4** 胴体（原料）冷却间轨道上悬挂劈半后的牛二分胴体每米按1.5头计算，羊胴体（每叉挡挂3只）每米按9只计算。

## 7.2 产品的冻结

**7.2.1** 分割肉冻结间的设计温度应为-23℃，冻结终了时肉的中心温度为-15℃。对于出口的分割肉，分割肉冻结间的设计温度应为-35℃。

**7.2.2** 包括进出货时间在内，副产品冻结时间不宜超过24h，心温度不宜高于-18℃。

**7.2.3** 冻结产品如需更换包装，应在冻结间附近安排脱盘包装间，脱盘包装间温度宜为0℃~4℃邻近应设有包装材料间。

## 8　给水排水

### 8.1　给水及热水供应

8.1.1　屠宰与分割车间生产及生活用水应符合现行国家标准《生活饮用水卫生标准》GB 5749—2006 的标准要求。车间内储水设备应有防污染设施和清洗消毒设施。

8.1.2　屠宰与分割车间的给水应根据工艺及设备要求保证有足够的水量、水压。屠宰与分割车间每头牛生产用水量标准为 $0.8m^3 \sim 1.2m^3$，每只羊生产用水量标准为 $0.2m^3 \sim 0.3m^3$。水量小时变化系数为 $1.5 \sim 2.0$。

8.1.3　屠宰与分割车间应根据生产工艺流程的需要，在用水位置上分别设置冷、热水管。用于清洗地面的热水温度不宜低于 $40℃$，对刀具、工器具及台面等进行消毒的热水温度不应低于 $82℃$。用于消毒热水管出口处应配备温度指示计。

8.1.4　屠宰与分割车间内应配备清洗墙裙与地面用的高压冲洗设备及皮带水嘴及软管。各接口间距不宜大于 $20m$。

8.1.5　屠宰与分割车间生产及生活用热水应采用集中供给方式，用做消毒用热水（$82℃$）可采用集中供给或就近设置小型加热装置方式。热交换器进水根据水质情况宜采用防结垢处理装置。

8.1.6　屠宰与分割车间洗手池应根据《肉类加工厂卫生规范》的要求设置，洗手池水嘴应采用自动或非手动式开关，并配备有冷热水。

8.1.7　急宰间及不可食用肉处理间应设冷热水管及消毒用热水管。

8.1.8　屠宰与分割车间给水应设计量设备，并应有可靠的节水措施。

### 8.2　排水

8.2.1　屠宰与分割车间应采用有效的排水措施，车间地面不应积水。屠宰车间及分割车间地面排水宜采用明沟或浅明沟排水，分割车间地面采用地漏排水时宜采用专用除污地漏。

8.2.2　排水浅明沟底部应呈弧形，深度超过 $200mm$ 的明沟，沟壁与沟底的夹角宜呈弧形。明沟盖板应使用防锈材料制作，明沟出水口处应设金属格栅，并有防鼠、防臭的水封装置。

8.2.3　设置专用除污地漏时应具有拦截污物功能，其水封高度不应小于 $50mm$，每个地漏的汇水面积不得大于 $36m^2$。

8.2.4　屠宰车间非清洁区内各加工工序的轨道下面宜设置带盖明沟。明沟宽度宜为 $200mm \sim 300mm$，清洁区内各加工工序的轨道下面宜设置浅明沟。

8.2.5　屠宰车间内副产品加工间废水出口处宜设置回收油脂的隔油器，隔油器应加可移动的密封盖板，附近应设热水软管接口。

8.2.6　肠胃加工间翻肠池排水应采用明沟，室外应设置截粪井或采用固液分离机处理胃房草及有关固体物质。Ⅰ、Ⅱ级屠宰车间的胃房草输送宜采用气体输送装置送至暂存场所。

8.2.7　屠宰与分割车间内各设备，水箱、水池等用水设备的泄水、溢流管不得与车间排水管直接连接，应采用间接排水方式。

8.2.8　屠宰与分割车间内排水管道均应按现行国家标准《建筑给水排水设水规范》GB 50015—2003 的规定设置伸顶通气管。

8.2.9　屠宰与分割车间生产用排水管道管径宜比经水力计算的结果大 2 号 ~ 3 号。Ⅰ、Ⅱ级屠宰车间排水干管不得小于 $250mm$，Ⅲ级屠宰车间排水干管不得小于 $200mm$，输送肠胃粪便污水的排水管径不得小于 $300mm$。屠宰与分割车间室外排水干管管径不宜小于 $500mm$。屠宰车间生产用排水管道最小坡度应 $>5‰$。

8.2.10　屠宰与分割车间的生产废水应集中排至厂区污水处理站进行处理。处理后的污水应达到国家有关污水排放标准的要求。厂区污水管网如采用明沟排放，应设盖板。

8.2.11　急宰间及无害化处理间排出的污水和粪便在排入厂区污水管网之前应进行消毒处理。

## 9　采暖通风与空气调节

9.0.1　屠宰车间应尽量采用自然通风，自然通风达不到生产要求时，可采用机械通风或自然与机械相结合的通风方式。

9.0.2　分割包装车间夏季室内计算温度取值如下：分割车间不应高于 $12℃$；包装间不应高于 $10℃$；车间操作区风速应小于 $0.2m/s$。

9.0.3　凡在生产时常开门，其两侧温差超过 $15℃$ 时，应设置空气幕或其他装置。

9.0.4　新风系统应设过滤装置。

9.0.5 在采暖地区，候宰间、剥皮间、副产品加工间冬季室内计算温度宜取 14℃～16℃；分割剔骨间、包装间冬季室内计算温度应与夏季室内计算温度相同。

9.0.6 屠宰与分割车间内墙壁、顶棚应采取防结露措施。

## 10 电气

10.0.1 屠宰与分割车间用电设备负荷等级的划分
Ⅰ、Ⅱ级屠宰与分割车间的屠宰加工设备、制冷设备及车间照明属于二级负荷，其余用电设备属于三级负荷。Ⅲ级屠宰与分割车间的用电设备属于三级负荷。

10.0.2 屠宰与分割车间应由专用回路供电，Ⅰ、Ⅱ级屠宰与分割车间动力与照明宜分别供电。

10.0.3 屠宰与分割车间配电电压应采用 AC380/220V，接地型式应采用 TN－S 或 TN－C－S 系统，所有电气设备的金属外壳应与 PE 线可靠连接。

10.0.4 屠宰与分割车间配电装置及动力控制设备宜集中布置在专用电气室中，当不设专用电气室时，配电装置宜布置在通风及干燥场所。

10.0.5 在车间多水潮湿场所安装的配电箱、控制箱及其他电气设备（如控制按钮、开关、行程开关、插座等），应采用外壳防护等级为 IP55 级的密封防水型电气产品。

10.0.6 手持电动工具、移动电器和安装在多水潮湿场所的电气设备及插座回路应设漏电保护。

10.0.7 屠宰与分割车间照明方式宜采用分区一般照明与局部照明相结合的照明方式。各照明场所及操作台面的照明标准值不宜低于表 10.0.7 的规定。

表 10.0.7 屠宰与分割车间照明标准值

| 照明场所 | 照明种类及位置 | 照度（lx） | 显色指数 Ra |
|---|---|---|---|
| 屠宰车间 | 一般照明 | 100 | 80 |
| | 加工线操作部位照明 | 200 | 80 |
| | 检验操作台面照明 | 500 | 80 |
| 分割车间 | 一般照明 | 150 | 80 |
| | 分割操作台面照明 | 300 | 80 |
| | 包装工作台照明 | 150 | 80 |
| 待宰间 | 一般照明 | 30 | 60 |
| 冷却间 | 一般照明 | 50 | 80 |

10.0.8 屠宰与分割车间加工生产线照明灯具宜按生产流程走向布置，应采用外壳防护等级为 IP55 级带防护罩的防潮型灯具，防护罩应为非玻璃制品。

10.0.9 分割车间宜采用暗配线，照明配电箱、开关宜暗装。当有吊顶时照明灯具宜采用嵌入式安装。

10.0.10 屠宰与分割车间应在封闭车间内及主要出口设应急照明和疏散指示灯。出口标志灯电源的供电连续时间不应少于 30min，应急照明的平均照度应不低于正常照明的 10%。

10.0.11 照明光源的选择应遵循节能、高效的原则，屠宰与分割车间宜采用直管形荧光灯或金属卤化物灯，应采用节能型镇流器，灯具功率因数不应低于 0.9。

表 10.0.12 屠宰与分割车间照明功率密度值

| 房间或场所 | 照明种类及位置 | 照明密度（W/m²） | 对应照度值（lx） |
|---|---|---|---|
| 屠宰车间 | 一般照明 | 6 | 100 |
| | 加工区照明 | 10 | 200 |
| | 肉品检验区照明 | 20 | 500 |
| 分割车间 | 一般照明 | 8 | 150 |
| | 操作台面照明 | 15 | 300 |
| | 包装照明 | 8 | 150 |
| 待宰间 | 一般照明 | 3 | 30 |
| 冷却间 | 一般照明 | 4 | 50 |

10.0.12 屠宰与分割车间照明功率密度值不应大于表 10.0.12 的规定。

10.0.13 冷却间、包装间等有温度要求的房间，宜根据不同房间设定温度自动开、停制冷、空调设备。

10.0.14 屠宰与分割车间内动力、照明配线应采用铜芯塑料绝缘电线或电缆，移动电器宜采用耐油、耐腐蚀性能的铜芯软电缆。

10.0.15 屠宰与分割车间内安装的电缆托盘，电线套管应采用耐腐蚀、耐油材料。在屠宰加工间内宜采用明敷，在分割肉加工间（当有吊顶时）宜在吊顶内敷设。

10.0.16 屠宰与分割车间属多水作业场所，应采取等电位联接的保护措施，并在用电设备集中区设局部等电位联接。

10.0.17 屠宰与分割车间当需进行防雷设计时应按三类防雷建筑物设防雷设施。

## 本规范用词说明

1 为便于在执行本规范条文时区别对待，对要求严格程度不同的用词说明如下：

表示很严格，非这样做不可的用词：

正面词采用"必须"，反面词采用"严禁"。

表示严格，在正常情况下均应这样做的用词：

正面词采用"应"，反面词采用"不应"或"不得"。

表示允许稍有选择，在条件许可时首先应这样做的用词：正面词采用"宜"，反面词采用"不宜"；

表示有选择，在一定条件下可以这样做的用词，采用"可"。

2 本规范中指明应按其他有关标准、规范执行的写法为"应符合……的规定"或"应按……执行"。

# 中华人民共和国行业标准
# 牛羊屠宰与分割车间设计规范

SGJ 08—2007

（备案号：J 773—2008）

## 条文说明

## 1 总则

1.0.2 本条根据国内牛羊屠宰加工的现状，按班宰量对牛羊屠宰规模重新进行了分级。对牛班宰量在200只一下的屠宰与分割车间，规范中的条文不一定适用，但规范中有关环境卫生，兽医检验等条纹完全适用。

1.0.5 根据国家对编制对全国通用设计标准规范的规定，为了精简规范的内容，避免重复，凡引用或参见其他全国通用设计标准、规范和其他有关规定的内容，除必要以外，本规范不在另立条文，故在本条中统一作了交待。

## 3 厂址选择和总平面

### 3.1 厂址选择

3.1.1 本条是在选择厂区周围环境上保证肉类食品加工的卫生、安全。

3.1.2 厂区的宰前设施及锅炉房、污水处理场等会对周围环境产生一定污染，选址时应与居民居住区保持适当的防护距离。表3.1.2是根据《肉类联合加工厂卫生防护距离标准》GB 18078—2000编制的。

### 3.2 总平面布置

3.2.1 厂区的生活区宜布置在厂区的上风向。生产区内的清洁区可布置在厂区的上风向，也可与主导风向垂直布置。

非清洁区、半清洁区和清洁区按照《畜类屠宰加工通用技术条件》GB/T 17237—1998中的定义界定。

3.2.2 为保证肉类食品卫生安全，防止活畜、废弃物、垃圾等污染肉品，规定厂区至少设两个出入口，也与《肉类加工厂卫生规范》GB 12694—1990中的要求相符。

3.2.3 现代畜类产品加工过程均采用轨道式生产线。活畜原料在非清洁区开始屠宰加工，随着生产流程逐步转向清洁区，为连续不间断的过程。

3.2.4 本条是为防止不同品种畜类产品在加工过程中产生交叉污染。

3.2.5 厂区内清洁与非清洁应明显分开，避免清洁区收到污染。

### 3.3 环境卫生

3.3.1~3.3.5 各条是防止厂区环境对畜类产品在加工过程中产生污染。

3.3.6 本条是防止厂区生产过程中对周围环境产生污染。

3.3.7 为防止活畜运输车辆的车轮将场外污染带入场内，以及为防止活畜运输车辆卸车后将畜粪带出厂外污染环境，规定活畜运输车辆进场时必须经过消毒，出场时必须经过清洗。消毒池长度要满足活畜运输车车辆车轮在消毒池内的消毒液中滚动一周。

## 4 建筑

本章编写的参考文献：

《中华人民共和国进出口商品检验法》，1989年8月1日实施。

《中华人民共和国食品卫生法》，1995年10月30日实施。

《肉类加工厂卫生规范》GB 12694—1990。

《食品企业通用卫生规范》GB 14881—1994。

《肉与肉制品卫生管理办法》，1990年11月20日国家卫生部令第5号发布施行。

《食品生产企业危害分拆与关键控制点（HACCP）管理体系认证管理规定》，国家认证认可监督管理委员会 2002 年 3 月颁布。

《出口食品生产企业卫生要求》，国家质量监督检验检疫总局发布，2002 年 5 月 20 日实施。

《动物防疫条件审核管理办法》，国家农业部发布，2002 年 7 月 1 日实施。

《出口肉类屠宰加工企业注册卫生规范》，国家质量监督检验检疫总局发布，2003 年 12 月 31 日实施。

《食品卫生通则》，联合国食品法典委员会 CAC/RCP1—1969，Rev. 3（1997）。

《良好操作规范》，美国（GMP）代号 21 CFR part 110。

欧盟食品卫生规范和要求及加拿大的基础计划相关内容。

## 4.1 一般规定

4.1.1~4.1.7 各条内容中的建筑设计构造要求及材料选用，都是保证建筑设计能满足肉类食品加工卫生要求而制定的。

## 4.2 宰前建筑设施

4.2.1 本条内容是我国现阶段建设的畜类屠宰加工厂宰前基本设施。

4.2.2 我国许多城市已经禁止小型拖拉机上路。小型拖拉机卸车站台可根据肉类加工厂实际管理需要设置，其站后高出路面 0.5m。

4.2.4 本条是根据我国现阶段常规活畜加工模式确定的。现在出现了订单式生产、委托式生产等新的活畜加工模式，待宰间的容量应根据实际经营需要设计，容量适当减少，分间适当增多。

4.2.5 接收间应分成若干间，每间面积宜 30m² ~ 50m²。

4.2.6 我国现阶段建设的肉类加工厂以大型居多。待宰间面积达数千平方米，待宰间仅靠侧墙采光通风已经不能满足要求了，因此应设可开启采光侧天窗。

4.2.8 牛接收间、赶畜道、待宰间内的隔墙宜优先采用金属栏杆。

宰前冲淋间可根据实际经营需要设置。我国现阶段建设的牛羊肉类加工厂生产线一般按剥皮设计，因此可不设冲淋间。如果因特殊要求需要宰前冲淋，宰前冲淋量宜按不小于班宰量的 1/10 计算，冲淋间建筑面积（包括间内赶畜道）每头牛占地按 2.5m² ~ 2.8m² 计算，每只羊占地按 0.6m² ~ 0.8m² 计算。

冲淋间可分为若干间，每个隔间都与赶畜道相连。

4.2.10 为有效避免生畜疾病的传播，国家农业部于 2002 年 7 月 1 日颁布实施的《动物防疫条件审核管理办法》中要求：动物在饲养、运输、屠宰过程中建立健全的动物防疫检疫体系。动物饲养阶段是防疫重点。只有健康动物才允许进行商品运输、屠宰。因此，现阶段新建的肉类加工厂基本取消了畜体测温巷道的设置，活畜在屠宰厂卸车时，由兽医观察检疫。仅在待宰间接受站台附近设置疑病畜间。

4.2.11 急宰间、无害化处理间加工量可按班宰头数的 0.5% 确定。

## 4.3 屠宰车间

4.3.2 牛羊屠宰车间面积是根据国内贸易工程设计研究院（原商业部设计院）历年来所作设计及有关资料综合确定的。

4.3.3 屠宰加工阶段的四个分区是根据我国若干个成功对外注册厂进行总结得出的。

4.3.4 屠宰车间宜采用单层建筑，是便于多个加工工段的合理组合；采用较大跨度建筑，是便于屠宰设备安装。

层高应能满足通风、采光要求；适合屠宰设备安装、维修和生产需要。本条提出的要求是低限。

4.3.7 羊在宰杀放血后的 3min 内（牛为 6min），放血量较大，为了将血尽快排放至集血池，所以此段放血槽采用较大坡度。

4.3.9 部分疑病胴体经过检验排除疑问后是可以食用的。房间温度控制在左右，便于保证可食用胴体质量。

4.3.11 本条符合我国现阶段冷却肉销售要求。在 0℃ 环境下存放二、四分体可延长鲜肉的保质期。

## 4.4 冷却间

4.4.1 本条是保证冷却间内的环境卫生。

4.4.3、4.4.4 各条的分间规定便于冷却间周转使用及消毒、维修。

4.4.5 本条是防止肉品在冷却过程中受到污染。

## 4.5 分割车间

4.5.2 分割车间建筑面积的确定是参照近年来国内贸易工程设计研究院（原商业部设计院）承担的设计及其他有关资料综合确定的。

4.5.3 单层分割车间室内净高不宜高于 4.5m，主要是为了减少空调负荷，节约能源。

4.5.5，4.5.6 目前我国分割间提倡采用胴体预冷后剔骨工艺。冷后胴体中心温度控制在 7℃。为了保证肉品质量，分割间、成品包装间应采用低温空调设施。

4.5.9　均为现在国内外肉类市场通常采用的温度要求。

### 4.6　冻结间

4.6.1~4.6.3　各条均为保证肉类产品安全、卫生制定。

4.6.4　本条是参照近年来国内贸易工程设计研究院（原商业部设计院）承担的设计及其他有关资料综合确定的。

### 4.7　员工生活设施

本节各条综合指标是参照近年来国内贸易工程设计研究院（原商业部设计院）承担的设计、双汇集团的几个对外注册车间及欧盟有关肉类加工卫生要求综合确定的。综合指标考虑了随着我国肉类行业不断发展，员工工作、生活环境不断改善的需要。

4.7.2　根据国内屠宰加工企业的不同状况，本条仅对 Ⅰ、Ⅱ 级牛羊屠宰与分割车间作了规定，Ⅲ 级牛羊屠宰与分割车间可参照执行。

员工进车间的更衣消毒流程是：

屠宰车间非清洁区：门厅（套工作服收发间）→男（女）一更→手消毒通道→鞋消毒→进车间，其中男（女）一更→淋浴、厕所；手消毒通道→休息室。

屠宰车间清洁区：门厅（套工作服收发间男（女）一更→男（女）二更→手消毒通道→鞋消毒→进车间，其中男（女）一更→淋浴、厕所；手消毒通道—休息室。

分割车间：门厅（套工作服收发间）→男（女）一更→男（女）二更→风淋间→手消毒通道→鞋消毒→进车间，其中男（女）一更→淋浴、厕所；门厅或男（女）一更→休息室。

分割车间员工就餐时要求退出一更方可进入餐厅，就餐后要再一次通过更衣才能进入车间，主要是防止员工的工作服粘带饭粒等杂质污染产品。

门厅或走廊的外门口处要增设 PVC 塑料软门帘，在北方地区称作保温门斗，在南方地区用来防止蚊蝇进入车间。面积小于 ≥3m²。4.7.10 操作规程要求每个工人进入风淋间后关上门，有效风淋时间不少于 20s。每个人在风淋时，站在原地旋转一周。

4.7.11　手消毒程序是：清水洗手→皂液洗手→清水冲洗→药液浸泡（50ppm ~ 100ppm 次氯酸钠）15s ~ 20s→清水清洗→纸巾干手（欧盟食品卫生规范和要求中规定不得采用吹风机干手）。

操作规程要求每个员工消毒、干手时间约需 1min。手消毒后的员工要求不能再摸与生产无关的器具，包括门把手。

## 5　屠宰与分割

### 5.1　一般规定

5.1.1　班宰能力按全年不少于 150 个工作日的计算是根据我国以收购农牧民散养牲畜为主的情况确定的。每年秋末冬初时节，牛羊收购形成旺季，这点与工业化饲养与均衡生产不同。

5.1.4　活畜宰杀后体内热量不易散发，加速了脏器，特别是肠胃的腐败过程。为了保证肉品质量，应尽早剖腹取出内脏，尽快结束胴体加工过程，保持肉品的新鲜程度。欧洲共同体对肉类加工的卫生条件中也作了相应的规定。本条是根据我国实际情况，参照国外标准提出的。

5.1.6　屠宰车间使用的滑轮、叉挡、钩子，如与分割车间共用，它们的清洗消毒设施可设在屠宰与分割车间的就近处，便于运回屠宰车间使用。

### 5.2　致昏放血

5.2.1　强力驱赶牲畜会造成牲畜精神紧张，使被击昏后的牲畜放血不畅，造成肉品质量降低。因此规定了本条。

### 5.3　牛羊剥皮加工

5.3.5　下拉式扯皮机，在扯皮时由于屠体后腿悬挂在轨道上，屠体在畜皮扯下的同时，屠体的椎骨，特别是椎骨尾部易脱位，同时肌肉也被拉长。为使椎骨复位，肌肉恢复原有状态，国外采用了一个电极装置，通过低压电流，刺激肌肉使其收缩迫使椎骨复位，电极自动收回后，牛躯体松弛，恢复到扯皮前状态。目前我国还没有生产这种设备。

### 5.4　胴体加工

5.4.1　本条胴体加工工序要求胴体劈半在前，兽医检验在后是因为胴体劈半后才能看清脊椎部位有无病变，便于兽医判断。

5.4.6　内脏同步检验线有悬挂和盘式输送两种形式。目前国外悬挂式是将畜体的头、内脏中的心、肝、肺、肾等悬挂在钩子上，肠胃放在盘式输送机上或采用肠胃检验滑槽，也有把头、内脏均分别放在盘式输送机上，这几种方法都符合卫生检验要求。目的是使兽医能够对同一头畜体的胴体、内脏及时做出检验判断，防止疫病漏检。

### 5.3　副产品加工

**5.5.3**　肠胃加工间内肠胃内容物是按本规范第5.5.7条和第8.2.6条处理的，由于胃内容物较多，所以单独设置集送装置，防止污染环境。肠内容物为粪便，一般做法是先排入明沟，再流入室外截粪井，然后再集中清理粪便。对于Ⅲ级屠宰车间，如不设截粪井，应在室内设集粪桶，集中送出厂外。所以本条中没有要求设集粪桶。

**5.5.7**　牛羊胃房草数量较多，Ⅰ、Ⅱ级屠宰车间可采用压缩空气管道吹送的方法，将胃房草送至处理场，以减少用车运输对厂区环境的污染。

### 5.7　分割加工

**5.7.1**　为保证肉品质量，分割加工采用原料（胴体）先经冷却再分割的加工工艺。

**5.7.9**　分割加工在Ⅰ级分割车间中，由于生产量大，要求使用输送机来保证生产流水线的正常运行，同时也为食品卫生创造了良好的条件。Ⅱ级分割车间加工量相对较小，使用不锈钢工作台也可满足要求。

## 6　兽医卫生检验

### 6.1　兽医检验

**6.1.3、6.1.4**　现在多数厂采用分散的检验方法。它是将畜体各检验部位由卫检人员分别检验，检验后的部位（如内脏器官）即可与畜体分离，一旦后序检验部位发现疾病时，已离体部位找不到了。这就失去了从整体上综合判断的作用。

统一编号的对照检验方法是胴体和内脏编写相同号码，内脏集中在专设的检验台处检验。发现病畜时，可按编号找到相应的胴体、头部或内脏进行综合判断处理。为此把分散的检验改为相对集中的对照检验或内脏与胴体同步检验是采用了先进的检验方法，它使兽医检验工作起到了保证作用。

### 6.2　检验与清洗消毒设施

**6.2.8~6.2.10**　根据我国《食品卫生法》和《食品卫生标准》的有关规定，食品经营企业，应对其企业的生产用水、生产加工的原料、半成品是否合格做出细菌理化的法定检验及病源的实验室诊断等。为履行其职责和任务，化验室的建筑面积必须按其工作场所的需要而定。

### 6.3　工器具及设备卫生

**6.3.1~6.3.5**　根据我国《食品卫生法》第四章"食品容器、包装材料和食品用工具、设备卫生"的有关规定而制定。

## 7　制冷工艺

### 7.1　原料的（预冷）冷却

**7.1.1**　本条文中没有对牛胴体的预冷时间作出规定，由于牛肉在屠宰后有一个较长时间的成熟过程，随成熟过程的进行肉逐渐熟化，肉的质地变嫩，所以欧盟一般对高档牛肉都采用至少预冷48h，第一天将胴体中心温度降至7℃，然后在冷却间内再放置一天。对牛的后腿还可以放更长时间使肉嫩化。

肉体中心温度低于7℃可抑制细菌的繁殖，国外工艺也是这样规定的。

**7.1.2**　胴体（原料）冷却间的设计温度取0℃，使用时室温可调至0℃~4℃。

**7.1.3**　副产品冷却间的设计温度取0℃，冷却后副产品的中心温度不应高于7℃，可起到抑制细菌繁殖的效果。

### 7.2　产品的冻结

**7.2.1**　分割肉的冻结要在24h之内完成，在−23℃冻结间内必须采用盘装包装，在冻结间内把肉冻好后，再进入包装间把盘装换成纸箱包装入库，目的是提高肉品质量。由于我国大量的冻结间库温为−23℃，若装纸盒后直接冻结，48h还达不到−15℃要求。欧美国家冻结间温度可达−40℃，36h可达−18℃，我国目前只有少数用于出口的分割肉冻结间，其内温度可达到这个水平。考虑到国内实际情况，只提出冻肉的终了温度，没有对冻结时间作统一规定。

**7.2.2**　副产品冻结时间要求比肉冻结时间要短，冻结后温度要低，目的也是保证获得好的质量。国外先进的标准要求副产品在12h内冻到−18℃，使用平板冻结器可达到这一要求。结合我国情况，提出24h冻结达到−18℃是可行的，只是冻结间库温要达到−23℃以下才行，执行起来也应无问题。

## 8　给水排水

### 8.1　给水及热水供应

**8.1.1**　本条是根据《中华人民共和国食品卫生法》及中华人民共和国国家认监委《出口肉类屠宰加工企业注册卫生规范》国认注函〔2003〕167号对食品加工用水水质的要求制定的。

**8.1.2**　按中华人民共和国原国内贸易部《牛羊屠宰与分割车间设计规范》SB J08—94第7.1.2条规定：屠宰车间

每头牛用水量按 1.00m³ 计算，每只羊用水量 0.25m³ 计算。根据对各省市牛羊屠宰用水量调查及我院近几年牛羊屠宰采用的用水量标准，其数据与原规范标准相差不大，但考虑到全国不同地区及项目采用不同标的屠宰加工设备（如进口设备），用水量应有一定变化，故本次规范设计按每头牛用水量 0.80m³ ~ 1.20m³ 计算，每只羊用水量 0.20m³ ~ 0.30m³ 计算。设计时按具体情况选用。生产用水量标准包括屠宰车间生活用水。

**8.1.3** 本条是根据国家认监委《出口肉类屠宰加工企业注册卫生规范》国认注函〔2003〕167号第 7.3.4 条对刀具消毒要求确定的。

## 8.2 排水

**8.2.1~8.2.3** 屠宰加工过程中污水排放比较集中，污水中含有大量的血、油脂、胃肠内容物、皮毛、粪便等杂物。为了满足车间卫生要求，地面水应尽快排出且不应堵塞。根据目前各厂实际运行情况，屠宰车间设明沟排水（或浅明沟）较好，一方面污物能及时排放，另一方面清洗卫生方便。

　　分割车间可采用明沟（浅明沟）或专用地漏排水，专用地漏应带有网筐，首现将污物拦截于筐内，水从筐内流入下水管道，否则污物易堵塞下水管道。每个地漏排水汇水面积参考国外标准确定为 36m²。

**8.2.4** 该条是根据屠宰工艺要求设置的。

**8.2.6** 屠宰加工中胃肠内容物及粪便都流入室外截粪池或采用固液分离机处理胃房草及有关固体物质。每日截粪池应出清运输，卫生条件较差，所以本条规定对Ⅰ、Ⅱ级屠宰车间宜安装气体输送装置送至暂存场所，这样可以减少对周边环境的污染。

**8.2.9** 本条是根据本行业屠宰污水排放比较集中、污物较多、管道宜堵等情况，将管径放大的。从调查实际运行生产厂家，车间内管道及室外排水管道堵塞情况普遍，管内结垢（油垢）严重，按计算选择管径实际使用偏小，也不便于管道内清洗，故将管径放大。

**8.2.11** 急宰间及无害化处理间排出的污水和粪便须先收集、沉淀和消毒处理后，才准许排入厂区内污水管网。

## 9 采暖通风与空气调节

**9.0.1** 根据我国实际情况，屠宰车间应以自然通风为主，如车间不能开窗，则应采用机械通风。对于散发臭味的车间，如副产品肠胃加工间，每小时换气次数达不到六次时，应辅助以机械通风。

**9.0.2** 根据《出口畜禽肉及其制品加工企业注册卫生规范》，分割车间夏季空气调节室内计算温度应保持在 15℃ 以下，室内温度控制在 10℃ 左右。

**9.0.3** 根据《采暖通风与空气调节设计规范》GB 50019—2003 第 6.1.10 条制定。

**9.0.4** 根据《采暖通风与空气调节设计规范》GB 50019—2003 第 6.6.12 条制定的。

**9.0.5** 根据《采暖通风与空气调节设计规范》GB 50019—2003 第 3.1.1 条并参考原商业部设计院编制的《商业冷藏库设计技术规定》制定。

**9.0.6** 屠宰与分割车间多为封闭、半封闭车间，车间内潮湿，特别是生产结束后车间内的清洗消毒，使大量水汽附着于墙壁和吊顶，车间内、外墙温差易产生结露，两种情况都易滋生霉菌，所以提出本条要求。

## 10 电气

**10.0.1** 牛羊屠宰与分割加工生产的正常运行，是确保肉品质量和食品卫生的关键环节，如供电不能保证，一旦停电，势必造成肉品加工生产停止，肉温上升，导致肉品变质，从而造成较大的经济损失。根据牛羊屠宰与分割加工产品质量标准和卫生标准的要求，为提高供电的可靠性，本条文对原规范进行了修改，对Ⅰ、Ⅱ级屠宰与分割车间的屠宰加工设备、制冷设备及照明按二级负荷供电。

**10.0.2** 为提高屠宰与分割车间的供电可靠性并便于独立核算，应采用专用回路供电。

**10.0.3 ~ 10.0.6** 屠宰与分割车间属多水潮湿场所，操作工人也经常带水作业，为提高用电安全，规定此条内容。

**10.0.7** 经对屠宰与分割车间照明照度的调查，根据国家标准《建筑照明设计标准》GB 50034—2004 及《食品企业通用卫生规范》GB 14881—94 的有关规定，对屠宰与分割车间的照明标准值作出规定。

**10.0.8** 根据国家标准《肉类加工厂卫生规范》GB 12694—90 的要求及为提高用电安全而制定本条。

**10.0.9** 分割车间属清洁房间，为减少电气设备对肉品卫生的影响而制定本条。

**10.0.10** 屠宰与分割车间属人员密集的工作场所，当突然停电时，为便于工作人员进行必要的操作和安全疏散而规定本条内容。

**10.0.11、10.0.12** 经对屠宰与分割车间调查收集到的资料进行分析，根据国家标准《建筑照明设计标准》GB 50034—2004的要求对屠宰与分割车间照明光源的选择原则和照明功率密度值作出规定。

10.0.13 根据肉品加工卫生标准的要求而制定本条。

10.0.14、10.0.15 屠宰与分割车间属多油脂场所，为减少油脂对导线的腐蚀，应选择适宜的导线、电缆托盘及电线套管，以提高供电的安全性。

10.0.16 当发生接地故障时，为降低操作人员间接接触电压，以防止可能发生的人身安全事故，应采取等电位联接的保护措施。

10.0.17 根据国家标准《建筑物防雷设计规范》GB 50057—94（2000 年版）的规定，屠宰与分割车间属三类防雷建筑物。

备案号：J 819—2008

# 中华人民共和国行业标准

SBJ 15—2008

## 禽类屠宰与分割车间设计规范

Code for design of poultry slaughtering and cutting rooms

2008 -09 -27 发布/2009 -03 -01 实施

中华人民共和国商务部　发布

## 前　言

本规范根据商务部司（局）函—商建标函〔2007〕331 号和建设部司函—建标标函〔2007〕43 号文件的精神，受商务部的委托，由国内贸易工程设计研究院编制。

编制过程中，进行了深入的调查研究，广泛征求了全国有关部门和单位的意见，结合国内近几年来在禽类屠宰和分割加工方面的成功经验，吸收了国外的先进技术和标准，由商务部会同有关部门审查定稿。

本规范在施行过程中，如发现需要修改和补充之处，请将意见和有关资料寄送国内贸易工程设计研究院（地址：北京市右安门外大街 99 号，邮政编码：100069），以供今后修订时参考。

本规范主编单位及主要起草人：

主编单位：国内贸易工程设计研究院

主要起草人：赵秀兰　邓建平　赵慧芳　崔月明　赵彤宇　何平　吕济民　陈洪吉　陈锦远

# 禽类屠宰与分割车间设计规范

## 1　总则

1.0.1　本规范中的禽类指鸡、鸭、鹅等家禽。

1.0.2　禽类屠宰与分割车间设计必须符合卫生、适用、安全等基本要求，为实现上述要求，保证肉品质量，特制定本设计规范。

1.0.3　本规范适用于新建、扩建和改建的禽类屠宰与分割车间设计。

屠宰车间按小时屠宰量分为三级：

一级：鸡 6000 只/h（含 6000 只/h）以上；鸭、鹅 3000 只/h（含 3000 只/h）以上。

二级：鸡 3000 只/h（含 3000 只/h）～6000 只/h；鸭、鹅 1500 只/h（含 1500 只/h）～3000 只/h。

三级：鸡 3000 只/h 以下；鸭、鹅 1500 只/h 以下。

分割车间按小时分割量分为三级：

一级：鸡 6000 只/h（含 6000 只/h）以上；鸭、鹅 3000 只/h（含 3000 只/h）以上。

二级：鸡 3000 只/h（含 3000 只/h）～6000 只/h；鸭、鹅 1500 只/h（含 1500 只/h）～3000 只/h。

三级：鸡 3000 只/h 以下；鸭、鹅 1500 只/h 以下。

1.0.4　屠宰与分割车间应确保操作工艺、卫生、兽医卫生检验符合要求，并能做到技术先进、经济合理、节约能源、维修方便。

1.0.5　屠宰与分割车间工程设计除应符合本规范外，尚应符合国家现行的有关标准的规定。

## 2　术语

2.0.1　原料　raw material

供人类食用的、饲养的禽类动物，包括鸡、鸭、鹅等。

2.0.2　胴体　carcass

挂禽、放血、脱毛、去头爪、去内脏后的禽躯体。

2.0.3　内脏　offal

除胴体外，加工后宜于人类食用的部分（心、肝、肺、肠、胃及头、爪）。

2.0.4　同步检验　synchronous inspection

家禽胴体加工线同内脏线同步运行，便于兽医对照检验综合判断的一种检验方式。

2.0.5　冷却　chilling

通过冰水或其他方法，将胴体中心温度降低的过程。

2.0.6　分割肉　cut meat

按规格要求将胴体分割成各部分的肉。

2.0.7　挂禽区　poultry hanging section

活禽输送、吊挂及清洗空箱子的区域。

2.0.8　屠宰车间　slaughtering room

自挂禽、致昏、放血到胴体冷却分割前的场所。

2.0.9　非清洁区　non-hygienic area

挂禽、致昏、放血、烫毛、脱毛、浸蜡脱蜡、去头、爪、内脏加工等场所。

2.0.10　半清洁区　semi-hygienic area

自脱毛后（或浸蜡后）到同步检验场所。

2.0.11　清洁区　hygienic area

胴体修整、冷却分割、心肝肺精加工、暂存发货间、分级等场所。

2.0.12　副产品加工间　by-products processing room

肠、胃、头和爪等加工处理的场所。

2.0.13　分割车间　cutting and deboning room

剔骨、分割成部位肉的场所。

2.0.14　包装间　packing room

产品的包装场所。

**2.0.15  冷却间  chilling room**
产品冷却的场所。

**2.0.16  冻结间  freezing room**
冻结产品的场所。

# 3  厂址选择和总平面布置

## 3.1  厂址选择

3.1.1  屠宰与分割车间选址时，应远离城市水源地和城市给水、取水口，并应位于城市居住区夏季风向最大频率的下风侧。厂区不应设于受污染河流的下游。

3.1.2  厂址必须具备符合要求的水源和电源，其位置应选择在交通运输方便、货源流向合理的地方，根据节约用地和不占农田的原则，结合卫生和加工工艺要求因地制宜地确定，并应符合城镇规划的要求。

3.1.3  厂址周围应有良好的环境卫生条件，并应避开产生有害气体、烟雾、粉尘等污染源的工业企业或其他产生污染源的地区或场所。

3.1.4  厂址附近应有允许经过处理后的污水排放的城市管网和最终受纳水体。

## 3.2  总平面布置

3.2.1  家禽屠宰加工厂应划分为生产区和非生产区。生产区必须单独设置活禽与废弃物的出入口，产品和人员出入口须另设，且产品与活禽、废弃物在厂内不得共用一个通道。

3.2.2  生产区各车间的布局与设施必须满足生产工艺流程和卫生要求，健康禽类和疑病禽必须严格分开，原料、半成品、产品等加工防止交叉污染。

3.2.3  屠宰与分割车间应设置在活禽接收区、无害化处理间、废弃物集存场所、污水处理站、锅炉房、煤场等建（构）筑物及场所的上风向，其间距应符合环保、食品卫生以及建筑防火等方面的要求。

3.2.4  屠宰与分割车间的布置应考虑与其他建筑物的联系，并使厂内的非清洁区与清洁区明显分开，防止清洁区受到污染。

## 3.3  环境卫生

3.3.1  屠宰与分割车间所在厂区的路面、场地应平整、无积水，主要道路及场地宜采用混凝土或沥青铺设。

3.3.2  厂区内建（构）筑物周围、道路的两侧空地均宜绿化。

3.3.3  污染物排放应满足国家有关标准的要求。

3.3.4  厂区内应在远离屠宰与分割车间的非清洁区内设有急宰间、废弃物等的暂时集存场所，其地面与围墙应便于清洗、消毒。运送废弃物的车辆还应配备清洗消毒设施及存放场所。

3.3.5  活禽进厂的入口处应设置与门同宽、长3m、深0.10m～0.15m，且能排放消毒液的车轮消毒池。生物安全处理间的出入口应设置便于手推车出入的消毒池，消毒池应与门同宽、长2m、深0.10m，且能排放消毒液。

# 4  建筑

## 4.1  一般规定

4.1.1  屠宰与分割车间的建筑面积与建筑设施应与生产规模相适应，车间内各加工区应按生产工艺流程划分明确，人流、物流互不干扰，并应符合工艺、卫生及检验要求。

4.1.2  地面应采用不渗水、防滑、易清洗、耐腐蚀的材料，其表面应平整无裂缝、无局部积水。排水坡度：分割车间不应小于1%，屠宰车间不应小于2%。

4.1.3  车间内墙面及墙裙应光滑平整，并应采用无毒、不渗水、耐冲洗的材料制作，颜色宜为白色或浅色，如采用预制板拼装制作时，所有板缝间及边缘连接处应密封。墙裙高度：屠宰车间不应低于2.7m，分割车间不应低于2.0m。

4.1.4  地面、顶棚、墙、柱、窗口等处的阴阳角，必须设计成弧形。

4.1.5  顶棚或吊顶应采用光滑、无毒、耐冲洗、不易脱落的材料，其表面应平整简洁，不得有难以清洗的缝隙、凹角或突起物，顶棚不宜设过密的次梁。

4.1.6  门窗应采用密闭性能好，不变形、不渗水、防锈蚀的材料制作，内窗台宜设计成向下倾斜45°的斜坡，或采用无窗台构造。

4.1.7  成品或半成品通过的门，应有足够宽度，避免与产品接触。通行吊轨的门洞，其宽度不应小于0.6m；通行手推车的双扇门，应采用双向自由门，其门扇上部应安装由不易破碎材料制作的通视窗。

4.1.8  车间内应设有防蚊蝇、昆虫、鼠类进入的设施。

**4.1.9** 楼梯及扶手、护栏均应做成整体式的，面层应采用不渗水材料制作。楼梯与电梯应便于清洗、消毒。

## 4.2　宰前建筑设施

**4.2.1** 宰前建筑设施包括活禽接收区、卸禽站台（含挂禽区）、急宰间等。

**4.2.2** 公路卸禽站台应高出路面0.9m～1.0m，其地面应采用混凝土铺设，并应设罩棚。站台前应设回车道路，其附近应有洗车台。洗车台应设有冲洗消毒及集污设施，回车道路和洗车台均应做混凝土地面，排水坡度不应小于2.5%。

**4.2.3** 活禽接收区应设有能够阻挡阳光直射、遮风、避雨、通风的设施。

**4.2.4** 挂禽区与屠宰间应隔开。

**4.2.5** 卸禽站台兼做挂禽区，其进深宜为5m～6m。朝向应使夏季通风良好，且应设有防雨的屋面。寒冷地区应有防寒设施。应采用混凝土地面。砖墙表面应采用不渗水、易清洗材料制作，挂禽区内地面坡度不应小于1%，并坡向站台前排水沟。

## 4.3　生物安全处理

**4.3.1** 在生产区应设置病害禽和病害禽产品生物安全处理设施，设置地点应在厂（场）区常年主导风向的下风侧。

**4.3.2** 生物安全处理的有关要求应执行现行国家标准《畜禽病害肉尸及其产品生物安全处理规程》GB 16548—2006的规定。

**4.3.3** 废弃的羽毛及废弃的内脏应及时采用密封设施输送至相应的处理间。

**4.3.4** 急宰间宜靠近卸禽站台，并应设在屠宰车间位置的常年主导风向的下风侧。急宰间及其面积应按当地禽源的具体情况设置。

**4.3.5** 急宰间如与生物安全处理间合建在一起时，中间应设隔墙。

**4.3.6** 急宰间、生物安全处理间的地面排水坡度不应小于2%。

## 4.4　屠宰车间

**4.4.1** 屠宰车间应包括致昏放血间、浸烫脱毛间、去内脏间、副产品加工间、检验室等，其建筑面积宜符合表4.4.1的规定。

表4.4.1　屠宰车间建筑面积

| 按小时屠宰量分级 | 平均每100只建筑面积（m²） |
| --- | --- |
| 一级 | 鸡18～20，鸭、鹅22～25 |
| 二级 | 鸡20～22，鸭、鹅26～28 |
| 三级 | 鸡23～25，鸭、鹅31～32 |

**4.4.2** 冷却间、胴体发货间、副产品发货间应与屠宰车间相连接。发货间应通风良好，并设有温度控制措施。发货间外宜设密封站台，且使每个发货口直对一个车位。

**4.4.3** 屠宰车间内挂禽、致昏、放血、烫毛、脱毛（或浸蜡脱蜡）、去头爪及内脏粗加工工序属于非清洁区，而脱毛（或浸蜡脱蜡）后、摘小毛、掏膛、内脏精加工到同步检验工序属于半清洁区，胴体整理、冷却分割、心肝肺精加工、暂存发货、分级工序属于清洁区，在布置车间建筑平面时，应使三个区划分明确，不得交叉。

**4.4.4** 屠宰车间以单层建筑为宜，单层车间宜采用较大的跨度，净高不宜低于4.2m。屠宰车间的柱距不宜小于6m。

**4.4.5** 屠宰车间内与沥血线路平行的墙裙，其高度不应低于沥血轨道的高度。

**4.4.6** 集血间墙裙、地面应采用不渗水材料制作，表面应光滑易清洗消毒，地面排水坡度不应小于2%。

**4.4.7** 烫毛生产线的烫池部位宜设天窗。

**4.4.8** 检验室应设置在靠近屠宰生产线的采样处。室内应光线充足，通风良好，其面积应符合卫生检验的需要。

**4.4.9** 屠宰车间的废弃物收集间应设置在内脏加工间的邻近处，且应有直通车间外的门或出口。

**4.4.10** 副产品加工间及副产品发货间使用的台、池应采用不渗水材料制作，且表面应光滑，易清洗消毒。

**4.4.11** 屠宰车间应设置工（器）具清洗间。

**4.4.12** 屠宰车间内车辆的通道宽度：单向不应小于1.5m，双向不应小于2.5m。

## 4.5　分割车间

**4.5.1** 分割车间应包括原料（胴体）冷却间、分割间、分割副产品暂存间、包装间、包装材料间、清洗间及空调设备间等。

4.5.2 分割车间内的各生产间面积应相互匹配，并宜布置在同一层平面上，其建筑面积宜符合表4.5.2的规定。

表4.5.2 分割车间建筑面积

| 按班产分割（t） | 建筑面积（m$^2$） |
|---|---|
| 5 | 1000 |
| 10 | 1600 |
| 20 | 3600 |

4.5.3 胴体冷却间室内墙面与地面应易于清洗。

4.5.4 胴体水冷却房间设计温度宜控制在15℃以下。

4.5.5 分割间的室温：胴体冷却后进入分割间时，室温宜为10℃～15℃之间。

4.5.6 包装间的室温不应高于10℃。

4.5.7 分割间、包装间宜设吊顶，室内净高不宜低于3m。

### 4.6 生产辅助设施

4.6.1 工人更衣室、休息室、淋浴室、厕所等的建筑面积，应符合国家现行有关标准的规定，并结合生产定员经计算后确定。

4.6.2 生产车间与生活间分开布置时应设连廊。

4.6.3 屠宰车间非清洁区、半清洁区和清洁区生产人员的更衣室、休息室、淋浴室、厕所等应分开布置。生产人员进入各自生产区不得相互交叉。

4.6.4 厕所应符合下列规定

　　1 应采用水冲式厕所。屠宰与分割车间应采用非手动式洗手设备，并应配备干手设施。

　　2 厕所应设前室，与车间应有走道相连。厕所门窗不得直接与生产操作场所及门窗相对。

　　3 厕所地面和墙裙应便于清洗和排水。

4.6.5 更衣室与厕所间应有直通门相连。更衣设施应符合卫生要求，鞋靴与工作服要分开存放。更衣室宜设有鞋靴清洗、消毒设施。

4.6.6 检验人员的辅助设施、车间办公室等应与生活间毗邻布置。

## 5 屠宰工艺与分割工艺

### 5.1 一般规定

5.1.1 宰前断食不宜少于8h。

5.1.2 运禽车辆出厂（场）前应彻底清洗。

5.1.3 运禽容器应彻底清洗、消毒。

5.1.4 应待家禽平静以后再屠宰。

5.1.5 屠宰工艺流程按照待宰、挂禽、致昏（按宗教习惯要求的除外）、宰杀、沥血、浸烫、脱毛、掏膛、冷却工艺加工顺序设置。

5.1.6 工艺流程设置应在满足加工工位的前提下尽量缩短加工路线，减少输送距离，避免迂回交叉。生产线上各环节应做到前后协调，使生产均匀地进行。

5.1.7 从宰杀沥血到胴体加工完成进冷却的时间不应超过35min。其中，从放血到取出内脏的时间不应超过25min；从宰杀放血到成品进入冻结的时间不应超过90min。

5.1.8 应设置卫生清洗设施。

### 5.2 致昏放血

5.2.1 致昏。

　　1 宜在电晕机前设置一个黑暗巷道。从挂禽到致昏的时间不应超过1min。位于宰杀处的输送线宜采用直线。

　　2 挂禽工位处，挂钩下端距地面的安装高度宜为1400mm。

　　3 挂禽工位之间要保持1000mm以上的距离。

　　4 致昏方式：水浴式致昏。

　　5 致昏电压30V～50V，致昏电流0.5A～0.8A。

　　6 击晕的时间：鸡8s以下，鸭10s左右，鹅12s。

**5.2.2** 宰杀。

1　家禽应在致昏10s～18s以后进行放血。

2　当人工宰杀时，宰杀工位处的链钩下端距地面的高度：鸡宜为1450mm～1600mm，鸭宜为1530mm～1680mm，鹅宜为1700mm～1850mm。

3　鸡的放血时间宜采用2.0min～3.5min，鸭、鹅的放血时间宜采用3.0min～4.0min。

4　使用集血槽收集血液，集血槽长度一般以满足约1.5min～2.5min的放血时间为宜。

5　放血线距墙壁的距离不应少于800mm。

### 5.3　浸烫与脱毛加工

**5.3.1** 鸡浸烫水温50℃～52℃时，浸烫时间约为3.0min～3.5min；浸烫水温58℃～60℃时，浸烫时间约为2.0min～2.5min（浸烫前宜增设60℃热水喷淋，缩短浸烫时间）。鸭、鹅浸烫的水温为58℃～60℃时，浸烫的时间约为2.5min～3.5min。

**5.3.2** 浸烫机内应使用鼓风搅拌或水泵搅拌以提高浸烫效果，为保证鸭、鹅浸烫的最佳效果，宜联合使用水泵和鼓风机。

**5.3.3** 浸烫每只鸡（2.0kg重时）耗水量0.25L～0.3L；鸭、鹅的耗水量适当增加。

**5.3.4** 脱毛机的有效脱毛时间不应低于30s。

**5.3.5** 在最后一组脱毛机的出口处，应设有冲洗脱毛后禽体上残毛的高压喷头。

**5.3.6** 鸭、鹅浸蜡温度宜在57℃左右；蜡冷却水温宜为4℃。

**5.3.7** 浸、脱蜡次数鸭不少于2次，鹅不少于3次。

**5.3.8** 鸭、鹅浸蜡脱蜡后应设人工摘小毛工序。

### 5.4　内脏摘除、冷却

**5.4.1** 鸡胴体加工工艺流程：（转挂）→拉头→切爪→切肛→开膛→掏膛→胴体、内脏检验→去嗉→最终检验→胴体内外清洗。

鸭、鹅胴体加工工艺流程：（转挂）→浸蜡→脱蜡→人工去小毛→去头→切掌→切肛→开膛→掏膛→胴体、内脏检验→去嗉→胴体内外清洗。

**5.4.2** 应设置胴体和内脏的检验工位。

**5.4.3** 当生产能力较小，手工掏膛时，可以采用取出的内脏不与禽体分离的方式实现内脏同步检验的目的。

**5.4.4** 胴体冷却应放置在单独的房间内。

**5.4.5** 螺旋机冷却。鸡在螺旋机内冷却时间约45min，胴体中心温度应达到4.0℃；鸭、鹅在螺旋机内冷却时间不少于50min，胴体中心温度应达到5.0℃。

冷却水消耗量不得少于2.5L/kg产品；禽胴体出冷却槽后应将水沥干。

**5.4.6** 空气冷却。禽胴体的空气冷却一般采用悬挂冷却方式，冷却时间至少100min（取决于禽胴体的重量）。为了节省空间，禽胴体宜多层吊挂，并应避免上层水滴滴落到下一层，污染禽胴体。

### 5.5　副产品加工

**5.5.1** 副产品加工应在单独的房间进行。

**5.5.2** 副产品加工间需设置通风降温设施，室内环境温度应控制在18℃以下。

**5.5.3** 副产品应装盘后送入冷却间，冷却间的温度为0℃。

**5.5.4** 禽体各部位加工工艺流程如下；

爪：浸烫→脱爪皮→清洗整理→冷却、包装。

头：清洗整理→冷却、包装。

肝：清洗整理→冷却、包装。

心：清洗整理→冷却、包装。

胗：剖切→翻洗→剥离禽内金→整理→冷却、包装。

肠：排除肠内容物→剖剪→翻洗→整理→冷却、包装。

### 5.6　分割加工与包装

**5.6.1** 每条分割线加工能力宜控制在3500只/h以下。

**5.6.2** 鸡吊挂预分割线线速度以不大于10m/min为宜。

**5.6.3** 鸡吊挂预分割线的链钩下端距地面的安装高度宜为1450mm。

**5.6.4** 分割产品的修整：

综合，25个/人/min～30个/人/min。

去腿骨，10个/人/min～15个/人/min。

5.6.5　分割加工间安排工艺布局时，应在车间内留有人行通道；如使用车辆运输时，应留有回车的空间。

5.6.6　分割产品的修整操作台材质采用符合食品卫生要求的不锈钢或其他符合食品卫生要求的材料。

5.6.7　分割包装间应设置内包装材料存放间。其放置内包装材料的搁架应由具有防腐和符合食品卫生要求的材料制作。

5.6.8　分割包装间应设置工、器具等的清洗、消毒间。

5.6.9　分割包装间宜单独设置器具的存放间。

# 6　兽医检疫及设备、器具卫生

## 6.1　兽医检验及设施

6.1.1　来自非疫区，健康无病，并凭当地畜禽防疫检疫机构出具的检验证明入厂（场）的家禽，还应按家畜家禽防疫条例，做好宰前检疫，合格的准予屠宰。

6.1.2　检验人员应同时分别对胴体、内脏进行检验。

6.1.3　检验人员应对胴体、内脏进行目检或触检，发现或怀疑不合格的产品应立刻使其与生产线分离并按兽医检验人员的判检进行生物安全处理。

6.1.4　在待宰区域应设置宰前检验的兽医检验室和消毒药品存放间。在屠宰车间内应设置宰后检验的兽医检验室。

6.1.5　运送病胴体必须使用具有不渗水的密封专用车。

6.1.6　在人工放血间的放血工位附近，副产品各加工间、分割加工间、包装间内等使用刀具的工位附近应设置刀具消毒器及洗手池。

6.1.7　消毒器应采用符合食品卫生要求的不锈钢材料制作。

6.1.8　在生产区必须设置与生产规模相适应的检验化验室，化验室应单独设置进出口。

6.1.9　化验室应设置理化、细菌、病理等常规检验的工作间，并配备相应的清洗、消毒、高压蒸汽消毒设施及检验仪器设备。

6.1.10　化验室内应设有更衣柜和专用消毒药品室。

## 6.2　设备、器具卫生

6.2.1　所有与胴体和内脏接触的钩、盘在重新使用前必须经过清洗或消毒。

6.2.2　凡接触肉品的操作台面、工具（包括刀柄）、容器、包装、用具等应采用不锈钢材料或符合食品卫生的材料制作。

6.2.3　盛装肉品及副产品的容器严禁接触地面，应有放置容器的支架。运送容器应使用小车或其他输送装置。

6.2.4　各生产加工检验环节所使用的工具，必须存放于易清洗和防腐蚀的专用柜内收藏。

6.2.5　洗手池水嘴应采用非手动开关，并应提供热水或预先混合好的水。

# 7　制冷工艺

## 7.1　胴体的冷却

7.1.1　禽胴体通过水冷、风冷或其他卫生方法，将胴体中心温度降至4℃。

7.1.2　禽胴体冷却设备可以采用螺旋机（或采用冷却水池等方式），其冷却设备的能力与生产能力相适应。螺旋机应分为多段，最前面一段水槽（清洗箱）的水温应不高于8℃，最后一段水槽的冷水（其内可采取加碎冰）水温不应高于0.5℃。

7.1.3　禽胴体冷却间的设计温度取0℃，冷却设备采用空气冷却器，在2h内，用冷风将胴体中心温度降至4℃。冷却间内宜设置加湿设备，以保持其内空气相对湿度。

7.1.4　禽副产品冷却间设计温度取0℃，包括进出货时间在内，副产品经24h冷却后中心温度不应高于4℃。

## 7.2　产品的冻结

7.2.1　禽分割肉冻结间的设计温度应为－30℃，冻结时间在8h～10h内，冻结终了时肉的中心温度不应高于－15℃。对于出口的禽分割肉产品，其冻结间的设计温度应为－35℃。

7.2.2　包括进出货时间在内，禽副产品冻结时间不宜超过24h，中心温度不宜高于－18℃。

7.2.3　冻结产品如需更换包装，宜在冻结间附近布置脱盘包装间，脱盘包装间温度应不高于10℃，邻近宜设有包装材料间。

# 8　给水排水

## 8.1　给水及热水供应

8.1.1　禽类屠宰与分割车间生产及生活用水应符合现行国家标准《生活饮用水卫生标准》GB 5749—2006 的标准

要求。车间内储水设备应有防污染设施和清洗消毒设施。

8.1.2　屠宰与分割车间的给水应根据工艺及设备要求保证有足够的水量、水压。屠宰与分割车间每只鸡生产用水量标准为 0.015m³ ~ 0.025m³；每只鸭生产用水量标准为 0.02m³ ~ 0.03m³；每只鹅生产用水量标准为 0.02m³ ~ 0.03m³。水量小时变化系数为 1.5 ~ 2.0。

8.1.3　屠宰与分割车间应根据生产工艺流程的需要，在用水位置上分别设置冷、热水管。用来清洗地面的热水温度不宜低于 40℃，用来对刀具、工器具及台面等进行消毒用热水温度不应低于 82℃。用于消毒热水管出口处应配备温度指示计。

8.1.4　屠宰与分割车间内应配备清洗墙裙与地面用的高压冲洗设备及软管接口。各接口间距不宜大于 25m。

8.1.5　屠宰与分割车间生产及生活用热水应采用集中供给方式，用于消毒用热水（82℃）可采用集中供给或就近设置小型如热装置方式。热交换器进水根据水质情况宜采用防结垢处理装置。

8.1.6　屠宰与分割车间洗手池、消毒池应根据工业卫生标准要求需求设置，洗手池水嘴应采用自动或非手动式开关，并配备有热水。

8.1.7　屠宰与分割车间给水应设置计量设备，并应有可靠的节水措施。

## 8.2　排水

8.2.1　屠宰与分割车间应采用有效的排水措施，车间地面不应积水。屠宰车间及分割车间地面排水宜采用明沟或浅明沟排水，分割车间地面采用地漏排水时宜采用专用地漏。

8.2.2　排水浅明沟底部应呈弧形。深度超过 200mm 的明沟，沟壁与沟底的夹角宜做成弧形。明沟盖板应使用防锈材料制作，明沟出水口处宜设金属格栅，并应有防鼠、防臭的水封装置。

8.2.3　设置专用地漏时应具有拦截污物功能，其水封高度不应小于 50mm，每个地漏的汇水面积不得大于 36m²。

8.2.4　屠宰车间非清洁区内各加工工序的轨道下面宜设置带盖明沟。明沟宽度宜为 200mm ~ 300mm，清洁区内各加工工序的轨道下面宜设置浅明沟。

8.2.5　副产品（肠胃）加工间排水应采用明沟，室外宜设置截粪井或设置固液分离机。打毛机排水采用明沟至羽毛集水池。

8.2.6　生物安全处理间排出的污水和粪便应有消毒设施。

8.2.7　屠宰与分割车间内各设备、水箱、水池等用水设备的泄水、溢流管不得与车间排水管直接，应采用间接排水方式。

8.2.8　屠宰与分割车间内排水管道均应按现行国家标准《建筑给水排水设计规范》GB 50015—2003 的规定设置伸顶通气管。

8.2.9　屠宰与分割车间生产用排水管道管径宜比经水力计算的结果大 2 ~ 3 号。一、二级屠宰车间排水干管管径不得小于 250mm，三级屠宰车间排水干管管径不得小于 200mm，输送肠胃粪便污水的排水管径不得小于 300mm。屠宰与分割车间室外排水干管管径不宜小于 500mm。

8.2.10　屠宰与分割车间的生产废水应集中排至厂区污水处理站进行处理，处理后的污水应达到国家污水排放有关标准的要求。屠宰与分割车间室外厂区污水管网不应采用明沟排放形式。

# 9　采暖通风与空气调节

9.0.1　屠宰车间应采取通风措施，当自然通风达不到卫生和生产要求时，可采用机械通风或自然与机械的联合通风。采用机械通风时，换气次数不应小于 5 次/h。

9.0.2　浸烫、脱毛间的浸烫毛机上方、工器具清洗间的清洗和消毒槽上方宜设有局部排气设施，并宜设有换气次数不小于 2 次/h 的全面机械排风系统。

9.0.3　有温度要求的场所应安装温度显示装置，车间温度应按照产品工艺要求控制在规定的范围内。分割车间夏季空气调节室内计算温度不应高于 12℃，包装间夏季空气调节室内温度不应高于 10℃ 副产品加工间夏季空气调节室内温度不宜高于 12℃。空调房间操作区风速不宜大于 0.3m/s，人员所需的新风量应保证每人不小于 30m³/h。

9.0.4　分割车间的通风系统，宜保持本车间相对于相邻的房间及室外处于正压状态。

9.0.5　长度大于 40m 的穿堂或疏散走道应设置排烟设施。

9.0.6　凡在生产时常开的门，其两侧温差超过 15℃ 时，应设置空气幕或其他装置。

9.0.7　空气调节系统的新风口、空调机的回风口和新风进口处应设过滤装置。

9.0.8　空气调节和通风系统的送风管道宜设置清扫口。

9.0.9　在采暖地区，附属办公间采暖温度宜取 16℃ ~ 18℃。空调场所冬季室内计算温度与夏季空气调节室内计算温度相同。

## 10 电气

**10.0.1** 屠宰与分割车间用电设备负荷等级的划分：

一、二级屠宰与分割车间的屠宰加工设备、制冷设备及车间应急照明属于二级负荷，其余用电设备属于三级负荷。

三级屠宰与分割车间的用电设备均属于三级负荷。

**10.0.2** 屠宰与分割车间应由专用回路供电，一、二级屠宰与分割车间动力、照明宜分别供电。

**10.0.3** 屠宰与分割车间配电电压应采用 AC380/220V，接地型式应采用 TN-S 或 TN-OS 系统，所有电气设备的金属外壳应与 PE 线可靠连接。

**10.0.4** 屠宰与分割车间配电装置及动力控制设备宜集中布置在专用电气室中，当不设专用电气室时，配电装置宜布置在通风及干燥场所。

**10.0.5** 在车间多水潮湿场所安装的电气设备（如动力控制装置、控制按钮、开关、行程开关、插座等），应采用外壳防护等级不低于 IP55 级的密封防水型电气产品。

**10.0.6** 手持电动工具、移动电器和安装在多水潮湿场所的电气设备及插座回路应设漏电保护。

**10.0.7** 屠宰与分割车间照明方式宜采用分区一般照明与局部照明相结合的照明方式，各照明场所及操作台面的照明标准值不宜低于表 10.0.7 的规定。

表 10.0.7　车间照明标准值、功率密度值

| 照明场所 | 照明种类及位置 | 照度（lx） | 显色指数（Ra） | 照明功率密度（W/m²） |
|---|---|---|---|---|
| 屠宰车间 | 加工线操作部位照明 | 200 | 80 | 10 |
| | 检验操作部位照明 | 500 | 80 | 20 |
| 分割车间、副产品加工间 | 操作台面照明 | 300 | 80 | 15 |
| | 检验操作台面照明 | 500 | 80 | 20 |
| 包装间 | 包装工作台面照明 | 200 | 80 | 10 |
| 冷却间 | 一般照明 | 50 | 60 | 4 |
| 检疫室、检验室 | 工作台面照明 | 750 | 90 | 30 |
| 待宰挂鸡间 | 一般照明 | 50 | 60 | 4 |

**10.0.8** 照明光源的选择应遵循节能、高效的原则，屠宰与分割车间宜采用节能型荧光灯，照明功率密度值不应大于表 10.0.7 的规定。

**10.0.9** 宰杀间照明宜采用调光控制，照度应能调到 30lx 以下。

**10.0.10** 屠宰与分割车间应在封闭车间内及其主要通道、主要出口设应急照明和疏散指示灯、出口标志灯。应急电源的连续供电时间不应少于 30min，应急照明的平均照度不应低于正常照明的 10%

**10.0.11** 屠宰与分割车间照明灯具应采用外壳防护等级为 IP55 级带防护罩的防潮型灯具，防护罩应为非玻璃制品，在分割车间内照明配电箱应暗装，当有吊顶时，照明灯具应采用嵌入式安装。

**10.0.12** 屠宰与分割车间动力与照明配线宜采用铜芯塑料绝缘电线或电缆，移动电器应采用耐油、耐腐蚀性能的铜芯软电缆。

**10.0.13** 屠宰车间内敷设的导线宜采用电缆托盘、电线套管敷设，电缆托盘、电线套管应采取防锈蚀措施。

**10.0.14** 分割车间内敷设的导线应穿保护管暗敷，当有吊顶时宜在吊顶内敷设。

**10.0.15** 屠宰与分割车间属多水作业场所，应采取等电位连接的保护措施，并在用电设备集中区采取局部等电位连接的措施。

**10.0.16** 屠宰与分割车间经计算需进行建筑物防雷设计时，可按三类防雷建筑物设防雷设施。

## 本规范用词说明

**1** 为便于在执行本规范条文时区别对待，对要求严格程度不同的用词说明如下：

表示很严格，非这样做不可的用词：

正面词采用"必须"，反面词采用"严禁"。

表示严格，在正常情况下均应这样做的用词：

正面词采用"应"，反面词采用"不应"或"不得"。

表示允许稍有选择，在条件许可时首先应这样做的用词：正面词采用"宜"，反面词采用"不宜"；

表示有选择，在一定条件下可以这样做的用词，采用"可"。

2　本规范中指明应按其他有关标准、规范执行的写法为"应符合……的规定"或"应按……执行"。

# 中华人民共和国行业标准
# 禽类屠宰与分割车间设计规范

SBJ 15—2008

（备案号：J 819—2008）

## 条文说明

## 1 总则

1.0.1 本条文未含火鸡和鸟类（可参照执行）。

1.0.3 将禽类屠宰车间按小时屠宰量分为三级，其中一、二级屠宰车间所在厂大多为大、中型企业，按班屠宰量计为鸡在 2.4 万只以上，鸭、鹅在 1.2 万只以上；三级屠宰车间所在厂多为小型企业，按班屠宰量鸡在 2 万只以下，鸭、鹅在 1 万只以下。

本条采用小时屠宰量分级的原因：

1 选用的设备是根据小时屠宰量计算的。

2 这种计算方法与国外相一致。

1.0.5 本条规定了本规范与其他有关规范的关系。

屠宰与分割车间工程设计，除执行《中华人民共和国食品卫生法》、《中华人民共和国动物防疫法》、《中华人民共和国环境保护法》和本规范外，还需同时执行相关标准、规范。目前有：《无公害食品家禽屠宰加工生产管理规范》NY/T 5338—2006、《肉鸡屠宰质量管理规范》NY/T 1174—2006、《食品企业通用卫生规范》GB 14881—1994、《病害动物和病害动物产品生物安全处理规程》GB 16548—2006、《生活饮用水卫生标准》GB 5749—2006 等。

## 4 建筑

### 4.1 一般规定

4.1.1~4.1.9 是为保证建筑设计能做到满足肉品卫生的要求而规定的。这些规定与当前国外同类厂的要求与标准是基本一致的。

### 4.4 屠宰车间

4.4.1 屠宰车间的使用面积系根据近年实践和调查提供的数据确定的。

4.4.2 为了提高禽胴体发货过程的环境卫生状况，减少对肉品的污染，特此提出发货间增设封闭站台的措施。

胴体发货间及副产品发货间的面积是按发货量来确定的，但由于各地情况不一，所以本条对其面积未做具体规定。

4.4.4 国外屠宰车间多为单层建筑，在处理加工过程中产生的非食用肉、内脏、废弃物时，应将清洁的原料、半成品与能引起污染的物料分开，以保证加工产品质量。因此采用单层设计时，应注意安排好非清洁物料的流向。

国外屠宰车间一般采用大跨度，车间内很少有柱子，便于工艺设计布置。本条结合国内情况，提出柱距不宜小于 6m（主要针对多层厂房），单层宜采用较大跨度。

层高应能满足通风、采光、设备安装、维修和生产的要求。

4.4.5 由于部分禽类在宰杀放血后会苏醒挣扎，造成血液飞溅至墙壁高处。所以，此段墙裙高度规定不应低于放血轨道的高度，目的是便于冲洗墙面血污，保持车间卫生。

### 4.5 分割车间

4.5.2 分割车间的使用面积系根据近年实践和调查提供的数据确定的。

4.5.4~4.5.6 分割车间中各类需制冷房间的设计温度是根据理论与实践两方面因素并参考国外标准，以保证达到肉质要求而确定的。

4.5.7　随着冷分割工艺的采用，车间温度降低到 6℃ ~ 12℃ 之间，因此应对围护结构做隔热处理，屋顶隔热可采用吊顶方法解决，同时还具有清洁美观的效果。随着吊顶材料的更新，防霉的问题也会得到解决，只要加强管理，使用吊顶利大于弊，所以车间宜设吊顶。

### 4.6　生产辅助设施

4.6.1　本条文中的"标准"系指现行行业标准《工业企业设计卫生标准》TJ 36 和《对外注册肉联厂卫生与工艺要求的暂行规定》。

4.6.3　既然屠宰车间非清洁区与清洁区的生产线路已明确划分开，因此其生产人员线路也应划分开，以防止对产品的交叉污染。

4.6.4　厕所本身的卫生条件和设施，直接关系到其所在生产企业的卫生状况，对于食品加工企业来说更是如此，因此，对厕所作出有关规定是极其必要的。

## 5　屠宰工艺与分割工艺

### 5.1　一般规定

5.1.7　本条文指活禽宰杀后体内热量不容易散发，加速了脏器特别是肠胃的腐败过程。为了保证产品质量，应尽早取出内脏，尽快结束胴体的加工过程，保持产品的新鲜程度。

### 5.2　致昏放血

5.2.1　对本条"致昏"的说明：

本条文指击晕处理的禽能安静地吊挂在输送线上，便于禽头进入宰杀机的导轨，实现自动宰杀。

防止由于过度拍打翅膀造成的翅膀折断和由于过度紧张造成的放血不净。

达到动物保护要求。

1　本条规定把挂禽区和宰杀区遮暗，能减少鸡的紧张程度；因为禽被倒挂时间过长会使血液汇集在翅膀和头部，导致翅膀内的静脉充血，禽更紧张。

6　击晕应使禽能完全失去知觉而放松，但是不能太过，以防止心跳停止。

### 5.3　浸烫与脱毛加工

5.3.1　本条文指如采用 58℃ ~ 60℃ 水温浸烫，脱毛时禽表皮会同羽毛一起脱掉，且宜包装，如与空气接触时间太长，会影响禽表皮色泽。

采用 58℃ ~ 60℃ 水温浸烫的禽主要针对生产冻品。

采用 50℃ ~ 52℃ 水温浸烫的禽主要针对生产鲜品。

采用 50℃ ~ 52℃ 水温浸烫时的温度应控制精确，温度变化会影响脱毛率。

采用 50℃ ~ 52℃ 水温浸烫不会脱去基皮，禽体呈黄色。

采用 58℃ ~ 60℃ 水温浸烫时水温控制宜准确。

### 5.4　内脏摘除、冷却

5.4.1　本条文指鸡胴体的一般加工工艺，由于工艺要求及加工设备的不同，工艺项目和顺序有所差异，特别是鸭、鹅。

## 7　制冷工艺

### 7.1　胴体的冷却

7.1.1　由于采用的冷却（设备）方式不同，本条文中没有对禽类胴体的冷却时间作出具体规定，但冷却时间不应低于 30min，最好控制在 1h 以内。冷却胴体应采用流动冷水，以防止交叉污染。

7.1.4　禽副产品冷却间设计温度取 0℃，冷却后副产品的中心温度不应高于 4℃，可起到抑制细菌繁殖的效果。

### 7.2　产品的冻结

7.2.1　禽分割肉的冻结要在 10h 之内完成，在 -30℃ 冻结间内禽肉品必须采用盘装，在冻结间内把肉品冻好后，再进入包装间把盘装换成纸箱包装入库，目的是提高肉品质量。由于我国大量的冻结间库温为 -23℃ ~ -25℃，若装纸盒后直接冻结耗电量大，48h 还达不到 -15℃ 要求。欧、美国家冻结间温度可达 -40℃，36h 可达 -18℃，我国目前只有少数用于出口的分割肉冻结间，其内温度可达到这个水平。考虑到国内实际情况，只提出冻肉的终了温度，没有对冻结时间作统一规定。

禽分割肉（小包装）冻结可采用平板冻结器、多层往复式连续冻结装置等速冻设备，冻结时间为 4h ~ 6h。

7.2.2　禽副产品冻结后温度要达到 -18℃，目的是保证获得好的产品质量。国外先进的标准要求副产品在 12h 内冻到 -18℃。使用平板冻结器等速冻设备可达到这一要求。结合我国情况，提出 24h 冻结达到 -18℃ 是可行的，只是冻结间库温要达到 -23℃以下才行，执行起来也应无问题。

## 8 给水排水

### 8.1 给水及热水供应

本条是根据《中华人民共和国食品卫生法》及中华人民共和国国家认监委《出口肉类屠宰加工企业注册卫生规范》（国认注函〔2003〕167 号）对食品加工用水水质的要求制定的。

2 根据对各省市禽类屠宰用水量调查及我院近几年禽类屠宰采用的用水量标准，考虑到全国不同地区及项目采用不同标准的屠宰加工设备（如进口设备），用水量应有一定变化，故本次规范设计按每只鸡生产用水量标准为 $0.015m^3 \sim 0.025m^3$，每只鸭生产用水量标准为 $0.02m^3 \sim 0.03m^3$，每只鹅生产用水量标准为 $0.02m^3 \sim 0.03m^3$。设计时按具体情况选用，生产用水量标准包括屠宰与分割车间生活用水。

3 本条是根据国家认监委《出口肉类屠宰加工企业注册卫生规范》（国认注函〔2003〕167 号）第 7.3.4 条对刀具消毒要求确定的。

### 8.2 排水

8.2.1~8.2.3 屠宰加工过程中污水排放比较集中，污水中含有大量的血、油脂、胃肠内容物、皮毛、粪便等杂物。为了满足车间卫生要求，地面水应尽快排出且不应堵塞。根据目前各厂实际运行情况，屠宰车间设明沟排水（或浅明沟）较好，一方面污物能及时排放，另一方面清洗卫生较方便。

分割车间可采用明沟（浅明沟）或专用地漏排水，专用地漏应带有网筐，首先将污物拦截于筐内，水从筐内流入下水管道，否则污物易堵塞下水管道。地漏排水汇水面积参照国外标准确定为 $36m^2$。

8.2.4 本条是根据屠宰工艺要求设置的。

8.2.5 屠宰加工中胃肠内容物及粪便都流入室外截粪池，每日截粪池应出清运输，卫生条件较差，所以本条规定可采用截粪池或设置固液分离机，尤其是一、二级屠宰车间内容物及粪便量大，设置固液分离机更可行，这样可以减少对周边环境的污染，减轻劳动强度。

8.2.6 无害化处理间排出的污水和粪便须先收集、沉淀和消毒处理后，才准许排入厂区内污水管网。

8.2.9 本条是根据本行业禽类屠宰废水排放比较集中，油脂、胃肠内容物、皮毛、粪便较多，管道易堵塞等情况编制的。经调查实际运行生产厂家，车间内管道及室外排水管道堵塞情况普遍，管内结垢（油垢）严重，按计算选择管径，实际使用偏小，也不便于管道内清洗，故将管径放大。

## 9 采暖通风与空气调节

9.0.1 根据现行国家标准《采暖通风与空气调节设计规范》GB 50019—2003 第 5.1.9 条，并结合我国禽类加工企业的实际生产情况制定。

9.0.2 此类车间在生产过程中均产生大量的水蒸气，采用局部排气与全面机械排风相结合的方式，能够更有效地防止车间围护结构结露现象的产生。

9.0.3 空调场所温度是根据生产工艺特点和《出口食品生产企业卫生注册登记管理规定》制定。人员所需新风量根据现行国家标准《采暖通风与空气调节设计规范》GB 50019—2003 第 3.1.9 条制定。

9.0.4 分割车间属于生产过程中的清洁区，保持正压状态可防止非清洁区的污染。

9.0.5 根据现行国家标准《建筑设计防火规范》GB 50016—2006 第 9.1.3 条制定。

9.0.6 根据现行国家标准《采暖通风与空气调节设计规范》GB 50019—2003 第 6.1.10 条制定。

9.0.7 从提高空气品质和满足食品卫生管理的要求考虑而制定此条。

9.0.8 空调、通风系统长期运行后，在通风管道内壁会集结尘埃和污垢，滋生病菌，污染空调环境，危害人体健康。为便于送风管道的清洗，在设计时有必要考虑设置清扫口。

9.0.9 根据现行国家标准《采暖通风与空气调节设计规范》GB 50019—2003 第 3.1.1 条制定。

## 10 电气

10.0.1 屠宰与分割加工生产的正常运行，是确保肉品质量和食品卫生的关键，如供电不能保证，一旦停电，势必造成肉品加工生产停滞，肉温上升，导致肉品变质，从而造成较大的经济损失。根据禽类屠宰与分割加工产品质量标准和卫生标准的要求，为提高供电的可靠性，对一、二级屠宰与分割车间的屠宰加工设备、制冷设备及应急照明按二级负荷供电。

10.0.2 为提高屠宰与分割车间的供电可靠性并便于独立核算，应采用专用回路供电。

10.0.3~10.0.6 屠宰与分割车间属多水潮湿场所，操作工人也经常带水作业，为提高用电安全规定这几条内容。

10.0.7　经对屠宰与分割车间照明照度的调查，根据现行国家标准《建筑照明设计标准》GB 50034—2004 及《食品企业通用卫生规范》GB 14881—94 的有关规定，对屠宰与分割车间的照明标准值作出规定。考虑到设计时布灯的需要和光源功率及光通量的变化不连续的实际情况，设计照度值与照度标准值可有 ±10% 的偏差。

10.0.8　经对屠宰与分割车间调查收集到的资料进行分析，根据现行国家标准《建筑照明设计标准》GB 50034—2004 的要求，对屠宰与分割车间照明光源的选择原则和照明功率密度值作出规定。

10.0.9　为避免禽类受灯光刺激，影响肉品质量而规定本条。

10.0.10　屠宰与分割车间属人员密集的工作场所，当突然停电时，为便于工作人员进行必要的操作和安全疏散而规定本条内容。

10.0.11　根据现行国家标准《肉类加工厂卫生规范》GB 12694—90 的要求及为提高用电安全而规定本条。

10.0.12　屠宰与分割车间属多油脂场所，为减少油脂对导线的腐蚀，应选择适宜的导线或电缆，以提高供电的安全性。

10.0.13、10.0.14　根据现行行业标准《肉用仔鸡加工技术规程》NY/T330—1997 及食品加工卫生标准而规定本条。

10.0.15　当发生接地故障时，为降低操作人员间接接触电压，以防止可能发生的人身安全事故，应采取等电位连接的保护措施。

10.0.16　根据现行国家标准《建筑物防雷设计规范》GB 50057—1994 的规定，屠宰与分割车间属三类防雷建筑物。

# 中华人民共和国国内贸易行业标准

SB/T 10918—2012

## 屠宰企业实验室建设规范
Construction criterion for slaughterhouse laboratories

2013 -01 -23 发布/2013 -09 -01 实施
中华人民共和国商务部　发布

## 前　言

本标准按照 GB/T 1.1—2009 给出的规则起草。

本标准由中华人民共和国商务部提出并归口。

本标准起草单位：商务部流通产业促进中心、江苏雨润肉类产业集团有限公司。

本标准主要起草人：赵箭、张瑞、郑志明、张新玲、刘华琳、靳红果、谢耀宗、闵成军、黄强力。

# 屠宰企业实验室建设规范

## 1　范围

本标准规定了屠宰企业实验室的基本要求、检测能力、设施设备、人员、管理和安全要求。本标准适用于屠宰企业实验室的建设和管理。

## 2　规范性引用文件

下列文件对于本文件的应用是必不可少的。凡是注日期的引用文件，仅所注日期的版本适用于本文件，凡是不注日期的引用文件，其最新版本（包括所有的修改单）适用于本文件。

GB 2707　鲜（冻）畜肉卫生标准

GB 16869　鲜、冻禽产品

GB 18406.3—2001　农产品安全质量无公害畜禽肉安全要求

GB 19489　实验室生物安全通用要求

GB/T 27025　检测和校准实验室能力的通用要求

## 3　术语和定义

下列术语和定义适用于本文件。

### 3.1　屠宰企业实验室　slaughterhouse laboratory

屠宰企业内负责原料、辅料及产品相关指标检测的部门。

### 3.2　防护区　contamination area

实验室内生物安全风险相对较大，需对实验室的平面设计、密闭性、气流及人员进出等进行控制的区域。

## 4　实验室等级划分

屠宰企业实验室等级划分为 A 级、AA 级、AAA 级、AAAA 级和 AAAAA 级，并实行标志管理。

## 5　基本要求

5.1　应具有独立固定的检测区域与办公地点。

5.2　应具备完善的水、电设施。

5.3　应具有专职的检测技术人员。

5.4　应制定实验室安全防护（防火、防盗、人员防护、危险品管理等）相关制度。

5.5　实验室应根据可能出现的事故，制定相应的应急处理预案。

5.6　样品应实行标志性管理。

5.7　各级别实验室应配备满足相应检测能力要求的相关仪器设备，参考配置见附录 A。

## 6　A 级实验室

### 6.1　检测能力要求

应具备净含量、感官、水分检测的能力；畜肉中克伦特罗、莱克多巴胺、沙丁胺醇等受体激动剂及禽肉中氯霉素和硝基呋喃及其代谢物等国家明令禁用药物的快速检测能力。

### 6.2　设施设备要求

6.2.1　应具备安全开展检测工作的足够空间，保持适当的温湿度和采光，办公区域应与检测区域隔离。

6.2.2　工作环境不得危害工作人员健康，应具有相应的通风系统等安全防护设施设备。

6.2.3　应在检测区域外设置存衣或挂衣装置，工作服和个人服装应分开放置。

6.2.4　应有 6.1 检测能力要求的相关设施设备。

### 6.3　人员要求

6.3.1　应按检测需求配备足够的人员，以满足检测工作的需求。

6.3.2　人员应具有有效的健康证明。

6.3.3　主要检测人员应具有高中或同等以上学历，经相关部门培训合格后持证上岗。

**6.4 管理要求**

6.4.1 应制定相关的操作规范及记录文档，检测报告及原始记录应存档两年以上。

6.4.2 应制定明确的检测区域准入制度、并有相应的提示。

6.4.3 更换工作服后方可进入检测区域。

6.4.4 检测区域应保持整洁，严禁摆放与实验无关的用品。

6.4.5 废弃物应分类收集、存放，集中处理，废液和污物处理应符合 GB 19489 扣的相关要求。

6.4.6 应确保检测工作的独立性，检测结果真实可靠。

# 7 AA 级实验室

除符合 A 级屠宰企业实验室的各项条件外，还应达到以下要求。

**7.1 检测能力要求**

实验室应具备开展肉品中水分、挥发性盐基氮等常规理化检测的能力。

**7.2 设施设备要求**

7.2.1 实验室应划分检测、药品存放、工作服更换等区域。

7.2.2 实验室应有足够的空间用于摆放检测设备和物品。

7.2.3 实验台面应坚固、防水、耐腐蚀、耐热并便于清洁。

7.2.4 实验室应配备满足检测需求的仪器设备，仪器设备应摆放合理有序，避免交叉干扰。

**7.3 人员要求**

7.3.1 实验室主要工作人员应具有相关专业大专或同等以上学历，有相关工作经历或经过专业培训。

7.3.2 特殊检测人员应具备相关从业资格证书。

**7.4 管理要求**

7.4.1 应明确实验室的组织结构，规定所有人员的职责、权利，分工明确。

7.4.2 实验室应对仪器设备定期检定校准，维护保养，并建立使用记录

7.4.3 实验室应在规定期限内出具相应的检测结果，并保证检测结果的溯源性。

7.4.4 化学药品应分类存放并建立药品管理规范（包含使用记录）。

# 8 AAA 级实验室

除符合 AA 级屠宰企业实验室的各项条件外，还应达到以下要求。

**8.1 检测能力要求**

实验室应具备开展菌落总数、大肠菌群检测的能力。

**8.2 设施设备要求**

8.2.1 实验室应划分理化检验区、微生物检验区、药品存放区等，留样应按要求单独存放。

8.2.2 微生物检测区与其他区域应有明显的界限，应符合 GB 19489 的相关要求。

8.2.3 微生物检测区应配备紫外线消毒灯或其他消毒灭菌装置。

8.2.4 放置干燥箱、灭菌锅等热源设备的房间应具备良好的换气和通风条件。

8.2.5 应建立仪器设备操作规程，使用人员严格按照仪器操作规程要求使用。

**8.3 人员要求**

8.3.1 实验室人员应相对固定，保证检测工作的稳定、规范。

8.3.2 实验室应设置管理机构，由具备管理和专业技术的人员组成。

8.3.3 实验室应对技术人员进行培训与考核。

**8.4 管理要求**

8.4.1 实验室应建立基本管理制度和操作规范。

8.4.2 实验室各区域应有明显的标志。

8.4.3 实验室应建立完善的检验工作记录程序。

# 9 AAAA 级实验室

除符合 AAA 级屠宰企业实验室的各项条件外，还应达到以下要求。

**9.1 检测能力要求**

实验室应具备开展 GB 2707 和 GB 16869 中要求的理化指标的检验能力。

### 9.2　设施设备要求

9.2.1　应配备独立的送排风系统，确保气流由低风险区向高风险区流动。

9.2.2　应明确标示出存在危险的设施设备。

### 9.3　人员要求

9.3.1　应配备专门操作特定设施设备的人员，并对其技能进行资格确认。

9.3.2　应制定实验室人员的教育、培训和技能目标，开展有效的培训以满足工作需要。

9.3.3　应对从事关键技术岗位的人员进行有效的监督。

### 9.4　管理要求

9.4.1　实验室应建立管理手册、程序文件及记录。

9.4.2　不得混用不同风险区域的设施和设备。

9.4.3　应制定日常清洁及消毒灭菌计划，包括实验设备、工作表面及环境。

## 10　AAAAA 级实验室

除符合 AAAA 级屠宰企业实验室的各项条件外，还应达到以下要求。

### 10.1　检测能力要求

实验室应具备开展 GB 18406.3—2001 中 4.2 和 4.3 要求的检验能力。

### 10.2　设施设备要求

10.2.1　实验室应设置单独的危险品贮存处。

10.2.2　供气（液）罐等应放在易更换及维护的位置，确保稳固安全。

10.2.3　应具备对实验室防护区进行整体消毒灭菌的条件。

10.2.4　实验室关键区域应配备便携的局部消毒灭菌装置（消毒喷雾器等），并确保有效使用。

10.2.5　实验室应设置危险品泄漏紧急报警系统。

### 10.3　人员要求

10.3.1　应定期组织人员培训并评价所有人员胜任其工作的能力。

10.3.2　应建立并保存所有检测人员的人员技术档案（包括培训、考核记录）。

10.3.3　应具备良好的人才培养和梯队建设机制，鼓励技术人员进行技术开发。

### 10.4　管理要求

10.4.1　实验室应建立、实施和维持与其活动范围相适应的管理体系，应符合 GB/T 27025 的要求。

10.4.2　应定期开展质量体系内审及管理评审。

10.4.3　应定期组织应急预案演习。

10.4.4　实验室任何人员不得隐瞒相关食品安全隐患，应按相关要求上报。

10.4.5　应做好实验室内部质量控制，并积极参加能力验证、比对实验等活动，提高实验室技术水平。

10.4.6　应制定实验室中长期发展规划。

**附录 A**

**（资料性附录）**

**各等级实验室仪器设备推荐配置列表**

屠宰企业规模及产品类别差异较大，为方便各等级屠宰企业实验室的建设，表 A.1 提供所需的基本仪器设备推荐配置。各实验室可根据实际情况选择或增加配置相应的仪器设备。

表 A.1　各等级实验室仪器设备推荐配置列表

| 序号 | 设备名称 | 用途及规格 | 适用的实验室等级 |
|---|---|---|---|
| 1 | 电子分析天平 | 称样、试剂称量（感量 0.01g、0.0001g） | A 级实验室 |
| 2 | 食品中心温度计 | 适用于测量食品中心的温度，测温范围：−50℃～100℃；分辨率：0.1℃ | |
| 3 | 酸度计 | 适用于检测液体的 pH 值；技术要求；测量范围：0.00pH～14.00pH；分辨率：0.01 pH | |
| 4 | 酶标仪 | 酶联免疫反应 | |
| 5 | 离心机 | 技术要求：3 000r/min | |
| 6 | 恒温箱 | 技术要求：室温 +10℃～150℃ | |
| 7 | 粉碎机 | 样品前处理 | |
| 8 | 冰箱 | 试剂、标准物质及样品保存 | |
| 9 | 蒸馏装置 | 用于水分、挥发性盐基氮的测定 | AA 级实验室 |
| 10 | 电热干燥箱 | 样品进行干燥处理 | |
| 11 | 电加热板/炉 | 样品前处理 | |
| 12 | 便携式恒温箱 | 运送样品 | |
| 13 | 蒸馏水发生装置/纯水系统 | 制备实验用水 | |
| 14 | 高压灭菌器 | 微生物灭菌设备 | AAA 级实验室 |
| 15 | 超净工作台 | 无菌操作 | |
| 16 | 超声波清洗器 | 适用于样品的提取处理 | |
| 17 | 生物培养箱 | 微生物培养设备 | |
| 18 | 紫外－可见分光光度计 | 技术要求：波长范围 190 nm～900 mn | |
| 19 | 液相色谱仪 | 药残检测 | AAAA 级实验室 |
| 20 | 原子吸收/原子荧光光度计 | 重金属检测 | |
| 21 | 液相色谱－质谱联用仪 | 兽药残留确证 | AAAAA 级实验室 |
| 22 | 气相色谱－质谱联用仪 | 农、兽药残留确证 | |
| 23 | P2 微生物实验室设施 | 致病菌检测 | |

# 中华人民共和国国家标准

GB 13457—1992

## 肉类加工工业水污染物排放标准
### Discharge standard of water pollutants for meat packing industry

1992 – 05 – 18 批准/1992 – 07 – 01 实施
国家环境保护局　国家技术监督局　发布

## 附加说明

本标准由国家环境保护局科技标准司提出。

本标准由商业部《肉类加工工业水污染物排放标准》编制组、中国环境科学研究院环境标准研究所负责起草。

本标准主要起草人：牛景金、王嘉儒、周晓明、孟宪亭、邹首民、王守伟、许俊森等。

本标准由国家环境保护局负责解释。

# 肉类加工工业水污染物排放标准

为贯彻《中华人民共和国环境保护法》、《中华人民共和国水污染防治法》和《中华人民共和国海洋环境保护法》，促进生产工艺和污染治理技术的进步，防治水污染，制定本标准。

## 1 主题内容与适用范围

### 1.1 主题内容

本标准按废水排放去向，分年限规定了肉类加工企业水污染物最高允许排放浓度和排水量等指标。

### 1.2 适用范围

本标准适用于肉类加工工业的企业排放管理，以及建设项目的环境影响评价、设计、竣工验收及其建成后的排放管理。

## 2 引用标准

GB 3097  海水水质标准

GB 3838  地面水环境质量标准

GB 5749  生活饮用水卫生标准

GB 5750  生活饮用水标准检验法

GB 6920  水质 pH 值的测定  玻璃电极法

GB 7478  水质铵的测定  蒸馏和滴定法

GB 7479  水质铵的测定  纳氏试剂比色法

GB 7481  水质铵的测定  水杨酸分光光度法

GB 7488  水质五日生化需氧量（$BOD_5$）的测定  稀释与接种法

GB 8978  污水综合排放标准

GB 11901  水质  悬浮物的测定  重量法

GB 11914  水质  化学需氧量的测定  重铬酸盐法

## 3 术语

### 3.1 活屠重

指被屠宰畜、禽的活重。

### 3.2 原料肉

指作为加工肉制品原料的冻肉或鲜肉。

## 4 技术内容

### 4.1 加工类别

按肉类加工企业的加工类别分为：

a. 畜类屠宰加工；

b. 肉制品加工；

c. 禽类屠宰加工。

### 4.2 标准分级

按排入水域的类别划分标准级别。

4.2.1 排入 GB 3838 中Ⅲ类水域（水体保护区除外），GB 3097 中二类海域的废水，执行一级标准。

4.2.2 排入 GB 3838 中Ⅳ、Ⅴ类水域，GB 3097 中三类海域的废水，执行二级标准。

4.2.3 排入设置二级污水处理厂的城镇下水道的废水，执行三级标准。

4.2.4 排入未设置二级污水处理厂的城镇下水道的废水，必须根据下水道出水受纳水域的功能要求，分别执行 4.2.1 和 4.2.2 的规定。

4.2.5 GB 3838 中Ⅰ、Ⅱ类水域和Ⅲ类水域中的水体保护区，GB3097 中一类海域，禁止新建排污口，扩建、改建项目不得增加排污量。

### 4.3　标准值

本标准按照不同年限分别规定了肉类加工企业的排水量和水污染物最高允许排放浓度等指标，标准值分别规定为：

**4.3.1**　1989 年 1 月 1 日之前立项的建设项目及其建成后投产的企业按表 1 执行。

表 1

| 级别<br>标准值 \ 污染物 | 悬浮物 | | | 生化需氧量<br>（BOD₅） | | | 化学需氧量<br>（CODcr） | | | 动植物油 | | | 氨氮 | | | pH | | | 大肠菌群数<br>（个/L） | | | 排水量<br>m³/t（活屠重）<br>m³/t（原料肉） | | |
|---|---|---|---|---|---|---|---|---|---|---|---|---|---|---|---|---|---|---|---|---|---|---|---|---|
| | 一级 | 二级 | 三级 | 一级 | 二级 | 三级 | 一级 | 二级 | 三级 | 一级 | 二级 | 三级 | 一级 | 二级 | 三级 | 一级 | 二级 | 三级 | 一级 | 二级 | 三级 | 一级 | 二级 | 三级 |
| 排放浓度 mg/L | 100 | 250 | 400 | 60 | 80 | 300 | 120 | 160 | 500 | 30 | 40 | 100 | 25 | 40 | — | 6~9 | | | 5 000 | — | — | 7.2 | | |

**4.3.2**　1989 年 1 月 1 日至 1992 年 6 月 30 日之间立项的建设项目及其建成后投产的企业按表 2 执行。

表 2

| 级别<br>标准值 \ 污染物 | 悬浮物 | | | 生化需氧量<br>（BOD₅） | | | 化学需氧量<br>（CODcr） | | | 动植物油 | | | 氨氮 | | | pH | | | 大肠菌群数<br>（个/L） | | | 排水量<br>m³/t（活屠重）<br>m³/t（原料肉） | | |
|---|---|---|---|---|---|---|---|---|---|---|---|---|---|---|---|---|---|---|---|---|---|---|---|---|
| | 一级 | 二级 | 三级 | 一级 | 二级 | 三级 | 一级 | 二级 | 三级 | 一级 | 二级 | 三级 | 一级 | 二级 | 三级 | 一级 | 二级 | 三级 | 一级 | 二级 | 三级 | 一级 | 二级 | 三级 |
| 排放浓度 mg/L | 70 | 200 | 400 | 30 | 60 | 300 | 100 | 120 | 500 | 20 | 20 | 100 | 15 | 25 | — | 6~9 | | | 5 000 | — | — | 6.5 | | |

**4.3.3**　1992 年 7 月 1 日起立项的建设项目及其建成后投产的企业按表 3 执行。

表3

| 加工类别 | 污染物类别 | 悬浮物 一级 | 悬浮物 二级 | 悬浮物 三级 | 生化需氧量(BOD$_5$) 一级 | (BOD$_5$) 二级 | (BOD$_5$) 三级 | 生化需氧量(COD$_{Cr}$) 一级 | (COD$_{Cr}$) 二级 | (COD$_{Cr}$) 三级 | 动植物油 一级 | 动植物油 二级 | 动植物油 三级 | 氨氮 一级 | 氨氮 二级 | 氨氮 三级 | pH 一级 | pH 二级 | pH 三级 | 大肠菌群数(个/L) 一级 | 二级 | 三级 | 排水量 m³/t | 油脂回收率% | 血液回收率% | 肠胃内容物回收率% | 毛羽回收率% | 废水回收率% |
|---|---|---|---|---|---|---|---|---|---|---|---|---|---|---|---|---|---|---|---|---|---|---|---|---|---|---|---|---|
| 畜类屠宰加工 | 排放浓度 mg/L | 60 | 120 | 400 | 30 | 60 | 300 | 80 | 120 | 500 | 15 | 20 | 60 | 15 | 25 | — | 6.0~8.5 | 6.0~8.5 | 6.0~8.5 | 5000 | 10000 | — | 6.5 (活屠重) | >75 | >80 | >60 | >90 | >15 |
| | 排放总量 kg/t（活屠重） | 0.4 | 0.8 | 2.6 | 0.2 | 0.4 | 2.0 | 0.5 | 0.8 | 3.3 | 0.1 | 0.13 | 0.4 | 0.1 | 0.16 | — | | | | | | | | | | | | |
| 肉制品加工 | 排放浓度 mg/L | 60 | 100 | 350 | 12 | 50 | 300 | 80 | 120 | 500 | 15 | 20 | 60 | 15 | 20 | — | 6.0~8.5 | 6.0~8.5 | 6.0~8.5 | 5000 | 10000 | — | 5.8 (原料肉) | >75 | — | — | — | >15 |
| | 排放总量 kg/t（原料肉） | 0.35 | 0.6 | 2.0 | 0.15 | 0.3 | 1.7 | 0.45 | 0.7 | 2.9 | 0.09 | 0.12 | 0.35 | 0.09 | 0.12 | — | | | | | | | | | | | | |
| 禽类屠宰加工 | 排放浓度 mg/L | 60 | 100 | 300 | 25 | 40 | 250 | 70 | 100 | 500 | 15 | 20 | 50 | 15 | 20 | — | 6.0~8.5 | 6.0~8.5 | 6.0~8.5 | 5000 | 10000 | — | 18.0 (活屠重) | >75 | >80 | >50 | >90 | >15 |
| | 排放总量 kg/t（活屠量） | 1.1 | 1.8 | 5.4 | 0.45 | 0.72 | 4.5 | 1.20 | 1.8 | 9.0 | 0.27 | 0.36 | 0.9 | 0.27 | 0.36 | — | | | | | | | | | | | | |

### 4.4　其他规定

4.4.1　表 1、表 2 和表 3 中所列污染物最高允许排放浓度，按日均值计算。

4.4.2　污泥与固体废物应合理处置。

4.4.3　工艺参考指标为行业内部考核评价企业排放状况的主要参数。

4.4.4　有分割肉、化制等工序的企业，每加工 1t 原料肉，可增加排水量 2m³。

4.4.5　加工蛋品的企业，每加工 1t 蛋品，可增加排水量 5m³。

4.4.6　回用水应符合回用水水质标准。

4.4.7　在执行三级标准时，若二级污水处理厂运行条件允许，生化需氧量（BOD$_5$）可放宽至 600 mg/L，化学需氧量（COD$_{Cr}$）可放宽至 1 000 mg/L，但需经当地环境保护行政主管部门认定。

4.4.8　非单一加工类别的企业，其污染物最高允许排放浓度、排水量和污染物排放量限值，以一定时间内的各种原料加工量为权数，加权平均计算。计算方法见附录 A。

小 9 表 1、表 2 中禽类屠宰加工的排水量参照表 3 执行。

## 5　监测

### 5.1　采样点

采样点应在肉类加工企业的废水排放口，排放口应设置废水水量计量装置和设立永久性标志。

### 5.2　采样频率

按生产周期确定监测频率。生产周期在 8 h 以内的，每 2h 采样一次；生产周期大于 8 h 的，每 4 h 采样一次。

### 5.3　排水量

排水量只计直接生产排水，不包括间接冷却水、厂区生活排水及厂内锅炉、电站排水，若不符合以上条件时，应改建排放口；排水量按月均值计算。

### 5.4　统计

企业原材料使用量、产品产量等，以法定月报表和年报表为准。

### 5.5　测定方法

本标准采用的测定方法按表 4 执行。

表 4

| 序号 | 项目 | 方法 | 方法来源 |
|---|---|---|---|
| 1 | pH 值 | 玻璃电极 1 | GB 6920 |
| 2 | 悬浮物 | 重量法 | GB 11901 |
| 3 | 五日生化需氧量（BOD$_5$） | 稀释与接种法 | GB 7488 |
| 4 | 化学需氧量（COD$_{Cr}$） | 重铬酸钾法 | GB 11914 |
| 5 | 动植物油 | 重量法 | 1） |
| 6 | 氨氮 | 蒸馏中滴定法 | GB 7478 |
|  |  | 纳氏试剂比色法 | GB 7479 |
|  |  | 水杨酸分光光度法 | GB 7481 |
| 7 | 大肠菌群数 | 发酵法 | GB 5750 |

注：1）暂时采用《环境监测分析方法》（城乡建设环境保护部环境保护局，1983）。待国家颁布相应的方法标准后，执行国家标准。

## 6　标准实施监督

本标准由各级人民政府环境保护行政主管部门负责监督实施。

附录（略）

# 中华人民共和国国家标准

GB 18078.1—2012

## 农副食品加工业卫生防护距离
## 第1部分：屠宰及肉类加工业

2012 -06 -29 发布/2012 -08 -01 实施

中华人民共和国卫生部　中国国家标准化管理委员会　发布

## 前　言

本部分4.2，4 3、4.4 为推荐性的，其余为强制性的。

GB 18078《农副食品加工业卫生防护距离》分为2个部分：

第1部分：屠宰及肉类加工业

第2部分：谷物磨制与饲料工加工业

本部分为 GB 18078 的第1部分

本部分按照 GB/T 1.1—2009 给出的规则起草。

本部分代替 GB 18078—2000《肉类联合加工厂卫生防护距离标准》。

本部分与 GB 18078—2000 相比主要变化如下：

——调整了标准名称，并依据 GB/T1.1—2009《标准化工作导则第1部分：标准的结构和编写》；

——修订了卫生防护距离的定义，增加了敏感区、复杂地形2项术语和定义；

——修订了卫生防护距离标准限值，调整了风速分档和生产规模分档；

——增加了有关绿化的要求。

本部分由中华人民共和国卫生部提出并归档。

本部分负责起草单位：中国疾病预防控制中心环境与健康相关产品安全所、武汉市疾病预防控制中心。

本部分参加起草单位：武汉市江夏区卫生监督所。

本部分主要起草人：金银龙、陈文革、洪艳峰、王怀记、张伟、刘正丹、刘俊玲、何振宇、曹美龄、胡迅、魏泽义、王杰、吴林、刘高、卢冰。

本部分所代替标准的历次版本发布情况为：

GB 18078—2000。

# 农副食品加工业卫生防护距离
# 第1部分：屠宰及肉类加工业

## 1　范围

GB 18078 的本部分规定了屠宰及肉类加工生产企业与敏感区之间所需卫生防护距离。

本部分于用于地处平原地区的屠宰及肉类加工生产企业的新建、改建、扩建工程。现有屠宰及肉类加工生产企业可参照执行。

## 2　规范性引用文件

下列文件对于本文件的应用是必不可少的。凡是注日期的引用该文件，仅注日期的版本适用于本文件。凡是不注明日期的引用文件，其最新版本（包括所有的修改单）适用与本文件。

GB/T 3840—1991 制定地方大气污染物排放标准的技术方法

## 3　术语和定义

下列术语和定义适用于本文件。

### 3.1　卫生防护距离　heath protection zone
产生有害因素的部门（生产车间或作业场所）的边界至敏感区边界的最小距离。

### 3.2　敏感区　sensitive area
对大气污染比较敏感的区域，包括居民区、学校和医院。

### 3.3　复杂地形　complicated landform
山区、丘陵、沿海等。

## 4　指标要求

4.1　屠宰及肉类加工生产企业卫生防护距离限值见表1和表2。

表1　屠宰及肉类（畜类）加工生产企业卫生防护距离限值

| 生产规模万头/年 | 所在地区近五年平均风速 m/s | 卫生防护距离 m |
|---|---|---|
| ≤50 | <2 | 400 |
| | 2～4 | 300 |
| | >4 | 200 |
| >50，≤100 | <2 | 600 |
| | 2～4 | 400 |
| | >4 | 300 |
| >100 | <2 | 700 |
| | 2～4 | 500 |
| | >4 | 400 |

表2　屠宰及肉类（禽类）加工生产企业卫生防护距离限值

| 生产规模万只/年 | 所在地区近五年平均风速 m/s | 卫生防护距离 m |
|---|---|---|
| ≤2 | <2 | 500 |
| | ≥2 | 300 |
| >2，≤4 | <2 | 600 |
| | ≥2 | 400 |
| >4 | <2 | 700 |
| | ≥2 | 500 |

4.2　地处复杂地形条件下的屠宰及肉类加工生产企业卫生防护距离的确定方法，参照 GB/T 3840—1991 中的 7.6

规定执行。

4.3 屠宰及肉类加工生产企业与敏感区的位置，应考虑风向频率及地形等因素影响，尽量减少其对敏感区大气环境的污染。

4.4 在卫生防护距离范围内，种植浓密的乔木类植物绿化隔离带（宽度不少于10m）的企业，可按卫生防护距离标准限值的90%执行，注意选择对特征污染具有抗性或吸附特性的树种。

# 中华人民共和国国家环境保护标准

HJ 2004—2010

## 屠宰与肉类加工废水治理工程技术规范

Technical specification for slaughterhouse and meat processing wastewater treatment projects

2010 - 12 - 17 发布/2011 - 03 - 01 实施
环境保护部　发布

## 中华人民共和国环境保护部
## 公　告

2010 年第 94 号

为贯彻《中华人民共和国环境保护法》，规范污染治理工程建设与运行，现批准《大气污染治理工程技术导则》第 9 项标准为国家环境保护标准，并予发布。

标准名称、编号如下：

一、大气污染治理工程技术导则（HJ 2000—2010）

二、火电厂烟气脱硫工程技术规范　氨法（HJ 2001—2010）

三、电镀废水治理工程技术规范（HJ 2002—2010）

四、制革及毛皮加工废水治理工程技术规范（HJ 2003—2010）

五、屠宰与肉类加工废水治理工程技术规范（HJ 2004—2010）

六、人工湿地污水处理工程技术规范（HJ 2005—2010）

七、污水混凝与絮凝处理工程技术规范（HJ 2006—2010）

八、污水气浮处理工程技术规范（HJ 2007—2010）

九、污水过滤处理工程技术规范（HJ 2008—2010）

以上标准自 2011 年 3 月 1 日起实施，由中国环境科学出版社出版，标准内容可在环境保护部网站（bz.mep.gov.cn）查询。

特此公告。

2010 年 12 月 17 日

## 前　言

为贯彻《中华人民共和国环境保护法》、《中华人民共和国水污染防治法》、《建设项目环境保护管理条例》及其他相关法律法规，规范屠宰与肉类加工废水治理工程的建设与运行管理，防治环境污染，保护环境与人体健康，制定本标准。

本标准规定了屠宰与肉类加工废水治理工程设计、施工、验收和运行管理等方面相关技术要求。

本标准为首次发布。

本标准由环境保护部科技标准司组制订。

本标准起草单位：环境保护部华南环境学学研究所。

本标准有环境保护部 2010 年 12 月 17 日批准。

本标准自 2011 年 3 月 1 日起实施。

本标准由环境保护部解释。

# 屠宰与肉类加工废水治理工程技术规范

## 1 适用范围

本规范规定了屠宰与肉类加工废水治理工程设计、施工、验收和运行管理的技术要求。

本规定适用于配套新建、改建、扩建屠宰场与肉类加工厂的废水治理工程，可作为此列项目环境影响评价、可行性研究、工程设计、施工管理、竣工验收、环境保护验收及运行管理等工作的技术依据。

## 2 规范性引用文件

本规范内容引用了下列文件中的条款，凡是注明日期的引用文件，其有效版本适用于本标准。

GB 8978　污水综合排放标准

GB 12694　肉类加工厂卫生规范

GB 13457　肉类加工工业水污染配方标准

GB 18078　肉类联合加工厂卫生防护距离标准

GB 50014　室外排水设计规范

GB 50015　建筑给水排水设计规范

GB 18596　畜禽养殖业污染物排放标准

GB 4284　农田污泥中污染物排放标准

GB 5084　农田灌溉水质标准

GB 14554　恶臭污染物排放标准

GB 50009　建筑结构荷载规范

GB 50016　建筑设计防火规范

GB 50052　供配电系统设计规范

GB 50054　低压配电设计规范

GB 50069　给水排水工程构筑物结构设计规范

GB 50187　工业企业总平面设计规范

GB 50194　建筑工程施工现场供用电安全规范

GB 50303　建筑电气工程施工质量验收规范

GBJ 22　厂矿道路设计规范

GB 3096　声环境质量标准

GB 12348　工业企业厂界环境噪声排放标准

GBJ 87　工业企业噪声控制设计规范

GB/T 18883　室内空气质量标准

GB/T 18920　城市污水再生利用　城市杂用水水质

GB/T 4754　国民经济行业分类

HJ/T 15　环境保护产品技术要求　超声波明渠污水流量计

HJ/T 96　pH 水质自动分析仪技术要求

HJ/T 101　氨氮水质自动分析仪技术要求

HJ/T 103　总磷水质自动分析仪技术要求

HJ/T 212　污染源在线自动监控（监测）系统数据传输标准

HJ/T 242　环境保护产品技术要求　带式压榨过滤机

HJ/T 245　环境保护产品技术要求　悬挂式填料

HJ/T 246　环境保护产品技术要求　悬浮填料

HJ/T 250　环境保护产品技术要求　旋转式细格栅

HJ/T 251　环境保护产品技术要求　罗茨鼓风机

HJ/T 252　环境保护产品技术要求　中、微孔曝气器

HJ/T 262　环境保护产品技术要求　隔栅除污剂

HJ/T 263　环境保护产品技术要求　射流曝气器

HJ/T 281  环境保护产品技术要求  散流式曝气器

HJT 283  环境保护产品技术要求  箱式压滤机和板框压滤机

HJ/T 335  环境保护产品技术要求  污泥浓缩带式脱水一体机

HJ/T 336  环境保护产品技术要求  潜水排污泵

HJ/T 337  环境保护产品技术要求  生物接触氧化成套装置

HJ/T 353  水污染在线监测系统安装技术规范（试行）

HJ/T 354  水污染源在线监测系统验收技术规范

HJ/T 355  水污染源在线检测系统运行与考核技术规范

HJ/T 369  环境保护产品技术要求水处理用加药装置

CJ 3082  污水排入城市下水道水质标准

CECS 97  鼓风曝气系统设计规程

《建设项目（工程）竣工验收办法》（计建设［1990］1215 号）

《建设项目环境保护竣工验收管理办法》（国家环境保护总局令  第 13 号）

《污染源自动监控管理办法》（国家环境保护总局  第 28 号）

## 3  术语和定义

下列术语和定义适用于本标准。

### 3.1  屠宰场  slaughterhouse

指宰杀禽畜及进行初级加工的场所。

### 3.2  肉类加工厂  meat processing factory

指用于动物肉类食品生产、加工的场所。

### 3.3  屠宰过程

指屠宰是进行的围栏冲洗、宰前淋洗、宰后烫毛或脱皮、开腔、劈半、解体、内腔洗涤及车间冲洗等过程。

### 3.4  屠宰废水

至屠宰过程中产生的废水，主要含有血污、油脂、碎肉、畜毛、未消化的食物及粪便，尿液等。

### 3.5  肉类加工过程

指肉类加工时进行的洗肉、加工、冷冻等过程。

### 3.6  肉类加工废水

指肉类加工过程中产生的废水，主要含有碎肉、脂肪、血液、蛋白质、油脂。

### 3.7  废水再用  wastewater reuse

指废水经过深度处理后实现废水资源化利用。

### 3.8  恶臭污染物  odor pollutants

指一切刺激嗅觉器官引起人们不愉快及损害生活环境的气体物质。

## 4  污染物与污染负荷

### 4.1  污染物

屠宰与肉类加工废水中含有的主要污染物包括 $COD_{Cr}$、$BOD_5$、SS、氨氮及动植物油等。

### 4.2  废水量

#### 4.2.1  屠宰废水量

屠宰废水量可根据如下公式进行计算。

$$Q = q \times S \tag{1}$$

式中

$Q$——每日产生的屠宰废水量，$m^3/d$；

$q$——每日屠宰动物废水产生量，$m^3/$头或 $m^3/$百只；

$s$——每日屠宰动物总数量，头/d 或百只/d。

表 1  单位屠宰动物废水产生量（畜类）

单位：$m^3/$头

| 屠宰动物类型 | 牛 | 猪 | 羊 |
|---|---|---|---|
| 屠宰单位动物废水产生量 | 1.0 ~ 1.5 | 0.5 ~ 0.7 | 0.2 ~ 0.5 |

表2　单位屠宰动物废水产生量（禽类）　　　　　单位：m³/100只

| 屠宰动物类型 | 鸡 | 鸭 | 鹅 |
|---|---|---|---|
| 屠宰单位动物废水产生量 | 1.0～1.5 | 2.0～3.0 | 2.0～3.0 |

4.2.2　肉类加工的废水量与加工规模、种类及工艺有关。单独的肉类加工厂废水量应根据实际情况具体确定，一般不超过5.8m³/t（原料肉），有分割肉、化制等工序的企业每加工1t原料可增加排水量2m³；肉类加工厂与屠宰场合建时，其废水量可按同规模的屠宰场及肉类加工厂分别取值计算。

4.2.3　按全厂用水量估算废水排放量时，废水量宜取全厂用水量的80%～90%。

### 4.3　废水水质

废水水质的确定应以实际检测数据为准。

表3　屠宰废水水质设计取值　　　　　　　　　单位：mg/L（pH值除外）

| 污染物指标 | $COD_{Cr}$ | $BOD_5$ | SS | 氨氮 | 动植物油 | pH |
|---|---|---|---|---|---|---|
| 废水浓度范围 | 1 500～2 000 | 750～1 000 | 750～1 000 | 50～150 | 50～200 | 6.5～7.5 |

表4　肉类加工废水水质设计取值　　　　　　　单位：mg/L（pH值除外）

| 污染物指标 | $COD_{Cr}$ | $BOD_5$ | SS | 氨氮 | 动植物油 | pH |
|---|---|---|---|---|---|---|
| 废水浓度范围 | 800～2 000 | 500～1 000 | 500～1 000 | 25～70 | 30～100 | 6.5～7.5 |

## 5　总体要求

### 5.1　一般规定

5.1.1　屠宰与肉类加工废水治理工程的建设应符合当地有关规划，合理确定近期与远期、处理与利用的关系。

5.1.2　屠宰与肉类加工行业应积极采用节能减排及清洁生产工艺，降低污染物产生量和排放量，防止环境污染。

5.1.3　出水直接向周边水域排放时，应按国家和地方有关规定设置规范化排污口。排放水质应满足国家、行业、地方有关排放标准规定及项目环境影响评价审批文件有关要求。

5.1.4　应根据屠宰场个肉类加工加工厂的类型，建设规模，当地自然地理环境条件、排水去向及排放标准等因素确定废水处理工艺路线及处理目标，力求经济合理、技术先进可靠，运行稳定。

5.1.5　主要废水处理设施应按不少于两格或两组并联设计，主要设备应考虑备用。

5.1.6　废水处理构筑物应设检修设施，排空废水应经处理达标后排放。

5.1.7　屠宰与肉类加工废水处理工艺应包含消毒及除臭单元。

5.1.8　建议由条件的地方可进行屠宰与肉类加工废水深度处理，实现废水资源化利用。

5.1.9　废水处理厂（站）应按照《污染源自动监控管理办法》和地方环保部门有关规定安装废水在线监测设备。

### 5.2　设计规模

5.2.1　设计规模应根据生产工艺类型、产量及最大生产能力条件下的排水量综合考虑后确定。

5.2.2　废水水量、水质应以实测数据为准、缺少实测数据时刻参考表1、表2、表3和表4。

### 5.3　项目构成

5.3.1　本废水治理项目主要包括处理构筑物、工艺设备、配套设施以及运行管理设施。

5.3.2　处理工艺主要包括预处理、生化处理、深度处理、恶臭污染及污泥处理等。

5.3.3　工艺设备包括机械格栅、污水泵、二相分离器、曝气风机，曝气器、污泥脱水机等。

5.3.4　配套设施包括供配电、给排水、消防、通信、暖通、检测与控制、绿化等，

5.3.5　运行管理设施包括办公用房、分析化验室、库房、维修车间等。

### 5.4　总平面布置

5.4.1　总平面布置应满足GB 5CU87的相关规定。

S.4.2　应根据处理工艺流程和各构筑物的功能要求，综合考虑地形、地质条件、周围环境、建构筑物及各设施相互间平面空间关系等因素，在满足国家现行相关技术规范基础上，确定废水治理工程总体布置。按远期总处理规模预留场地并注意近远期之间的衔接。

5.4.3　废水治理工程应独立布置在厂区主导风的下风向，各处理单元平面布置尽量紧凑（中小规模的废水处理构筑物可采用一体式构建），力求土建施工方便，设备安装、各类管线连接简介且便于维护管理。

5.4.4　工艺流程、处理单元的竖向设计应充分利用场地地形，以符合排水通畅、降低能耗、平衡土方等方面要求。

5.4.5 应设置管理及辅助建筑物，其面积应结合处理工程规模及处理工艺等实际情况确定。

5.4.6 应根据需要设置存放材料、药剂、污泥、废渣等场所，不得漏填堆放。

# 6 工艺设计

## 6.1 工艺选择原则

6.1.1 工艺选择应以连续稳定达标排放为前提，选择成熟、可靠的废水处理工艺。

6.1.2 应根据废水的水量、水质特征、排放标准、地域特点及水平等因素确定工艺流程及处理目标。

6.1.3 在达标排放的前提下，优先选择低运行成本、技术先进的处理工艺。处理工艺过程应尽可能做到自动控制。

6.1.4 屠宰与肉类加工废水应采用自动化处理为主、物化处理为辅的组合处理工艺，并按照国家相关政策要求，因地制宜考虑废水深度处理及再用。

## 6.2 屠宰与肉类加工废水处理工艺

屠宰与肉类加工废水治理工程典型工艺流程如图1所示。

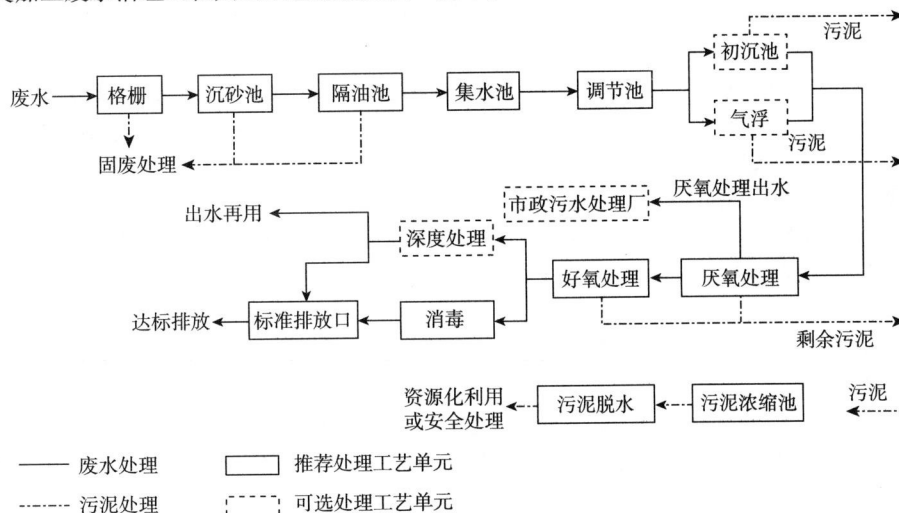

图1 屠宰与肉类加工废水治理工程典型工艺流程

## 6.3 废水处理主体单元

### 6.3.1 预处理

屠宰与肉类加工废水工程的预处理部分主要包括：粗（细）格栅、沉沙池、隔油池、集水池、调节池和初沉池等。

#### 6.3.1.1 格栅

a) 调节池前应设置粗格栅和细格栅，并按最大时废水量设计。

b) 处理废水量较大、漂浮物较多时，宜采用具有自动清洗功能的机械格栅。

c) 应特别注意禽类与畜类屠宰加工废水处理的细格栅设备选型差异，废水中含有较多羽毛等漂浮物时必须设置专用的细格栅、水力筛或筛网等。

#### 6.3.1.2 沉沙池

a) 沉砂地设在格栅之后，隔油池之前，可与隔油池合建。

b) 采用平流式沉砂地时，最大流速应为0.3m/s，最小流速为0.15m/s，水利停留时间宜为30s~60s。

c) 采用旋流式沉砂地时，旋流速度应为0.6m/s~0.9m/s，表面负荷为200m³/（m²·h），水利停留时间宜为20s~30s。

#### 6.3.1.3 隔油池

a) 隔油池设置在调节池之前，沉砂池之后，对于大中型规模的废水治理工程，隔油池应设有撇油刮渣设施。

b) 平流式隔油池停留时间一般为1.5h~2.0h，斜板隔油池停留时间一般不大于0.5h。

c) 含油脂较低的肉类加工废水可根据实际不单独设置隔油池。

#### 6.3.1.4 集水池

a) 当车间排水口管道埋深较大时，为减少调节池的埋深，便于施工，应设置集水池。

b) 集水池有效容积应不小于该池最大工作水泵5min的出水量，废水提升水泵宜按最大时水量选型（污水量变化曲线资料时可按3~4倍平均流量），每小时启动次数不超过6次。

#### 6.3.1.5 调节池

a) 调节池有效容积宜按照生产排水规律确定，没有相关资料时有效容积宜按水力停留时间 10h～24h 设计，并适当考虑事故应急需要。

b) 调节池内应设置搅拌装置，一般可采用液下（潜水）搅拌或空气搅拌。采用液下搅拌时，具体搅拌功率应结合池体大小进行确定，一般可按 5W/m³～10W/m³；采用空气搅拌时，所需空气量（标态）为 0.6m³/（h·m³）～0.9m³/（h·m³）。

c) 为减少臭气影响，调节池宜加盖，并设置通风、排风及除臭设施；调节池应设有安全栏杆和检修扶梯。

d) 调节池应设置排空集水坑，池底应设计流向集水坑的坡度，坡度设计应不小于 2%。

#### 6.3.1.6 初沉池

a) 调节池后宜设置初沉池，可采用竖流式沉淀池，对于规模大鱼 3000t/d 的项目可采用辐流式沉淀池。

b) 采用竖流式沉淀池时宽（直径）深比一般不大于 3，池体直径（或正方形一边）不宜大于 8m。不设置反射板时的中心流速不应大于 30mm/s，设置反射板时的中心流速可取 100mm/s。

c) 沉淀池的水力停留时间应大于 1h，但不大于 3h；其他设计参见 GB 50014 的有关规定。

#### 6.3.1.7 气浮

a) 气浮可作为调节池后用于取出残留于废水中粒径较小的分散油、乳化油、绒毛、细小悬浮颗粒等杂物的一种备选技术。对于含有较多油脂和绒毛类加工厂废水，宜采用气浮工艺，以保证后续厌氧等处理单元的稳定运行及处理效果。

b) 气浮的设计可参见相关废水气浮处理技术规范进行。

### 6.3.2 生化处理

生化处理事屠宰与肉类加工废水治理工程的核心，主要去除废水中可降解有机污染物及铵盐等营养性污染物，生化处理部分主要包括厌氧处理和好氧处理。

#### 6.3.2.1 厌氧处理

屠宰与肉类加工废水一般宜采用的厌氧工艺为：升流式厌氧污泥床（UASB）或水解酸化技术。

（1）UASB

a) UASB 尤其适用于中高有机负荷、水量水质较稳定、悬浮物浓度较低时的废水处理。

b) UASB 应按容积负荷设计，并按水力停留时间校核，水力停留时间宜取 16～24h。宜采用常温或中温厌氧；当水温较低时，宜设置加热装置和隔热保温层。不同温度下的容积负荷率可参考表 5。

表5 不同温度条件下的 UASB 容积负荷率（$COD_{Cr}$）

单位：kg/（m³·d）

| 指标 | 常温（15℃～30℃） | 中温（30℃～35℃） |
|---|---|---|
| 容积负荷率 | 2～5 | 5～10 |

UASB 有效容积的计算公式可参考一下公式：

$$V_R = \frac{QS_0}{Nv} \tag{2}$$

或

$$V_R = Q \times HRT \tag{3}$$

式中：$V_R$——厌氧反应器的有效容积：m³

$Q$——设计流量，m³/d；

$S_0$——进水有机物（$COD_{Cr}$）质量浓度，kg/m³

$Nv$——容积负荷（$COD_{Cr}$），kg/（m3·d）；

HRT——水力停留时间，d。

c) UASB 的实际应符合下列规定：

①UASB 的高度不宜超过 8m，推荐反应器污泥床有效高度为 3.0m～3.5m。

②当废水处理量较大时，宜采用多个 UASB 反应器并联运行。

③应保证 UASB 内 PH 维持在 6.8～7.6 之间：必要时应加入 Ca（OH）₂、NaHCO₃。Na₂CO₃ 等调节控制碱度，使 pH 保持在 6.8 以上。

④三项分离器中沉淀区的斜壁角度应不小于 45°，沉淀区表面应符合在 0.75m³/（m²·h）以下（无斜管时），或 1.0m³/（m²·h）～1.5m³/（m²·h）（有斜管时）三相分离器丙烯流速不大于 2m/h。

⑤UASB 宜设置污泥界面测定点、采样点、温度监测点等。

⑥UASB 应考虑配套沼气能源回收利用或安全燃烧高空排放处理装置。

⑦UASB、沼气能源回收或安全处理装置应符合 GB 50016 中的有关消防安全设计规定。

（2）水解酸化技术

a) 水解酸化技术使用于较高容积负荷、水质水量波动变化较大时的废水处理。

b) 宜采用常温水解酸化。通常按水力停留时间设计，有机容积负荷校核，水力停留时间一般为 4h～10h，容积负荷（$COD_{Cr}$）为 4.8kg/（$m^3 \cdot d$）～12.0kg/（$m^3 \cdot d$）。

c) 水解酸化池一般采用上向流式，最大上升流速应小于 2.0m/h。

d) 设计水解酸化池温度应控制在 15℃以上，为 20℃～30℃为宜。

e) 设计水解酸化池可根据实际需要悬挂一定生物填料，填料高度一般为水解酸化池的有效池深的 1/2～2/3 为宜。

### 6.3.2.2　好氧处理

好氧处理宜采用具有脱氮除磷功能的予批示活性污泥技术（SBR）或生物接触氧化技术，有条件是亦采用膜生物反应器（MBR）工艺。

（1）SBR 工艺

a) SBR 工艺尤其适合废水间歇排放、流量变化大的废水处理。

b) 本规范中所指的 SBR 工艺包括传统 SBR、改良型 SBR（改良式序列间歇反应器 MSBR、循环式活性污泥系统 CASS 及循环式活性污泥技术（CAST）等工艺。

c) SBR 反应池应设置两个或两个以上并联交替运行。

d) 采用 SBR 工艺处理屠宰场与肉类加工厂废水时，污泥负荷（$BOD_5$/MLVSS）宜取 0.1kg/（kg·d）～0.4kg/（kg·d）：总运行周期为：6h～12h，其中五个过程的水力停留时间可分别设计为：进水期 1h～2h，反应期 4h～8h，沉淀期 1h～2h，排水器 0.5h～1.5h，闲置期 1h～2h。个工序具体取值按实际工程废水水质条件确定。

e) 屠宰场与肉类加工厂废水的氨氮和水温是设计计算中考虑的重点因素，通常需按最低废水水温（结合氨氮出水标准）计算消化反映速率，校核反应器容积。

f) SBR 工艺其他设计细节可参照 GB 50014 及有关设计手册有关规定进行。

（2）接触氧化工艺

a) 解除氧化工艺广泛适用于不同规模的屠宰场与肉类加工厂废水治理工程，尤其适用于场地面积小，水量小，有机负荷波动大的情况。

b) 解除氧化工艺所使用的填料应采用轻质、高强度、防腐蚀、化学和生物稳定性好的材料，并应保证其易于挂膜、水力阻力小、比表面积大或孔隙率高。

c) 生物接触氧化工艺的水力停留时间一般取 8h～12h，填料容积负荷率（BOD5）应为 1.0kg～1.5kg

d) 屠宰场和肉类加工厂废水处理工程厂采用竖流式沉淀池作为二沉池，可根据有关的设计手册实际工程经验选取表面负荷、沉淀时间等设计参数。竖流式沉淀池表面负荷一般取值为：0.6m³/（$m^2 \cdot h$）～0.8m³/（$m^2 \cdot h$），斜管沉淀池表面负荷一般取值为：1.0m³/（$m^2 \cdot h$）～1.5m³/（$m^2 \cdot h$），沉淀池的水力停留时间应大于 1h，但不宜大于 3h。

e) 对于规模大于 3000t/d 的项目，可采用辐流式沉淀池。有关设计参考初沉池，按照 GB 50014 的有关规定执行、

f) 其他设计细节可参照 HJ/T 337、GB 50014 有关规定进行。

（3）MBR 工艺

a) MBR 工艺适用于占地面积小且出水水质其要求高的废水处理。

b) 膜生物反应器氛围内置式和外置式两种，宜选用内置式中空纤维膜组建（HF）或平板膜（PF）MBR 工艺。

c) 膜通量等参数以实验数据或膜组件供应商数据为准、中空纤维组件的膜通量一般可设计为 8L/（$m^2 \cdot h$）～15L/（$m^2 \cdot h$）平板膜的通量一般可设计为 14L/（$m^2 \cdot h$）～20L/（$m^2 \cdot h$）。

d) MBR 反应器主要工艺参数：水力停留时间一般为 8h～16h，MBR 其他主要设计运行参数见表 6。

e) 应考虑膜污染的控制，膜清洗技术及维修措施。

表6　膜生物反应器（MBR）的工艺参数

| 项目 | 内置式 MBR | 外置式 MBR |
|---|---|---|
| 污泥浓度/（mg/L） | 8000～12000 | 10000～15000 |
| 污泥负荷（$COD_{Cr}$/MLVSS）/［kg/（kg·d）］ | 0.10～0.30 | 0.30～0.60 |
| 剩余污泥产泥系数（MLVSS/$COD_{Cr}$）/（kg/kg） | 0.10～0.30 | 0.10～0.30 |

### 6.3.2.3 消毒

（1）屠宰场与肉类加工厂废水必须进行消毒处理。

（2）一般采用二氧化氯和次氯酸钠进行消毒，消毒解除时间不应小于 30min，有效质量浓度不应小于 50mg/L。

（3）可兼顾考虑废水脱色处理与消毒。

## 6.4 深度处理

6.4.1 地方环保部门对废水处理及排放有严格要求时应进行深度处理。

6.4.2 达标排放废水的深度处理宜采用生物处理和物化处理相结合的工艺，如曝气生物滤池（BAF）、生物活性炭、混凝沉淀、过滤等。具体选用何种方式及相关工艺参数应通过实验确定。在用水应以项目场内为主，场外区域为辅。

6.4.3 其他设计细节可参照 GB 50335 相应规定执行。

6.4.4 再用水用作厂区冲洗地面、冲厕、冲洗车辆、绿化、建筑施工等用途时，其水质应符合 GB/T 18920。

## 6.5 恶臭污染物控制

6.5.1 屠宰场与肉类加工厂的恶臭治理对象主要包括屠宰临时圈养区、屠宰厂区及废水处理厂（站）的臭气源。

6.5.2 有恶臭源的废水处理单元（调节池，进水泵站，厌氧，污泥储存，污泥脱水等）宜设计为密闭式，并配备恶臭集中处理设施，将各工艺过程中产生的臭气集中收集处理，减少恶臭对周围环境的污染。

6.5.3 常规恶臭控制工艺包括物理脱臭、化学脱臭及生物脱臭等，本类废水治理工程宜选用生物填料塔形过滤技术、生物洗涤技术、活性炭吸附等脱臭工艺。

6.5.4 屠宰场与肉类加工厂恶臭污染物的排放浓度应符合 GB 14554 的规定。

## 6.6 污泥处理单元

6.6.1 污泥包括物化沉淀污泥和生化剩余污泥，其中以生化剩余污泥为主。

6.6.2 生化剩余污泥量根据有机物浓度、污泥产率系数进行计算；物化污泥量根据悬浮物浓度、加药量等进行计算，不同处理工艺产生的剩余污泥量（DS/$BOD_5$）不同，一般可按 0.3kg/kg～0.5kg/kg 设计，污泥含水率 99.3%～99.4%。

6.6.3 宜设置污泥浓缩贮存池，一般可采用重力式污泥浓缩池，污泥浓缩时间宜按 16h～24h 设计，浓缩后的污泥含水率不应大于 98%。

6.6.4 污泥脱水前应进行污泥加药调理，药剂种类应根据污泥性质和干污泥的处理方式选用，投加量通过实验或参照同类型污泥脱水的数据确定。

6.6.5 污泥脱水机类型应根据污泥性质、污泥产量、脱水要求的进行选择，脱水污泥含水率应小于 80%。

6.6.6 屠宰与肉类加工废水处理中产生的剩余污泥可作农用或与城市污水厂污泥一并处理，做农用时应符合 GB 4284 的规定。当采用卫生填埋处置或单独处置时，污泥含水率应小于 60%。

6.6.7 脱水污泥严禁漏填堆放，并应及时外运处理。污泥堆场的大小按污泥产量、运输条件等确定。污泥堆场地面应有防渗、防漏、防雨水等措施。

# 7 主要工艺设备和材料

## 7.1 曝气设备

7.1.1 应选用氧利用效率高、混合效果好、质量可靠、阻力损失小、容易安装维修及不宜产生堵塞的产品，适宜于本类废水的主要曝气方式有鼓风曝气、射流曝气等。

7.1.2 应选用符合国家或行业标准规定的产品，具体要求如下：

　　a）中、微孔曝气器应符合 HJ/T 252 的规定；

　　b）射流曝气器应符合 HJ/T 263 的规定；

　　c）散流式曝气器应符合 HJ/T 281 的规定；

　　d）其他新型曝气器宜以实验数据或产品认证材料为准。

## 7.2 风机

7.2.1 风机应选用高效、节能、使用方便、运行安全、噪声低、易维护管理的机型。由于屠宰与肉类加工废水治理工程属于中小规模，宜选用罗茨鼓风机，并设置降噪措施。

7.2.2 风机选型具体计算应考虑如下因素确定：

　　a）按废水水质影响系数 $\alpha$ 取 0.8～0.85，$\beta$ 系数取 0.9～0.97 修正供氧量；

　　b）当废水水温较高或较低时应进行温度系数修正；

　　c）空气密度和含氧量应根据当地大气压进行修正；

d）采用罗茨风机时，出口风量应根据进风口及风量影响系数进行修正；

e）风压应根据风机特性、空气管网损失、曝气器的阻力、曝气器安装水深等计算确定

f）风机的设置台数，应根据总共风量、所需风压、选用风机单机性能曲线、气温污水负荷变化情况等综合确定。

7.2.3　选用风机时，应符合国家或行业标准规定的产品，罗茨鼓风机应符合 HJ/T 251 的规定。

7.2.4　应至少设置 1 台备用风机。

7.2.5　其他设计细节可参照 CECS 97 相应规定执行。

### 7.3　格栅

7.3.1　旋转式细格栅应符合 HJ/T 250 的规定

7.3.2　格栅除污机应符合 HJ/T 262 的规定、

### 7.4　脱水机

7.4.1　污泥脱水用厢式压滤机和板框压滤机应符合 HJ/T 283 的规定。

7.4.2　带式压榨过滤机应符合 HJ/T 242 的规定。

7.4.3　污泥浓缩带式脱水一体机应符合 HJ/T 335 的规定。

### 7.5　加药设备

加药设备应符合 HJ/T 363 的规定。

### 7.6　泵

潜水排污泵应符合 HJ/T 336 的规定，其他类型的泵应符合国家节能等方面的要求。

### 7.7　填料

悬挂式填料应符合 HJ/T 245 的规定，悬浮填料应符合 HJ/T 246 的规定。

### 7.8　检测系统

检测系统及安装应符合 HJ/T 353 的规定，采用符合 HJ/T 15、HJ/T 96、HJ/T 101、HJ/T 103、HJ/T 377 等规定的检测仪器。

### 7.9　其他设备、材料

其他机械、设备、材料应符合国家或行业标准的规定。

## 8　检测与过程控制

8.1　为保证废水处理设施运行的连续性和可靠性，提高自动化控制水平，废水处理厂（站）宜采用 PLC 集散型控制。

8.2　废水处理厂宜根据工艺控制要求设置 pH 计、流量计、液位控制器、溶氧仪等装置。

8.3　废水处理厂宜按国家和地方环保部门有关规定安装废水在线监测系统，并与相关环境管理监控中心联网。

8.4　废水在线监控系统的数据传输应符合 HJ/T 212 的规定。

## 9　主要辅助工程

### 9.1　电器

9.1.1　独立处理厂供电宜按二级符合设计，厂内处理厂供电等级，英语生产车间相等。

9.1.2　抵押配电设计应符合 GB 50054 设计规范的规定。

9.1.3　供配电应符合 GB 50052 设计规范的规定。

9.1.4　工艺装置的中央控制室的仪表电源应配备在线式不间断供电电源设备（UPS）。

9.1.5　建设工程施工现场供用电安全应符合 GB 50194 规范的规定。

### 9.2　空调与暖通

9.2.1　地下构筑物应有通风设施

9.2.2　在北方寒冷地区，处理构筑物应设有防冻措施，当采暖时，处理构筑物室内温度可按 5℃ 设计；加药间，检验室和值班室等的温度按不低于 15℃ 设计。

### 9.3　给排水与消防

9.3.1　废水治理工程的给排水与消防应同生产企业车间等一并规划、设计、配饰设施，废水治理工程区内应实行雨污分流。

9.3.2　处理厂排水一般宜采用重力硫排放；当遇到潮汛、暴雨，排水口标高低与地表水水位时，应设闸门和排水泵站。

9.3.3　处理厂消防设计应符合 GB 50016 的有关规定，易燃易爆的车间或车锁应按消防部门要求设置消防器材。

### 9.4 道路与绿化

9.4.1 处理厂内道路应符合 GBJ 22 的有关规定。

9.4.2 屠宰与肉类加工废水治理工程的绿化应与总厂统一设计布置，绿化布置方案要满足有关技术规范对绿化率的要求。

9.4.3 屠宰与肉类加工废水治理工程内应尽可能终止能吸收臭气、有净化空气作用的植物作为绿化隔离带，以减少臭气和噪声对环境的影响；但厂区内不宜种植高大的树种，以防止树叶落入水池引起设备堵塞。

## 10 劳动安全与职业卫生

10.1 废水治理工程在设计、施工运行过程中，必须高度重视安全卫生问题，严格执行国家及地方的有关规定，采取有效的应对措施和预防手段。

10.2 废水处理厂（站）应建立明确的岗位责任制，各工种、岗位按工艺特征和要求制定相应的安全操作规程，注意事项等。

10.3 废水处理厂应有必要的安全，报警等装置，应制定意外事件的应急预案；生产作业区应配备消防器材；厂区各明显位置应配有禁烟，防火，限速和用电警告等标志。

10.4 废水处理厂应具备设备日常维护，保养与检修、突发性故障时的应急处理能力。

10.5 应为职工配备必要的劳动安全卫生设施和劳动防护用品：各种设施及防护用品应有专人维护保养，保证其完好、有效、各岗位操作人员上岗时必须穿戴相应的劳保物品。

10.6 各种机械设备裸露的传动部分或运动部分应设置防护罩或防护栏杆，周围应保持一定的操作活动空间，以免发生机械伤害事故。

10.7 各构筑物应设有便于行走的操作平台、走道板、安全护栏和扶手、栏杆高度和强度应符合国家有关安全生产规定。

10.8 设备安装和检修时应设有相应的警示、保护措施、必须多人同时作业。

10.9 具有有害气体、易燃气体、异味、粉尘和环境潮湿的场所，应有良好的通风设施。

10.10 高架处理构筑物应设置使用的栏杆，防滑梯和避雷针等安全设施，构筑物的避雷、防爆装置的维修应符合气象和消防部门的规定。

10.11 所有正常不带电的电器设备其金属外壳均应采取接地线或接零保护，钢结构、排气管、排风管、和铁杆等金属物应采用等电位连接后宜作保护接地。

10.12 明装金属构件应采取良好的防腐蚀措施，且应固定牢靠。

## 11 施工与验收

### 11.1 工程施工

11.1.1 屠宰与肉类加工废水治理工程的设计、施工单位应具备国家相应工程设计资质、施工资质。

11.1.2 废水治理工程的设计、施工应符合国家建设项目管理要求。

11.1.3 废水处理厂建设、运行过程中产生的噪声及其他污染物排放应严格执行国家环境保护法规和标准的有关规定。

11.1.4 废水治理工程施工中所使用的设备、材料、器材等应符合相关的国家标准，并具备产品质量合格证。

11.1.5 按照环境管理要求需要安装在线监测系统的，应执行 HJ/T 353、HJ/T 354、HJ/T 355。

11.1.6 废水治理工程施工单位除应遵守相关技术规范外，还应遵守国家有关部门颁布的劳动安全及卫生、消防等国家强制性标准。

### 11.2 工程调试及竣工验收

11.2.1 废水治理工程验收应按《建设项目（工程）竣工验收办法》、相应专业验收规范和本标准的有关规定进行组织，工程竣工验收前，不得投入生产性使用。

11.2.2 建筑电气工程施工质量验收应符合 GB 50303 规范的规定。

11.2.3 个设备、构筑物、建筑物单体按国家或行业的有关标准（规范）验收后，废水处理设施应进行清洗联通启动、整体调试和验收。

11.2.4 应在通过整体调试、各环节运转正常、技术指标达到设计合同要求后进入生产试运行。

11.2.5 试运行期间应进行水质监测，监测指标应至少包括：

    a) 各处理单元 pH 值、温度、水量；

    b) 各单元进、出水主要污染物浓度，如悬浮物、化学需氧量、生化需氧量、氨氮、总氧、总磷、动植物油及色度。

### 11.3 环境保护验收

11.3.1 废水治理工程环境保护验收除应满足《建设项目竣工环境保护验收管理办法》规定的条件外，在生产试运行期还应对废水治理工程进行调试和性能试验，实验报告应作为环境白虎验收的重要内容。

11.3.2 废水治理工程环境保护验收应严格按照工程环境影响评价报告的批复执行。经环境保护竣工验收合格后，废水治理工程方可正式投入使用。

11.3.3 屠宰与肉类加工废水治理工程环境保护验收的主要技术文件应包括：

——项目环境影响报告审批文件；

——批准的设计文件和设计变更文件；

——废水处理工程调试报告；

——具有资质的环境监测部门出具的废水处理验收监测报告；

——试运行期连续监测报告（一般不少于 1 个月）；

——完整的启动试运行、生产试运行记录等；

——废水处理设施运行管理制度、岗位操作规程等。

## 12 运行与维护

### 12.1 一般规定

12.1.1 废水治理工程应有各类具有执业资质，持上岗证书的技术人员、管理人员进行操作和管理。

12.1.2 未经当地环境保护行政主管部门批复，废水处理设施不得定制运行。由于紧急事故造成设施停止运行时，应立即报告当地环境保护行政主管部门。

12.1.3 废水处理有第三方运营时，运营方必须具有相应等级环境污染治理设施运营资质。

12.1.4 废水治理工程应健全规章制度、岗位操作规程和质量管理等文件。

### 12.2 人员与运行管理

12.2.1 实施质量控制，保证废水治理工程的正常运行及运行质量。

12.2.2 运行人员应定期进行岗位培训，持证上岗。运行管理人员上岗前均应进行相关法律法规和专业技术、安全防护、紧急处理等理论知识和操作技能的培训。

12.2.3 各岗位人员应严格按照操作规程作业，如实填写运行记录，并妥善保存。

12.2.4 严禁非本岗位人员擅自启、闭岗位设备，管理人员不得违规指挥。

12.2.5 废水处理厂的运行应达到以下技术指标：运行率 100% （以实际的天数计），达标率大于 95% ，（已运行天数和主要水质指标计）设备的综合完好率大于 90% 。

12.2.6 废水处理厂设备的日常维护、保养应纳入正常的设备维护管理工作，根据工艺要求，定期对构筑物、设备、电器及自控仪表进行检查维护，确保处理设施稳定运行。

12.2.7 宜每日监测厌氧反应器内液体的 pH 值、温度计内部沼气压力、产气量等指标，并根据监测数据及时调整厌氧反应器运行工况或采取相应措施，各项目的检测方法应符合国家有关规定。

12.2.8 臭气收集、除臭装置应保持良好的工作状态，室内臭气浓度应符合 GB/T 18883 的规定，适合操作人员长期在岗工作。

12.2.9 格栅、沉沙池等其他设施的运行管理可参照 CJJ 60 及 CJJ/T 30 的有关规定执行。

12.2.10 发现异常情况时，应采取相应解决措施并及时上报有关主管部门。

### 12.3 环境管理

12.3.1 废水处理厂的噪声应符合 GB 3096 和 GB 12348 的规定，建筑物内部设施噪声源控制应符合 GBJ 87 中的有关规定。

12.3.2 废水处理厂区内各类地点的噪声控制宜采取以隔音为主、辅以消声、隔震、吸音等综合治理措施、宜采用低噪声设备及作减振方式安装。

12.3.3 应保持废水处理厂内环境整洁，并采取灭蝇灭蚊灭鼠措施。

### 12.4 水质管理

12.4.1 废水处理厂运行过程应定期采样分析，常规指标包括：化学需氧量，生化需氧量、悬浮物、污泥浓度（MLSS）、SVI 指数、氨氧、总氧、总磷、pH、色度等。

12.4.2 已安装在线监测设备的，也应定期进行取样，进行人工监测，比对在线监测数据。

12.4.3 生产周期内每隔 4h 采样一次，每日采样次数不少于三次，可分别分析或混合分析，其中化学需氧量，悬浮物、pH、镜检、色度等每天至少分析一次，生化需氧量至少每周分析一次。

12.4.4 水质取样应在废水处理排放口或根据处理工艺控制点取样。

## 12.5 应急措施

**12.5.1** 企业应编制事故应急预案（包括环保应急预案）。应急预案包括：应急预警、应急响应、应急指挥，应急处理等方面的内容，制定相应的应急处理措施，并配套相应的人力、设备、通信等应急处理的必备条件。

**12.5.2** 废水治理射死发生异常情况或重大事故时，应及时分析解决，并按应急预案中的规定向有关部门主管汇报。